Orbe Seráfico Novo Brasílico

Crônica dos Frades Menores da Província do Brasil

Frei Antônio de Santa Maria Jaboatão, OFM

Primeira Parte

Pintura da capa, detalhe de:

Frans Jansz Post. A Igreja de São Cosme e São Damião e o Convento Franciscano de Igarassu, Pernambuco, Brasil, 1663c.

Na página seguinte:
ilustração presente no início da edição de 1761 desta Primeira Parte.

Dados Internacionais de Catalogação na Publicação (CIP)
(Câmara Brasileira do Livro, SP, Brasil)

Jaboatão, Antonio de Santa Maria, 1695-1764?
Orbe Seráfico, Novo Brasílico : crônica dos frades menores da Província do Brasil : primeira parte / Frei Antônio de Santa Maria Jaboatão. -- Petrópolis, RJ : Editora Vozes, 2025.

ISBN 978-85-326-7302-2

1. Cristianismo 2. Franciscanismo I. Título.

25-285951 CDD-271.3

Índices para catálogo sistemático:
1. Franciscanismo : Cristianismo 271.3

Eliete Marques da Silva - Bibliotecária - CRB-8/9380

Orbe Seraphico Novo Brasilico
Provincia de S. Antonio do Brasil
BRASILIÆ
Brasiliæ partes totas Antonius Orbis,
Ecce Novi, ut Sydus lustrat, et undique Sol.

Rua Frei Luís, 100
25689-900Petrópolis, RJ, Brasil
www.vozes.com.br

Editoração, diagramação e capa: Fabiano Aguilar Satler

ISBN 978-85-326-7302-2

Nota: Esta obra teve duas edições anteriores: a primeira publicada em Lisboa, em 1761; e a segunda publicada pelo Instituto Histórico e Geográfico Brasileiro (IHGB), no Rio de Janeiro, entre 1858 e 1862.

Este livro foi composto e impresso pela Editora Vozes Ltda.

ORBE SERÁFICO NOVO BRASÍLICO,

DESCOBERTO, ESTABELECIDO, E CULTIVADO
A INFLUXOS
DA NOVA LUZ DE ITÁLIA,
Estrela brilhante de Espanha, Luzido Sol de Pádua,
Astro Maior do Céu de Francisco,
O TAUMATURGO PORTUGUÊS
S.to ANTÔNIO,
A QUEM VAI CONSAGRADO,
como Teatro glorioso, e

PARTE PRIMEIRA
DA
CRÔNICA
DOS FRADES MENORES
da Mais Estreita, e Regular Observância da
Província do Brasil,

por
Fr. ANTONIO DE SANTA MARIA
JABOATÃO &c.

Sumário

Apresentação

Sonho que se sonha junto é realidade: assim interpreto a atual edição do *Orbe Seráfico, Novo Brasílico*. Seu autor, Frei Antônio de Santa Maria Jaboatão (1695-1779), é o principal cronista da Ordem dos Frades Menores no Brasil, referente ao período colonial. Em aproximadamente uma década de trabalho, inicialmente, Frei Jaboatão aproveitou-se de produções inconclusas de cronistas anteriores de sua província e depois alargou sobremaneira seus estudos e pesquisas, debruçado sobre os documentos e os papéis mais diversos encontrados nos conventos brasileiros da Ordem. Todavia, a obra não se restringe a questões afeitas à vida restrita de um instituto religioso. Abre-se para horizontes, temas e perspectivas das coisas e das gentes brasílicas sob um olhar franciscano. O *Orbe Seráfico* ocupa a posição dos grandes livros que se tornaram autênticos monumentos das nossas brasilidades, de modo particular, em razão de o franciscanismo influenciar os traços fundamentais da nossa cultura e nacionalidade. Não obstante, Frei Jaboatão fez seu trânsito sem ver o *Orbe Seráfico* publicado na integralidade. Teve mais sorte do que outros seus confrades por não o haver irremediavelmente perdido ou extraviado, como foi comum acontecer entre os frades da Ordem seráfica.

Terminado o primeiro quartil do século XXI, os exemplares físicos editados pelo Instituto Histórico e Geográfico Brasileiro (IHGB) são raridades e encontrados em poucas bibliotecas brasileiras. E já o eram escassos no século passado. Some-se a isso, até o atual e feliz momento, não houvera êxito nos diversos esforços empreendidos para apresentar uma nova edição com atualização da linguagem, notas técnicas e explicativas, capazes de explorar algumas das infindáveis riquezas encrustadas no texto monumental do frade menor pernambucano. A importância da obra não foi acompanhada por interesse editorial e de pesquisa mais aprofundada. Assim, a primeira parte foi editada em 1761, em Portugal, permanecendo a segunda parte na penumbra da história, até a iniciativa do IHGB em reeditar a primeira parte e publicar a segunda parte inédita, entre 1858 a 1862. Apenas no século XX, a partir da iniciativa de frades franciscanos, houve interesse em reeditar o *Orbe Seráfico*. Todavia, o intento liderado por Frei Venâncio Willeke (1906-1978), com a colaboração de alguns confrades, permaneceu inacabado, deixando o sonho inconcluso.

Tive o privilégio de também sonhar esse sonho, ao constituir uma equipe técnica e acadêmica, composta por colegas de diversas áreas de conhecimento da Universidade do Estado do Rio de Janeiro (UERJ), à qual sou filiado, e da Universidade Federal do Rio de Janeiro (UFRJ), bem como de frades do Instituto Teológico Franciscano (ITF). O trabalho ganhou impulso após aprovação de projeto de captação de recursos submetido ao Ministério da Cultura e chancelado por meio da Lei Rouanet, no ano de 2008. O projeto intitulou-se "Novo Orbe Seráfico Brasílico: pesquisa, contextualização, crítica e edição documental", e foi apresentado pelo Instituto de Lógica, Filosofia e Teoria da Ciência (ILTC), instituição de pesquisa desenvolvedora de diversas ações inovadoras. Projeto de monta, porque previa trabalho de pesquisa acadêmica que comportasse uma edição crítica, cotejando, ao menos, o texto editado no século XIX pelo IHGB com aquele impresso em Portugal no século anterior, bem como a introdução de notas explicativas que ajudassem na melhor compreensão do texto e da obra, e, finalmente, o hercúleo e ousado trabalho de atualizar a linguagem, com a enorme preocupação de não desfigurar o texto e o estilo literário do cronista franciscano. Previa-se, ainda, a edição física de cerca de dois mil exemplares, acompanhada de um CD-Rom com o fac-símile da edição do IHGB, a serem distribuídos gratuitamente a bibliotecas públicas e privadas, a instituições de ensino superior, a centros de pesquisa e de documentação. Mas, se tínhamos as competências para escrever e ganhar projetos, ou ao menos para empreender trabalhos de pesquisa e que exigiam qualidades técnicas e científicas, faltavam-nos habilidades próprias de captadores de recursos. Chegamos a contratar um escritório especializado em captação de recursos, mas o cenário econômico não era o mais propício naquele período. No ano anterior da aprovação do projeto pela Lei Rouanet, nos Estados Unidos, a chamada "crise do subprime" foi o estopim da desordenação sistêmica do setor bancário mundial que abalaria o capitalismo internacional com graves consequências futuras para a economia dos países, incluindo-se o Brasil. Em todas as portas que batemos, levamos um rotundo não! O projeto de reedição do *Orbe Seráfico* foi desmobilizado, com grande frustração da equipe.

Precisamos esperar um pouco mais, até que, no ano de 2020, outro grupo de trabalho, integrado por alguns membros que tomaram parte da iniciativa anterior, praticamente, todos frades franciscanos, conseguisse vencer barreiras e dar seguimento e conclusão ao trabalho de reedição da obra de Frei Jaboatão. São eles os editores da presente edição: Fabiano Aguilar Satler (coordenador), Frei Elói Dionísio Piva, Frei Marcos Antônio de Almeida, Frei Sandro Roberto da Costa e Frei Celso Márcio Teixeira. Os cinco membros da equipe editorial, merecidamente, acrescentam o nome do Frei Venâncio Willeke como um de seus editores, haja vista que herdaram a produção material à custa do muito esforço empreendido pelo seu confrade já falecido.

Esta verdadeira saga editorial, que teve início com o próprio Frei Jaboatão, pois em vida, como dissemos, não conseguiu reunir as condições necessárias para publicar a segunda parte do *Orbe Seráfico*, produziu consequências. Houvesse mais fácil acesso dos estudiosos ao *Orbe Seráfico*, de modo análogo ao ocorrido com outros autores franciscanos – e a *História do Brasil* de Frei Vicente do Salvador é o mais paradigmático – certamente, contaríamos com análises do Brasil bem mais ricas e plurais. Pois, se abundam as referências aos autores e feitos jesuíticos, os franciscanos são personagens quase ausentes dos celebrados trabalhos dos chamados intérpretes do Brasil. Os franciscanos, com presença ininterrupta, e espalhados pelo Brasil, desde o início da colonização, foram a família religiosa mais numerosa a participar da ação colonizadora e empreender larga atividade missionária, da Amazônia às capitanias do Sul. Organizados em diversas províncias e custódias, algumas delas ligadas diretamente a províncias portuguesas, por vezes com os mesmos nomes das fundadas no Brasil, o que confunde os estudiosos menos atentos, erigiram conventos, joias da arquitetura barroca, e que até os dias atuais são monumentos-testemunhos da presença franciscana e balizadores fundamentais da expansão urbana das cidades em que foram plantados. Granjearam grande afeição das muitas nações ameríndias às quais missionaram, nos rios amazônicos, nos sertões, como também ao longo da costa litorânea. Frei Jaboatão registra lendas, crenças e narrativas orais correntes entre populares, devoções, culto aos santos e manifestações religiosas, parte delas difundidas pelos franciscanos. Reproduziu documentos fundamentais e preservou a memória dos confrades que dedicaram suas vidas à causa da evangelização das gentes brasileiras, bem como datas e acontecimentos que julgou importantes. Graças a pena do Frei Jaboatão, temos informações relevantes sobre a atuação dos frades franciscanos por cerca de dois séculos.

Também não temos estudos mais vultosos sobre o *Orbe Seráfico* e sobre seu autor, a não ser um artigo do Frei Venâncio Willeke (1973) e uma tese de doutorado defendida pelo Frei Marcos Antônio de Almeida, na École *des Hautes* Études *en Sciences Sociales*, na França (2012), havendo mais três publicações do próprio autor, em forma de artigo e capítulo de livro, produtos derivados da tese.

O *Orbe Seráfico*, a partir de agora, estará mais acessível aos pesquisadores que se dedicam às temáticas brasileiras e a um público interessado em descortinar brasis. Pelo pouco que se sabe sobre a vida e a personalidade do Frei Jaboatão, incluindo-se seus diversos escritos – infelizmente, alguns perdidos, outros permanecem manuscritos e inéditos –, podemos afirmar que é um homem inigualável, seja pelos seus dotes literários e oratórios, seja pelo desenvolvimento de conhecimentos autodidatas que lhe valeram o exercício de atividade específicas de genealogista, cronista, sermonista, orador sacro e poeta. Diz-se que pelo fruto se pode conhecer a árvore. Agora, temos o fruto. O sonho virou realidade.

Luiz Fernando Conde Sangenis

Professor Titular da UERJ

Notas à presente Edição

Chega ao fim um trabalho de mais de quarenta anos, com largos períodos de interrupção e com vários colaboradores que se revezaram ao longo desse tempo. A amplitude da obra de Frei Antônio de Santa Maria Jaboatão, intitulada *Orbe Seráfico, Novo Brasílico, Crônica da Ordem dos Frades Menores da mais estrita e regular Observância da Província do Brasil*, e a complexidade de uma nova edição impunham um trabalho mais demorado e trazia, não raras vezes, dúvidas sobre como prosseguir e, consequentemente, implicava mudanças na metodologia para sua execução.

A ideia de uma nova edição da obra de Jaboatão surgiu na esteira da iniciativa pessoal de Frei Venâncio Willeke (†1978), franciscano da Província de Santo Antônio do Brasil, historiador e membro do Instituto Histórico e Geográfico Brasileiro (IHGB). Frei Venâncio, após seu falecimento em 1978, deixou datilografado o texto de Jaboatão, notas e outros escritos referentes ao cronista, mas não deixou um plano de reedição nem um projeto gráfico ou indicação de quem publicaria seu trabalho. Não foi possível saber se ele fazia este trabalho em concordância com o IHGB. Seja como for, exímio conhecedor de história, ele deu os passos mais importantes para a realização desta edição, compondo muitas notas explicativas com valiosos comentários e ricas indicações bibliográficas. O início de um projeto propriamente dito de reedição da obra de Jaboatão remonta a Frei Serafim Prein (†2015), ex-ministro-provincial da Província de Santo Antônio, que mostrou interesse em promover o trabalho realizado por Frei Venâncio. E uma nova edição estava sendo imaginada por ocasião do centenário da restauração da Província de Santo Antônio, em 1993. Na fase inicial desse projeto deram preciosa colaboração os seguintes frades: o próprio Frei Serafim Prein, Frei Hugo Fragoso (†2016, da Província de Santo Antônio) e Frei Hugo Domingos Baggio (†1988, da Província da Imaculada Conceição). Este último ficou encarregado da atualização gráfica (adaptação à ortografia vigente antes de 1990) da obra. Mas, ao que parece, após essa fase inicial, faltava certa clareza sobre como organizar o material deixado por Frei Venâncio e sobre os meios para encaminhar uma reedição.

Na década de 80, o material estava em posse do Centro de Estudos Franciscanos e Pastorais para a América Latina (CEFEPAL), posteriormente, Família Franciscana do Brasil (FFB) e, hoje, Conferência da Família Franciscana do Brasil (CFFB). Na altura, ainda se falava em reedição. Foi então que se cogitou e se obteve resposta positiva de colaboração financeira por parte da *Missionszentrale der Franziskaner* (atualmente *Franziskaner Helfen*) para uma possível reedição.

Ainda na década de 80, Frei Elói Dionísio Piva (da Província da Imaculada Conceição), coordenador do Departamento de História Franciscana da FFB, assumiu a tarefa de dar continuidade aos trabalhos. Estabeleceram-se alguns critérios de organização do texto, especialmente das notas de rodapé, que se dividiriam em quatro tipos: um com indicações de Jaboatão, outro com indicações de Frei Venâncio Willeke, outro com indicações de outros autores, e o último com indicação dos editores. Optou-se também pela manutenção do título original da edição de 1761 e, inclusive, da mesma figura da capa. Não se chegou, porém, a formar um grupo coeso de trabalho, com metas precisas, com recursos, com planos concretos de publicação.

Mais recentemente, em 2011, o Prof. Luiz Fernando Conde Sangenis, com uma equipe da Universidade do Estado do Rio de Janeiro (UERJ), arquitetou um projeto de edição do *Orbe Seráfico* em duas versões: uma em CD, com texto na grafia original, e outra impressa, refeito, porém, o estilo literário (pontuação, fraseologia etc.). Também integraram a equipe Frei Elói Dionísio Piva, Frei Sandro Roberto da Costa, Frei Roger Brunório e Frei Celso Márcio Teixeira, professores do Instituto Teológico Franciscano de Petrópolis. Obtidas algumas licenças, o projeto esbarrou na falta de financiamento e acabou naufragando.

Em julho 2015, em reunião realizada em Belo Horizonte, na sede da Província Santa Cruz, Frei Elói, Frei Sandro e Frei Celso discutiram a possibilidade da retomada do "projeto Jaboatão". Frei Marcos Antônio Almeida (da Província de Santo Antônio) foi convidado e aceitou integrar a equipe. Buscou-se e obteve-se perspectiva de parceria com o IHGB. Perspectivas também foram delineadas com a Editora Vozes. Defrontado, porém, com dificuldades de ordem prática, o trabalho não passou da etapa de planejamento e naufragou. E parecia ter caído definitivamente no esquecimento.

Em 2020, Fabiano Aguilar Satler, então aluno do mestrado em História na Universidade de Salamanca, na Espanha, demonstrou grande interesse em retomar o projeto. Iniciou contato com Frei Celso Márcio Teixeira e, por indicação deste, passou a se comunicar também com Frei Elói Dionísio Piva, Frei

Sandro Roberto da Costa e Frei Marcos Antônio Almeida. Após consulta de Frei Elói ao professor Sangenis – que declarou formalmente sua desistência do projeto – foi formada uma nova equipe de trabalho, composta por: Fabiano Aguilar Satler, Frei Elói Dionísio Piva, Frei Marcos Antônio de Almeida, Frei Sandro Roberto da Costa e Frei Celso Márcio Teixeira.

A partir de então, o trabalho de reedição da obra passou também a contribuir com o banco de dados *BRASILHIS Database: Redes pessoais e circulação no Brasil durante a Monarquia Hispânica, 1580-1640*, dirigido pelo Prof. Dr. José Manuel Santos Pérez, da Universidade de Salamanca, por meio do acréscimo de personagens franciscanos à base de dados.

Texto-base

Três são as fontes manuscritas e impressas do *Orbe Seráfico*. A *Primeira Parte* da obra foi publicada em Lisboa, em 1761. Não se conhecem o manuscrito ou apógrafos desta edição. Publicada essa *Primeira Parte*, Jaboatão continuou escrevendo o que seria a *Segunda Parte* da obra. O manuscrito dessa *Segunda Parte* se conservou no Convento de São Francisco em Salvador da Bahia, até que foi levado para o Instituto Histórico e Geográfico Brasileiro por volta de 1840. O IHGB, com base na edição de 1761 da *Primeira Parte* e no manuscrito da *Segunda Parte*, publicou a obra completa em cinco volumes, entre 1858 e 1862, suprimindo algumas partes introdutórias e finais da edição de 1761. As cópias digitais dessas duas edições, juntamente com o manuscrito custodiado pelo IHGB, serviram de base para o trabalho da presente edição. Existe também uma edição fac-símile (sobre a edição de 1858-62), numericamente reduzida, feita pela Câmara Municipal do Recife, em 1980, por ocasião do bicentenário da morte do Autor. Mas, os atuais editores não se ocuparam desse fac-símile. E, não há clareza, se Frei Venâncio Willeke confrontou o texto trabalhado por ele com o manuscrito da *Segunda Parte* custodiado pelo IHGB, tarefa executada posteriormente.

Passo importante foi dado por Frei Elói Dionísio Piva, ao colocar à disposição da nova equipe no início de 2021 todo o material acumulado até então: a totalidade do texto original datilografado de Frei Venâncio Willeke, digitado em formato Microsoft Word. Um trabalho fundamental levado a cabo por Frei Elói Dionísio Piva previamente tinha sido o de confrontar o material que tinha em mãos com o texto impresso da edição do IHGB e com o original manuscrito da *Segunda Parte* na sede do IHGB. Isto imprimiu agilidade ao trabalho da nova equipe, desenvolvido ao longo do ano de 2021. No final desse ano já estava finalizada uma primeira versão completa para prova de impressão e para ser submetida à apreciação de alguns acadêmicos.

Razões para uma nova edição

Embora Jaboatão dedique várias páginas de sua obra à etnografia e história do território e dos habitantes que viriam a ser o Brasil, seu *Orbe Seráfico* não é, claramente, uma fonte primária para a história do período. Jaboatão escreve no século XVIII sobre acontecimentos de mais de dois séculos anteriores. Recorre aos autores disponíveis em seu tempo e comparte a mentalidade histórica comum de sua época. Ele não é um historiador. Ele é, fundamentalmente, um cronista religioso e, mais, um cronista religioso franciscano. Sua obra tem finalidade bem específica e para tal se empenha o autor. É, pois, na perspectiva de crônica que sua obra deve ser abordada. Isso não significa que ela seja desprovida de valor histórico, além do valor literário que uma obra desta envergadura no contexto da sociedade brasílica no século XVIII representa.

À escassez de fontes documentais relacionadas às três implantações franciscanas do final do século XVI à segunda metade do XVII (Custódia de Santo Antônio do Brasil, Custódia de Santo Antônio do Maranhão e Custódia da Imaculada Conceição), causada, entre outros motivos, pela invasão holandesa em 1630, seguida de fuga e abandono do convento de Olinda pelos franciscanos, a obra de Jaboatão vem suprir essa lacuna como fonte literária e documental secundária do franciscanismo brasílico. Mas, Jaboatão já constatava, no século XVIII, o que Gilberto Freyre afirmou com clareza no século XX: a falta de cuidado dos franciscanos brasílicos em registrar com método sua ação e expansão. Dois séculos separam os dois autores e a constatação de ambos é a mesma. Freyre afirmou:

> O que tem faltado a esses grandes madrugadores no esforço de cristianização do Oriente e das Américas é método no registro dos seus feitos, dos seus arrojos e dos seus próprios martírios. Parte da sua história, no Brasil como em alguns outros países, escreveram-na apenas na areia. Com sangue, às vezes; mas em areia. Daí já alguém os ter chamado de boêmios: boêmios de tal modo descuidados de si próprios, que não se preocuparam em cuidadosamente organizar a apologia do seu passado. No Brasil, o franciscano Jaboatão escreveu, é certo, o *Orbe Seráfico*. Mas sem que sua obra

tivesse continuadores sistemáticos; ou historiadores que a aperfeiçoassem ou a ampliassem.[1]

Jaboatão, no *Antelóquio* de sua obra, ao explicar a tarefa que lhe fora encomendada por seus superiores franciscanos, constatou:

> Também se não fazia este empenho menos difícil, por parte dos elementos precisos para esta crônica. Eram estes, o suplemento certo, e irrefragável das notícias, e papéis espalhados pelos Arquivos dos Conventos de toda a Província, e seus Cartórios. Para estes determinaram os Padres da Mesa da Definição no Capítulo Provincial de 2 de dezembro de 1752, fôssemos o companheiro, e Secretário do P. Provincial, para que com a pensão de correr, e visitar com ele a Província, pudéssemos entrar melhor pelo trabalho de ver os seus Arquivos, rever papéis, e esquadrinhar notícias; o que tudo fizemos, sem reserva de algum, e sem fugir a esta laboriosa, e, à primeira vista, quase infrutífera diligência; porque achamos neles tão pouco que registar, e estes em tal forma, que mais nos servia de embaraço ao discurso, do que de norte, e luz para a história, que sendo a verdade, a que lhe deve dar o ser, e alma, e devendo ela constar de notícias, e documentos certos, bem se deixa ver o quanto sem estes fica dificultosa a sua composição.

A constatação de Jaboatão somente em parte é verdadeira. Como um historiador moderno, ele vasculhou e encontrou nos cartórios dos conventos franciscanos e em outras partes material para sua crônica. Alguns desses documentos são transcritos por ele. Isso faz com que a obra de Jaboatão seja uma peça-chave para a compreensão e interpretação da presença franciscana no território brasílico até a primeira metade do século XVIII. Ele se soma a dois outros franciscanos ilustres: Frei Vicente do Salvador e Frei Cristóvão de Lisboa. Em uma historiografia eclesiástica brasileira dominada pela historiografia jesuítica, a obra de Jaboatão acrescenta uma camada extra de complexidade, conflitos e riqueza, junto com a atuação dos beneditinos e carmelitas no mesmo período.

Trata-se, portanto, de uma obra que não poderia faltar nas instituições culturais e nas grandes bibliotecas do país. Particularmente para a Ordem Franciscana, ela oferece amplo conhecimento a respeito de sua presença e atuação no período colonial.

---

1 Freyre (1959, p. 141).

O *Orbe Seráfico*, por ser uma crônica, recolhe vastíssimo material que mostra o modo de viver e de pensar de um longo período da nossa história. Lendas, milagres, narrações hiperbólicas dos acontecimentos faziam parte do imaginário da época. Estudiosos de várias áreas podem encontrar amplo material para seus estudos.

Adequação do texto

A edição do texto exigiu, naturalmente, a adoção de critérios que orientassem todo o trabalho, abrangendo não apenas a adequação do próprio texto, mas também a organização das notas, da bibliografia e dos índices.

a) *Panorâmica do texto*

Em meados da década de 80, Frei Hugo Baggio havia feito uma revisão ortográfica da cópia datilografada de Frei Venâncio Willeke, ajustando a grafia das palavras, adaptando algumas expressões e alterando a pontuação do texto, segundo o português de então. O grande trabalho de Frei Hugo, no entanto, indubitavelmente louvável, não pôde ser aproveitado, por dois motivos: primeiro, porque a nova equipe adotou o critério de manter a pontuação das edições anteriores, ou seja, conforme o original; segundo, porque a adaptação ortográfica feita por ele foi anterior ao novo Acordo Ortográfico de 1990.

Por isso, o trabalho de adequação do texto exigiu um confronto direto com o texto das duas primeiras edições. Um trabalho que também permitiu a correção de alguns erros de digitação e de leitura da grafia antiga (especialmente a primeira edição ainda conservava algumas letras remanescentes da grafia gótica). A confrontação entre as duas edições anteriores da *Primeira Parte* da obra apresenta divergências na numeração dos parágrafos: na primeira (1761), em vez do n. 192 está 167, mas a numeração continua após 192; a primeira repete o n. 34 e a defasagem entre a primeira e a segunda continua. O n. 261 da primeira deve ser 267; a primeira repete o n. 336, e a defasagem vai até o final da edição de 1761 e do Vol. II de 1858. Esta edição segue a numeração de 1858, mantendo, portanto, as defasagens provenientes dos números 34 e 336.

b) *Critérios ortográficos*

- Transcrever o texto segundo a grafia moderna e o Acordo Ortográfico de 1990. Por exemplo: trocar ph por f, ch por c ou qu, y por i, "presentar" por "apresentar", oens por ões etc.
- Manter a grafia dos nomes, bem como as diferentes grafias que Jaboatão utiliza para o nome de um mesmo personagem ao longo de toda a obra. Por outro lado, para facilitar o trabalho de busca, o índice onomástico desta edição adota uma versão normatizada de alguns nomes e reúne em uma única entrada diferentes grafias do nome completo de um mesmo personagem ou personagens homônimos.
- Usar colchetes [ ] para toda e qualquer palavra a ser incluída no texto para explicação ou por outro motivo. Portanto, a regra é esta: palavras entre colchetes são dos editores. Ademais, estes se utilizam da fórmula [*sic*] para indicar um termo de difícil identificação. Manter a pontuação original.
- Adaptar nomes gentílicos e toponímicos, mas fazer um índice com a grafia antiga e a grafia atualizada (para conservar a evolução histórica dos nomes).
- Manter títulos de obras como no original: por exemplo: *Annaes de Lisboa*. Quando não se trata de nome de obra, atualiza-se para "anais".
- Corrigir erros de latim (sempre erros de impressão).

c) *Notas originais e notas dos editores*

Na edição de 1761, as notas explicativas foram dispostas nas margens externas das páginas; já na versão publicada entre 1858 e 1862, passaram a ocupar o rodapé. No texto digitalizado por Frei Elói Dionisio Piva em 2021, diversas observações – num total de 667 – estavam incorporadas diretamente ao corpo do texto, sem o formato tradicional de notas de rodapé. Ainda assim, estavam claramente identificadas e bem delimitadas, o que possibilitou sua extração manual e posterior conversão em notas gerenciáveis. Essas primeiras anotações pertenciam a três grupos distintos: comentários do próprio Jaboatão; acréscimos de J. C. Fernandes Pinheiro incluídos na edição do IHGB (originalmente apresentados ao final da *Segunda Parte*); e contribuições de Frei Venâncio Willeke. Com o avanço do trabalho editorial, novas referências foram sendo incorporadas – entre elas, trechos da edição de 1761 suprimidos na versão do IHGB e notas técnicas elaboradas pelos editores responsáveis.

Finalmente, simplificou-se a subdivisão das notas. As de Jaboatão, considerado autor, vêm precedidas pela indicação do nome dele: [Jaboatão] e são facilmente identificáveis por serem de caráter explicativo ou tecerem comentários à obra. As notas de Fernandes Pinheiro na edição do IHGB foram mantidas como em sua versão original: anotações no fim do texto da *Segunda Parte*. Todas as demais notas não identificadas são notas dos editores. Frei Venâncio Willeke é o autor da maioria dessas notas. A elas se somam as notas dos atuais editores, de caráter puramente técnico, indicando problemas e soluções encontrados na adequação do texto.

d) *Referências bibliográficas e documentais*

Depois do trabalho de individuação e normatização das diferentes notas, passou-se ao trabalho de identificar e normatizar a bibliografia utilizada por Jaboatão em suas notas bem como a bibliografia e os documentos referenciados por Frei Venâncio Willeke nas suas.

Para as obras referenciadas por Jaboatão, o critério utilizado foi, quando possível, identificar uma edição anterior e mais próxima a 1761, ano da publicação da *Primeira Parte* do *Orbe Seráfico*. Cremos que as informações parciais que fornece Jaboatão foram suficientes para identificar as obras, a maioria delas disponível em formato digital pelos principais portais web de obras históricas. A referência a essas obras aparece entre colchetes ao final da nota de Jaboatão, quando for o caso, omitindo a identificação da página.

Em relação às notas de Frei Venâncio Willeke, algumas vezes não foi possível identificar a edição de uma obra referenciada por ele, com indicação da página. É o caso, por exemplo, da obra de Frei Vicente do Salvador, *História do Brasil*. Nos poucos casos em que isto ocorreu, os editores optaram por uma edição específica (para a de Frei Vicente do Salvador, a edição de 2010, do Senado Federal) e buscaram identificar nessa edição a respectiva página referenciada por Frei Venâncio Willeke em sua nota original, recorrendo ao contexto da nota.

As obras referenciadas nos dois conjuntos de notas formam a bibliografia no final de cada volume desta edição. Estas bibliografias se referem ao conjunto da obra, isto é, à *Primeira* e *Segunda Parte*.

Em relação aos documentos referenciados por Frei Venâncio, a maioria deles provém do Arquivo Provincial Franciscano do Recife. Como o arquivo, até o momento, carece de uma catalogação e classificação precisas, adotou-se a identificação topográfica atualmente disponível.

e) *Índices*

Para facilitar a pesquisa no texto, além do índice geral, foram compilados outros índices importantes:

- frades franciscanos;
- clarissas;
- terceiros franciscanos;
- outros personagens civis e eclesiásticos;
- lugares.
- povos indígenas

O texto de Jaboatão, nesta edição, conserva as diferentes formas como o autor apresenta os nomes de um mesmo personagem ou lugar. No índice, entretanto, foram adotadas algumas padronizações: Manoel→Manuel, Luiz→Luís, Cavalcanti→Cavalcante, Santo-Santa-São-Sto.-Sta.→S., Pedro de Palácios→Pedro Palácios, Antônio de Ínsua→Antônio da Ínsua, por exemplo. As diferentes grafias utilizadas por Jaboatão para o nome de um mesmo personagem são reunidas, no índice, em uma única entrada. Por exemplo, a entrada de Frei Antônio de Campo-Maior reúne as ocorrências de Antônio de Campo Maior, Antônio de Campomaior, Antônio de Campo-Maior e Antônio do Campo-Maior. Personagens homônimos aparecem reunidos na mesma entrada, sem diferenciar um de outro.

f) *Algumas dificuldades*

Embora o trabalho do editor se esforce por não fazer interpretação, esta, às vezes, é inevitável. A grafia daquela época continha ambiguidades, grafia dupla e termos com dois sentidos, situações que exigem dos editores uma definição. O contexto, porém, não deixa dúvida com relação ao acerto da interpretação dos editores.

Grafia ambígua: A grafia antiga, pela falta de acentos, oferece algumas dificuldades. Por exemplo: o vocábulo "tem" pode indicar o singular e o plural.

Igualmente o vocábulo "vem" (do verbo "vir"). E, às vezes, este corresponde a "veem" (do verbo "ver"). O vocábulo "publico", sem acento, na grafia antiga podia ser substantivo, adjetivo e verbo. Em todos esses casos, o próprio contexto permitia aos editores a correta identificação.

Grafia dupla: Algumas palavras têm dupla grafia: Arellana e Orellana; câmara e câmera. Nesses casos foi mantida a grafia dupla. Já no caso de lagoa e alagoa, optou-se por adotar o termo "lagoa", deixando "Alagoa" ou "Alagoas" como nomes toponímicos. Na expressão "discurso do tempo" e "decurso do tempo", os editores preferiram a fórmula "decurso do tempo", mais condizente com a época atual.

Termo com dois sentidos: Um verbo bastante utilizado é "assignar". Mas este termo não é unívoco. Quando se trata de "assignar" um documento, uma carta, autos, declarações, optou-se por atualizá-lo pelo verbo "assinar"; quando, porém, se trata de indicar ou determinar tempo ou lugar, preferiu-se deixar o termo na sua forma original ("assignar").

A equipe de editores tem o prazer de apresentar esta edição aos leitores – professores, pesquisadores e outros estudiosos – que se interessam pela história, pela antropologia, pela religiosidade e, inclusive, pelo relato anedótico do período colonial do Brasil. Que estudantes, presentes e futuros, possam encontrar nesta obra material abundante para seu saber!

Os editores:

Fabiano Aguilar Satler (coord.)

Venâncio Willeke (im memoriam)

Celso Márcio Teixeira

Elói Dionísio Piva

Marcos Antônio de Almeida

Sandro Roberto da Costa

Frei Jaboatão e o Orbe Seráfico, Novo Brasílico

Frei Marcos Antônio de Almeida, OFM[1]

O *Orbe Seráfico, Novo Brasílico* é uma crônica franciscana escrita por Frei Antônio de Santa Maria Jaboatão. Frequentemente, os historiadores contemporâneos se referem a essa crônica como *O Orbe Seráfico de Frei Jaboatão*. De fato, esta crônica é indissociável do seu autor, ela se tornou a primeira crônica franciscana no período colonial. Coube a Frei Jaboatão realizar um longo e minucioso trabalho de pesquisa acerca das ações evangelizadoras franciscanas associadas ao desenvolvimento sociorreligioso do Brasil. Publicada em Lisboa, em 1761, ela caiu no esquecimento até 1858, quando o Instituto Histórico e Geográfico Brasileiro (IHGB) iniciou a reedição da *Primeira Parte* e a edição da *Segunda Parte*, até então manuscrita e inédita. Em geral, as crônicas das ordens religiosas não possuem um título particular. Esta, com que nos ocupamos, é uma exceção, pois ela começa com o sugestivo título de *Orbe Seráfico, Novo Brasílico*. O título anuncia, portanto, uma dimensão espiritual – Orbe Seráfico – e uma dimensão política – Novo Brasílico. Segue, então, a dimensão da narrativa ao informar ao leitor que se trata de uma *Crônica dos Frades Menores da mais estreita, e regular Observância da província de Santo Antônio do Brasil*. Para Frei Jaboatão, tratava-se de uma empresa na qual os franciscanos, os primeiros missionários a chegarem à América portuguesa, lançaram-se na conquista, evangelização e colonização do território brasílico.

O franciscano

Antônio Coelho Meirelles Varela nasceu na freguesia de Santo Amaro de Jaboatão, capitania de Pernambuco, em 1695, e faleceu aos 7 de julho de 1779, em Salvador, Bahia. Seu pai era o Sargento-Mor Domingos Coelho Meirelles e sua mãe Francisca Varela, também naturais da Santo Amaro de

1 Frade franciscano da Província de Santo Antônio, autor de "**L'Orbe Serafico, Novo Brasilico**": Jaboatão et les franciscains à Pernambouc au XVIIIe siècle. Tese (Doutorado em História Moderna) – École des Hautes Études en Sciences Sociales, Paris, 2012. 2 v.

Jaboatão. Seu pai, em virtude de suas funções militares, ocupava uma posição privilegiada em uma sociedade fortemente marcada pela busca de destaque social. Competia-lhe supervisionar os regimentos militares e participar da administração judicial de sua região. Também atuava como mediador em disputas e processos judiciais. Sobre a sua mãe e sua ascendência familiar nada encontramos.

A vila de Santo Amaro de Jaboatão está situada às margens do rio Jaboatão, em cujo centro se encontram os três principais edifícios da administração local: a igreja paroquial, a cadeia e a câmara da cidade, sufragânea da câmara da Vila de Santo Antônio do Recife. Na virada dos séculos XVII para XVIII, o pároco de Santo Amaro de Jaboatão era Agostinho Coelho de Meirelles, tio paterno de Frei Jaboatão e seu primeiro instrutor de latim. Atuavam, portanto, na vila em que nasceu e cresceu Frei Jaboatão, dois membros da família Coelho Meirelles com investidura de autoridade: seu pai, militar, cuidava da vida civil e seu tio, irmão de seu pai e pároco da freguesia, que zelava pela vida espiritual.

Aos 11 de dezembro de 1716, Frei Jaboatão iniciou o noviciado no Convento de Santo Antônio do Paraguassu, no Recôncavo baiano, casa de noviciado para os noviços de origem pernambucana. Um ano depois, em 12 de dezembro de 1717, emitiu os seus primeiros votos. Deve-se notar a este respeito que, ao contrário dos hábitos da época, ele entrou na religião somente aos 22 anos. O provincial que o recebeu foi Frei Gonçalo de Santa Isabel. No ano seguinte, Frei Gonçalo completou o mandato de provincial e foi nomeado guardião do Convento de Salvador, convento no qual Frei Jaboatão e seus companheiros de noviciado iniciaram os estudos de filosofia e teologia. Os estudos de filosofia e teologia eram realizados tanto em Salvador quanto em Olinda, mas o governo provincial havia decidido mandar os alunos de Pernambuco para Salvador. Frei Jaboatão chegou assim ao convento de Salvador, que estava sujeito a severas normas internas, e ali continuou os seus estudos para ser ordenado sacerdote.

Este é um momento importante, pois os franciscanos haviam iniciado as obras de ampliação do convento e a reconstrução da igreja de São Francisco. Quando os novos alunos chegaram, esse trabalho não estava concluído. Foi neste contexto de renovação das estruturas conventuais que o jovem frade viveu os primeiros anos de sua vida franciscana. Ele e os seus companheiros acompanharam de perto o andamento desta gigantesca empreitada de ampliação conventual. O convento de Salvador adquiria paulatinamente um lugar privilegiado na província franciscana e, desde 1692, passou a funcionar como sede provincial, em substituição ao convento de Olinda.

Após terminar os estudos em 23 de outubro de 1725 e ser ordenado, Frei Jaboatão chegou a Olinda. Ele nos deixou suas primeiras impressões da cidade, comparando-a com Salvador, onde viveu por sete anos. Em um estilo agradável, ele usou um trocadilho para expressar seus sentimentos sobre Olinda e o seu estado deplorável: a cidade parecia abandonada, e os edifícios se encontravam em ruínas. Numa carta dirigida a um dos seus colegas, sem citar o nome, ele criticava o estado deplorável das casas que, na sua maioria, ainda exibiam os seus brasões visivelmente intactos: *outras casas estão destruídas e os muros em ruínas atraem o olhar* e, segundo ele, chocam quem os observa. Mesmo assim, apesar dessa paisagem sombria, ele exclamava: *Se existe um paraíso terrestre no mundo, é em Olinda.* Todos, segundo ele, eram unânimes em dizer que *aqui está o paraíso do mundo*, não só pela diversidade e a beleza dos frutos, mas principalmente porque *se é certo que todas as almas do Paraíso são felizes, as almas deste Paraíso de Olinda não são menos felizes.*[2] As características singulares que saltavam aos olhos do cronista o faziam crer que Olinda seria uma Terra Prometida; o que chamava a sua atenção era o grande número de fiéis, sempre em crescimento, e a assiduidade em suas práticas religiosas. Para esses fiéis iniciou sua prática de orador sacro.

Entre os seus primeiros sermões, dois se destacam. O primeiro, pregado em Olinda em 1731, por ocasião da Ação de Graças pelo aniversário da Restauração de Pernambuco (1654). Sua homilia exalta os heróis da pátria, representantes das quatro raças que estariam na formação do Brasil: índio (Felipe Camarão), branco (João Fernandes Vieira), negro (Henrique Dias) e mestiço (Matias Vidal de Negreiros).[3] O segundo foi pregado em Recife, em 1745, por ocasião da missa solene em honra ao bem-aventurado São Gonçalo Garcia. Frei Gonçalo Garcia, franciscano mestiço e mártir no Japão, em 1597, era filho de um mercador português e de uma jovem de Baçaim, Índia. A devoção a este bem-aventurado chegou ao Recife trazida de Lisboa por um comerciante pardo residente em Recife. Esse sermão se destaca pelo fato de que nele Frei Jaboatão, além de elogiar o grupo de pessoas de cor parda, anuncia esta como a cor *mais que perfeita* por ser o resultado das duas cores perfeitas: o branco e o preto.[4]

---

2 Willeke (1972, p. 44s.).

3 Jaboatão (1860, p. 365-386).

4 Cf. Jaboatão (1758).

Entre 1727 e 1730, assumiu a função de mestre de noviços no convento de Igarassu, em Pernambuco. A atribuição de tal função quando tinha apenas 32 anos testemunha um reconhecimento das suas qualidades. Nesse tempo, crescia o número de frades, e três grupos se destacavam pelas origens geográficas: pernambucanos, baianos e portugueses. O século XVIII foi, portanto, o século do confronto identitário entre os franciscanos do Brasil. As tensões decorrentes da diversidade das origens geográficas emergiam e levavam-nos a refletir sobre as relações de poder.

Para Frei Jaboatão, os anos de 1751 a 1753 foram movimentados. Nomeado guardião do Convento Santo Antônio da Paraíba, pôde avançar em suas pesquisas sobre os franciscanos em Pernambuco e na Paraíba. Ele contou com o apoio e colaboração do Capitão-Mor e Governador da Paraíba, Antônio José Victorino Borges da Fonseca, que era pernambucano e estava escrevendo a genealogia dos habitantes de Pernambuco. Frei Jaboatão tinha uma relação amistosa com esse letrado pernambucano radicado na Paraíba. Talvez esta proximidade o tenha encorajado a continuar a pesquisa sobre a sua Ordem e a se empenhar na ampliação do convento da Paraíba, logo no início do seu mandato, em 1751. Segundo a crônica deste convento, fez a sacristia nova por detrás da capela com o salão de cima e via-sacra dos Terceiros e da mesma parte abriu, a porta da Capela-Mor; fez o arco de pedra da via-sacra, mu[...] do Capítulo para a sacristia velha e o que era Capítulo se afundou Portaria, e no Altar desta se pôs a Imagem da Senhora Santa Ana que mandou vir da Bahia com resplendor e Coroa de prata e outra de a menina da Santa, fez-se a Cruz de prata grande. No final de seu mandato como guardião, ele realizou trabalhos de reconstrução da portaria conventual.[5]

De 1752 a 1754, Frei Jaboatão exerceu a função de secretário-provincial e, de 1754 a 1755, foi nomeado guardião do convento do Recife, onde desembarcou em 23 de junho de 1754. Em 6 de dezembro de 1755, o Capítulo Provincial o nomeou cronista da Província, e ele é eleito definidor, mas as Atas Capitulares não mencionam o cargo de cronista para o qual ele teria sido nomeado.[6]

Em 25 de junho de 1770, o cronista, já com 75 anos, escreveu um poema por ocasião do aniversário do governador da Bahia, José da Cunha Atayde. Nesse mesmo ano, ele escreveu outros poemas em homenagem ao governador

5 Willeke (1968b p. 253-304).

6 Cf. Atas Capitulares (1970, p. 129s.).

da Paraíba, Jerônimo José de Mello e Castro.[7] Embora com um histórico de governabilidade turbulento (1764-1797), Frei Jaboatão nutria apreço por este governador, particularmente por suas supostas competências administrativas. Num outro poema, ainda em 1770, Jaboatão elogia a sua maneira de governar através das *armas* e das *letras*, tema já exposto no seu sermão, em 27 de janeiro de 1731, em Olinda, sobre a Restauração de Pernambuco.

Seu último período no convento de Salvador foi marcado por um conflito interno. O guardião, Frei Manuel da Epifania, revela um lado preocupante sobre o cronista do *Orbe Seráfico, Novo Brasílico*. Numa carta de 24 de agosto de 1770, dirigida a D. José I, Frei Manuel acusou Frei Jaboatão de comportamento duvidoso e perturbador das relações internas: *essas perturbações são provocadas pelo Ir. Antônio de Santa Maria Jaboatão, apoiado por pessoas de fora da comunidade, e os prelados não têm como remediar esta situação. Esses maus hábitos perturbam a paz da comunidade, provocam desentendimentos e encorajam muitos outros irmãos a segui-lo; ele é o causador dos motins.*[8] A descoberta deste documento, com apenas um parágrafo de dez linhas, dá margem a hipóteses e/ou indícios das tensões e conflitos internos em tempos de crises institucionais nas duas últimas décadas do século XVIII. Entretanto, o olhar crítico do guardião do grande convento franciscano de Salvador apresentava um perfil contrário ao que se conhecia sobre Frei Jaboatão até então. Segundo a acusação, Jaboatão assumia posições e relações que colocavam em risco a harmonia interna da fraternidade, algo contrário ao comportamento de um franciscano. O que mais preocupava Frei Manuel da Epifania, o detrator, é que Frei Jaboatão teria seguidores dentro e fora da comunidade, revelando um assunto mais sério do que se poderia imaginar. Frei Jaboatão teria sido, como afirma o documento, *um perturbador da paz*.

O capítulo CXI dos Estatutos Provinciais definiam como perturbador da paz o frade capaz de semear a discórdia e desequilibrar a fraternidade franciscana ou da sociedade.[9] Tal comportamento exigia uma punição proporcional à falta. No direito canônico, de acordo com os Estatutos, os *perturbadores da paz* seriam tratados como *conspiradores*, dois termos que se equiparavam.

---

7 Cf. APFR, Arquivo Provincial Franciscano do Recife, 160, f. 143, Obras Acadêmicas e outras várias prozas, e versos, feitas, e recitadas na Academia Brasílica dos Renascidos.

8 AHU, Arquivo Histórico Ultramarino, AHU_ACL_CU_005, Cx. 165, Doc. 12511, CARTA de Manuel de Epifania, ao rei [D. José] solicitando que se tomem providências relativamente quanto ao comportamento de Frei Antônio de Santa Maria Jaboatão.1770, Agosto, 24, Bahia.

9 Cf. Estatutos (1709, p. 197).

Os Estatutos determinavam aos provinciais que punissem os que cometessem estes tipos de crimes.[10] Entre 1770 e 1780, a Província, ao que parece, viveu um clima intenso de insatisfação interna. A partir do convento de Salvador, os frades de origem brasileira (baianos e pernambucanos) começaram a questionar a supremacia dos frades portugueses na partilha dos cargos e responsabilidades da província.[11]

Apesar das tensões e do convívio conturbado entre esses dois grupos de frades, Frei Jaboatão foi solicitado a dar a sua opinião sobre a autonomia franciscana no governo de suas missões entre os indígenas. Em 1778, ele e alguns membros da Província deram pareceres sobre se as missões entre os indígenas deveriam estar submetidas ao arcebispo da Bahia, Dom Joaquim Borges de Figueiroa, ou ao ministro-provincial, Frei Domingos da Purificação. Este provincial havia, em 1778, apresentado um recurso à rainha, D. Maria I, contra o arcebispo da Bahia. O provincial queixou-se à rainha de uma intervenção do arcebispo nas visitas às missões. Esta atitude do ordinário suscitou uma rixa entre os franciscanos baianos e o arcebispo. O provincial apoiava-se na tradição de isenção dos regulares em relação ao ordinário local, tradição que ele não queria que desaparecesse pois ainda cabia aos prelados regulares visitar e organizar suas missões com os índios.

Frei Jaboatão, então com 81 anos, foi a quinta testemunha do lado franciscano a posicionar-se sobre a manutenção das aldeias sob a autoridade dos frades.[12] Os missionários, uma vez escolhidos, administravam as missões após parecer favorável do provincial, sem que os arcebispos se manifestassem e, segundo Frei Jaboatão, as coisas aparentemente sempre correram bem.[13] Este posicionamento do cronista franciscano pode facilmente ser percebido na sua crônica. O ponto de partida da reflexão histórica de Frei Jaboatão é a preeminência da presença franciscana no Brasil desde 1500 e, também, nos processos de conquistas do território desde o estabelecimento franciscano em 1585. Para o cronista franciscano, as memórias, informações e notícias que ele obteve nas suas pesquisas para escrever a crônica da sua Província levavam-

---

10 *Ibidem*, p. 48.

11 Cf. Almeida (2009, p. 87-122).

12 AHU, Arquivo Histórico Ultramarino, AHU_ACL_CU_005, Cx. 174, Doc. 13089, REQUERIMENTO do Provincial da Província dos Capuchos de Santo Antônio do Brasil à rainha [D. Maria I] solicitando para que a rainha mande cumprir as ordens régias e bulas pontifícias, que se observaram até a chegada do Arcebispo dessa Diocese (1744, 1755). Ant. 1778, janeiro, 21.

13 *Ibidem*.

-no a crer que a sua Ordem estaria na origem da formação da cristandade do Brasil. Todavia, em meados do século XVIII, as mudanças não tardaram a chegar. A lei de 6 de junho de 1755 acordou a liberdade aos indígenas e aos 7 do mesmo mês e ano destituiu os missionários da administração temporal das missões. Iniciava-se um período de decadência das ordens religiosas no território brasílico.

O escritor e cronista

Em 1720, D. João V criou a Academia Real de História com a finalidade de que os letrados portugueses escrevessem a história do Império português. O rei incentivou e investiu para que tal empreendimento intelectual e político fosse assumido cabalmente em toda a extensão do seu império, incluindo o ultramar. Quatro anos depois, apoiados pelo vice-rei do Brasil, Vasco César de Menezes, a elite letrada da Bahia fundou a *Academia Brasílica dos Esquecidos.*[14] O envolvimento de Frei Jaboatão entre os letrados e intelectuais brasílicos remonta a 1724, por ocasião do seu ingresso nessa academia no ano da sua fundação. Dois temas conduziram as suas observações, reflexões e textos: testemunhar a diversidade dos habitantes do Brasil; e colocá-los no centro da história da Ordem Franciscana e da formação sociorreligiosa do Brasil.

Em 2 de dezembro de 1752, os Padres da Mesa da Definição do Capítulo Provincial nomearam Frei Jaboatão para *companheiro e secretário do Padre Provincial.* Ambos percorreriam todos os conventos para conferir o estado dos seus arquivos e cartórios, o que permitiu a Jaboatão uma visão inicial da realidade arquivística de sua província, certamente já em vista de uma futura crônica provincial.[15] Aos 6 de dezembro de 1755, Frei Jaboatão foi eleito definidor e oficialmente nomeado para o cargo de cronista da Província Franciscana. Sua idoneidade e competência o habilitaram à nomeação de cronista provincial:

> Frei Inácio de São Félix, aos 6 de dezembro de 1755. Determinou-se em mesa pelo definitório e discretório que se elegesse um religioso para cronista desta província, idôneo e capaz, e como tudo isto concorre na pessoa do Irmão Definidor Frei Antônio de Santa Maria Jaboatão o elegemos e nomeamos cronista da província com a obrigação de que, em todos os

14 Kantor (2004).

15 OSNB I, Antelóquio.

> triênios, dê conta do que tiver escrito; e os irmãos guardiães serão obrigados a lhe comunicarem as notícias que se lhes pedirem.[16]

Encargo recebido, o tempo o pressionava, e ele tinha pressa em visitar os arquivos e os cartórios conventuais para examinar minuciosamente os acervos encontrados e avançar na sua tarefa. Por outro lado, as viagens eram difíceis, ir de cidade em cidade, de convento em convento exigia muita resistência física e mental. Estradas litorâneas e rios foram os caminhos mais utilizados. Simultaneamente, ele se dedicou a buscar documentos nos arquivos das freguesias, de outras ordens religiosas e das capitanias. Essas circunstâncias, somadas ao pouco tempo de que dispunha para finalizar a redação da crônica, o levaram a admitir que erros podem ter ocorrido em seu trabalho. Ele diz que deve ter pesquisado e transcrito ele mesmo uma grande quantidade de fontes manuscritas, o que, segundo ele, explicaria os erros que um leitor cuidadoso poderia encontrar.

Acerca das fontes pesquisadas, Frei Jaboatão informava a dispersão e o estado precário dos arquivos da maioria dos conventos de sua Província. Essa dispersão parecia indicar que a Província Franciscana não tinha arquivos centrais para guardar seus documentos. Ao observar o estado dos arquivos, ele constatava: *porque achamos neles tão pouco que registar, e estes em tal forma, que mais nos servia de embaraço ao discurso, do que de norte, e luz para a história.*[17] O quadro arquivístico descrito por ele levaria qualquer pesquisador a abandonar a tarefa que lhe tinha sido confiada. A pobreza e a dispersão das fontes nesses repositórios não lhe permitiam avançar como gostaria e poderia dificultar a escrita de uma *história* guiada à luz de *notícias, e documentos certos.*[18] Mesmo assim, ele reiterava o desejo de permanecer fiel à verdade dos fatos e agradecia quem o ajudou na pesquisa, e reconhecia também as críticas, mesmo que com excesso crítico.[19]

A escolha do título para a crônica não foi algo secundário. Para ele, a sua obra não devia se limitar apenas à história de sua Ordem ou de sua Província. A história dos franciscanos no Brasil e a história do Brasil estão interligadas desde o início. Trata-se, portanto, de apresentar uma espiritualidade singular através da ação dos franciscanos na América portuguesa e de colocar seus ha-

16 APFR, Arquivo Provincial Franciscano do Recife, 1, fl. 47.

17 OSNB I, Antelóquio.

18 *Ibidem.*

19 *Ibidem.*

bitantes, os brasílicos, no centro dessa sua história. A história para Frei Jaboatão era vista como providencial, uma história a partir da teologia do Homem Novo, encarnado em Jesus Cristo, e seguido de perto por Francisco de Assis. O *Novo* colocado entre o *Orbe Seráfico* e o *Brasílico* significava uma etapa na evolução permanente desses dois grupos, o franciscano e o brasílico, ambos associados em uma aliança espiritual do *mundo franciscanizado* com o *Novo Brasílico* enquanto agente político em construção. Para Frei Jaboatão, tudo o que devia vir depois do que já existe seria novo; como a América vinha atrás de outras partes do chamado mundo antigo, ela deveria ser colocada em contato com as outras partes do mundo. Por outro lado, sublinhava a especificidade da sua crônica: *porque se trata da província franciscana do Brasil, devemos nomeá-la e distingui-la acrescentando o adjetivo brasílico.*[20]

A sua passagem pela Academia Brasílica dos Esquecidos em 1724 o havia marcado. A apresentação de um percurso de pesquisa a ser seguido indicava clareza metodológica e compreensão da historiografia a ser desenvolvida antes mesmo da sua participação na Academia Brasílica dos Renascidos, em 1759, em Salvador. Constata-se que o adjetivo *brasílico* integrado à cultura das Academias se tornaria um elemento identitário na reflexão sobre a realidade colonial e seus habitantes, fomentando um interesse singular para um tempo em movimento. Tempo e espaço definidos, Frei Jaboatão sinalizou o ano de 1585 como o ano da expansão franciscana no Brasil. Ele sublinhava que escrevia uma *história* e não um *panegírico*. Ele informava que faria o possível para pensar e apresentar a história e o que diz respeito ao Brasil. Ele advertia que raramente citaria autores, pois nenhum escritor até então tratou da história da Província de Santo Antônio do Brasil. Ele informava ao leitor que se fundamentava nos diversos registros documentais que identificou, embora sem título e numeração.[21] Seu método histórico foi esboçado em um documento relacionado com a *Academia Brasílica dos Renascidos*:

> Talvez com uma ponta de ironia [Frei Jaboatão] afirma que para "apurar a verdade de um ponto de vista histórico" basta ao A.: 1°) aprender a gramática para ler os baianos; 2°) entender os registros; 3°) aplicar-se à lição dos livros históricos; 4°) ler os autores latinos; 5°) contar com a ajuda da "luz do discurso da razão natural e a aplicação engenhosa". Ele reconhece a falta de estudos históricos sobre as invasões estrangeiras no Brasil, dos

20 *Ibidem.*

21 *Ibidem.*

holandeses no século XVII, e ressalta que os naturais do país não foram suficientemente reconhecidos por seus esforços bélicos.[22]

A impressão portuguesa da *Primeira parte* do *Orbe Seráfico, Novo Brasílico* em 1761

Terminada a redação do que seria a *Primeira Parte*, a publicação foi confiada à Oficina de Antônio Vicente da Silva, em Lisboa, e a impressão estava pronta no ano de 1761. A obra, impressa em um único volume, está internamente organizada em quatro seções distintas: licenças, preâmbulo, crônica e anexo (discurso panegírico).

A primeira seção é formada por uma dedicatória, um antelóquio e as diversas licenças necessárias para a publicação da obra no contexto do século XVIII. Possui 38 páginas não numeradas. A dedicatória e as licenças foram omitidas na edição do IHGB. A dedicatória é fundamental, porque revela os temas da crônica, a escolha cronológica do autor e o desenvolvimento das pesquisas. Na introdução, o título *Ao Thaumartugo Portuguez Santo Antônio de Lisboa* coloca a obra numa perspectiva portuguesa que destaca a cidade onde o santo nasceu. Santo Antônio, taumaturgo português, simboliza um mecenato espiritual e geopolítico, protetor *do vasto Teatro deste Novo Orbe* sob os auspícios da posteridade franciscana, que acompanharam a *descoberta* do hemisfério brasílico. O relato introdutório da crônica é preciso quanto ao marco temporal: trata-se de tempos posteriores às *barbáries* vividas pelos primeiros franciscanos e os habitantes do Novo Mundo. Frei Jaboatão apresenta a história sob os sinais da conquista. O primeiro sinal é a conquista da *barbárie tirânica dos gentios*; o segundo sinal é a *restauração de Pernambuco do domínio holandês* (1654) e o terceiro e último sinal é a *demonstração do poderio pernambucano sobre os adversários*, os holandeses, inimigos políticos e religiosos. Assim, a *Primeira Parte* da sua história é marcada por acontecimentos ligados à conquista, colonização e evangelização das terras brasílicas (1500), a reconquista e reerguimento de Pernambuco do domínio holandês (1630-1654) e o discurso de um futuro novo e promissor.

A segunda seção é um largo preâmbulo. O texto está disposto em uma única coluna, possui numeração de página própria (pág. 1 a 248), com parágrafos numerados de 1 a 307. Aqui, Frei Jaboatão se dirige ao leitor para introduzi-lo nessa nova aventura. Segundo o cronista, quando se entra pela

22 *Apud* Lima (1980, p. 76-77).

primeira vez em uma cidade ou em qualquer parte do mundo, é necessária a ajuda de um guia experiente e respeitar os costumes do lugar.[23] Nesse sentido, ele se propõe a orientar quem deseja conhecer o Novo Mundo e começa a sua crônica a partir de seis *digressões* subdivididas em *estâncias*.[24] Trata-se de uma apresentação sobre a geografia da costa atlântica do Brasil e seus habitantes, os diferentes grupos indígenas que, segundo ele, estariam na base do Novo Mundo. Ele anuncia que levará o leitor ao encontro com a diversidade humana num passeio pelas terras ainda por se conhecer. Descreve o processo de conquista e as alianças estabelecidas entre os portugueses e os *Tobayara*, supostamente os primeiros habitantes da costa atlântica. Apresenta o seu projeto, o método e o conteúdo a ser investigado. Como historiador, ele pretende dar *vida* e *alma* à história franciscana por meio da organização dos conteúdos a serem narrados. Para ele, escrever fatos históricos tal como ele os vê é uma *tarefa difícil* e a atividade de cronista que ele assumiu é ainda mais difícil devido às tentativas fracassadas dos cronistas predecessores. Ele não se sente à altura do desafio, porém assume o cargo de cronista provincial.

A terceira seção, constituída de parágrafos numerados de 1 a 431, organizados em dois livros, é a crônica franciscana propriamente dita. Esta seção é graficamente distinta: o texto está disposto em duas colunas e com numeração de página própria (p. 1 a 284). Seu objetivo aparece expresso bem no início: mostrar *como este novo orbe foi descoberto, estabelecido e trabalhado pelos Frades Menores*. O Livro Anteprimeiro é dedicado aos primórdios franciscanos (1500 a 1585) e os livros seguintes ao período posterior a 1585, ano em que os primeiros franciscanos chegaram a Olinda. O Livro I conta a história da fundação da Custódia de Santo Antônio do Brasil, em Olinda e os primeiros custódios nomeados pela Província de Santo Antônio de Portugal. Frei Jaboatão introduz, neste primeiro livro, o tema da proteção concedida pelo rei espanhol Felipe II (desde 1580, com a União Ibérica, também rei de Portugal e seus domínios), reforçando que, neste tempo, a Ordem franciscana e o governador de Pernambuco, Jorge de Albuquerque Coelho, gozavam da estima real. Realizado o devido patrocínio, a Ordem franciscana acelerou a fundação da Custódia de Santo Antônio do Brasil, além de incentivar e apoiar as sucessivas participações dos franciscanos portugueses. Após o fim da União Ibérica em 1640 e com a Restauração Bragancista em Portugal, os reis da casa de Bragança continuaram a conceder privilégios aos franciscanos no Brasil. O

---

23 OSNB I, 1.

24 Segundo Frei Jaboatão, as *estâncias* serão utilizadas para expor e explicar o que é necessário para se adquirir um bom conhecimento sobre esse *novo Orbe* (OSNB I, 2).

Livro II continua a apresentar a colonização portuguesa associada ao primeiro período da Custódia Franciscana. Frei Jaboatão destaca a ação dos primeiros franciscanos, bem como as relações entre os franciscanos, os colonos e os jesuítas. Neste Livro, ele informa as circunstâncias da conquista e a evangelização franciscana do Maranhão a partir de 1614, que também contou com o apoio de outro rei espanhol, Felipe III, para se contrapor à crônica do jesuíta Simão de Vasconcelos, que atribuía à Companhia de Jesus o mérito dessa conquista e evangelização.

Finalmente, a quarta seção poder-se-ia tomar como um anexo. Trata-se da reprodução de um *discurso panegírico* anônimo sobre Frei Luís da Anunciação, que Jaboatão reproduz aqui. Também possui numeração de páginas própria (páginas 1 a 16) e, diferente da seção anterior, está disposta em uma única coluna.

As diferentes numerações de páginas e a disposição do texto em uma ou duas colunas poderia sugerir que se tratava de volumes distintos da mesma obra. Entretanto, salvo o anexo do panegírico final, há uma clara unidade entre as três primeiras seções. Somado à falta de elementos de imprenta presentes na primeira seção e ausentes nas três seguintes, resulta claro que se tratou de uma impressão organizada em um único volume e publicada em sua totalidade.

O manuscrito da *Segunda Parte*

Publicada a *Primeira Parte* em 1761, seu manuscrito e possíveis apógrafos desapareceram. O manuscrito da *Segunda Parte*, concluída em 1767, encontra-se no Instituto Histórico e Geográfico Brasileiro. Uma nota anônima na capa do manuscrito lança luz sobre seu itinerário ainda pouco conhecido. Depois de concluída a redação da *Segunda Parte*, Frei Jaboatão teria confiado o manuscrito a Frei Jacinto de Santa Brígida, ministro-provincial de 1764 a 1768, para que o publicasse. Na folha de rosto do manuscrito, lê-se a informação de que no ano de 1826 a *Segunda Parte* ainda aguardava a sua impressão. O informante anônimo teria guardado o manuscrito na cela dos provinciais do convento de Salvador. Segundo ele, esta fonte poderia fornecer, no futuro, *documentos importantes* [informações] graças ao trabalho do Frei Jaboatão.[25]

25 OSNB II, *Advertência*, no início da segunda parte.

Ao constatar que a *Segunda Parte* da crônica, finalizada em 1767, ficou sob a guarda do ministro-provincial sem que chegasse à impressão, consideramos três hipóteses: a primeira seria a ausência de recurso financeiro dos próprios franciscanos; a segunda seria a falta de interesse dos leitores por esse tipo de literatura naquele período; a terceira hipótese apontaria para a crise e decadência das Ordens regulares e a ascensão do clero secular.

As condições para a transferência desse manuscrito do Convento de Salvador para o IHGB não são claras. Em 15 de março de 1840, José Domingues de Athaide Moncorvo, presidente do IHGB, dirigiu-se ao cônego Januário da Cunha Barbosa, secretário do mesmo Instituto, citando um extrato da carta, sem data, de Francisco Ezequiel Meira, médico salvadorenho e membro associado do Instituto. Nesta carta, Ezequiel Meira informava a Athaide Moncorvo que fora enviado o manuscrito da *Segunda Parte* da crónica do *Padre Jaboatão*. Com efeito, Ezequiel Meira confiou o manuscrito a Athaide Moncorvo junto com o compromisso de reeditar a *Primeira Parte* da crônica e de editar a *Segunda Parte*, cujo manuscrito estava em suas mãos. Athaide de Moncorvo confirmou a recepção do manuscrito e pediu ao seu correspondente que o apresentasse ao IHGB para que fosse tomada a decisão cabível, conforme afirmava a carta de Ezequiel Meira. O trecho da carta de Ezequiel Meira era de indiscutível interesse, pois revelava os passos dados no século XIX para a publicação de uma obra no contexto da construção de uma identidade brasileira durante o reinado de D. Pedro II. De fato, Ezequiel Meira pôde contar com os franciscanos baianos que lhe haviam confiado o manuscrito da *Segunda Parte* da crônica do Frei Jaboatão para que fosse impresso parcial ou totalmente. Neste ano de 1840, o manuscrito já não se encontrava na cela dos provinciais, mas sim na biblioteca do convento, como indicava Ezequiel Meira.

A decisão de enviar o manuscrito ao IHGB foi tomada por Ezequiel Meira com o argumento de que não possuía meios financeiros e nem uma gráfica tecnicamente capaz de fazer esse tipo de impressão. Ele sabia do valor do manuscrito, que se tratava da única cópia existente e que, portanto, era preciso tomar precauções para que chegasse ao seu destino, o IHGB.[26] Nas mãos do Instituto, o manuscrito precisou aguardar quase duas décadas mais para ver sua versão impressa, entre 1858 e 1862. Desde a impressão, perma-

26 IHGB, Instituto Histórico e Geográfico Brasileiro, Lata 141, doc. 42, CARTA de J. D. de Athaide Moncorvo ao Cônego Januário da Cunha Barbosa, transmitindo o extrato incluso de uma carta que lhe escreveu Francisco Ezequiel Meira, da Bahia, remetendo-lhe a segunda parte manuscrita da Crônica do Padre Jaboatão. Rio de Janeiro, 15 de março de 1840. 2 fols.

neceu custodiado pelo IHGB e não regressou ao convento franciscano de Salvador da Bahia.

A notícia de que o IHGB havia solicitado à Província franciscana, a título de empréstimo, os manuscritos da *Segunda Parte do Orbe Seráfico, Novo Brasílico* e o *Catálogo genealógico das principais famílias que procederam de Albuquerque e Cavalcante de Pernambuco, e Caramurus na Bahia*,[27] sendo ambas as produções de Frei Jaboatão, apareceu em um artigo da *Revista do Arquivo Municipal de São Paulo*.[28] Frei Bonifácio Mueller (†1963) informava que até o ano de 1861 nenhum dos manuscritos haviam sido devolvidos à Província Franciscana de Santo Antônio do Brasil.[29]

Por volta de 1951, Frei Basílio Röwer (†1958) havia visto o referido manuscrito da *Segunda Parte* da crônica e informou a Frei Bonifácio Mueller. Este último, por sua vez, informava que, no mês de julho de 1956, de passagem pelo Rio de Janeiro, por ocasião do Congresso Eucarístico e de uma exposição filatélica, nutriu o desejo de em breve retornar a esta cidade para iniciar uma busca acerca de *alguns manuscritos* que diziam respeito a Frei Jaboatão. Esse desejo se concretizou no ano seguinte. Ele recorreu à presidência do Instituto, sob o comando do José Carlos Macedo Soares. Este não tinha conhecimento de ter visto esse manuscrito, mas comprometeu-se em localizá-lo. A busca não avançava, e Frei Bonifácio recorria às autoridades e funcionários, mas os resultados eram em vão. A catalogação do dito manuscrito nem constava no fichário. Houve quem dissesse que, *se nosso Frei Basílio tinha visto aquele autógrafo, fora, provavelmente, em desejo, ou sonho*.[30] Sem desanimar e mobilizando praticamente todas as instâncias internas do Instituto, após 2 meses, Frei Bonifácio foi informado de que haviam encontrado o manuscrito com suas 552 *folhas, escritas em letras miúdas e bem-acabadas. Mandamos fazer alguns microfilmes dos quais damos o frontispício que leva os seguintes dizeres: "Orbe Seráfico Novo Brasílico. Parte Segunda"*.[31]

---

27 IHGB, Instituto Histórico e Geográfico Brasileiro, Lata 13, doc. 11-12 , CATÁLOGO genealógico das principais famílias que procederam de Albuquerque e Cavalcante de Pernambuco, e Caramurus na Bahia, de Frei Antônio de Santa Maria Jaboatão. As versões impressas deste manuscrito datam de 1938 (Livraria J. Leite), 1947 (Revista do IHGB, v. 91), 1950 (Imprensa Oficial da Bahia) e 1985 (Empresa Gráfica da Bahia). Esta última é uma edição mais completa, com introdução e notas de Pedro Calmon.

28 Cf. Revista do Arquivo Municipal de São Paulo (1943, p. 119-136).

29 Cf. Mueller (1956a, p. 151-157).

30 *Ibidem*.

31 *Ibidem*.

A primeira edição brasileira (1858-1862) do IHGB

Com o manuscrito da *Segunda Parte* em mãos, o IHGB publicou, pela primeira vez, entre 1858 e 1862, a totalidade do *Orbe Seráfico*, dividido em cinco volumes. A opção por uma publicação em cinco volumes pode ser explicada pela magnitude das volumosas páginas: 1676 no total. A *Primeira Parte*, publicada em 1761, em Lisboa, foi reeditada em dois volumes em 1858, mas ali não aparecem a dedicatória, as análises dos censores e o discurso panegírico final. A edição inédita da *Segunda Parte*, que é mais longa, foi impressa em três volumes nos anos de 1859, 1861 e 1862.

Se a crônica propriamente dita da *Primeira Parte* estava dividida em dois livros, a *Segunda Parte* apresentava sete livros, que a edição do IHGB assim organizou: Vol. III (Livros I e II), Vol. IV (Livros III, IV e V) e Vol. V (Livros VI e VII). No Livros I a V, Frei Jaboatão narra a implantação dos franciscanos em Salvador, Bahia, e o desenvolvimento material e espiritual da capital do Estado do Brasil. Ele discorre sobre as fundações conventuais até a separação da custódia do Brasil da província portuguesa, em 1647, convertendo-se em custódia autônoma. Dez anos depois, em 24 de agosto de 1657, o papa Alexandre VII elevou a Custódia a Província de Santo Antônio do Brasil. O Livros VI é dedicado à fundação do Mosteiro das Clarissas do Desterro, de Salvador da Bahia, em 1677, primeiro e único mosteiro da segunda ordem franciscana no Brasil no tempo de Jaboatão. Este mosteiro feminino também detinha uma elevada importância socioeconômica na capital do Brasil. Informações relacionadas com a Ordem Terceira da Penitência aparecem ao longo da *Primeira* e *Segunda Parte*, sempre relacionadas com a penetração franciscana no território brasílico e a fundação de novos conventos. Algumas vezes, como é o caso do Recife, a constituição formal da Ordem Terceira ocorreu décadas depois. O convento foi fundado em 1606, e a Ordem Terceira da Penitência foi implantada somente em 1695. Jaboatão não ignora uma personagem-chave na chegada dos franciscanos a Olinda em 1585: *a Serva de Deus Maria da Rosa, nossa especial Benfeitora, e algumas pessoas Terceiras de boa fama*, a quem dedica um capítulo na *Primeira Parte*. Foi ela quem acolheu os primeiros franciscanos em Olinda e lhes cedeu o pequeno oratório ocupado por ela e outras mulheres penitentes, passando em seguida ao Recolhimento Nossa Senhora da Conceição, na mesma cidade de Olinda. Assim, neste Orbe Seráfico, o Brasil se torna uma força espiritual das três famílias da Ordem franciscana: a Ordem dos Frades Menores, as Clarissas e a Ordem Terceira da Penitência. Finalmente, o Livro VII apresenta informações diversas sobre o franciscanismo brasílico.

A constatação da mudança do título da crônica de *Orbe Seráfico, Novo Brasílico* para *Novo Orbe Seráfico Brasílico*, título dado pelo IHGB por ocasião da reedição da *Primeira Parte* e edição da *Segunda Parte*, alterou substancialmente a ideia do autor. Não encontramos os motivos que levaram à mudança do título original.

Desde a primeira leitura desta obra, a pergunta que vem à mente é: o que significa este *Orbe Seráfico, Novo Brasílico*? Por que Frei Jaboatão acrescentou o *Novo Brasílico* ao *Orbe Seráfico*? Lançamo-nos à reflexão sobre duas *histórias*: a dos franciscanos da Província de Santo Antônio do Brasil, da qual emerge o reconhecimento de um perfil identitário, o novo rosto brasílico; e o contexto da sociedade colonial brasílica. Aos poucos percebemos que se tratava de uma história muito mais complexa do que se poderia imaginar. Constata-se que a crônica franciscana é uma confirmação da fidelidade da Província de Santo Antônio do Brasil à Ordem, ao Império português e ao Brasil. A espiritualidade de um *mundo franciscanizado*, que remonta à obra do Ministro-Geral, Frei Francisco Gonzaga, *De origine seraphicae religionis franciscanae* (1587),[32] tem sua continuidade na obra *Annales Ordinis minorum* (1625-1654, 8 vols.), de Frei Lucas Wadding,[33] no *Orbis Seraphicus* (1682-1689, 5 vols.), de Frei Dominique de Gubernatis,[34] e se consolida no *Orbe Seráfico, Novo Brasílico* (1761), de Frei Jaboatão. Do global ao local, os olhares distintos sobre a missão franciscana se conectam aos múltiplos processos culturais na expansão da cristandade ocidental. Há um fio condutor entre estes quatro cronistas franciscanos. Gonzaga escreveu uma crônica a partir das origens da Ordem e citava, pela primeira vez, a existência da *Custodia Brasilis* estabelecida em Olinda, em 1585. A menção à custódia brasílica ocupa as últimas páginas da sua obra, impressa justamente dois anos depois (1587) do início da implantação franciscana brasílica (1585), tarefa para a qual ele se empenhou pessoalmente no seu labor de Ministro-Geral. Wadding desenvolveu sua obra baseado na coleção de informações e crônicas locais provenientes de todos os conventos da Ordem, solicitadas por determinação expressa do Ministro-Geral da época. Gubernatis anunciava pela primeira vez a existência de um *Orbe Seráfico* que ocupa os quatro continentes: Europa, Ásia, África, América. Por sua vez, Jaboatão, além de confirmar o *Orbe Seráfico*, incluía um grupo identitário, o *Novo Brasílico*. Frei Jaboatão inscreve-se, portanto, na historiografia franciscana moderna, aquela iniciada e divulgada por Frei

32 Gonzaga (1587).

33 Wadding (1625-1654, 8v.).

34 Gubernatis (1682-1689, 5v.).

Francisco de Gonzaga e seguida por Frei Lucas Wadding e Frei Dominique de Gubernatis, cronistas gerais da Ordem. A este último Frei Jaboatão atribui o crédito do título da crônica brasílica. Portanto, cremos ser justo e legítimo regressar ao título original de sua obra, por considerá-lo mais apropriado e que estava esquecido desde a publicação da edição do IHGB.

Por volta de 1957, a edição do IHGB do *Orbe Seráfico* (1858-1862) já era considerada obra rara. Houve, entretanto, ainda por essa época, rumores de que

> A *Livraria Progresso* pretendia cuidar de uma reimpressão do texto, o que não agrada muito aos historiadores, que optariam por uma edição crítica. Mais animadora nos parece a incumbência assumida pela Revista do Instituto Histórico Geográfico Paraibano no ano de 1935 (a começar do vol. 8, p. 49-70), de transcrever, com as anotações que se fizeram necessárias, o *Novo Orbe Seráfico* de Frei Jaboatão, precedido de uma ligeira biografia do autor. Esta publicação, toda louvável, tem prosseguido devagar. Mas esperamos que algum dia seja concluída e oferecida ao público em separata, a contento dos historiadores.[35]

A segunda edição brasileira (1980) da Câmara Municipal do Recife

A segunda edição brasileira veio à luz em 1980 por ocasião do bicentenário da morte de Frei Jaboatão (1779). Esta foi uma edição fac-símile da edição do IHGB e incluiu algumas novidades. Nasceu sob a iniciativa do historiador José Antônio Gonsalves de Mello (†2002), presidente do Instituto Arqueológico, Histórico e Geográfico Pernambucano. Foi impressa sob o patrocínio da Câmara Municipal do Recife como gesto de agradecimento e reconhecimento do labor intelectual e historiográfico de Frei Jaboatão para salvaguardar e preservar a memória histórico-cultural do Brasil e de Pernambuco.[36]

A apresentação desta edição ficou a cargo de Antônio Corrêa de Oliveira (†2015), presidente da Assembleia Legislativa de Pernambuco, e José Antônio Gonsalves de Mello. Para Gonsalves de Mello, Frei Jaboatão faz parte dos intelectuais e escritores brasileiros que dissertaram sobre as terras e gentes do Brasil. Considera que as experiências dos letrados do Brasil no período

35 Mueller (1956a, p. 156).

36 Cf. Jaboatão (1980, p. 8s.).

colonial desembocaram na fundação do Instituto Histórico Geográfico Brasileiro em 1838. Ainda segundo ele, muitos historiadores do século XVIII demonstravam a inclinação à observação, à pesquisa e aos estudos; eles partilharam ideias e textos, a maioria preocupou-se em investigar as realidades que se apresentavam aos sentidos. Ele constatou que alguns intelectuais, mais do que em outros, davam conta da existência de um mundo por se conhecer e levá-lo ao conhecimento do público. Um vasto acervo documental foi coligido pelas Academias de curta duração Brasil afora, manuscritos foram publicados, outros aguardam vir à luz. Gonsalves de Mello advoga que os letrados do século XVIII elaboraram trabalhos de excelência e apontavam para as primeiras tentativas de crítica histórica.[37] Por fim, citando uma correspondência entre Capistrano de Abreu e Lino de Assunção, Gonsalves de Mello assinala a observação feita por Capistrano de Abreu de que *Frei Jaboatão, no que diz respeito à sua crônica, é melhor do que se imagina.*[38]

Considerações finais

Frei Antônio de Santa Maria Jaboatão (1695-1779), pernambucano franciscano, pautou-se segundo a espiritualidade de São Francisco de Assis e Santo Antônio. A sua pertença a Pernambuco e à sua terra natal marcaram suas posturas políticas e religiosas presentes em seus sermões e textos (poesias, conferências e pontos de vista), apresentados nas duas academias brasílicas nas quais participou ativamente. Considerando os seus escritos, sobretudo os seus sermões e o *Orbe Seráfico, Novo Brasílico*, única crônica franciscana do século XVIII, a sua produção literária o situa numa sociedade brasílica sob a égide de identitárias múltiplas. Para Frei Jaboatão, a sua Ordem, o Brasil e os brasílicos, vistos à luz da espiritualidade de São Francisco de Assis e de Santo Antônio, revelariam processos sociorreligiosos de uma cristandade em movimento.

O Brasil, no século XVIII, tornou-se um laboratório à céu aberto marcado pelo exercício da observação, da reflexão e da literatura sobre as suas gentes e as suas coisas. Frei Jaboatão estava convicto de que pesquisar, ler, pensar e escrever a história da sua Província seria um desafio a ser superado. A tarefa de decifrar, conceituar e nomear as diversidades de terras, de habitantes e de coisas até então desconhecidas, animou os letrados a se empenharem a pesquisar temas pontuais da história do Brasil: conquista, evangelização, ge-

37 *Ibidem*, p. 9s.

38 *Ibidem*.

ografia, economia, religião, cartografia, diversidade étnica, economia etc. As abordagens, análises e produções literárias que nos chegaram estão longe de representar um panorama da realidade colonial. Todavia, a construção histórica do Brasil passa pelo paciente exercício da pesquisa e pela insistência tenaz de que tudo é possível encontrar em se tratando de pesquisas.

Ao largo de sua vida franciscana, Frei Jaboatão viveu em três capitanias: Pernambuco, Bahia e Paraíba, onde exerceu cargos de confiança (mestre de noviços, guardião, definidor, cronista), escreveu, pregou e publicou suas obras. Esta mobilidade lhe teria permitido viver e observar um Brasil em formação e em movimento face às transformações que emergiam do contexto sociorreligioso e que direcionavam as práticas políticas da coroa portuguesa. Frei Jaboatão é, portanto, uma peça-chave para uma compreensão do século XVIII, em particular o período do reinado de D. José I e do seu ministro, o Marquês de Pombal. A sua longevidade lhe permitiu passar por várias etapas históricas decisivas na evolução da formação do Brasil. Os 62 anos de atividade sociorreligiosa o colocam em meio ao que se passava no Brasil, em Portugal e no mundo. Ele nasceu na regência de D. Pedro II (1683-1706), viveu o reinado de D. João V (1706-1750) e depois do seu filho e sucessor D. José I (1750-1777). Ele viu os dois primeiros anos da regência de D. Maria I (1777-1816).

Os reinados de João V e José I foram os mais longos, talvez assaz importantes, para este franciscano incansável, observador do franciscanismo do Brasil e do Império português. Ele vivenciou, também, o delicado momento do Império português com o governo do Marquês de Pombal. Capturar o rosto de um povo em formação, que busca e questiona suas origens, parece acompanhá-lo na sua longa trajetória missionária. Tempo de crise, tempo de redefinição política face à Igreja e suas instituições de apoio: o clero secular assume o protagonismo eclesial, os missionários regulares são pressionados a reinventar-se, e os jesuítas são expulsos num contexto de perdas e danos nas atividades missionárias. Dom João V vai-se em 1750, e Dom José I, seu filho, assume o trono português. O Secretário de Estado do Reino, Dom Sebastião José de Carvalho e Melo (1756-1777), o Marquês de Pombal, conduz as mudanças político-administrativas no Império português e suas possessões ultramar, que culminam com a expulsão da Companhia de Jesus dos domínios lusitanos.

Ele se diferencia dos seus contemporâneos por ousar interpretar o Brasil a partir das suas heranças espirituais (*Jaboatão Mystico*) e pertença identitária (*Novo Brasílico*). Frei Jaboatão, dada a sua longevidade, observou, viveu e refletiu as conturbadas temporalidades da evolução do Império português e das suas possessões de ultramar para implantar a *Nova Lusitânia* no alvorecer das navegações modernas.[39] Como membro ativo das duas Academias Brasílicas (1724 e 1759), em Salvador, a sua produção mais ampla acontece após 1731, quando ele profere um sermão, na catedral de Olinda por ocasião das comemorações da Restauração de Pernambuco em 1654. A sua produção intelectual será alimentada por suas observações de Pernambuco e do Brasil.

O *Orbe Seráfico, Novo Brasílico* é a confirmação da Província de Santo Antônio do Brasil à Ordem franciscana, ao Império português e ao Brasil. As bases dessa pertença sociorreligiosa de um *mundo franciscanizado* remonta à obra do Ministro-Geral, Francisco Gonzaga, ao anunciar, em 1587, o domínio franciscano nas quatro partes do mundo e, particularmente, no Brasil. Num século XVI movido por rupturas político-religiosas, Gonzaga prima por apresentar a sua Ordem unida e missionária numa dimensão planetária.[40] No seguimento do projeto Ocidental moderno, Frei Jaboatão espelha-se em Dominique de Gubernatis, cronista da Ordem que publica o primeiro volume da crônica *Orbe Seráfico*. Este cronista da Ordem ambicionou escrever a história da Ordem em vinte volumes. Publicou cinco, e a sua posteridade deu continuidade. Dessa forma, O *Orbe Seráfico, Novo Brasílico* (1761), de Frei Jaboatão, confirmou o alcance do ideário da Ordem no Brasil. Do global ao local, os olhares distintos sobre a evangelização franciscana conectam-se aos múltiplos processos culturais na expansão da cristandade Ibérica. Gonzaga, Wadding, Gubernatis e Jaboatão abraçam as origens da Ordem e um *Orbe Seráfico* (um *mundo franciscanizado*), conectando os quatro continentes (Europa, Ásia, África, América), e Jaboatão, além de confirmar o *Orbe Seráfico*, acrescenta o *Novo Brasílico*, representante de uma construção identitária presente na sua crônica e nos seus sermões.

A lógica franciscana, em tempos de crise, apela para as origens e fomenta a expansão missionária nas quatro partes do mundo. Ao associar-se aos diversos grupos civilizacionais com os quais interage, a Ordem franciscana valeu-se da espiritualidade que a anima para reavivar a missão entre os povos. A novidade desse momento histórico reside no ponto de vista local para reinterpretar a missão à luz de um *mundo franciscanizado* sob os auspícios do *Novo Brasílico* que emergem no século XVIII. Para Frei Jaboatão, o *Novo Brasílico*

39 Fundação Biblioteca Nacional, ms. 12, 02, 004, n. 9, Carta a D. João III opinando sobre a formação de povoações mais distantes uma das outras para que se possa fazer uma Nova Luzitânia na grande colônia Brasil. 20/12/1546.

40 Cf. Meyer (2005, p. 275-299).

seria o resultado de um *já* e um *ainda não* de uma sociedade em construção. Este ponto de vista de Frei Jaboatão o torna precursor de um processo identitário aberto e, por isso mesmo, permanentemente em movimento.

Igreja de S. Cosme e S. Damião, à esquerda, e, no centro, o Convento Franciscano de lgarassu, Pernambuco, de Frans Post (c. 1663).
Óleo sobre painel. 42,8 x 58,8 cm - © Coleção Carmen Thyssen.
Museo Nacional Thyssen-Bornemisza - Madrid.

Frei Jaboatão foi mestre de noviços no convento de Igarassu de 1727 a 1730.

Observações sobre as notas de rodapé desta edição

As referências aos parágrafos do texto de Jaboatão são feitas da seguinte forma:

- OSNB Preâmbulo: parágrafos 1 a 307 do preâmbulo da primeira parte.
- OSNB I: parágrafos 1 a 431 da primeira parte.
- OSNB II: parágrafos 1 a 788 da segunda parte.

As notas de rodapé originais de Jaboatão são identificadas entre colchetes: [Jaboatão].

As obras citadas por Jaboatão nas suas notas e identificadas pelos editores são apresentadas entre colchetes, sem identificação das páginas. O critério utilizado foi identificar uma edição anterior e mais próxima a 1761, ano da publicação da *Primeira Parte* do *Orbe Seráfico*.

Abreviaturas utilizadas:

IHGB – Instituto Histórico e Geográfico Brasileiro

LGIP – Livro dos Guardiães de Ipojuca (na bibliografia: Willeke, 1964)

LGPB – Livro dos Guardiães da Paraíba (na bibliografia: Willeke, 1968b)

LGBA – Livro dos Guardiães da Bahia (na bibliografia: Willeke, 1978b)

Grafias arcaicas na edição do IHGB e sua correspondente atualizada nesta edição

Aymorés	Aimorés
Cayeté	Caeté
Gequié	Jequié
Goayana	Goiana
Goayanás	Guaianás
Goaytacá	Goitacá
Iguaraçú	Igarassu
Itanhanhem	Itanhaém
Itapoan	Itapuã
Paranamerim	Paranamirim
Payaguá	Paiaguá
Potygoarés	Potiguares
Putigoarés	Potiguares
Putygoar	Potiguar
Seregippe del-Rey	Sergipe del-Rei
Serenhanhem	Sirinhaém
Tamaracá	Itamaracá
Tamoyos	Tamoios
Tapuyas	Tapuias
Tobayarás	Tabajaras
Tracunhanhem	Tracunhaém
Tupins	Tupis
Tupynambá	Tupinambá
Tupynambaz	Tupinambás
Tupynamquiz	Tupiniquins
Tupynanqui	Tupiniquim

Primeira Parte

Ao taumaturgo português Santo Antônio de Lisboa[1]

Por um de três princípios, introduziram-se nas obras literárias, por seus autores, os oferecimentos e dedicatórias a sujeitos da maior distinção e mais alta hierarquia; ou para solicitar com elas um Patrocínio poderoso e uma segura proteção, como antídoto preservativo para haverem de conseguir o efeito feliz de saírem à luz pública, ilesas do mortal veneno de uma crítica mordaz; ou como tributo obsequioso por benefícios grandes e gratuitos; ou para relatar genealogias nobres e ascendências ilustres. No frontispício desta, que ao vosso sacro acatamento, glorioso Santo, consagra reverente a minha veneração, não descrevo atento às vossas singulares prerrogativas que virtudes admiráveis; porque, como a obra é toda vossa, ou dos vossos, pelo que trata, toda ela é um perfeito compêndio e bem-ordenado epílogo das vossas mais estupendas graças e santidade sempre prodigiosa, que é a melhor genealogia, que de um herói grande se pode descrever. O que aqui somente intento, é confessar a minha dívida e empenhar mais a vossa proteção. Confesso que devo, mas não pago; porque me acho falto de boas obras e merecimentos, que é só o com que devia satisfazer pronto ao muito, que da vossa liberal mão tenho recebido. Confesso fim a minha dívida e protesto juntamente, que, para a justa satisfação dela, sou o que me acho mais obrigado; por que, se há outro, que tinha o nome de Alexandre, dizia este príncipe, estava por isso mais empenhado a fazer obras de Alexandre; eu, que mereci a graça quando recebi a primeira, de me ser imposto o vosso nome, sou também o que mais encarregado estou na imitação das vossas virtudes, que são só o cabedal condigno, com que devo acudir cuidadoso à grande dívida, em que vos estou. No enquanto porém, da vossa intercessão poderosa espero o benefício desta mercê, que, pela eficácia dos vossos merecimentos superabundantes, desejo alcançar humilde e espero conseguir confiado, tomo por patrono singulares e ofereço por penhores de maior valia, todos aqueles filhos vossos, irmãos meus, que no teatro espaçoso deste Novo Orbe o souberam plantar com suores contínuos, cultivar com exemplos eficazes e edificar com virtudes heroicas, progressos religiosos e fins

1 Esta introdução, presente na edição de 1761 e que precede o Antelóquio, é omitida na edição de 1858 do IHGB.

católicos; porque neles todos juntos e em cada um de per si, achareis um perfeito exemplar de todas aquelas singulares virtudes e prerrogativas cristãs, que vós, como astro superior deste Brasílico hemisfério, lhes quisestes comunicar benigno e eles, como inferiores estrelas e filhos legítimos do vosso espírito, souberam receber dispostos.

No campo fértil desta história e nas amenas margens deste mapa, achareis a uns, não só abrasados no ardente desejo de sacrificar confiantes a vida e derramar profusos o sangue, à imitação vossa,[2] mas também conseguiram venturosos, ou serem vítimas puras da barbaridade tirana dos gentios e do herético ódio dos holandeses. A outros vereis frequentando os púlpitos, ocupando os confessionários, convertendo infiéis, convencendo hereges, abominando vícios, dirigindo consciências, desterrando ódios, introduzindo paz e como experimentados médicos de almas enfermas pelo pecado, tudo nelas, ou temperavam com sal da doutrina evangélica, ou venciam, como vós, com o exemplar da vida penitente.[3] Encontrareis a muitos na pureza claros, na paciência aprovados, no trato modestos, ajuntando, a exemplo vosso, a caridade dos próximos com o zelo das almas e de todas as mais virtudes, uns perfeitos seguidores daquelas pisadas, com que correstes para Deus lá nesse teatro do universo e eles, conseguiram assim, neste Novo Mundo, que essas são as mais fiéis testemunhas da verdadeira doutrina, os perfeitos religiosos devem, à imitação vossa, edificaram o mundo.[4] Também no retirado da clausura, no escondido das celas e na ocupação laboriosas de interiores oficinas, achareis a muitos, que com um disfarce da ignorância ocultaram altas ciências, umas adquiridas a influxo superior, outras comunicadas pela liberal natureza, até aquele tempo, que lhes pôs a Alta Providência, de que vós destes aos homens melhor testemunho.[5] A outros verei, já nos públicos por obediência já nas cadeiras por obrigação, dando como discípulos vossos, que aprender a uns, que admirar a todos.[6]

Neste Novo Orbe vereis a um Fr. Cosme de são Damião, que entre todos e por todos, como astro deputado, ou nova estrela criada para este particular hemisfério foi nele um perfeito epílogo das vossas mais reverberantes luzes,

2 [Jaboatão] Fervet ad martyrium Ex leg [nota ed.: ORÍGENES, 1674].

3 [Jaboatão] Et vita floruit, & doctrina ib [nota ed.: SCHINDLER, 1693].

4 [Jaboatão] Zelo juncta charitas, veritas, modestia, testes sunt doctrina. Ibi [nota ed.: SCHINDLER, 1693].

5 [Jaboatão] Sub indocti facie, tantum Divinae gratiae lumen abscondebat. Ib [nota ed.: SCHINDLER, 1693].

6 [Jaboatão] Ut omnes, qui aderant mirarentur. Ibi [nota ed.: SCHINDLER, 1693].

especialmente em participar sem descanso, tirando toda prolongada circunferência desta meridional esfera, já de Pernambuco até o Maranhão, dali outra vez a Pernambuco, deste à Bahia, São Paulo, Santos e Rio de Janeiro, donde voltou para a Bahia, Pernambuco e Paraíba, pelos conventos, pelas aldeias e missões, já nos lugares povoados, já pelas brenhas dos sertões, já perseguido dos hereges holandeses, preso por eles, sentenciando à morte e desterrado, navegando mares a impulsos furiosos dos inimigos, recorrendo terras a influxos benignos da caridade. Mas, em tanta ocorrência de sucessos, sempre Astro puro e resplandecente estrela, luminoso sol, encaminhado a movimentos vossos, para comunicar luzes a este Novo Orbe, assim como voz a destes lá nesse antigo mundo.[7]

Interpostos assim na vossa agradável presença, estes fiadores certos, pela minha parte e conhecendo bem na pobreza do meu espírito a impossibilidade do seu desempenho, ofereço humilde a vossos sagrados pés este limitado obséquio da minha vontade; não como paga, por que não iguala a dívida, mas tributo, com que me reconheço ou mais obrigado e como qual, novamente penhoro o vosso Patrocínio para a total execução daquelas virtuosas ações, que me estais pedindo, como credor meu e eu reconheço devo responder com elas ao vosso nome, ainda que nele seja só conhecido até aqui por vosso

Fr. Antônio de Santa Maria Jaboatão.

7 [Jaboatão] O sydus Hispaniae. Nova lux Italiae. Ut Sol nites Paduae. Ibi [nota ed.: SCHINDLER, 1693].

Antelóquio

Sendo em todo o tempo dificultosa empresa, a de escrever qualquer História, esta, a que nos destina o forte, se bem suave preceito da obediência, por todos os seus princípios se faz ainda mais arriscada, tanto por parte de quem a escreve, e lhe deve dar a alma, com que há de reviver, como pelos elementos de que necessita, para a perfeita organização do seu corpo, e das partes de que este se há de compor. Pelo que a nós toca, não encarecemos a improporção da escolha; porque a julgamos mais Providência superior, do que destino dos homens. Pois encarregando os Prelados da Província, já desde o século passado, e neste presente, a dois Padres dela, de ciência, e literatura, esta ocupação, do primeiro só achamos alguns apontamentos, e do segundo coisa nenhuma. A estes se seguiu o P. M. Fr. Rafael da Purificação; mas a parca, talvez invejosa de que nesta Obra assentasse a mão, lhe cortou, com antecipada cautela, o fio da vida, antes que para isso aparasse o agudo da sua pena; e assim ficou a Província como órfã da honra, e glória, que lhe podia resultar se pela frase deste Mestre corressem os caracteres, e expressões dos seus elogios.

E se estes sujeitos de tão distinta graduação, e literatura não puderam vencer, o que nós agora, com a nossa fraqueza, e insuficiência, chegamos a conseguir, razão nos sobra para entendermos fora isto não tanto disposição dos homens, como Superior Providência, que rejeitando para empresas árduas os mais sábios, e avultados, escolhe muitas vezes para elas os mais humildes, e de menos nota.[8] E assim não encarecemos por aqui a dificuldade da empresa; porque ela per si se está inculcando. Mas a mesma Providência, que assim tão suavemente o dispôs, com a mesma lhe encaminhará os meios, e mostrará o fim, sempre desigual às nossas forças. É verdade, que ocorrendo-nos algumas vezes o amortecido descuido, que havia naqueles, a quem se cometera este emprego, me sentia com uns repentinos impulsos para ele; mas em continente afrouxava o espírito na consideração de que por falta de cabedais necessários, e próprios para uma tal Obra, ainda que lhe déssemos princípio não lhe chegaríamos a pôr o fim, e serviria então de Fábula repetida aos que repassassem pela memória o nosso atrevimento, e poderiam contar da nossa presumida ignorância o que da pobreza de outro se conta, que sem lançar as medidas ao cabedal que tinha, começou a obra, que depois, por indigência, não pode

---

8 [Jaboatão] Abscondisti hæc a Sapientibus. Et revelasti ea parvulis. Mt 11, 28.

acabar.[9] E principalmente, quando para tanto empenho nos faltava o mais sólido fundamento, que era o eficaz preceito da Obediência, para poder com a sua virtude superar os nossos defeitos, e vencer tantas, e tão conhecidas dificuldades.[10]

Também se não fazia este empenho menos difícil, por parte dos elementos precisos para esta crônica. Eram estes, o suplemento certo, e irrefragável das notícias, e papéis espalhados pelos Arquivos dos Conventos de toda a Província, e seus Cartórios. Para estes determinaram os Padres da Mesa da Definição no Capítulo Provincial de 2 de dezembro de 1752, fôssemos o companheiro, e Secretário do P. Provincial, para que com a pensão de correr, e visitar com ele a Província, pudéssemos entrar melhor pelo trabalho de ver os seus Arquivos, rever papéis, e esquadrinhar notícias; o que tudo fizemos, sem reserva de algum, e sem fugir a esta laboriosa, e, à primeira vista, quase infrutífera diligência; porque achamos neles tão pouco que registar, e estes em tal forma, que mais nos servia de embaraço ao discurso, do que de norte, e luz para a história, que sendo a verdade, a que lhe deve dar o ser, e alma, e devendo ela constar de notícias, e documentos certos, bem se deixa ver o quanto sem estes fica dificultosa a sua composição. A isto acrescia outro inconveniente grave, e quase impossível para ser vencido, e é o ser história esta, que há de compreender não só o passado, também o presente, o moderno, e o antigo. E se qualquer destas partes só per si, e separada, causara notáveis, e evidentes perigos ainda aos escritores mais destros, e versados; porque no antigo por falta de notícias é perigoso o exame, e no moderno pelos respeitos, mui arriscada a expressão;[11] quanto mais nesta, que se há de compor destes dois tempos, e tão encontrados. Propomos, porém, pela verdade, que professamos, de não faltar como louvor a quem o merecer, nem menos com a crítica aonde for necessária; mas com tão justa, cristã, e Religiosa medida, que neste modo de expressão não cremos predominados de excesso algum exorbitante, nem de paixão para a crítica, nem de afeto para o louvor.

Satisfeitas assim as partes, que constituem arriscada, sobre dificultosa, esta Obra, ainda nos resta outra, e sem dúvida a mais difícil, e é o dar-lhe título adequado, e que não exceda a fachada do título a medula, ou substância de dentro; e por isso daremos também a razão do que lhe damos. É este o de *Orbe Seráfico, novo, Brasílico*, que em frase mais comum, é o mesmo, que *Crônica*

9 [Jaboatão] Hic homo cœpit ædificare, et non potuit consummare. Luc 11, 30.

10 [Jaboatão] Vir obediens loquetur vitoriam. Prov 22, 28.

11 [Jaboatão] Vetera, et scripta allis parata inquisito, sed onerosa collatio; intacta, et nova graves offensæ, levis gratia. Plin. lib. 5. Epist. 8 [nota ed.: PLINIO, s.d.].

Seráfica da Província de Santo Antônio do Brasil da América Meridional, e Novo Mundo, chamo-lhe *Orbe,* e *novo*, não porque queira dizer que é novo este título de Orbe; pois já, e muito antes que nós, o deu o Padre Gubernatis à sua Obra, que escreveu de toda a Ordem, intitulando-a: *Orbis Seraphicus*; porque nela se continham as Atas da Família Franciscana, e Seráfica espalhada, e dispersa por todas as quatro partes do mundo, como Europa, Ásia, África, e América, as quais juntas se chamam Orbe, Redondeza, ou Mundo; e isto bastou àquele Autor grave para que lhe viesse com propriedade o nome de Orbe à sua Obra. Da mesma sorte se faz próprio para a nossa este nome; porque a esta só parte da América, na qual há de ter a sua parte esta história, chamam os Autores todos Novo Mundo, não obstante ser uma só parte dele. Assim também, ainda que a história, que escrevemos, não abarque a todo este Novo Mundo, mas só a alguma parte dele, como é a do Brasil, lhe compete, à imitação daquele, o nome de *Orbe*; e por consequência o de *Novo*; não só, porque novo se chama o País, do qual esta Obra há de conter uma grande parte, mas também, por se escrever tantos anos depois daquele de *Gubernatis*, pois é frase comum no mesmo mundo, quando nele renasce, ou aparece alguma coisa com o nome de outra, que já houve, para distinção do antigo, chamar-se novo, o que é moderno, e vem depois: é no mesmo mundo, e parte dele, em que estamos, lemos o exemplo; pois a esta só quarta parte, que é a América, chamam os Autores como se disse, Novo Mundo, por se descobrir muito depois das três primeiras, que eram o Mundo antigo, ou primeiro Mundo; e por isso, com uma naturalidade muito própria, vem também a este nosso *Orbe* o nome de *Novo*; e por tratar dos Frades Menores, há de ser *Seráfico*, como aquele outro; e por ser da Província do Brasil, se deve denominar, ou distinguir, com o aditamento de *Brasílico*. E com todas estas razões, bem se conforma com esta Obra o título que lhe damos, e que não poderá haver sobre ele parecer algum encontrado, que não degenere para uma crítica impertinente, e mais mordaz, do que judiciosa.

Também esta julgamos não pode ter lugar sobre a frase, estilo, método, e ordem, que seguimos: A ordem, e método há de ser conforme a carreira dos anos, e fundações dos Conventos, pela mesma, com que precederam uns aos outros, e na descrição de cada um, aí lhe ajuntaremos tudo o que lhe pertencer, como casos sucedidos, Religiosos, que neles floresceram em virtudes, e aí estão sepultados, por não fazermos repetições, ainda que pelo decurso do tempo acontecessem as tais coisas muito depois: e seguimos nisto aos Cronistas antigos, e especialmente a alguns modernos de melhor nota; e este método, e forma guardaremos até a fundação do último Convento, fazendo muito por ordenar tudo conforme a ocorrência dos tempos em cada uma das Casas; e concluída a narração da última, continuaremos, ou os que se nos seguirem, e o quiserem assim a cronologia dos anos, de tudo aquilo, que em comum pertencer à mesma Província.

A frase, e estilo, pelo que se deixa ver, parece claro, e corrente, e sem afetação natural, atendendo a que escrevemos história, e não Panegírico; e por isso, correndo para o mais comum, e perceptível, fugimos de palavras esquisitas, termos peregrinos, e orações fraseadas, buscando as mais próprias, e naturais vozes, e com que melhor se explique, e entenda uma história, que há de servir para todos; porque assim, nem os menos sábios a deixem de perceber por mui elevada, e culta, e nem os mais entendidos a desgostem por muito humilde, e rasteira.

Sobre a citação de Autores, não duvidamos ser notados de o fazermos muito poucas vezes; mas será por aqueles, que não advertirem, escrevemos a história primitiva de uma Província, da qual se não escreveu até agora por autor algum, e só nos aproveitamos para ela, das notícias da mesma Província, e nem estas as achamos em livros, ou cadernos, ordenados com títulos, capítulos, e números, e só em alguns papéis, e assentos avulsos, e por isso muitas vezes, ou quase sempre, os não apontamos à margem.

Na descrição das Capitanias, e suas fundações, quando é necessário, e há dúvida, apontamos os Autores, e quando nestes não achamos o ano, em que aconteceram algumas delas, e outros vários sucessos notáveis, fazemos muito para o assignar conforme as ocorrências do tempo, apontando os princípios, e motivos para o fazermos assim; como especialmente se pode ver na ida de Diogo Álvares Caramuru da Bahia à França, que por nenhum princípio podia ser no reinado de Henrique de Valóis, e Catarina de Médici, conforme o escrevem todos; apontando em outros muitos o certo, como certo, e o duvidoso, como tal.

Outra censura mais, e talvez causa das muitas, que poderão cair sobre esta escrita, é o pouco tempo, que tomamos para ela, porque, se o quisermos reduzir a anos, não se poderão contar por muitos, pois ainda agora, que a completamos, não chegam a dois; sendo nós o próprio amanuense, e escrevendo da nossa letra dois volumes deste teor, além de outros muitos traslados, como em semelhante espécie é preciso: e fazemos esta repetição, não para crédito, ou inculca de alguma capacidade, e só do nosso trabalho, e principalmente para que possam merecer melhor desculpa os erros, ou descuidos, que a perspicácia dos discretos, e apurados Leitores lhe puder descobrir, e que com caritativa, e fraternal advertência emendaremos para o diante.

LICENÇA DA ORDEM[12]
CENSURA DO M.R.P. Fr. TIMOTHEO DA

Conceição, Ex-Leitor de Teologia, (qualificador do Santo Ofício, Consultor da Bula da Cruzada, Examinador das Três Ordens Militares e Sinodal do Patriarcado e Custódio atual da Província de Santo Antônio de Portugal; e do M.R.P. Fr. João de Santo Thomaz, Ex-Leitor de Teologia, Qualificador do Santo Ofício e Guardião atual do Convento de Santo Antônio de Lisboa.

NOSSO R.[mo] PADRE COMISSÁRIO-Geral

Vimos com atenção o Livro intitulado: Orbe Seráfico, Novo, Brasílico, ou primeira parte da Crônica da Província de Santo Antônio do Brasil, composta pelo M.R.P. Pregador Fr. Antônio de Santa Maria Jaboatão, Cronista e Definidor atual da mesma Santa e Reformada Província, porque V. Reverendíssima como Superior Prelado assim o determina por seu especial mandato, cujo preceito é para a nossa obediência suavíssimo, por ser muito consentâneo ao nosso gosto. Nem podia deixar de nos ser grata a leitura deste Livro, por ser a história de uma Província, que se jacta de ser filha desta nossa de Santo Antônio de Portugal, onde há outra, que sendo na realidade também filha, por proceder dela, disso mesmo se despreza, querendo antes assetar Irmandades, do que adaptar filiações, como se lhe servisse de desfrute o proceder de uma Província tão Santa, que já se tinha experimentado tão secunda, que tinha gerado a da Bahia, donde saiu depois a do Rio de Janeiro, que não negará ser filha desta e não estava exaurida a sua potência e fecundidade para produzir muitas e grandes Províncias. Nem também deixa de nos dar gozo o suave preceito de V. Reverendíssima, porque no Livro se faz memória dos grandes Heróis e virtuosos Religiosos, que desta nossa Província foram fundar naquele Mundo novo a nova Custódia, que depois se veio a exaltar em Província, donde florescem e tem florescido tantos Varões sábios e virtuosos, que na produção da outra se vangloriam da mesma fecundidade, que herdou da nossa.

Estas e outras, são as razões, que na opinião de muitos poderão fazer suspeita a nossa Censura porque o afeto nos arrastaria a vontade e o juízo, para não dizermos com fidelidade o nosso sentir; porém se bem refletirem sobre o remontado da Obra, nas primazias das suas elegâncias, no espírito da locução, na medida dos períodos e na fidelidade dos documentos acharão que tudo, o que dissermos, terão curtos elogios para o Autor, por ser por tudo

---

[12] Toda esta seção de censuras e licenças, que se estende até a *Protestação*, presente na edição de 1761, é omitida na edição de 1858 do IHGB.

isto merecedor de maiores encómios e que podemos dizer dele, sem receio de suspeição, o que do grande Isócrates escreveu Valério Máximo lib. 8. cap. 7.: *Isocrates nobilissimum librum composuit, opus ardentis spiritus plenum, ex quo apparet eruditorum intus animos industriae ardentis beneficio florem juventa retinere*; porque para se conhecer que este Livro é nobilíssimo, cheio do grande espírito de seu Autor, basta ver que por benefício da sua indústria e grande trabalho ressuscitou da sepultura do esquecimento aquelas notícias, que por espaço de dois séculos estavam como mortas para os seus Religiosos, sendo ele o primeiro, que com alma lhes deu a melhor vida. Por este motivo lhe podemos dar a primazia entre os Escritores da sua Província, sem embargo de ser eleito já antes dele outro Cronista; porque assim como a Moisés, escrevendo os livros Sagrados, se dá a primazia entre os Historiadores Hebreus, entre os Gregos a Mileto, ou como outros querem a Heródoto e entre os Latinos a Júlio Cesar, por serem os primeiros de quem se viram os seus Escritos; porque não faremos o mesmo obséquio a este insigne Escritor, que é o primeiro que dá à luz pública, o que até agora estava nas trevas do esquecimento e fechado no mais profundo silêncio? Mas ainda por outro título lhe podemos dar a primazia, entre todos os mais Escritores; porque aplicando-se cada um a sua espécie de História, segundo as suas divisões, conforme a eleição do seu gosto, ele compreende neste Livro todas as suas espécies.

Dizem os que melhor o sabem, que a História é gênero, que se divide em Geográfica, que trata dos lugares da terra, como Cidades, Reinos e Províncias; em Cronológica, que computa os tempos, os anos e séculos; em Genealógica, que descreve a sucessão das famílias e em Crônica, que relata os feitos e ações de alguns sujeitos abalizados em letras, armas, ou virtudes; e se bem repararem, acharam que todas estas espécies compreende o Autor neste Livro e o faz ser um corpo tão perfeito, que parece uma só espécie; pois tratando das ações, e feitos daqueles virtuosos Varões, que enobreceram a sua Província e por isto lhe dá o título de Crônica, trata também da sucessão de muitas famílias, dos tempos e anos de vários acontecimentos famosos, não só dos próprios, mas ainda dos estranhos e ultimamente do Mundo novo Brasílico com quase todas as suas Províncias, com que abraça a História Geográfica, Cronológica e Genealógica com tal arte, que parece se contraem sem violência umas às outras e conduzem todas para descrever com fidelidade os sucessos memoráveis acontecidos nos paliados tempos entre nações bárbaras desde o seu descobrimento e para manifestar as grandes façanhas e heroicos feitos dos maiores Varões, que em armas, letras e virtudes floresceram desde o ano de 1500 e mais particularmente desde ode 1585 até agora, não sendo outro o seu intento, se não desafiar a imitação e fazer com estímulos fortes aborrecíveis aos vícios e estimáveis as virtudes.

Por cujo motivo podemos agora dizer, que assim como Alexandre deveu o título de Magno ao ter lido a história das façanhas de Aquiles e César o título de grande por ter lido a da vida de Alexandre; assim também os grandes títulos de virtudes e letras, que daqui em diante tiverem os Religiosos da Santa Província do Brasil, os confessaram dever a esta história, que relata as maiores façanhas dos seus antepassados, para lhes servirem de sortes exemplares, que devem imitar e de espelhos cristalinos para comporem todas as suas ações; pois o Autor se empenhou só em dizer o que aconteceu com verdade e verissimilidade, sem aceitar lisonjas para adquirir vontades e sem composição de viciosos enfeites, que tiram a fé humana, que se deve a semelhantes histórias. E ainda que por isto merecia o Autor maiores elogios, com tudo deles nos abstemos, por não cairmos na nota de molestos e os deixamos para outras mais bem aparadas penas. E só dizemos que o Livro e sua história serve de grande honra à sua e minha Província e de lustre a toda a Religião Seráfica e que não tem coisa alguma contra a Fé e Concílios, ou contra os bons costumes; e por isso digno do prelo. Este o nosso parecer, V. Reverendíssima mandará o que for justo. Lisboa no Convento de Santo Antônio aos 22 de julho de 1758.

Fr. Timóteo da Conceição, Ex-Leitor e Custódio
Fr. João de Santo Tomás, Ex-Leitor e Guardião

Fr. PEDRO JUAN DE MOLINA, LECTOR
de Sagrada Teología, Teólogo de la Majestad Católica en la Real Junta por la Inmaculada Concepción de nuestra Señora, Ex-Ministro General de toda la Orden de Menores de N.P.S. Francisco, y en esta Cismontana Familia Comisario General, Visitador Apostólico, y Siervo etc.

Por el tenor de las presentes, y por lo que a Nosotros toca, concedemos nuestra bendición, y licencia al P. Fr. Bonifacio de S. Antonio, Procurador de nuestra Provincia de S. Antonio de Brasil de Menores Descalzos en la Corte de Lisboa, para que pueda dar a la prensa un Libro, que ha compuesto el P. Predicador Fr. Antonio de Santa María Jaboatão, Cronista, y Definidor de dicha nuestra Provincia, cuyo título es: *Orbe Seráfico, novo, Brasílico*, o primera parte de la Crónica de la Provincia de S. Antonio de Brasil; atento, a que habiéndose visto, y examinado de comisión nuestra por Teólogos de la Religión, nos aseguran, no contener cosa alguna contra nuestra Santa Fe Católica, ni contra las buenas costumbres, y que es digno de darse a la luz pública. Y en todo lo demás se observarán los Decretos del Santo Concilio de Trento, *ac caeteris de jure servandis*. Dado en este nuestro Convento de N.P.S. Francisco de Madrid en 4 de agosto de 1758.

Fr. Pedro Juan de Molina.
Comisario General.

Por mandado de S. P. R.[ma]
Fr. Gabriel Lázaro. Secretario General de Descalzos, y Recoletos.

Reg. tit. Prov.

LICENÇAS
DO SANTO OFÍCIO
CENSURA DO M.R.P.M. Fr. ESTEVAM CARDOZO
Telles, Qualificador do Santo Ofício etc.

SERENÍSSIMO SENHOR

Manda-me V. Alteza ver este Livro Intitulado: *Orbe Seráfico*, ou *Primeira parte da Crônica dos Frades Menores da mais estreita e Regular Observância do Brasil.* Obra composta pelo M.R.P.M. Fr. Antônio de Santa Maria Jaboatão, Cronista e Definidor da mesma Santa e Reformada Província. E julgo certamente podia dar por satisfeita a minha obrigação de Censor, só com repetir segunda vez a mesma Censura laudatória, com que expressei meu conceito na aprovação de um tomo de Sermões e Práticas, que o mesmo Autor compôs: Contudo, como esta Obra varia de substância e acidentes, não me posso escusar de exprimir e dizer, que intenta o Autor exceder-se a si mesmo remontando os rasgos da pena à Suprema Esfera; acaso estimulado seu gênio generoso, do nobre alento e ânimo, que lhe inspiram seus Sapientíssimos Irmãos e RR. PP. MM, na aprovação das suas Obras, exortando-o com vivas expressões a que pela continuação de suas recomendáveis fadigas dê lugar ao merecimento e elogio, que se dá a um Varão verdadeiramente Sábio nos Provérbios: *Iustorum semita, quasi lux splendens procedit, et crescit, usque in perfectun diem.*

O Autor desta Obra como singular Geógrafo lança os olhos da consideração pelo dilatadíssimo e fertilíssimo campo do Orbe novo Brasílico, sujeito ao Supremo Domínio do nosso Fidelíssimo Monarca e com especial delicadeza descreve Geograficamente a situação do Rio de Janeiro, Bahia, Pernambuco e Grão-Pará, que vem a ser: quatro caudalosos Rios, que a banham, fecundam e enriquecem, os resplendores e luzes da doutrina mais pura e da santidade mais sólida; esta como derivada da perene fonte do meu glorioso Patriarca S. Francisco; a outra como nascida dos reflexos do Cristalino Espelho: Santo Antônio de Lisboa. E com tanta viveza e alma nos propõem este nobilíssimo exemplar nas eminências da Evangélica perfeição, que aos alentos da sua pena parece ressuscita o Patriarca Santo e revive o zelo, que abrasou seu peito. E caminha e discorre com o mesmo valoroso impulso a descobrir as preciosidades daquela mina, os frutuosos ramos daquela fecunda árvore; os cristalinos rios daquela fonte e os Rios grandes daquele imenso pélago de virtudes: cumprindo exatamente o empenho de um Varão Sábio, de quem se diz: *Profunda fluviorum scrutatus est, et abcondita in lucem produxit.*

Por este motivo, desde o princípio, tive por ociosa esta minha Censura e não me enganei no conceito que diz, porque lendo depois o Livro com toda a atenção e cuidado, cumprindo com a Real Ordem de V. Alteza, achei que em tudo corresponde ao juízo, que formei ao princípio: porque o que contêm é mui conforme às Católicas verdades e aos bons costumes e o julgo mui proveitoso, útil e de muita glória para o meu Patriarca S. Francisco: a glória do Pai são os filhos na pena do Eclesiástico: *Deus enim glorificavit Patrem in filius.* E segundo forem os filhos, será a glória, que o Pai tem por eles: E como foram os filhos, que tem tido o meu Patriarca Seráfico neste Novo Mundo Brasílico debaixo da proteção de Santo Antônio? Não posso responder de todos, porque tenho por quase impossível reduzidos a número; porém falando dos que neste tomo se descrevem e se propõem as suas vidas, digo que foram tão grandes e tão ilustres, que quando não houvera outros, bastavam estes para fazer ao meu Santo Patriarca sumamente glorioso. As grandes e heroicas ações, que obraram estes Varões Ilustres e os exemplos, que com a sua presença, virtude e doutrina deram e dão, conquistando almas a Deus nas Américas, propõem o Autor deste *Orbe Seráfico e Novo Mundo Brasílico,* a quem se devem render as graças e ter-lhe uma santa inveja de que desempenhe o singular e grande talento, que Deus com ele repartiu para escrever as suas vidas; pois por nenhuma coisa se faz um Varão mais Sábio e Ilustre, que escrevendo as vidas dos Varões abalizados na virtude e santidade. Por todas estas razões julgo que V. Alteza pode dar licença para que se imprima. Este o meu parecer: V. Alteza mandará o que for do seu Real agrado. Convento de S. Domingos de Lisboa 3 de janeiro de 1760.

Fr. Estevão Cardoso Teles.

CENSURA DO M.R.P.M. Fr. JOÃO EVANGELISTA,
Leitor Jubilado e Qualificador do Santo Ofício.

SERENÍSSIMO SENHOR.

Orbe Seráfico, *novo, Brasílico,* ou *primeira parte da Crônica da Província de Santo Antônio do Brasil,* que compôs o M.R.P. Pregador Fr. Antônio de Santa Maria Jaboatão e V. Alteza se dignou mandar-me ver, é uma Obra verdadeiramente digna do seu Autor, o qual no Orbe Literário tem adquirido grandes créditos e se tem feito credor dos maiores elogios.

Já em outra composição fez público por meio do prelo o seu raro engenho; porém neste *Orbe Seráfico* dá inteiramente a conhecer o seu singular talento, eloquência e erudição. Observa à risca as leis da História; e sendo a primeira e principal o deixar o falso e narrar somente o verdadeiro, como ensinou Cícero: *Quis nescit primam esse Historiae legem ne quid falsi dicere audeat,* nesta Crônica se mostra o seu Autor tão amante da verdade, que a leva sempre por norte. Nos sucessos antigos, aonde se não descobre claramente nem a verdade, nem a mentira, nem nega, nem afirma. Nos fatos que refere sem documentos verídicos são as suas conjecturas as mais judiciosas e bem fundadas. Escreve com uma total independência de afeto e de emulação, mostrando-se não só Historiador sábio, mas Religioso perfeito.

Muito deve a este benemérito filho à sua santa e Reformada Província, pois se o mais estimável benefício que se pode fazer a uma República é o escrever os seus sucedidos e eternizar por meio da História as ações ilustres dos seus Heróis, como afirmou Salústio, nesta Crônica faz o seu Autor à sua Religião o maior benefício; pois por meio dela perpetua e eterniza a memória daqueles espíritos Seráficos e Operários Evangélicos, que à custa de incríveis fadigas e trabalhos conquistaram à Fé de Jesus Cristo o Novo Mundo Brasílico. Estabelece também o Autor nesta Crônica a sua fama, e a sua glória, porque com esta excelente Obra se fará memorável a toda a posteridade. Não contém coisa alguma, que ofenda a pureza da nossa Santa Fé, ou bons costumes, antes me parece que será um eficaz estímulo para quem a ler, imitar as heroicas virtudes em que tem florescido os Religiosíssimos filhos daquela santa Província, por cuja razão me parece muito digna de que V. Alteza lhe conceda licença para se imprimir. Este é o meu juízo, V. Alteza mandará o que for do seu Real agrado. Convento de N. Senhora de Jesus de Lisboa em 15 de fevereiro de 1760.

Fr. João Evangelista.

Vistas as informações, pode-se imprimir a primeira parte da Crônica, que se apresenta, e depois voltará conferida para se dar licença que corra, sem a qual não correrá. Lisboa no Paço de Palhavaã 15 de fevereiro de 1760.

Trigoso Silveiro Lobo. Melo.

DO ORDINÁRIO.
CENSURA DO M.R.P. Fr. ANTÔNIO DO AMOR

de Deus, Ex-Leitor de Teologia, Qualificador do Santo Ofício, Consultor da Bula da Cruzada, Examinador das Três Ordens Militares, e Sinodal do Patriarcado, Padre da Província de S. Francisco de Portugal, e Cronista da de Santo Antônio.

EXCELENTÍSSIMO E REVERENDÍSSIMO SENHOR.

Por ordem de V. Excelência vi este *Orbe Seráfico, novo, Brasílico etc. parte primeira da Crônica dos Frades Menores da mais estreita e Regular Observância da Província do Brasil*, com as notícias das mais heroicas proezas e virtuosas ações, que os mais famigerados alunos da Santa Província de Santo Antônio do Brasil obraram para serviço de Deus, ou neles obrou a Omnipotente mão de Deus para crédito de suas maravilhas, e santidade *Mirabilis Deus in Sanctis suis, et sanctus in omnibus operibus suis*: de que varia, e formosamente se forma e informa o corpo deste estimável volume, em que se vê depositado o grande talento de seu Autor o M.R.P. Fr. Antônio de Santa Maria Jaboatão, Pregador e Definidor de sua santa Província, Digníssimo aluno e filho benemérito da sempre louvável e muito santa Província do Brasil; e ingenuamente confesso que à vista de Obra tão excelente me vejo obrigado a converter a Censura em admiração, como já o fez em semelhante ocasião Cassiodoro: *Tanta quippe viri, non examinanda sententia est.* E já que pela imperícia de meu engenho e tosco de meu muito baixo estilo não posso, como deveria, passar de Censor a Panegirista, ou mudar o exame em aplauso e o voto em elogio; não obstante tão bem fundado receio, não poderei deixar de proferir, o que julgo do egrégio talento do Autor delta Obra. Lembra-me que dizia Quintiliano que o engenho dos homens se não podia dividir por dois[13] cuidados: *ingenium non debet duabus curis partiri*: Contra o parecer deste Orador tem o Autor desta grande Obra tão superiormente elevado a esfera de seu talento, que dividida já pelos cuidados de expor e interpretar as Sagradas Escrituras, agora a divide também, e juntamente pelos cuidados de Analista nesta prodigiosa História. E em um e outro cuidado se há com tanta energia, que sem faltar aos ditames de Orador Evangélico satisfaz aos direitos preceitos de Historiador: na História tão elegante, como na exposição das Divinas letras erudito; porque ao mesmo tempo que como Oráculo ilustra os púlpitos sem inveja dos Taumaturgos, dos Crisólogos, dos Crisóstomos, Atanásios e Agostinhos, deixa no estilo desta Obra abismados os melhores analistas, com emulação dos Catões, dos Cícero, dos Túlios, Marcos e Marcelos; dividindo finalmente tão engenhosamente o seu engenho pelo peritíssimo cuidado da prédica e pelo eruditíssimo estilo da História, que de tal sorte floresce na prédica e juntamente na História, que é Pregador como se não fosse Historiador; e é Historiador como se não fosse Pregador: isto não podem deixar de confessar os que, como eu, depois de terem lido os seus Sermões, lerem novamente esta Crônica, considerando-o sempre para a admiração de tantas empresas tão preocupado, que dele se pode dizer, o que Severo Sulpício o disse de outro famoso Escritor: *Totus semper in lectione, totus in libris, non die, non nocte requiescens, aut legis, aut scribis.*[14] Com o estudo adquiriu este Herói os mais custosos hábitos para a exposição das Divinas letras e a natureza lhe ministrou na erudição a elegância para a História, unindo-se com a natureza o estudo, para que nesta raríssima, por não vulgar, união se visse, e admirasse o que à imaginação de Quintiliano se impossibilitou: *Ingenium non debet duabus curis partiri.*

E se as Obras são línguas que declaram a singularidade de seus Autores: *Habent enim opera suam linguam, habent suam facundiam, etiam tacent linguam*:[15] digam as mesmas Obras a singularidade deste exímio e memorável Herói; assim como a singularidade de seu nome será de suas obras a maior e melhor aprovação, como já disse o Poeta

Nam fatis Authoris dicere nomen erat.

Para o Poeta Mureto aplaudir e aprovar as prerrogativas de Escalígero recorreu à inspiração da sua Musa pela notícia de um nome e em que lhe descrevesse, ou epilogasse a sua grandeza:

---

13 [Jaboatão] Quint. Inst. Orat. I. 10 [nota ed.: QUINTILIANO, s.d.].

14 [Jaboatão] Sever. Dialg. I de morib [nota ed.: SEVERUS, s.d.].

15 [Jaboatão] S. Cyprian.

Dic Dea, quo possim, Scripturus, singere nomen Scaliger, quod par laudibus quaet.[16]

Censurou-se lhe o desacerto e mandou-se lhe ele rever o próprio nome de Escalígero, porque no seu nome próprio tinha Escalígero o seu mais recomendável panegírico

Cur petis imprudens, quod habes? Dic, Scaliger, illud omnis virtutis nomina, nomen habet.

Seja pois o próprio nome do Autor a única e melhor aprovação desta Obra e única declaração do que é entre os Historiadores o Autor desta Crônica: Disse já Aristóteles que os nomes não somente serviam para distinguir, mas também para definir os sujeitos; *Nomina imponenda rebus non solum ad distinguendum, sed etiam ad diffiniendum*: ao que aludiu outro Poeta, dizendo:

Conveniunt rebus nomina saepe suis.

Deriva-se o nome de Antônio de uma flor, a quem por singular distintivo se deu o nome de *Anthos*: *Antonius ab Anthos*: *quod est flos*: os bem logrados estudos deste insigne Herói não só o fizeram como nova e singular flor, distinto entre os Escritores, que formam a primavera dos campos literários, mas também lhe conferiram nas sus Obras as mais odoríferas fragrâncias, com que floresce no vistoso prado da Religião Seráfica e particularmente no delicioso jardim de sua muito santa Província, fazendo nesta Crônica brotar com deleitável suavidade o cheiro das virtudes e santas ações, com que floresceram tantas boninas, que adornaram a florente primitiva da Província do Brasil, por mais que as cinzas da morte lhes tenham sepultado suas raízes: Descobrindo, nas memórias que escreveu, a uns animosos Atletas das verdades Evangélicas, a uns Oráculos da ciência e outros, que foram Operários Apostólicos, outros que foram cultivadores da agreste vinha das regiões da América, outros, que foram estupendos Taumaturgos, outros, que foram Prelados vigilantíssimos, que formando as suas ações pelas ideias pastorais dos Crisóstomos e Atanásios, deixaram modelos de imitação para os mais provectos no exercício de bom pastor; todos bases fundamentais, em que se firmaram os arcos, que fazem a mais pomposa fachada daquele jardim dentro dos Claustros daquela Província, donde brotou tão angular flor para serviço de Deus e crédito de seus alunos; em cuja glória não menos se interessa minha Província de Santo Antônio de Portugal, vendo tão gloriosamente florescentes as primícias de sua virtude e maioridade; porque se toda a glória dos filhos se reputou sempre

[16] Possivelmente *queat*.

ser a mesma para as mães, ninguém assistido da luz da razão poderá negar o direito, que a minha Província tem a toda aquela glória, quando souber, que do coração desta Santa Província de Santo Antônio de Portugal saíram como morgados os legítimos filhos que foram os primeiros fundadores da Província do Brasil, cujos filhos, obrigados do ser, que deveram à Província de Portugal, se jactam de honrar com o esclarecido título de Mãe, como devido de justiça, a quem lhe deu o ser Religioso, estimando em muito a primorosa e amante correspondência, com que esta minha respeita e venera aquela do Brasil por filha primogênita do seu amor. Digo que ninguém assistido da luz da razão poderá negar à minha Província o direito, que tem a toda a glória daquela do Brasil; porque só lhe poderá negar esse direito quem alucinado, ou voluntariamente cego de paixão quiser negar o título de Mãe devido de jure a uma Província que deu o ser Religioso aqueles elementos míticos, de que outra nova Província se formou; e quiser quimericamente usurpar a glória de filha a uma Província novamente ereta com aqueles primordiais elementos, ou elementares princípios, que espiritualmente se nutriram no regaço do coração de outra, que muitos anos antes lhe precedeu.

Julgo que para satisfação do mandado de V. Excelência me tenho explicado e que deste Livro e de seu Autor não posso dizer mais do que disse Cerda a semelhante intento: *Liber Authori suo compar, Magnum dico, maius exclamare non potero.* De que se infere, que tanto não encontra este livro as Constituições deste Patriarcado, Dogmas de nossa Santa Fé e bons costumes, que antes servirá de grande utilidade sendo participado a todo o Orbe terreno pelo benefício do prelo, que se intenta e de grande crédito à Religião Católica e aproveitamento dos fiéis. Este o meu parecer, salvo melhor, a que me submeto, e a V. Excelência muito reverente para o que ordenar. Convento de Santo Antônio da Castanheira, em 13 de abril de 1760.

Fr. Antônio do Amor de Deus.

Vista a informação, pode-se imprimir o Livro, de que se trata e depois de impresso e conferido torne. Lisboa 15 de abril de 1760.

D. F. de A. de Lacedemonia.

DO PAÇO
CENSURA DO M.R.P.M. Fr. FRANCISCO DE SANTO

Honório, Ex-Leitor de Teologia, Examinador das Três Ordens Militares, Sinodal do Bispado do Grão-Pará e Secretário da Província de Santo Antônio de Portugal.

SENHOR.

Obedecendo ao Real preceito de V. Majestade, vi o Livro intitulado: *Orbe Seráfico, novo, Brasílico, ou Parte primeira da Crônica dos Frades Menores da mais estreita e Regular Observância da Província do Brasil*, que o M.R.P. Pregador Fr. Antônio de Santa Maria Jaboatão, Definidor, Cronista, e digníssimo Aluno da mesma santa Província compôs, e com tanto rigor o examinou ao concebê-lo, que tomando o trabalho de julgá-lo, só nos deixou o gosto de lê-lo. No tempo de Homero a simples expressão de seu nome era a autorizada aprovação de seus livros; o do R. P. Jaboatão há muitos anos goza lugar distinto no plausível grêmio dos Eruditos e vendo-se na frente desta Obra, ele só a aprovará com sua fama, e defenderá poderosamente das severidades jurídica da Censura.

Porque a origem, diz Plínio, granjeia o crédito aos metais, não há mister mais prova a prata do Potosí, que ser daquelas Serras, nem mais exame o ouro deste Livro, que ser da fecunda mina de tão grande talento, por isso sua gostosa lição transforma em mim o preceito de V. Majestade em próprio império da vontade, a complacência faz eletiva a obediente especulação e a advertida glória para minha Província, por ser venturosa Mãe da que o Autor é digno filho, converte em panegírico quanto se dirige à crise, por cuja bem ocupada consideração me resultam avultados desejos de trocar mutuamente as habilidades à língua e coração, de sorte, que falhasse este e sentisse aquela, para que nem à língua se dificultasse o crédito por lisonjeira, nem ao coração se malograssem tantas verdades por mudo.

Não com vulgar aplauso pela possibilidade da impressão celebra já o Orbe Literário a exata observância da Oratória em os escritos deste Autor; pela faculdade do prelo admirará o mesmo Orbe quão engenhosamente neste *Novo Brasílico* com o rigoroso cumprimento das leis de Analista soube enlaçar as utilidades de uma ascética recomendação; pois ao paslo[17] em que com a pureza de seu estilo e agradável frase, desprezando o horror, que a outros gerou a dificuldade, ou refere com estupenda averiguação os memoráveis acontecimentos, que pretendeu encobrir a antiguidade; ou supre com bem recebido e fundado discurso os indesculpáveis descuidos dos que os presenciaram; com

[17] Possivelmente *passo*.

igual desempenho do herdado zelo por destreza de sua energia tece eficaz doutrina: já com a frequente repreensão do que estranha; já com os repetidos incitamentos para a imitação, quantos são os Varões insignes em letras e virtudes referidos, que para adorno do Orbe Seráfico floresceram no novo Brasílico, por isso quanto neste se leem nada encontra as regalias do Lusitano.

E porque adorno de com m um aplauso necessário é para celebrar triunfo por tão santa fadiga merecido e menos que sobre fundos de pública aceitação carece de galhardia a palma e falta o primor ao louro, julgo digna a licença, que se pede. V. Majestade ordenará o que for servido. Lisboa, Convento de Santo Antônio, 5 de maio de 1760.

Fr. Francisco de Santo Honório.

Que se possa imprimir, vistas as licenças do Santo Ofício, e Ordinário, e depois de impresso tornará à Mesa para se conferir, taxar e dar licença para que corra, que sem ela não correrá. Lisboa, 5 de maio de 1760.

Carvalho. D. Velho. Castello. Afonseca.

PROTESTAÇÃO

Conformando-me com os Decretos Apostólicos, especialmente do Senhor Papa Urbano VIII, protesto, que quando nesta Crônica dou alguns elogios de Santidade, Martírio, Revelações, Milagres, ou outros semelhantes a pessoas, de que escrevemos, não canonizadas, nem beatificadas pela Sé Apostólica, não é meu intento, se lhe dê mais fé, que a que merece uma narração puramente humana, e falível; e assim nisto, como em tudo o mais, me ponho com humildade de obediente filho, aos pés da Santa Madre Igreja, sujeitando-me em tudo ao seu Juízo e correção. Assim o protesto e ratifico.

Fr. Antônio de Santa Maria Jaboatão.

Preâmbulo ao Novo Orbe Seráfico, Brasílico.

1. Assim como, o que pretende entrar a primeira vez em alguma Cidade, ou outra qualquer parte do mundo, aonde nunca foi, ou atravessar algum caminho, pelo qual ainda não passou, para ir mais advertido das suas erratas, e melhor prático dos costumes do País, procura levar guia experiente, ou tomar fala antecipada; assim agora, para que, os que quiserem entrar a discorrer por este novo Orbe, não tropecem, ou por ignorantes, ou como inadvertidos, em algum tropo, expressão, ou outra qualquer passagem, que lhes possa servir de pedra de escândalo, para formar contra ele alguma crítica, ou ao menos queixa, lhe pomos aos olhos este desvio, para o declinar de todo o tropeço, e embaraço; e por isso com propriedade lhe chamamos *Preâmbulo*, que quer dizer em boa frase, o *Passador*, ou *Guia*, que vai diante descobrindo, dando passos, mostrando o caminho, fazendo explicações, e notas a quem o segue; porque para discorrer com acerto por um novo Orbe, ou Mundo novo, são necessárias primeiro certas entradas, e passeios, que é o que em todo o seu sentido significa a palavra latina, ou o verbo *Praeambulo*.

2. Compõe-se toda redondeza deste novo Orbe de duas partes principais, que lhe dão todo o ser, e adornam todo o seu grande corpo, que vem a ser, os dois especiais distintivos de *Seráfico,* e *Brasílico*; e a estes correspondem também dois descobrimentos seus, como objetos principais de toda esta história, um temporal, outro espiritual. Pelo espiritual é todo *Seráfico*, enquanto dizemos, foi descoberto pelos Frades Menores, filhos do Seráfico Patriarca, como melhor explicaremos no livro Anteprimeiro a toda a história, que a eles pertence neste novo Orbe. Pelo temporal é *Brasílico* todo, e isto é o que agora vai a mostrar este *Preâmbulo,* e assim entra ele já como guia particular, e certo demonstrador, a fazer as suas *Digressões*, ou *Passagens* de umas a outras partes do novo Orbe, e em cada uma delas suas pausas, ou Estâncias, expondo, declarando, e explicando nelas tudo o que for necessário para que o novo Caminhante, ou curioso Passeador, que por ele quiser entrar, ou aplicar-se à sua leitura, possa entender tudo o que for necessário para o seu perfeito conhecimento; como, e por quem foi descoberto, sua extensão, principais Rios, e portos, alturas da sua situação, primeiros habitadores Gentílicos, fundação das suas Capitanias, Cidades, Vilas, e Povoações, e em especial, tudo aquilo, que nesta história haja de ser preciso tocar, para a sua perfeita inteligência.

DIGRESSÃO I

Passam do Reino para a Índia Naus de portugueses, descobrem por derrota a Costa do Brasil, tomam porto nela, e do mais que ali obraram até prosseguirem outra vez viagem.

ESTÂNCIA I

Mostra como partindo de Lisboa uma Esquadra de Naus para a Índia, foram descobrir a costa do Brasil.

3. Determinado o venturoso Rei D. Manoel, de digna memória, em prosseguir a conquista da Índia, que no ano de 1497 com felizes princípios havia conseguido o famoso, e sempre celebrado Vasco da Gama, neste de 1500 mandava para ela com uma armada de treze naus, a Pedro Álvares Cabral por Capitão. E como deviam de ser à medida dos de Deus, os desejos deste piedoso Rei, na dilatação das suas Conquistas, quis completá-los o Senhor, com o descobrimento de outra, que pelo tempo adiante seria sem dúvida muito maior. E porque entendesse aquele Monarca, que era esta dádiva toda da sua liberal, e Onipotente Mão, quis também que a ficasse devendo não ao comum desvelo dos homens, mas só ao destino particular do céu. Porque, saindo do Porto de Lisboa em nove de março deste ano, arrebatados das fúrias dos ventos, e impelidos de ásperas tormentas, perdida a carreira da Índia, vieram a dar em vinte quatro de abril,[18] segunda oitava da Páscoa, em um continente, que estimado primeiro por Ilha, e depois por terra firme, nunca d'antes vista, nem agora conhecida, ao longo da qual, depois de várias consultas, e opiniões, tendo corrido por alguns dias a sua costa, que iam vendo com sobrada admiração, deram fundo em um lugar dela, que pelo achar com a capacidade suficiente para nele ancorar, e por se verem livres ali dos passados perigos, lhe deram o nome de Porto Seguro.

4. Aqui, como quem se via já seguro neste porto, saltaram em terra alegres, e com duplicados motivos para um grande contentamento, e gosto; porque pisavam um País ignoto, como senhores, e sem obstáculo de seus naturais, que não repugnantes, e com mostras de agrado, ou por estúpidos com a novidade, ou como inermes para a defesa, e resistência, recebiam agora hu-

[18] Ver Anotação I da edição do IHGB no final do OSNB II.

manos, como a hóspedes, aquelas mesmas Gentes, que os haviam conquistar depois como inimigos, e despojar como tiranos, a uns da liberdade, a muitos das vidas, e a todos da inveterada posse, que por tantas centenas de anos lhes tinha dado o Céu de uma Região, que conheciam por Pátria, e haviam por sua. Para darem os novos hóspedes a Deus as graças por benefícios tão notórios, disse logo Missa um dos Religiosos Menores, e pregou o P. Fr. Henrique seu Prelado, assistindo a estes sagrados atos muitos daqueles Gentios, ainda que admirados, alegres, e sem temor. Mostrou-se Deus nesta, como em todas as grandes obras da sua Providência, sempre admirável; porque aqueles bárbaros ajoelhavam, batiam nos peitos, e faziam todas as mais ações devotas, e cristãs, que viam aos Católicos, como se tiveram clara notícia, e conhecimento certo daqueles sagrados Mistérios a que se humilhavam, e como se percebessem ser a palavra, que mui rendidos ouviam, daquela superior Divindade, que de nada os havia criado, ações todas para os nossos de grande consolo, e de que tiravam aqueles Religiosos uma firme confiança do grande fruto, que pelo tempo adiante se poderia colher nesta inculta seara, pelos Operários do Evangelho, quando entrassem à sua cultura.

ESTÂNCIA II

Do mais que obraram os novos Descobridores, até continuar a Viagem da Índia.

5. Passada esta primeira Ação de graças, logo a três de maio,[19] dia da Invenção da Santa Cruz, depois de benzer o Padre Fr. Henrique uma mui formosa, que fabricaram de madeira, se ordenou uma devota procissão desde a praia até ao mais alto de um pequeno monte, que ali se levantava, no qual, sendo levada sobre os ombros daqueles Religiosos, e de algumas pessoas das principais, foi arvorado este sagrado Estandarte das nossas vitórias na terra novamente descoberta, a que o General Religiosamente agradecido, e em reverência deste fausto dia, deu o título de Província de Santa Cruz, que a indiscreta política dos homens, ou a sua imprudente ambição mudou depois no de Província do Brasil, mostrando sem o querer, que fazia mais estimação do valor destes paus vermelhos, de que dependem os seus lucros temporais, do que do inestimável preço daquele sagrado Madeiro, donde com outra melhor cor, e sem comparação alguma, pendeu todo o nosso espiritual remédio. Ao

[19] Ver Anotação II da edição do IHGB no final do OSNB II.

pé desta consagrada Árvore levantaram Altar, celebraram Missa, e houve Sermão com grande júbilo dos Católicos, e alegria dos Gentios, que a seu modo, e com suas músicas desentoadas, e rústicos instrumentos ajudavam a celebrar estes primeiros anúncios do Santo Evangelho, e Altíssimos Mistérios da Santa Fé na sua terra. Com esta ação Católica, que por hora a última, tomou para o Monarca português Pedro Álvares Cabral a posse da vasta Região do Brasil, que começando em um grau Austral no Rio das Amazonas, ou Grão-Pará, acaba no da Prata, em mais do trinta e cinco para o Polo Antártico, com quase mil e oitocentas léguas pelas Costas marítimas, posto que pelos Sertões sem limite certo. Um mês se deteve Pedro Álvares nestas operações;[20] e havendo despachado para o Reino a Gaspar de Lemos em sua Nau a dar parte a el-Rei do novo descobrimento, e deixando em terra dois Degradados para serem instruídos na língua dos naturais, continuou para a Índia a sua viagem com os vários sucessos, que relatam os seus escritores.

6. Participadas ao memorável Rei D. Manoel as notícias certas deste novo descobrimento, e recebidas pelo piedoso Monarca com aquele alvoroço de espírito, que encobria o seu dilatado coração com o aumento das novas conquistas, mandou (quando teve ocasião dizem uns, e outros dizem o mais breve que pôde) a esta do Brasil um cosmógrafo Florentino, chamado Américo Vespúcio, homem ciente, e prático, a reconhecer, e demarcar os portos, e Costas desta parte do novo Mundo, que do seu nome tomou todo ele o de América, e com mais dita do que fundamento; porque a glória de Descobridor primeiro da Região de Santa Cruz, que chamaram depois Brasil, a concedeu o céu a Pedro Álvares Cabral, como a Colombo a da outra parte; vindo estes a perder por naturais, o que adquiriu aquele por estrangeiro: achaque fatal, e que só se pega aos portugueses, desestimarem o próprio, por avaliar o peregrino.

7. Voltou o Florentino para o Reino, feitas, como lhe ordenava o Príncipe, todas as diligências, e acrescentando ao que primeiro anunciou o Cabral novos, mas bem fundados encarecimentos e largas esperanças da terra descoberta, da sua grande extensão, da fertilidade que mostrava, das várias produções, que continha e dos lucros e avanços que prometia. Com estas boas informações repetiu o mesmo Monarca segundos exploradores e foram estes: Gonçalo Coelho, e outros capitães mais em uma Esquadra de seis naus, que dilatando-se alguns tempos por estas Costas, descobriu vários Portos, Rios, e Enseadas, saiu a terra, pôs balizas, meteu marcos com as armas do Reino,

---

[20] Ver Anotação III da edição do IHGB no final do OSNB II.

tomando por ele a posse, comunicando com o Gentio, e tirando deste aquelas informações, que para o efeito lhe eram necessárias, e na melhor forma que da sua rudeza se podiam colher. O que tudo feito, voltou ao Reino, onde foi recebido pelo Rei D. João III, que já neste tempo sustentava a Coroa, por ter falecido o saudoso Monarca D. Manoel.

ESTÂNCIA III

Mostra a razão, ou sentido, com que se diz no título fora descoberto este novo Orbe, cultivado, e estabelecido por Religiosos Menores, e a influxos da soberana luz do glorioso português Santo Antônio.

8. Por quanto se deixa escrito no título, ou frontispício deste novo Orbe, fora ele descoberto, cultivado, e estabelecido por Religiosos Menores, e a influxos da mística luz de Santo Antônio, e na Estância passada assentamos este descobrimento; parece justo, depois de vermos este por Pedro Álvares Cabral, expliquemos agora o como se pôde entender, foi, ou possa ser este mesmo descobrimento atribuído ao nosso português Santo Antônio, e seus filhos os Frades Menores. Enquanto a mim, bem me parece escusada esta Estância; porque que discurso será tão inadvertido, que deixe de perceber se não fala ali do descobrimento material ou político da Província, e Estado do Brasil, mas sim, e só do espiritual, ou místico pertencente aos Frades Menores de Santo Antônio, a influxos do qual, no mesmo sentido, se atribui devotamente serem seus filhos, e especialmente seus, por serem da Província do mesmo Santo em Portugal, os que vieram fundar esta do Brasil, e cultivá-la com a sua doutrina, e exemplo, mas ainda serem eles os que no seu primeiro descobrimento se acharam, sendo assim, entre todas as Ordens de Religiosos, os primeiros, que não só descobriram, e pisaram a terra do Brasil, e novo Mundo; mas também os que a santificaram, primeiro que todos, com o tremendo Sacrifício do Altar; eles os primeiros, que semearam nela, e plantaram a semente da Pregação Evangélica, os primeiros, que edificaram nela templos para Deus; e os primeiros, que regaram com o seu sangue, como mais largamente em seu lugar se dirá. E suposto que ainda naquele tempo não estava a Província de Santo Antônio de Reformados em Portugal, de que saiu esta do Brasil, separada da Observância, não embaraça isto dizer-se que a influxos da soberana luz de Antônio fizeram seus filhos este espiritual descobrimento, e obraram o mais; porque para congruência do dito basta fossem os Religiosos Menores

da Província de Portugal Observante, da qual havia descender por linha reta esta do Brasil, e ser Santo Antônio Aluno dela, aos quais coubesse a sorte deste ministério, para podermos atribuir à sua reverberante luz este influxo, como a Astro superiormente destinado para Presidente do Estado dos Menores neste novo Orbe, que por todos estes títulos lhe toca, com toda a propriedade, o de ser descoberto, cultivado, e estabelecido pelos particulares influxos desta brilhante luz. No livro Anteprimeiro exporemos o mais, que por parte desta Primazia, e neste novo Orbe toca aos Religiosos Menores, e a cada uma das suas Famílias.

DIGRESSÃO II

Discorre pelas várias nações de Gentios, que habitavam as costas do Brasil, desde o Grão-Pará até o Rio da Prata, distrito de cada uma delas, seus nomes, costumes, e Gentilidades mais notáveis.

ESTÂNCIA I

Dos chamados Tapuias, e limites da sua habitação pela costa.

9. Foi esta gente em comum, e sem fazermos ainda distinção de umas a outras nações, aquele Povo, a quem na repartição do mundo deu o Criador dele a inveterada, se bem desconhecida, posse de uma das suas partes, que se não é a maior das outras juntas, excede na grandeza a cada uma delas de per si, tão oculta à especulação mais viva, que sabendo-se trazer a sua origem do primeiro homem, ainda não alcançaram os mesmos homens os princípios certos, de que se originaram nela tantas, e tão estranhas diferenças de toda a mais gente, que no mesmo Mundo se conhece; de que tribo descendem, quando, e como passaram daquele antigo para este novo Mundo; como, sendo um só Povo, se multiplicou em nações tão diversas, com tanta variedade de línguas; seus costumes, e Gentilidades, uns em extremo cruéis, outros mais humanos, mas sempre bárbaros todos, e selvagens, inimigos ferozes uns dos outros, e tanto mais vizinhos, quanto mais contrários, e sem passarmos às outras partes da América tão dilatadas, só nas costas marítimas do Brasil, por donde nos toca discorrer, veremos uma breve, mas certa demonstração do que fica dito.

10. Começando a correr a costa, desde o Grão-Pará desta parte, pelo Maranhão, Rio Grande até o de Jaguaribe, todas estas costas, que contêm algumas duzentas léguas, margens dos seus Rios, e pelo Sertões dentro eram habitadas de inumeráveis nações de Gentios chamados geralmente tapuias, mas tantas, e tão diversas em nomes, e linguagens tão difíceis de entender, como para se numerarem, e não fazem ao nosso intento; é só para comprovação do que íamos dizendo, que era chamado este Rio Grande, de que aqui falamos, o Rio dos tapuias, tanto pela multidão deles, que o habitavam, como por diferença de outro Rio, que também chamam Grande, o qual se vem meter no de Jaguaribe junto à sua barra, e era este o extremo, ou demarcação, onde acabava o terreno, ou costas, que habitavam estes tapuias, inumeráveis pelas

ditas costas, e imensos pelos interiores dos Sertões, e sobretudo pelas ribeiras do chamado Rio Grande dos tapuias.

11. Este vocábulo tapuia, como advertem os curiosos indagadores desta língua, não é nome propriamente de nação, mas dizem é só de diferença, e vale tanto como dizer, *Contrário*; porque era o mesmo ver outra qualquer nação um destes tapuias, que ver um inimigo declarado por nome, e afeto. Porque como a nação dos tapuias era gente atraiçoada, e tragadora, que igualmente andava à caça da gente, e das feras, para pasto da gula, e a todas as mais tinha feito muitos danos, e graves insultos, por isso era tida de todas as mais por inimiga, e contrária. Tinha esta muito mais cópia de gente, que algumas das outras nações, e muitos cuidam, que mais ainda que todas as outras juntas, e que compreendia debaixo deste nome tapuia perto de um cento de línguas diferentes, e por conseguinte outras tantas espécies deles. E por isso, não só esta Costa, que deixamos demarcada desde o Maranhão até o Rio Grande, que entra no de Jaguaribe, e os seus Sertões, era habitada destes tapuias, também o eram todos os mais interiores da terra até o Rio da Prata, para o qual, como depois diremos, chegavam a habitar uma grande distância daquelas Costas marítimas; porque assim como são nações mais ferozes, foram também mais afeiçoadas às entranhas das brenhas, e centro dos Sertões; e ordinariamente quase todas elas entre si mesmas em contínuas guerras, tirando, só por fruto destas, satisfazer o seu mais que brutal apetite, de se comerem uns aos outros. Assim destes, cômodos mais, não expomos os seus costumes, e Gentilidades, tanto por não pertencerem ao nosso intento, como por serem já hoje sabidas por todos, e só o faremos de alguma particular menos conhecida, ou mais extravagante.

12. Suposto damos nesta Estância, o primeiro lugar à nação dos tapuias, isto se deve entender, em razão de começarmos a correr a costa do Brasil do Norte para o Sul, e darmos princípio por aquela parte, que eles ocupavam, e por isso lhes coube o primeiro lugar, não porque eles o tivessem entre as mais nações. Para inteligência do que pomos aqui a sua divisão, com a proeminência, que logravam entre si uns aos outros. Tudo o que era gente do Brasil, dividia a melhor opinião em duas partes, em Gentio bravo, e em Índios mansos. Mansos chamavam a todos aqueles, que com algum modo de República (ainda que tosca) eram mais tratáveis, e se domesticavam melhor: Bravos, pelo contrário, eram aqueles, que viviam sem modo algum de República, intratáveis, e que com dificuldade se deixavam instruir, e domesticar. A este gênero se reduziam todos os que deixamos dito se chamavam tapuias, e se dividiam na multidão de espécies, que ficam referidas. Do gênero dos mansos

se fazia também alguma divisão em suas espécies, e vinham a ser em todas aquelas nações, que falavam a mesma língua comum, como eram Tabajaras, Tupinambás, Tupiniquins, Potiguares, Tamoios, Carijós, e outros quaisquer da própria linguagem. E esta diferença de nomes, que tinham, as tomavam eles, ou do lugar que escolhiam para habitarem, ou do primeiro, e principal, em quem começou a sua divisão. Costume antigo dos primeiros Povoadores de todas as Províncias do mundo, como de Roma, ou Rômulo os Romanos, de Luso os Lusitanos, de Agar os Agarenos, de Israel os Israelitas: e assim também entre estes índios, de um Principal chamado tupi, que dizem ser de quem procede a gente toda, ou a maior parte deles, com o aditamento dos lugares, e outras circunstâncias ocorrentes, umas nações tomaram os nomes de tupinambás, outras de tupiniquins. De Puti, outro Principal, os Potiguares, e assim outros muitos por todas estas costas do Brasil, como iremos vendo em suas particulares Estâncias.

ESTÂNCIA II

Da nação de índios chamada Potiguar.

13. Deste Rio Grande, que dissemos entrava no de Jaguaribe junto à sua barra, que era o termo dos tapuias, até o Rio da Paraíba para a parte, ou Ribeira, que lhe fica ao Norte, por distância de perto de cem léguas de costa, habitava outra nação chamada Potiguar, dos que dissemos entravam na série dos que se chamam Índios, e não tapuias. Eram estes Potiguares tidos entre si por uma das principais nações desta costa, e se fizeram nela estimar, e temer por Guerreiros, e pelas armas dos seus, que por largos anos moveram contra os Tabajaras, e pelos quais dizem tiveram encontros dignos de história, até os fazerem deixar muitas daquelas costas. Eram também grandemente contrários dos vizinhos Caetés, das partes de Pernambuco, e os fizeram pelo tempo adiante deixar as costas, e ribeiras da Paraíba até Itamaracá. Também tinha este Gentio continuadas guerras com os tapuias da parte de Jaguaribe, com quem confinavam para o Norte, ainda que com estes algumas vezes faziam pazes, para se despicarem com os outros tapuias do interior do Sertão, que quando os apanhavam em guerras com os seus fronteiros, os acometiam pelas costas, e atraiçoadamente. Era costume destes Potiguares não perdoar a nenhum dos contrários, que apanhavam vivo; porque os matavam, e comiam logo: e este era o motivo, ou interesse maior, que obrigava comumente a toda

esta Gentilidade do Brasil, ou a maior parte dela, a andarem em contínuas guerras entre si, para se comerem uns aos outros; porque entre todos os manjares não havia para estes brutos outra iguaria de maior gosto. Uma posta de carne humana vinha a ser para eles (diz um seu Escritor) o fabuloso néctar dos Deuses. Com este criavam os meninos mais regalados, com este alimentavam os fracos, e os enfermos mais enfastiados. Em confirmação do dito, trasladarei aqui o que escreve o mesmo Autor. Chegara certo Missionário da Sagrada Companhia a uma sua aldeia dos Sertões, e nela achou a uma Índia já mui velha, e no último da vida. Aplicou-lhe primeiro toda a medicina da alma, e vendo-a já bem-disposta espiritualmente, e a grande fraqueza em que estava, e o sumo fastio, que mostrava, querendo-lhe aplicar também algum alento para o corpo, lhe disse: (falando-lhe ao modo da terra) minha Avó, (assim chamam às que são mui velhas) se eu vos dera agora um bocado de açúcar, ou algum outro conforto lá das nossas partes do mar, não o comerias? Respondeu-lhe a velha, e a que já julgava o Padre bem-disposta para morrer: Ai meu Neto, nenhuma coisa da vida desejo, tudo me aborrece já, só uma coisa me poderia tirar agora este fastio. Se eu tivera agora uma mãozinha de um Rapaz tapuia, de pouca idade, e tenrinha, e lhe chupara aqueles ossinhos, então me parece tomara algum alento: porém eu, coitada de mim, já não tenho quem me vá frechar um destes! Parece está assaz explicado o apetite desta Gente para a comida da carne humana. Esta era a principal causa para as suas continuadas guerras. A outra vinha a ser sobre quem havia ocupar as margens, e beiradas dos Rios mais férteis de peixes, e caças, que estes eram todos os bens, e haveres, a que aspiravam, e nisto era mui extremoso este Gentio Potiguar; porque não contente com o sou terreno do Rio de Jaguaribe até a Paraíba, passou deste para o Sul, e parte de Pernambuco, lançando destas Costas, e terreno aos Tabajaras, que ainda ocupavam algumas partes delas, e aos Caetés, que eram os que dominavam as mais, chegando a fazerem-se Senhores do distrito de Goiana, Itamaracá, e parte do de Pernambuco, e Olinda, e nisto mostrava ser guerreiro, atrevido, e ambicioso. E bem o experimentaram os nossos portugueses, primeiros Povoadores das Capitanias de Pernambuco, Itamaracá, Paraíba, e Rio Grande, umas repetidas guerras, e estragos, que lhes fizeram, e causaram nelas este Gentio, não tanto por si, como pela indústria, e ajuda dos Franceses, com os quais conservaram por muitos anos boa amizade, e união, e só a vieram a fazer com os nossos, quando de todo se lançaram os Franceses daquelas Costas, e portos, vendo-se destituídos da sua ajuda, e à imitação dos Tabajaras, que foram em toda a parte os primeiros, como entre eles os principais, que com os nossos se congraçaram, e nos ajudaram contra os mais, e principalmente contra estes Potiguares, dos quais por suas antigas razões de Estado eram os Tabajaras declarados Inimigos.

14. Por estes Potiguares, fora dos encontros de guerra, e à falsa fé, foram mortos, e comidos muitos portugueses. Por eles o foram alguns da companhia dos filhos de João de Barros, que depois de perdidos nos baixos do Maranhão, e vindo correndo à Costa, quando voltavam para o Reino, mandando alguns homens à terra, onde tinham porto, no Rio chamado Bapique em 5 graus de altura, antes de chegar ao da Paraíba, foram mortos, e comidos por este Gentio, induzidos para isso pelos Franceses. Também por eles foram mortas para o mesmo fim muitas pessoas de Pernambuco, Itamaracá, e da Paraíba algumas mulheres, e meninos, que desta Cidade se retiravam com Francisco Castrejão, o qual, desamparada a fortaleza da dita Paraíba, se acolhia à de Itamaracá, sendo aquela Capitania muitas vezes destruída por este Gentio, e Franceses seus confederados. E outra muita gente de naus Portuguesas, e Castelhanas, que por aquelas Costas faziam naufrágios, e quando lhes parecia que os mares com alguma humanidade os lançavam vivos às suas praias, achavam a sepultura no ventre desumano deste Gentio. Entre estes achou Diogo Paes, homem de Pernambuco, e grande língua deles, a certo Castelhano, com os beiços furados, e mais costumes bárbaros do Gentio, o qual homem havia muitos anos vivia com eles nas ribeiras de outro Rio Grande junto ao Cabo de S. Roque na Costa da Paraíba, e dali se embarcou este Castelhano com os Franceses para lhes servir de língua, com os mais Índios nos seus resgates, e comércios. Era este Gentio de meia estatura, grandes lavradores dos seus mantimentos, de que estavam sempre bem providos: falava a língua geral da Costa, que era a mesma, que já dissemos dos Tabajaras, tupinambás, e outros, com as mesmas Gentilidades comuns a todos.

ESTÂNCIA III

Do Gentio Caeté.

15. Da Paraíba até o Rio de S. Francisco por Costa de mais de cem léguas habitava o Gentio chamado Caeté. Era este inclinado a guerras, e assim as trazia continuamente com os Potiguares da parte da Paraíba, que, como dissemos, pelos tempos os foram lançando daquelas ribeiras para as de Pernambuco, como também as traziam com os tupinambás da outra parte do Rio de S. Francisco para a Bahia. Para passarem estes aquele Rio, que é um

dos maiores do Brasil, e irem da outra parte a fazer suas entradas pelas terras dos tupinambás, usavam de embarcações, que faziam de certas palhas compridas, a modo de tábuas, a que ainda chamam todos Piripiri, e fazem delas os moradores daquelas partes esteiras, e enxergões para as camas. Estas depois de bem secas ao sol, ajuntavam em molhos, dentro dos quais metiam varapaus do comprimento que lhes era necessário, e atados em roda destes muito bem aqueles molhos, com cipós, a que chamam timbós, brandos, e fortes, e assim unidos uns molhos com outros, formavam uma larga esteira, seguras, e ligadas com outras travessas de paus à maneira das que hoje chamam Jangadas, e com aquelas embarcações assim, atravessavam o Rio, e iam dar os seus assaltos aos tupinambás da outra parte. E chegava a tanto o seu atrevimento, que algumas vezes nestas mesmas embarcações foram cometer estes, e outros insultos pelas Costas do mar até junto à Bahia, que são mais de cinquenta léguas. Pelo Sertão confinavam estes Caetés com os tapuias, com os quais também faziam guerras, e toda a presa que tomavam a comiam estes alarves, que neste costume, ou Gentilidade brutal excediam a todas as mais nações. Era Gentio este muito guerreiro, mas muito mais falso, e atraiçoado que outro algum, sem palavra, nem lealdade, e fizeram naqueles primeiros tempos grandes males aos portugueses, e particularmente a Duarte Coelho na fundação da sua Capitania de Pernambuco, e lhes não escapava Português, que colhessem às mãos, que o não comessem. Assim o fizeram a muitos de algumas embarcações, que por aquelas Costas se perdiam. Assim ao primeiro Bispo do Brasil D. Pedro Fernandes Sardinha, ao Procurador da fazenda del-Rei da Bahia, a dois Cônegos daquela Sé, a duas mulheres graves, e casadas, meninos, e outra muita gente, que passavam de cem pessoas, e faziam viagem da Bahia para o Reino, e foram ter naufrágio a dezesseis de junho do ano de 1556 na enseada dos Franceses, e baixos de D. Francisco, entre o Rio Cururuig, nomeado assim pelo Gentio, ou pelos nossos, Cururipe ao Sul, e ao Norte o de S. Francisco. É constante pelos que passam por aquelas partes, e veem que não brotara de então para cá mais árvore, ou planta alguma aquele lugar, que era um meio alto, que ali se levantava, como também até o presente, por serem nele às mãos de bárbaros sacrificadas tantas almas com o Santo Prelado, e por esta razão se ficou chamando o Monte do Bispo. A este bom Pastor comeram como lobos carniceiros estas suas ovelhas, em todo o sentido famintas, e a todos os que com ele iam, depois de os receberem nas praias com mostras de sentimento, e agasalharem nas suas choupanas com sinais de compaixão, e guiando-os pelo caminho, que haviam de seguir, até as margens do outro Rio, que lhes ficava perto, donde saindo-lhes ao encontro multidão dos seus, que tinham de emboscada, aleivosamente foram mortos todos, e comidos depois, menos dois índios mansos da Bahia, e um Português, filho do Meirinho da Correição da mesma Cidade, por serem línguas, e assim o dispor a Alta Providência. Veja a Crônica da Companhia no Brasil, do P. Vasconcelos no lugar citado,[21] quem quiser expressado ao vivo este lastimoso espetáculo, que certamente se não pode ouvir, ou ler, sem grande mágoa do coração, e sentimento repetido dos olhos.

16. Parece não quis o Céu deixar sem o justo castigo semelhante traição, e sacrilégio; porque confederados depois os tupinambás do Rio de S. Francisco com os tupinás tapuias do Sertão, dando-lhes estes pelas costas, aqueles por um lado, e pelo outro os Potiguares de Pernambuco, que já haviam chegado por ali com a sua conquista, e retirando-se os Caetés para as beiradas, e costas do mar, assim quase encurralados, exceto alguns poucos, que puderam fugir para a Serra do Aquitibá, todos os mais foram mortos, e cativos. Destes iam os vencedores nos dias das suas festas comendo alguns dos mais esforçados, e vendendo os outros aos moradores da Bahia, e Pernambuco, a troco de qualquer coisa. Também Duarte Coelho, e os que se lhe foram seguindo, os extinguiu muito, e só vieram a ficar aqueles, que se uniram aos contrários, sendo seus escravos, e casando depois entre eles, assim se veio a extinguir das Costas marítimas de Pernambuco a má casta deste Gentio, não só cruéis para os outros mas até para os seus mesmos parentes, e amigos. É prova digna deste seu terrível gênio o caso seguinte. No ano de 1571 estando no Rio de S. Francisco algumas embarcações da Bahia ao resgate, e negócio com o Gentio vencedor, em uma de Rodrigo Martins, entre vários resgatados, se achava uma Índia Caeté, que enfadada de lhe estar chorando, sem se querer acalentar, uma criança de peito sua filha, que tinha nos braços, a lançou deles ao mar, sem piedade onde andou muito tempo aos mergulhões sem se afogar, e sem compaixão da mãe, que a estava vendo, até que o dono da embarcação a mandou tirar das águas quase morta, e batizada espirou. Eram estes Caetés grandes músicos, e bailadores, com as outras Gentilidades comuns aos mais, e da mesma língua geral.

21 [Jaboatão] Notic. do Bras. 1, I, p. 32 [nota ed.: VASCONCELOS, 1663].

ESTÂNCIA IV

Do Gentio Tupinambá.

17. Foi esta uma das mais dilatadas nações da Costa do Brasil; porque não só a Senhoreava desde o Rio de S. Francisco da parte do Sul até toda a da Bahia, por quase cem léguas, e muitas Ilhas da sua Enseada, com a de Itaparica, e outras mais, mas também os achamos dispersos, e situados por outras Capitanias, e intrometidos entre as mais nações, como no Grão-Pará uns poucos, outros no Maranhão, Paraíba, Itamaracá, Pernambuco, e assim em algumas partes mais. Estes se jatavam de serem os principais, e ainda os primeiros Povoadores destas Costas do Brasil, e de quem os mais descendiam todos: e suposto nesta precedência tinham contra si, e com mais razão, e fundamentos aos Tabajaras, é sem dúvida, que se não foram os primeiros, entram como Principais na sua divisão, e isto confirmam algumas singularidades suas, como ser a sua língua geral com as mais nações, que se tem por principais, e primeiras, e jatarem-se as outras de serem parentes dos tupinambás; e serem com os destes comuns os seus costumes, e gentilidades. Era esta nação também das mais guerreiras, e foi ela uma das que deram bem em que cuidar aos portugueses por muitos anos, naqueles princípios, e nas fundações dos lugares, em que eles habitavam, como na da Bahia, e outras. Também traziam contínuas guerras com os seus vizinhos Caetés, ainda que com estes, era só quando buscados por eles; as mais porfiadas eram com os outros da Bahia, de donde nos seus princípios lançaram a maior parte dos Tabajaras, que primeiro habitaram as suas Costas. Eram os tupinambás mui trabalhadores das suas lavouras, que plantavam, e entre elas a principal a Mandioca, que diziam lhes ensinara o Apóstolo S. Tomé, quando viera pregar aos seus Antepassados. Também eram bons tragadores da carne dos seus contrários, e muito melhor dos portugueses. Usavam de casas, ou choupanas, com melhor forma que as outras nações, com os mais costumes, e Gentilidades comuns a todas.

ESTÂNCIA V

Do Gentio Tupiniquim.

18. Saindo da enseada da Bahia da sua barra para o Sul, e Morro de S. Paulo, nove léguas adiante deste, está o Rio de Camamu em altura de 14

graus. Toda esta Costa até outro Rio chamado Cricaré, em 18 graus adiante do das Caravelas, por mais de setenta léguas, era habitada de Gentio, a que chamavam tupiniquim. Estas Costas habitava este Gentio ao tempo, em que os nossos portugueses vieram fundar as Capitanias, que se acham por elas, que são a dos Ilhéus, Porto Seguro, e Espírito Santo, que ao princípio tiveram todos com eles grandes guerras, e das quais receberam os nossos graves danos. Passados porém alguns tempos, vieram a fazer pazes, que guardaram fielmente, e de então para o diante foram eles mui leais aos portugueses, e os ajudaram muito contra os Aimorés Tapuias que nestes meios tempos desceram dos Sertões buscando as beiradas do mar, e de tal sorte apertaram aos tupiniquins por todas as partes, e os tupinambás também pelas do Camamu, e Bahia, que de todo se apartaram os tupiniquins das Costas do mar para os Sertões, não ficando mais que os Cristãos, reduzidos a duas Aldeãs, e unidos com os portugueses. Estes tupiniquins com os tupinás, que era outra nação, que com eles confinava pelas cabeceiras do sertão, descendiam todos de um tronco, ou, como já tocamos, de um dos primeiros principais destas Costas, chamado tupi, como também outros mais; e por isso estas duas, como mais equivocadas, ou parecidas ao seu originário princípio, e entre si mesmas, tupi, tupiniquins, tupinás, não se tinham por contrárias, ainda que entre eles, pelo seu natural, havia algumas vezes suas pelejas; mas com a entrada dos Aimorés pelos seus distritos, fugindo os tupiniquins das Costas para os tupinás, dos Sertões, ficaram todos unidos, e aparentados. Tratavam de suas lavouras, plantavam a Mandioca, e outros legumes: tinham as mesmas Gentilidades dos tupinambás seus vizinhos, e de quem se faziam também parentes, cantar, bailar, beber, com as outras comuns, mas sempre gente de muito trabalho, e que nos ajudaram muito depois, ou fosse conveniência, ou necessidade, contra os Aimorés tapuias do sertão, e tamoios do Rio de Janeiro, e Cabo Frio; porque nos foram muito fiéis, e nas coisas de guerra além de valentes, mui industriosos, e homens para muito, e de quem, a seu modo, fazia o outro Gentio grande estimação; a sua linguagem era a comum dos Tabajaras, tupinambás etc.

ESTÂNCIA VI

Do Gentio Papanás.

19. Não ocuparam os tupiniquins logo nos seus princípios toda a Costa, que deixamos demarcada desde o Camamu até o outro Rio adiante do

das Caravelas; porque por este, e outros mais entre o de Porto Seguro, e Espírito Santo, habitava, antes que ali chegassem os portugueses, uma nação a que chamavam Papanás. Tinham estes, como era costume em todos, suas guerras com os vizinhos, que eram os tupiniquins de Porto Seguro, e os Goitacazes do Espírito Santo, com os quais por aquelas partes continuavam; e foram elas tão cruéis, e porfiadas, e tanto os apertaram por uma, e outra os Inimigos, que os obrigaram a deixar os Rios da Costa, e a retirarem-se para o Sertão, onde tinham, quando os nossos por ali andavam, a sua habitação, ficando com a sua ausência senhores da Costa os tupiniquins, até confinar com os Goitacazes. Não se ocupavam estes Papanases em lavouras, porque o seu sustento era o peixe, a caça, e fruta silvestre. Além das comuns Gentilidades com os mais, tinham uma mui cruel, e era, que se algum Índio destes matava a outro da mesma nação, eram obrigados os parentes do matador a entregá-lo sem repugnância aos parentes do morto, que logo o afogavam, e davam garrote, e enterravam, estando presentes uns, e outros, fazendo todos neste ajuntamento grande pranto, mas comendo, e bebendo por muitos dias, e assim ficavam todos amigos. E se o matador fugia, de sorte, que o não podiam haver às mãos, lhe tomavam um filho, ou filha, e se os não tinha, um irmão; e se nem este havia, entregavam pelo matador o parente mais chegado, ao qual não matavam, mas ficava por cativo do parente também mais chegado do morto. A linguagem era a comum da Costa.

ESTÂNCIA VII

Do Gentio Aimorés.

20. Eram estes descendentes do Gentio chamado Tapuia, dos quais, em tempos mui atrasados, por guerras, que houveram entre si, se ausentaram certos casais, que haviam ficado de pior partido, e se foram para umas serranias mui ásperas, pelo interior do Sertão dos Ilhéus, e Camamu, que por esta causa se ficaram chamando até hoje dos Aimorés. Ali residiram muitos anos, sem verem outra gente, e os que daqueles descenderam vieram a perder de todo a linguagem materna, e inventaram outra nova, que se não entendia de nação alguma. Ali se multiplicaram de maneira, que não cabendo já naquelas Serranias, começaram a descer para as Costas do mar, pelo Rio das Caravelas abaixo, junto a Porto Seguro, e a correr as beiradas do mar, e terras vizinhas de Porto Seguro, Ilhéus, e Camamu, até virem a saltear os caminhos, e mo-

radores da Ilha de Tinharé, e Morro de S. Paulo. Era a sua cor baça, como a dos mais, mas mui corpulentos, robustos, e forçosos. Pelejavam com arcos, e flechas mui grandes, e tão destros, que não erravam um só tiro. Em grande maneira ligeiros, e corredores de vantagem. Não viviam estes selvagens em casas, nem houve nunca quem lhas visse por essas serras, e matos por onde habitavam; porque andavam sempre de uma para outra parte. Pelos campos, e brenhas, a sua cama era o chão, lançando primeiro algumas folhas sobre ele; se lhes chovia, arrimavam-se a uma árvore, e ao pé do seu tronco engenhavam uma cobertura de folhas, assentados em cocaras, (como eles dizem) debaixo delas, e não se lhes achou mais outro rasto de agasalho. Frutas agrestes eram só o seu sustento, e caça, que matavam à flecha, ou mal assada. Machos, e fêmeas todos andavam tosquiados, que o faziam com farpas de umas canas agrestes, que cortam à maneira de navalhas. A sua fala era rouca da voz, a qual arrancavam da garganta com muita força, e não se podia escrever a sua linguagem. Viviam estes selvagens de saltear toda a sorte de gente, e nunca se viram juntos mais, que até cinquenta deles, nem pelejavam de rosto a rosto: toda a sua avançada ora à traição, dando assaltos pelas lavouras, e caminhos, por onde andavam à espreita assim do outro Gentio, como dos portugueses; armavam ciladas por detrás das árvores, e cada um de per si, ou mui poucos, e se lhes faziam rosto, logo fugiam, e cada um para a sua parte a esconder-se, até verem a gente outra vez desmandada, ou passar-lhes adiante para lhes darem pelas costas. Não sabiam estes bárbaros ao princípio nadar, e qualquer Rio, que se não passava a vau bastava para se defenderem deles; mas ao depois o fizeram como as mais, e se antes lhes era preciso atravessar algum, iam por ele acima muitas léguas, até acharem passagem de pé. Comiam estes brutos carne humana por mantimento comum, o que não usavam os mais, que só a gostavam por vingança dos seus ódios, e satisfação dos seus agravos. Foi este Gentio o que maior dano fez às Capitanias dos Ilhéus, e Porto Seguro, depois que eles lançaram fora destas aos tupiniquins, que quase ficaram estas despovoadas de portugueses; e ainda pelos tempos ao diante, retirando-se daquelas de Porto Seguro, e Ilhéus para os interiores dos Sertões, foram notáveis, e lastimosos os insultos, que por várias vezes vieram cometer aos distritos da Vila de Cairu, e terra firme deles, e tão continuados, que ainda nestes tempos não cessaram de todo, do que daremos alguma notícia mais individual, quando lá chegarmos. Algumas vezes fizeram pazes com os nossos, que logo quebravam, sem mais causa, que a sua inconstância, ou malícia, até que o tempo, e o crescimento dos portugueses nos Ilhéus, e Porto Seguro os foi outra vez afastando para os Sertões, e os mais deles acabados, com umas fortes bexigas, que lhes deram;

mal para esta gente toda o mais terrível, medonho, e mortífero, pelo desabrigo, e pouco reparo, que tem para ele.

ESTÂNCIA VIII

Do Gentio Goitacá.

21. Esta nação, que sendo uma só em gênero de nome, se dividia em três[22] diversas gentes selvagens, e que andavam em contínuas guerras entre si, e se comiam uns aos outros com mais vontade, que a caça do mato, habitavam as Costas, que correm desde o Rio Reritigb, que desagua quinze léguas ao Sul do Espírito Santo, por quase sessenta, até o Rio da Paraíba do Norte, que fica sete antes do Cabo de S. Tomé em 22 graus. Neste entremeio corre uma grande, e espaçosa planície de campinas frescas, e amenas, que para esta gente eram, como outros Campos Elísios, e ainda hoje conservam o nome de *Campos dos Goitacazes*: e neles têm fazendas, e propriedades os Viscondes da Asseca, desde o tempo que seus ilustres Ascendentes povoaram, e foram Governadores muitos anos do Rio de Janeiro. Confinava este Gentio pelo Espírito Santo com os tupiniquins, de quem já falamos, c com os Tabajaras, de que diremos ainda; e para o Sul ou Cabo de S. Tomé com os tamoios, como adiante veremos. Este foi o Gentio, que fez despovoar a Pedro de Góis, quando veio fundar a sua Capitania de S. Tomé, ou Paraíba do Sul, e que deu tanto em que cuidar a Vasco Fernandes Coutinho na sua do Espírito Santo, como em seu lugar se dirá. Tinha este Gentio a cor mais clara que os mais destas Costas, e com diferente linguagem, e muito bárbara, como eles também o eram. A sua lavoura era só de legumes, de que se mantinham, da caça, e peixe, que apanhavam. Não costumava pelejar no mato, mas em campo descoberto, como criados nos campos. Dormiam no chão sobre folhas, de que faziam cama. Costumavam, por não ter outro modo, andar de nado pelas ribeiras do mar esperando os tubarões, com um pau mui aguçado na mão, e em remetendo o tubarão a eles, lhes engastavam a ponta pela garganta adentro, com tanta forca, que o afogavam, e morto assim o traziam à terra, tanto para lhe comerem a carne, como para se aproveitarem dos dentes, que apontavam nas flechas para os seus arcos. Não falamos nos mais costumes, e Gentilidades, que quase em todo o Gentio eram os mesmos.

---

22 [Jaboatão] Goaytacâmopi, Goaytacâguaçu, Goaytacajacoritó.

ESTÂNCIA IX

Do Gentio Tamoio.

22. Ao tempo, que os nossos portugueses descobriram esta Província do Brasil, senhoreavam a Costa dele desde o Rio, que já dissemos junto Cabo de S. Tomé, até a Angra dos Reis adiante dez léguas do Rio de Janeiro, o Gentio tamoio, e constava toda a Costa, que eles ocupavam, de mais de 40 léguas, com todas as Enseadas de Cabo Frio, Rio de Janeiro, Angra dos Reis, Ilhas, e margens de outras muitas ribeiras, que nelas vêm entrar, dos quais limites foram ultimamente lançados pelos portugueses em tempo do Governador Mem de Sá, do Rio de Janeiro, e pelo Doutor Antônio Salema, quando ali governou, do Cabo Frio, depois de muitos estragos, que aos nossos fizeram, enquanto unidos com os Franceses, com quem tiveram grande comunicação nos princípios destas conquistas, dando-lhes portos nelas, deixando-os fortificar, comerciando com eles, e ajudando-se uns aos outros nas guerras, que faziam aos portugueses. Era este Gentio, grande de corpo, homens robustos, mui valentes guerreiros, e contrários a todo o mais gentio, menos os tupinambás, de quem se faziam parentes, e se pareciam na fala muito uns com os outros. Eram os seus maiores inimigos os Goitacazes, com quem confinavam por uma parte do Espírito Santo, e andavam em contínuas guerras, e se comiam com muito gosto uns aos outros, como também se não perdoavam os Guaianases, que lhes ficavam por uma parte de S. Vicente. As suas casas eram mais fortes ainda que as dos Tupinambás, e de outro qualquer Gentio, e tinham as suas Aldeias mui fortificadas, com boas cercas de madeiras. Eram ouvidos estes tamoios por grandes músicos, e bailadores entre todo o mais Gentio. Foram eles os primeiros que gostaram das celebradas águas das correntes do Carioca do Rio de Janeiro, e experimentariam melhor os seus efeitos, e por isso eram estimados do mais Gentio onde se achavam; e porque ao som da voz compunham também suas cantigas, e cançonetas, que ao seu modo rústico repetiam com singular donaire, e graça. Também usavam furar o beiço de baixo, como os tapuias, e Potiguares, e meter-lhe por dentro um osso com sua cabeça, à maneira de prego, de sorte, que saísse uma ponta comprida para a parte de fora, que tinham por um grande enfeite, e o aumentavam nas suas festas com capas, e carapuças de penas de várias cores, com outras Gentilidades comuns aos mais. Se é certa a tradição comum, que em toda esta gente há, de que os primeiros Povoadores das Costas do Brasil foram dois irmãos, com suas famílias, que de outras partes do mundo vieram dar a estas, e aportaram em Cabo Frio, e daí por certas contendas, que sobre a posse de um papagaio bem

falante que houve entre as mulheres destes, de que resultou apartar-se um deles com todos os seus daquela Província para outra, não duvidaremos dizer seriam estes os Tabajaras, ou tupinambás, de quem os tamoios de Cabo Frio se jactam de parentes, e todas estas Famílias, as primeiras, e principais das Costas do Brasil. Estes tamoios enfim, depois de bem desenganados, de que não podiam prevalecer contra os portugueses, principalmente depois de expulsos os Franceses daquelas partes, e seguindo o exemplo dos Tabajaras, vieram a pedir pazes, e com o crescimento das Povoações dos portugueses se foram retirando para os Sertões, ficando só entre os nossos alguns cristãos, e Aldeados.

ESTÂNCIA X

Do Gentio Guaianás.

23. Ocupava esta nação desde Angra dos Reis, até o Rio de Cananeia ao Sul, aonde iam confinar com os Carijós, por algumas cinquenta léguas de Costa. Também com os seus vizinhos, os tamoios da Angra do Reis, tinham suas guerras, mas era quando provocados por eles, e fora de guerra não matava este Gentio a outro, mas dos que ficavam prisioneiros, só se serviam deles, como de escravos. Se encontravam com gente branca, não lhe faziam mal, antes boa companhia. Não costumavam fazer guerra aos seus contrários fora dos seus limites, nem os iam buscar às suas terras, e vivendas; porque não sabiam pelejar entre o mato, senão no campo, aonde viviam, e se defendiam dos tamoios, quando os buscavam mui valorosamente. Não eram maliciosos, nem falsários, antes gente simples, e bem acondicionada, e mui fáceis para crerem qualquer coisa, que se lhes introduzia, e com estes teve pouco que fazer Martim Afonso de Souza em S. Vicente na fundação desta Capitania. Não plantavam lavouras, e só usavam, para sustento, da caça, peixe, e frutas silvestres. Não viviam em Aldeias, com casas arrumadas como os tamoios, seus vizinhos, mas em covas pelos campos debaixo da terra, nas quais tinham fogo de dia, e de noite, e faziam as suas camas de peles dos animais, que matavam para comer. A sua linguagem era diferente das dos seus vizinhos, mas entendiam-se com a dos Carijós, na cor, e porção do corpo como os tamoios. Além das mais Gentilidades comuns a todos, tinham uma mui extravagante na morte dos seus. Quando falecia algum destes, com ele enforcavam juntamente um certo número de pessoas, que fossem mais chegadas ao defunto, ou em parentesco, ou amizade: machos, se era homem o morto, e fêmeas, se era

mulher, para o qual sacrifício se ofereciam eles mesmos: mas quando estes voluntários não chegavam à conta, obrigavam aos mais a enchê-la por força. Isto se entendia assim, sendo o defunto pessoa particular, que se era dos principais, ou Régulos, que tinham súditos, ou vassalos, destes, e não dos parentes, eram os que se tomavam para aquela abominável vítima. Também estes, ou fossem dos Vassalos, se era Príncipe, ou dos amigos, e parentes, se era particular, ou homens, ou mulheres, haviam ser da mesma idade do defunto; e diziam eles, devia ser assim, para que o defunto lá na outra vida tivesse gente do seu partido, e condição, com quem conversar, e divertir-se.

24. Com este Gentio confinava para o Sertão, e distrito de S. Paulo, naqueles tempos, que os nossos por ali andavam, outra nação, chamada Paiaguá, e vão terminar pela terra dentro com o Paraguai, Província dos Castelhanos do Reino do Peru. E suposto fica esta nação fora das Costas do Brasil, e por isso também dos limites da nossa escrita, como tocamos nela por terminar pelo Sertão com os Guaianases da Costa, dela notaremos também de passagem uma das suas Gentílicas cerimonias, pelo que, sendo bárbara, tem de galante. E é que todo o velho que chega à idade decrépita, os enterram vivos: e esta é a barbaridade, e o galante está no modo, e cerimônias do seu enterro. Quando este tal, ou por muito envelhecido, ou por causa de algum achaque parece estar enfadado, ou como aborrecido deste mundo, ele mesmo é o que se oferece para a execução daquele diabólico Rito. Então os mais, depois de o terem todo muito bem untado de resinas das árvores, e bem empenado por todo o corpo de penas de aves de várias cores, com muitas festas, e bailes, o metem dentro de uma tina de barro, que para isso tem preparado, e acomodada em uma cova, que abrem na terra, e lançado dentro desta tina, ou jarra, o desgraçado velho, que caminhou para ela mais alegre, e festivo, que se fora para algumas primeiras bodas, lhe põem logo encima da boca da tina um testo, ou cobertura do mesmo barro, mui pesado, e lançando-lhe terra, fica o pobre ainda em vivo duas vezes sepultado.

ESTÂNCIA XI

Do Gentio Carijó.

25. Era a habitação deste Gentio, desde o Rio Cananeia até o dos Patos, que está em 28 graus, por quase setenta léguas de Costa. Confinavam pela Cananeia com os Guaianases, como se disse, e pelo Rio dos Patos com

os tapuias, como logo veremos. Tinham os Guaianases suas pelejas, mas em campo descoberto, e tanto que o que ficava de pior partido se acolhia ao mato, se dava por seguro, porque nem uns, nem outros sabiam pelejar entre ele. Era pouco belicoso, e de muita razão, e o mostravam especialmente em não comerem de nenhuma sorte carne humana, nem matavam a pessoa branca. Sustentavam-se de peixe, e caças, e de algumas lavouras, e plantavam a mandioca. Vivia esta gente em casas bem cobertas, e taipadas em cascas de árvores, pelo frio, que é grande por aquelas partes, e vestiam-se neste tempo com peles de animais, que matavam para comer, lançando uma para diante, e outra para traz. A linguagem era a comum das Costas, com as mais gentilidades.

ESTÂNCIA XII

Do Gentio Tapuia.

26. Do Rio dos Patos, termo dos Carijós, entram outra vez os chamados Tapuias até o Rio da Prata, que fica em 36 graus da Ilha, que chamam de Maldonado, desta parte do Norte, por algumas cento e cinquenta léguas, conforme os graus do Polo. É esta Costa toda de estendidas, e continuadas campinas, de dez, e quinze léguas, entre as Ribeiras do mar, e aquelas faladas Serranias, que começando a poucas léguas adiante da Vila de S. Jorge da Capitania dos Ilhéus, nas Serras dos Aimorés. Vai continuando esta cordilheira delas, mais, ou menos levantadas, até as margens do Rio da Prata, ficando entre elas, e o mar as sobreditas campinas, retalhadas de frescas ribeiras de águas, umas de mais avultadas correntes, e outras de menos cabedal delas, adornadas de várias reboledas [*sic*] de verdes arvoredos, cheias de imensidades de gados, cavalos, caças, porcos monteses, e muitos outros gêneros, que andam em manadas, e na mesma forma de variedade de espécies de formosas, e vistosas Aves, que em bandos, umas cortam os ares, outras correm os campos, e tudo goza esta nação de tapuias, gente mais doméstica, e tratável do que os outros tapuias, de que falamos ao princípio das partes do Maranhão, e mui singulares estes para o Rio da Prata, em não comerem também como os Carijós, de nenhuma maneira carne humana.

de caças, de que é a terra muito fértil, ainda que em grande maneira fria. Tem esta gente um Rito, ou barbaridade notável, e é que quando lhes morre algum parente, cortam um dedo da mão pela primeira junta de cima, e se algum é tão desgraçado que lhe morreram muitos parentes, e tem já os dedos cortados todos nela primeira junta, começa a cortá-los pela segunda; e acham-se entre eles muitos velhos, só com as mãos sem dedos e dão por causa, que é para que com a dor do golpe que recebem, chorem com mais veras a morte do parente. Eu vi, diz quem escreve esta notícia, um Rapagão, que era escravo destes, e de outra casta de gente, com um dedo cortado, que o Senhor lho cortara com a morte de um parente, e outro a si próprio.[23]

[23] Ver Anotação IV da edição do IHGB no final do OSNB II.

DIGRESSÃO III

Dá notícia de Diogo Álvares Correia, Caramuru, como passou do Reino ao Brasil, seu naufrágio na entrada da Bahia, e circunstâncias admiráveis dele; como passou a França, e tornou à Bahia, com outros mais particulares acontecimentos, dignos de memória, em que, como principal, entra o da miraculosa Imagem de Nossa Senhora da Graça.

ESTÂNCIA I

Mostra como vem ter à Bahia Diogo Álvares Correia, seu naufrágio, e sucessos dele, e porque se deve ter este, pelo seu primeiro Descobridor.

28. Posto que no vulgo seja tão notório o caso na Bahia acontecido ao celebrado Caramuru, Diogo Álvares Correia, e todos os escritores destas conquistas tratam dele; como em alguns se acham circunstâncias, que faltam em outros, e em todos muitas coisas, que não concordam com o tempo, e verdade da sua ocorrência, daremos agora com especialidade a sua narração, tirada a substância dela de um antigo Manuscrito, que achamos no Arquivo do Convento da mesma Bahia, e que pela frase, e modo com que o relata, mostra ser escrito por pessoa, que existia, senão no mesmo, mui propínqua àquele tempo. Outra razão, e mui forçosa, nos move a intrometermos nesta escrita os feitos deste herói, e é, conforme a ordem, que levamos, descrever as Capitanias do Brasil, por onde andaram antes, e fundaram depois Conventos os nossos Religiosos, quando se descobriram elas, e quais foram os seus primeiros Povoadores, e os que as fundarão; é como esta glória se deve na da Bahia a Diogo Álvares Correia, antes que falemos em os primeiros Religiosos nossos, que vieram ter, por disposição do céu, a ela, é preciso digamos também quem foi, por acaso da fortuna, o seu primeiro Descobridor.

29. Foi este Diogo Álvares Correia, natural de Viana, pessoa nobre, e de linhagem conhecida da Província de Entre Douro, e Minho. Era moço, e o desejo, que levava a outros muitos sujeitos da sua qualidade naqueles tempos a sair de suas pátrias, e buscar nas novas Conquistas do Reino alguma aventura, o arrastava agora para a da Índia em companhia de um tio seu, que em certa Nau fazia para lá a sua derrota. Outros dizem, que esta viagem era para a Capitania de S. Vicente no mesmo Brasil, o que não pode ser, por quanto naquele tempo e ano, como logo veremos, se não cuidava na fundação desta

Capitania, que foi alguns anos adiante, nem de outra alguma. Mas, ou fosse para esta, ou aquela, a sua Nau se veio meter na grande boca da Enseada da Bahia, agitada de ventos contrários, onde sobrevindo-lhe outra tempestade, deu com ela, quebrados os mastros, e perdido o rumo, nos baixos, que ficam a Leste da sua barra, a que o Gentio chamava *Mairaguiquiig*; em fronte donde se mete no mar o Rio Vermelho, uma légua distante da ponta, que dizem do Padrão. Aqui tiveram todos, com a perda da nau, lastimoso naufrágio, do qual os que livraram com vida, não escaparam de serem presas do bárbaro Gentio tupinambá, que habitava aquela Costa, e ali acudiu, fazendo pilhagem, não só no que a despedaçada Nau lançava às praias, muito melhor dos miseráveis naufragados, que recolhidos às suas estacadas, lhes foram servindo de gostoso manjar para repetidos dias. Menos Diogo Álvares Correia, que ou a sua sorte, ou a sua viveza, ou tudo junto com superior destino, lhe administrou para isso meios oportunos. Era moço, esperto, ágil, e de entendimento vivo, e vendo aquela gente mui ocupada na colheita dos vários despojos da perdida nau, introduzido com eles os ajudava a comboiar para onde via que eles os iam acomodando: e aqui começou a fortuna a traçar a sorte de Diogo Álvares. Este os servia cuidadoso, e eles o atendiam alegres. Sempre o benefício conciliou agrado de quem o faz para quem o recebe, pois ainda o mais bruto reconhece o seu benfeitor, e a maior ferocidade se mostra humanada ao que lhe comunica o bem. O Leão defendeu ao homem, que lhe curou a chaga, tirando-lhe primeiro da mão o espinho; o perro de fila, em remuneração da isca, que lhe lança o salteador da vinha, faz entrega dela àquele mesmo, que de outra sorte seria estrago fatal das suas presas; com os sinais da vida, que percebia Diogo Álvares dos bárbaros semblantes, já mais alentado do primeiro susto, teve advertência para recolher entre os mais despojos algumas armas de fogo, barris de pólvora, e cunhetes de balas, tudo prevenções, já da sua astúcia, e já de uma pressagiosa, e vindoura fortuna.

30. Havendo já recolhido o Gentio às suas Estâncias tudo o que do naufrágio entendeu lhes podia servir, e eles já também mais sossegados nas suas cabanas, tratou Diogo Álvares de preparar algumas daquelas armas; carrega uma, faz tiro com ela a certa presa (seria a alguma ave) dá com ela em terra, e foi tal o alvoroço no incauto Gentio, que meninos, e mulheres se punham em fugida, e os maiores em espanto, e admiração, de verem, e ouvirem uma tal coisa, e especialmente o dano, e estrago, que causavam as balas sem serem vistas. Algum gênero de desconfiança alcançou Diogo Álvares do espanto, e temor do Gentio, mas ele no melhor modo que pôde os deixou satisfeitos, dando-lhes a entender, que aquele gênero de instrumento não fazia danos mais que a inimigos, que com facilidade, e menos perigo podiam ser

vencidos com aquelas novas armas, do que com os seus antigos arcos, e frechas. Era costume bárbaro desta Gentilidade, como repetidas vezes deixamos notado, trazerem continuamente guerras uns com outros, e nesta ocasião as havia grandes entre estes da Bahia, e os habitadores de Passé em seis léguas de distância, e querendo experimentar nestes inimigos, o que fazia Diogo Álvares nas caças com o seu arcabuz, saíram em sua demanda, levando-o por Capitão. Avistaram-se os Exércitos, travaram as suas práticas, como costumavam antes de acometer, e sem esperar que estas se concluíssem, segura Diogo Álvares o maioral do inimigo, que estava na frente do seu Exército, faz-lhe pontaria aos peitos, dispara a arma, e dá com ele em terra, caindo repentinamente, sem menear com parte alguma do corpo, que era bastantemente avultado. Do qual dano, e estrondo, e de outros, que trazia carregados, e foi disparando com o mesmo efeito, confusos, e atemorizados todos os do Exército inimigo, não só se puseram em fugida, até o lugar desampararam; e outros mais dos vizinhos, aonde chegava a notícia do homem do fogo, nome que lhe deu o mesmo Gentio, pelo que viam sair do seu arcabuz, desde a primeira vez, que à vista deles o disparou, e se foi estendendo por todos os mais, ficando Diogo Álvares em tanta reputação com estes da Bahia, e com o seu maioral, ou Príncipe, que determinaram de o não matar, pela grande utilidade, que com ele se lhes seguia para as suas guerras; e aqui no fogo deste arcabuz se acabou de forjar toda a fortuna de Diogo Álvares. Nesta ocasião, escrevem alguns lhe foi posto o celebrado nome de *Caramuru-Guaçu*, que quer dizer, afirmam os mesmos: *Dragão que saiu do mar*; porque, como um Dragão, saiu do mar este homem para estrago do Gentio da terra. Outra significação mais própria, e natural, e assim a verdadeira, diremos logo qual seja a deste nome.

31. Com estas, e outras semelhantes vitórias, que os da Bahia foram alcançando dos contrários vizinhos com a ajuda, e armas do Caramuru, se foi ele fazendo tão temido, e respeitado, que de escravo passou a Senhor: já mandava a todos, e eles lhe obedeciam, e não havia inimigo, que parasse, quando sabia ir contra eles o homem do fogo, Caramuru-Guaçu. Logo lhe foram os maiorais das Aldeias dando as filhas donzelas, e o Principal da Bahia foi o primeiro, que lhe deu uma só, que tinha de poucos anos, sendo esta a que lograva entre as outras o título de mulher, e a preeminência de Princesa, e as mais de Damas, amigas, ou concubinas, conforme ao uso Gentílico destes bárbaros, que se não julgava por honrado aquele maioral, que não tivesse ao Caramuru por seu parente; e assim veio a ter muitos filhos, e filhas, que casando depois com pessoas Nobres do Reino, que por aquele tempo passavam muitas a estas conquistas, foram cabeças das melhores Famílias da Bahia. Também se fez logo mui eloquente da linguagem da terra, e para maior segurança da sua pes-

soa, levantou umas casas fortes de taipa de pilão, com travessões, e guaritas, no mesmo campo, onde hoje está a Igreja de Nossa Senhora da Graça, das quais os vestígios, diz o que nos dá estas notícias, ainda permaneciam em seu tempo. Nestas se recolheu, com suas mulheres, e família, e nelas assistiu até o ano de 1524 em que saiu para França, como logo se dirá.

32. Suposto dissemos, com os mais escritores, que o nome Caramu-ru-Guaçu, fora posto pelo Gentio a Diogo Álvares pela braveza, com que como um Dragão saíra do mar para destruir, e tragar a muitos daqueles bárbaros, não concordamos que fosse esta a causa primitiva daquele nome, antes outra, como agora diremos, seguindo a comum tradição do mesmo Gentio, participada destes, e do mesmo Caramuru aos seus descendentes. É tradição constante derivada dos primeiros até os de agora, que naufragada a Nau de Diogo Álvares, como fica dito, entre os baixos do Rio Vermelho, da entrada da Bahia, e acudindo ali o Gentio, com o maioral destes acompanhou também sua filha, de quem falamos, e que andando ela com o pai, por entre aquelas pederneiras, por estar de todo vazia a maré, à colheita dos despojos, vira a tal Índia a Diogo Álvares na concavidade de uma delas, onde o susto, e temor do numeroso, e bravo Gentio o havia escondido, condição natural, e inata no homem, ocultar-se do inimigo, o que se não acha com meios oportunos para a sua defesa. Então a Índia, ou como admirada da sua primeira vista, ou compadecida da sua fortuna, chamara pelo pai, e apontando para Diogo Álvares, entre aquelas aberturas, dissera assim: *Caramuru-Guaçu*, que foi o mesmo, que disser: Olha pai, que Moreia tão grande! E que logo afeiçoada da sua vista, pedira ao pai que o não matasse; e que levado para a praia, como se viu com sinais de vida, e um tal patrocínio, ajudado do seu natural gênio, e esperteza, se introduziu com eles na arrecadação, e conduta dos despojos da nau. Esta é a tradição antiga deste sucesso, e em tudo mui ajustada, e conforme com o nome de *Caramuru-Guaçu*, que foi posto a Diogo Álvares por este Gentio. Porque *Caramuru*, na sua língua, quer dizer *Moreia*, espécie de pescado, que tem por habitação as cavernas das pederneiras, e nestas do Rio Vermelho, em que sucedeu aquele naufrágio, as havia tão grandes, e deformes, que chegavam a tragar os Índios como se fossem feros tubarões, e *Guaçu* quer dizer Grande, como é vulgar na mesma língua. E como Diogo Álvares foi achado entre aquelas pederneiras, habitação destas Moreias, como se fosse alguma delas, e das grandes, lhe foi posto o nome de *Caramuru-Guaçu*. E assim concordamos, que este nome lhe foi posto, própria, natural, e historicamente falando, por ser achado entre as concavidades daquelas pederneiras do seu naufrágio, fosse por quem quer que fosse, como uma grande Moreia, e à imitação das muitas, que nelas habitavam; e moralmente apropriado a ele mesmo, quando

na primeira guerra venceu com o seu arcabuz aqueles inimigos, como um grande, e feroz Dragão, que saíra das águas para os tragar; porque só por apropriação, ou metáfora, se podia dizer Dragão do mar o que nele fora achado como grande moreia. Este primeiro lhe pôs naturalmente a inclinada Índia, quando como Moreia grande o tirou de entre as pedras, para lhe dar piedosa a vida; o segundo lhe foi apropriado pelo Gentio, quando ele como um cruel Dragão, que saiu do mar, atirou a muitos; é assim, significando o nome *Caramuru-Guaçu*, um só indivíduo, ainda que grande, ficou Diogo Álvares, com este grande nome, um só *Caramuru-Guaçu*, com dois significados; com o primeiro de Moreia Grande, pela naturalidade daquele caso; com o segundo de Dragão do mar, por apropriação do seu valor. Foi este naufrágio de Diogo Álvares pelos anos de 1518, com pouca diferença, ou mais certo no de 1516, pelas razões de conjetura, que logo diremos.

ESTÂNCIA II

Como Diogo Álvares foi à França, e do que lá passou até voltar à Bahia.

33. Havendo já alguns anos, que seriam sete, ou oito, que Diogo Álvares assistia com este Gentio, apareceu na Enseada da Bahia uma Nau Francesa, que afirma o Manuscrito, que seguimos, foi a primeira desta nação que ali entrou. Foi vista por Diogo Álvares da sua Estância, desceu à praia, fez sinal, mandou-lhe a Nau batel, e foi recolhido nele. Mas a Índia Paraguaçu, que assim se chamava pela linguagem dos seus, aquela, a quem ele devia a vida, vendo que na de Diogo Álvares, que se ausentava, perdia a própria, porque cuidadosa o havia espreitado, se lançou a nado após do batel, e a rogos de Diogo Álvares, que no excesso apurava o afeto, foi recebida nele, e ambos levados à nau; efeito que não conseguiu a constante resolução de outras mais, das que ele tinha por mulheres, e uma delas dizem se afogara, e ambos passaram a França. Reinava então ali o cristianíssimo Príncipe Francisco I, e não Henrique de Valois, e Catarina de Médici, como escrevem todos os que vimos, e tratam esta história. Porque este Monarca entrou na posse do Reino de França no ano de 1547, e neste mesmo ano foi morto, e comido pelos tupinambás de Itaparica, Francisco Pereira Coutinho, primeiro Fundador por el-Rei D. João III, havia alguns dez anos desde o de 1537, da Capitania da Bahia; e antes deste já no de 1534, havia arribado no seu porto Martim Alfonso de Sousa, a tempo, que já o Caramuru Diogo Álvares havia ido a França, e voltado à

Bahia, como assentam todos. E se antes do reinado de Henrique de Valois, Catarina de Médici no ano de 1547, já desde o de 1534, havia arribado à Bahia Martim Afonso, e no de 1537, chegou a ela por seu primeiro Donatário, e Fundador Francisco Pereira Coutinho, e todos estes consta certamente, que quando chegaram à Bahia, já Diogo Álvares Caramuru havia feito viagem à França, e passado outra vez à Bahia, como era possível ser esta no reinado de Henrique de Valois, e Catarina de Médici? Nasceu sem dúvida esta equivocação do nome de Catarina, que dizem os mesmos, que isto escrevem, tomara esta Índia, em graça, e obséquio daquela Senhora, que lhe serviu de Madrinha ao seu batismo, e casamento; sendo mais provável, e ainda certo, que o tomar aquele nome, pois não havia em França naquele tempo Rainha chamada Catarina, mas só em Portugal a que nesse mesmo no de 1525, no qual Diogo Álvares se achava em França, havia casado a cinco de fevereiro, com el-Rei D. João III, a Senhora D. Catarina; e é sem dúvida, que em reverência destes Monarcas portugueses, de quem era Vassalo Diogo Álvares Caramuru, e sua mulher, tomasse esta o nome de Catarina.

34. Também é certo, como escrevem todos, os que relatam estes acasos de Diogo Álvares, que quando este chegou à França assistia na sua Corte, na continuação dos Estudos Civis, e Canônicos, Pedro Fernandes Sardinha, um Português, que foi depois o primeiro Bispo da Bahia, com quem Diogo Álvares teve comunicação, e consta dos mesmos escritores, que neste ano de 1525 se achava certamente em França Pedro Fernandes Sardinha; e nem este podia estar naquela Corte no Reinado de Henrique Valois, e Catarina de Médici; porque este Príncipe subiu ao trono, como fica dito, no ano de 1547 e a este tempo já Pedro Fernandes Sardinha era voltado daquela Corte para a de Portugal, tinha ido por Provisor, e Vigário-Geral para a Índia, esse achava outra vez em Lisboa; pois no de 1550, conforme ao que escreve Mariz nos seus Diálogos, ou, como dizem outros, no de 1551 foi nomeado Bispo para o Brasil, para onde partiu no de 1552 e não haverá quem se persuada, que nos quatro anos, que vão de 1547 para 1550, ou 51, pudesse Pedro Fernandes Sardinha assistir em França, vir a Portugal, passar à Índia, ser lá Vigário-Geral, e Provisor, tornar ao Reino, e achar-se no Brasil.

35. Por todos estes princípios, e fundamentos sólidos de congruência, fica evidente, que no ano de 1524 devia sair da Bahia para França Diogo Álvares Caramuru, e sua fiel companheira, e que naquela Corte foram recebidos pelo Cristianíssimo Monarca Francisco I, que neste tempo sustentava a Coroa deste Reino, e nele tratados com aquele aplauso, e benevolência, que sabe conciliar a novidade, e uma tal, como a que devia causar a primeira vista

de um novo Indivíduo, e que vinha de outro Mundo também novo. Com um mui solene ato, (depois de bem instruída a Índia nos pontos precisos da Fé Católica), e assistência dos maiores daquela Corte, por um Bispo lhes foram administrados os Sacramentos, a ela o do Batismo primeiro, com o nome de Catarina, pelo motivo que apontamos da Senhora D. Catarina Rainha de Portugal, e a ambos o do Matrimônio, sendo-lhes em um, e outro Padrinhos os Reis de França, com outras muitas honras, e dádivas da sua Real grandeza, além das que a Catarina Álvares (sobrenome, que tomou em graça do marido) fizeram de vestidos, e peças ricas, outras grandes Senhoras daquela Corte.

36. Nela teve (como fica dito) Diogo Álvares larga comunicação com Pedro Fernandes Sardinha. A este participou com individuais circunstâncias as notícias do Brasil, e com especialidade, as que por experiência tinha da Bahia, as quais todas tornando a Portugal Pedro Fernandes deu a el-Rei, como também lhe havia feito presente por cartas as rogativas de Diogo Álvares para solicitar o sair ele daquela Corte; porquanto o Francês, por seus particulares interesses, o não queria consentir. Mas vendo Diogo Álvares, que nem o Rei de França lhe dava licença para sair dali, como lhe pedia, e nem o de Portugal cuidava em tirá-lo, para se aproveitar dele naquela conquista, como lhe havia manifestado por Pedro Fernandes Sardinha, veio a conseguir pela indústria, o que não pôde a razão. Concertou-se com certos Mercadores Franceses a carregar-lhes na Bahia duas naus do pau-Brasil, a troco de o mandarem lançar nela, com alguns petrechos de guerra, e outros aprestos, que julgava serem-lhe cá necessários para a sua melhor segurança; e estando elas assim preparadas em um porto distante de Paris dezoito léguas, secretamente saiu daquela Cidade, com sua já legítima consorte, e fiel companheira, à prima noite, e embarcados ali, dando logo à vela, chegaram à Bahia com próspera viagem, onde satisfez a promessa aos seus condutores, e novamente se fortaleceu na sua primeira Estância, crescendo em respeito, e cabedais, que o tempo, e a indústria lhe iam administrando, e em que foi suficientemente abastado.

ESTÂNCIA III

Mostra como neste meio-tempo, em que Diogo Álvares foi à França, veio dar na Enseada da Bahia Cristóvão Jaques, e da razão por que pomos a este depois daquele contra a opinião dos mais.

37. Deixamos dito, que mandado Gonçalo Coelho pelo Rei D. Manoel ao descobrimento, e demarcação das Costas, e Portos do Brasil,[24] se recolhera este, reinando já D. João III. Agora acrescentamos, que recebidas por este Monarca as notícias,[25] que trouxe do Brasil aquele Capitão, mandou o mesmo Rei a Cristóvão Jaques à própria diligência, e que este depois de navegados esses mares, e tomados, vários portos, viera entrar na Enseada da Bahia, correra o seu Recôncavo, e Rios dele, onde no de Paraguaçu junto à sua barra, achando duas naus Francesas ao negócio do pau vermelho com o Gentio da terra, e não se querendo elas render, as metera a fundo, o que tudo feito, e tendo posto também o nome de Todos os Santos ao Promontório da Bahia, por lhe parecer à vista um alegre Paraíso, como dizem alguns, ou mais certo por entrar por ela no primeiro de novembro, dia dedicado pela Igreja à festividade de todos os Bem-aventurados do Celeste Paraíso, voltara para o Reino. Com estas notícias, e outras, que já antes havia dado Pedro Lopes de Sousa, irmão de Martim Alfonso de Sousa, que também correra aqueles mares, e Costas, quando foi a Itamaracá, (como a seu tempo diremos) se resolveu el-Rei a mandar para Povoador da Bahia, a Francisco Pereira Coutinho, passados alguns anos. Vindo enfim a concluírem os escritores todos, que fora o Coutinho o primeiro Povoador da Bahia, e Cristóvão Jaques o seu primeiro descobridor. Nisto não podemos concordar, antes assentamos que o primeiro descobridor, e povoador primeiro português da Bahia, e ainda antes de que os Franceses entrassem na sua Enseada, e portos, foi Diogo Álvares Correia Caramuru, e com um fundamento tão sólido, como verdadeiro, tirado do mesmo curso do tempo, com que estas coisas na Bahia se foram seguindo umas às outras, e de alguns princípios irrefragáveis, e que se não devem, nem podem negar.

38. É sem dúvida, que nenhum dos escritores, que falam nestas Esquadras, que mandaram ao Brasil os nossos Reis, ao menos os que vimos, e lemos, assina o ano da sua expedição, só dizem, que se foram seguindo umas às outras, depois do primeiro descobrimento pelo Cabral. Dizem, que depois deste mandara el-Rei D. Manoel a Américo Vespúcio; recolhido este, fora

---

24 [Jaboatão] Digressão I, Estância 2.

25 Ver Anotação VI da edição do IHGB no final do OSNB II.

enviado depois pelo mesmo Rei Gonçalo Coelho, e que voltara já em tempo do reinado de D. João III, mas nenhum assigna os anos destas idas, e vindas. Dizem também, que mandara el-Rei D. João III a Cristóvão Jaques, recebidas as notícias de Gonçalo Coelho, mas não expressam também em que ano fora. Dizem mais, que à Bahia viera Diogo Álvares Correia, que fora à França, e tornara à Bahia, e também lhe não dão para estas jornadas ano determinado. Destes termos tão incertos, formando-nos tão várias conjeturas, e fundados em um só ponto fixo, assignaremos agora os anos, com pouca diferença de um a outro, em que estas tais coisas puderam suceder. E assim assentamos, que Américo Vespúcio partiu para o Brasil, ou pelos fins do ano de 1501, ou no princípio de 1502,[26] como em outro lugar explicaremos. Assentamos também, que Gonçalo Coelho saíra do Reino ao mesmo intento pelos anos de 1520, ou 21 em que faleceu el-Rei D. Manoel, que o havia mandado; e que recolhendo--se já em tempo de el-Rei D. João III, podia ser o mais breve no de 1522, primeiro do Reinado deste Príncipe, que tomou a Coroa pelo meio de dezembro do ano, que acabava de 1521. E assim também concordamos, que Cristóvão Jaques, sendo enviado ao mesmo Brasil pelo sobredito Rei D. João III, depois que recebeu as notícias de Gonçalo Coelho no referido ano de 1522 por todo ele, só podia sair do Reino no seguinte ano de 1523, e que detendo-se pelos mais portos, e Costas do Brasil nas diligências de os ver, demarcar; quando veio a descobrir o da Bahia, e a entrar pela sua Enseada, foi já no ano de 1524; e que neste tempo já Diogo Álvares Caramuru havia sete, ou oito anos, tinha vindo dar à Bahia, e se achava partido para França nesta conjunção, e vai o fundamento sólido, e verdadeiro destas conjeturas.

39. Achamos nas crônicas do Reino, como também nas da Ordem, que no ano de 1534 fora mandado de Lisboa para Prelado maior da nova Custódia de S. Tomé na Índia o P. Fr. Diogo de Borba, com outros companheiros, e que estes foram para lá em companhia de Martim Alfonso de Sousa, que neste mesmo ano ia por Capitão-Mor daqueles mares do Oriente, enviados pelo Rei D. João III, e que nesta viagem foram todos arribados à Bahia, e que entre outras obras de piedade em que na terra se exercitaram estes Religiosos, o tempo que ali assistiram, foi uma o serem Ministros do Sacramento do Matrimônio de duas filhas naturais de Diogo Álvares Caramuru, com dois Cavalheiros nobres,[27] como em outro lugar se dirá. Agora todo o fundamento do que lemos prometido: Estas filhas de Diogo Álvares não podiam receber

26 [Jaboatão] Liv. Antep. cap.

27 [Jaboatão] Vasconc. Chron. da Comp. I. I. fol. 41: nº 41 [nota ed.: VASCONCELOS, 1663].

o Sacramento do Matrimônio antes que tivessem ao menos doze até quinze anos de idade; para terem esta idade no de 1534, em que foram desposadas, haviam ter o seu nascimento no de 1519 ou dali por diante, e para isso era necessário que no de 1518 estivesse já Diogo Álvares na Bahia, ou ainda antes no de 1516, que por isso lhe assignamos este no fim da 1ª Estância desta Digressão: porque assim vinham a ter aquelas suas filhas naturais de quinze para dezoito anos, que era a idade mais competente para poder tomar aquele estado no sobredito ano de 1534. E assim certo fica, que antes da vinda de Cristóvão Jaques à Bahia no governo de D. João III pelos anos de 1524, já à Bahia havia aportado Diogo Álvares Caramuru, e assistido nela desde o ano de 1516 ou 1518, e ainda em tempo do Rei D. Manoel; é que não Cristóvão Jaques, mas Diogo Álvares foi sem dúvida o primeiro português não só descobridor, mas também povoador primeiro da Bahia. Do dito se colhe mais, e sem controvérsia também, que neste mesmo ano de 1524, que Cristóvão Jaques entrou na Bahia, foi o em que havia saído para França Diogo Álvares Caramuru; porque sendo certo, como fica mostrado, que Diogo Álvares veio ter à Bahia alguns sete ou oito anos primeiro que Cristóvão Jaques, entrando este pela sua barra, e Enseada, em 1524, e não achando nela a Diogo Álvares, é sem dúvida foi por não estar ele então na terra; não consta que estivesse fora dela, senão na jornada de França, certo fica ser esta neste mesmo ano de 1524. Um só reparo pode haver aqui, e é: Que se Cristóvão Jaques veio à Bahia depois de Diogo Álvares, e estando este em França; por que não achou ele no Gentio da terra esta notícia? Também é fácil a solução ao reparo; porque não consta que Cristóvão Jaques tivesse comunicação alguma com este Gentio; pois só se diz que se ocupara no descobrimento da Enseada, e nas alturas, e demarcações dela, e dos seus Rios; e dado caso, que tivesse a tal notícia, ou por confusa, ou por lhe não convir perder por segundo, o que podia ganhar por primeiro, a quis ocultar.

40. Concorre finalmente para confirmação de tudo, que por estes mesmos anos de 1524 começaram a cursar por estes mares, e Costas da Bahia naus Francesas, e a que levou Diogo Álvares a Paris, foi a primeira, diz o nosso alegado Manuscrito que entrou pela sua Enseada, e barra, e assim o mostra a razão; por que, se aportara ali outra antes, seria vista por Diogo Álvares, que já havia alguns oito anos que assistia no lugar, e podia fazer nela para França a mesma viagem, que fez nesta, que sem dúvida seria companheira daquelas duas, que Cristóvão Jaques meteu a fundo na barra do Paraguaçu, ou viessem estas com a outra, ou logo depois, que tudo foi no mesmo ano. Daqui se conclui por certo e infalível, o principal intento desta Estância, que é deixarmos assentado nela, que neste mesmo tempo, que Cristóvão Jaques aportou à

Bahia, se achava em França Diogo Álvares; porque de outra sorte, a achar-se ali neste tempo, fizera em companhia de Cristóvão Jaques para o Reino, o que executou para Paris com os Franceses; como também, que quando Cristóvão Jaques entrou na Bahia, já nela havia estado Diogo Álvares; e este discurso seguiremos sempre, de que foi Diogo Álvares Caramuru o primeiro descobridor, e povoador da Bahia, que é o fim, e conclusão de tudo o que fica dito. E nem o ser isto acaso da fortuna, o pode privar desta regalia, assim como não obstou a Pedro Álvares Cabral, para ser o primeiro descobridor do Brasil, trazê-lo às suas Costas os lances da sorte, e acasos do tempo.

ESTÂNCIA IV

Da prodigiosa aparição da Imagem de N. Senhora da Graça de Vila Velha da Bahia.

41. Navegava pelos anos de 1530 uma Nau Castelhana para o Rio da Prata, e a força de ventos contrários veio dar com ela em os baixos da Ilha de Boipeba, que se ficaram chamando por este caso a Ponta dos Castelhanos, onde padeceram lastimoso naufrágio. A estes acudiu Diogo Álvares, noticioso da sua fortuna, e como o que já experimentara outra semelhante; e a sua presença bastou a livrar aos que escaparam das fúrias do mar, do ventre dos bárbaros Gentios tupinambás, que já os tinham a bom recado. Trouxe-os consigo, hospedou-os com caridade, e em particular alguns Cavalheiros de distinção, que entre eles vinham, os quais voltando a Espanha, tanto abonaram a Diogo Álvares com o Imperador Carlos V, então Rei daquela Monarquia, que este lhe escreveu uma carta, em que lhe agradecia o benefício, e oferecia a sua graça.

42. Houve nesta ocasião um caso maravilhoso, e muito digno de ser repetido. Voltava Diogo Álvares de socorrer aos Castelhanos, quando lhe diz Catarina Álvares sua consorte, e lhe roga com muita instância torne ao lugar do naufrágio, e lhe traga uma mulher, que viera naquela mesma Nau, e se achava entre os Índios, porque lhe aparecia em sonhos, e lhe dizia a mandasse buscar, e lhe fizesse uma casa junto ali para sua morada. Voltou o Caramuru, fez a diligência, e não achou notícia alguma daquela mulher. Mas a sua não se aquietava, porque teimando a devota Índia dizia, que nas suas Aldeias a tinha o Gentio oculta, porque os sonhos, ou visões não cessavam. Tornou Diogo Álvares segunda, e terceira vez, repetiu as diligências, e não aparecia a tal

mulher. Ameaça aos Índios, e eles lhe respondem, (apontando para uma caixa de madeira destroncada do mar, e lançada a um canto da choupana, e dentro dela uma Imagem da Senhora) que senão era aquilo o que ele buscava, que de outra mulher não sabiam. Trouxe Diogo Álvares a sagrada Imagem, que a vendo a devota Catarina, se abraçou com ela, e com lágrimas lhe dizia, ser aquela mesma a que lhe havia aparecido. Logo pediu-lhe mandasse fazer uma Capela, a qual levantaram de taipa, e torrão, e pelo tempo outra de pedra, e cal, onde foi colocada, com o título de N. Senhora da Graça, em memória da que fez a estes seus devotos de se lhes comunicar, como piedosa; sendo esta a primeira Igreja, que houve nesta Capitania, e hoje a possuem os Religiosos do Patriarca S. Bento com título de Abadia, a quem esta devota Brasiliana, por morte de seu marido, fez doação assim da Igreja, como da terra do seu patrimônio. É a Imagem da Senhora de cinco para seis palmos, de madeira ao antigo, e está na mesma forma em que foi achada, sem até o presente ser renovada em coisa alguma do seu vulto, que é perfeito, e inculca em tudo devoção, e causa reverência, colocada no Altar da Capela maior, e para mais culto, e veneração coberta no seu nicho com um véu rico, e todo o adorno competente, e que se deve a tão prodigioso simulacro, e em todo o tempo milagroso, como publicam pendentes das paredes os vários troféus da sua piedade. Não consta do ano em que faleceu Catarina Álvares, e só na pedra, que cobre a sua sepultura na Capela-mor, se lê a inscrição seguinte: *Sepultura de D. Catarina Álvares, Senhora desta Capitania da Bahia, a qual ela, e seu marido Diogo Álvares Correia, natural de Viana, deram aos Senhores Reis de Portugal; fez, e deu esta Capela ao Patriarca S. Bento. Ano de 1582.* Este ano se acha emendado no seu algarismo em o livro do tombo do Mosteiro de S. Bento da mesma Cidade, declarando, que fora feita esta doação a 16 de Julho de 1586. Sendo assim, neste mesmo ano era viva ainda Catarina Álvares, e contava sem dúvida ao menos outros 86 de idade que é a que devia ter, para que no de 1516 ou 18, quando na Bahia naufragou Diogo Álvares, a pudesse tomar por mulher com 16 anos de idade, quando não tivesse mais. Não se acha o em que faleceu.

ESTÂNCIA V

Faz memória da mui vasta descendência de Diogo Álvares Caramuru.

43. Aqui me parece devo (para perpetuar mais a memória de um sujeito, que tanto nome deixou à fama, e que tanto mereceu ao céu, ou à for-

tuna) trasladar, o que em Manuscrito antigo, que já deixamos outras vezes apontado, se escreve acerca da sua larga, e nobre descendência, e não menos benemérita de ser lembrada; pois muitos deles serviam também, e muito a esta Conquista, ao seu Rei, à sua pátria, e a Deus. E se houver algum gênio melancólico, ou enfastiado de ouvir encômios alheios, nesta estância se não demore, e passe adiante, que para ele a não formamos, e menos para nós, ou alguns dos nossos; porque por nenhuma via nos embaraçamos com os ramos, nem imos topar com o tronco desta árvore. Diz, pois, assim o alegado, e velho Manuscrito com as suas próprias frases:

§ *Indo Martim Afonso de Sousa para a Índia, tomou de arribada o porto desta Bahia, e os Padres de S. Francisco, que consigo levava, batizaram os filhos, e filhas naturais do dito Diogo Álvares, e também alguns legítimos, que já tinha da dita legitima sua mulher: e logo casou uma filha natural com Afonso Rodrigues natural de Óbidos, e outra com um Fidalgo Genovês por nome Paulo Diaz Adorno, que havia pouco havido vindo de S. Vicente em uma lancha, por um omisio,*[28] *que lá tiveram.*

§ *Depois veio Francisco Pereira Coutinho com gente a povoar esta Capitania da Bahia, de que el-Rei lhe havia feito mercê, e então casou o dito Diogo Álvares Caramuru suas filhas legitimas de entre ele, e sua mulher; a saber: a mais velha, que se chamou Ana Álvares, com Custódio Rodrigues Correia, pessoa nobre, natural de Santarém, dos quais nasceram os filhos, e filhas seguintes, a saber: o P. Marçal Rodrigues, Vigário de Vila Velha, e o Capitão André Rodrigues Correia, e Lourenço Correia, e Paulo Rodrigues, e Jorge, e Isabel Rodrigues, que depois casou com João Marante, natural de Coimbra, e Maria Correia, que depois casou com Ayres da Rocha Peixoto, natural de Elvas, e dos mais nobres.*

§ *Com Genebra Álvares, outra filha de Diogo Alvares Caramuru, casou Vicente Diaz, natural do Alentejo, criado do Infante D. Luiz, homem Fidalgo, e dela houve a Diogo Diaz, Belchior Diaz Moreira, Lourenço Diaz, e Vicente Diaz, e Maria Dias, que casou com Francisco de Araújo, natural de Ponte de Lima, da melhor nobreza de Entre Douro, e Minho. Catarina Álvares, casou-se com Balthazar Barbosa, meio irmão do dito Francisco de Araújo; Andreza Diaz, que se casou com Diogo de Morim Soares, e Francisca Diaz, que casou com Antônio de Araújo, irmão de Gaspar Barbosa de Araújo, todos naturais de Ponte Lima.*

§ *A terceira filha de Diogo Álvares Caramuru, foi Apolônia Álvares, que casou com o Capitão João de Figueiredo Mascarenhas, e pelo nome do Gentio o* Buatucá, *era natural da Cidade de Faro, filho de Lourenço de Figueiredo,*

---

[28] Provavelmente *homizio*.

Fidalgo nos livros del-Rei, que passou à Bahia por matar um Cônego seu parente, trazendo consigo este filho de doze anos, que fez grandes serviços a Deus, e a el-Rei, conquistando a maior parte destas Capitanias; pelo que el-Rei lhe escrevia, que o estimava muito; morreu de meia idade, deixando cinco filhas, de que a mais velha se chamava Filipa de Figueiredo, que casou com o Capitão Antônio de Paiva; a segunda, Maria de Figueiredo, casou com o Capitão Sebastião de Brito Correia; a quarta, Gracia de Figueiredo, casou com Francisco de Barros, natural de Ponte de Lima; a quinta, Clemência de Figueiredo, casou com Bento de Barbuda, natural da Bahia, filho de Francisco de Barbuda o Velho.

§ A quarta, e última filha de Diogo Álvares Caramuru, foi Gracia Álvares, que casou com Antão Gil, seus filhos, e filhas foram Cosme Gil, Diogo Álvares, Lourenço Sarradas, Antão Gil, Catarina Gil, que casou com Gaspar Barbosa de Araújo, natural de Ponte de Lima, que era irmão de Antônio de Araújo, marido de Francisca Diaz acima dito, e ambos primos de Francisco de Araújo sobredito; e D. Maria Gil, que casou com o Capitão Gonçalo Bezerra de Mesquita, natural da Vila de Viana.

§ Os filhos naturais do dito Diogo Álvares, foram os seguintes: Gaspar Álvares, que se casou com Maria Rebela, irmã de Lopo Rebelo, escrivão da Alçada, ofício que el-Rei lhe deu, pelo que perdeu em Arzila, onde era morador, quando se despojou aquela Fronteira; e Marcos Álvares, que foi o que fez com os Tapuias, e os trouxe à comunicação com os portugueses, e Manoel Álvares, e Diogo Álvares, que mataram os índios em Giquiriçá, quando mataram o filho do Governador Mem de Sá.

§ As filhas naturais de Diogo Álvares foram, Magdalena Álvares, que se casou com Afonso Rodrigues, que já se disse acima e Filipa Álvares, que casou com Paulo Diaz Adorno, dos quais nasceu Antônio Diaz Adorno, Cavaleiro do Hábito de Santiago; dos dois acima Afonso Rodrigues, e Magdalena Álvares, nasceram o Capitão Rodrigo Martins, o Capitão Álvaro Rodrigues, e Gaspar Rodrigues, Senhores do Engenho da Cachoeira, e suas terras. As outras foram, Helena Álvares, casada com João Luiz, e deles houve, Tomé Luiz, Antônio Luiz, Salvador Luiz, e Ignez Luiz, que se casou com Antônio Rodrigues, Prior; Isabel Álvares, outra filha do dito Caramuru, foi casada com Francisco Rodrigues; seus filhos Filipe Rodrigues, e Joana Rodrigues, que se casou com Gaspar Melo, sogro de Sebastião de Cubelos. A última foi Beatriz Álvares, que se casou com Antônio Vaz; seus filhos foram Gonçalo Vaz, Jerônimo Vaz, e Maria Gonçalves, que se casou com Balthazar Margalho do Acupe.[29]

[29] Ver Anotação V da edição do IHGB no final do OSNB II.

DIGRESSÃO IV

Discorre pelas Capitanias do Estado do Brasil, desde o Grão-Pará até o Rio da Prata, distritos, e demarcações de cada uma, seus Fundadores, e vários sucessos dos seus princípios.

ESTÂNCIA I

Da Capitania de S. Vicente.

44. Por quanto no discurso desta história nos há de ser preciso entrar com a sua narrativa em cada uma das Capitanias da Província de Santa Cruz, ou Brasil, e porque ali o não podemos fazer conforme a ordem, com que se seguem umas às outras, por havermos de falar nelas, quando lá chegarmos, com as fundações dos Conventos, ou nas que os não houve, quando a elas nos levar outro qualquer motivo, como o dos Religiosos, que, primeiro que outros alguns, foram a elas com as suas Missões, e isto não pode ser conforme ordem, e situação, que elas guardam entre si; com esta as queremos demarcar agora, por evitar ao depois algum embaraço, ou outra qualquer ocasião, que possa divertir o fio da história. É a primeira, correndo do Sul para o Norte, a de S. Vicente, e damos-lhe este lugar, não só por ser ela uma das primeiras Colônias Lusitanas, que, depois de descoberta a Província do Brasil, fundaram os nossos,[30] como também por ser esta pela qual se começa a correr a Costa por aquela parte, além de outras particulares razões, que a fazem digna desta primazia. Está situada em 24 graus e meio, quase debaixo do trópico Austral, correndo para a parte do Polo, e 240 léguas ao Sul da Bahia de Todos os Santos. A Região, sendo tão aprazível, e amiga da saúde, como o são todas as do Brasil, só se diferença deste nas estações do Inverno, e Verão, que em S. Vicente, assim como na Europa, é o Inverno naqueles meses, em que no mais do Brasil é Verão, e é o Verão lá, quando no mais é Inverno, com os mesmos frios, e calmas, que se experimentam na Europa, e ainda aqui com mais excesso pela terra dentro. Nela se acham, além das plantas, flores, e frutos comuns do Brasil, outros muitos especiais, e dos melhores da Europa, espaçosas searas de trigo, e largas vinhas, que tudo ali produz com muito vigor, pela fertilidade do terreno, regado de frescas ribeiras; as suas entranhas estão prenhes de vários, e ricos minerais, e entre estes reluz melhor o ouro, de que naqueles princípios

30 [Jaboatão] Brit. Freyr. Nov. Lusit, liv. I, nº 47 [nota ed.: FREIRE; BERAIN, 1675].

se bateu, e lavrou algum, sendo isto só então umas como primeiras amostras, ou compridas raízes, que embutidas pelo coração daquelas serranias, queriam pronunciar, que em S. Paulo, Minas Gerais, Serro do Frio, e outros mais tinham o seu grosso, e robusto tronco.

45. Foi primeiro povoador desta fértil Província Martim Afonso de Sousa, nobre por ascendência, ilustre por feitos, e por tudo junto, um dos grandes heróis da fama, pelo que o seu ânimo mostrou nesta conquista, o seu valor na da Índia, e o seu talento na Corte. Foi filho mais velho de Lopo de Sousa, Alcaide-Mor de Bragança, Senhor do Prado, e de D. Brites de Albuquerque. Passando por Bragança o Grão Capitão Gonçalo Fernandes de Córdoba, Espanhol, foi hóspede de Lopo de Sousa. Este ordenou ao filho Martim Afonso, fosse acompanhando algumas jornadas aquele Fidalgo, o qual ao despedir-se, quando foi tempo de voltar o Mancebo, quis satisfazê-lo com um rico, e formoso colar de ouro, e pedraria; e vendo que nem ainda com tão preciosa cadeia se deixava prender, lhe ofereceu o Gram Capitão a sua espada, que o moço aceitou com cortesia, e se honrava com ela nos dias de festa, e quando foi Governador na Índia. Como presságio de maiores fortunas o seu coração, tanto que o pai faleceu, rejeitou a alcaidaria-Mor do Duque de Bragança, e foi assistir com o Príncipe D. João filho do Rei D. Manoel; e porque era ainda mancebo, serviu -se dele de seu Pajem. Por certo motivo de pundonor, o qual ele sentiu, se foi a Salamanca, e ali enamorado de uma Dama Castelhana, chamada D. Ana Pimentel, casou-se com ela, e a trouxe a Portugal. Era já Rei neste tempo D. João III que o tornou a recolher, fazendo-lhe honras, e mercês, concorrendo também para elas a estimação, e valia do primeiro Conde de Castanheira D. Antônio de Ataíde, primo de Martim Afonso, que neste tempo era muito grande no Reino. Na Corte luziram tanto, já nestes princípios, os seus talentos, para empresas grandes, que o Rei o mandou por Capitão-Mor ao Rio da Prata. Nesta ocasião lhe foi conferida pelo mesmo Rei a mercê de fundar no Brasil uma Capitania, com data para ela de cinquenta léguas de Costa, com a mais terra confinante ao Sertão. Não achamos nos escritores o ano certo desta fundação, mas assentamos por boas conjeturas, que podia ser no de 1525, porque dizendo alguns deles, que fora esta uma das primeiras Colônias Lusitanas, que se fundaram no Brasil, sendo uma destas a do Espírito Santo, que todos a põem principiada no ano de 1525, neste mesmo devemos assentar também a de S. Vicente. Confirma-se por ajustada a conjetura; porque os mesmos, que escreveram estas coisas, dizem: que, logo que el-Rei D. João I recebeu as últimas notícias de Cristóvão Jaques, deu ordem à repartição destas Capitanias, e como no ano de 1524 recebeu as tais notícias, e no de 1525 achamos a fundação da do Espírito S., neste mes-

mo devemos assentar a de S. Vicente, pois dizem concorreram ambas em ser primeiras. Nem se deve estar pelo que escrevem alguns modernos, pondo esta fundação no de 1549; porque seria talvez erro da imprensa, que quase sempre acontece em assentos de algarismo; pois é certo, como com todos os mais fica dito, que neste ano de 49 já Martim Alfonso tinha vindo ao Brasil, e à Índia duas vezes, de donde voltou a última no de 1546, e não saiu mais da Corte.

46. Com uma esquadra de naus à sua custa, em que conduziu vários casais, e muitas pessoas nobres, partiu do Reino no referido ano de 1525, e veio entrar pelo Rio de S. Vicente, de que tomou o nome toda a Capitania, por aportar aqui sem dúvida a vinte, e dois de janeiro do seguinte ano de vinte, e seis, dia especial deste Invito Mártir, tão venerado dos portugueses.[31] Tem o Rio, ao entrar, uma grande aberta, na boca do qual estão duas Ilhas de cinco até seis léguas de circuito, cercadas pela parte dos Sertões, de grandes mangues, e fundos lamaçais. Entre estas duas Ilhas se formam três entradas, que ao princípio se chamam barras, e daí a uma até duas léguas forma cada uma o seu estreito. A primeira, correndo do Norte para o Sul, é a barra da Bertioga, a segunda, ou do meio, é a de Santos, a terceira, e última a de S. Vicente. Entre a primeira da Bertioga, e a do meio de Santos, fica a Ilha de Santo Amaro, em que está a Vila, com o título do mesmo Santo, de quem ela tomou o nome, e foi ao princípio cabeça de Capitania, assim chamada, que fundou Pedro Lopes de Sousa, irmão de Martim Alfonso de Sousa, e fica a Costa marítima desta Ilha bem à face com a Costa do mar. Entre a barra do meio, ou de Santos, e a última de S. Vicente fica a Ilha deste mesmo nome, e mais metida para dentro da boca do mesmo Rio, e nesta Ilha estão situadas a Vila de S. Vicente logo na barra, e ponta da Ilha para o Sul, e a Vila de Santos duas léguas pela barra do meio, ou estreito do mesmo nome, por ele acima, e já quase nas Costas da Ilha, entre o Norte, e Meio-dia, ou Poente.

47. Quatro Vilas fundou Martim Alfonso de Sousa na sua Capitania, duas na Ilha, que são, a de S. Vicente, e Santos, a terceira da Conceição, que chamam de Itanhaém, nove léguas da barra de S. Vicente para o Sul da mesma Costa, pela qual se faz caminho de S. Vicente para ela, por uma dilatada praia de areias tão ligadas, que nem cavalos, ou carros, que por elas passam, deixam impresso rasto algum. A quarta Vila foi a de S. Paulo, outras nove léguas pelo Sertão dentro.

48. Foi povoada esta Capitania de nobre, e honrada gente, que consigo trouxe o seu Fundador, e uma das que logo no seus princípios flores-

[31] Ver Anotação VII da edição do IHGB no final do OSNB II.

ceu muito, tanto pela fertilidade da terra; porque esta foi a primeira onde se fabricou o açúcar, e donde as mais se proveram da semente das canas para plantarem, que foi só a parte do Brasil, em que se achou esta planta, e de gado vacum, para a criação; como, porque nela não experimentou as grandes contradições, e guerras com o Gentio natural, que era o chamado Guaianás, que suposto o lançou à força de armas da Ilha de S. Vicente, onde fundou a sua primeira Vila, como era Gentio pouco dado a guerras, e fácil de contentar, fez com eles logo pazes que conservavam bem, e assim teve mais lugar, e cômodo para sua fortificação, e aumento.

49. Posta nestes termos a sua Capitania, saiu de S. Vicente Martim Alfonso com alguns de seus Navios, e foi correndo a Costa, e demarcando os seus portos, Enseada, e Rios, e um destes em altura de 30 graus se ficou chamando de Martim Afonso, por ser ele o primeiro que o descobriu; e assim foi correndo até o Rio da Prata, como lhe havia ordenado o Rei, e navegando por ele acima, com grandes trabalhos, e perda de um Navio nos seus baixos, dali se recolheu à sua Capitania, que de todo acabou de fortificar. A Crônica da Companhia diz, que Martim Afonso de Sousa, vindo do Reino tomara o porto de S. Vicente, e dali fora logo correndo àquela Costa até o Rio da Prata, e feita esta diligência, voltando outra vez a S. Vicente, dera princípio a esta Capitania. Nós pomos primeiro a sua fundação por alguns anos, e depois destes aquela viagem, porque assim o traslada o Manuscrito antigo, que seguimos; pelo que acrescenta o tal Manuscrito: dando-se o Rei D. João por pouco servido de Martim Alfonso não executar, como lhe ordenara, correr logo aquelas Costas, o mandou vir a Corte, e o despachara para a Índia por Capitão-Mor dos Mares do Oriente, para onde partiu em março do ano de 1534, e desta viagem levava Religiosos Menores, e tomou de arribada o porto da Bahia, como fica dito. No de 1538 voltou da Índia para o Reino, e dele para Índia outra vez no de 1542 por Governador daquele estado, e dali para a Corte no de 1546. Nela foi do Conselho do Rei D. João III, e depois do Rei D. Sebastião na sua menor idade, enquanto governou por ele o Reino a Rainha sua Avó D. Catarina, e ainda no do Cardeal D. Henrique pelo mesmo Rei menino. Faleceu em Lisboa a 21 de Julho de 1564. Na viagem que fez de S. Vicente para o Reino descobriu de passagem a Enseada do Rio de Janeiro, ao qual deu este nome por entrar por ele ao primeiro deste mês no ano de 1532, e logo ao princípio desta Enseada está um lugar, que por muitos anos conservou o nome de Porto de Martim Afonso, por ser este o primeiro que tomou, quando ali assistiu.

50. Nestes felizes anos de Martim Alfonso de Sousa floresceu muito a sua Capitania de S. Vicente, porque ele a ajudava também muito com Navios, e gentes, que a ela mandava, e à sua instância, outras pessoas ricas, e mercadores, mandavam a ela fabricar Engenhos com outras granjearias de muitos lucros, que pelos tempos mais adiante vieram a ter diminuição, principalmente os Engenhos com a criação das novas Capitanias de Pernambuco, Bahia, e Paraíba. Por morte de Martim Afonso de Sousa, herdou a Capitania seu filho Lopo de Sousa, e por morte deste outro Lopo de Sousa seu neto.

51. É muito digno para notar, que sendo esta a primeira Capitania, que se fundou no Brasil, e tendo florescido opulenta nos seus princípios, apenas conserva de presente a memória da sua grandeza, carecendo até dos vestígios para crédito da sua memória, e que de cabeça de Província perdesse a Vila de S. Vicente a dignidade, que passou à de Santos pelo tempo adiante, e agora está na Cidade de S. Paulo, chamada antes Vila de Piratininga, não existindo na primeira de S. Vicente mais que a Igreja Matriz com a invocação do Santo Mártir, seu Protetor, e uma Capela do nosso Santo Antônio, pequena pela fábrica, mas grande pelos milagres contínuos, com que acode a todos os seus moradores, que a frequentam, e sendo em outros tempos em bastante número, são mui poucos ao presente. O gênero de que não perdeu totalmente o trato, são os toucinhos, e dos melhores, que se gostam; porque se criam ali os porcos tão grandes, que lhes esfolam as peles para botas, e couros de cadeiras, para o que provam melhor que os das vacas.

52. Outra Capitania houve aqui junto a S. Vicente, e era a sua capital a Vila de Santo Amaro, sita na Ilha do mesmo nome, que já dissemos fica entre a barra da Bertioga, e a de Santos. Foi fundada esta por Pedro Lopes de Sousa, irmão de Martim Alfonso de Sousa, entre os quais houve logo ao princípio algumas diferenças sobre jurisdições, por ficarem tão mistas entre si estas capitais Vilas: as controvérsias se continuaram ainda depois entre os Condes da Ilha, a quem passou a Capitania de S. Vicente, e os Marqueses de Cascais, herdeiros de Santo Amaro por Pedro Lopes de Sousa; a este fez o Rei D. João III a mercê de fundar também nas Costas do Brasil uma Capitania. Na Ilha de Itamaracá além de Pernambuco para o Norte sete léguas, tomou ele parte das cinquenta, que lhe deu o Rei, e a outra parte as foi tomar em S. Vicente. Não achamos ao certo o tempo em que ele a veio fundar, só sim que no princípio do reinado do Rei D. João III andava este Capitão com Navios à sua custa correndo estas Costas, e que pelas notícias, que levara ao dito Rei, com outras que já antes havia dado Gonçalo Coelho, se resolvera o Rei a mandá-las povoar, repartindo-as por pessoas nobres do seu Reino, e que nesta repartição

entrou como principal Pedro Lopes de Sousa, e assim podemos discorrer, que em companhia de seu irmão Martim Alfonso de Sousa, que também foi dos primeiros, na mesma data, a veio fundar, ou pouco depois. Nesta empresa padeceu este Capitão, como todos os mais nas suas, grandes trabalhos, e gastou a maior parte de sua fazenda. Tanto esta, como a de S. Vicente com todos os seus distritos, estão unidas, e anexas à Cidade de S. Paulo. No ano de 1539 partindo Pedro Lopes, da Índia para o Reino com quatro naus, de que ele era Capitão, a sua desapareceu no mar, e viagem, sem se saber o fim, ou rumo, que levara.

53. Entre a Capitania de S. Vicente, de que já falamos, ao Sul, e a do Espírito Santo para o Norte, como em seu lugar diremos, no distrito, que hoje pertence à do Rio de Janeiro, da qual se segue escrever, houve neste mesmo princípio outra Capitania, que se chamou de S. Tomé, por um cabo do mesmo nome, em altura de 22 graus ao Norte do Rio de Janeiro. Também chamaram a esta, Capitania da Paraíba do Sul, por outro Rio deste nome, que corre por ela a entrar no mar, em 21 graus, e dois terços. Para fundação desta fez mercê de trinta léguas de Costa o mesmo Rei D. João III a Pedro Góis, Fidalgo de experiência, e esforço, e que já andara na Costa do Brasil, e expulsão dos Franceses com Pedro Lopes de Sousa, e havia naufragado com ele no Rio da Prata, e pela afeição que tomara desde aquele tempo à Costa do Brasil, solicitou do Rei esta Capitania. Com uma Esquadra de naus à sua custa, e com outros também interessados nela, em que conduziu vários mercadores, e o mais necessário para a tal empresa, partiu do Reino, e veio entrar pelo Rio da Paraíba. Aqui se fortificou, e deu princípio a uma Povoação, em que assistiu os primeiros dois anos em paz, e amizade com o Gentio Goitacás, vizinho, e habitador daquelas partes. Mas esta paz, e sossego se veio a perturbar como em todos os mais, e de tal sorte se exasperou aquele Gentio, que em cinco para seis anos seguintes fizeram tanto mal, e apertaram de modo aos Fundadores portugueses, que muitos deles mortos, postos em cerco umas vezes, outras fazendo pazes, que logo quebravam, tanto pela inconstância, e pouca fé desta gente, e por mau tratamento dos nossos; que obrigaram a Pedro de Góis, depois de exausto de gente, e provimento para a conservação da nova Colônia, a deixá-la, e passar-se para a Capitania do Espírito Santo, em algumas embarcações, que para isso mandou Vasco Fernandes Coutinho seu Donatário. Do Espírito Santo passou Pedro de Góis para o Reino, e de lá tornou ao Brasil por Capitão-Mor do mar com Tomé de Sousa, primeiro Governador, e Fundador da Nova Cidade da Bahia.

ESTÂNCIA II

Da Capitania do Rio de Janeiro, e dos vários sucessos, que houve nela entre portugueses, Franceses, e Gentio tamoio seus primeiros habitadores.

54. Foi seu primeiro descobridor Martim Afonso de Sousa, quando da volta que fazia de S. Vicente para o Reino, entrou pela sua Enseada, dando-lhe o nome de Rio de Janeiro, pelo fazer no primeiro dia deste mês do ano de 1532 indo ancorar dentro entre a ponte da Cidade velha, e a outra da parte do Norte, em um lugar, que para isso achou conveniente, e dele se ficou chamando o Porto do Martim Afonso. Está situada em altura de 23 graus, e a sua boca, na entrada da qual se levantam, de uma, e outra parte, dois altos penhascos, é por natureza defensável, porque estreitando-se nela por quase meia légua, entra no mar, formando primeiro um golfo, ou Bahia, de vinte, e quatro de circunferência, e oito de diâmetro, mais, ou menos em algumas partes. Neste bojo compreende algumas Ilhas, de diferentes grandezas, e recebe várias, e frescas Ribeiras, sendo as mais dignas de nota duas delas. É a primeira a da celebrada Carioca, que depois de correr, e atravessar várias montanhas, se vem despenhar das últimas, uma légua antes da cidade, onde a iam os moradores buscar com muito trabalho; mas hoje, encaminhadas para ela, a tomam ali por um aqueduto de muitas, e curiosas bicas, que não só lhes serve de saborosa bebida, para conservar a saúde, também de suave, e efetivo lambedor para afinar as vozes nos músicos; e sem artifício de vaidade, afirmam também, que para aumentar no vulgo feminino o lustroso do parecer. É a outra a do chamado Rio Macacu, navegável de barcos por três léguas, e por trazer a sua nascente em distância de sete da vistosa montanha dos Órgãos, que nesta forma, como muralha desconforme, composta pela natureza de ásperos rochedos, uns mais levantados, outros menos, pela parte do Sertão oposta à Cidade, vão cercando o seu golfo, e o mais da terra com uma tal organização, que assim como diverte com a variedade da perspectiva os olhos, espanta com o difícil da subida os ânimos.

55. Depois, que no referido ano de 1532 foi entrar no Rio de Janeiro Martim Afonso de Sousa, até o de 1560 em que ali veio o Governador da Bahia Mem de Sá, não achamos fosse lá mais português algum, nem se tratasse na Corte daquela Conquista, e sua fundação que foi por espaço de alguns quarenta anos; ou porque as da Índia levavam todo o cuidado dos nossos Mo-

narcas, como os que delas esperavam maiores interesses, do que as do Brasil prometiam; ou porque não podiam acudir igualmente a ambas, e aquelas do Oriente pediam grandes despesas, e assim foram ficando estas do Ocidente atrasadas, e dando-se com isto ocasião a que os Franceses, que não sabem perder passo, ou diligência alguma no adiantamento da glória da sua Nação, nem do interesse do seu comércio, se fossem introduzindo sem oposição por todos os seus principais Rios, Enseadas, e portos. Mais de vinte achamos notados em vários Roteiros, e Mapas com nomes, e portos dos Franceses, desde o Rio de Janeiro, em que estamos, até a Ilha de S. Luiz do Maranhão, que foi a última, que eles ocuparam, em os quais todos, por muitos anos, vinham várias Naus suas comerciar com o Gentio da terra, especialmente o pau da tinta, ou Brasil, de que eles faziam grande estimação, e tiveram bastantes lucros; e com os quais todo o Gentio guardava boa amizade, e à sombra deles nos fizeram muitas guerras, e causaram grandes danos, e bastantes nesta Enseada do Rio de Janeiro, do que aqui daremos breve notícia, para entendermos assim melhor os progressos, e princípios desta Capitania.

56. Pelos anos de 1556 aportou na Enseada de Cabo Frio junto ao Rio de Janeiro Nicolau de Vila Gailon,[32] Cavalheiro Francês do hábito de S. João do Hospital, exercitado em armas, por natural, e profissão.[33] Aqui soube do Gentio da terra, com quem vinha tratar negócio, que na Enseada do Rio de Janeiro o havia com vantagem, ainda que naquela conjunção traziam os naturais habitadores com os portugueses de S. Vicente graves, e contínuas guerras. Voltou a França o Villa-Gailon, e prevenido de Naus, e petrechos de guerra, e o mais necessário a seu desígnio, veio tomar porto na sobredita Enseada do Rio de Janeiro, chamado Niterói na língua do Gentio, no seguinte ano de 1557, e na Ilha, que dele se chamou Villa-Gailon, da boca da barra para dentro, levantou Fortaleza, prometendo ao Gentio, de quem foi bem recebido, boa amizade, e segura defesa contra os portugueses. Aqui residiu até o ano de 1558, em que deixando a Ilha bem fortificada, com Cabos, oficiais, e Soldados, que a defendessem, voltou à França com o negócio, e por nova prevenção para o seu melhor estabelecimento.

57. Já desde o ano de 1557, em que falecera na Corte o Rei D. João III, tivera este Monarca aviso desta invasão dos Franceses naquele porto, e recomendado a Duarte da Costa, Governador da Bahia, a indagação certa deste projeto dos Franceses no Rio de Janeiro, e nomeado neste mesmo ano

---

32 Ver Anotação VIII da edição do IHGB no final do OSNB II.

33 [Jaboatão] Brit. Freyr. Nov. Lusit., lib. 2, nº 61 [nota ed.: FREIRE; BERAIN, 1675].

Mem de Sá para suceder a Duarte da Costa; mas acontecendo neste mesmo tempo a morte do Rei, não pode sair Mem de Sá da Corte, senão no seguinte ano de 1558, e neste mesmo chegou à Bahia. A pouco tempo depois lhe veio ordem da Rainha D. Catarina, que pelo Neto, e Rei menino D. Sebastião, era a Regente desta Monarquia, para que com a brevidade possível fosse ao Rio de Janeiro lançar da sua Enseada ao intruso francês. Com este mesmo cuidado lidava desde que chegara à Bahia Mem de Sá, mas a falta que havia no Estado de aprestos, e gente, pelas contínuas guerras com os Gentios vizinhos, o tinha embaraçado nesta execução, que agora a toda custa tomava, a impulsos de superior preceito. Preparado na melhor forma, que lhe permitia o tempo, saiu Mem de Sá da Bahia com uma competente Armada, e visitando de caminho as Capitanias dos Ilhéus, Porto Seguro, e Espírito Santo, das quais tomou alguma gente, e mantimentos, neste ano de 1560 entrou pela barra do Rio de Janeiro, ao mesmo tempo, que lhe chegava também um competente socorro, que havia mandado vir de S. Vicente. Não imos a relatar os vários acasos desta empresa, só sim que, apesar da resistência, e forças dos inimigos, Franceses, e Gentios unidos, foi entrada ao vigor das armas Portuguesas a Ilha de Villa-Gailon, que nesta conjunção se achava em França, tomada a Fortaleza, e arrasada de todo, e os inimigos, que escaparam de mortos, ou fugidos, com o Gentio para a terra firme presos; é recolhido o Governador outra vez à Bahia, depois de visitar também a Capitania de S. Vicente. E esta foi (que é o nosso principal intento, e o que imos a dizer) a segunda entrada de portugueses no Rio de Janeiro, depois daquela primeira de Martim Afonso.

58. Os terceiros portugueses, que lá chegaram, foi Estácio de Sá, com outros, mandados pela mesma Rainha Regente D. Catarina à Bahia, em um Galeão, e dois Navios mais, para dali ser enviado com socorro competente a acabar de excluir os Franceses daquela conquista, que ainda que vencidos, e destroçados pelo Governador Mem de Sá, como não foram de todo expulsos, e nem lá ficou Presidio algum Português, com os novos socorros de França, outra vez se fortificaram, na terra firme, unidos com os Tamoios, que também se tinham feito fortes nas principais Aldeias, que tinham no circuito daquela Enseada. Da Bahia partiu Estácio de Sá por Capitão-Mor de uma armada, que ali se lhe ordenou, e entrando pela barra do Rio de Janeiro, depois de ter feito uma escala a S. Vicente, saltou em terra, e fez Estância, onde agora chamam a Cidade Velha, e ali assentou Fortaleza, e fez Arraial no princípio de março de 1565. Dois anos residiu este Capitão naquele lugar, sendo por vezes acometido nele por uns, e outros inimigos, e saindo ele também outras muitas a fazer-lhes entradas, pelas Estâncias dos Franceses, e Aldeias do Gentio, e sempre vencedor com vários sucessos até o princípio de janeiro de 1567,

que entrando pela mesma barra o Governador Mem de Sá com nova Armada de socorro, e acometendo logo aos inimigos no terceiro dia que ali chegou, que foi o do glorioso, e invito Mártir S. Sebastião, a quem tinham renovado o voto de Advogado, e Patrão da nova Cidade, que se havia levantar, feito pelo mesmo Estácio de Sá, quando ali chegou; foram vencidos nesta batalha, e na outra logo seguinte de todo destroçados, uns mortos, outros rendidos, e os mais retirados com o Gentio, que escapou, para as brenhas, e interiores do Sertão, deixando livre todo aquele circuito.

59. Concluídas estas vitórias, em que o bom sucesso delas foi atribuído, depois do Senhor dos Exércitos, ao Invicto Mártir S. Sebastião, deu logo princípio o Governador Mem de Sá à fundação de uma Cidade, com o nome do mesmo Santo, em reconhecimento seu, como Padroeiro, e em obséquio do novo Monarca D. Sebastião, no mesmo lugar daquela Estância, em que primeiro se tinham fortificado, e se ficou chamando depois Cidade Velha; mudada a nova para outro, que pareceu mais conveniente; e tendo o Governador assignado as Estâncias para os principais edifícios, e dadas as direções necessárias, deixando por morte do esforçado Capitão Estácio de Sá, que ficando gravemente ferido na primeira batalha, veio a falecer em poucos dias, a outro sobrinho seu por nome Salvador Correia de Sá por Capitão, primeiro Governador, Fundador, Povoador, e Defensor da nova Cidade do Rio de Janeiro.

60. Todos estes honrosos títulos se devem, porque os mereceu, a este famoso Herói; pois ainda que não foi, como achamos em certo papel da sua Baronia, primeiro descobridor, e conquistador primeiro, concorreu com tudo para este último com o Governador seu tio, com o seu valor, e esforço; e na fundação, se não foi o primeiro para a escolha do sítio da nova Cidade, foi o primeiro para o zelo, trabalho, e cuidado, nas suas fábricas, edifícios, e fortificações, e tudo o mais, que era necessário para a habitação do seu Governador, Ministros de Justiça, e Eclesiásticos, defensa, e resguardo dos inimigos. Não achamos ao certo os anos da sua residência, e governo por esta vez, mas só, que entrando na posse do Reino D. Sebastião, neste mesmo ano de 1568, quando foi tempo, nomeou por segundo Capitão, e Governador a Cristóvão de Barros, que ali assistia, e tinha vindo àquela conquista com Estácio de Sá, e por Capitão de uma nau, que trouxe do Reino em sua companhia. Depois deste, veio por Capitão, e Governador o Doutor Antônio Salema, que estava por Ouvidor, e com Alçada por el-Rei em Pernambuco; é a este se seguiu

outra vez o mesmo Salvador Correia de Sá, nomeado ainda pelo Rei D. Sebastião no último ano da sua partida, e perda em África, que foi no de 1578, e também não achamos ao certo os anos do seu governo nesta ocasião; mas só, que no tempo em que em Portugal cuidava o Infante D. Antônio na herança deste Reino, achando-se retirado em França, ainda governava a Praça do Rio de Janeiro Salvador Correia de Sá, o mesmo de quem imos falando; porque vindo àquela barra três Naus Francesas a querer entrá-la,[34] Salvador Correia de Sá a defendeu de sorte, que o não conseguiram, e foi voz divulgada, que estas naus vieram ali à instância do sobredito Infante sobre particulares seus.

61. E aqui temos depois de conquistada dos Gentios, e Franceses a Enseada do Rio de Janeiro, a Salvador Correia de Sá, primeiro deste nome na sua Ascendência, também por primeiro Fundador, Conquistador, Povoador, e Conservador, por el-Rei, daquela Capitania, e seu Governador por duas vezes. Depois em tempos adiante foi Governador da mesma seu filho Martim Correia de Sá, também primeiro deste nome; e depois deste, Salvador Correia de Sá, e Benavides, duas vezes também como seu Avô. A primeira pelos anos de 1640 no qual, achando-se por Governador daquela Capitania, celebrou na Cidade do Rio de Janeiro ao Rei D. João o IV perdendo por esta ação da fidelidade, que à sua pátria, e Senhor natural devia, as grossas rendas, que possuía nos domínios de Espanha a sua casa. O novo Rei o despachou não só com o segundo governo do Rio de Janeiro, mas também com o supremo posto de Capitão General para a dificultosa empresa do Reino de Angola, do intruso poder dos Holandeses, que conseguiu com multiplicadas vitórias; as quais conseguidas, passou dali para o Rio de Janeiro, e foi este o segundo governo, que administrou naquela Província. Quando, concluído nela o primeiro governo, se retirou para o Reino no ano de 1645 indo por General da Armada do Comércio, meteu no porto de Tamandaré de Pernambuco um socorro de oito embarcações, com Infantaria, que mandava da Bahia, donde saiu aquela Armada, o Governador do Estado Antônio Teles da Silva, para pacificar, ou prosseguir a liberdade daquele povo. Teve del-Rei D. João o IV a mercê de Alcaide-Mor da mesma Cidade do Rio de Janeiro. Nela lhe nasceu um filho chamado Martim Correia de Sá, como seu Avô, a quem fez o Rei D. Alfonso VI a mercê de primeiro Visconde de Asseca. Descendem todos estes grandes Heróis por Varonia do celebrado Paio Correia, ou, como escrevem outros, D. Paio Peres Correia, chamado vulgarmente o Josué Português; porque à imitação deste famoso Israelita, no reinado de D. Afonso III de Portugal, em que floresceu, fez parar o Sol para, acabar de vencer, e alcançar dos Mouros

34 [Jaboatão] Manuscrito Antig.

nas faldas da Serra Morena uma grande vitória. Não menos celebrados foram seus Descendentes nestas conquistas do Novo Mundo no Brasil. Também a Estácio de Sá na primeira batalha do Rio de Janeiro assistiu, como é tradição constante, o Invicto Mártir S. Sebastião, a quem ele, (e foi o primeiro) havia escolhido por Patrão, e Advogado daquela empresa, em forma de um gentil, e esforçado Mancebo, com sua espada na mão, e adiante do Exército, como Capitão valente, e desconhecido, causando nos inimigos fatal, e assombroso medo, como os mesmos, assim Franceses, como tamoios, afirmavam depois, desejando ver um sujeito de tão conhecido esforço. Era Estácio de Sá sobrinho do Governador Mem de Sá, e todos descendentes do já referido Josué Português. Os sucessores deste por linha reta de Varonia desde o primeiro Salvador Correia de Sá até o segundo, por uma continuada série de anos, não só propagaram ali a sua Família ilustre, também a exaltaram com feitos magnânimos, conquistando, defendendo, e aumentando aquela Capitania, (da qual se haviam feito hereditários de uma boa parte nos campos chamados dos Goitacazes, e uma Ilha fronteira à Cidade, e a maior da sua Enseada, que ainda conserva o nome de *Ilha do Governador*, o primeiro desta Família) com a sua fazenda, pessoas, vidas, e sangue, tão afamados em feitos aqui, como em outras partes do Reino, onde existe a sua Varonia, com a honra de Condes, além do título de Viscondes da Assseca, pelo reinante Monarca D. José I.

ESTÂNCIA III

Da Capitania do Espírito Santo, e vários sucessos da sua fundação, e outros pelo tempo adiante.

62. Entre a Capitania do Rio de Janeiro ao Sul, e a de Porto Seguro ao Norte, corre a do Espírito Santo, nome que lhe deu um mui grosso, e caudaloso Rio, que em altura de 20 graus, e um terço desagua no mar. Para ele faz entrada por uma boca de quase meia légua, que alargando-se para dentro forma uma mui espaçosa Enseada, que agasalha no seu bojo alguns penedos, e ilhotas, sendo a de mais nome a que chamaram de Duarte de Lemos, onde hoje está situada a Vila capital, suposto não foi esta a primeira, que fundou o seu Donatário. Foi este Vasco Fernandes Coutinho. Havia este Cavalheiro servido a el-Rei D. Manoel na conquista da Índia, onde gastou o mais da idade,

e forças, desde o ano de 1521 até o de 152...,[35] que voltou para o Reino. Pretendendo na Corte colher o fruto dos seus trabalhos, tirou por prêmio outros maiores, ou ao menos mais arriscados, que foi a doação, e mercê de fundar no Brasil uma Capitania, pelo Rei D. João III. No ano de 1525 saiu da Corte a tomar posse dela, com uma Esquadra de Navios à sua custa, e provida de todo o necessário para semelhante empresa.[36] Com ele se embarcaram, entre alguns sujeitos nobres, e criados del-Rei, sessenta pessoas. No Rio do Espírito Santo tomaram porto, e lançando gente em terra ao som da artilharia, com que fizeram afastar das Ribeiras marítimas o Gentio possuidor, deram princípio à sua fortificação ao entrar da barra, à mão esquerda, em lugar raso, ao pé do monte, que hoje se chama da Senhora da Penha, levantando ali uma Vila chamada do Espírito Santo, de que tomou o nome toda a Capitania, sem dúvida, porque no dia, ou oitavas desta solene Festa aportaram neste lugar, que pela razão, que logo diremos, se ficou chamando depois a Vila Velha.

63. No seu princípio teve este Capitão alguns encontros, e pelejas com o Gentio Goitacás, que habitava a terra, e do qual conseguiu gloriosas vitórias, como também dos tupiniquins da outra parte de Porto Seguro, obrigando a uns, e outros a pedirem pazes, e a afastarem-se das vizinhanças das Costas para o interior do Sertão. Por este motivo, e de se não acharem os moradores mui seguros na Vila, que haviam começado a fundar na terra firme, foram forçados buscar sítio mais conveniente, e defensável, levantaram outra com o mesmo título do Espírito Santo na Ilha de Duarte de Lemos, e fronteira ao Monte da Penha, que fica ao Sul da Ilha na terra firme, como se disse, em distância de uma légua. Com a paz do Gentio, cresceu a Vila, e se aumentaram as fazendas, e Engenhos, de que se davam por satisfeitos com os lucros os seus Senhores, e Donatário. Vendo este a sua Capitania com prósperos aumentos, e com a esperança, ou ambição de outros maiores, que intentava haver na conquista do interior do Sertão, atrás do ouro, prata, e outras preciosidades, de que haviam inferências abundava aquele continente, e cuidava ele achar; voltou ao Reino a prevenir-se do que para a nova, e imaginada empresa lhe era preciso, deixando por seu lugar tenente da Capitania, e governo dela a D. Jorge de Meneses, a quem chamavam o de Maluco, por ter sido Capitão-Mor desta Fortaleza na Índia, que vindo dela capitulado para o Reino, e dele para o Espírito Santo por penitência, o encarregou agora Vasco Fernandes do seu governo; e quando cuidava deixá-la segura com tal Cabo, a sua ausência foi um grande princípio

---

[35] A data está incompleta na edição de 1761 e na de 1858; o ano é 1522, quando Vasco Fernandes Coutinho regressou da Índia a Portugal.

[36] Ver Anotação IX da edição do IHGB no final do OSNB II.

para a sua ruína, concorrendo especialmente para a desta, assim como para as demais, a desordem dos que as governavam, do que resultava no povo a demasia nos costumes; porque, além de tudo isto, vinham para estas partes naqueles princípios, menos algumas pessoas nobres, e de distinção, gentes mal domadas, uns por crimes, outros por degredos, e assim viviam, como homens irregulares, dados a todo gênero de vícios, e sobretudo, vexando por todos os modos aos pobres Índios, cativando-os injustamente, servindo-se deles como de escravos, e maltratando-os como a inimigos; causas, porque em todas as Capitanias desta Conquista nunca a paz entre eles, e os portugueses foi fixa, e permanente, rebelando-se em todas o seu Gentio, embaraçando-lhes os aumentos, e causando nelas notáveis ruínas, com as quais umas se atrasavam, e outras não prosseguiam. E porque as desordens da natureza sempre acarretam castigos do céu, este o experimentaram, como nas mais, também agora os do Espírito Santo. Porque irritado o Gentio pelas continuadas vexações dos portugueses, sem haver remédio para a sua queixa, com uma resolução bárbara, e raivosa, descendo dos Sertões os Goitacazes por uma parte, e os tupiniquins pela outra de Porto Seguro, e unidos todos, moveram uma crua, e teimosa guerra, na qual lhes destruíram as fazendas, queimaram os Engenhos mataram multidão de gente, e por último em um assalto perdeu a vida às frechadas D. Jorge de Meneses, o de Maluco. Sucedeu-lhe no posto, e também na desgraça D. Simão de Castelo Branco, outro Cavalheiro, que com o mesmo prêmio do sobredito viera com ele para estas partes, achando do mesmo modo a morte em outro assalto.

64. A este tempo voltava do Reino Vasco Fernandes Coutinho, e achando a sua Capitania neste estado, cuidou muito em tomar digna satisfação do levantado Gentio, que com as vitórias passadas se achava mui soberbo, e insolente; mas nada pôde, porque lhe faltava a gente, que era o mais necessário para continuar a guerra. Nesta consternação recorreu à Bahia ao seu Governador Mem de Sá, que no ano passado de 1558 havia chegado a esta Cidade. Este lhe mandou com um bom socorro, em algumas naus, a seu filho Fernão de Sá, que entrando pela barra do Rio Cricaré, vinte, e cinco léguas antes de chegar ao do Espírito Santo, e junto neste lugar com alguma gente da Vila, que lhe havia mandado Vasco Fernandes, venceu com grande mortandade na primeira batalha ao soberbo Gentio. Mas este estimulado da perda

passada, junto em uma grande multidão, que das incultas brenhas foram concorrendo, com Gentílica fúria, e ruidoso tumulto, dando sobre os portugueses, descuidados com a vitória, sem se poderem aproveitar, pela inadvertência, das armas de fogo, foram desbaratados, e postos em retirada, buscando nas embarcações o seguro das vidas, e na desordem, com que o intentaram, foram de todo vencidos, e mortos muitos, e entre eles o esforçado Capitão Fernão de Sá, por querer resistir com desesperado valor, mais do que pedia o caso, e a necessidade, sobre intrépido, teimoso.

65. Vencidos assim estes da campanha, cuidou o Gentio concluir com os mais, determinando assaltar os que ficaram na Vila, que com a notícia do sucesso a haviam desamparado temorosos, buscando os lugares mais ocultos à notícia do inimigo; mas o mesmo descuido, que causou a ruína dos nossos, os veio meter a eles no próprio perigo; porque juntando-se um pequeno esquadrão dos mais animosos dos moradores, invocando em sua ajuda o Patrocínio da Senhora, com um particular voto de colocarem na sua Matriz da Vila nova do Espírito Santo uma Imagem sua de vulto, porque a não tinham ainda senão de pincel, com singular confiança na Mãe das Vitórias, sendo somente estes animosos Soldados sessenta e oito, sem cabo algum, dão repentinamente sobre o descuidado, e soberbo inimigo, que junto determinava a invasão da Vila, e apesar da resistência, e multidão, triunfam de uma imensidade de bárbaro Gentio. Alcançada esta tão assinalada vitória, e pelas circunstâncias toda milagrosa, e agradecidos ao favor, que reconheciam vir-lhes todo por mãos da Senhora, novamente a aclamaram por sua Protetora, como até hoje a veneram, mandando lhe fazer a sua Imagem de vulto, e colocada no Altar maior da Matriz da Vila nova, que pelo caso referido, deixando o do Espírito Santo, que tinha por título, ficou dali por diante com o da Vitória; confiando assim os seus devotos conseguir outros maiores, como depois alcançaram dos Holandeses, por duas, ou três ocasiões, que invadiram aquelas Vilas, no tempo em que tiranizavam as de Pernambuco, como ainda diremos em seu lugar.

66. Neste nos parece devemos advertir ao Leitor noticioso de algum embaraço, que lhe pode ocorrer do que aqui deixamos escrito sobre o tempo da fundação desta nova Vila do Espírito Santo, e do motivo porque lhe foi apropriado o título da Vitória, por desconcordar o que dizem os do que sobre isto escrevem os mais.[37] Todos dizem, que o título da Vitória se deu àquela Vila logo que de novo a fundaram na Ilha, e no mesmo lugar, em que foi alcançada do Gentio aquela miraculosa pelos poucos moradores sem cabo, ou

---

[37] [Jaboatão] Brit. Freyr. Nov. Lusit. liv. 2, nº 177 [nota ed.: FREIRE; BERAIN, 1675].

cabeça, que os mandasse.[38] E é sem dúvida, que conforme a ordem dos tempos não podia isto ser assim. Porque a referida vitória, e levantamento do Gentio nesta ocasião, foi, como escrevem todos, já em tempos, que na Bahia governava Mem de Sá, que chegou ali no ano de 1558, e já neste tempo era fundada, e havia muitos anos, a Vila nova do Espírito Santo,[39] que é esta mesma, que depois pelo vencimento do Gentio se ficou chamando da Vitória. Consta isto dos mesmos Autores, que escrevendo este caso, inadvertidamente afirmam o que nós dizemos. É um destes o P. Vasconcelos, o qual diz: que sendo o P. Afonso Braz o primeiro dos seus, que foi fundar Residência no Espírito Santo, chegou à sua Vila no ano de 1551, e fora recebido na Vila da Vitória, que é a Vila nova do Espírito Santo, com muito gosto, e consolação do seu povo; e se neste ano de 1551 já havia no Espírito Santo esta nova Vila, ou da Vitória, que é a mesma, como pode ser que se fundasse depois do ano de 1558 por diante, em que aconteceu o caso milagroso da vitória contra o Gentio, do qual tomou a Vila este nome? O certo é, o que deixamos escrito, que a nova Vila, na Ilha de que se fala, foi fundada poucos anos depois que ali chegou Vasco Fernandes, pelo de 1530 com pouca diferença, e chamada também do Espírito Santo, e nova, para diferença da primeira, que de então chamaram a Vila Velha, e que o título de Vitória lhe sobreveio depois pela que se diz foi alcançada na mesma Ilha contra o Gentio, que intentava a invasão da mesma Vila, e que o darem os Autores, quando falam nesta Vila, o título de Vitória, não é porque o tivesse logo, quando se fundou; mas sim porque já o tinha pelo tempo adiante, em que eles escreveram. Também pelo que adiante diremos na vida do servo de Deus, Fr. Pedro de Palácios, Fundador da Capelinha da Senhora da Penha, consta, que quando ali foi ter pelos anos de 1558 por diante, já havia muitos era fundada a Vila Nova do Espírito Santo, que é a mesma da Vitória.

67. É esta sem dúvida uma das boas Vilas do Estado do Brasil, em lugar igualmente defensável, e cômodo; porque cercado de águas, armado de penedia, horrível por natureza aos inimigos, e habitável por arte dos seus colonos, com quatro Fortalezas, que de todo a fazem incontrastável. Nela têm casa os Padres Jesuítas, e foi a primeira de Religiosos; também tem ali Conventos os P. do Carmo Observante, e os nossos Reformados, como em seu lugar diremos; há também casa da Santa Misericórdia, e uma Capela de Santa Luzia, e a Matriz da Vila, dedicada à Senhora, hoje com o título da Vitória.

---

38 [Jaboatão] Vasc. Cron. da Companh. lib. 1. nº 95, fol. 86 [nota ed.: VASCONCELOS, 1663].

39 [Jaboatão] Sant. Mar. Tom. 10. nº 33.

Há nesta Capitania ao presente outra Vila chamada da Conceição com Igreja Matriz. A Vila Velha do Espírito Santo tem também casa de Misericórdia, e é a que lhe serve agora de Paróquia, com grande, e bem regulada Fortaleza na sua barra, que, como fica dito, é uma das mais, fácil para a defensa de todas as destas Costas do Brasil; porque de uma, e outra parte as praias lhe servem de muralhas cercadas de altíssimas penedias, toscas de natureza, e assombro de inimigos. O seu Rio foi sempre mui cobiçado de todo o Gentio, pela grande abundância de mariscos, e pescados, e pela amenidade, e verdura de suas margens, e campos, cortados de frescas Ribeiras, e abundantes de diversas, e inumeráveis caças, e pela fortaleza, e defensivo da sua habitação. Suas matas rescendem em perfumes, e são delícias dos cheiros, porque abundam em bálsamos, copaíbas, almecegas, e salsafrazes.[40] Seus montes estão prenhes de minas de várias pedrarias, e (segundo diziam seus Naturais, e mostrou depois o tempo) de ouro, prata, e outros metais de estimação, e valor.

68. Por morte do seu Donatário, que acabou nela em suma pobreza, fim, que, com pouca diferença, alcançou a quase todos os Donatários destas Capitanias, por ocultos arcanos da Providência, ficou por herdeiro seu filho do próprio nome, e da mesma sorte, e deste passou a outros até a Antônio Gonçalves da Câmera Coutinho, Almotacel-Mor do Reino, Governador, e Capitão General do Estado do Brasil, e Vice-Rei da Índia, o qual a vendeu a Francisco Gil de Araújo. Era esse homem um dos vassalos primeiros do Brasil, por qualidade, e riquezas, descendente de Diogo Álvares, e Catarina Álvares Caramuru, que nela residiu alguns anos, e com ajuda sua tornou a florescer muito em seu tempo. Deste passou a seu filho Manoel Garcia Pimentel, que não foi residir a ela, e falecendo na Bahia sem sucessão, foi julgada por sentença a Cosme de Moura Rolim seu primo, e cunhado, a quem a comprou el-Rei D. João V, mandando-lhe dar por ela o mesmo preço, que lhe havia custado, e neste Real domínio se acha hoje.

ESTÂNCIA IV

Da Capitania de Porto Seguro.

69. Já fica dito foi este o primeiro Porto, em que deu fundo Pedro Álvares Cabral, chamando-lhe Seguro, por se achar assim nele, depois de grave-

[40] Possivelmente grafia arcaica de *sassafrás*.

mente combalido das fúrias dos mares, quando impelido de ventos contrários à navegação da Índia, para onde fazia viagem, descobriu por derrota as Costas do Brasil. Está Porto Seguro em 16 graus, e dois terços para o Polo Austral, e a sua barra, que deu então fundo para as grandes Naus da Índia, e hoje só a pequenas embarcações, é a mesma boca do Rio de Santa Cruz, nome, que tomou do próprio, que deu aquele Capitão a este lugar, onde primeiro arvorou o Sagrado Estandarte da nossa Redenção. Foi dada esta Capitania com 50 léguas de Costa a Pedro de Campos Tourinho, Cavalheiro de Viana, da Fox do Lima, ou de Vila do Conde, como querem outros. Para a vir fundar vendeu lá o seu patrimônio, com que ordenou uma Esquadra de bastantes Naus, em que se embarcou com parentes e amigos, e outra muita gente, e veio entrar pelo Rio de Santa Cruz, aonde havia tomado porto o primeiro Descobridor, e navegando por ele acima meia légua, ali desembarcou, e deu princípio à nova fundação, e a uma Vila com o mesmo nome de Porto Seguro, do qual o tomou toda a Capitania. Outra Vila se fundou no primeiro Porto de Santa Cruz, e com este mesmo nome, a qual em tempo adiante se mudou para as margens do Rio chamado Sernambituba, sete léguas antes, correndo do Norte para Porto Seguro, por ser aquele lugar cultivado do Gentio. Também edificou o mesmo Donatário a Vila de Santo Amaro, uma légua distante da de Porto Seguro, à parte do Sul. Junto a esta, em um Pico mui alto, está colocada a devota Capela de N. Senhora da Ajuda, que naqueles tempos foi mui buscada, pelos milagres, e benefícios, que da proteção piedosa desta Senhora participavam os seus devotos. Foi o primeiro prodígio da sua piedade a milagrosa fonte que começando a brotar repentinamente debaixo do seu altar, com sonoro, e brando sussurro, ao tempo, que celebrava nele o tremendo sacrifício da Missa o P. Francisco Pires, Superior da Residência de Porto Seguro, que fundou a dita Capela, foi brotar aquela corrente em um formoso olho de água, fora do frontispício da Igrejinha, ao pé de uma frondosa árvore, com a qual ficou remediada a necessidade, que havia dela para a obra da Igreja, e serviço dos Padres, e foi isto pelos anos de 1559. Também nas margens do Rio Insuasema, sete léguas ao Sul de Porto Seguro, se fundou em princípios outra Vila, a qual no ano de 1664 se despovoou de todo, pelas grandes guerras entre os moradores, e os Tapuias Aimorés, novos habitadores, que lançaram à força daquelas Costas os Antigos Tupiniquins.

70. Com estes teve também nos princípios da fundação desta Capitania pesados encontros o seu Donatário. Este Gentio o pôs em cerco algumas vezes, e em uma ocasião em grande aperto, matando-lhe a gente, destruindo as lavouras, com outros semelhantes danos de muita consideração. Mas estes vieram depois a fazer pazes, que guardaram fielmente, ajudando aos morado-

res nas fábricas das suas fazendas, e Engenhos, sendo dali em diante mui fiéis, e verdadeiros, alistando-se com os portugueses contra os Aimorés Tapuias, que por estes tempos desceram dos sertões, como fica dito na sua Estância, e moveram aos portugueses, e Tupiniquins novas guerras, e perseguições, de sorte que unidos estes Aimorés com os Tupinambás, e Tamoios, obrigaram aos Tupiniquins, a deixar as beiras do mar, e retirarem-se para o interior do Sertão, não ficando deles em Porto Seguro mais que duas Aldeias, dos que já eram Cristãos, e amparados dos portugueses, que também concorreram muito para a retirada dos Tupiniquins, pelo mau tratamento, que lhes faziam depois das pazes, como sempre o costumaram. Mas cedo o vieram a pagar; porque vendo-se já os Aimorés desembaraçados dos Tupiniquins, toda a sua bárbara fúria se mostrou contra os portugueses, que novamente lhes destruíram tudo quanto com as pazes dos Tupiniquins se havia aumentado: as Vilas de Santa Cruz, e Santa Amaro ficaram de todo desertas, que se não tornaram a povoar, e a de Porto Seguro quase da mesma sorte. Nesta causou o Gentio um dos mais lamentáveis estragos, do que eles costumam; porque em uma Quinta-feira da Semana Santa, colhendo a maior parte dos moradores na Igreja Matriz, na assistência dos Ofícios Divinos daquele dia de manhã, a quantos achou nesta piedoso, e Católico exercício deu a morte, e foram vítimas da sua barbaridade, passados a frechas os corpos dos mais robustos, e quebradas as cabeças aos outros, à força de seus malhos, ou paus de Jucá, ficando a Vila quase deserta, porque eram estes muitos, e os principais; e assim com estes, e outros semelhantes destroços se foi conservando até que o tempo, e o crescimento dos portugueses, tanto em Porto Seguro, como no Espírito Santo, Ilhéus, e Camamu, de muitas guerras, e vários sucessos, foi lançando de todas as suas Costas os bárbaros Aimorés; mas nunca Porto Seguro tornou ao seu primitivo ser, concorrendo também para esta impossibilidade a falta do seu primeiro Donatário, pela qual entrou na posse dela sua filha Leonor de Campos, que como mulher, que não quis tomar estado, veio a acrescentar com isso a diminuição da sua Capitania. De Leonor de Campos foi filho outro Pedro de Campos, Deão na Sé da Bahia, o qual depois se foi para o Porto Seguro a viver lá com sua Mãe, e Avó. Esta Capitania vendeu Leonor de Campos, ao Duque de Aveiro D. João de Alencastre primeiro deste título, filho de D. Jorge, Mestre de Santiago, e Aviz, Duque de Coimbra, e filho do Rei D. João II. É governada por um Capitão-Mor, e foi título de Marquesado, por mercê del-Rei de Castela a D. Afonso de Alencastre, Marques de Val-de-Fuentes, filho de D. Álvaro, e D. Juliana, terceiros Duques da Casa de Aveiro, a quem pertence agora esta Capitania, e nela hoje outra Vila chamada de Santo Antônio do Rio das Caravelas, em 18 graus, e algumas vinte léguas de Porto Seguro, caminhando ao Sul. Aqui tem Casa, ou Residência os PP. Jesuítas, a que deram princípio no ano de 1553. Também os nossos Padres foram com muita instância, e repetidas vezes buscados pelos moradores de Porto Seguro para fundarem ali Convento, alegando para isso algumas, e graves razões; pois fora aquela a primeira parte do Brasil, que haviam os nossos pisado com os seus pés, alumiado com a luz do Evangelho, santificado com os Sacramentos da Igreja, e regado com o seu sangue. Mas como as coisas deste mundo sem ordenação da primeira causa se não movem, sempre ocorreram embaraços, e se moveram dificuldades, com que se não pôde satisfazer à piedade, e devoção daquele Povo. Como falamos neste povo de Porto Seguro, não deixaremos de repetir, como de passagem, um caso acontecido entre eles. Algumas vezes ouvimos falar no *Diabo de Porto Seguro* e sem haver quem nos explicasse o sobre que assentava este vocábulo, só nos vinha à memória termos lido em os primeiros Estudos,[41] em um livro Castelhano, que nos não lembra o nome, nem a matéria, outro chamado, o *Diabo de Palermo*, até que em um livro de quarto manuscrito por pessoa fidedigna, conforme dá indícios a sua mesma escrita, achamos o princípio que houve para ele, que suposto concorda um com o outro enquanto ao sujeito do vocábulo, é mui diferente no efeito do caso, por quanto aquele de Palermo foi apropriado a este Espírito, por deixar-se ver em horrível forma, sobre o alto de um monte daquela Cidade, todo fogoso, ameaçando estragos aos seus moradores, e este de Porto Seguro, sem ser visto, serviu de grande bem aos particulares donos de uma só casa: mas ou de um, ou de outro modo, sempre devemos entender, que por altos juízos daquela Suprema Inteligência, que tudo dispõe para bem dos homens. Hei de repeti-lo com a mesma frase do seu Autor: *Em aqueles primeiros anos do descobrimento fatal deste novo Orbe, em que florescia, como primeira planta, a Povoação, e Vila de Santa Cruz, ou Porto Seguro, era nela morador um honrado, e mui cristão homem, chamado Manoel da Cunha, com uma grande família de mulher, e filhos, que cristãmente governava; porém com tanta pobreza que se serviam uns aos outros, e se sustentavam miseravelmente à custa de sua pessoal indústria, e trabalho, e da Providência Divina, que nunca em tais casos desamparou a quem nela mais confia, e às vezes supre com socorros sobrenaturais. Lidavam os pobrezinhos em uma noite com o cuidado, do que naquela haviam meter na sua boca, quando*

41 [Jaboatão] Marco Aurelio, p. 109, cap 26 [nota ed.: a página indicada por Jaboatão não se refere à obra de Marco Aurelio, que ele informa não se recordar qual é. Trata-se da segunda obra indicada por ele no texto, isto é, PEREYRA, 1761].

repararam, que em certo lugar da casa havia algumas viandas de comer; viram preparar-se o de cozinha, e que eram servidos em tudo mais, com diligência de serviçal invisível; viram entrar-lhes pela porta o feixe de lenha, o cântaro de água, mesa posta, camas feitas, casa varrida, com que andavam todos pasmados, e dando graças a Deus por tal mercê, que só de sua poderosa mão podia vir: (e entendo que acertavam), e vendo o velho que continuava aquele provimento, e serviço, entrou em novo cuidado, e discursos sobre o segredo; que para lhe vir do céu era indigno pecador; com que se resolveu a esconjurar o serviçal, e perguntar-lhe quem era, o que lhe fazia aquele bem, não esperado, nem usado no mundo: ao que foi respondido, que era o diabo, com que o pobre homem, como temente a Deus, ficou assombrado, e então o esconjurou mais, e com mais instância lhe requereu da parte do mesmo Senhor, que se fosse de sua casa, porque não queria de sua mão tais serviços; ao que tornou o malvado: não te canses, nem te molestes; porque não me hei de, ir, e nem deixar de servir-te. À vista do que, recorreu o virtuoso homem aos remédios da Igreja, como único de nossas opressões, e confessando-se primeiro, e toda a sua família, chamou o Cura para que com os Exorcismos santos lhe lançasse da casa aquele infernal perturbador do espiritual sossego. Fê-lo assim o bom Pastor, quanto às diligências, mas foi desenganado, e respondido pelo mesmo teor, que não havia deixar de servir aquele pobre homem, e a toda a sua casa, e que não houvesse medo, que lhe fizesse dano à alma, nem ao corpo, e assim o cumpriu dezesseis anos, com toda a diligência, ligeireza, e cuidado, sem o perturbar no espiritual, nem temporal. Com que bem se deve entender, que o não fazia de sua vontade, e virtude, e tope embora em só discurso da minha ignorância. Já dissemos parte dos serviços, que o tal servente fazia; resta dizermos do modo: era este trazer-lhe a farinha, sem que ele a trabalhasse; a caça, sem que ele a caçasse, e o peixe, que não pescava; porque tudo furtava, a farinha ao farinheiro, a caça ao caçador, e o peixe ao pescador, e assim o mais de que depende o sustento da vida humana. Mas o Amo, que por não poder fazer, e pela continuação, veio a estar pelos autos, não dispunha de coisa alguma, sem virem os donos, que logo entendiam qual seria o ladrão), os quais se contentavam talvez com partir de meias, levando a metade, a outra, que ficava aos pobres, devia ser a dos dízimos mal pagos, que tudo tem seu desconto. Nestas obras, e outras de cuidadoso serviçal, gastou o moço dezesseis anos, sem prejudicar a nada, nem pedir paga na despedida, e daqui se ficou chamando Diabo de Porto Seguro, bem nomeado nestas partes, e esta história é bem sabida.

71. É porém digno de advertir, que este mesmo Espírito, que naquela casa servia cuidadoso, sem prejuízo dos senhores dela, não deixava de fazer certas travessuras em outras das partes da Bahia, como aponta o próprio Relator desta história em outro lugar do seu livro, repetindo outro caso, ou fala sua. Vão as palavras com que o repete: *Haverá cem anos* (seria pelos de 1570

ou oitenta, por quanto, pelos de 1670 para oitenta escreveu o seu Autor este caso, como consta da Dedicatória do seu livro, oferecido à Senhora da Luz, sita no mais alto Pico da Ilha de Tinharé, ou Morro de S. Paulo, em 25 de agosto de 1681, e nela assignado o Capitão Antônio da Fonseca Saraiva, natural daquelas mesmas partes) *haverá*, continua ele, *cem anos, que estando um Simão D'Armas naquela parte da Barra de Boipeba, com seus escravos, e Oficiais, fabricando uma embarcação, ouviu uma noite uma rouca, e desusada voz, que distintamente o chamava de bem perto por seu nome, e como fosse desconhecida, e pouco engraçada, não teve resposta da primeira, mas segundando, se animou o dito Simão D'Armas, por estar bem acompanhado, perguntar quem era o que o chamava? A que lhe tornou o descarado, que era o Diabo de Porto Seguro, com o que se facilitou mais o Armas a continuar com perguntas,* (e deixando as mais, que lhe fez, vamos à última, ao nosso intento) *Depois do que tornou o Armas: e de donde apareceste agora, e de donde vens, que há largos tempos, que não ouço falar em tuas travessuras? Respondeu o Diabo, venho da Ilha Santiago, em que morei trinta anos, na qual há uma das maiores maravilhas do Mundo, e eu entendo esteve nela degradado, pelo Divina Justiça... mas não consta que ali fizessem mal as suas quimeras, com obras exteriores, como as que obrava este Espírito maligno em algumas partes desta Bahia, pondo fogo a casas à vista de seus donos, que com diligências atalhavam; fazendo furtos de coisas diversas, que viam ir pelos ares* (que talvez seriam restituições do alheio) *rompendo as roupas, em os corpos, que as vestiam,* (deviam ser granjeadas de mau título, ou pagas tarde, e mal) *perseguindo a certos sujeitos com ameaços, e pancadas de pouco amor, que deviam de ser em pena de algum demasiado; e assim outros brincos tais, de que Deus nos livre. E tornando ao passo das falas, que este teve com o Armas, no fim das ditas se despediu, e perguntado para onde? Respondeu, que para o aposento dos abismos: quando ouviram um tormentoso estrondo, como de rijo pé de vento, e nunca mais até hoje se teve notícia naquelas partes de tal Espírito.*

ESTÂNCIA V

Da Capitania dos Ilhéus.

72. Em quinze graus escassos tem o seu assento a Capitania, assim chamada por três penedos, que nesta forma pôs a natureza na foz do seu Rio, e daquela tomou o nome. Foi dada pelo Rei D. João III com cinquenta léguas de Costa, que começam da ponta da Bahia, que fica ao Sul, e chamam Morro

de S. Paulo na Ilha de Tinharé, até contestar com a de Porto Seguro, distante da Cidade por Costa 44 léguas, e 56 por terra, a Jorge de Figueiredo Correia, escrivão da sua fazenda, cargo, que o divertiu de poder ir pessoalmente a fundá-la, mandando para isso a Francisco Romeiro, Cavalheiro Castelhano, de esforço, e prudência, que partindo do Reino com Navios, e gente, veio tomar porto na Ilha de Tinharé, e Morro de S. Paulo. Mas não achando no lugar cômodo, e largueza para a situação, passou ao Rio dos Ilhéus, e ali, fortificando-se primeiro, deu princípio à Vila, que chamou de S. Jorge, em obséquio do seu Donatário, nome, que também se apropriou ao mesmo Rio, e por ambos é conhecido, como o é também a Vila, ou de S. Jorge, ou Ilhéus. Algumas pelejas teve ao princípio com o Gentio da terra, mas por serem estes naqueles primeiros tempos os Tupis, ou Tupiniquins seus descendentes, mais brandos, e domáveis, fez com eles pazes, e o ajudaram muito nas fábricas, e lavouras, e Engenhos, que ainda houve alguns sete, ou oito. Mas sobrevindo depois a praga dos selvagens Aimorés, causaram em tudo grande destruição, e tornou muito atrás esta Capitania, assim em fazendas, como em moradores. Costumavam estes fazer suas entradas ao Sertão contra os Aimorés; e em uma destas lhes armaram eles uma tal cilada, que de todos os que entraram, só dizem escaparam quatro, para trazerem as novas à Vila da morte dos companheiros. Para os vingar ajuntaram os amigos, e parentes dos mortos uma boa esquadra, com que repetindo as entradas, em uma deixaram sem vida a muitos, e trouxeram presos, e cativos uma grande multidão daqueles bárbaros. Foi atribuída esta desejada vitória ao socorro, e patrocínio da Senhora das Neves, titular, e venerada em uma Capelinha, sita na mesma Vila dos Ilhéus ao pé do Monte, que nela se vê no fim da rua, que chamam de S. Bento. Achava-se a Capelinha da Senhora danificada, e os moradores, por sua devoção, davam princípio por este tempo a fundar outra nova, como se fez no mais alto do mesmo monte; e era para admirar o grande gosto, alegria, e devoção, com que as mulheres, e meninos, carretavam à cabeça a pedra para a nova Ermida, e a sua cantiga, ou oração contínua no exercício daquele trabalho, era repetirem, falando para a Senhora: *Dai vitória a nossos maridos*, diziam as mulheres, e os filhinhos a pediam para seus pais; e porque conseguiram nesta ocasião a que fica referida, por reconhecimento dela, acabada a Capelinha, colocaram nela a Senhora com o título da Vitória, trocando por este o das Neves. Os mesmos Gentios cativos confessavam, foram vencidos por uma forte, e formosa Mulher branca, que montava em um ligeiro cavalo; e sabendo a Senhora pagar aos seus esta devoção, e afeto, não só com a presente, mas com outras muitas, que lhes deu depois, e muito particular em uma, que no ano de 1595 alcançaram dos hereges Franceses. Uma Armada destes chegou no referido ano à barra dos Ilhéus; e por vila entraram dez Navios pequenos, não o podendo fazer três Naus maiores, que ficaram de fora. Eram os moradores poucos, e o primeiro susto os pôs em fugida, exceto um Cristóvão Leal, não só no nome, mas no ânimo.

Este com alguns mais da sua fação intentaram resistir ao inimigo, que por sem comparação no número os foram retirando até a Ermida da Senhora da Vitória, onde se fizeram fortes, e resistiram aos inimigos com tanto valor, que com morte de três, e perda de doze arcabuzes, por se não arriscarem mais com tão pouco, tendo a Vila toda por sua, se retiraram para ela, e se fizeram fortes em umas casas para isso muito capazes de Jorge Martins, e delas começaram a dar saque a todas as mais. O que visto pelos que na Capelinha estavam refugiados, saindo ocultamente dela, se iam emboscar pelas casas desocupadas dos moradores, e indo a estas os Franceses à pilhagem, davam neles de repente, e assim foram matando a muitos, e ocasião houve, que ficaram mortos quinze. Com estes bons sucessos cobraram tanto ânimo, que se resolveram sair a campo público com os inimigos. Haviam feito aviso ao Capitão-Mor da terra, que assistia duas léguas distante da Vila em uma fazenda sua, e porque eram passados muitos dias, e ele não chegava, como nunca chegou, elegeram outro, não o mais nobre, mas o mais valente, e que se havia mostrado mui destro, e animoso nos assaltos passados, e era ele um pobre Mameluco, ou Mestiço, e ainda mocetão, chamado Antônio Fernandes, e por alcunha, que daqui lhe ficou, o *Catuçadas*, que assim chamava ele, pela língua da mãe, (que era Gentia, e o pai preto) às estocadas, que dava nos inimigos; e foi coisa maravilhosa, que não passando este Exército de vinte homens, sem mais armas que aqueles poucos arcabuzes, que havia deixado o inimigo no primeiro assalto da Capelinha, e algumas espadas, dardos, e outras semelhantes, mataram dos Franceses em campo cinquenta, e sete, em que entrou o seu Capitão, e se tiveram mais advertência, até as embarcações lhes tomaram, seguindo-os, quando desordenadamente se recolhiam a elas; e assim despejaram a terra, e os da Vila ficaram mui ufanos, e vitoriosos, pelo esforço de um moço boçal, que nem falar sabia bem, mas ajudados todos com os socorros da Senhora da Vitória, que lhes deu estas duas tão especiais, e também para confusão de seus inimigos, e do Capitão da terra, que corrido de sua fraqueza não quis mais aparecer nela.

73. Passados alguns anos, depois daquela grande, e milagrosa vitória, alcançada do Gentio, se tornou este a inquietar, com repetidos estragos, que com eles, e os passados veio a ficar a Vila quase despovoada, e foi necessário ir a ela no ano de 1560 o Governador Mem de Sá, com um socorro de naus,

e gente, e fazendo algumas entradas pelo interior do Sertão ao Gentio, e castigados muitos deles, se tornou a Vila a povoar, e a crescer em moradores a Capitania. Nela tem Residência os PP. Jesuítas. É o seu terreno mui fértil, e abundante de lavouras, mantimentos, e pescados, e muito mais de grossas, e fortes madeiras para todo o gênero de obras. Por morte do primeiro Donatário a herdou seu filho Jerônimo de Figueiredo de Alarcão, que a vendeu a Lucas Giraldes, Fidalgo Florentino, ascendente de D. Lucas de Portugal. Nela gastou este Fidalgo muito cabedal, e veio a ter em seu tempo alguns oito Engenhos, e sendo bastantes os seus lucros, os feitores nas suas contas, como quase fazem todos, os que fazem muito, só lhe davam receita por despesa, e um deles satisfazia ao Amo com muitas razões, e o Fidalgo, que entendia ao feitor melhor do que se ele explicava, e era um seu natural, chamado Tomás, escrevendo-lhe, dizia assim: *Thomazo, quiere que te diga, manda la açucre, y dexa la parole.* Por morte de Lucas Giraldes passou a seu filho Francisco Giraldes, que vindo por Governador para a Bahia suceder a Manoel Teles Barreto, e tendo duas arribadas ao porto de Lisboa, de donde havia saído, e por outros inconvenientes, não veio à Bahia, e lá faleceu, e assim ficaram por remediar os danos da sua Capitania, e foi isto pelos anos de 1589 para 90: depois entrou por sucessão feminina na Casa dos Almirantes do Reino.

74. E porque a nossa empresa, como advertimos no Preâmbulo, é tratarmos antecipadamente das Províncias, e Capitanias do Brasil, por respeito de que em todas elas nos havia ser necessário chegar com a escrita desta crônica, em razão de acharmos em todas Religiosos Menores por este, ou aquele princípio, de Conventos, Missões, ou outras semelhantes obras do serviço de Deus, e dos próximos, como no distrito desta dos Ilhéus, em que estamos, e antes de entrar na da Bahia, nos fica a Vila do Cairu, em que os nossos Religiosos tem Convento, e ainda que seja o lugar de menos nota pela situação de sucessos notáveis pelos tempos, julgamos preciso determo-nos um pouco na sua descrição.

75. Saindo do Rio dos Ilhéus, quatorze léguas adiante, corre o que dá o nome à Vila do Camamu, e deste correndo a Costa para a Bahia, a seis léguas está a barra de Boipeba; desta a duas, e meia se acha a de Tobatinga, e desta a seis a chamada do Morro de S. Paulo, distante da Bahia treze léguas. fazem estas três barras, Morro, Tobatinga, e Boipeba, umas grandes Rias, ou abundância de águas de seis caudalosos Rios, que correndo dos Sertões, e buscando a fonte de todos, que é o mar, como cinco léguas antes de chegar a ele, comunicando-se uns com outros, e fazendo uma circunferência de doze léguas, deixando neste meio as duas principais Ilhas, a do Morro ao Norte com

seis léguas por Costa de mar, e três e meia de largo, e a de Boipeba ao Sul, pela mesma Costa, com duas e meia, e quase o mesmo de largura, entram todos no mar por estas três barras, a do Morro, capaz de grandes naus, a de Boipeba de pequenas embarcações de fora, e das comuns da Costa, e a de Tobatinga, só para as canoas, e batéis. Desta Barreta de Tobatinga, que na língua do Gentio quer dizer Rosto branco, pelos alvos areais das suas praias, como duas léguas ao Leste, porque ao Oeste tem a sua entrada, entre as águas, que dividem as duas Ilhas de Boipeba, e Morro, ou Tinharé, nas pontas, ou cabeças, em que ambas começam a fazer Costas, correspondentes à terra firme, neste largo tem o seu assento a Ilha do Cairu, seis léguas por estas águas, ou Rias a barra do Morro, e quase outras tantas a de Boipeba, que na frase dos mesmos Gentios vem a dizer Cobra espalmada, pela semelhança, que com este animal tem o Rio, nas voltas, e diminuição do corpo, e sua grossura, tendo grande boca, e cabeça, na sua entrada, e o espalmado, por não ter montes, que o cerquem, como a outros, muitas léguas da sua barra para cima.

76. É o Cairu pequena Ilha de figura esférica, levantada em moderado monte, em partes mais, em outras menos levantado, com meia légua de diâmetro, por qualquer parte, e duas de circunferência. Está situada a povoação, com poucos vizinhos, em uma só rua, que começa do seu porto até o alto, para a parte do Norte, com Igreja Matriz, consagrada à Senhora do Rosário, no alto, e fim da rua à parte esquerda, e à direita o Convento de Santo Antônio, que no princípio foi Capela do mesmo Santo, que depois largaram os moradores aos nossos Religiosos, como em seu lugar diremos. Não há na Ilha, fora da sua povoação, mais sitio, nem morador, por ser o terreno, além de montuoso, áspero, e pouco suficiente para lavouras, e habitarem nela de assistência só algumas pessoas, que não tratam delas, e as que as cultivam têm a sua moradia na terra firme, e só casas na Vila, para quando vêm a ela às suas principais festas, e funções de Câmara, e Igreja. É o seu País mui fértil, e abundantíssimo de todo o gênero, que serve para alimento da vida, e lucro dos seus habitadores. Falamos do que na terra firme é distrito desta Vila, desde o Rio Jaguaribe ao Norte, até o que chamam Jequié ao Sul, por algumas quinze, ou dezesseis léguas.

77. Foram seus primeiros povoadores os chamados *tupins*, de que se derivaram, (como em outra Estância fica assentado) os *tupiniquins*, que sempre ficaram senhoreando estas Costas, que habitavam desde o Morro até adiante de Porto Seguro, ficando estes da terra firme, Costas, e Rios do Cairu, conservando sempre o primitivo nome de *tupins*; a estes do Cairu sobrevieram com os Aimorés dos Ilhéus, outros seus parentes, também tapuias selvagens,

chamados *Guerens*; e eram os que possuíam as terras do Cairu ao tempo, que nelas entraram os nossos portugueses, que foi logo que por eles foi povoada a parte da Bahia. Desta passou para as terras do Cairu, um Sebastião de Pontes, de posses, e cabedais, deixando nas da Bahia fabricados já dois Engenhos, e com outros portugueses mais, foi escolher por morada, e vivenda as terras, que naquele País rega, e fertiliza um dos seus principais Rios, chamado Una; e nelas fabricou o terceiro Engenho, domesticando muitos dos naturais tapuias ao seu mando, e serviço, fazendo-se na terra, sobre poderoso, insolente. Por esta desordem foi acusado na Corte, e entre os crimes, que lhe imputaram os ofendidos, foi um nomearem-no por Rei, ou Régulo do Brasil, pelo qual foi levado ao Reino, e do Limoeiro, sem se falar mais nele, depois de muitos anos foi levado a sepultura, com o custo só de um tostão, diz o que nos dá esta notícia.

78. Tirado do País este Sebastião de Pontes, entraram por ele ao mesmo tempo os bárbaros Guerens tapuias da nação Aimorés, estes para as partes dos Ilhéus, e Porto Seguro, e aqueles para a do Cairu, lançando delas não só aos pacíficos tupis; mas destruindo de tal sorte aos moradores portugueses, que as deixaram quase despovoadas, durando estas intestinas guerras mais de vinte anos com vários sucessos, e fortunas, que ficam referidas em suas particulares Estâncias.

79. Passada esta tribulação, e vindo o Gentio a compor-se, movido pela milagrosa vitória, que deste alcançaram os nossos nos Ilhéus, que ali fica referida, se tornaram a ir refazendo as povoações do Morro, e Cairu, pela terra firme, entrando a povoá-las novamente várias famílias, sendo o principal de uma delas, e o primeiro destes segundos povoadores portugueses, Domingos da Fonseca Saraiva, filho de Diogo Alfonso da Veiga, e segundo neto de Francisco da Fonseca Saraiva, Senhor da Vila de Trancoso, e naturais de Armamar, Vila no Bispado de Lamego da Província da Beira. Com este se foram ajuntando depois, tanto em povoadores da terra, como em vinculo de parentesco, os Araújos de Viana, e Ponte de Lima, os Góis de Lisboa, Tourinhos, Sás, Meneses, e outros de várias famílias de conhecida, e nobre ascendência, e unidos todos amigavelmente foram repartindo entre si as terras, de que se iam apossando, em virtude das sesmarias, que lhes concediam os Governadores do Estado em nome do Rei, e debaixo do senhorio da Ilustre, e antiquíssima Casa da Castanheira, a quem haviam os Senhores Reis de Portugal feito mercê. E como se viram com povo luzido, e numeroso, por se lhe haverem agregado outras gentes de toda a sorte, deram ordem a fundar corpo de República, e buscando lugar conveniente para assento da Vila, que devia ser a capital,

fizeram eleição da pequena Ilha do Cairu, nome corrupto, e viciado no Português, sendo o seu originário, e o que o Gentio lhe havia imposto, *Ará Cajuru*, que na sua frase queria dizer, *Vaso, e casa do Sol*; não no próprio, e rigoroso sentido, porque entendessem eles, que era ali a morada, e assistência deste rutilante, e fogoso Planeta; mas enfática, e alusivamente, explicado assim no seu rústico entender, e com muita propriedade; porque como esta gente não tinha habitação naquela ilhota pela sua esterilidade, pois não havia nela as caças, e outros gêneros, de que eles se mantêm, e só chegavam a ela acaso, e de passagem, e a sua comum habitação, e moradia era pelas outras duas Ilhas do Morro, e Boipeba, pela terra firme, e seus contornos, abundantes de tudo, e desta parte era vista por eles esta Ilha, por ficar em alto, e empinada, e o Sol, quando começava de manhã a espalhar pelo mundo os seus resplendores, primeiro que aos outros lugares rasos, visitava este, por ficarem os seus horizontes mais expostos à perspicácia das suas luzes, discursava o Gentio, não porque assim o entendesse, mas por explicarem assim melhor a excelência, e singularidade do lugar, chamando-lhe, *Ara Cajuru, Vaso, e casa do Sol*, porque na sua língua *Ará* é Sol, o *Ca* é casa, *Uru* é vaso; e ajuntando-lhe a estes as preposições, advérbios, e mudança de letras da sua naturalidade em semelhantes composições, formavam este nome assim.

80. Foi a fundação da Vila pelos anos de 1610. E a razão de escolherem para ela este lugar, foi, porque, nela ficavam seguros, e livres das contínuas invasões do Gentio, a que na terra f vosso devoto, e benfeitor, irme estavam expostos sem reparo, como aos primeiros havia sucedido; e é sem dúvida, que foi acertada a sua escolha, como o foram experimentando pelo decurso do tempo e até o presente. É do seu distrito a Ilha do Morro e pela terra firme, a que corre desde o Rio Jaguaribe, até o de Jequié por algumas quinze léguas de terreno, regados de outros quatro Rios de grossas correntes, fértil e abundante de fortes e grandes madeiras e de todo o gênero de lavouras.

81. Nem tampouco deixou de ser aceita a Deus a devoção e zelo deste primitivo povo da Vila e seu distrito, no culto e honra do mesmo Senhor, na devoção e esmero, com que depois de consagrados à sua Santíssima Mãe e ao Glorioso Santo Antônio os seus templos e Costas, lhes celebravam as suas festas, ordenando em ambas Confrarias a Senhora do Rosário sua tutelar, a seu filho com o título do Menino Jesus em altar próprio e do português Santo Antônio; Oficiando juntamente todas as mais sagradas, e dolorosas funções da Semana Santa, e festas do Senhor com dispêndio, e devoção; porque em primeiro de tudo isto, desde aqueles princípios por largo tempo nas Vésperas do glorioso Apóstolo S. Matias, começando à meia-noite até a madrugada,

correndo do nascente para o pôr do Sol, era ouvida uma superior Música, de vozes, e instrumentos acordes, que na suavidade, e harmonia, com que deixava suspensos, e atraídos os que a percebiam, bem mostrava ser composta de Celestes Coros. Assim refere este caso o Autor do manuscrito, que já atrás deixamos em memória, concluindo com estas palavras: *Aquela Celeste harmonia, ou Divino descante se deixou ouvir no decurso de mais de vinte anos dos mais daquele povo, que naquelas horas queriam velar, homens, mulheres, Eclesiásticos, e seculares, dos quais são ainda muitos vivos, e aquele regalado, e mimoso povo não deixava de fazer-se pregoeiro de tão estupendo milagre, e de mercê mui singular, e pela qual faziam, como podiam todos a uma voz, e cada um por si, mil atos de submissões, e mortificação, compondo-se o estilo de vida mui ajustado com os ditames da razão; e tudo era naqueles princípios uma sã, e santa Doutrina, uma exortação contínua aos filhos, com grande frequência dos Sacramentos, e igual fervor na celebridade das festas do Senhor, de sua Mãe Santíssima, e de seus Santos, e assim iam saindo os filhos criados com aquela dócil, e boa inclinação; que é mui certo o nascerem os cordeirinhos com as malhas das varas, que se deitam em os tanques, de que bebem os pais, e mães.*

Nem foi este só o favor, que aqueles povos receberam do Senhor pela sua muita devoção, e obséquio, com que o serviam, a sua Santíssima Mãe, e ao Glorioso Santo Antônio, como se pode conjeturar dos seguintes benefícios, com que lhes acudiram em grandes apertos, assim o Santo Português, como a Senhora. Foi o Capitão Lucas da Fonseca Saraiva entre os segundos povoadores um dos principais, e a quem coube boa parte daquelas terras do Cairu, assim nas do seu continente, como na Ilha de Tinharé, escolhendo nesta para a sua situação, e moradia a ponta mais alta, e que por isso se ficou chamando pelos portugueses, o Morro; e no mais alto deste determinou levantar uma Ermida dedicada a Maria Santíssima com o título de Senhora da Luz; e parece, que com superior instinto a fundou naquele eminente, e levantado cabeço, para que servisse de místico farol àquele devoto povo nas trevas das suas tribulações; e de Fortaleza inexpugnável contra seus inimigos. E porque a obra da Capela se continuasse com mais fervor, deu o cuidado dela a um devoto homem chamado Simão Barreto, que aceitou a empresa com alegria, e a executou com diligência. Servia de grande embaraço para a presteza da obra a falta de água, porque era necessário ir buscá-la abaixo do monte por caminho fragoso, e distante, e trabalhava-se nela com vagar, e detrimento. Com este discurso, saiu o bom Ermitão, que este era o seu estado, depois de encomendar à Senhora o negócio, a discorrer pela coroa do monte, e a poucos passos andados vendo umas espadanas, que é uma certa planta, a que o Gentio chama *Caráuátas*; em um lugar mais húmido, todo confiado nos favores da

Senhora, se pôs a descobrir, com as próprias mãos, as folhagens, e com alguma pouca terra, que tirou, viu brotar ao mesmo tempo, de golpe, um cristalino olho de água, fonte perene, e por todas as circunstâncias milagrosa, pelo seu princípio, pela serventia da obra, proveito dos moradores, e pela saúde, que com ela tem alcançado enfermos de vários achaques, e porque com ela veio a ficar pelo tempo adiante mais segura, e inconquistável a Fortaleza, que ali se levantou, ficando dentro da sua circunvalação a milagrosa fonte.

82. Não pararam aqui os benefícios da Senhora. Havia-se concluído a fábrica de pedreiro, e carapinas, e faltava o preparo decente de ornamentos, e alfaias, para o culto Divino, e fazer-se com a decência devida a colocação da sagrada Imagem, a qual estava depositada no albergue, em que assistia o devoto Ermitão, ou por que ele a mandasse fazer, ou o Senhor da Capela, que não declara o Autor da Relação. Lidava, havia dias, com este cuidado, e para desabafar um pouco dele, o foi consultar com a mesma Senhora, e prostrado aos pés da sua Imagem, lhe dizia assim: *Senhora, o dinheiro é consumido, o vosso devoto, e benfeitor, não pôde haver outro tão cedo, e assim, se Vós quereis ir logo para a vossa Casa, dai-nos o com que a preparemos, que não parece bem estar acabada a vossa Capela, e Vós aqui neste meu indigno, e indecente palheiro*: levantou-se, e em continente lhe ocorreu, sem entender quem o movia, fosse correr a praia, ocorrendo-lhe poderia achar nela algum pedaço de âmbar, porque já ouvira dizer se havia encontrado nela alguma pasta desta espécie. Saiu de manhã do monte, e tomando de passeio aquela distância, que podia alcançar em um dia de ida, e vinda, e na volta se achou outra vez ao pé do monte, já quase noite. Não quis subir ao alto por aquela vereda, que era costumado, e o fez rodeando-o pelo mais pedregoso da ponta, que faz sobre o mar a parede, em que se encosta a sua barra, e no mais fragoso dela, e aonde menos o devia esperar, achou entre as pedras uma boa quantidade de âmbar, que veio a montar em quatro libras, do mais apurado, a que chamam Griz. Aqui se prostrou por terra o devoto Ermitão; e não só agradeceu à Senhora o benefício, mas ali mesmo lhe fez voto, e promessa de gastar o mais, que lhe restasse de vida em seu serviço, e assim o executou. Com o procedido do âmbar se preveniu o necessário para o culto, e ornato da Capela, fez-se a colocação, e instituíram Confraria, servindo nela à Senhora da Luz com zelo, e dispêndio todo aquele povo, que em prêmio de tudo ainda experimentou da grande proteção desta Senhora favores mais repetidos.

83. Pelos anos de 1628, governando o Estado Diogo Luiz de Oliveira, foram infestados os mares do Brasil por várias Esquadras holandesas. Uma destas de treze naus, governada pelo seu General Petre Petrit, entrou pela

barra da Bahia até Tapagipe, sem resistência, e dentro do porto fez presa em dezesseis Navios, com toda a carga de açúcar de três mil caixas, que já tinham recebido; e depois de os pôr fora, tomando algumas embarcações mais, voltou outra vez à Bahia, e correndo o seu recôncavo até onde pode chegar, encontrando nele sete Navios mais, que lhe pretenderam escapar do primeiro saque, tomou três, e os quatro fez encalhar. Nesta ocasião despachou duas naus, e por seu Cabo ao chamado Mãozinha, para que entrando a barra do Morro, saqueasse a Capela da Senhora da Luz, noticiosos de algumas peças de ouro, e prata, que havia nela, ao mesmo tempo, que eles o faziam também às mais fazendas, e Engenhos do sou Recôncavo, sem resistência. Não teve o Mãozinha no Morro o mesmo sucesso; porque ao tempo que quis entrar a barra, divisava os seus clara, e distintamente, e com grande assombro, e confusão, que estava o monte todo (aonde ainda não havia Fortaleza, mais que a da Senhora da Luz naquele seu templo) guarnecido de gente em forma militar, que julgaram por mais de dois mil homens. E este Esquadrão, que sem dúvida era capitaneado pela Imperatriz dos Anjos, e Rainha dos homens, fez virar as velas aos atrevidos corsários, que já endireitavam pela barra. Assim o depuseram alguns dos portugueses, que haviam tomado em outros Navios, e foram largando por estas Costas.

84. Ainda aqui não pararam os favores, e prodígios da Senhora da Luz. O seu Ermitão, que da Capelinha, e alto do Morro, viu todo o sucedido às duas naus inimigas, não penetrando o motivo da sua retirada, e na consideração de que em outra volta tornariam ao mesmo porto, e supondo seria aquela primeira visita, como língua, que vinham tomar, ou negaça, para entrarem depois mais a seu salvo, e a qualquer hora da noite dar o saque à Capelinha com desacato da Sagrada Imagem; a tirou do altar, e foi esconder ao mato, que lhe ficava mais perto, e juntamente conduziu para ele tudo o que era do serviço, e culto da Senhora, e por último a caixa dos ornamentos, na qual, depois de acomodado tudo, deu também lugar à Sagrada Imagem, e nas mesmas brenhas se deixou ficar aquela noite, deitando-se, para descansar o corpo da passada lida, sobre a própria caixa. Rompeu a manhã, e querendo aliviar-se dos passados sustos, e participar da Soberana Luz da Divina Aurora, que havia encerrado por noite na tosca concha daquele caixão, o abriu, e quando cuidou alegrar os olhos com a sua vista, se achou na obscuridade da maior turbação; porque não viu a Sagrada Imagem. Aqui foi todo o enleio do seu discurso; porque supor que lhe haviam roubado a melhor joia, que guardara à noite, e não achava de manhã, ele a havia passado toda sobre a mesma caixa. Uma, e outra vez a revolvia toda, ainda quando estava certo, que sobre tudo o que tinha na caixa a havia colocado. Para supor, dizia consigo, que foi

tão pesado, e amortecido o meu sono, que deu lugar ao subtil, e astuto ladrão, sem eu dar acordo, a fazer este roubo; outras peças, para ele de maior estima, havia aqui em que cevar a sua cobiça. Ou isto é sonho; ou estou louco. Mas se louco, como dormi, e tanto, que me suspendeu o ladrão, que me roubou? Entre estes discursos, que não proferia sem lágrimas, e ânsias, arrebatado de novo impulso, larga a caixa, deixa a brenha, e correndo acelerado para a Capelinha, abre a porta, levanta os olhos ao altar e vê colocada nele a Divina Luz, que lhe faltava, a sagrada Imagem da Senhora no seu lugar. Então conheceu o prodígio, e rendidas as graças à Divina Autora de tais maravilhas, repôs logo na sua Capela a caixa, e ornamentos, que havia ocultado, certo de que a Senhora assim o queria: e que se para afugentar aqueles inimigos uma vez foi forte Esquadrão, também é Cidade guarnecida de torres, e escudos para terror de contrários, que nem estes agora, nem outros mais em algum tempo ousaram entrar aquela barra, amparada com a assistência da Senhora da Luz; pois não havia nela outra Fortaleza, até o seguinte ano, em que o Governador Diogo Luiz de Oliveira, vindo pessoalmente ao Morro, mandou levantar a que ao presente se acha, para a qual concorreram os moradores assim da Ilha, como da terra firme, com as suas pessoas, escravos, e sustentação, não só para os seus, mas para todos os que nela trabalhavam, como obra do serviço do Rei, e bem do povo.

85. E pois referimos os benefícios da piedosa Senhora com este seu devoto povo, é bem façamos alguma memória dos que ele recebeu ao mesmo tempo do nosso português Santo Antônio, não nesta barra do Morro, mas na outra da Tobatinga, ou de Saulo Antônio, por ter ele ali na ponta da Ilha de Boipeba, e no mais alto dela, Igreja Matriz, e ser a Vila consagrada ao próprio Santo. Neste mesmo tempo, em que os Piratas Holandeses infestavam estas Costas, despacharam também duas naus, para que entrando aquela Vila fizessem nela, o que costumavam nas mais. Em uma manhã apareceram as naus buscando a barra, que suposto não dá entrada a estas embarcações maiores, a podem fazer nas suas lanchas, e batéis, pelo Rio acima. Não havia nela Fortaleza, nem reparo algum. Deram vista delas os moradores, tocaram rebate, e se ajuntaram todos os que na Vila habitavam, capazes de armas, e às ordens do seu Capitão maior, marcharam para aquela parte, onde entendiam poderia o inimigo lançar gente. Juntos todos na Vila, e formados, entraram na Igreja do seu Santo, e Patrono português, e com devota suplica o apelidaram em sua ajuda, contra os inimigos da Fé, levando no seu valimento a confiança da vitória; e despedindo-se dele, os acompanhou o seu Pároco, e Coadjutor, cerrando as portas da Igreja à vista de todos. Chegaram ao posto, guarneceram as emboscadas, e quando já esperavam que o inimigo deitasse a gente em

terra, porque estavam com as naus à capa, e as lanchas preparadas, os viram em continente virar as velas, e fazerem-se na volta do mar, e em breve desapareceram, como quem fugia de outro maior poder. Alvoroçados todos com este não esperado sucesso, voltaram alegres para a Vila a render as graças ao seu Santo benfeitor, porque logo entenderam ser a retirada do inimigo obra sua; chegam à Igreja, abrem a porta, e viram todos estar a Imagem grande do Santo estendida de bruços sobre o altar, atravessada nele, com a maior parte do corpo lançada para fora, e a cabeça para os pés do Senhor crucificado, sem dúvida humilhada assim, e pedindo-lhe para aquele povo o socorro da sua piedade. Não quisemos guardar este caso para quando falarmos no Convento, que tem o Santo na Vila de Cairu, vizinha desta, por ser obrado este prodígio ainda antes que os nossos Religiosos tivessem ali esta casa.

86. Antes que destas duas Ilhas passemos para a terra firme, e distrito da do Cairu, principal objeto desta digressão, ainda nos queremos deter um pouco, tornando à do Morro, por nos ficar fronteiro ao seu Pico, outro que lhe corresponde, em que se acha levantada a Ermida do glorioso Apóstolo das Índias S. Francisco Xavier sobre a praia, e porto, que dizem do Galeão, pela Costa interior do Rio, correspondente à terra firme. Fundaram ao Santo esta Capelinha os moradores da mesma Ilha, e Morro por particular devoção ao Santo, e dele receberam especiais favores, sendo um, verem os circunvizinhos, e moradores das Fronteiras altas da terra firme, por muitos tempos daqueles princípios, todas as Segundas-feiras, já alta noite, uma como procissão, formada de muitas luzes, ao que lhes parecia, verdes, ao redor da Capelinha, com admiração dos que as viam, que foram muitos, louvando juntamente a Deus nos juízos ocultos, e altas Providências, com que por estas luzes lhes dava conhecimento claro dos muitos benefícios, de que lhe eram devedores, e das grandes mercês, de que pelos seus Santos os fazia participantes. Se não foi, serem estes, e outros semelhantes favores, umas como disposições para receberem também, com resignação, e conformidade de Católicos, e devotos, os grandes trabalhos, mortes, e perseguições, que lhes estavam aparelhadas pelo falso, e bárbaro Tapuia da terra firme, para onde imos continuando com a nossa digressão.

87. Ao mesmo tempo que aquele povo se achava desassombrado das contínuas invasões dos Corsários Holandeses, e havendo já fabricado na Vila o Convento para os nossos Religiosos, fazendo-lhes doação para ele da Capela de Santo Antônio, como em seu lugar se dirá, os assaltou o inimigo tapuia do Sertão, incitado sem dúvida pela lembrança, e memória das delícias, e comodidades, que com aquela sua tão apetecida Estância haviam perdido, de que

esta gente nunca se esquece: e assim novamente cuidaram em fazê-los despejar aquele País, tanto de seu agrado, e apetência, com assaltos furtivos, que a modo de rapina davam já neste, já naquele lugar, e com tal perseverança, ou teima, que em mais de vinte anos não cederam dela, matando a todo o sexo de gente com brutal, e cruel tirania, e dando saque a tudo o que podia conduzir a multidão, que traziam consigo. Era este um dano, sobre grande, irreparável, sendo continuado quase todos os meses, e só nos três do Inverno mais rigoroso faziam alguma pausa. Davam comumente estes seus impetuosos assaltos, das dez horas até o meio-dia, para lhes ficar tempo para a retirada; nem era possível segui-los, pela incerteza do tempo, e lugar em que davam, falta de gente para o fazer, e porque desciam de mais de cento e cinquenta léguas do centro dos Sertões, e escolhiam aquelas paragens mais apartadas, porque se não pudessem com brevidade socorrer uns aos outros. Chegavam de corrida, davam o seu espantoso, e tremendo urro, e já a tempo em que as suas frechas se iam empregando nos incautos, e descuidados moradores, e desta sorte, entre o descuido, e assombro, perecia em um momento toda uma família, por grande que fosse; e quando acudiam os vizinhos era para lamentarem o caso, darem-lhes sepultura, e temerem outra semelhante sorte.

88. Esta a teve primeiro o Sargento-Mor Bartolomeu Lopes da Franca, e sua companheira nela, e esposa D. Izabel, com quatro filhos, que todos se acabaram mortos ao redor de uma mesa, em que jantavam, traspassados de setas, e com estes todos os familiares de portas adentro, que não eram poucos, deixando os bárbaros Tapuias, já de caminho, no mesmo estado todos os escravos, que no campo beneficiavam as lavouras, ficando-lhe por herdeiro só da mágoa, e não da fazenda, porque não achou de que, um só filho, que na Vila se adiava na continuação dos Estudos. Eram estes Gentios pela maior parte os Tapuias Guerens, parentes dos Aimorés dos Ilhéus, e coligados com alguns dos antigos Tupis, ou Tupiniquins, que eram os da língua geral, e dos primeiros, que haviam tratado com os portugueses, e neste idioma declaravam a algumas pessoas, que lhes escapavam das frechas, se desenganassem, que eles não haviam descansar, enquanto lhes não despejassem aquela sua terra; e assim se foram continuando os assaltos, com notável prejuízo, e dano de todo o povo. Não deixavam os Governadores da Bahia, que iam sucedendo, de intentar remédios a estes males, armando várias vezes tropas de gente, que entravam aos matos à custa de grandes despesas, para as quais eram fintados os mesmos povos da Comarca, mas sem efeito; porque como o Gentio era volante, e não tinha povoação, nem lugar certo, mais ligeiro, e menos carregado, do que os que os buscavam, porque levavam o sustento na ponta das frechas, que só carregavam por vitualhas: em sentindo que os buscavam, com pouco

que se retirassem, impossibilitavam alcançá-los; e assim se tornavam os das Esquadras, famintos, e estropeados, não servindo estas, mais que a despertá-los a nova vingança, com mais poder, e crueldade nos miseráveis moradores. Assim o executaram depois da primeira entrada, dando no Engenho, e vivenda de Antônio de Couros Carneiro, Cavaleiro do Hábito de Cristo, e Capitão-Mor, que havia sido daquelas Vilas, estando ele ausente; e como ali houvesse mais gente, e preparo de armas, estavam também na confiança, de que nunca se atreveria o Gentio a algum excesso; mas este mesmo descuido, e a cobiça da maior pilhagem, e melhor emprego da sua tirania, a fez executar a medida do seu desejo.

89. Deram antes do meio-dia, como costumavam, o assalto com o seu espantoso urro, e bater de arcos, empregando as frechas na descuidada, e desprevenida família. Achava-se uma filha do mesmo Capitão, por nome D. Izabel de Góis, no eirado das casas de seu pai, que eram térreas, rezando por umas contas, e assombrada com o espantoso som, que nunca tinha ouvido, e com as vozes dos familiares, que dentro das casas saiam gritando: *Gentio, Gentio*; desatremou, e foi buscando as casas de um seu irmão, que eram de sobrado, e distavam das outras trinta passos, já a tempo que a encontravam nuvens de setas, naquela passagem, em que, à vista do irmão, e mais família da casa, que se assomavam a uma janela, se assentou em terra invocando o nome de Jesus, e pedindo confissão ao mesmo tempo, que se foi deitando, e rendendo o espírito a quem lho havia dado, e reparou-se, que assim que se sentiu ir traspassando das frechas, e foi caindo em terra com notável advertência, estendeu com as mãos as saias, para compostura dos pés, e tirando da algibeira delas um lenço cobriu a cara, e as levantou juntas ao céu, como louvando ao Senhor, e rogando-lhe sem dúvida aceitasse, como martírio, aquela vítima, ainda que involuntária, sacrificada em ódio da sua Santa Fé, e Cristandade. Ficou traspassada com mais de vinte frechas. A triste mãe escapou metida até o pescoço nas águas da levada do seu Engenho, onde a foram achar, e tiraram, quase regelada, e morta, aumentando com as lágrimas, que derramavam os olhos, as daquela corrente, que lhe havia segurado a vida, para sentir repetidas mágoas, com a vista da defunta filha, e outras pessoas mais, que se foram achando mortas pelos aposentos inferiores da casa, e algumas pelos campos. O filho casado tudo viu, e tudo a seu pesar notou, e sem poder servir-lhes de algum remédio, não fez pouco livrar-se a si, sua mulher, e filhos, com disparar das varandas da sua casa alguns tiros vagos, que só serviram a afastar delas o Gentio. Passado este primeiro assombro, e o segundo de ver, e notar os mortos, e os que faltavam, se acordaram, de que no mesmo dia de manhã havia saído à caça dos porcos monteses outro filho, por nome Luiz de Freitas, com

alguns escravos, e entrando na suspeita do que lhes poderia ter acontecido, despachando alguns descobridores dos matos, não mui distante o acharam crivado desde a cabeça até os pés com mais de setenta setas.

90. Continuavam os assaltos do Gentio, crescia a consternação do povo, e as representações, e queixas chegavam aos Governadores, e nada se resolvia, que fosse suficiente a remediar os danos, que cada dia iam em aumento. Governava o Estado por este tempo, e já para o fim, Francisco Barreto, e era isto pelos anos de 1660, e depois de várias consultas resolveu mandar de presídio uma companhia de Infantes para residirem entre as vivendas dos oprimidos moradores da terra firme, para que dividida em Esquadras de seis, e oito soldados, em distância de três, e quatro léguas uns dos outros, servissem de sentinelas, e obstáculos às invasões do Gentio. Mas ele fazia as suas sortidas com tal arte, e manha, que nunca lhas puderam impedir; porque mal se atreveriam fazê-lo, quatro, ou seis homens, a uma multidão de bárbaros, que como raios, corriam a dar o assalto neste, e naquele lugar; e quando se ia dar o aviso às Esquadras, para se incorporarem com os moradores, já o Gentio estava de volta muitas léguas; e assim só vinha a servir aquela guarnição de maior detrimento, e moléstia aos pobres moradores, e de lhes acrescentar as necessidades, sendo obrigado pelos distritos a sustentar cada um à sua, e sofrer-lhes demais as travessuras, e demasias, sem serem de efeito ao evidente risco das suas vidas, como a cada passo o experimentavam, e tanto, que no de curso de oito anos, que ali assistiram, não houve soldado, que visse Gentio, ou lhe disparasse arma, havendo alguns, que pereceram, passados das suas frechas, em suas próprias Estâncias. Assim aconteceu aos que residiam no distrito de Cajaíba, que no mesmo Presídio os assaltou o Tapuia, e os fez pagar com a morte o seu descuido; e passando estes dali às vivendas de Francisco de Sá de Meneses, nas fronteiras do qual estava de guarnição esta Esquadra, a bom livrar, escapou este com sua mulher, e filhos, por se haver embarcado com ele em uma canoa para o interior do Rio, deixando exposta toda a mais família à disposição da sorte, e ligeireza de cada um, dos quais achou sete mortos, e menos todo o móvel de casa, que era uma boa parte da sua fazenda, e este fruto colheu do dispêndio, que fazia com a sustentação daquela Esquadra, que, se não confiara nela, talvez se guardara, e soubera prevenir melhor para aquele dano.

91. Poucos meses adiante tornaram a dar no contorno do mesmo distrito, vigiado pelas tais Esquadras, em as do Rio Jequié, último termo da Vila, e fazenda do Capitão Manoel de Uzeda de Ayála, e com serem sentidos antes da avançada, ainda lhe feriram com uma frecha um filho pequeno, e

mataram alguns escravos, e muitas criações, porque da raivosa fúria destes bárbaros nada escapava ileso. Mas, não se dando por satisfeitos de derramar a seu gosto o sangue dos brancos, (como eles diziam) não tardaram em pôr em efeito outro assalto, para as margens do Rio, que chamam Jordão, e fazenda de Gaspar Pinto da Fonseca, a tempo, que a ela chegava de visita D. Maria de Viveiros, mulher de Antônio Cardoso Gavião, e cunhada da Senhora da casa, e antes de se saudarem, e entrar pelas portas, lhas abriram em seu corpo muitas frechas do inimigo Tapuia, que com o seu costumado repente os assaltava, achando-se no mesmo perigo as parentas, que a saíam a receber nos braços, vendo-a morta a seus pés, e elas com o inimigo dentro de casa, e já ocupada deles a sala principal, e continuando no estrago de matar, e ferir; e sem dúvida perecera toda a família, que eram, além dos escravos, seis, ou sete filhas com sua mãe, se não tiveram o acordo de se recolherem a um aposento mais seguro, e chegar ao conflito um seu filho de ânimo, e valor, por nome Antônio da Fonseca Pinto, que acudiu à gritaria, e vozes; e porque se achava com armas, e esforço, fez retirar os bárbaros, feridos, e maltratados alguns. Mas eles, como picados de não satisfazerem à sua vontade o seu ódio, e vingança, passados poucos dias, deram em casa de Francisco de Sá de Meneses, com tanta cautela, que os não sentiram, senão quando já lhe entravam pelas portas: achava-se o homem enfermo, e de cama, e levantando-se assim, e não achando outra arma, a que mais prontamente lançasse a mão do que a uma adaga, com esta os fez medrosos, e fugitivos, a uns saírem por onde haviam entrado, e a outros laçarem-se das varandas abaixo, ficando ele ferido no braço de uma frecha ervada, de que lhe veio a originar pelo tempo adiante a morte; e no conflito a deram os inimigos a um filhinho seu, com a ama, que o tinha nos braços, que ao sair acharam no pátio da casa, ficando ambos traspassados, e cobertos de setas, e satisfazendo nestas duas vítimas a sede, que não puderam fartar na mais família.

92. Desta sorte ia o bárbaro, e cruel Tapuia continuando os assaltos, e insultos, sem recurso algum dos atenuados povos, e sem esperança de o haverem por socorros dos homens; e assim os moradores, como desamparados, uns fabricando casas fortes, outros passando a viver pelas Ilhas, onde se achavam mais seguros, ainda que com maior penúria: e assim os deixou o Tapuia por alguns meses, talvez para os colherem mais incautos, e menos preparados, até o dia do glorioso Apóstolo S. Matias do ano seguinte de 1670 em que foi visto assomar pelos montes sobranceiros às faldas do já nomeado Rio Jordão, em forma de batalhões, inumerável caterva deles, tocando suas cornetas, e outros rústicos instrumentos de guerra, como anunciando a todos uma última, e total assolação. Foi notável o susto, e confusão dos moradores daqueles

lugares, como mais próximos, e chegados ao perigo, e todos se dispunham, em especial a gente mais fraca, de mulheres, meninos, e escravos, como quem esperava a última hora. Dos capazes de pegar em armas, e resistir, só se achavam três mancebos de valor, e força, D. João de Uzeda, e Góis, filho do Capitão Manoel de Uzeda de Ayála, e de sua mulher D. Bárbara de Góis, João Pedroso de Meneses, filho de Rodrigo Pedroso Barbosa, e de D. Izabel de Meneses, e Luiz da Franca de Freitas, filho do Sargento maior Pedro da Franca de Andrade, e de D. Brites Barbosa de Góis: a estes seguiram três soldados daquela Estância com o seu Alferes, F. de Aguilar, e alguns escravos, que por todos faziam o número de vinte pessoas. Esta pequena, e mal-ordenada esquadra, e mais arrebatada de ânimo, do que de consideração, porque levando os mais deles armas de fogo foram tão pouco advertidos, que se não proveram de outras munições, e pólvora para as refazer, nem de mais armas, que uma só espada, com furioso, e precipitado ímpeto se partiram ao inimigo, que para as vivendas vinha já descendo os montes. Mas vendo que o buscava aquele pequeno esquadrão, mostrando sagaz que o temia, fingiu que se retirava, e dando volta pelas costas do monte, ao tempo que eles se haviam metido em um passo mais estreito, os veio aguardar nele de emboscada; e eles, que à pressa caminhavam supondo lhes fugia a presa, se acabaram atalhados, e metidos no meio da bárbara multidão; sobre a qual disparando, para maior desordem, ao mesmo tempo todas as armas de fogo, vendo o Gentio que não tinham outras, e estas desprevenidas, tendo-lhes tomado os passos da retirada, descarregaram sobre eles nuvens de frechas, e a seu salvo os foram seteando, e cravaram por todos os lados, como a imóveis alvos, não deixando de receber algum dano, que com as descarregadas armas lhes puderam fazer, e com a espada D. João de Uzeda a alguns a morte; mas prevalecendo o número ao esforço, e as frechas aos braços, ficaram mortos os três principais, os soldados com seu Alferes, que com os mais fizeram o número de quatorze pessoas, escapando o resto deles maltratados, e feridos: nem parou só em dar-lhes a morte o feroz Tapuia, mas usando com eles de outras barbaridades do seu gênio, a D. João de Uzeda desfiguraram com enormes anatomias a cara, e outras partes do corpo, e até os ossos das pernas lhe arrancaram, levando-os consigo, que assim usam com as pessoas maiores, e de mais esforço. Foi notável o sentimento deste caso pelas referidas circunstâncias das pessoas, e morte, e pelo desamparo, em que ficavam, de algumas mulheres, e filhos.

93. Frescas estavam ainda as trágicas memórias deste sucesso, quando foi mandado da Bahia por Alexandre de Sousa, que então a governava, o Capitão de Infantaria Manoel Barbosa de Mesquita, com sua companhia, a refazer aquelas Estâncias, tão sem efeito como o havia mostrado o tempo, e

foi fazer a sua, e casa forte no lugar de Mapendipe, dividindo os Soldados pelas mais, deixando oito para sua guarda, e companhia. Era homem nobre, esforçado, e sobre tudo um bom cristão, cumprindo o seu cargo, sem faltar às obrigações de Capitão, e bom Católico, costumava ouvir Missa em uma Capela da Senhora do Desterro, e saindo um Domingo desta Igreja, lhe deram notícia, de que os soldados da sua Estância já ficavam mortos pelo Tapuia inimigo, advertindo-lhe se retirasse à Igreja, onde com alguns moradores, que o acompanhavam, se poderia fechar, e fazer forte: ao que ele respondeu valoroso, mas temerário, que não havia Capitão sem soldados, e que a estes havia seguir, e foi caminhando para a sua Estância, e a poucos passos foi acometido, com outros mais, que o acompanhavam, de uma numerosa turma de Tapuias, que cercando-os por todos os lados, os foram traspassando, e cobrindo de agudas, e empenadas frechas; e ainda que com as espadas o renderam a muitos dos inimigos, ficou morto o Capitão, e algumas pessoas mais, e os bárbaros de caminho roubaram, com desacato, o que acharam na Capelinha, com outros estragos do seu costume. Este caso refere diferente em alguma circunstância o Autor da América Portuguesa, nós o transcrevemos, como o traz o manuscrito que seguimos, por ser de pessoa, que existia naquele tempo, e natural do mesmo País.

94. Por alguns meses depois acalmou esta tormenta; mas não sossegavam os ânimos dos cansados, e perseguidos moradores, pondo só o seguro das suas pessoas, abaixo de Deus, nas próprias forças, e ardis, fabricando, além das casas fortes, estacadas, circunvalando as Estâncias, em que moravam os mais poderosos, com estas muralhas, e plantando as lavouras junto a elas, ainda que com menos lucro, com mais segurança. Mas nem estas prevenções lhes bastavam. Na do Capitão Francisco Pinto da Fonseca acometeram de assalto mais de duzentos Tapuias, querendo-a levar à escala, mas a sua fortaleza, e alguns tiros, que dela dispararam, os fizeram desistir do intento, indo descarregar o seu inveterado furor em partes menos seguras, que nunca de todo faziam a retirada sem deixarem as suas frechas tintas em sangue dos tristes moradores, que, sem repetirmos também outros muitos casos de menos ruído, imos a concluir com um, por mais lastimoso, sucedido a poucos meses depois do passado.

95. Morava no fim daquele povoado, distrito da terra firme, Francisco de Araújo de Brum, homem solteiro, que havia pouco tinha concluído na Cidade os Estudos de Filosofia, e por lhe faltarem os pais, e não haver outro herdeiro, se retirou da Praça para as suas fazendas, e na confiança de que o Gentio se não atreveria à sua Estância, tanto por ficar desviada das suas costu-

madas veredas, como pela ter bem guardada, e defendida, vivia mais descuidado do que convinha à sua segurança. Confiado nesta, despachou em uma manhã, como costumava nos mais dias, a gente de armas, e escravos para o serviço de fora, ficando só em casa com a família de dentro. Passeava pelo seu terreiro, quando o acometeu uma tropa do Gentio, que rodeando-lhe a casa, e tomando as portas, se achou impedido a entrar para ela, e partiu à carreira a buscar o Rio, que lhe ficava perto, por ver se entre as suas águas se podia livrar melhor, e fugir aos tiros das suas frechas. Mas quis a sua fortuna que achou a maré vazia, e grandes lamaçais, que lhe impediram os passos; com que fugindo da morte em terra, a foi beber entre lodos, e nuvens de setas, de que ficou coberto: e como fosse ele só o que neste primeiro ímpeto seguiu o Gentio, teve a mais família de casa lugar de se pôr em salvo.

96. Governava ainda neste tempo Alexandre de Sousa, e feita consulta com os Cabos da Praça, e algumas pessoas principais da Vila, vista a inutilidade do Presídio da Infamaria na terra, se resolveu ser conveniente tratar-se do reparo, por meio de conquista, e que esta só teria o melhor efeito se fosse executada por Paulistas, gente, que se criava neste exercício, e inimigos declarados de toda a outra Nação, assim de Índios, como Tapuias. Deu-se ordem a mandá-los vir de S. Paulo, com a promessa de oito mil cruzados, e toda a preparação, e vitualhas para a tal conquista, o que tudo se fez à custa do povo, e interessados nesta expedição. Chegou esta à Bahia já a tempo, que havia entrado no governo Alfonso Furtado de Mendonça, no ano de 1673, e por Capitão um seu natural, prático, e experimentado em semelhantes empresas, por nome João Amaro. Da Bahia, onde se lhe ajuntaram algumas Esquadras da Infantaria da Praça, partiu para o Cairu este exército, e ali se lhe ajuntou o Capitão maior com as suas Ordenanças: entraram à conquista, e em poucos meses voltaram com oitocentos, e tantos cativos dos bárbaros Tapuias, deixando a muitos mortos, e destruídas algumas Aldeias para o centro daquelas matas, e Sertões, que vão confinar para o Poente com as margens do Rio de S. Francisco; e com segunda entrada, que fizeram a poucos tempos depois, em que trouxeram a outros muitos, com os mortos que deixaram, as habitações destruídas, e os mais embrenhados para o centro dos Sertões, se acharam os moradores do País, e terra firme, ainda que com grandes trabalhos, e dispêndios, de alguma sorte seguros, e desassombrados de inimigos tão contínuos, insolentes, e que tantas mortes, danos, e estragos irreparáveis lhes haviam causado pelo dilatado curso de mais de vinte e cinco anos.

97. Por outros muitos viveu aquele povo desassombrado, e quieto com esta última expedição dos Paulistas. Mas quando parecia não só sepul-

tada a memória da passada tormenta, mas também extinta a causa dela, se experimentou o contrário; porque dos anos de 1730, com pouca diferença, por diante, começou o Gentio a repetir os assaltos, suposto não eram tão continuados, nem com tanta ruína, pois não se atreviam a acometer as vivendas, e só davam pelas roças, e lavouras mais retiradas, e de menos gente, matando alguns escravos, e outras pessoas, que achavam por elas pouco guardadas.

98. Algumas suspeitas se formavam de não ser o Gentio dos Sertões o que repetia estes insultos, pois se notava pelos colonos experimentarem só estes danos alguns sujeitos, ou familiares seus, que com os Índios mansos das Aldeias vizinhas, que há no País, haviam tido alguma discórdia, de que se davam por ofendidos; fazendo provável este discurso, o verem-se em mãos de alguns deles alfaias particulares de vestidos, e armas, que se tomavam aos mortos; ou ao menos, que estes das Aldeias tinham oculta comunicação, e trato com os do interior das brenhas, e para estes despiques os iam buscar.

99. Assim foi continuando esta nova inquietação até os anos passados de 1750 para 54 em que já o povo se achava em grande desassossego, e mui temeroso, com a repetição dos assaltos, que já era preciso, ao menos pelas roças, e lavragens, andar com as armas nas mãos, e os que não podiam tanto, deixando de as cultivar; de que se seguiu nestes anos bastante falta dos mantimentos, e frutos da terra. Nesta tributação lhes acudiu o Senhor, por meio de um acaso, que não deixou de parecer efeito da sua infinita piedade, tanto para bem das almas daqueles bárbaros, como para quietação do seu povo.

100. Por certas desavenças, que houve entre um destes mansos da Aldeia, que chamam de Una, por ficar à margem do Rio do mesmo nome, sujeita à doutrina dos RR. PP. Italianos, com outros bravos das brenhas, determinaram estes tomar despique do agravo, e despacharam para isso um, de que faziam mais confiança, por animoso, e esforçado, com outros mais da mesma fação. Não se executou o feito conforme a ordem, e voltando a eles, foi expulso por fraco, e cobarde, com a sua família, e parentes, o que fora por cabo daquela empresa, da companhia, e habitação dos mais: e vendo-se corrido, e desprezado dos seus, depois de vários rumos, que tomou, foi o último buscar a mesma Aldeia de Una, onde o receberam, e incorporado nela, abraçou com todos os da sua família à Fé Católica. Da comunicação destes com os mais resultou, dispondo-o assim a Providência do Altíssimo para os fins que sabe, que um velho da própria Aldeia chamado Adão, e era ainda dos

antigos Guerens conquistados pelos Paulistas, e pelas notícias que lhe davam os novos convertidos, e prática, que tinha, de moço, dos interiores dos matos, entendendo aonde ao presente estavam situados estes Gentios, se ofereceu ir a eles, e reduzi-los a descerem para baixo, e buscar a companhia dos outros, e a amizade dos brancos. Resolvida a empresa, partiu com efeito ele, e alguns mais, e com tão feliz sucesso, que passados três meses, e muitos trabalhos à ida, e vinda, por mais de duzentas léguas de matos, serras, e brenhas, chegou a povoado com uma multidão de Gentios, que passavam de quatrocentos, entre homens, mulheres, grandes, e pequenos. Foram recebidos pelos da Aldeia, e moradores com festas, e alegrias, concorrendo o povo com a despesa para a sua sustentação, e tratamento, enquanto eles se não arrancharão. Mas o Senhor, que os havia movido a esta não imaginada transmigração, para os dispor sem dúvida para outra mais peregrina, e a da verdadeira pátria, lhes mandou uma enfermidade de Câmaras, das quais uns após dos outros, e especialmente dos adultos, em poucos meses se foram consumindo; e procedeu neles esta enfermidade, como se entendeu, por variarem entre os nossos de mantimentos, a que não eram costumados. E foi para notar, que nenhum dos que morreu deixou de pedir antes o Sacramento do Batismo. Seja o Senhor louvado pelas altas disposições da sua Providência. A poucos dos pequenos tocou o referido achaque, e das mulheres a algumas, e foi isto o ano passado de 1755.

101. Dois casos quero repetir agora para fecharmos com eles a presente Estância, o primeiro da graça, o segundo da natureza; este pelo que tem de extravagante, aquele pelo que mostra de admirável. Ambos os hei de referir com a mesma frase de seu Autor, que é o das notícias, que temos dado deste País, resumidas ao nosso estilo. Diz assim, falando do primeiro caso: Conheci um principal (Gentio Guerém) *de uma quadrilha, por nome João, e sua mulher Domingas, que entendo eram batizados, porém viviam naquele brutal estilo de bandoleiros, que parece tinha N. Senhor encarregado a estes o conduzirem-lhe espírito, para o céu, por que tanto que paria Domingas, entre as mais remontadas brenhas, se partiam ao povoado dos brancos a pedir batismo para o filho; e conseguido ele, se tornavam para os matos, e quando tornavam com outro nascido, já o primeiro tinha voado ao céu, de que os pais mostravam prazer, dizendo a quem por eles perguntava: já foram para Deus; e desta sorte lhe mandaram nove, ou dez.* Quem não admira os prodígios da graça!

102. O segundo caso é o seguinte: *também se tem visto entre as águas daquelas grandes Rias (do Cairu) alguns monstros marinhos, a que o Gentio chama,* Igbaheapiná *como dissermos:* Diabo pelado, *porque,* Igbahé *vale o mesmo, que* coisa má, ou sobrenatural*; e são estes uns meninos, como de três para quatro*

anos, da própria cor dos mesmos Gentios, mui deformes de cara, pela grossura das feições, e laganhos,[42] *e a cabeça pouco povoada de cabelos, como da matéria dos mesmos limos, e assim mostram em tudo serem espécie dos homens marinhos, ou peixes monstros, segundo a fábula poética; mas é certo, que o Gentio os temem, e têm entre os seus abusos por espíritos malignos, e devem seguir a opinião de alguns, que têm para si, que entre os Espíritos vagos, a que os Espanhóis chamam Duendes, há alguns corpóreos, e deviam estes acolher-se às águas por refrigerar seus cálidos humores; e assim lhes tem grande medo, e se assombram de morte com sua vista. A este propósito me contou há anos certo homem nobilíssimo, e fidedigno, que indo de sua fazenda para a Vila em uma grande canoa, com bastantes remeiros, atravessando um daqueles largos braços de mar, lhe surgira, ou bulhara diante, um daqueles meninos, e como amiudasse ao redor da canoa a ação de se querer mostrar, lançando borrifos de água para cima, preparou a escopeta para lhe fazer tiro, e por mais diligência, que pôs, nunca lhe pode segurar pontaria pela presteza, com que se mostrava, e descia ao fundo. Era principal Piloto da canoa um índio da terra, o qual com a primeira vista, que teve do animalejo, se deixou cair, com um grande grito, no fundo da embarcação, cerrando os olhos, e os dentes, de sorte, que por mais remédios, que na Vila se lhe aplicaram, o não houve para a vida, que só lhe durou, no próprio estado, em que caio, vinte e quatro horas, sem que os outros companheiros, que eram pretos de Guiné, sentissem pavor, ou abalo.*

ESTÂNCIA VI

Da Capitania da Bahia de Todos os Santos.

103. Sendo a Enseada da Bahia descoberta, como fica dito, por Diogo Álvares Caramuru, pelos anos de 1516 até 518, veio ter a vila com a mercê de Povoador, e Donatário Francisco Pereira Coutinho. Era Fidalgo por nascimento, e de altos méritos por suas obras, com que viera tão enriquecido do Oriente, como de cabedais. Com estes preparou uma armada para fundação da Capitania, que por aqueles havia merecido. Constava a data desta, desde a ponta do Padrão da barra da sua Enseada, até o Rio de S. Francisco, primeira data, e depois ampliada com todo o Recôncavo para dentro de toda ela. Acompanhado de gente nobre, e comum para a povoar, e defender, da sua

[42] Um erro de grafia tanto na edição de 1761 como na de 1858; possivelmente *tacanhos*, termo que se adequa à descrição.

barra para dentro deu fundo, e subindo ao alto deu princípio a uma povoação, no lugar, que ao depois se chamou Vila Velha, com uma Fortaleza sobre o mar, sujeitando os Gentios Tupinambás, seus principais habitadores. Com estes conservou boa paz nos primeiros anos, a diligências do grande Caramuru, e sua consorte Catarina, com aumentos de fazendas, e dois Engenhos de fazer açúcar, que levantaram dois homens ricos, que consigo trouxe.

104. Passados os primeiros anos, tanto por inconstância do Gentio, que neles é natural, como principalmente por má correspondência dos portugueses; o que acontecia em todas as novas fundações, não faltou também nesta. Não dizem porque ocasião, seria talvez sem ela, deram os nossos desastrada morte ao filho de um Principal destes Tupinambás, que foram sempre os mais guerreiros, e temidos destas Costas. Deu-se aquele por ofendido, bateu o pé, e os arcos a sua Aldeia, e com ela todas as mais; perturbou-se a paz, entrou a guerra, e tão cruel, e porfiada, que destruídas logo todas as fazendas por fora, queimados os Engenhos, mortos muitos portugueses, e entre eles um filho bastardo do mesmo Donatário, opuseram em tanto aperto que cercando-lhe a Vila, e Fortaleza, e impedindo-lhe os mantimentos da terra, e até a água para beberem, lhes era preciso mandar vir todo o sustento da Capitania dos Ilhéus, em duas caravelas de que se serviam. Nestes extremos o tiveram sete, ou oito anos, umas vezes cercado, outras com tréguas, até que, por não chegarem à última miséria, se resolveu largar a povoação, e embarcando-se com o resto, dos moradores se pôs em salvo na Vila dos Ilhéus.

105. Com a sua ausência se achou o Gentio logo arrependido, conhecendo com ela lhes faltava também a conveniência do resgate dos seus gêneros, e assim lhe mandaram oferecer a paz, que repetidas vezes haviam quebrado: a qual ajustada, voltando Francisco Pereira Coutinho em uma de suas embarcações, com a gente, que levara, e na outra Diogo Álvares Caramuru, com a sua família, que também se havia retirado, chegou este a salvamento à sua Estância de Vila Velha, mas aquele ao entrar da barra lhe sobreveio um vento forte, e contrário, que dando com a sua embarcação à Costa nos baixos de Itaparica, saindo todos à praia vivos, foram mortos à traição, e comidos por outros Tupinambás habitadores daquela Ilha. E assim acabou às mãos dos bárbaros Gentios do Brasil aquele Capitão, a quem não puderam render os Rumes, e Malavares da Índia, gastando, e consumindo aqui também, a que lá tinha a tanto risco adquirido. Com a morte deste Capitão, que aconteceu pelos anos de 1547, ficou a Bahia naquele estado, em que ele a achara, na posse de Diogo Álvares Caramuru, até o ano de 1549, como mostrará a Estância seguinte.

ESTÂNCIA VII

Passa a Capitania de Todos os Santos ao domínio da Coroa, e manda el-Rei fundar nela uma Cidade.

106. Com a notícia, que à Corte chegou da desgraçada morte de Francisco Pereira Coutinho, e do estado em que ficara a sua Capitania, determinou tomá-la a si o Rei D. João III, noticioso com a verdade da sua espaçosa Enseada, dos muitos, e grandes Rios, que nela entravam, nas margens dos quais se podiam fabricar muitos Engenhos, e rendosas fazendas, e que ficando situada no meio destas Costas do Brasil, podia ser um como coração de toda esta Província, e de donde pudesse acudir a todas as mais Capitanias, como a membros seus, e assim edificar nela uma Cidade, que fosse cabeça de todo o Estado. Para este efeito mandou fazer pronta uma armada, e provida de todo o necessário para uma tal empresa, elegeu para seu Capitão a Tomé de Sousa, do seu Conselho, Fidalgo prudente, e mui exercitado nas guerras de África, e Índia, nas quais se houvera como Cavalheiro, e esforçado. A este deu poder, e alçada sobre todos os senhorios, e proprietários das mais Capitanias, por um novo Regimento, pelo qual derrogava, e cassava a todos, os poderes, que nelas tinham, assim no crime, como no cível, de que se seguiam os grandes incômodos, e notáveis violências, que o tempo havia mostrado, pelo muito poder, e absoluta independência, com que as governavam os seus Donatários; do que eles apelaram perante o Rei, e não foram, com justa causa, providos, por entender assim a Majestade era o mais conveniente ao bom regime dos seus povos, e adiantamento das mesmas Conquistas.

107. Para Ouvidor-Geral foi mandado o Doutor Pedro Borges, e Antônio Cardoso de Barros para Provedor da fazenda Real, com todos os mais Ministros, e Oficiais competentes, para administração da Justiça. Para a conversão do Gentio vinham também alguns Religiosos da Sagrada Companhia, máxima Católica, e zelo de Príncipe cristão, para que uma, e outra conquista sortisse melhor o seu efeito, tanto a das almas dos Gentios, como a dos interesses da Coroa, pois nem esta teria o desejado aumento sem aquela, e a outra sem esta ficaria infrutífera. Com todo este aparato partiu Tomé de Sousa do porto de Lisboa aos dois de fevereiro do ano de 1549, e com próspera viagem chegou à Bahia a vinte, e nove de março do mesmo ano, e tomou porto em Vila Velha, povoação, a que tinha dado princípio, como fica dito, Francisco Pereira Coutinho, e antes dele o celebrado Caramuru, que ainda agora achou aqui Tomé de Sousa com cinco genros seus, que da volta dos Ilhéus, para onde se havia retirado com Francisco Pereira Cominho, posto outra vez na Bahia,

feitas as pazes com os inimigos naturais, ficou assistindo nas suas casas fortes, em Vila Velha. Aqui pôs Tomé de Sousa em terra a gente, que trazia capaz de peleja, seiscentos soldados, e quatro centos degradados, (boa droga, ou semente para novas fundações, e de que nasceram nestas conquistas os principais, e maiores abortos de vícios, escândalos, e desordens) vários casais, alguns criados del-Rei, providos de cargos, e ofícios, que haviam de servir em a nova República. Da praia marchou para a Vila em tom de guerra este exército, e assim como lá desembarcaram sem resistência, foram na povoação recebidos em boa paz, que não foi mui dificultoso ao Governador o concluí-la de todo com o Gentio, que já experimentado das ganâncias, que tiravam da amizade dos portugueses, e a diligências do Caramuru, ajudavam agora ao Governador, pelo seu jornal, nas fábricas da nova Cidade. Também aqui assistia desde o ano passado Gramatão Teles, um Capitão, que com duas caravelas havia mandado el-Rei com aviso aos de Vila Velha, Caramuru, e seus genros, e a prevenir com eles a chegada de Tomé de Sousa.

108. Em três naus de Guerra, duas caravelas, e um Bargantim, foi conduzida toda esta gente. Em a chamada Conceição, o mesmo Tomé de Sousa, em outra Antônio Cardoso de Barros, Provedor, e na terceira Duarte de Lemos, que já havia assistido na fundação da Capitania do Espírito Santo, e de quem era a Ilha, onde se erigiu a nova Vila do Espírito Santo, que agora chamam da Vitória. Das caravelas eram Capitães Francisco da Silva, e Pedro de Góis, que vinha por Capitão-Mor do mar desta Costa, e se havia retirado da sua Capitania da Paraíba do Sul, ou S. Tomé, por causa das guerras, e destruição, que nos seus havia feito o Gentio da terra. Ao terceiro dia, depois de ancorados no seu porto, fez o Governador a entrada em Vila Velha, com toda a gente, bem armados os de guerra, com uma bem-ordenada marcha, e os mais em composta, e devota procissão, diante da qual iam os Padres Jesuítas, levando um arvorada uma grande, e formosa cruz, acompanhada de muitas lágrimas, causadas nos Católicos de gostosa alegria de verem o que desejavam, e nos Gentios, pondo-os em confusa admiração do que viam, e muito temor do que parece lhes prognosticavam aqueles levantados Estandartes, de paz, e vida no da Sagrada cruz para os que se quisessem abraçar com ela; de morte, e guerra nas suas bandeiras para os bárbaros, e rebeldes ao Rei, e à Igreja. Nesta forma subiram ao sítio de Vila Velha, dando de si todo este exército, entre a paz, e a guerra, uma tão nova, como espantosa mostra ao mesmo Gentio, que então se ajuntou em muita quantidade, buscando aos nossos sem os seus arcos, e frechas, que é entre eles o sinal da verdadeira paz, e amizade.

109. Posta esta gente em Vila Velha, e armada no seu porto, parecendo este mui desabrigado para estação das embarcações, mandou o Governador correr a Costa, e Enseada, e como meia légua adiante achando o mar mais limpo, e amparado do alto, que por ir para ali alargando o seu bojo a Enseada, e fazendo entrada para a terra, fica o monte mais chegado, e sobranceiro à praia, e por haver para aquela Ribeira boas fontes de água, com melhor acordo, de que fizeram termo, mandando celebrar primeiro Missa solene ao Espírito Santo, transferiu para este meio rebojo do mar as naus, e deu princípio no alto à nova Cidade, com o título do Salvador, como ordenava el-Rei, com os mais, que já lograva; o de Bahia, pela sua larga, e espaçosa Enseada, e o de Todos os Santos, que lhe havia dado Cristóvão Jaques, quando por ela entrou. Determinado o lugar para ela, que é o mesmo, em que hoje está, o mandou primeiro que tudo fortificar em circuito com uma alta, e forte estacada de paus, para segurar com ela os soldados, e trabalhadores de alguma invasão do Gentio desmandado. Logo se ordenaram as casas, ou, melhor, choupanas para o preciso agasalho, cobertas então de palmas, ao modo Gentílico. Concluídas estas, cuidou em fortificar melhor o lugar para a Cidade, formando-lhe um muro de boa, e grossa taipa, de barro, e madeira, com dois baluartes sobre o mar, e quatro por parte da terra, com artilharia, e os mais reparos para a sua defesa. Com esta segurança, que pareceu para o tempo, e inimigos a bastante, cuidou em repartir as ruas, assinalar Estâncias, e levantar nelas casas convenientes para os Governadores, Câmara, Cadeia, Alfândega, Armazéns, e todas as mais oficinas necessárias para a serventia precisa a uma nova, e bem-ordenada República. Deu princípio à fábrica da Sé para os Bispos, Colégio para os Padres Jesuítas, e Igreja para o ministério Sagrado, e culto Divino; e foi esta a primeira da nova Cidade a da Senhora da Ajuda, que muitos anos serviu de Matriz, e foram seus Administradores, e primeiros Párocos nela os mesmos Padres da Companhia, enquanto não chegaram do Reino outros Sacerdotes.

110. Posta nesta forma a nova Cidade, logo no seguinte ano de 1550 mandou o Rei D. João III em socorro seu outra Esquadra, sua Capitania o Galeão Velho, conhecido então por este nome, governado por Simão da Gama de Andrade, com mantimentos, e o mais necessário para profusão dos novos fundadores. Mostrava-se sem dúvida o piedoso, e magnânimo Rei D. João III cuidadoso, e mui empenhado no aumento desta sua Cidade, e assim a foi favorecendo todos os anos com as suas Esquadras, em que lhes mandava gentes, apreстos, mantimentos, e fazendas, que a tudo era necessário acudir, e dar providência o seu Real braço, pois na terra não havia mercadores, nem

efeitos, que eles pudessem vir resgatar, e de que se aproveitassem os seus moradores; e assim no ano de 1551 mandou outra Armada, por Capitão Antônio de Oliveira, com novos socorros, casais, e outra muita gente forçada, e algumas donzelas de nobre geração, das que a Rainha D. Catarina mandava criar no Mosteiro das Órfãs de Lisboa, e as enviava ao Brasil, encomendadas ao Corregedor, para as fazer casar com pessoas particulares, que por cá andavam, e aos quais ordenava se dessem os ofícios do governo, fazenda, e justiça: e assim mais mandava el-Rei por estes tempos vir de Guiné para a Bahia muitos escravos para se repartirem pelos moradores, e cobrar-se o seu valor pelos soldos, e ordenados de cada um, como também o das mercadorias, e fazendas, que lhes mandava dar pelo custo do Reino, e foi isto continuado por todo o tempo deste magnânimo, e piedoso Rei; e com estes socorros se aumentou muito a nova Cidade, e também com o grande cuidado, e desvelo do seu Governador. E logo no ano seguinte de 1552 no princípio chegou à Bahia o seu primeiro Bispo D. Pedro Fernandes Sardinha, com Cônegos, Dignidades, e todos os mais oficiais Eclesiásticos, aparatos de ouro, prata, e ornamentos para as funções da Igreja, e culto Divino. No de 1550[43] dizem outros foi a chegada deste Prelado à sua Catedral da Bahia, o que é sem dúvida equivocação.

111. A Tomé de Sousa, que com quatro anos e quatro meses de governo se retirou para a Corte, e nela serviu de Vedor ao sobredito Rei, a seu Neto D. Sebastião, e antes a sua Avó D. Catarina, sucedeu no ano de 1553 Duarte da Costa, Meirinho-Mor, Fidalgo de valor, e zelo cristão. Com um, e outro trabalhou muito na fortificação, e obras da nova Cidade, defesa, e doutrina do Gentio, o qual, ou enfastiado da muita paz, ou instigado, como sempre, da má correspondência dos portugueses, se rebelou neste tempo, e cometeu vários insultos, a que o Governador acudiu, dissimulando a uns com prudência, e castigando a outros com as armas, acaudilhadas por seu filho Álvaro da Costa, que nestes trabalhos o acompanhou obrando como herdeiro legítimo da cristandade, e valor de seu pai, a quem não ficou devendo menos, que ao seu antecessor, esta Cidade no seu aumento, para o qual conduziu muito repartir as terras, fazer datas, e doações delas a várias pessoas de cabedais, e nobreza, crescendo com isto muito as fábricas dos Engenhos, e fazendas do Recôncavo, os edifícios, e fundações da Cidade, que governou até o ano de 1558 em que o veio render Mem de Sá.

112. Já deste famoso Capitão, e Governador-Geral neste Estado, deixamos dito alguma coisa, quando desta mesma Cidade da Bahia foi duas vezes

---

43 [Jaboatão] Mariz, Dial. 5. cap. 2. p. 44 [nota ed.: MARIZ, 1594].

com Armada ao Rio de Janeiro contra os Franceses, e Tamoios, visitando em pessoa nestas monções as mais Capitanias dos Ilhéus, Porto Seguro, Espírito Santo, e S. Vicente, e quando outra vez, antes de lá ir ele a segunda, mandou ao mesmo Rio com outra Armada a seu sobrinho Estácio de Sá, e a seu filho Fernão de Sá ao Espírito Santo com outra, onde foi morto pelo Gentio. À dos Ilhéus foi em pessoa a sossegar o Gentio levantado, como ali fica dito. Duas vezes, íamos a dizer agora, com exército formado penetrou os Sertões do Recôncavo, a castigar Gentios rebeldes, que não só desejava ver quietos para sossego dos moradores, e aumento do Estado, como, e com maior ânsia, convertidos à Fé, unidos à Igreja, aldeados, e pacíficos. Por estes, e para melhor governo, e reforma, promulgou leis, contra os que injustamente os cativavam, e assim em quatorze anos de governo, desde o de 1558 até o de 1572 em que faleceu na Bahia, e chegou a suceder-lhe Luiz de Brito, deixou a Cidade crescida de moradores, aumentada em Comércio, posta em paz, e livre o seu povo das opressões do Gentio; porque muitos aldeados, uns destruídos, e os mais embrenhados, para o centro dos Sertões, e tudo com pouca, ou nenhuma ajuda, e socorro dos Príncipes, e Senhores Reis; pois menos o que mandou a Rainha Regente D. Catarina por Estácio de Sá, para, o Rio de Janeiro, não chegou outro mais à Bahia; porque entrando no governo o Rei D. Sebastião, divertido com as empresas malogradas da África, não deu acordo às do Brasil, e por isso, mais que aos seus Monarcas, deve a Bahia a este Governador o último, e perfeito, estabelecimento do seu Estado. Foi este grande Herói constante de ânimo, coração forte, piedoso de condição, e zelo Católico. De ânimo constante, como o mostrou na morte de um filho, e um sobrinho; coração forte para as empresas do serviço do Rei; de condição piedoso para o bem dos povos, unindo de tal sorte os preceitos Reais, com as conveniências públicas, que ao mesmo tempo era Ministro do Rei, e pai da pátria; e de zelo tão Católico para a conversão dos Gentios à Fé, e guarda da Lei de Deus nos cristãos, que, entre os Operários Evangélicos, não parecia Governador, senão companheiro. Foi Mem de Sá irmão do celebrado Francisco de Sá, e Miranda, e filhos ambos de Gonçalo Mendes de Sá, e D. Filipa de Sá, filha de Rodrigo Anes de Sá, e neta de João Rodrigues de Sá, Varão digno de eterna memória pelas ações políticas, e militares, que obrou no reinado del-Rei D. João I.

113. Esta é em tosco debuxo, e grosseira pintura a da capital do Brasil Cidade da Bahia no estado em que ficou aos vinte, e três anos da sua fundação, e nem a pena por mais aparada, ou apurado que fosse o pincel, lhe podia dar naquele informe quadro do seu princípio mais lustrosa cor. Quem a deseja em mais vistoso painel, busque-a no Autor da América Portuguesa, que a achará retocada com mais finas tintas; pois o estado presente, em que

a descreveu, lhe havia já preparado melhor mapa. Passando depois esta Capitania ao domínio da Coroa, se fundou por ordem Real nos contornos do seu distrito para a parte do Norte, entre o Rio de S. Francisco, e esta da Bahia, a seguinte, para a qual entramos agora.

ESTÂNCIA VIII

Da Capitania de Sergipe del-Rei.

114. Este Real distintivo bem mostra ser o próprio Monarca, o que mandou fundar esta Capitania, sendo o de Sergipe, nome do Rio, junto à barra do qual teve a sua primeira situação, em altura de onze graus e meio, para a parte do Sul. O Autor da América Portuguesa, a quem ex-professo tocava dar notícias mais indivíduas das fundações, e princípios destas Capitanias, ou Províncias, como as ele intitula, e sobre as quais se funda a máquina da sua obra, passou por esta, como por todas, mais que abreviado. Nós, porém, que temos desejo de deixar satisfeita a curiosidade dos Leitores de tudo aquilo, que se pode, e é necessário saber para cabal inteligência do que escrevemos, não deixamos perder diligência, que fosse possível por nossa pessoa, correndo os Conventos todos da Província, desde a Bahia até a Paraíba, e as Capitanias deste continente; e o que não pudemos averiguar por Nós, o encarregamos a sujeitos idôneos, e inclinados a esta espécie, como na de que agora tratamos ao P. Pregador Fr. Antônio de Nazareth, natural do mesmo País, Religioso antigo, versado na história, e grande indagador destas antigualhas, que nos mandou as notícias, que aqui ajuntamos, tiradas de escrituras de doações, datas, e sesmarias daquelas terras, feitas pelos Governadores a particulares pessoas para a fundação, e progressos desta Capitania, que teve o seu princípio como agora diremos.

115. Por morte de Manoel Teles Barreto, Governador da Bahia, que sucedeu no ano de 1587, ficou substituindo as suas vezes, com o Bispo D. Antônio Barreiros, o Provedor-Mor da fazenda, Cristóvão de Barros, por carta del-Rei, que então era Filipe I em Portugal. A este Monarca se havia representado o grande dano, que o Gentio da terra, unido com os Franceses, causavam por aquelas Costas, Rios, e distrito de Sergipe, embaraçando o poder-se situar aquele terreno, e ordenou o Monarca a Cristóvão de Barros fosse, ou mandasse àquela Conquista. Não consta dos livros da Câmara da mesma Cidade o ano desta expedição. Mas de um antigo de sesmarias, que toca aos ausentes,

no num. 40 se acham certos fundamentos, dos quais se pode coligir tudo o que necessitamos, para a estabilidade dos três pontos que se devem averiguar, e vêm a ser: Quem foi o Conquistador, e Fundador desta Capitania, em que ano lhe deu princípio, quando, e porque Rei constituída em Cidade.

116. Consta deste livro, por cartas de sesmarias feitas desde o ano de 1599 até o de 1604, que fora Cristóvão de Barros o seu Conquistador, e o que a fundou, sendo Governador da Bahia; por quanto nas ditas cartas passadas, uma a João Dias, outra a Manoel da Fonseca, a terceira a João Filipe, a quarta a Diogo Lopes Ulhoa, e a quinta ao Alcaide-Mor da Bahia Duarte Muniz Barreto, alegam estes, para seu requerimento, vieram em companhia do Governador Cristóvão de Barros a ganhar a terra ao Gentio, e Franceses. E assim, sempre foi, e é tradição constante, passada de uns a outros nesta Capitania, ser ele o Conquistador, Povoador, e Fundador da Cidade de Sergipe del-Rei, e que em obséquio do Santo do seu nome o dera à nova Cidade, chamando-a de S. Cristóvão. E que a esta Conquista lhe desse princípio, ou nos fins do ano de 1589 ou por todo o de 1590, também se colhe de outras duas petições feitas por Manoel André, sobre as mesmas datas, uma de 25 de janeiro de 1600, outra de 19 de junho de 1602 dizendo na primeira, que ia em dez anos, que estava servindo contra o Gentio, e Franceses; e na segunda, que havia treze anos, que esta Capitania fora tomada aos inimigos: e feita a conta, ou por uma, ou por outra, sempre fica sendo o primeiro ano da sua conquista, ou o de 1589, e mais certo o de 1590.

117. Por outra petição feita em 1603 ao que governava a Capitania, se vem a entender também o ano, com pouca diferença, em que foi elevada à honra de Cidade. É a seguinte: *Diz o Juiz, Vereadores, e Procurador do Conselho nesta Capitania de Sergipe del-Rei, que o Desembargador Gaspar de Figueiredo Homem veio a esta Capitania, há sete, ou oito anos, e a requerimento do povo, assentou com os moradores, e Capitão, de mudar a Cidade, que no tal tempo estava no Aracajú, e que se situasse neste outeiro, onde logo se passou a Igreja, e Forte.* Do que se segue (diminuídos sete, ou oito anos do de 1603) que já em o de 1595 ou 96 havia título de Cidade na primeira povoação do Aracajú; é assim também que nos três, ou quatro, que correm de 1591 até 95 foi sublimada a Cidade, e que o lugar da sua primeira situação foi o já nomeado de Aracaju, dominando Portugal Filipe II de Castela, e primeiro neste Reino.

118. Concorda com esta escritura, e tudo o mais, o manuscrito de certo curioso diligente, investigador das antiguidades Brasílicas, no qual diz assim, falando das sucedidas nesta, de que tratamos: *Veio Cristóvão de Barros a conquistar esta Capitania, passou o Vaza-Barris, onde chamam a passagem Velha,*

e atacando a Aldeia de Mahapena, sita na vargem desta Cidade, e defendida de forte, e dobrada estacada, a bateu com artilharia, e a ganhou, depois de rijo combate. Depois desta vitória continuaram os nossos a conquista do País, que estava povoado de muitas Aldeias, que todas deixaram os índios, fugindo para o Sertão. Desocupada a terra de bárbaros, fundou Cristóvão de Barros a Cidade, junto do Rio Sergipe perto da barra, com o nome de S. Cristóvão, do qual sítio a mudaram os moradores para a barra do Poxim em um outeiro escalvado, e por experimentarem ser o lugar insuficiente, a trasladaram para este, onde hoje está.

119. Deste manuscrito, e última petição acima se vê haver tido a Cidade duas mudanças, uma do Aracaju para a barra do Poxim, outra daqui para onde existe agora. Mas em qualquer dos três sítios, sempre com pouco acertada eleição. Aracajú, é uma porção de terra de légua e meia em diâmetro, entre o Rio Poxim Grande, ao Sul, e o Sergipe ao Norte, quando neste, antes de chegar ao mar, entra, e faz barra aquele, ficando cercada esta barra a modo de istmo, por estes Rios, quando se vão a unir um com outro, e pelo Levante, e mais largo, rodeada de um grande, e invadeável alagadiço, que começando das Ribeiras do Poxim, e formando uns Apecus mui espaceados, deixa algum terreno livre para as margens do Sergipe, abundantes de Salinas, das quais se provê toda a Capitania, e algumas vizinhas em necessidade.

120. Desta quase Península se passou a Cidade para a outra parte do Rio Poxim, entre a barra, que faz este quando entra no de Sergipe, e a Costa do mar, em um outeiro escalvado, como diz a memória, que ali se levanta, e se pôs neste lugar só pela conveniência, de que por alto, e eminente, se podiam ver dele as duas barras de Sergipe, e Vaza-barris, e servir a Cidade de Atalaia para vigiar inimigos, que por elas podiam entrar; e assim cessando a invasão destes se transportou para o terreno, em que hoje se vê. Está situada ao presente sobre a planície de um alto, e mais chegada às margens do Vaza-barris, do que às do Rio Sergipe, distando deste algumas cinco léguas, e só duas do outro, e quatro, ou cinco da Costa do mar. No ano de 1637 foi tomada, e fortalecida pelos Holandeses nas guerras de Pernambuco, e a poucos meses queimada pelos nossos no de 1638. Tem Matriz da invocação da Senhora da Vitória, Casa da Misericórdia, Convento dos PP. do Carmo Observante, e outro de Religiosos Menores, como em seu lugar se dirá. Sendo o seu terreno fértil, é o seu comércio pouco, porque a sua barra, além de perigosa, só dá entrada a pequenos barcos, ainda que os Franceses, quando infestavam estas Costas com o negócio com o Gentio aqui entravam com as suas naus comuns, a tomar carga em meio, que iam acabar fora da barra. São os gêneros da terra açúcar, couros, e tabaco, e os seus habitadores de moderados cabedais, e mais

espalhados pelo seu contorno, que habitadores da sua Cidade, por ficar esta em terreno áspero, e infrutífero, com pouco mais de quatrocentos vizinhos.

ESTÂNCIA IX

Da Capitania de Pernambuco.

121. Não sei por que princípio, ou que razão pode haver entre as Conquistas destas duas Índias Orientais, e Ocidentais, que o prêmio, que se deu aos Conquistadores de umas, foi o trabalho de conquistar as outras. A muitos daqueles famosos Heróis, que na conquista da Índia Oriental mais se assinalaram em feitos, deram os Reis por prêmio condigno, ou paga equivalente aos tais, o serem eles os Conquistadores das terras do Brasil, parte mui especial das Índias Ocidentais, sendo tão distantes umas das outras quanto vai do Oriente ao Ocidente, do princípio ao fim do mundo. Também não deixa de ser motivo para o reparo, que exceto um, ou outro, dos que vieram ao Brasil fundar Capitanias, depois que o mereceram por serviços da Índia, quase todos, vindo de lá tão abastados de bens, e haveres, acabaram nas conquistas de cá objetos da pobreza, e espetáculos da fortuna. Seria talvez, (deixando à parte os ocultos juízos da Providência Superior, que só sabe o princípio, e fim de tudo) porque se os fins das coisas sempre têm uma certa correspondência com os seus princípios, parece pedia esta, que se na Índia teve a sorte daqueles Heróis o seu Oriente, havia ter esta no Brasil o seu Ocaso.

122. Da Índia veio para a Bahia capital do Brasil Francisco Pereira Coutinho, rico de cabedais, e bens; e todos estes, depois de muitos, e continuados trabalhos de dez, ou doze anos de guerras, viu gastos, e consumidos, e ele por fim de todos, depois de morto, em uma sepultura viva, porque comido pelo bárbaro Gentio. Da Índia veio para o Brasil Vasco Fernandes Coutinho, da mesma sorte possante, e rico, mas com uma contrária até o fim, como darem-lhe por esmola um lençol para mortalha, na mesma Capitania do Espírito Santo, donde era Senhor, e Donatário; e seu filho, que lhe sucedeu com o nome do pai, e só o de Donatário, foi também herdeiro da mesma fortuna. Pedro de Campos Tourinho, Senhor da Capitania de Porto Seguro, e Pedro Lopes de Sousa, da de Santo Amaro, e Itamaracá, depois de gastarem todo o seu cabedal nas suas fundações, apenas ficaram com o título de Donatários,

reduzindo-se tanto trabalho, e fazenda consumida, a cem mil reis de juro por ano, que por tão pouco vendeu Leonor de Campos o que a seu pai havia custado tanto; e Pedro Lopes de Sousa, deixando aos seus muito pouco mais além do título. Ainda menos gananciosos que estes, ficaram Pedro de Góis, e João de Barros, este com a Capitania da Paraíba do Norte, e aquele com a da Paraíba do Sul, ou cabo de S. Tomé; porque este, depois de um molesto trabalho, e guerras com os Gentios, veio a desamparar a Capitania, e a perder o trabalho, e o dinheiro, que nela havia gasto, seu, e de Martim Ferreira, homem rico do Reino, que com ele concorria, fundados, em lucros futuros, para estes gastos; e João de Barros ainda ficou de pior partido; porque sem chegar à da Paraíba, para onde se embarcaram seus filhos, perdeu a posse da Capitania, e a da fazenda, que para esta empresa havia empregado. É bem verdade, que estes quatro últimos não vieram da Índia para o Brasil, mas só do Reino; e é tal, parece, a antipatia, que tem aquele Oriente com este Ocaso, que por força de fado (se assim se pode dizer) havia dar-lhes a fortuna aqui este tal fim, só porque tiveram lá aquele princípio. Outra máxima podemos observar, em lances de fortuna, para os que daquelas partes vêm a estas, aos seus interesses, e é: que quem quiser conquistar sem contradição o ouro, a prata, e riquezas do Brasil, não há de vir a ele, como quem vem da Índia, ou do Oriente, rico, e abastado; há de vir pobre, ou como quem por necessidade foge, e deixa a pátria; porque tem mostrado a experiência, saírem deste Ocaso muitos, e mui avultados para o seu Oriente: mas tornemos ao nosso princípio. Só dois sujeitos destes, e que sairão, um da Índia outro do Reino, achamos no Brasil com bastante exclusão destes acidentes, Martim Afonso de Sousa na Capitania de S. Vicente, para onde viera, antes que fosse à Índia, como fica dito; e Duarte Coelho Pereira na de Pernambuco, como agora veremos.

123. Viera este da Índia a tempo, em que o magnânimo Rei D. João III fazia as doações destas Capitanias, e pedia-lhe também uma, ou o Rei lha ofereceu, em prêmio de seus serviços, e foi esta a de Pernambuco, em altura de 7 para 8 graus, assignando-lhe para ela cinquenta léguas de Costa, entre o Rio de S. Francisco ao Sul, e o de S. Domingos, ou de Igarassu ao Norte, que, por lhe servirem estes dois de seus limites, vem a ter muito mais léguas por Costa, e por terra mais de oitenta, e sem limite certo para os Sertões. Do porto de Lisboa partiu Duarte Coelho no ano de 1530[44] com uma esquadra de Navios à sua custa, em que embarcou toda a sua família, e a de outros parentes seus, alguns casais, e outras muitas pessoas, e gentes, que o quiseram acompanhar, e navegando com feliz viagem veio entrar pelos fins de setembro do mesmo

[44] Ver Anotação XIII da edição do IHGB no final do OSNB II.

ano pela barra de Itamaracá e navegando pelo Rio acima, e Costa da Ilha, foi tomar porto no que chamam dos Marcos, da parte da terra firme, chamado com este nome, porque ao princípio foi a demarcação desta sua Capitania com a de Itamaracá de Pedro Lopes de Sousa, o qual já alguns anos antes havia estado neste lugar, e levantado ali uma Feitoria por ordem del-Rei, quando no ano de 1522 ou 23 foi mandada pelo mesmo Senhor a lançar da Ilha os Franceses, como em seu lugar se dirá. Deste porto dos Marcos, por ser o seu continente terreno raso, de salgado, e agreste, saiu Duarte Coelho, e deixando este braço do Rio, que cerca a Ilha pelo Poente, e buscando outra vez o mesmo Rio para o Sul pouco mais de uma légua, navegando por ele acima duas ao mesmo Poente ou Meio-dia, deram fundo, e saltaram em terra, não sem grande oposição do Gentio, que no alto à margem daquele porto tinha uma mui forte, e abastada Aldeia, que depois de larga resistência, combates, e pelejas, foram vencidos, e afugentados os seus habitadores. Foi a última Vitória a vinte e sete de setembro, dia dos gloriosos Mártires Santos Cosme, e Damião, e à sua memória consagraram logo aquele lugar, levantando nele Igreja sua, e dando princípio a uma povoação, que depois passou a Vila com os nomes dos Santos Mártires, e foi a primeira da Capitania de Pernambuco. Mas não achando o lugar, e o seu porto com suficiente cômodo para a fundação capital, resolveram passar adiante, buscando a barra, e porto de Pernambuco; e assim ordenou o Capitão aos Navios fossem navegando a Costa para o Sul, e posta a mais gente em marcha, e ordem de peleja, mandando adiante abrir estrada, do lugar de Igarassu, onde estavam situados, e deixava seguro com presídio, foram buscar a praia, em distância de duas léguas, entre onde chamam Maria Farinha, e Pau Amarelo. Por esta marcharam a ponto de guerra, à vista das suas naus, e não sem bastante receio do Gentio, que por aquelas Costas tinham habitações, e por entre as brenhas lhes faziam algumas sortidas, mas não tão arriscadas, que lhes embaraçasse a marcha. Assim a foram continuando por uma praia limpa, rasa, seca, e toda de areias soltas, de quatro léguas sem embaraço de Rio caudaloso; porque um, que no meio dela entra no mar, com o nome de doce, pelo saboroso das suas águas, e por ser o único, que nesta distância aparece naquelas salgadas areias, e chamado Paratibi pela terra dentro, e que aos habitadores das suas frescas margens, por uma boa carreira de léguas, e entre areias claras, e limpas, lhes vem repartindo saudáveis, e puras correntes, lhes não embaraçavam na Costa a passagem de baixa mar, como a não impediu aos Holandeses, que do Pau Amarelo para Olinda fizeram por esta mesma praia a sua marcha. No fim desta dando vista de uma levantada eminência sobre o mar para a parte do Nascente, coberta de verde, e frondoso arvoredo, disse o Capitão alegre, com o aprazível, e delicioso, que lhe pareceu, o lugar:

Oh que linda situação para uma Vila! E daqui se ficou chamando, a que nele edificaram: *Vila de Olinda*,[45] e também de Marim, nome que já tinha, e ainda conservou muitos tempos, imposto pelos seus primeiros habitadores Tabajaras, que neste lugar estavam de assento, com uma povoação, ou Aldeia, das melhores, e mais abastada de gente de todas as que havia por estas Costas. Com estes, e outras Nações mais das muitas, que por aqui residiam, especialmente dos Caetés, assistiam quantidades de Franceses, dos que vinham a estas partes ao comércio, e misturados com estes Gentios, acrescentavam aqui agora, como em os mais lugares, a sua resistência, como os que entendiam, que em ficarem estes por vencedores, eram eles os mais interessados.

124. Ocupou o Capitão a eminência, e ainda que não achamos se foi, ou não à força de armas, supomos que sem elas o não faria; porque os que referem esta entrada, só declaram que naquele alto, onde hoje está a Cidade de Olinda, que é o que chamam Rua nova entre a Sé, e Misericórdia, fora a situação primeira dos novos fundadores. No que logo cuidou Duarte Coelho, foi em levantar uma torre de pedra, e cal, com os mais reparos para a sua defesa contra o Gentio. Com estes, passadas as primeiras diferenças, conservou boa paz, e amizade por alguns tempos; mas, ou por gênio natural destes bárbaros, ou astúcia dos Franceses, ou porque lhes dessem os nossos também alguma causa, se rebelaram todos, e foi tão grande o aperto, em que puseram aos portugueses, que por mar os Franceses, e por terra o Gentio unidos com eles, os acometeram muitas vezes, e alguns os tiveram cercados, e em grande necessidade de fome, e sede; porque no alto do monte não havia água, e era necessário ir por ela fora da Fortaleza, e Povoação, com muito risco. Mas como a empresa era de Deus, acudiu a sua Providência no último cerco a esta necessidade com um remédio não esperado, que foi virem trazê-la a casa os mesmos Gentios. Andava entre os portugueses um deles, chamado Vasco Fernandes Lucena, grande língua do Gentio, e estimado entre eles, no tempo da paz, por valente, e astucioso, e, como a outro Caramuru da Bahia, todos os principais o pretendiam para parente, por comércio das filhas. A este se havia afeiçoado mais, uma Índia filha do maioral daquela Aldeia. Começou esta a gavar às outras os portugueses, encarecendo-lhes as sem razões, com que os seus parentes os perseguiam, e tanto, e tais coisas lhes soube dizer, que moveu a muitas delas a que os socorressem naqueles apertos, e necessidades, em que de presente os haviam posto os seus: e assim ajuntando algumas vasilhas, a que eles chamavam cabaços, cheios de água, com outros mantimentos, e frutas, os traziam aos cercados, e isto executaram por muitos dias, e com grande recato,

[45] Ver Anotação X da edição do IHGB no final do OSNB II.

e segredo, que tudo serviu de muito alívio aos sitiados, enquanto a Providência dispunha outro caso, ainda mais notável.

125. Aquele Vasco Fernandes Lucena, de quem já falamos, movido não sei porque impulso, sai um dia da Fortaleza, chega ao campo do Gentio, e começa a fazer-lhe uma arrazoada prática na sua língua, que falhava com perfeição, que vissem bem o como andavam errados, que fossem amigos dos portugueses, que sempre o foram seus, e que deixassem os Franceses, que os enganavam, levando-os à perdição, porque era gente, que só tratava da própria conveniência. E como arrebatado de outro impulso, no mais empenhado da prática, pega em uma vara, que trazia na mão, faz com ela na terra uma grande risca, e olhando para o Gentio, lhe diz com um furor imperioso: *Dai aviso uns aos outros, que todo aquele, que intente passar esta risca para a nossa Fortaleza, fique advertido, que ao mesmo tempo, que o fizer, há de morrer.* Celebrou o Gentio o dito com uma grande algazarra, como quem zombava; mas fosse pelo que fosse, o efeito provou o dito: porque arremetendo sete, ou oito dos mais animosos ao Vasco para o matarem, o mesmo foi querer passar à risca, que caírem mortos, e todos os mais em um tal espanto, confusão, e medo, que confirmando-se na opinião, que já entre eles andava, de que aquele homem era feiticeiro, que virando as costas os mais, levantaram o cerco, e se puseram em fugida.

126. O Autor desta história, é o P. Fr. Vicente do Salvador, Custódio que foi nesta Província, em tempo que era Custódia, e estava unida à de Santo Antônio de Lisboa, no seu livro manuscrito da História do Brasil, onde diz estas palavras,: *Eu não crera este sucesso, ainda que o li escrito por pessoa que o afirmava, se não soubera que naquele próprio lugar, aonde se fez a risca, defronte da Fortaleza, se edificou depois um suntuoso templo, dedicado ao Salvador, que é a Matriz das mais Igrejas de Olinda, aonde se celebram os Ofícios Divinos com muita solenidade; e assim se não há de atribuir a feitiços, senão à Divina Providência, que quis com este milagre sinalar o sítio, e imunidade do seu templo, e acudir aos pobres cercados.* Assim o referido Padre, e pudera comprovar o seu acertado discurso, no que faz de ser prodígio Divino, e não obra de encanto, o que aconteceu na eminência de Olinda, e no lugar, em que se levantou depois aquele templo dedicado ao Salvador, Igreja capital da sua Vila, e é hoje a Sé Catedral com o mesmo título, com outros casos semelhantes, em que pelo Senhor os ter reservado para morada sua, e dos seus Santos, permitiu neles outras maiores maravilhas, que se acham escritas nas histórias Sagradas, especialmente a do Monte Gargano, onde as setas, que se despediam contra o Touro amontado, que a ele se havia acolhido, não por força diabólica, mas

por virtude Divina, se votavam para os mesmos, que as despediam; porque naquele lugar queria o Senhor, consagrado em honra sua, e de todos os Anjos, e do seu Príncipe S. Miguel, um templo, e Igreja, como logo se fez.

127. Com esta vitória, que mais se deve atribuir a milagre, que a superstição, ficaram os portugueses mui desabafados, mas não tanto, que lhes não restasse ainda muito que vencer; porque não era este só Gentio, que habitava o monte de Marim, o que lhe fazia oposição, porque outros muitos lhes ficavam também circunvizinhos e eram em numerosa quantidade, por ser aquele continente de Pernambuco mui povoado e apetecido desta gente pelo fértil e abundante do seu País, rasgado de muitos e caudalosos Rios, cheios de toda a casta de peixe, regado de várias Ribeiras, de claras e salutíferas águas; as suas margens dispostas e fecundas, para todo o gênero de lavouras e mantimentos, os seus campos e matas cultivadas de todas as caças, as suas praias espraiadas nas vazantes, e embutidas de toda a espécie de mariscos, os seus Arrecifes povoados de lagostas de toda a sorte, os seus manguais[46] habitados de toda a variedade dos caranguejos, os seus salgados por decurso de muitas léguas, como se foram cultivados a humana diligência, mas só ao cuidado da natureza, são uns dilatados pomares dos salutíferos, e doces cajus, que sem enfastiar a todo o animal, assim como alimentam a natureza em todos, também servem aos humanos de singular medicina para alguns achaques. A estes servem, como de frontispícios vistosos, e prolongadas muralhas os levantados coqueiros, postos em esquadrões pelos combros das praias, se não para impedirem a entrada para aqueles, para lhes servirem de aparente ornato. Só quem não discorreu por este País, ou ao menos não navegou pela fronteira das suas Costas, poderá suspeitar por hipérbole encarecido esta breve, mas natural descrição do principal sítio de Pernambuco. Tudo isto junto, e muito menos, que fora, sobejava para não deixarem de ser tão apetecidas, e povoadas, como eram de Gentios, as terras mais vizinhas à povoação de Olinda. Com estes habitadores dos seus arredores, retirados os do Monte, teve Duarte Coelho repetidas pelejas, e perigosos encontros, saindo em um deles bastante ferido, mas sempre vencedor.

128. Não só se ocupou este Capitão com as guerras do Gentio, também com alguns de seus Navios saiu várias vezes a correr as Costas da sua Capitania até o Rio de S. Francisco, entrando nos seus portos, achando nos mais deles Franceses, com quem havia pelejas, e os obrigou a deixar de todo o comércio do Gentio, que foi também um dos remédios mais oportunos, para

[46] Erro de grafia em vez de *mangais*.

que estes, vendo-se destituídos do auxílio daqueles, lhes não custasse muito a nossa amizade, e paz, que umas, vezes se lhes oferecia, e outras a buscavam eles, sendo os que nesta se anteciparam os chamados Tabajaras do lugar de Marim, que muito, e fielmente ajudaram aos Português contra os Caetés de Pernambuco, seus declarados inimigos desde o princípio da entrada destes por estas Costas marítimas, que dominavam os Tabajaras.

129. Com as pazes destes, e de outros muitos dos Caetés à sua imitação, e com a retirada dos mais para os Sertões, pela destruição, que neles fizeram com os portugueses outras Nações mais, e a total extinção dos Franceses, e socorros de gentes, e pessoas nobres, e ricas, que do Reino à instância do seu Donatário foram concorrendo, se foi também dilatando a conquista para o interior da terra, e seus arredores; levantaram novas povoações, fabricaram Engenhos, e fazendas, e prosseguiu com grande aumento a Capitania de Pernambuco, que já em estado próspero, faleceu em Olinda no ano de 1554 em 7 de agosto, deixando a sua mulher D. Brites de Albuquerque por Regente da Capitania, e tutora de seu filho Duarte Coelho de Albuquerque, que se achava no Reino, e lá se deteve, governando a Mãe cá até o ano de 1560 a tempo que lá chegaram notícias do perigoso estado, em que se achava esta Capitania, por um levantamento geral, que havia feito todo o seu Gentio, causando nas povoações, e lugares do seu distrito muitos, e graves danos, mortes, e destruições nos Engenhos, e fazendas: para acudir a tantos males foi preciso a Rainha Regente D. Catarina ordenar a Duarte Coelho de Albuquerque,[47] novo Donatário, e seu herdeiro, passasse a Pernambuco. No ano de 1560 chegou a Olinda trazendo consigo a seu irmão Jorge de Albuquerque, mancebo de ânimo, e expectação. Tomada a posse da sua Capitania, a achou em tanto aperto, e consternação pelo Gentio, que não ousavam os moradores de Olinda sair fora da Vila, mais que uma até duas léguas, pela terra dentro, e ao longo da Costa, só três, e quatro. Para tomar resolução do que se devia obrar, chamou a conselho as principais, e nobres pessoas da Vila, e com parecer de todos se assentou, que para a nova guerra, e conquista do levantado Gentio fosse nomeado, como foi, Jorge de Albuquerque, seu irmão, por Cabo, e Comandante. Aceitou a empresa, e no mesmo ano de 1560 deu princípio à guerra, começando-a pela parte do Rio de S. Francisco, em companhia de seu irmão Duarte Coelho de Albuquerque, descobrindo muita parte dele, e das suas margens, e pela terra dentro, por onde retirado Duarte Coelho de Albuquerque, para Olinda do Rio, veio seu irmão Jorge de Albuquerque continuando a conquista até Pernambuco. E porque foram muito dignos de memória

47 [Jaboatão] Histor. Trag. Marit., tom. 2, p. 8 [nota ed.: BRITO, 1736].

os trabalhos, que nesta guerra padeceram todos, não queremos deixar de os repetir sumariamente, assim como os relata em comum o que os escreveu na história[48] do naufrágio, que teve com Jorge de Albuquerque embarcados de Pernambuco para o Reino, e diz assim: *Começou a fazer guerra aos inimigos no dito ano de 1566 com trazer em sua companhia muitos soldados, e criados seus, a quem dava de comer, beber, vestir, e calçar à sua custa. E cinco anos, que gastou em conquistar a dita Capitania (de Pernambuco) pelas montanhas, e desertos, verões, e invernos, de noite, e de dia, passou muitos em si grandes trabalhos, sendo ele, e os seus soldados, e criados, feridos muitas vezes, pelejando algumas a pé, e outras a cavalo. E quando se vinha recolher a alguns dos lugares, ou Vilas dos nossos portugueses, que via, e não podia chegar, com de dia, no maior, e mais formoso bosque, que achava, se agasalhava ao pé das árvores, com mandar fazer choupanas de rama, e palma, em que se agasalhassem os soldados; e estas ramas, e choupanas mandava fazer por muitos escravos, que trazia em sua companhia, que serviam de descobrir, e vigiar o campo, e o lugar onde se agasalhavam, juntamente com alguns soldados, passando tantas fomes, e necessidades, que muitas vezes não tinham que comer mais que caranguejos do mato, e farinha de pau, e fruta brava do campo. E com estas coisas, e com as palavras, que usava com os soldados, os contentava, e consolava; e quando tomava algum Forte, ou Aldeia dos Gentios, fartava os ditos soldados com muitos porcos, galinhas, e outro muito mantimento da terra, que achava nas ditas Aldeias: e acabada de tomar alguma Aldeia, ia logo sobre outra, e a tomava com facilidade, por não terem tempo de se fazerem prestos. E com esta diligência, e brevidade, que pôs nesta conquista, a pôde concluir dentro em cinco anos, estando tão povoada de inimigos, que quando chegou à dita Capitania não ousavam os portugueses, que moravam na Vila de Olinda, a sair fora da Vila mais que uma, ou duas léguas pela terra dentro, e ao longo da Costa, três, e quatro; e depois que acabou de conquistar, seguramente podem ir, quinze, vinte léguas pela terra dentro, e sessenta ao longo da Costa, por tantas ter a dita Capitania de jurisdição. E deixando a Capitania conquistada, e os inimigos quietos, e pacíficos, com pedirem paz, a qual lhes concederam, se embarcou, e veio para este reino em a Nau Santo Antônio, a 16 de maio de 1665, em que partiu de Olinda, na qual viagem lhe aconteceu, o que neste naufrágio se contêm.*

130. Retirado para o Reino Jorge de Albuquerque, e ficando em Pernambuco seu irmão, e Donatário Duarte de Albuquerque, tendo já neste tempo todo o Gentio quieto, ainda lhe deram os Franceses em que cuidar; porque lançados do Rio de Janeiro pelo Governador da Bahia Mem de Sá no princípio do ano de 1567, vieram com quatro naus sobre Pernambuco, e se

48 [Jaboatão] Ubi supra.

apoderaram do Recife, povoação pequena, habitada de alguns pescadores, e poucos homens de negócio, com o intento de se conservarem nela, dando logo princípio à sua fortificação. Mas acudindo de Olinda Duarte Coelho de Albuquerque, foram combatidos, e obrigados, e apesar da resistência, a largar o posto, e embarcarem-se, deixando como padrasto da sua pouca permanência, e formada queixa contra ela, esta comum sentença no seu idioma: *Le munde va de pis am pi*:[49] O mundo vai de mal a pior. Expulsos do Recife os Franceses, e posta em paz com o Gentio toda a Capitania, e em grande aumento de lucro, e comércio, se retirou para o Reino o seu Donatário no ano de 1572, deixando com o Governo a sua mãe, enquanto mandava de lá a seu irmão Jorge de Albuquerque, que vindo no ano seguinte a governou até cinco de março de 1576, e por sua ausência seu tio Jerônimo de Albuquerque até 1594 em que faleceu, e lhe veio suceder Alexandre de Moura, e assim outros pelo tempo adiante. Deixou Jerônimo de Albuquerque numerosa descendência de filhos naturais, e também muitos legítimos de sua Esposa D. Filipa de Melo, filha de Cristóvão de Melo. Entre os naturais teve a primazia D. Catarina de Albuquerque, que nasceu de D. Maria do Espírito Santo, Princesa ou filha do principal dos Gentios Tabajaras de Olinda, a qual casou com Filipe Cavalcanti, Fidalgo Florentino, e dos mais esclarecidos daquela República, e deste tronco descendem os Cavalcantes de Pernambuco, que depois se propagaram para outras partes do Brasil. Enganou-se o Autor da América Portuguesa, em fazer a esta D. Catarina de Albuquerque filha legítima do sobredito Jerônimo de Albuquerque, e de sua consorte é já nomeada D. Filipa de Melo. Em casa de Filipe Calvacanti foram recebidos, e agasalhados os nossos Religiosos, primeiros Fundadores do Convento de Olinda.

131. Duarte Coelho Pereira, primeiro Donatário de Pernambuco, foi filho terceiro de Gonçalo Pires Coelho, Senhor de Filgueiras, e achou-se na Índia, e tomada de Malaca com o seu Capitão Jorge de Albuquerque, a quem acompanhou nesta conquista, e voltando para o Reino no ano de 1527, Jorge de Albuquerque casou a Duarte Coelho Pereira com sua sobrinha D. Brites de Albuquerque, filha de seu irmão Lopo de Albuquerque.

132. Duarte Coelho de Albuquerque, segundo Donatário, não leve filhos. Achou-se na batalha de África, ficou prisioneiro, foi resgatado, e faleceu antes de chegar ao Reino. Sucedeu-lhe seu irmão Jorge de Albuquerque Coelho, e foi o terceiro Donatário. Este nasceu em a Cidade de Olinda a 23 de abril de 1539, passou ao Reino, e dali a Pernambuco, como fica dito, e

[49] *Le monde va de pis en pis.*

outra vez ao Reino. Acompanhou ao Rei D. Sebastião na infeliz jornada de África, e na batalha de Alcácer lhe deu o seu cavalo, afirmando-lhe, que para o salvar naquela ocasião, lho havia negado em outras, e ficou nela prisioneiro, com nove feridas. Restituído a Portugal, casou duas vezes, e do segundo Matrimônio leve a outro Duarte de Albuquerque Coelho, quarto Donatário de Pernambuco, que nasceu em Lisboa a 22 de dezembro de 1591 de sua segunda consorte D. Anna de Meneses, filha de D. Álvaro Coutinho, irmão de D. Francisco Coutinho, Conde do Redondo, e Vice-Rei da Índia. No segundo ano que os Holandeses haviam ocupado a sua Capitania de Pernambuco, passou a ela em companhia do Conde de Banholo, onde assistiu desde o fim do ano de 1531 até o de 1538 aos mais arriscados encontros, e batalhas, que houve em toda a Campanha de Pernambuco neste tempo, havendo-se nela, qual outro César da fama, com a espada em uma mão para crédito do seu esforço, e com a pena em outra para fazer públicos os notáveis feitos de tantos Cabos, e soldados fortes, como se podem ver no livro que escreveu nos primeiros oito anos desta guerra, intitulado: *Memórias diárias de la guerra del Brasil.* Deste se retirou para o Reino no fim do referido ano de 1538. Foi casado com D. Joana de Castro, filha de D. Diogo de Castro, Vice-Rei de Portugal e Conde de Basto, a qual casa herdou, por falta de seu irmão, D. Lourenço Pires de Castro, que morreu em Catalunha. Deste Matrimônio teve Duarte de Albuquerque Coelho a Jorge de Albuquerque Coelho, e a D. Maria de Albuquerque e Castro, a qual, por ficarem seu pai, e irmão em Castela, herdou o senhorio de Pernambuco, o Marquesado de Basto, e depois o de Alegrete por morte de Matias de Albuquerque seu tio, e irmão de seu pai. Foi esta Senhora casada com o Conde de Vimioso, D. Miguel de Portugal, Príncipe descendente, pela sua Varonia, da Sereníssima Casa de Bragança. Por não terem sucessão, foram para a Coroa os seus títulos, com o senhorio de Pernambuco, posto que a este fizeram oposição muitos Fidalgos de Portugal. A Alcaidaria-Mor da Cidade andou sempre nos Albuquerques, e hoje está nos Mouras, como Ramo do tronco dos Albuquerques de Pernambuco.

133. Este foi o primeiro estado da Capitania de Pernambuco por espaço de sessenta a setenta anos desde o de 1530 até o de 1593, em que aqui a deixamos na posse, e governo dos seus primeiros Donatários, Duarte Coelho Pereira, e seu filho Duarte de Albuquerque Coelho, e de seu lio Jerônimo de Albuquerque, como Governador, e substituto seu. Quem a quiser ver até o tempo presente, o aumento, a que chegou, a sua riqueza, a liberalidade, fortaleza, e constância de seus Moradores, a sua lealdade aos Reis, seus Senhores, e sobretudo a pureza de sua fé para com Deus, particularmente no dilatado, e penoso cativeiro de vinte, e quatro anos, que gemeu debaixo do pesado, e

tirano jugo dos hereges Holandeses, em que pela pátria, e pela Lei, derramaram o sangue, e perderam as vidas, e fazendas; as suas gloriosas vitórias, e total restauração, até o presente tempo, poderá recorrer aos Autores,[50] que disso tratam, e em resumo o da América Portuguesa. E se este não agradar por lhe parecer escreve com pena encarecida, e porque a nossa não pareça também, como natural; pomos aqui em poucas, e singelas palavras, o que da Província de Pernambuco diz um escritor grave, e sincero, e não natural, e escrevendo a outro intento: *Entre as quatorze Capitanias, que dividem a Costa Marítima, e meridional do Brasil, a mais florente, fértil, e opulenta, é a de Pernambuco. O seu clima é um segundo Paraíso, em ares vitais, e benignos. O terreno, é outra nova terra da Promissão, estendido com vargens, e campinas vestido todo, já de verdes, já de amarelos canaviais, que quantos torrões tem, são outros tantos torrões de açúcar. Tem grandes Engenhos Reais, que trabalhando todo o ano não podem acabar os frutos. O pau-Brasil, que cria, é o mais precioso; porque deles se tiram sete tintas, a Gente, a Política, a Nobreza, a Opulência, o Comércio, os Edifícios, e as Riquezas são as melhores de toda a América, e as delícias são como as do Paraíso do novo mundo.* Até aqui o Autor.

§. Consta o que deixamos dito em o num. 129 que por morte de Duarte Coelho Pereira, ficou por tutora, e Governadora pelo filho que se achava no Reino, sua mãe D. Brites, de uma escritura de sesmaria feita por ela a Duarte Lopes, em vinte de maio de 1556, na qual diz assim: *D. Brites de Albuquerque Governadora, e administradora de meu filho Duarte Coelho de Albuquerque, herdeiro, e sucessor desta Capitania*: E por outra consta, que o filho voltando depois ao Reino a deixara também com o mesmo cargo na sua ausência, passada esta a 22 de Julho de 1572. Acham-se ambas no liv. do tombo do Mosteiro de S. Bento, a 1ª a fol. 6 e 7, e a 2ª a fol. 30.

ESTÂNCIA X

Da Capitania de Itamaracá.

134. Logo que o Rei D. João III tomou posse da Coroa, que foi no fim do ano de 1521 tendo a notícia, de que na Ilha de Itamaracá, sete léguas

---

50 [Jaboatão] Castriot. Lusit., Brito Freyre. Valoros., Lucid., Memor. Diar. & alii., Santuar. Marian. Tom. 9 fol. 259 [nota ed.: CALADO, 1668; FREIRE; BERAIN, 1675; JESUS, 1679; SANTA MARIA, 1707].

ao Norte de Pernambuco, haviam os Franceses levantado Fortaleza, com um Presídio de cem soldados, e a vila vinham as suas naus ao comércio do pau--Brasil com o Gentio, assim da Ilha, como da terra firme, despachou do Reino a Pedro Lopes de Sousa, com uma esquadra de naus, para que fosse a Itamaracá, primeiramente, e daí aos mais portos destas Costas, e lançasse fora deles a todos os Franceses, e destruísse as suas Fortalezas, e Feitorias, e levantasse outras para o seu Real comércio. Com próspera viagem chegou a Itamaracá Pedro Lopes, e a tempo, que do seu porto sabia carregada uma Nau para França, cuidou esta em fugir-lhe; porém mandando em seu alcance uma ligeira, e bem-armada Caravela, e por seu Capitão João Gonçalves, homem de sua casa, e que já do seu esforço tinha muita experiência, porque o acompanhara em outras armadas contra os Corsários dos mares de Lisboa. Este a seguiu alguns dias, e depois de larga resistência, fez dela presa com trinta, e cinco homens, e seis peças de artilharia, e entrou com ela no porto da Ilha, havendo vinte, e sete dias, que a ele era chegado Pedro Lopes. Daqui havia despachado também outras duas caravelas, de que eram Capitães Álvaro Nunes de Andrade, Fidalgo Galego, e da família dos Andrades, e Gamboas, e Sebastião Gonçalves de Alvelos, à caça de outra Nau Francesa, da qual teve notícia se esperava na Ilha, e entraram com ela na mesma maré, em que entrou com a sua João Gonçalves. Muito desfaleceram os Franceses do Presídio com a perda destas duas naus, e muito mais conhecendo estar o Gentio da Ilha (eram já neste tempo os Potiguares seus habitadores) contra eles; sendo a causa desta mudança, porque andando entre os Franceses alguns portugueses tomados nas suas pilhagens, e unidos os Gentios com um destes, que se havia rebelado contra os hereges, vendo na Ilha portugueses, de tal sorte os amotinaram aqueles portugueses, unidos com o Gentio, que este os quis logo matar a todos. E assim alguns dos seus principais, induzidos por aqueles portugueses, se foram ter com Pedro Lopes, e dar-lhe parte do seu intento. Ele os recebeu alegre, e afável, agradeceu-lhes a atenção, e que enquanto aos Franceses, lhes não fizessem mal, porque nem ele Capitão lho intentava fazer, se eles sem guerra se quisessem entregar.

135. Não se ocultou aos Franceses o motim, e intento do Gentio, e assim mandaram dar aviso ao Capitão, que poderia, quando quisesse, tomar entrega da Fortaleza, e de tudo o mais que na Feitoria houvesse, que só queriam a mercê das vidas. O que tudo se fez, não esperando o Capitão da Fortaleza que Pedro Lopes chegasse a ela, porque ao caminho o veio buscar com todos os seus desarmados, entregando-lhe as chaves dela, a qual despejada da artilharia, Pedro Lopes a mandou arrasar, e levantar outra no lugar da Povoação, e outra onde chamam os Marcos, da parte do Poente a Ilha, e terra firme, para

resguardo da Feitoria del-Rei, a qual o mesmo Senhor a deu depois a Duarte Coelho Pereira que foi onde este desembarcou primeiro, quando veio fundar a sua Capitania em Pernambuco, como em seu lugar se disse.

136. Nesta mesma ocasião despachou Pedro Lopes para o Reino algumas naus carregadas do Pau-Brasil, desta Feitoria, e do que houve dos Franceses, e deixando-a com o resguardo necessário, e as Fortalezas, depois de alguns meses, que nisto gastou, saiu deste porto, e foi correndo os mais até o Rio da Prata, onde teve naufrágio, e Pedro de Góis, que com eles andou por estas Costas, e dali voltando para o Reino, com as boas notícias, que de tudo dera a el-Rei, e com as que o mesmo Senhor houvera de Cristóvão Jaques, se resolveu a reparti-las por pessoas particulares para as virem povoar, porque por si só o não podia. A Pedro Lopes de Sousa, de quem imos falando fez também mercê de cinquenta léguas para a fundação de uma Capitania, as quais ele não quis juntas, mas separadas, e assim tomou uma parte aqui em Itamaracá, e a outra em S. Vicente, junto à de seu irmão Martim Alfonso de Sousa, como em seu lugar fica dito. Não achamos o ano certo da fundação desta, mas como não há dúvida, que a Vila de Igarassu foi a primeira Povoação das partes de Pernambuco, e esta teve o seu princípio pelos fins do ano de 1530 por Duarte Coelho Pereira, deste ano por diante devemos assentar teve princípio a fundação de Itamaracá. E nem o seu Donatário o podia fazer antes deste ano, porque pelo de 1525 ou 26 se achava em S. Vicente com o cuidado de fundar a outra de Santo Amaro, em concurso do dito seu irmão Martim Alfonso de Sousa, que por este mesmo tempo lidava também com a fundação da sua.

137. Compreende esta de Itamaracá sete léguas de Costa, pela terra firme, que correspondem à Ilha, com muitas mais para o interior da mesma terra, entre a de Pernambuco ao Sul, com a qual parte, ou se divide pelo Rio de Santa Cruz, ou Igarassu, e ao Norte a da Paraíba pelo Rio, que chamam Popoca adiante de Goiana, onde hoje está a Vila, quatro léguas. Muitos anos logrou o título de Vila de Nossa Senhora da Conceição, que depois se passou para a Povoação de Goiana às margens do outro Rio chamado Capibaribe, mui parecido no abundante das correntes, e fertilidade das Ribeiras ao do mesmo nome, e que rega como principal de todos o terreno de Pernambuco. Duas léguas distante da Povoação, e Vila de Goiana, faz a sua barra, entre duas pontas, uma, que chamam das pedras, outra dos coqueiros, pela qual podem entrar embarcações comuns até a Vila. Nela reside o Capitão-Mor, Ouvidor, e mais Justiça, e Oficiais, pelo maior concurso do povo, que falta na Ilha. Tem esta três léguas de distância, de ponta a ponta, com barra em cada uma, a do Rio de S. Domingos ou Igarassu ao Sul da Ilha, e a da Catuama ao Norte.

Corre em paralelo com a terra firme, dividida desta por um braço, que lança o Rio de S. Domingos quase uma légua adiante da barra de Itamaracá, e vai sair na da Catuama. Tem de largura um bom tiro de canhão, e nele entram algumas Ribeiras, sendo as de mais nome a do Aiaripe. Sendo rasa a terra firme, que lhe corresponde, é a da Ilha levantada, e torneada de um esteiro, que corre de ponta a ponta, com uma légua mais ou menos de travessa, e nove, ou dez de circunferência, ou por Costa, regada de algumas correntes, e povoada de verde arvoredo. Ainda hoje há nela três Engenhos de fazer açúcar; sendo o seu terreno dos mais férteis, nele se colhem as uvas mais doces das que se produzem em outros lugares; e a sua Costa para o mar com boas, e largas marinhas, em que se fabrica muito, e perfeito sal. Em tempo dos Holandeses, foi Itamaracá mui estimada deles, e ali conservaram grandes Feitorias, e fazendas, e donde lhes iam os melhores regalos de frutas, e hortaliças, e chamavam o Jardim de Holanda. Assim esta como a de Santo Amaro entraram por sucessão feminina no domínio, e casa dos Marqueses de Cascais.

138. Itamaracá, quer dizer, Vaso, que faz som, ou estrondo na ponta, ou bico da Canoa, isto é na língua dos Gentios. Porque *Maracá*, na sua língua, significa vaso que soa. Estes vinham a ser uns certos instrumentos de que usavam, assim nas suas festas, como nas guerras, particularmente nas navais. Estes Maracás os faziam eles, ou maiores, ou mais pequenos; estes os faziam dos chamados *Cuiatés*, que são como cocos, que produzem certas árvores, uns redondos, outros espigados, de casca forte, e dura; os maiores são como abóboras silvestres, e muito mais avultados alguns; de uma, e outra espécie depois de secos, e partidos ao meio, fazem pratos para comer neles, a que chamam cuias, e algumas lavradas por fora de várias cores, e ao seu modo mui galantes; dos inteiros fazem vasilhas, a que chamam cabaços, em que guardam os seus méis, águas ardentes, e mais bebidas. Destes, assim de uma, como de outra espécie, depois de secos, e limpos por dentro das pevides, fazendo-lhes muitos orifícios pequenos, para melhor soarem, por toda a redondeza, e lançando-lhe dentro várias sementes secas, de certas plantas, que as dão como grandes grãos de munição, e atravessando de ponta a ponta um cabo de pau em que possam pegar, e batendo com eles nas mãos, vem a ser os seus instrumentos de mais estimação, e apreço. Os pequenos tocavam nas suas festas, e danças de alegria: os maiores lhes serviam para as funções de guerra. E porque, nas que faziam sobre a água nesta Ilha nas suas Canoas, costumavam pôr na proa destas um espigão de ferro, ou pau mui forte para abalroar as outras, ao qual chamavam *tim*, no seu idioma, e neste penduravam alguns daqueles seus maiores, e que faziam mais estrondo, a esta Canoa assim armada, chamavam *Maracá tim,* e como os nossos portugueses nas guerras, que com eles aqui tiveram, lhe viram

chamar a estas Canoas assim armadas *Maracatim*, fazendo-lhe a pronuncia mais suave, mudando-lhe o *tim*, do cabo, para o princípio, com pouca corrupção, ficaram chamando à Ilha, donde viam sair aquelas Canoas com os seus *Maracatins*, *Itamaracá*. Reparte esta Capitania com a de Pernambuco pelo Rio de Santa Cruz, ou Igarassu, e com a da Paraíba pelo que chamam da Popoca, três para quatro léguas adiante de Goiana.

ESTÂNCIA XI

Da Capitania da Paraíba.

139. O nosso famoso historiador João de Barros, foi um, dos que com menos sorte, que todos, teve a de lhe fazer também o Rei D. João III a mercê de uma Capitania nas Costas do Brasil. Foi esta a da Paraíba do Norte, nome que lhe dá um bem notável Rio, a que também chamam de S. Domingos, tão abundante de águas, como prolongado em curso, margens amenas de estendidas vargens, que por mais de quatorze léguas de distância da Cidade para cima, e cinco, e seis de uma por outra margem, desagua no mar com barra de uma légua de boca, em altura de seis graus, e três terços, com surgidouro capaz de muitos, e grandes Navios. Deste, que na língua dos naturais quer dizer: *Braço de mar*; porque *Pará*, é Rio, e *Ibá* Braço, aludindo à grandeza, e forma de braço, que tem ao comunicar-se com as do mar, tomou o nome toda a Capitania, entre a de Itamaracá ao Sul, e Rio Grande ao Norte. Para a fundar mandou João de Barros, com uma Esquadra de Navios, e outra muita gente, a dois filhos seus, e por Capitão a Ayres da Cunha. No ano de 1539 saíram do Reino, e impelidos de ventos, e mares contrários, foram naufragar nos baixos da Ilha de S. Luiz, na boca do Rio Maranhão, onde, salva a gente, e perdidas as embarcações, ali habitaram naquela Ilha, por mais de dois anos, enquanto do Reino não foram socorridos, para onde se retiraram em outras naus, que lhes foram mandadas, ficando, pelos grandes gastos, que nesta empresa havia feito João de Barros, impossibilitado para a poder continuar.

140. Não perdiam os Franceses estes lances, que lhes oferecia a fortuna, por mãos da alheia desgraça, e fundados em os vagares, ou descuidos dos nossos, assim se foram facilitando com a frequência do comércio, que por este Rio da Paraíba havia já anos, como nos mais, haviam introduzido, e aqui com avantajado lucro, pois houve ocasião, por este tempo, em que entraram nele vinte naus Francesas ao resgate com o Gentio, crescendo com o comércio, e

comunicação destes, o orgulho, e resistência daqueles, que auxiliados uns dos outros, embaraçavam com os seus assaltos, e extorsões aos novos Povoadores de Itamaracá, Igarassu, e Pernambuco, destruindo-lhes pelo interior da terra as fazendas, e Engenhos, matando-lhes a gente, e escravos, e divertindo-lhes com estes, e outros estragos semelhantes o aumento daquelas Capitanias, e a dilatação das suas Povoações. E porque desta união dos Franceses com os Potiguares da Paraíba, nasciam estes notáveis incômodos, e o meio mais oportuno para lançar dali a uns, e subjugar aos outros, fortalecer, e povoar aquela Ribeira: Assim o determinaram por ordem do Cardeal Henrique, já então Rei coroado por falta do saudoso Monarca D. Sebastião, os Governadores de Pernambuco, mandando para isso de Olinda, ao Capitão João Tavares, no ano de 1578 para o de 79 com alguma gente, o qual no lugar, que chamam Ilha da Camboa, entre a Cidade, e a barra, levantou um fortim que guarneceu com presídio, e não achamos que se seguisse desta empresa outro efeito, até o ano de 1583 em que governando já o Reino Filipe I, e sendo Capitão da Paraíba Frutuoso Barbosa posto pelo Cardeal Rei D. Henrique, antes de sua morte, que foi a 31 de janeiro de 1580, havendo partido para o Brasil alguns dias antes, e na Paraíba lhe aconteceu o que iremos dizendo. Quebradas com o Gentio as pazes a pouco tempo, Frutuoso Barbosa se achou em notáveis apertos. Dos de Pernambuco, e Itamaracá, a quem era de muita conveniência a nova fundação da Paraíba, foram voluntariamente socorridos; mas por certa desordem de um Capitão, sendo-lhes mortos pelos Gentios, e Franceses trinta e seis homens, desavindo com ele os de Pernambuco e Itamaracá, se retiraram para as suas Capitanias, ficando com isto mui impossibilitado Frutuoso Barbosa para poder continuar com a da Paraíba. Nesta consternação recorreu à Bahia ao Governador do Estado Manoel Teles Barreto, que havia poucos meses era ali chegado, neste ano de 1583. Quis o Governador ir em pessoa, mas nem os seus muitos anos, nem os graves negócios do Estado lho quiseram permitir, e assim resolveu que o General Castelhano Diego de Flores Baldês, que à Bahia havia chegado neste tempo com uma Esquadra de seis naus resto da Armada, com a qual fora mandado pelo Rei de Espanha ao Estreito de Magalhães, com duas naus das suas, e Diogo Vaz da Veiga com outras duas do Reino, em que tinha conduzido para a Bahia o seu Governador, fossem estes dois Capitães em socorro daqueles moradores. Com estes se embarcou também o Ouvidor-Geral Martim Alfonso, e o Provedor Martim Carvalho, para que em Pernambuco dessem ordem à empresa, e fazer mais gente, e mantimentos. Aos de Pernambuco, e Itamaracá ordenou o General Diogo de Flores fossem por terra, e ele com a Armada, deu fundo fora da barra da Paraíba, entrando só pelo Rio com uma fragata sua, outra Nau de Diogo Vaz da Veiga, em a qual se meteu o General, e com todos os batéis dos Navios nos quais desembarcou a gente de guerra. Aqui dentro do Rio ancoravam quatro naus Francesas, de negócio, às quais os seus mesmos puseram logo fogo, e se acolheram à terra, a unir-se com o Gentio, que concorrendo às praias, e mostrando querer fazer frente, e resistência ao desembarque dos nossos, que estimando em pouco aquela multidão, mais confusa, que ordenada, eles se retiravam temerosos, e estes saltaram em terra desembaraçados, e ao mesmo tempo, que a ali chegavam também as tropas de Pernambuco, que marchavam por terra ficando assim por agora desassombrados aqueles moradores dos sustos, e perigos em que viviam, e dos males, que experimentavam com a má correspondência de tais vizinhos. Aqui mandou o General levantar um Forte de terra, e faxina, e deixando-o guarnecido de artilharia, e munições, e a Francisco Castrejão por seu Comandante, com 150 soldados, se voltou para a Bahia, e os mais para as suas Povoações de Itamaracá, e Pernambuco.

141. Um dos mais fortes, e não imaginados estratagemas de guerra, que engenha a desgraça de uns para socorro de outros inimigos, e sem prevenção, ou traça particular de algum, é a desunião dos Cabos, ou a sua ambiciosa política, em pontos de jurisdição, e mando. Quantas empresas, que de outra sorte poderiam ser mui gloriosas, se viram feiamente malogradas, por esta desordem dos que se mandavam. E sem repetirmos casos maiores, de que estão cheias as histórias, neste pequeno, que imos a relatar, o vemos praticado com notável atrasamento desta Conquista. Estava Frutuoso Barbosa por Capitão, e Governador da nova conquista da Paraíba, posto pelo Rei ficou pelo General Diogo de Flores por Comandante da sua Fortaleza Francisco Castrejão, e sem querer este reconhecer a superioridade daquele, arrogava para si todo o domínio, e com tanto empenho, e obstinação nesta contenda, que, por evitar maiores desordens, houve por bem, ou menor mal, retirar-se para Pernambuco Frutuoso Barbosa, dando parte ao Rei do motivo porque o fazia, e com a sua ausência ocasião ao Gentio, a que, aproveitando-se do tempo, viesse sobre a Fortaleza em numeroso concurso, e pondo-lhe um apertado cerco de tal sorte estreitaram ao Castrejão, que cansado de a defender, com morte de muita gente a desamparou, retirando-se por terra para Itamaracá; e neste caminho, de vinte e cinco[51] lhe matou o Gentio algumas pessoas, que o seguiam, especialmente mulheres, meninos, e outras de igual fraqueza, que ele só cuidou em segurar a sua.

[51] Cf. Aditamento IX no início de OSNB II: *vinte e cinco léguas*, em vez de *vinte e cinco*.

142. Com a retirada, ou fugida deste Castrejão, voltou para a Paraíba Frutuoso Barbosa, levando de Pernambuco, e Itamaracá um bom troço de gente, com a qual recuperou a Fortaleza, afugentou o inimigo, e foi restituído à posse, e governo daquela conquista, retirando-se os de Pernambuco, e Itamaracá, e cuidando ele na sua conservação, e aumento. O que para isso mais conduzia, era a paz, e amizade com o Gentio; e a Providência Superior, que não falta a seu tempo, mostrou agora um meio mui eficaz, e tanto, que este só bastou para se conseguir uma, e outra coisa. Dos Tabajaras, que, como notamos na sua Estância, se tiveram sempre pelos primeiros Povoadores destas Costas marítimas do Brasil, ainda que os tempos, e guerras continuadas com as Nações do interior da terra, que foram sobrevindo, os fizeram dividir, e espalhar por todas elas; contra alguns que habitavam para a Paraíba se se levantaram os Potiguares, e lhes moviam agora grande guerra: e como estes eram sem comparação em maior número, ainda que não tão valentes, e esforçados como os Tabajaras, foram obrigados estes a buscar os portugueses, oferecendo-lhes paz, e amizade, e pedir-lhes ajuda contra os Potiguares, seus declarados inimigos, como já o haviam feito os mais Tabajaras da Bahia, e Pernambuco. Era maioral destes da Paraíba um mui valente, e animoso Índio, chamado na sua língua *Pyratybá*, que quer dizer: *o Braço de Peixe*.

143. Achava-se nesta ocasião na Paraíba o Ouvidor-Geral Martim Leitão, que vindo da Bahia a Pernambuco, como se disse, com o General Diogo de Flores, ficara naquela Capitania a negócios do Estado, e agora viera à Paraíba por ordem do Rei Filipe, ou Cardeal Alberto, que por ele governava o Reino de Portugal já neste ano de 1585, a fazer levantar ali uma Fortaleza, armazéns, oficinas, e outras casas necessárias para a arrecadação dos efeitos da terra, e pertenças del-Rei, e sua Real fazenda. E suposto diga um escritor moderno, falando deste Ministro, que viera a tal diligência no ano de 1581[52] porque neste mesmo ano, acrescenta ele, se fundara certamente Cidade da Paraíba, é também certamente equivocação. Porque, se fala da primeira fundação da Paraíba por João Tavares, como é sem dúvida que fala, sendo esta no dito ano de 1579, nem esta foi fundação de Cidade, mas só de Povoação, nem a ela podia assistir o tal Ministro. Porque a Paraíba foi ereta em Cidade pelo Rei Filipe I em Portugal, e por isso chamada Filipeia em obséquio deste Monarca, o qual não entrou neste Reino senão pelo mês de dezembro de 1581, e no de 1583[53] quando ali foi o General Diogo de Flores já pelos fins deste ano, ou princípio do outro, ainda a Paraíba não era levantada em Cidade, e

52 [Jaboatão] Santuar. Marian. Tom. 9 tit. 33 p. 332 [nota ed.: SANTA MARIA, 1707].

53 [Jaboatão] Portug. Restaur. P. I. liv. I. p. 32 [nota ed.: MENEZES, 1751].

nem o podia ser senão neste de 1584 ou 85, e a esta função é que foi lá desde Pernambuco, aonde se achava, o Ouvidor-Geral Martim Leitão. Melhor se convence esta equivocação do referido Autor, com o mesmo, que ele escreve deste Ministro. Porque afirma que fora ele à Paraíba no ano de 1581, e que ali assistira até o de 1586 em que se retirara para Pernambuco; o que não pode ser, pois é certo, pelo que fica dito, que no de 1583 estava ele na Bahia, de donde saiu para Pernambuco, com o General Diogo de Flores; e estando ele certamente na Bahia em 1583, não podia estar na Paraíba já desde 1581 até 1586 como conclui o mesmo Autor. E que fosse certamente a ereção da Paraíba em Cidade neste ano de 1584 para 85, se comprova melhor com o que achamos escrito da fundação do nosso Convento naquela Cidade; porque sendo esta no ano de 1589, se diz expressamente que foram os nossos fundar Convento na Cidade Filipeia, novamente ereta e assim chamada em obséquio do Monarca Filipe, que a enobrecera com o título de Cidade.

144. Outra equivocação nos pareceu preciso tirarmos também aos curiosos Leitores, sobre o que escrevem todos acerca da fundação desta Paraíba, e vem a ser, afirmarem sem discrepância, que fora Frutuoso Barbosa o seu primeiro Povoador, e mandado para isso pelo Cardeal Rei D. Henrique. Do que deixamos escrito se pode ver claramente esta equivocação; porque o primeiro, que à Paraíba foi dar-lhe princípio, e situar nela Presídio, e Fortaleza, dissemos já fora João Tavares, e o tiramos de uma memória do Convento da Paraíba, onde diz, falando de Frutuoso Barbosa:[54] *Pareceu bem ao Capitão Frutuoso Barbosa, passar um forte, que estava na Ilha da Camboa do tempo de João Tavares, Capitão que fora da Paraíba:* E este sem dúvida foi mandado pelo Cardeal Rei D. Henrique, desde o mês de agosto de 1578 até dezembro de 1579, que foi todo o tempo do seu reinado; porque no de 1580 pelos fins de janeiro, e antes da morte deste Príncipe, que foi a trinta, e um do dito mês, e ano, partiu Frutuoso Barbosa para suceder a João Tavares, mandado pelo mesmo Cardeal. E assim não foi Frutuoso Barbosa o primeiro Conquistador, e Fundador da Paraíba enquanto Povoação, ou Colônia, porque esta se deve a João Tavares; mas é sem dúvida, que foi ele o seu Fundador, enquanto Cidade, e não por ordem do Cardeal D. Henrique, que já a este tempo era falecido, mas sim pelo Cardeal Alberto, Vice-Rei, que era quem no ano de 1584 governava o Reino por seu tio Filipe I em Portugal, e por isso chamada, como se disse, Cidade Filipeia esta da Paraíba, e assim se deve assentar por certo, que

54 [Jaboatão] Livr. Antep. Cap. XIV. Rel. 2. nº 6. p. [nota ed.: número de página ausente nas edições de 1761 e do IHGB].

no governo do Cardeal D. Henrique foi nomeado Frutuoso Barbosa para a Paraíba, e no do Cardeal Alberto feita Cidade.

145. Chegado pois, como íamos dizendo, neste ano de 1583 à Paraíba o Ouvidor-Geral Martim Leitão, se trataram as pazes com o Gentio Tabajaras, e o seu Principal o Braço de Peixe: para ajuste destas nomeou o Ouvidor ao Capitão João Tavares, como mais prático, e mui conhecido desta gente, e se concluíram a quatro de agosto, Véspera da Senhora das Neves, e à sua honra, e memória, se dedicou a Igreja Matriz, que na Povoação, e nova Cidade se erigiu, ficando os desta Aldeia do Braço de Peixe não só em paz com os nossos, e à obediência do Rei, mas também admitidos ao grêmio da Igreja, e entregues à doutrina dos Padres Jesuítas, sendo a primeira Aldeia do Gentio, que recebeu a Fé nesta Capitania. Neste mesmo tempo, enquanto se trabalhava nas obras do Forte, casa do Almoxarife, e armazéns, que tudo estava a cargo de Cristóvão Lins, pessoa nobre, e rica de Pernambuco, que a elas aplicava grande cuidado; o Ouvidor-Geral, que, além de Letrado, era Capitão, tomando oitenta e cinco homens brancos, e cento e oitenta Índios Tabajaras, já amigos nossos e confederados, se partiu, contra a opinião de muitos, a fazer algumas sortidas aos Gentios Potiguares para a parte do Norte da Paraíba até à Bahia da traição, onde havia notícia tinham os Franceses uma Fortaleza, com suas Feitorias c vinham a elas ao resgate com o Gentio as suas Naus. Com este exército, mais avultado de confiança, do que de disciplina, saiu da Paraíba Martim Leitão, esse foi arranchar a noite do primeiro dia ao lugar de Tiberi três léguas da Cidade. Daqui foram jantar ao outro dia à água, que chamam de Jorge Camelo e ao pôr do Sol ao Rio Mamanguape, caminho de oito léguas. Era o seu discurso dar sobre umas Aldeias, que moravam da outra parte do Rio, antes, que a elas chegasse a notícia da sua marcha; e à meia-noite passaram o Rio por se aproveitarem da maré, que só a havia então àquelas horas, e isto sem tomarem refeição alguma a noite antecedente, porque o provimento todo com que saíram para aquela empresa, ao segundo dia ao jantar se havia concluído. Desta falta se deu parte a Martim Leitão, e a sua resposta mui alegre, e confiada foi: Que importava pouco, porque a refeição a iriam tomar às Aldeias dos Gentios, porque eram viventes, e haviam ter nelas, que comessem. Passado o Rio, continuaram a marcha até as dez horas do dia, em que de repente se acharam encontrados de uma grande turma de Gentios Potiguares, aos quais avistando Martim Leitão, clamou aos seus dizendo: *A eles, soldados, que já temos o que queríamos*, e eles com a sua costumada algazarra de bater de pés, e arcos se foram retirando, e os nossos em seu seguimento, recebendo primeiro uma salva de muitas frechas, que não ofenderam a soldado algum; porque os Arcabuzeiros, que iam diante disparadas algumas armas, cobertos com as

suas rodelas, se desviaram daquela primeira carga de setas, e eles postos em fugida se espalharam pelos matos, e só alguns sessenta com animosa resolução foram fazendo rosto aos nossos, diante dos quais ia o Ouvidor-Geral, com alguns mais de cavalo, e quinze Arcabuzeiros, que os foram seguindo até uma grande cerca, (que são as suas Fortalezas) na qual entrando todos, e os nossos com eles, se foram escapando pela outra parte, por umas ribanceiras altas, e brejos alagadiços, que lhes guardavam as Costas, e assim se salvaram todos, menos alguns, que ficaram mortos no primeiro encontro. Aqui descansaram os nossos o resto daquele dia, e noite, e a maior parte do outro seguinte, que se gastou em tomar refeição, do que na Aldeia se achou, e em celebrar aquela vitória toda devida, depois de Deus, à Senhora das Neves, a quem levavam por Padroeira, e Guia; e ao varonil esforço do seu Capitão, que de seus soldados sabia armar grandes exércitos.

146. Deste lugar despachou de manhã Martim Leitão a Duarte Gomes, com cinco mais de cavalo, e alguns de pé, a irem tomar notícia da Bahia da Traição, que ficava em distância de quatro léguas. Neste caminho encontraram a três Índios Potiguares, dos quais colheram dois, e lhes escapou o outro; e Duarte Gomes, ordenando aos seus se escondessem, partiu a toda a pressa a dar esta notícia a Martim Leitão, que na mesma hora, em que a recebeu, que seriam já pelas três da tarde, se pôs em marcha com a sua gente, dizendo-lhes que fossem acudir aos seus companheiros, ou morrer com eles: e havendo caminhado boa parte da noite, chegaram ao Rio, que chamam Doce, e vai dali entrar na Enseada da Bahia da Traição, tão cansados do caminho, e da noite, que estando à margem donde podiam passar a vau, o foram atravessar muito abaixo, uns a nado, e outros pegados aos cavalos, com muito perigo, e risco de vida. Aqui descansaram um pouco, feito fogo, a que enxugaram as armas, e as roupas, e sendo duas horas ante manhã continuaram a marcha pela praia, que se seguia até a Fortaleza dos Franceses, que já avisados peio Índio, que escapara aos nossos, no dia antes, a tinham desamparado, e recolhidos à sua nau, para a qual haviam também acarretado toda a artilharia, que estava em terra. Marchavam os nossos indo diante Martim Leilão, Duarte Gomes, e Antônio Lopes de Oliveira, com três escravos da terra para os guiar. Assim foram continuando, apartados os de cavalo com alguns Arcabuzeiros, para darem pela parte do Norte, e os mais, com o nosso Gentio, pela do Sul, e nesta forma acometido o forte ao romper do dia, mortos vinte índios, e tomado vivo o seu maioral, lançando-se os mais a nado, porque para a terra não podiam escapar, por estarem por ela cercados dos nossos, a salvarem-se no Navio Francês, que começou com a luz do dia a varejar a praia com a sua artilharia, sem que nos fizesse dano; porque os nossos, como não havia no forte coisa alguma, passa-

ram logo para a Aldeia do Gentio, que ali ficava contígua, e estava despejada da gente, mas abundante de farinhas, e outros mantimentos, e frutas, que tudo serviu aos soldados de refeição, e refresco. Três dias se detiveram neste lugar, e neles se arrasou de todo a Fortaleza, e Feitoria dos Franceses, arrancaram as Roças, e outras muitas lavouras, que por ali havia. Também se mandaram lançar ao mar três oficinas, que eram dos Franceses, e em que fabricavam as ferramentas, para o uso, e serviço do Gentio, e se acharam nelas sessenta caldeirões entre grandes, e pequenos, algum fato, e outra muita ferramenta, de que tudo se aproveitou o nosso gentio. Ao outro dia mandou Martim Leitão vinte, e quatro Arcabuzeiros na baixa da maré da madrugada subir aos Arrecifes, e dar uma surriada de cargas aos da nau, que suposto não lhes não fez dano algum, temendo talvez que poderiam vir da Paraíba alguns Navios de socorro, levantaram ferro, e se foram, bombardeando para os nossos, que mui satisfeitos ficavam de os ver ir, pois os deixavam sem susto, e ao Gentio aliado sem a muita confiança, que faziam neles. Daqui se voltaram os nossos para a Paraíba, gastando nestas empresas, sobre dificultosas arriscadas, menos de oito dias, e sem perda de um só homem, o que tudo se acabou de atribuir ao favor, e patrocínio da singular Protetora, que haviam escolhido, a Senhora das Neves.

147. Com a total expulsão dos Franceses destes portos da Paraíba, e Bahia da Traição, com as pazes dos Tabajaras, que ficavam mais vizinhos à Cidade, e à imitação destes, as que foram fazendo também alguns Potiguares dos mais chegados, que se foram domesticando com as Missões, e doutrina dos nossos Religiosos, que nos seguintes anos chegaram à Paraíba, se acharam os seus moradores mais quietos, foram crescendo as povoações, fábricas, e Engenhos, em que se fez o mais fino, e mais apurado açúcar, e toda a Capitania a um próspero aumento, concorrendo para este mandar o Rei alguns anos depois povoar a Capitania do Rio Grande, e extinguir dela aos Franceses, fomento fatal para a rebelião do Gentio, que daquelas partes infestavam ainda estas da Paraíba, discorrendo por muita parte do seu continente. Este foi todo o princípio, e particulares sucessos da fundação desta Capitania, e Cidade da Paraíba no governo de João Tavares, e Frutuoso Barbosa no espaço de dez anos com pouca diferença desde o de 1581 até o de 1589 que ali chegaram a fundar Convento os Religiosos Menores. O que mais se foi seguindo deste ano por diante até o de 1600 se poderá ver nos relatórios I. e II. do Livro Anteprimeiro desta Crônica. Reparte a Capitania da Paraíba com a de Itamaracá, pelo Rio, que chamam da Popoca, duas léguas antes de chegar a Povoação de Goiana.

ESTÂNCIA XII

Da Capitania do Rio Grande.

148. Muito embaraçava os aumentos, e progressos da Capitania, e nova Cidade da Paraíba, a multidão de Gentios Potiguares, que habitavam para as partes do Rio Grande do Norte, que dali saíam a correr, e infestar o terreno da sua Capitania, como também os Franceses as Costas daquelas partes, até o Cabo de Santo Agostinho, à presa das nossas embarcações, com tão pouca humanidade, como Corsários, e Hereges, que alguns portugueses, que colhiam, os iam vender, e resgatar com o Gentio, para que esses o comessem, como costumavam. Tudo se representou ao Católico Filipe, e para atalhar tão grandes danos, e insolências, ordenou o Rei em Pernambuco, a Manoel Mascarenhas Homem, Governador daquela Capitania, e a Feliciano Coelho da Paraíba, encarregando-lhes fossem ao Rio Grande, e ali levantassem uma Fortaleza, e Povoação, e ao Capitão General, e Governador do Estado D. Francisco de Sousa mandou desse provisões para todo o necessário, à custa de sua Real fazenda. Em Pernambuco se preparou a Armada para esta empresa, e constava de seis Naus, e cinco Caravelas. Esta ordenaram fosse à Paraíba, esperar ali pela gente de Pernambuco, que havia marchar por terra até aquele porto, com o seu Capitão-Mor, três companhias de pé, e uma de cavalos; mas chegando lá a Armada, o não pode fazer esta gente toda, porque enfermaram os mais deles de bexigas na jornada, e só chegaram alguns poucos com o Capitão Jerônimo de Albuquerque, e se embarcaram na Paraíba. Nesta Armada foram também o P. Gaspar de S. Perez Jesuíta, e seu companheiro o P. F. de Lemos, e o P. Fr. Bernardino das Neves, Religioso Menor da Custódia do Brasil, este por ser mui versado na língua do Gentio, grande Pregador, Missionário zeloso, e mui estimado desta gente, e o P. Gaspar, como Engenheiro para dispor a fábrica da Fortaleza, que se havia levantar. Saíram da Paraíba, e no porto dos Búzios dez léguas antes de chegar ao do Rio Grande, deram vista de sete naus Francesas, que ali ancoravam ao resgate com o Gentio, as quais, vistas as nossas, cortaram as amarras, e se puseram em fugida, sem as poderem seguir, por ser já tarde quando as avistaram. Neste mesmo dia, que foi a 17 de dezembro de 1597 deram fundo fora da barra do Rio Grande, e de manhã no outro mandou Manoel Mascarenhas por duas Caravelas descobrir a sua entrada, e de tarde, guiados por Pilotos práticos, deram fundo nela. Aqui desembarcaram ao outro dia, e logo se deu princípio a um Forte de madeira, com trincheiras de paus Mangues, enquanto se cuidava em melhor lugar para ele, e para se defenderem do Gentio, que não tardou em os vir buscar, dando

sobre os nossos uma madrugada infinita multidão deles, acompanhados de cinquenta Franceses, que haviam ficado das suas naus em o porto dos Búzios. Alguns nos deixaram feridos neste assalto, e em outros vários, que foram continuando, e de que em todos saíram sempre bem castigados. E porque não entendessem aqueles bárbaros, que os nossos estavam ali como cercados, para serem só acometidos, fizeram também a sua sortida. Saíram alguns acompanhados dos Tabajaras da Paraíba, e dando sobre a Aldeia, ou cerca mais vizinha, foram tão bem-sucedidos, que mataram quatrocentos, e aprisionaram oitenta. Destes souberam, estavam em outras seis cercas mais distantes uma grande multidão deles, e também muitos Franceses, preparados para virem dar sobre os nossos repentinamente, como fizeram; mas sempre nos defendemos, nesta, e em outras repetidas vezes, mui valorosamente, e sem deixar de continuar na obra da Fortaleza, em que trabalhavam todos, assim brancos, como Índios, que nos acompanhavam, até a concluírem de todo. Dela tomou posse, e homenagem Jerônimo de Albuquerque, e Manoel Mascarenhas se recolheu a Pernambuco, deixando o Presídio com a guarnição que pareceu necessária, e também ficaram com o Capitão o P. Gaspar de S. Perez, e o nosso Fr. Bernardino das Neves.

149. Dois anos se iam completando nesta empresa, e a Capitania com pouco aumento; porque, ainda que os da Fortaleza, e Presídio viviam seguros, como o Gentio era muito, e continuava com as suas hostilidades, não se alargavam a cultivar, e dilatar-se fora das abas da Fortaleza. Nestes termos tomou conselho o Capitão Jerônimo de Albuquerque, com os P. Fr. Bernardino, e Gaspar de S. Perez, e quis Deus lhes ocorresse um meio mui fácil, e eficaz. Estava preso no forte um índio, chamado *Ilha Grande,* e tido também entre os seus por grande feiticeiro, o qual haviam cativado em um dos já referidos assaltos. Entregaram este ao P. Fr. Bernardino, como bom língua desta gente, para o persuadir a que fosse tratar com os seus paz, e amizade da parte dos nossos, e que para isso lhe davam a ele liberdade, e soltura. Aceitou o partido de boa vontade, e depois de bem instruído na embaixada, e prática que havia fazer aos seus, o deixaram ir. Chegou à primeira cerca, e os seus o receberam mui alegres, e muito mais, quando souberam o negócio a que ia. Daquela o remeteram às mais, assim da Ribeira do mar, como às da Serra vizinha, onde assistiam dois maiorais, e dos principais de todos eles, chamado um o Pau Seco, e outro o Sorobabé. A estes, e a todos os mais soube o índio Embaixador *Ilha Grande* compor um tão bom, e eficaz arrazoado, por parte dos portugueses, que os obrigou a aceitarem as pazes, e virem com ele todos os Principais, e outros muitos, para o ajuste delas, com Jerônimo de Albuquerque ao Forte, sendo o P. Fr. Bernardino o Intérprete, e prometendo-lhe da parte dos nossos

uma paz, e amizade firme, como a tinham feito, e conservado com o Braço de Peixe, Principal dos Tabajaras da Paraíba, e ainda com muitos dos Potiguares da mesma Capitania, e seus parentes. Assim se ajustaram estas também com muita solenidade, de festas, e alegrias de uma, e outra parte, e assistência do Ouvidor-Geral, com todos os mais Cabos do Forte, e maiorais do Gentio, e do P. Fr. Bernardino, como seu intérprete, e língua, e de quem eles já tinham notícia, e faziam estimação. Foi isto no ano de 1599, e logo se deu princípio à Povoação, meia légua distante da Fortaleza, por haver ali lugar para isso mais oportuno, a qual foi também logo levantada com a honra de Cidade, a que deram o título do Natal; porque pela festa do Nascimento do Senhor daquele mesmo ano foi a sua ereção, com Paróquia, e Igreja Matriz dedicada à Maria Santíssima, debaixo do gozoso Mistério da Apresentação. E suposto foi esta Capitania levantada por ordem Real, é com tudo título de Condado da Casa de Lopo Furtado de Mendonça, primeiro Conde do Rio Grande.

150. Este é o princípio da Cidade do Natal, Capitania do Rio Grande do Norte, que em cinco graus deste para o Sul entra no mar, entre a Capitania da Paraíba para a mesma parte do Sul, e a do Ceará ao Norte. E aqui devem notar os que lerem que este Rio Grande, em que está fundada esta Capitania, e a sua Cidade do Natal, não é o Rio Grande, chamado dos tapuias,[55] como escreve o Autor da América Portuguesa; porque este dos tapuias, que também chamam Rio Grande, corre entre o Ceará, e Maranhão, e desagua no mar em altura de dois para três graus, dentro da Bahia do Ano bom, e deste é que se conta nos escritores, muitas coisas notáveis, que dizem viu navegando por ele abaixo um Nicolau de Resende, vindo parar às suas margens por terra desde o Maranhão, onde se havia perdido com outros em um Navio nos baixos da sua barra. Por oito ou nove bocas, diz o P. Vieira na sua Voz Histórica,[56] sai este Rio ao mar (ao qual ele chama Paraguaçu, pelo nome do Gentio) entre o Maranhão, e o Ceará as quais bocas todas diz o mesmo Padre que viu, e passou. E assim se vê foi equivocação conhecida do referido Autor dizer que o Rio Grande, em que está fundada a Cidade do Natal, era o dos Tapuias, chamando-se este dos Tapuias, pela multidão destas Nações, que habitava as suas margens, e sendo Potiguares os Índios, que demoravam pelas do Rio Grande do Natal; correndo este entre a Capitania da Paraíba, e a do Ceará, e aquele entre a do Ceará, e Maranhão; e finalmente o Rio Grande dos Tapuias em altura de pouco mais de dois graus, e em cinco o Rio Grande do Natal.

55 [Jaboatão] Roch. Americ. Portug. liv. 2. nº 31. pntj. 96 [nota ed.: PITA, 1730].

56 [Jaboatão] Vieir. ib. p. 103 [nota ed.: BARROS, 1746].

ESTÂNCIA XIII

Da Capitania do Ceará.

151. Muito pouco há que dizer desta Capitania, e seus princípios; porque como o seu terreno é o mais áspero, e menos fértil de toda a Costa do Brasil, e só abundante de Pau Violete, e Salinas, e as suas praias do âmbar, como isto eram drogas de mui pouca valia para o Gentio, que só buscava as terras frescas, e férteis, cortadas de Ribeiras, abundantes de caças, e peixes, e outros semelhantes gêneros para o seu sustento, não eram estas Costas as mais frequentadas por eles, ainda que algumas Nações de Tapuias as habitavam, porque como eram muitos, toda a terra lhes era pouca; e por esta causa também os Franceses não aportavam por elas, por não haver gêneros para os seus resgates, e nem portos de mar capazes, e só eram passeadas de passagem de alguns Piratas. Para evitar estes mandou o Pacífico Rei D. Pedro II levantar ali uma Fortaleza, e dela em distância de cinco léguas pela terra dentro se fundou a Vila por ordem do mesmo Senhor, com o título de S. José de Ribamar, que só logra o privilégio de Cidade, e a sua Igreja Matriz consagrada ao próprio Santo. Não assignamos ao certo o ano desta fundação, mas como este Príncipe entrou a reinar do ano de 1668 por diante, por este tempo seria com pouca diferença. Tem a sua situação em altura de dois graus, e meio, entre a do Rio Grande ao Sul, e do Maranhão ao Norte, e distante de Pernambuco duzentas léguas. Na ponta, que chamam Mocoripe uma légua adiante para o Norte, tem seu assento a Fortaleza, defronte da qual dão fundo as Sumacas, que são só as embarcações maiores, que ali podem chegar na sua Costa. Já antes que no Ceará mandasse o sobredito Senhor D. Pedro II levantar Vila, e Fortaleza, havia no lugar Presídio, e Cabos desde o ano de 1623 em que governando o Reino o terceiro Filipe, e separando neste mesmo ano o governo do Pará, e Maranhão deste do Brasil, mandou para Capitão do Ceará a Martim Soares Moreno, o qual no ano de 1531, e segundo da entrada dos Holandeses em Pernambuco, chegou ao Arraial com um socorro de gente daquele País. Era o Ceará neste tempo, diz o Autor das Memórias Diárias da guerra do Brasil, uma mui pequena Povoação, e a primeira donde começava o governo do Maranhão, com um Reduto, e duas peças de ferro, mais para medo do Gentio, que para outro efeito. Hoje pertence ao governo do Brasil.

ESTÂNCIA XIV

Da Capitania do Maranhão, e de alguns sucessos mais notáveis de seus princípios.

152. Deixadas as diversas opiniões, e vários discursos, que se têm produzido sobre a origem deste nome Maranhão, querendo uns tivesse princípio daqueles adulterados termos, com que movidos de espanto pela grandeza deste Rio quando iam chegando à sua boca os primeiros Espanhóis, que a entraram, perguntando uns na língua pátria, e latina: *Est mar?,* e respondendo outros só em latim *Non*, lhe compuseram destas duas palavras: *Mar, Non*, o nome: *Maragnon*. Ou como querem outros, se derivasse *Maranhão*, das *Maranhas* ou enganos de um companheiro contra outro, navegando ambos por este Rio abaixo: Ou como por conjeturas escreve o Autor dos Anais Históricos daquele Estado, que o nome o poderia tomar o Rio de algum Espanhol do apelido *Maragnon*, que havia destes em Castela, e seria talvez dos primeiros, que o navegarão: Deixadas todas estas conjeturas, e discursos, o que se nos faz mais dificultoso de assentir, é, ao que dizem outros, que *Maranhão* seja o mesmo Rio, a que chamam *Amazonas, Grão-Pará, e Orellana*. Que Orellana, Grão-Pará, ou Amazonas seja um só Rio, ainda nisto pode haver alguma dúvida, enquanto a Amazonas, e Grão-Pará; porque, como adiante veremos, estes são dois, diferentes, em nascença, e carreira, ainda que depois se ajuntam em um; e só a não temos, em que Grão-Pará, e Orellana sejam o mesmo, e só distintos em os nomes, o de Orellana, que tomou de Francisco de Orellana, ou Arellana, primeiro Espanhol que por ele navegou, e o de *Grão- Pará*, ou *Paraná guaçu*, que já tinha pelos Naturais, e se mudou em *Grão-Pará* pelos nossos. Mas, que este Grão-Pará, ou Orellana, seja também o que se chamou *Maranhão, é* no que achamos dificuldade; pois lhe não descobrimos fundamento, para que, ficando em tanta distância um Rio do outro, houvesse tal confusão naqueles, que primeiro os navegaram, e deram deles as primeiras notícias, os pudessem assim confundir, e se esquecessem de que estes Rios eram dois; ou que, sendo o nome Maranhão dado primeiro ao Grão-Pará, o tirassem deste para o pôr, e dar ao outro. Além de que é certo, que quando chegassem ao que agora é Maranhão os seus primeiros descobridores, logo lhes haviam saber o nome, que tinha pelos Naturais, e com este o deviam tratar; e pois não se acha fosse tratado em tempo algum com outro, senão só com o de Maranhão, é sem dúvida que este foi, o que logo teve do seu princípio, e sempre diferente, *Maranhão*, do que é, e foi *Grão-Pará*, e *Orellana*.

153. Nem pode estar contra isto, o que também querem dizer, e é, que Maranhão não é Rio, mas só uma Bahia, ou Enseada, que se forma das águas do mar, como logo veremos. Não obsta o dito; porque, ainda que seja Enseada, ou Bahia, para esta não concorrem as águas salgadas; porque correm para ela outras de vários Rios, que lhe entram por um, e outro lado, de Leste, e Oeste, e pelo do Sul, e parte dos Sertões, como o podem ver os curiosos em os Mapas, e inquirir dos que pelos tais Países tem andado, e também nos Autores, que dele tratam. E se quiserem, com tudo, que o Maranhão não seja Rio, mas só Bahia, ou Enseada, o mesmo se poderá dizer do Grão-Pará, e só com a diferença, de que a do Grão-Pará tem a boca, e circunferência muito maior, e mais estendida do que a do Maranhão, e assim como nesta entram alguns Rios, entram também outros na do Pará, sendo o deste nome um deles, muitas léguas ao Sertão, antes da grande boca da sua Bahia, a qual também, como a do Maranhão, agasalha dentro de si muitas, e formosas Ilhas. E nem porque nesta sua Enseada entram tantos, e tão notáveis Rios, deixam de chamar a toda ela, Grão-Pará. Tomando o nome deste por maior. Assim também, se chama Maranhão a boca da sua Bahia, não só formada das águas do mar, mas também de outros Rios, que nela entram, sendo um destes, o chamado *Miary*, que desagua nela pelo Sertão.

154. Deste *Miary*, dizemos nós, como já o disseram outros, se derivou o nome Maranhão, com que se denomina todo aquele Estado. Não achamos o que na língua do Gentio queira dizer esta palavra *Miary*; assim como, dos que falam em Maranhão, nenhum explicou ao certo, o que este nome significa, nem qual seja a sua naturalidade: pois as que lhe dão de *Mar Non,* e *Maranhão*, por si estão inculcando serem subterfúgios da certa ignorância do seu próprio significado; o que imos a dizer é, que Maranhão, prolongado assim no nosso idioma Português, é o mesmo, que, com pronuncia mais suave, chamava o Gentio *Miary*. Nem é novo na nossa linguagem este modo de variação nas pronúncias, prolongando algumas palavras, que na do Gentio tinham som mais suave; como já notamos na palavra *Maracatim*, que os nossos mudaram em *Itamaracá*, *Arácajurú*, que também mudaram em *Cairu*. *Paranaguaçu* em *Grão-Pará*, e assim de outras muitas, já prolongando-as, e também diminuindo-as, e fazendo-as mais breves, como é comum, e praticado em todas as Nações do mundo, quando na sua linguagem querem acomodar, ou converter aquelas vozes, ou vocábulos, que são próprios, e naturais de outra.

155. Fica a Bahia, e Enseada do Maranhão, ou Miary, com a largura na boca de dezassete léguas, em altura de dois graus com pouca diferença. Aga-

salha dentro em si uma formosa Ilha, que terá de sete até nove de comprido,[57] quatro, e cinco de diâmetro, e vinte e seis até trinta de circunferência. Quinze Rios de abundantes águas, e frescas margens regam o continente desta Ilha, revestida toda de verde, e frondoso arvoredo, e por isso mui habitada de várias Aldeias de Índios, sendo os mais deles dos antigos Tupinambás. A esta Ilha chamaram primeiro das Vacas, e depois a intitularam os Franceses de S. Luiz. Foram os seus primeiros Povoadores, depois do Gentio, os nossos portugueses, e ainda os seus descobridores; porque nela assistiram alguns dois anos os filhos de João de Barros com Aires da Cunha, quando, como fica dito, saíram do Reino a povoar a Capitania da Paraíba, e foram com as suas naus, arrebatadas de tormenta, dar à Costa nos baixos, que demoram na entrada desta Ilha. Aqui, por falta de embarcações, em que logo se retirasse, fizeram pazes com os principais Gentios, e foram elas tão fixas, e chegou a amizade a tanto, que houveram muitos filhos, e deixaram comprida geração das suas Índias, como depois descobriu o tempo; porque não só lhes nasceram barbas aos machos, o que não tem nenhum dos naturais, e todos os descendentes destes a foram tendo, como seus pais, e Avós, de que se ficaram chamando os Barbados; mas também pelo grande amor, e inclinação, com que ficaram a todos os portugueses os desta Nação; de sorte, que jamais quiseram ter pazes com os outros Gentios, e menos com os Franceses, quando ali assistirão; porque diziam, que estes não eram os verdadeiros *Peros*; (assim chamavam aos portugueses, e não explicam, os que isto escrevem, por que princípio), e tanto assim, que ainda quando no ano de 1615[58] entraram no Maranhão outra vez os portugueses, logo esta nação de Gentios da Ilha os vieram ver, e fazer com eles pazes dizendo que estes eram os seus *Peros* tão desejados, e de quem eles descendiam. Foi este descobrimento, ou entrada dos filhos de João de Barros na Ilha do Maranhão no ano de 1539, como escreve o mesmo João de Barros, e outros à margem.

156. Depois que estes saíram da Ilha, veio ter a ela Luiz de Melo da Silva, filho segundo de Manoel de Melo, Alcaide-Mor de Elvas. Navegava este voluntariamente em uma embarcação própria, como aventureiro, no descobrimento de portos pela Costa do Brasil. Chegou ao de Pernambuco, e querendo passar adiante, rumo do Norte, levado da força de ventos, e corrente das águas, foi entrar pelas do Maranhão, e Grão-Pará, e tanto se agradou de ambos, como também da boa notícia, que de um, e outro, e dos seus grandes

---

57 Cf. Aditamento IX no início de OSNB II: *nove léguas*, em vez de *nove de comprido*.

58 [Jaboatão] Barros, Dcad. I. Brit. Freire, e Berredo, Annaes do Maranhão [nota ed.: BARROS, 1552; BERREDO, 1749; FREIRE; BERAIN, 1675].

haveres, lhe deram na Ilha de Margarita, onde foi aportar, alguns soldados, que ali haviam ficado da companhia de Francisco de Arellana, que por aquele do Pará haviam navegado, que voltando a Portugal, alcançou do Rei D. João III licença para fundar naquelas partes uma Capitania. Saiu do Reino com três naus, e duas Caravelas, e todas se perderam nos baixos do Maranhão, saindo Luiz de Melo com algumas pessoas nos batéis das naus, nos quais foram ter às Antilhas, donde passaram ao Reino; e o sobredito Senhor D. João III[59] atendendo às grandes perdas, que havia tido, e também aos seus serviços, o despachou para a Índia no ano de 1557. Nesta viagem arribou à Bahia Luiz de Melo, em a Nau Santa Maria da Barca, de que era Capitão-Mor D. Luiz Fernandes de Vasconcelos, e voltando, depois de haver feito no Oriente grandes obras de esforço, e valor, no ano de 1573 no Galeão S. Francisco, com este se perdeu Luiz de Melo da Silva, sem se saber nunca onde naufragaram.

157. Algum escritor moderno põe estas arribadas de Luiz de Melo ao Maranhão, primeiro que a dos filhos de João de Barros, e que daquele tomou a Ilha o nome de S. Luiz. Não negamos que isto seguiram alguns mais antigos, mas é sem dúvida, que tem todos contra si muitas incoerências, especialmente não assignando algum o ano certo, em que eles aconteceram. A principal é a seguinte. Luiz de Melo da Silva de ambas as vezes, que aportou ao Maranhão, uma foi de passagem, a outra acossado da fortuna. Da primeira, o dizem todos assim; porque só escrevem, que indo correndo as Costas do Brasil, e os seus portos, entrara no do Maranhão, e passara ao do Pará, sem outro efeito, que o de lhe parecerem bem aqueles Rios, e os seus Países, e determinar por isso pedir a el-Rei uma parte deles para a vir povoar à sua custa; nem haverá quem possa presumir, que sem esta licença, e faculdade, se expusesse este fidalgo a fundar a Povoação, e dar-lhe o seu nome; nem ainda que assim o quisesse, levava, como Passageiro, e Andante cabedais, forças, e habitadores, com que o fazer, e isto é o que da segunda vez intentava: mas nem desta o pôde conseguir; porque, ainda que para o efeito vinha preparado, a fortuna o privou do seu interesse, dando à costa, e perdendo todas as suas embarcações, e gente na mesma Enseada do Maranhão, e escapando ele com alguns dos seus em os batéis só, como o afirmam todos os que deste fato escrevem, ou em uma das Fragatas, como diz algum: e que nesta, ou naqueles, sem mais operação; porque nem gente, nem cabedais lhe ficaram para poder fundar Colônia, se passou para as Antilhas, e dali para o Reino. E se isto é o que na verdade, e de fato houve, e fora destas duas viagens, não foi mais ao Maranhão Luiz de Melo

---

59 [Jaboatão] Couto, Decad. I, liv. 5, cap. 2, fol. 129. Id. Decad. 9, cap. 27. Americ. Portug. com outros [nota ed.: BARROS, 1552; COUTO, 1736; PITA, 1730].

da Silva; em que tempo, como, e com que posses, e gentes, pode este homem fundar uma Colônia, e dar-lhe por demonstração de Senhorio, e regalia o seu nome? O certo é, que o de S. Luiz o tomou a Ilha, e Povoação, ou lho deram em honra do seu S. Luiz Rei os Franceses, quando, como logo veremos, chegaram a povoar muito depois, e primeiro que os nossos.

158. Outra incongruência se segue dos que dizem que Luiz de Melo da Silva veio ao Maranhão antes dos filhos de João de Barros; e vem a ser: porque os mesmos que o escrevem assim, acrescentam, que vendo el-Rei D. João III os infortúnios experimentados por Luiz de Melo, na empresa do Maranhão, para o refazer de alguma sorte neles, o ocupou no seu serviço para a Índia. Vai agora toda a razão desta incoerência. Luiz de Melo foi despachado para a Índia, como já se disse no ano de 1557 último da vida del-Rei D. João III, isto é certo. Também é certo, que os filhos de João de Barros foram fundar ao Maranhão pelos anos de 1539. Agora ao nosso ponto: Para Luiz de Melo ir ao Maranhão antes dos filhos de João Barros, que lá pararam no ano de 1539, havia de ser pelo de 1536 até 38, de trinta e oito para cinquenta e sete, que Luiz de Melo passou à Índia, vão mais de vinte anos; e quem se pode capacitar que estivesse el-Rei D. João III esperando tantos anos para no fim deles lembrar-se das perdas de Luiz de Melo no Maranhão, e mandá-lo para a Índia a refazer-se delas? De todo o referido se segue, que Luiz de Melo não foi ao Maranhão antes dos filhos de João de Barros, nem tampouco podia ser ele o que desse o nome àquela Ilha, como com outros diz o Autor da América Portuguesa, no qual acerca dos mesmos filhos de João de Barros, e Aires da Cunha, se acha mais outra incoerência, e é, pôr o naufrágio deste, e a sua arribada ao Maranhão primeiro que a daqueles; sendo certo, que vieram todos juntos, pois era o sobredito Ayres da Cunha o Capitão da Armada, que conduzia os filhos de João de Barros.

159. Com estes acasos de uns, e outros Povoadores, ficou suspensa para os portugueses a conquista do Maranhão até o ano de 1615 pelos motivos, que agora dizemos. No ano de 1590 aportou nas Costas do Maranhão um Francês dos principais, a comércio com o seu Gentio. Um destes também principal, chamado *Ovirapivè*, aconselhou ao Francês, a quem chamavam *Rifault*, que, deixando de andar à pilhagem, viesse tomar posse de alguma porção daquela terra, e fazer-se Senhor dela. Passou este a França, e associado com outros, voltou ao Brasil, e foi aportar à Ilha do Maranhão em 14 de maio de 1594 com menos um de três Navios, que trazia em sua conserva. Na Ilha foi bem recebido dos naturais seus habitadores. Ali se deteve por algum tempo, e vendo que na terra poderia melhorar de fortuna com maior poder,

deixando nela alguma gente, comandada por outro Cavalheiro moço, natural do Condado de Turena, chamado Carlos, Senhor *de-Desvaux*, tornou a França a comunicar com o Rei os seus projetos. Governava aquela Monarquia Henrique IV, que dando ouvidos tal proposta do Capitão, despachou com ele a *Daniel de la Touche*, Senhor de *la Ravardier*, a informar-se melhor do estado das coisas. Voltou o *Ravardier*[60] do Maranhão à França no princípio do ano de 1610, a tempo, em que era morto pelo aleivoso *Ravailac* o Rei Henrique. Ficara com o governo a Rainha, Mãe do Rei Pupilo Luiz XIII, Maria de Médici, e não atendendo esta a tudo o que pretendia o *Ravardier*, para continuar na conquista com ajuda da Coroa, com permissão sua, ajustou ele uma companhia com *Nicolau de Harlay*, Senhor de *Sancy*, e Francisco *Racelly*, Senhor deste lugar, para que unidos os cabedais de todos, lhes aumentassem as forças, para reduzir à prática as suas ideias, na fundação, e progressos de uma nova Colônia.

160. A todos estes sócios passou a Rainha cartas de seus Lugares-tenentes, Generais nas Índias do Ocidente, e mares do Brasil, com data do primeiro de outubro de 1610. Também para mostrar o seu zelo às coisas de Deus, mui diferente do *Ravardier*, que seguia a Seita de Lutero, pediu o Senhor de *Racelly* para fundadores da verdadeira Religião, alguns Padres Capuchinhos, de quem era especial devoto, e a Rainha por letras suas de 20 de abril do seguinte ano de 1611 o havia remetido ao Padre Leonardo, Provincial da mesma Ordem na Corte de Paris. Recorreu este ao seu Geral, que era o Padre Jerônimo de Castel Ferrete, que ordenou ao mesmo Provincial corresse por ele aquela nomeação, que foi feita nos PP. *Ivo de Eurez, Arsênio de Paris, Ambrósio de Amiens*, e por Superior de todos a *Cláudio de Abeville*, (a quem diz Berredo deve esta notícia, e as mais, que dos Franceses escreve este Autor nos seus Anais Históricos do Maranhão, e nós o tiramos deste).

161. Em 28 de agosto do sobredito ano de 1611 saíram de Paris, e foram ao porto de Cancalle no Ducado da Pequena Bretanha, onde assistia o Senhor de *Racelly*, e partindo com ele deste lugar a 19 de março do seguinte ano de 1612 foram tomar a Enseada do Maranhão pela parte do Sul, entrando pela barra, que chamam do Piriá, por uma Ilha, que tem ali do mesmo nome, e lhe mudaram este no de Santa Ana, por haverem entrado o seu porto em 26 de Julho. Dista esta Ilha da outra do Maranhão, doze léguas, e nesta entraram a 29 do mesmo mês. Constava esta de vinte e três Aldeias, todas do Gentio da nação tupinambás, e nela deram logo princípio a uma Fortaleza, e Colô-

60 Ver Anotação XI da edição do IHGB no final do OSNB II.

nia com o nome de S. Luiz, em memória do Pupilo Rei Luiz XIII, e à Bahia, chamaram de Santa Maria, em obséquio da Rainha Mãe Regente, Maria de Médici. Também os Missionários escolheram sítio para seu Recolhimento, e lhe deram princípio, celebrando nele em um altar debaixo de tenda de campo as primeiras Missas a 12 de agosto deste ano de 1612. E havendo gasto alguns quatro meses na delineação, princípios, e fundamentos da nova Colônia, e disposto no melhor modo o mais que nela se devia continuar; em o primeiro de dezembro do mesmo ano se embarcaram para França, sobre novas pretensões, o Senhor de *Racelly*, em consequência de mais avantajados projetos, e o Padre *Abeville*, a solicitar dobrados obreiros para a espiritual conquista. Nestas operações os deixaremos, e aos mais Franceses no Maranhão, até nos encontrarmos outra vez com eles.

162. Dominava por estes anos o Reino de Portugal Filipe, o II nele, e III de Castela, chamado o Pio, e noticioso desta intrusão dos Franceses na Ilha do Maranhão, ordenou a Gaspar de Sousa, Governador-Geral do Estado, que havia chegado à Bahia desde o ano passado de 1612 se passasse a Pernambuco, e que logo dali mandasse a Jerônimo de Albuquerque a lançar os Franceses daquela Ilha. Da Bahia despachou logo o Governador quatro sumacas armadas em guerra com cem homens de guarnição à ordem de Jerônimo de Albuquerque em Pernambuco, e dali partiu este Capitão em o primeiro de junho do ano de 1613, e foi tomar o porto do Ceará. Estava por Capitão desta Fortaleza Martim Soares Moreno, a quem Jerônimo de Albuquerque levou consigo, deixando em seu lugar a Estevão de Campos. Do Ceará passaram adiante, e foram entrar no chamado Porto, ou Buraco das Tartarugas nas vizinhanças do Maranhão, e neste porto levantaram logo uma Fortaleza de pau a pique, com o nome de N. Senhora do Rosário, despachando ao mesmo tempo em um dos quatro barcos, guarnecidos dos melhores soldados, a Martim Soares Moreno, a reconhecer a intentada Ilha do Maranhão, e Jerônimo de Albuquerque com o resto da mais gente, e embarcações, ficou ali esperando as notícias, que do estado dos Franceses no Maranhão lhe traria Martim Soares Moreno. Mas vendo que este lhe tardava mais do que era necessário para aquela diligência, guarnecido o Forte de N. Senhora do Rosário, com quarenta soldados, e um sobrinho seu por Capitão, ele acompanhado de algumas pessoas de sua confidência, se retirou por terra a Pernambuco, no mês de agosto deste mesmo ano de 1613, mandando por mar as embarcações.

163. Com a ausência desta gente ficou o Presídio das Tartarugas exposto não só às misérias do tempo, sustentando-se os pobres soldados por muitos meses das raízes, e ervas do campo, mas também aos insultos, e assal-

tos do Gentio da terra. Mais de trezentos Tapuias os acometeram bárbara, e obstinadamente em uma madrugada: mas sendo rechaçados, e vencidos pelos poucos, e animosos soldados, e defensores do Presídio, se reduziram a aceitar as pazes, e trato com os portugueses, e assim foram estes passando com menos susto, e mais cômodo até nove do mês de junho do seguinte ano de 1614 em que lhes chegou de socorro um caravelão com trezentos soldados, e Manoel de Souza Deça por seu Cabo, e novo Comandante para a Fortaleza, com mantimentos, e o mais necessário, despachado de Pernambuco pelo Governador da Bahia, Gaspar de Sousa, que já a este tempo se achava de assistência naquela Praça, como lhe havia ordenado el-Rei.

164. Ainda não haviam bem desalojado a carga, e soldados, quando ao terceiro dia, que eram 12 de junho, veio sobre a Fortaleza uma Nau de Franceses de boa equipagem, de que era Comandante o Senhor de Pratz, com trezentos soldados, e conduzia também uma Missão de doze Capuchinhos, e por Prelado destes o P. Arcângelo de Pembroch, para refazer o número, e aumentar a do Maranhão. Dos soldados lançou em terra o Capitão Francês duzentos dos seus, e foi marchando sobre a Fortaleza. Achava-se ela só com vinte e cinco homens. Com estes lhe saiu ao encontro Manoel de Sousa Deça, e esperando ao inimigo em um passo estreito, e coberto, os fez com boa sorte retirar à pressa, e buscarem precipitados na sua Nau o seguro das vidas, e seguindo a sua viagem se foram recolher com os mais à Ilha do Maranhão.

165. Martim Soares Moreno, que do porto das Tartarugas havia despachado Jerônimo de Albuquerque, como acima se disse, a informar-se das operações, e estado dos Franceses na Ilha do Maranhão, voltando desta por causa de ventos contrários, e corrente das águas, foi arribado às Índias de Castela, de onde passando a Sevilha, e informado el-Rei por ele do estado dos Franceses naquela conquista, a encarregou de novo ao Governador da Bahia, recomendando-lhe mandasse a ela ao mesmo Jerônimo de Albuquerque, ao qual também escreveu el-Rei. Por esta razão já quando a este tempo que era pelo mês de junho deste próprio ano de 1614, recebeu Gaspar de Sousa os avisos, que lhe mandaram os que se achavam no Presídio das Tartarugas, desde o dia 22 de junho, de Pernambuco havia despachado a Jerônimo de Albuquerque para a Paraíba com cinco caravelões a formar ali um corpo de exército de todos os índios daquelas vizinhanças, o qual posto lá em terra se empregou neste cuidado. No mesmo se ocupava em Pernambuco o Governador-Geral, e a poucos dias despachou do Recife dois caravelões mais, para que se unissem a Jerônimo de Albuquerque no Rio grande, onde os mandava esperar por ele, quando lá não houvesse chegado.

166. Em Pernambuco continuava o Governador em pôr prontas as embarcações, que haviam conduzir as tropas, que se juntavam para esta empresa. De todas se formaram quatro companhias de sessenta homens cada uma, com as que já seguiam a Jerônimo de Albuquerque. Foram eleitos para seus Cabos, além de Gregório Fragoso, sobrinho do mesmo Comandante, Antônio de Albuquerque seu filho, Manoel de Sousa Deça, que se achava no Forte das Tartarugas, e Marin Calado de Bitancourt, que havia chegado de Lisboa com o Sargento-Mor Diogo de Campos.

167. Para coadjutores espirituais, ou Capelães desta militar Esquadra, destinaram para ela, a rogos do Governador do Estado, os Prelados da nossa reformada Custódia de Santo Antônio do Brasil, a dois dos seus súditos, e filhos, sem dúvida entre todos escolhidos com muito acerto; e porque não pareça aos que isto lerem, falamos neles com afeto de irmãos, o que a estes tocar nesta empresa o repetiremos com a mesma alma, com que o escreve com pena desapaixonada, o Autor já referido dos Anais do Maranhão dizendo em o número 211: *Os Capuchos de Santo Antônio, parece que já prognosticavam ao grêmio da Igreja os muitos interesses, que lhes granjeou esta expedição; porque ofereceram para ela dois religiosos, sorte, que coube aos Padres Fr. Cosme de S. Damião, e Fr. Manoel da Piedade; o primeiro, que havia sido Guardião no seu Convento da Paraíba, e o segundo da principal Nobreza do Brasil, e grande teólogo: e sendo ambos de uma vida exemplar, e ilustrados das maiores virtudes, deixaram bem canonizado, por todos os princípios, o acerto da escolha.*

168. Compunha-se toda a Armada[61] para a conquista do Maranhão, a que se deu o nome de milagrosa, diz o mesmo Autor, de dois Navios redondos, uma Caravela, e cinco Caravelões com menos de cem homens de mar, e unidos estes aos que a Jerônimo de Albuquerque seguiam, não passavam todos de trezentos, não contando os Índios de serviço, e armas, que destes últimos seriam até cento e cinquenta. Em vinte e três de agosto do referido ano de 1614, dia consagrado à honra da Senhora, por ser em um Sábado, pelas sete horas da manhã saiu esta Armada do porto do Recife. Levava ordem para se incorporar com o Comandante Jerônimo de Albuquerque na Fortaleza do Rio Grande, aonde o achou, chegando ela ali a vinte e seis do mesmo agosto. Deste porto saiu em cinco de setembro, e a sete entrou na Bahia do Iguape, e aqui desembarcou Jerônimo de Albuquerque com muitos dos Índios, por estarem enjoados, e foram por terra no dia oito até o Ceará, aonde chegaram no dia seguinte, e ao mesmo tempo os que navegavam por mar. A dezassete

61 [Jaboatão] Annaes nº 113 [nota ed.: BERREDO, 1749].

saíram daqui, e no mesmo dia foram tomar porto na Bahia de Paranamirim, estes por mar, e Jerônimo de Albuquerque por terra com os mais, onde chegaram a vinte e quatro, achando desembarcados a todos. Aqui se detiveram até vinte e nove, e embarcando-se com os mais Jerônimo de Albuquerque, foram tomar o porto das Tartarugas, onde desembarcou o principal corpo da gente. Aqui celebraram a festa da Senhora do Rosário, Titular deste Presídio, e nele se detiveram até doze do outubro, em que, demolido este Forte, se fizeram à vela, e a treze saíram buscando a barra do Piriá, aonde chegaram com trabalho às dez horas da noite, e às mesmas saltou em terra Jerônimo de Albuquerque, o Sargento-Mor Diogo de Campos, e muita parte das suas tropas, e na manhã de quatorze, porque estava a Ilha deserta, desembarcaram todos.

169. Aqui se detiveram até dezenove de outubro em vários discursos, se se fortificariam ali, como lhes ordenava o Governador do Estado, ou mais avançados à Ilha do Maranhão. A esta havia Jerônimo de Albuquerque despachado um batel de seis remeiros com igual número de soldados, entregue a Melquior Rangel, a reconhecer o estado dela, e dos Franceses; e com as informações boas, que lhe trouxe, e que defronte da mesma Ilha do Maranhão havia um sítio chamado *Guaxenduba*, muito acomodado para as tropas, regado de um aprazível Rio, e campos para todas as lavouras, facilitando assim ocupar-se seguramente. Com este aviso a vinte e um de outubro se embarcou a gente, e no seguinte se fez à vela, e com muito trabalho, e perigo por causa de baixos, entraram a vinte e seis no mar de *Guaxenduba*, ostentando-se com muitos paveses, e galhardetes defronte da Ilha do Maranhão, com o que atemorizados os seus habitadores de uma tal novidade, a comunicaram à Fortaleza de S. Luiz, pelas ligeiras postas de vários fogos, e fumaças.

ESTÂNCIA XV

Chega o Exército, e Armada ao Maranhão, dá-se a batalha, e sucessos dela.

170. Logo que a Armada chegou ao porto de *Guaxenduba*, desembarcou Jerônimo de Albuquerque com os do seu Navio, e assim depois os mais, e trataram de fortalecer o lugar, e dar-lhe título. Para este efeito no dia vinte e oito de outubro, lançadas sortes, saiu para titular da Fortaleza, o Nascimento da Senhora, e de baixo de tal Proteção, com o nome de Maria, se deu princípio nesta mesma tarde à obra, com os mais alojamentos, e Estâncias para Cabos, e soldados. Também por direção dos P. Fr. Cosme, e seu companheiro,

se ordenou um Oratório, ou barraca para isso, coberta de palmas, como as mais tendas, para se haver de celebrar nela o Sacrifício da Missa, e administrar os Sacramentos da Igreja. Uma formosa Bahia, como fica dito, separa a Ilha de S. Luiz do Maranhão da terra firme, pela parte de Leste por distância de duas léguas, e três pela do Oeste; e por uma, e outra entram Navios; mas pela do Sul, que corresponde ao centro, e sertões da mesma terra, só um pequeno Rio, ou mais propriamente Lagamar que chamam dos Mosquitos, com menos largura de tiro de espingarda. Do meio desta Ilha, que fica para o Oeste, correndo para a ponta do Sul, está fundada a Cidade do Maranhão às margens de uma Bahia, que aí forma a terra. Pela outra parte de Leste, e terra firme, em uma como Península, ou língua de terra, chamada *Guaxenduba*, entre dois Rios de bastantes águas, que entram na mesma Enseada, assentaram os nossos o seu Arraial, fronteiro pelas costas da Ilha à Cidade de S. Luiz dos intrusos Franceses.

171. Tanto que estes tiveram a certeza de que os portugueses estavam acampados na terra firme, e vinham a lançá-los fora da Ilha, havendo reconhecido as poucas forças, e menos preparos, que para isso traziam os nossos, determinaram acometê-los nas suas próprias Estâncias, com a maior presteza, antes que lhes dessem tempo a maiores prevenções. Não se ocultou aos nossos esta determinação, e assim se foram dispondo na melhor forma, que lhes foi possível. Tiveram anúncios certos, de que no dia dezenove do mês de novembro, havendo só alguns vinte, que ali haviam chegado, intentavam os Franceses dar-lhes batalha, e uma das prevenções, que para esta se fez, ordenada pelo Padre Fr. Cosme de S. Damião, foi que na véspera se confessassem todos, mandando ao P. Fr. Manoel da Piedade, lhes fizesse, especialmente aos índios, uma prática, admoestando-os ao esforço, e confiança em Deus, que lhes não havia faltar com assistência superior em uma empresa tanto do seu serviço. Já deixamos referido o número dos nossos. Constava o dos Franceses, que das suas naus saltaram em terra, de trezentos e cinquenta soldados, e duzentos e oitenta índios destros flecheiros, e valentes tupinambases. Sem resistência ocuparam todos um sítio eminente, e no melhor modo o fortificaram logo, ficando o mais resto da sua gente, com o Comandante *Ravardier*, nas suas embarcações. Aos da terra saíram os nossos repartidos em dois Esquadrões. Um marchou pela praia, o outro caminhou pela montanha, ficando alguns no alojamento, e presídio. Diante dos que marchavam pela praia ia o P. Fr. Cosme, com um crucifixo nas mãos, animando aos soldados; o mesmo fazia com os que caminhavam pela montanha o P. Fr. Manoel da Piedade. Assim se acometeram os dois Exércitos, travou-se a batalha, que começando às dez horas da manhã, se concluiu de todo às três da tarde, tempo em que já não

aparecia inimigo no campo, mas ficou ele semeado dos mortos, triunfantes os nossos, e vencidos os Franceses. Destes acabaram à espada, pelouros, e frechas dos Índios 119, e vinte e um afogados nas águas, buscando o salvar-se nas suas embarcações, e quase todos os seus índios. Dos nossos morreram vinte, e onze portugueses. Quem quiser circunstâncias mais individuais deste combate, pode ler a Berredo, que nós só imos ao substancial dele, e o mais preciso ao nosso intento, e dos Religiosos Menores, que nele se acharam, dos quais diz o seguinte o mesmo Autor no número 304 dos seus *Annaes* no fim: *A imortalidade da memória que também granjearam os dois Religiosos de Santo Antônio Fr. Cosme de S. Damiao, e Fr. Manoel da Piedade, com novos créditos das suas virtudes, no constante desprezo dos maiores perigos.*

172. Nos dias seguintes a esta vitória, ficaram suspensas as armas de ambos os partidos, até o de vinte e nove do mesmo novembro, em que justo, e firmado um tratado de paz entre os da campanha, e Ilha, com as condições, e artigos, que se podem ver no mesmo Autor, neste próprio dia de tarde se ordenou pelos nossos uma solene Procissão em ação de graças, e se dedicou Igreja a N. Senhora da Ajuda, a que se deu princípio logo, e se concluiu com brevidade. A três de dezembro despachou Jerônimo de Albuquerque uma Caravela com os avisos a Pernambuco para o Governador do Estado, e nela o Capitão Manoel de Sousa Deça: *Também mandou logo à Ilha do Maranhão a requerimento do Ravardier, ao Sargento-Mor Diogo de Campos, (são palavras do mesmo Autor, que as trasladamos como ele o escreve em os num. 357, 358, 359) com o P. Fr. Manoel da Piedade para acomodar, como prático com o Gentio, a sublevação que os da Ilha todos intentavam, com as pazes dos Franceses, e portugueses, discorrendo o Gentio, que o que delas se devia seguir, como o haviam experimentado os da Ibiapaba com o Capitão Pedro Coelho, era para ficarem eles cativos, e serem vendidos. Foram na Ilha bem recebidos, primeiro no Forte de S. José, que ficava defronte do nosso Guaxenduba, ou Santa Maria, e bem hospedados nele pelos Franceses, onde se detiveram todo aquele dia, com parte do seguinte, na redução dos* índios, sobre a desconfiança da presente trégua; e conseguida com felicidade, continuaram ambos a sua jornada pelo continente da mesma Ilha, até à Fortaleza de S. Luiz aonde recebeu a Diogo de Campos o Ravardier com toda a demonstração. No outro dia de manhã foi o P. Fr. Manoel, e Diogo de Campos ao Convento dos Capuchinhos, e o achou já com suficiente capacidade, assim nas Celas, como nas oficinas para acomodação de vinte Missionários, que assistiam nele, com o seu Prelado o P. Arcângelo de Pembroch, que havia poucos meses, tinha chegado ao Maranhão, com dezassete Religiosos. Também tinham um Seminário de Moços Franceses, e índios da Ilha, aonde aprendiam a língua uns dos outros. Estando com os

Padres no Hospício, entrou o Ravardier, e conduziu a Diogo de Campos para a Fortaleza, aonde lhe deu um magnifico jantar. E no seguinte dia o levou a bordo da sua Nau, onde lhe fez o mesmo, e no outro dia se recolheu Diogo de Campos a Guaxenduba, com o P. Fr. Manoel da Piedade, que assistia a tudo; e com isto, e outras coisas se concluiu o ano de 1614.

ESTÂNCIA XVI

Do mais que se obrou no Maranhão depois desta vitória até a última exclusão dos Franceses daquela Ilha, com outras operações dos P. Fr. Cosme, e seu companheiro até voltarem a Pernambuco.

173. Entrou o ano de 1615,[62] e com ele um terrível contágio de sarampo, achaque espantoso, e mortal para os Índios, de que faleceram muitos, e tiveram bem em que exercitar com esta gente, e também com os soldados portugueses, o seu cuidado na assistência dos enfermos, e a sua caridade os dois Religiosos Fr. Cosme, e seu companheiro, em tempo, e conjunção, em que para os valentes era difícil o sustento, e experimentada a penúria. Com estes, e outros incômodos, que trazem consigo semelhantes empresas, foram passando todos até o mês de Julho deste mesmo ano, em que chegando de Pernambuco, e Bahia Francisco Caldeira de Castelo Branco, e Miguel de Siqueira Sanhudo de Portugal, com ordens encontradas, ao que havia tratado em ponto de pazes com os Franceses Jerônimo de Albuquerque, no Maranhão; rompeu ele as tréguas apesar dos inimigos, e a trinta e um deste mesmo mês entregaram os Franceses o Forte de S. José de Itapari, no continente da Ilha, e evacuada a guarnição contrária, entrou com a sua Jerônimo de Albuquerque.

174. Com esta resolução, que havia recebido do Governador do Estado o Albuquerque, para romper a trégua com os Franceses, como o havia feito, se conformaram as apertadas ordens, que do Reino trouxe a Pernambuco ao mesmo Governador, Diogo de Campos que ali havia chegado por este tempo. Com toda a pressa armou o Governador-Geral em guerra sete Navios, e duas Caravelas, com novecentos homens, e as encarregou a Alexandre de Moura, Fidalgo da Casa Real, Cavaleiro do Hábito de S. Bento de Aviz, que acabava de exercitar o emprego de Capitão-Mor do Estado de Pernambuco. Com esta Armada se fez ele à vela daquele porto a cinco de outubro, e no fim

62 [Jaboatão] Annaes ib [nota ed.: BERREDO, 1749].

deste mês entrou na barra do Piriá na Costa do Maranhão, a mesma onde foi primeiro Jerônimo de Albuquerque, e a tempo em que já este, no último do mesmo outubro saindo da Fortaleza de S. José de Itapari, se veio acampar junto à Fonte das pedras, vizinha ao Forte de S. Luiz, sem que se atrevessem os inimigos a fazer-lhe oposição. Na manhã seguinte, primeiro de novembro, entrou Alexandre de Moura na Bahia de S. Luiz, a que pôs o nome de Todos os Santos, por ser este o seu dia, e fazendo um pronto desembarque na pequena Ilha de S. Francisco, distante pouco mais de tiro de canhão da Fortaleza de S. Luiz dos Franceses, levantou nela outra defesa de pau a pique, com o mesmo nome da Ilha, e do Santo, que se chamou também o Porto do Sardinha. O que visto pelos Franceses, se abateu o *Ravardier* à chamada, com aviso a Alexandre de Moura, que, ainda que o prazo das suas últimas capitulações não estava cheio, se achava pronto para cumpri-las; e se firmaram as entregas na forma seguinte: *Aos dois dias do mês de novembro de 1615 anos, na Ilha de S. Luiz, onde habitam os Franceses, e no lugar do Quartel de S. Francisco, que chamam o Forte do Sardinha, apareceu perante mim Daniel de la Ponche, Senhor de la Ravardiere, e por ele foi dito, em presença dos Religiosos, Padres de S. Francisco, que cá estavam, e dos que em minha companhia vieram de Nossa Senhora do Carmo, e dos da Companhia de Jesus, estando também presente o Almirante da Armada, e muitas pessoas nobres, que ele estava prestes para entregar o Forte, que possuiu em nome de Sua Majestade Católica, ao General da Armada, e conquista do Maranhão Alexandre de Moura; e de como assim o houveram por bem, fizeram este auto, em que assinaram os ditos Senhores. E eu Francisco de Frias de Mesquita o fiz por mandado do dito Senhor General. – Alexandre de Moura – Daniel de la Touche: – E a três de novembro, que era o outro dia, se tomou por tarde a entrega do Forte a Alexandre de Moura, e Jerônimo de Albuquerque.*

175. Também em observância dos tratados passaram logo em três Navios para as suas pátrias, com os Padres Capuchinhos, mais de quatrocentos Franceses, ficando alguns no Maranhão, que se achavam casados com Índias da terra.

176. *Os Religiosos de Santo Antônio,*[63] *Fr. Cosme de S. Damião, e Fr. Manoel da Piedade, que acompanharam a Jerônimo de Albuquerque na sua expedição, vendo que na cultura de tão vasta vinha podiam empregar todas as fadigas dos seus Espíritos Apostólicos, com grande fruto delas na redução de tantas almas, entraram logo neste Católico exército, com novos créditos das suas virtudes, e foram os primeiros portugueses que em forma Regular se estabeleceram naquela*

63 [Jaboatão] Annaes nº 401 [nota ed.: BERREDO, 1749].

conquista, recolhendo-se no Conventinho,[64] *que largaram os Padres Capuchinhos Franceses; que, ainda que estava muito nos seus princípios, mereceu contudo o nome de primeiro.*

177. Avançado já o mês de novembro mandou Alexandre de Moura a Francisco Caldeira de Castelo Branco para o descobrimento do Grão-Pará, com um Patacho, um Caravelão, e uma Lancha grande, e duzentos soldados. Sem oposição desembarcou as tropas em três de dezembro, entrando pela barra arriscada do *Sepererá* que é hoje a Cidade de Belém.

178. Entrou o ano de 1616, e tendo Alexandre de Moura despachado para Portugal a Jerônimo Fragoso de Albuquerque com a notícia destes bons sucessos, em nove de janeiro se fez à vela para Pernambuco, e em cinco de março desembarcou no seu porto, e com ele o Senhor de la *Ravardier*, que não só achou ali todas as atenções, mas também, por empréstimo, o dinheiro, que lhe foi necessário, e passando a Lisboa, onde se deteve perto de dois anos, em novos requerimentos sobre a sua volta ao Maranhão, ao menos com alguns Navios, ao negócio, em que não foi despachado; mas só lhe consignou a grandeza del-Rei dois mil réis cada dia para seu sustento.

179. Os Religiosos do Carmo, que se diz no termo acima vieram na Armada com Alexandre de Moura, foram Fr. Cosme da Anunciação, e Fr. André da Natividade. A estes concedeu o General para fundação de um Convento a Ilha, que chamam do Medo, pequena, e mui vizinha à de S. Luiz, e nela duas léguas de terra, por data de doze de dezembro do ano passado de 1615, a qual confirmou Jerônimo de Albuquerque em vinte de fevereiro deste ano de 1616. *E com efeito os tais Religiosos* (diz no num. 412 o Autor dos Annaes) *deram logo princípio à sua fundação, que de portugueses foi a primeira naquela conquista*. Primeira, diz o Autor, enquanto fundação por portugueses, mas não primeiros portugueses Religiosos, que chegassem ao Maranhão, e vivessem ali em forma Regular; porque estes foram, como ele também o diz, os dois Franciscanos, Fr. Cosme de S. Damião, e Fr. Manoel da Piedade, primeiros que entraram na Ilha do Maranhão com Jerônimo de Albuquerque, e se estabeleceram naquela conquista, recolhendo-se, logo que saíram dela os Franceses, no Convento que deixaram os Capuchinhos primeiro também enquanto Convento, e fundação, se não de portugueses, de Religiosos, e Franciscanos.

64 [Jaboatão] Nota [nota ed.: nenhuma outra informação consta nesta nota nas edições de 1761 e do IHGB].

180. *Também assistiram* (dizem os mesmos Annaes)[65] *a Alexandre de Moura na sua expedição os P. da Companhia Benedito Amadeo, Lopo do Couto, com outro, que não era Sacerdote, e por superior de todos Luiz Figueira, que, ainda não tratando da sua subsistência naquela Ilha, passaram brevemente a uma Aldeia grande de Tapuias, sobre o Rio Mony; onde empregaram sua vocação na doutrina Apostólica.*

181. Sobre o que destes RR. PP. diz neste lugar o referido Autor dos Annaes do Maranhão, julgamos ser conveniente repetir, o que dos mesmos Padres, ainda que com diversos nomes, e nesta própria empresa, escreve o novo Autor da vida do seu grande Padre Antônio Vieira, e é o seguinte:[66] *Notícia oportuna, e ainda não escrita em nossas histórias. É bem que saiba o mundo, que não só no espiritual, senão também no temporal, devem as terras do Maranhão à Religião da Companhia de Jesus a felicidade, que logram. No ano de 1615, governando o Brasil Gaspar de Sousa, que então residia em Pernambuco, foi mandado o Capitão-Mor Alexandre de Moura, a dar fim à guerra, que no ano antecedente tinha principiado Jerônimo de Albuquerque contra os Franceses do Maranhão. Iam na Armada os Padres Manoel Gomes, e Diogo Nunes da Companhia de Jesus, e com eles muitos índios filhos todos de sua doutrina nas Aldeias, que em Pernambuco cultivavam. Chegou a Armada a avistar o Maranhão, e como se julgava seria Senhor do terreno, quem tivesse por si os naturais, os primeiros homens, que por ordem do Capitão-Mor pisaram a terra, foram os ditos Padres com os seus Índios; e com fortuna de César, o mesmo foi ter fala com o Gentio, que reduzi-lo à sujeição, e amizade dos portugueses. Desamparada deste arrimo a ousadia Francesa, no mesmo dia cedeu à nossa fortuna, entregando a seu pesar a terra, de que o nosso descuido, mais que o seu valor, os fizera possuidores injustos.*

182. Quem lhe faltará advertência para não perceber os encarecidos termos, com que fazem as sobreditas expressões, opostas ao que deixamos referido, e tirado em substância, e as vezes *ad litteram*, especialmente no que toca aos nossos dois Padres, do mesmo Autor dos apontados Annaes do Maranhão. E quem poderá, ainda sem a lição desses Anais, capacitar-se, que no mesmo dia, em que chegou ao Maranhão a Armada de Alexandre de Moura, saltassem logo em terra os PP. Jesuítas com os seus índios, pregassem ao Gentio, e o comovessem contra os Franceses, e que estes vendo-se sem o socorro daqueles se entregassem no mesmo dia? Mas assim o devia escrever seu Autor, porque só assim se podiam aproveitar os seus da fortuna de César. Também é

65 [Jaboatão] Annaes 413 [nota ed.: BERREDO, 1749].

66 [Jaboatão] Barros, Vid. do P. Vieira, liv. I., p. 93 e 94, nº 170 e 171 [nota ed.: BARROS, 1746].

muito para notar, que dizendo este mesmo Autor, que Alexandre de Moura no ano de 1615 fora concluir a guerra, ou conquista dos Franceses no Maranhão, a que no ano antecedente tinha dado princípio Jerônimo de Albuquerque, não achasse que com este foram os dois Religiosos de S. Francisco Fr. Cosme de S. Damião, e Fr. Manoel da Piedade, e que estes depois de estarem na terra firme desde outubro de 1614 até Julho de 1615, e haver ido, logo que ali chegaram à Ilha do Maranhão Fr. Manoel da Piedade, a rogos do *Ravardier*, a sossegar o Gentio, se passaram ambos com Jerônimo de Albuquerque para o continente da mesma Ilha, e Forte de S. José, onde assistiram desde Julho até o fim de outubro, que ali chegou Alexandre de Moura. E sendo isto assim como é, já os Padres, não dois, como diz o seu Autor, Manoel Gomes, e Diogo Nunes, mas três, como escreve o dos Annaes, Benedito Amadeo, Lopo do Couto, e Luiz Figueira, nem podiam ser, nem foram os primeiros homens, que saltaram em terra na Ilha do Maranhão, e moveram o seu Gentio contra os Franceses, motivo porque estes se entregaram, o que tudo se executou em um só dia. Faça o curioso Leitor, sobre o que fica relatado, qualquer juízo, ou reflexão, que por mui leve que seja, não deixará de perceber o que aqui se nota, e poderá ser que entenda melhor para quem seria oportuna esta tal notícia, que por isso, e não andar ainda em nossas histórias, a escreve o seu Autor.

183. Concluída com os Franceses a conquista do Maranhão, e retirado para Pernambuco nos princípios de janeiro de 1616 Alexandre de Moura, ficou por seu Governador Jerônimo de Albuquerque, prêmio condigno ao muito que nela havia trabalhado, e foi continuando no aumento da nova Povoação debaixo da Proteção de Maria Santíssima, com o título da Vitória, que já lhe tinha decretado no lugar de *Guaxenduba,* e lhe declarou a invocação de S. Luiz, ainda que dali por diante se acha sempre na Fortaleza a invocação de S. Filipe, em obséquio del-Rei de Castela, enquanto ele a dominou.

184. Também os nossos PP. Fr. Cosme de S. Damião, e Fr. Manoel da Piedade acharam nesta conquista um mui largo, e fértil campo, em que, com os repetidos trabalhos, e fadigas corporais, mostrassem os vigorosos esforços dos seus agigantados espíritos. Pois além das moléstias, e sustos, que se experimentam em semelhantes empresas, de mar, e terra, em especial os que não tem aquela profissão, como os Religiosos; os evidentes perigos de vida, a que estiveram expostos em um combate de armas, que durou por quase um dia inteiro, achando-se eles nos passos mais arriscados de assistir, e confessar aos moribundos, a que não faltaram com fortaleza de ânimo, e zelo de espírito, sempre tiveram dali por diante, e em todo o tempo que naquele País assistiram, bastantemente em que se exercitar. Primeiro, e continuado

na assistência, e cura dos enfermos soldados, e com particular desvelo na do Gentio, naquele tremendo para eles contágio do Sarampo, que os acometeu pouco depois que chegaram ao País. A este se seguiu outro, não menor, e quase por todo o tempo na fome geral por falta dos mantimentos da terra, e não serem socorridos, como era necessário. Grandes foram os cuidados, que em favorecer aos doentes, e remediar aos mais necessitados afligiram os ânimos destes Padres; que visto o pouco provimento que havia, e o que eles dispendiam, motivou em todos um firme conceito, de que miraculosamente se lhes multiplicava o que haviam de dar.

185. A tão abrasados espíritos não devia faltar o céu com algum refrigério; foi este a conversão de alguns Hereges Calvinistas, dos que na terra ficaram, entre os nossos, pagando estes aos servos do Senhor a saúde do corpo, e sustento, que lhes administravam, com as almas, que lhe ofereciam, e vinham a confessar publicamente, que não podiam caminhar errados nas doutrinas, que lhes ensinavam uns Varões tão ajustados nos ofícios da caridade; pois viam, que assim como adoecia algum Português, Índio, ou Herege, logo aqueles Padres o visitavam como Médicos, assistiam como Enfermeiros, e serviam como escravos; não reparando em que o doente fosse livre, ou cativo, cristão, ou Gentio, Católico, ou Herege; porque os seus espíritos com superior discrição só atendiam ao valor da caridade, e não à aceitação das pessoas.

186. Nos erros destes Calvinistas, e Luteranos estava pela maior parte instruído aquele Gentilismo, Seitas pestilenciais, que seguem Hereges Franceses, e iam semeando nos corações daquela ignorante gente, tão disposta para receber a infeta, como a Católica doutrina, pois lhes faltava de a luz da razão, e ciência, para conhecimento da verdadeira. Desterrar nele as trevas desta ignorância, foi no que mais cuidou o P. Fr. Cosme de S. Damião; e seu companheiro Fr. Manoel da Piedade foi o principal instrumento para a conversão destes Tupinambás vizinhos, e amigos dos Franceses, e de outra grande multidão deles, que habitavam o continente da Ilha, desde logo que para ela passaram, como o haviam feito também na terra firme; pois em uma, e outra parte, sem temor de perigo algum, e só com o zelo da salvação das suas almas, embrenhado pelo interior da terra, lá os ia buscar às suas Aldeias, e tanto os sabia mover com o suave das suas palavras, com a energia das suas práticas, e clareza das suas razões, com que na língua natural lhes persuadia os Sagrados Mistérios da Fé Católica, que nela lhes explicava, que como em bandos os trazia atrás de si, e depois de renderem obediência ao Capitão, e vassalagem ao Rei, os instruía na doutrina cristã, Sacramentos da Igreja, e Santo batismo. Es-

tes foram os quotidianos exercícios destes incansáveis Ministros do Evangelho nos dois anos, que, com pouca diferença, cultivaram aquela nova conquista.

187. Nem faltou o céu a autorizar com prodígios o seu santo, e Apostólico zelo no bem espiritual destas almas, tanto para confirmação dos já convertidos índios, como para atrair, e mover aos que ainda se mostravam rebeldes. São as Roças, ou Mandiocas, o comum sustento de todos os que vivem no Brasil; e naquelas partes do Maranhão mui infestadas da imundície dos Gafanhotos, mais, ou menos, conforme as estações do tempo, e mudança deste, produz a terra infinidade desta praga, que levantando-se dos lugares, em que se criam, em nuvens espessas, onde se assenta um exército destes, queimam, e arrasam sem reparo, em mui poucas horas, toda a lavoura, sobre que caem. Assolaram estes naquele ano todas as Roças dos Tupinambás rebeldes, e não convertidos, deixando intatas, e sem ofensa as dos já reduzidos, e Católicos, com a circunstância notável, que circulando os ares aqueles volantes exércitos, passavam pelas lavouras dos Gentios já convertidos, sem as ofenderem, e iam fazer assento, e destruir a dos Rebeldes, e Pagãos. Este prodígio notado, como tal, por todos os índios, porque é gente em grande maneira crédula em semelhantes casos, a que eles chamam agouros, foi um despertador fortíssimo para que muitos daqueles se convertessem à fé, e ficassem os que já o estavam mais confirmados.

188. Não deixou de concorrer também muito para efeito disto, e conversão de tantas almas, o grande desapego, e o conhecido desinteresse, que via aquela gente nestes Padres seus Pregadores, das coisas terrenas; pois sem cuidado da conveniência própria só tratavam do bem alheio. A suma pobreza, em que viviam, e o liberal do ânimo, e alegre vontade, com que chegavam a despender, e repartir com eles, esse pouco, que por esmolas lhes vinha às mãos; e o eficacíssimo exemplar da sua vida foi o principal tema, que escolheram estes Anunciadores do Santo Evangelho para atraírem a si, à obediência do Rei, e ao grêmio da Igreja, não só ao simples Gentio, mas ainda aos mesmos hereges. Dizia um destes, já convertido, e não ignorante, que se persuadia, não vivera nenhum dos antigos Padres do Ermo com rigor mais austero, do que os Padres Fr. Cosme, e seu companheiro no Maranhão; porque nas penitências, jejuns, e mortificações das próprias pessoas, não foi menor ali o espírito destes dois servos do Senhor, do que o dos primeiros anacoretas do deserto. As casas, onde estes dois Padres moraram, assim na campanha de *Guaxenduba*, por alguns seis meses, e alguns quatro no continente da Ilha de S. Luiz, e Fortaleza de S. José, antes da total entrega dos Franceses, era uma pobre choupana coberta, e cercada de palha. O sustento ordinário umas raízes agrestes, ainda que

cultivadas, a que chamamos naturais *Aypy-Macacheyra*, às vezes já azedas, porque, guardadas, a poucos dias perdem o natural gosto, e sabor. As mais iguarias, eram umas como papas, ou caldo grosso, a que o Gentio chama *Mingau*, feito de outras chamadas também por eles *Aypy-Mandioca* (de que também se faz a farinha comum) depois de estarem por alguns dias de infusão na água, até amolecerem, e cozido ao fogo; e outras ervas mais, sem outro tempero, que água, e sal: e a este respeito, era todo o mais enxoval da casa, servindo-lhe só de precioso ornato duas imagens, ou crucifixos pequenos, que traziam ao pescoço, e os seus Breviários, e duas *typoyas*, ou redezinhas, onde algumas poucas horas descansavam os corpos, e sempre mal acomodados, por não ser capaz aquela volátil cama de se poderem estender de todo nela. Por tempo de quase um ano, viveram os Padres nestas barracas, ou mais propriamente covas, com um só hábito cada um, sobre pobre, e desprezível, remendado com pedaços de panos do algodão da terra.

189. Com todos estes incômodos da vida, e mau trato das pessoas, foram passando aqueles Apostólicos Varões até os fins do ano de 1615, em que lançados fora da Ilha os Franceses, e com eles os Religiosos Capuchinhos, para as suas terras, se entregou o seu Recolhimento aos nossos Padres Fr. Cosme, e seu companheiro; e estes, como referem os sobreditos Annaes do Maranhão, foram os primeiros portugueses, que em forma Regular se estabeleceram naquela Conquista. Mas o tempo, que nela residiram, depois que entraram a viver neste Recolhimento, o não declaram os referidos Anais, nem o achamos em nossas Memórias. Estas só dizem, que do Maranhão para Pernambuco se retiraram por terra; e se foi assim, só o podia ser em companhia de uma Esquadra de gente, que alguns meses depois de partir para Pernambuco em janeiro Alexandre de Moura, mandou Jerônimo de Albuquerque a pedir socorros de mantimentos, e o mais, que lhe era necessário para fornecimento daquela Praça, como referem os mesmos Anais:[67] *Neste tempo, havendo falta de socorros no Maranhão, despachou Jerônimo de Albuquerque ao Sargento-Mor Balthazar Álvares Pestana, com vinte soldados portugueses, e perto de cem índios, e foram estes portugueses os primeiros homens brancos, que penetraram este caminho, e gastaram cinco meses a Pernambuco.* Os Anais só declaram o que se segue:[68] *Os Capuchos Fr. Cosme de S. Damião, e Fr. Manoel da Piedade, que acompanharam a Jerônimo de Albuquerque, se recolheram ao Conventinho, que principiaram os Franceses; mas vendo assistida aquela Missão de Operários necessários, se retiraram à sua Custódia de Pernambuco depois de acomodarem os*

[67] [Jaboatão] Annaes nº 116 [nota ed.: BERREDO, 1749].

[68] [Jaboatão] Annaes nº 521 [nota ed.: BERREDO, 1749].

da Companhia de Jesus na mesma vivenda, de que saíam, que também deixaram sem muita resistência, passando a duma aldeia do Rio Mony. Bem se poderá inferir do sobredito, que vindo estes operários, os PP. Jesuítas, e do Carmo, com Alexandre de Moura, indo-se este, e ficando aqueles como necessários, ou bastantes, vendo isto os nossos, se voltariam a Pernambuco logo com o mesmo Alexandre de Moura. Mas a ser isto assim, o não deixariam de dizer os mesmos Anais. E pois o não declaram estes, nem aqui nem em outra parte, foi sem dúvida, porque o não acharam explicado nas memórias, que seguiram; e assim iremos com as nossas, que afirmam, ainda que também sem tempo determinado, fizeram por terra esta volta, e sem dúvida na companhia da referida Esquadra dos primeiros portugueses, mandados por socorros do Maranhão a Pernambuco por Jerônimo de Albuquerque.

190. *Faleceu este a onze de fevereiro de 1618, dizem os mesmos Anais, com setenta anos de idade em um Sábado dia dedicado a N. Senhora*: e por consequência nasceu em Olinda no ano de 1548. Foi filho natural de Jerônimo de Albuquerque, cunhado de Duarte Coelho Pereira, primeiro Donatário, e Senhor de Pernambuco, e de D. Maria do Espírito Santo Arco Verde, filha do Principal, ou como dizem outros Princesa dos Índios Tabajaras de Olinda; e por esta via vinha a ser irmão de D. Catarina de Albuquerque mulher de Filipe Cavalcanti, Fidalgo Florentino. Não achamos fosse casado Jerônimo de Albuquerque: mas conforme a certo Genealogista,[69] a quem este dá o título de Capitão do Rio de Janeiro, com outra Índia, chamada também D. Maria de Arco Verde, e seria parenta de sua Mãe, teve Jerônimo de Albuquerque, entre outros filhos naturais, a Antônio de Albuquerque, que acompanhou a seu Pai na conquista do Maranhão, e por morte dele ficou com o mesmo governo, e passando dali ao Reino, veio provido no da Paraíba; e a Matias de Albuquerque, também Governador da Paraíba, quando em Pernambuco entrou o holandês.[70]

191. Dois anos mais, e alguns dias, governou Jerônimo de Albuquerque o Maranhão, como seu Capitão-Mor, Conquistador, e novo Povoador daquela Colônia, que à custa de trabalhos, e várias guerras, que ainda teve com os Gentios, especialmente em um levantamento, que fizeram no ano de 1617, ao mesmo tempo, que se haviam levantado também os do Grão-Pará, defendeu, conservou, e aumentou com grandeza de ânimo, esforço de Capitão, e

---

69 [Jaboatão] Theair. Geneal. Arvor [nota ed.: ATAIDE, 1692].

70 Cf. Aditamento IX no início de OSNB II, deve-se acrescentar: *depois da Restauração de Pernambuco do Holandês. Porque quando o Holandês entrou em Pernambuco era Governador da Paraíba Antônio de Albuquerque Irmão de Matias de Albuquerque.*

liberalidade de Príncipe: pelos quais feitos heroicos, naquela Conquista, fez próprio para si, e muitos dos seus nobres descendentes, que ainda vivem em várias partes de Pernambuco, e em particular, na que chamam *Cunhahu*, entre a Paraíba, e Rio Grande do Norte, sobre o ilustre cognome de Albuquerque, o grande distintivo de Maranhão.

ESTÂNCIA XVII

Da Capitania do Grão-Pará.

192. O Grão-Pará, que, pelo que soa o seu nome, está inculcando a sua grandeza, assim como por ela tem a primazia entre todos os Rios da Costado Brasil, também é o primeiro por onde ela começa do Norte para o Sul. Os seus naturais lhe chamavam na língua pátria, *Paraná-guaçu*, que na nossa quer dizer: *Grande Rio*, ou *Mar doce*; e os portugueses misturando a dos Gentios com a sua, e pondo primeiro a partícula *Grande*, ou *Grão*, que aqueles costumam no fim, dizendo *Paraná-guaçu*, disseram *Grão-Pará*. Outros têm por tradição, que se chamou Pará de uma grande mortandade, que se fez no Gentio naqueles princípios, sem darem quartel a pessoa alguma, mulher, menino, e nem velho; e porque o Capitão, vendo tão fatal destroço, grilara aos soldados, que não matassem mais, dizendo *Pará*, *Pará*, se ficou chamando o lugar, *Pará*, e que em memória dos muitos inocentes, que ali pereceram se deu também, como em Ramá da Palestina, à nova Cidade do Pará, o nome de Cidade de Belém. Mas isto dado que assim fosse enquanto ao título de Belém, que tomou a Cidade, nunca pode concordar com o de Pará, que tem o Rio, e já o lograva antes deste caso, e desde o primeiro princípio do seu descobrimento, chamado sempre *Pará*, ou *Paraná-guaçu* pelo seu Gentio. O mesmo lhe dava também o nome de *Pitinguá*, que quer dizer, Mar grande sujo ou turvo, mas isto era por aquela parte, que corre pelo cabo do Norte, por levar por ali as suas águas pouco limpas. Debaixo da linha equinocial desagua no mar, por uma boca tão grande, como oitenta léguas, que tantas lhe dão os que mais largo contam, outros as reduzem a menos número; mas, por muito que lhe queiram diminuir as suas águas, sempre lhe deixam tantas, que sobram a fazê-lo muito maior que os maiores do mundo todo, que não é novo haver muitos destes contadores, porque nos grandes todos querem diminuir. Dista este Rio do Grão-Pará, do outro do Maranhão, cento e trinta léguas por Costa. As

mais notabilidades deste, como lhe chama um discreto, Imperador dos Rios, quem as quiser admirar, veja aos que dele tratam.

193. Do nome do Rio o tomou toda a Capitania, que como corre das suas margens da parte do Sul, tem seu assento a Cidade em um grau da linha equinocial. O primeiro, de quem achamos notícias descobriu, e navegou este grande Rio, foi um notável, e afoito Espanhol, chamado Francisco de Arellana. Acompanhava este a Francisco Pizarro, na conquista do Peru, da outra parte Ocidental do Brasil, e Índias de Castela. Por ordem deste como Governador daquela nova conquista, saiu Francisco de Arellana, com outros mais de cavalo, a certo descobrimento, para o interior dos seus Sertões, e tanto se entranhou pela terra dentro, que veio a dar no nascimento, ou primeiras correntes deste grande Rio, que ainda então não era conhecido; e vendo-o logo naquele princípio, e origem, já tão crescido em águas, levado da curiosidade, quis indagar o seu curso, e ainda o fim da sua carreira. Em certas embarcações, ao uso do Gentio, se meteu com os da sua comitiva, e se foi navegando por ele abaixo. Em muitas partes se viram perdidos, porque arrebatados das suas correntes; e lhes era necessário tomar terra, e fazer por ela algumas viagens, às beiradas do Rio; oferecendo-se-lhes também muitos combates, e encontros com os Gentios, que as habitavam. Em um destes foi acometido de grande multidão de mulheres, que a maneira das do antigo mundo, pelejavam aqui também com arco, e setas, por onde se ficou chamando também este do Grão-Pará, o Rio das Amazonas.[71] Mas o certo é, que se esta história de Amazonas não é composta, o que hoje chamam das Amazonas não é este do Grão-Pará, é outro, ou um braço deste, que nele se vem meter pela parte do Norte muitas léguas acima da sua grande boca. Lançado outra vez ao Rio o Arellana, tanto navegou pela sua corrente abaixo, que chegou aonde ele entra no mar, e correndo a Costa da América para o Norte, foi ter à Ilha da Margarita, de donde passou outra vez a Espanha. Destas aventuras deu parte ao Imperador Carlos V, então Rei daquela Monarquia; e este lhe ordenou uma Armada de quatro naus, e o mandou continuar aquele descobrimento. Mas a fortuna, que guardava para outrem, a quem de direito pertencia, aquela conquista, divertiu por hora esta; porque embarcando-se Francisco de Arellana, com sua mulher, e família, e saindo do Porto de S. Lucar, veio a falecer de enfermidade natural ao entrar da boca do mesmo Rio Grão-Pará, de donde voltaram as naus com todos os seus outra vez a Espanha.

---

[71] Ver Anotação XII da edição do IHGB no final do OSNB II.

194. Depois de Francisco de Arellana, veio entrar por este mesmo Rio do Grão-Pará Luiz de Melo da Silva, como já se disse falando do Maranhão, e depois deste, que foi pelos anos de 1540 pouco mais, ou menos, até o de 1616, não achamos notícia, de que neste largo tempo de quase setenta e seis anos, viesse algum português mais a esta conquista do Grão-Pará. Para ela no ano de 1615 pelo fim de novembro, achando-se no Maranhão, como fica dito, Alexandre de Moura, despachou a Francisco Caldeira de Castelo Branco. No sobredito mês de novembro saiu ele do Maranhão, e entrando pelo Rio do Pará acima trinta léguas desta parte do Sul, deu princípio a uma Povoação, com Fortaleza de madeira, e outros reparos mais, que julgou bastantes para se defender do Gentio. Eram os principais destes os Tupinambás, menos bárbaros, e mui guerreiros, e assim não deram nestes princípios muito em que cuidar aos novos fundadores, que havendo dois meses, que ali eram chegados, e achando-se faltos de provimentos de ferramentas, e outros semelhantes, com que acomodar ao Gentio, tanto aos que com os nossos trabalhavam nas fábricas da nova Povoação, como aos muitos, que concorriam a pedir destes, e outros gêneros, e se lhos não davam, não saíam muito satisfeitos, e era conveniência contentá-los, despachou Francisco Caldeira a Antônio da Costa, e Pedro Teixeira, com dois homens brancos mais, e trinta Índios em Canoas para o Maranhão a Jerônimo de Albuquerque para que o provesse destas coisas que lhe eram necessárias. Partiram do Pará a sete de março daquele mesmo ano de 1616, e chegaram ao Maranhão a sete de maio seguinte com dois meses de viagem, umas vezes em Canoas, outras por terra, com muitos trabalhos, e perigos, por se achar aquele terreno mui habitado de Gentio Tapuia de várias Nações, e todos selvagens. No Maranhão foram bem despachados por Jerônimo de Albuquerque, que logo expediu uma lancha, por Capitão dela a seu sobrinho Salvador de Melo, com trinta soldados Arcabuzeiros, e dois mil cruzados de fazendas para resgates, e pagas dos soldados, e Gentios, que foi para o Pará um grande socorro naquele tempo.

195. No seguinte ano chegaram também ao Pará quatro Religiosos Menores da Província de Santo Antônio de Portugal, mandados por ordem do Rei D. Filipe II, deste Reino, e a rogos de Jerônimo de Albuquerque, que muito afeto lhes havia ficado, pela larga comunicação, que ali contraiu com o P. Fr. Cosme de S. Damião, e seu companheiro, e movido do seu bom exemplo de vida, zelo das almas, e conversão do Gentio, que suposto se achavam ainda no Maranhão, se haviam retirar para a Custódia de Pernambuco. Por Alexandre de Moura, que levou preso para o Reino ao Senhor de Ravardier, fez esta representação ao Católico Monarca, do que ele bem-informado, e atendendo benigno a esta súplica, encarregou aos Padres da Província de Santo Antônio

de Lisboa, mandassem Religiosos para aquela Missão. Era Provincial Fr. Leonardo de Jesus, que já fora Custódio duas vezes no Brasil, e este nomeou para ela a quatro Religiosos de conhecido zelo, e virtude: o P. Fr. Antônio da Merciana, com título de Comissário; e para suprir a sua falta a Fr. Cristóvão de S. José, e dois Sacerdotes Confessores Fr. Sebastião do Rosário, e Fr. Filipe de S. Boaventura. A vinte e dois de junho de 1617 saíram do Porto de Lisboa, e a vinte e oito de Julho do mesmo ano chegaram ao Pará. Para os conduzir, deu o Rei duas embarcações, e por seu Capitão a Manoel de Sousa Deça, que já nos anos passados dissemos fora com Jerônimo de Albuquerque ao Maranhão, e o deixara lá por Capitão da Fortaleza no Buraco das tartarugas. Era Capitão-Mor do Pará Francisco Caldeira de Castelo Branco, que, como já se disse, do Maranhão foi mandado a esta conquista, onde chegou no mês de dezembro de 1616. Por ele foram bem recebidos os novos hóspedes, e geralmente de todos os moradores, e também dos Gentios pelas notícias, que já tinham pelos do Maranhão, dos grandes bens, que por via dos Padres Franciscanos tinham vindo àqueles. Junto à Fortaleza lhes deram lugar, onde depois fundaram os Padres Jesuítas, e aqui levantaram uma pequena casa, com seu Oratório, ou Ermida. Com este trabalho se lhe ajuntou o de catequizar, e reduzir aquele Gentilismo a uma boa paz, e amizade com os portugueses, para com mais facilidade os meterem no grêmio da Igreja, o conseguiram em pouco tempo um grande fruto na conversão de muitas daquelas almas.

196. Assim foram continuando estes Missionários, até o ano seguinte, em que a grande desordem de alguns portugueses, e principalmente do seu Capitão, alterou, e descompôs toda esta paz, e sossego, com conhecido perigo de se arruinar, e perder aquela Conquista. Não se podiam elas naqueles princípios prosseguir, nem aumentar, sem ajuda, e trabalho dos índios, para as fábricas, lavouras, e outros semelhantes serviços; porque eles eram os que trabalhavam em todas, por seu jornal, ainda que com paga de pouco custo. Mas os portugueses como ambiciosos, em os vendo em paz, e domesticados, não só lhes não pagavam, também se aproveitavam do que eles trabalhavam para si, e cultivavam para o seu sustento, até se fazerem senhores da sua liberdade, cativando-os, maltratando-os, e servindo-se deles como escravos; e assim por este violento modo, e contra toda a lei, e razão se tinha feito o Capitão-Mor senhor de alguns trezentos índios para o servirem, e a seu exemplo outros muitos. Não deixavam os Religiosos de acudir a estes absurdos por parte dos índios, defendendo de semelhantes injustiças a sua liberdade, por onde vinham a ser mui amados daquela pobre gente, e em grande maneira o P. Fr. Antônio da Merciana, que se opunha com esforço a estes desarrazoados termos dos portugueses, e Fr. Cristóvão de S. José ornado de uma suma bran-

dura, e eloquência, pela qual se fazia mui venerado, e obedecido deles; e foi isto motivo, para que pelos mesmos princípios, porque vinham estes Religiosos a ser estimados dos índios, fossem aborrecidos do capitão, e seus sequazes: e como nada podiam eles remediar em bem, e favor do Gentio, pois tinham ao Capitão, e os maiores contra si, e não eram poucos, não achando aquela gente recurso às suas grandes opressões, não teve outro mais que o dos seus arcos, para cobrarem por força deles, o que não podiam pelas da razão, e assim amotinados todos se levantaram, e puseram em tom de guerra. A isto deu grande calor outra causa de boa consequência. Era o Capitão homem cruel, mui arrogante, pouco valoroso, e sobremaneira vingativo, acessórios, que seguem, e acompanham uns aos outros, e assim tratava aos mais Cabos, e soldados com violências, e descortesias, e tanto, que sem razão alguma, por que nunca a pôde haver, mandou matar certo Capitão publicamente por um seu sobrinho às estocadas, e por que dois homens nobres se acolheram ao hospício dos Religiosos, temendo que também incorressem na mesma pena, por acudirem ao caso, e estranharem ao agressor aquela violência, como ordenada pelo Capitão; desejando este vingar-se deles, mandou aos Religiosos saíssem logo do hospício, pois estava em terras suas; e porque os Frades pediram espaço de um dia, para buscarem outro Recolhimento, mandou comboiar uma peça de artilharia para o Hospício com intento de o derrubar: mas sendo a carreta da tal peça nova, maravilhosamente se desfez no caminho, e ficou a peça em terra, e sem efeito o seu danado intento. Visto pelos mais Capitães, soldados do Presídio, e pessoas principais, os excessos do Capitão-Mor, e que determinava ir com eles por diante, ao dia seguinte, unidos todos, e aclamando a uma voz: *Viva a Igreja, Viva el-Rei*, o prenderam pela manhã, e às mesmas horas, em que tinha resolvido pôr em execução a tomada do Hospício, e prisão dos que a ele se haviam acolhido. Foi isto pelo mês de setembro de 1618.

197. Preso assim este Capitão, entregaram logo o governo a um esforçado, e prudente homem, e mui devoto dos Religiosos, partes de que carecia o preso, o qual naquele estado, não teve outro desafogo, na sua miséria, se não com os mesmos Frades, que antes perseguia, e a estes entregou o seu escritório, e papéis, e neles só achava aquela consolação, e bom conselho, que antes abominava. Com estas desordens dos portugueses entre si, tomou maior calor a rebelião do Gentio, sendo cabeça de todos os Tupinambás, e dando sobre os nossos, mataram a todos os que acharam descuidados por fora, destruindo-lhes as fazendas, e lavouras, até lhes porem cerco na mesma Fortaleza, sem que os Religiosos pudessem atalhar estes danos, nem movê-los a paz, e amizade; porque publicamente dizia aquele Gentio, não queria amizade, nem paz com uma gente, que nem com os seus mesmos a sabia ter: e assim, não

admitindo partido algum, continuaram com o cerco do Presídio, e estragos dos habitadores de fora. A estes espalhados, e à instância, e trabalho dos Religiosos, se agregaram alguns Índios Tapuias, governados pelo seu Maioral, chamado *Garnipócabá*, de esforço, e ânimo, e foram estes um grande socorro para se poder resistir à fúria, e barbaridade dos Tupinambás, não deixando de padecerem os da Fortaleza grandes apertos de assaltos, fomes, e outras graves moléstias, enquanto durou esta guerra.

198. Postos os sitiados nesta consternação, resolveram mandar a Pernambuco ao P. Fr. Cristóvão de S. José, em companhia do Capitão Manoel Soares de Almeida, a dar parte do estado do Pará, e a pedir socorro ao Governador-Geral da Bahia. Era neste tempo D. Luiz de Souza, que ali havia chegado no ano de 1617, e se achava nesta ocasião em Pernambuco. Com brevidade despachou dali uma Esquadra de quatro Naus, e nela a Jerônimo Fragoso de Albuquerque, em socorro dos sitiados, e a inquirir da prisão de Francisco Caldeira, e aos que achasse culpados, remetesse para o Reino, e ficasse ele ali por Capitão, até provimento do Rei. Chegou Jerônimo Fragoso ao Pará, e achou ainda a Fortaleza em cerco, que com este socorro, e outro, com que ao mesmo tempo chegou também do Maranhão o Capitão Bento Maciel, mandado por Jerônimo de Albuquerque com oitenta portugueses, e seiscentos índios, se retiraram os inimigos para as suas Aldeias. Daqui despachou Jerônimo Fragoso para o Reino, com outros mais, que achou culpados, a Francisco Caldeira, que lá acabou. Destas alterações se mostrou o Rei sentido, e mandou recolher à torre de Belém a Monsieur Ravardier, que andava na Corte em requerimentos, para que não voltasse aquelas partes; e podia se presumir isto porque se mostrava para elas mui afeiçoado, e nos seus requerimentos, só pedia ao Rei por satisfação dos seus serviços, e por lhe haver largado o Maranhão, com a sua Fortaleza, e artilharia, lhe desse licença para mandar lá cada ano duas naus de Mercadores, levado sem dúvida da fome do ouro, que ouvira dizer ao Gentio havia pelo Rio das Amazonas acima em uma alagoa, onde tinham presas as suas Canoas em grandes correntes de ouro.

ESTÂNCIA XVIII

Do que mais passou no Pará até a sua separação do Estado do Brasil.

199. Afugentado o Gentio rebelde com a vinda de Jerônimo Fragoso, e mais socorros, e compostas no melhor modo as turbações dos nossos, conti-

nuaram os Religiosos com a sua tarefa, e costumado zelo, de irem conservando a uns e reduzindo a outros. Também não descansava muito o Capitão; porque, depois que se achou desocupado dos negócios políticos, tratou também dos militares: e assim ajuntando a mais gente que pode, tanto Portugueses, como Índios, com uma frota de bastantes Canoas, e os Capitães Custódio Vicente, Pedro Ferreira, e outros que nesta conquista obraram grandes feitos, em particular o Capitão Bento Maciel, que viera do Maranhão com o socorro, que já dissemos, saiu em seguimento do Gentio rebelde, pelas Ribeiras do Pará acima, na qual empresa veio a morrer, tendo obrado nela ações de Capitão famoso, e fazendo no Gentio inimigo grandes estragos, e obrigando a muitos a desampararem as suas Aldeias, retirando-se para os matos mais interiores, onde indo dar nas frechas dos Tapuias, seus declarados inimigos, estes os matavam, e comiam; e os que melhor escapavam, foram os que buscavam aos portugueses à Fortaleza, pedindo paz, e amizade. Em uma batalha destas, dizem fora feita aquela grande matança em toda a gente de um, e outro gênero de certa Aldeia inimiga, da qual tomou a Cidade o nome de *Belém*, e a terra o de *Pará*.

200. Por morte do Capitão Jerônimo Fragoso, elegeram em seu lugar ao Capitão Pedro Teixeira, e por seu coadjutor ao P. Fr. Antônio da Merciana; porque da sua capacidade, zelo, e prudência havia já bastantes experiências. Com a boa consonância, que entre si fizeram estes dois Capitães, ainda que tão diferentes na profissão, começou a gozar a conquista de paz, quietação, e aumento. Para este concorreu muito o arbítrio, que tomaram as duas cabeças deste corpo político, que foi repartirem, e fazerem datas, em nome del-Rei, daquelas terras a algumas pessoas mais possantes, e capazes de as poderem cultivar, e erigir fazendas, Feitorias, e novas Povoações. Também cresceu muito por este tempo a conversão do Gentio. Havia-se dado parte à Bahia ao Governador Diogo de Mendonça Furtado da morte do Capitão Jerônimo Fragoso, e em seu lugar foi provido pelo dito Governador o Capitão Bento Maciel, e foi isto pelos anos de 1623. Neste mesmo ano, e no mês de abril, chegou também ao Pará o Capitão Luiz Aranha de Vasconcelos, mandado de Lisboa pelo Rei Filipe II em Portugal,[72] ainda antes de sua morte, que foi a 31 de março deste mesmo ano, em uma Caravela, com ordem para descobrir, e sondar todo aquele grande Rio pelo cabo do Norte, por se haver insinuado a este Monarca, que por ali se poderia conduzir melhor, e com menos gasto a prata do Potosi. Para isto lhe deu provisões Reais, para os Capitães Mores, e Governadores de Pernambuco, até o Maranhão, e Pará, contribuírem com os

[72] Jaboatão se equivoca. Trata-se de Felipe III de Portugal, IV de Espanha.

socorros, que pudessem. E chegou a Pernambuco, e Mathias de Albuquerque lhe deu ali uma caravela com dezassete soldados, e o Piloto Antônio Vicente, mui prático naquela navegação, e com ela oito mil cruzados de diversos gêneros de fazendas, por conta del-Rei, para provimento do Presídio do Pará, que havia anos se lhe não acudia com pagamentos, nem socorro algum. André Pereira Temudo, Capitão-Mor do Rio Grande, lhe deu quatro soldados, e um destes era Pedro Mendes de Gouveia, a quem Luiz Aranha fez Capitão da Caravela de Pernambuco. Antônio Muniz Barreiros lhe deu no Maranhão quinze soldados, e com estes adjutórios chegaram ao Pará a quatorze de maio do mesmo ano, onde se acabou de preparar, para dar execução às ordens do Rei. Dali partiu mui satisfeito com os soldados índios, que lhe haviam dado, e muito mais com o P. Fr. Cristóvão de S. José, que ia por Capelão desta frota, e a mandado do P. Comissário Fr. Antônio da Merciana. Era o P. Fr. Cristóvão tão bem-visto, e respeitado dos Índios, que em poucos dias de navegação pelo Rio acima, ajuntou a si quarenta Canoas, com mais de mil Índios, que de boa vontade seguiram ao Capitão, movidos também das dádivas, ou galantarias, que ele lhes dava, que suposto de pouco custo, eles se davam por satisfeitos, e ficavam obrigados, porque eram coisas, que eles mais estimavam, como ferramentas, pentes, anéis, e outras semelhantes, que para isso trazia o Capitão, e dizia, que assim lhe ordenava el-Rei, e se isto fizessem todos, menos trabalhos, e danos experimentariam nas suas fundações, nestes princípios.

201. Com esta Armada de Canoas, com multidão de índios, e alguns soldados portugueses, foram seguindo viagem, não sem moléstias de tormentas, e outros inconvenientes, até um lugar, em que lhes advertiu o Flamengo Nicolau, que viera do Maranhão, e já assistira no Pará, estarem mui perto de um Forte, e Feitoria, que ali tinham os holandeses; os quais, sem esperar que os nossos lá chegassem, equiparam quinze Canoas, com alguns setecentos índios seus amigos, e aliados, a tomar-lhes o encontro, e assaltá-los no Rio, como fizeram pela meia-noite, em que se travou uma forte, e renhida batalha, que aturou por duas horas; e ainda que eram mui destros, e bons guerreiros os contrários, foram vencidos, ficando mortos duzentos e trinta cativos, em duzentas Canoas. Estes depuseram, havia já seis, ou sete anos, eram amigos dos holandeses, por dádivas, que lhes ofereciam, e bom tratamento, que lhes davam: mas que na ocasião presente se não achava no porto, e Feitoria algum destes do negócio, mais que na Fortaleza vinte soldados, e alguns escravos de Guiné, com os quais lavravam o tabaco. Logo mandou o Capitão remar para o Forte todas as Canoas, e lanchas, e posto com ele, despachou uma Canoa, e quatro soldados, bandeira branca, e recado para que se entregassem no termo de uma hora, ou os passariam todos à espada, porque assim lho ordenava o

seu Rei, de quem eram aquelas terras, e conquista. Foi a primeira resposta, que aquela força era do Conde Maurício, e assim se não podia entregar, sem ordem sua, e que para esta vir era pouco tempo o que lhes assignavam; (e o intento era quererem dilação enquanto lhes chegava socorro de outra Fortaleza, que distava desta doze léguas) a isto tornou o Capitão, que ele tinha já a ordem, que havia seguir, e não lhe era necessário esperar outra, ainda quando a vantagem dos seus soldados era tão conhecida, e para que o entendessem assim os inimigos, mandou intrometer entre os soldados brancos muitos índios com chapéus, e carapuças, para que parecessem todos portugueses. O que visto pelos holandeses, e a resolução dos nossos, levantaram bandeira de paz, e se entregaram com artilharia, mosquetes, escravos, e mais fazendas, que havia na Fortaleza, que de todo foi arrasada.

202. Ao dia seguinte determinou o Capitão acometer a outra Fortaleza, e despachou adiante uma Canoa, com quarenta remeiros, todos Índios valentes, e três animosos portugueses, Pedro da Costa, Jerônimo Correia de Siqueira, e Antônio Teixeira, a descobrir o Rio, e nele se encontraram com doze Canoas de Gentio contrário, chamado *Harizanás*, as quais tomando a dos nossos em meio sem quererem tratar de paz, e amizade, que lhes ofereciam, travaram entre si uma grande peleja. Mas os nossos como sabiam não podiam ser socorridos, com a pressa, de que necessitavam, assim pelejavam como desesperados, e tão valorosamente, que já quando chegaram os mais, que os vinham seguindo, tinham mortos muitos dos inimigos, e muitos mais com o seu socorro. Quatro Canoas com todos os seus ficaram presas, com um grande número de mortos; dos nossos pereceram sete, e foram feridos vinte e cinco, e Jerônimo Correia com três frechadas, de que sarou com muito perigo; e assim ele como os dois companheiros da primeira Canoa, com as mãos tão empoladas da quentura dos mosquetes, que por muitos dias sofreram aquela moléstia; porque cada um naquele combate havia disparado mais de quarenta tiros.

203. Curados os feridos, e descansando do trabalho aquela noite, ao outro dia mandou o Capitão um Cabo de Esquadra, com recado aos holandeses da Fortaleza, que se chamava *Gurupá*, para que se entregassem, porque assim o tinham feito os da de *Muturu*, que era a outra já rendida, e ali os traziam consigo; do que certificados eles por um, que lá lhes mandou, se vieram entregar trinta e cinco, com toda a fábrica da Fortaleza, artilharia, e tudo o mais. A estes perguntou o Capitão, se havia mais alguma Fortaleza, ou Feitoria sua por aquela Ribeira, e responderam que não, mas só duas de ingleses, as quais já ficavam abaixo. Com estas presas se voltou o Capitão para o Pará, e

não achando aí a Bento Maciel, porque havia saído em seu socorro, se tornou a embarcar na sua Caravela, e foi navegando pela parte do Norte da barra grande, outra vez pelo Rio acima, e se vieram a encontrar depois de ter andado um mês por entre um intricado labirinto de Ilhas. Ao dia seguinte, ao que se avistaram, surgiu, em distância de légua, uma Nau, e se foram a ela, Luiz Aranha na sua, e Bento Maciel com quatro Canoas, com intento de a abalroarem debaixo da sua artilharia, e não o puderam conseguir com tanta presteza, que primeiro não alcançassem os da Nau com uma bala de oito libras uma Canoa, em que mataram sete homens, e feriram vinte negros; mas as outras se meteram debaixo da artilharia, e não se querendo entregar, a arrombaram ao lume da água com machados, e se foi ao fundo, pondo-lhe os Holandeses ao mesmo tempo fogo à pólvora, e ainda se tomaram algumas pipas de vinho, barris de queijos, e manteigas, e uma caixa de botica, que de tudo se aproveitaram os nossos; mas os Holandeses, que eram cento e vinte e quatro, todos foram mortos, a ferro, e fogo, e os nossos com estas empresas se retiraram ao Pará, ficando esta Capitania assim aliviada de tantos inimigos Naturais, e Estrangeiros, para crescer, e dilatar-se em novas fábricas, Povoações, e cristandade, convertidos, e aldeados muitos dos seus Gentios, pelo zelo, pregação, doutrina, e trabalho dos Religiosos Menores, e particularmente destes dois incansáveis Ministros do Santo Evangelho Fr. Antônio da Merciana, e Fr. Cristóvão de S. José, primeiros Missionários nesta conquista do Grão-Pará, e antes que lá fossem outros alguns; e como se eles acharam desde a fundação desta Capitania até este tempo, e em todas as operações, e casos que ficam referidos, e tivemos notícia, por isso tomamos o trabalho de os relatar, e não por necessidade de fazer maior vulto esta escrita, que aqui concluímos aos oito anos, desde o de mil e seiscentos e dezesseis, que chegou ao Pará Francisco Caldeira de Castelo Branco, a sua fundação até o de 1624, em que el-Rei Filipe III em Portugal, separou do Brasil o governo do Pará, e Maranhão, mandando para este do Pará a Manoel de Sousa Deça, que partindo de Lisboa a 25 de março deste mesmo ano de 1624 chegou a Pernambuco a quatro de maio seguinte, e daqui fez a sua viagem para o Pará. E por esta mesma causa deixamos as mais notícias dos Religiosos Menores naquele Estado para o cronista, a quem pertencem.

204. Quando já tínhamos completas, e assentadas estas duas Estâncias, e tudo o que nelas fica exposto, nos veio à mão um livro, ou história da vida do grande Padre Antônio Vieira, no qual falando o seu grave, e Douto Autor da conquista do Maranhão, escreve, que na armada do ano de 1615, em que mandou de Pernambuco, onde se achava, o Governador do Estado Gaspar de Sousa a Alexandre de Moura, em socorro de Jerônimo de Albuquerque, para

concluir a conquista, a que este Capitão havia dado princípio contra os Franceses, iam nela dois Padres da Sagrada Companhia, e que para se renderem os Franceses da Ilha de S. Luiz, e fazerem entrega dela, não houve mister mais combate, nem assalto, que mandar o Capitão a terra aos dois Padres, sendo estes os primeiros portugueses, que na Ilha saltaram, e que tendo prática com o Gentio, postos todos da nossa parte, isto só bastou, para que os Franceses, vendo-se sem o socorro do Gentio, se entregassem Do mesmo dia, atribuindo aos ditos PP. toda a vitória, e primazia desta empresa,[73] e que esta notícia a dava por oportuna, e não escrita em nossas histórias. Não duvidamos, que os seus PP. fossem nesta Esquadra, nem tampouco, que seja nova esta notícia, porque só a achamos escrita neste livro. Também deixamos ao juízo, e discurso do experimentado, e discreto Leitor, o que se encarece, quando se diz, que o mesmo foi saltarem os PP. em terra, que reduzir-se o Gentio contra os Franceses, e entregarem-se estes no próprio dia, que não deixará de conhecer por mui dificultoso, que estando os Franceses por senhores da Cidade, e Ilha, seus portos, e todo o Gentio da sua parte, deixassem saltar em terra os Padres, vindos nas naus de seus inimigos, movessem o Gentio, e o pusessem da sua parte, e esta rebelião fosse a causa total de se entregarem os Franceses, e que tudo isto acontecesse em um só dia. Que nós só imos a concluir, que sendo tudo na forma referida, nem por isso se deve atribuir aos seus Padres a glória de primeiros nesta empresa. Porque se falarmos do Maranhão pelo que é terra firme, já nesta muitos dias antes estavam os nossos dois Padres, Fr. Cosme, e seu companheiro de posse desta primazia; se só da Ilha, a mesma razão que há para os seus Padres serem os primeiros, a deve haver também para os nossos, pois entraram nela todos na mesma conjunção. Que depois de entregue a Cidade, no mês e meio, ou dois, que nela assistiram com Alexandre de Moura os RR. PP. fossem uns bons coadjutores para a amizade, e redução do Gentio, assim como o foram os nossos, é mui coerente, e tudo se devia ao seu grande, e santo zelo.

205. E porque sobre os nossos portugueses, que foram descobridores da Ilha do Maranhão, se deu o primeiro lugar aos filhos de João de Barros contra o que escrevem os mais, dizendo fora o primeiro Luiz de Melo da Silva, e que este dera à Ilha o seu nome, dissimulado com o do Santo Rei de França Luiz; já em seu lugar dissemos que este nome lho deram os Franceses, quando ali entraram, em honra do Rei Santo deste nome; mas como ali passamos sem expender as mais razões, ou fundamento deste nosso dito, agora apontaremos algumas brevemente. A primeira é, porque os que falam nesta arribada de

73 [Jaboatão] Vid. do P. Vieir, liv. I, p. 94, § 171 [nota ed.: BARROS, 1746].

Luiz de Melo ao Maranhão não lhe assignam ano, e só dizem que viera do Reino a Pernambuco, daqui correndo ao Norte levado das águas entrara no Maranhão, fora ter ao Pará, e deste à Ilha de Margarita, e voltara ao Reino. E se Luiz de Melo, ainda que tomasse terra na Ilha do Maranhão, o que certamente não consta, não se deteve nela, não levantou Povoação, nem Fortaleza que deixasse com Presídio, como dizem, era esta sua navegação uma curiosidade de ver, e correr estas Costas, e em uma só Nau à sua custa, como podia com tais circunstâncias dar o seu nome a esta Ilha? Também lho não podia dar por primeiro descobridor; pois os mesmos, que isto escrevem, dizem, que antes dele tinha aportado ao Maranhão, como assim era, Francisco de Arellana. Parece que convence a razão. A segunda a faz ainda mais evidente. Os mesmos, que falam nesta arribada de Luiz de Melo ao Maranhão, escrevem, que voltando ao Reino, pelo bem que lhe pareceram aqueles Rios, e terras, alcançara del-Rei a mercê de fundar nelas uma Capitania: e que partindo do Reino com naus, e gente para isso, se perderam todas nos baixos do mesmo Maranhão; e que escapando ele com algumas pessoas mais em uma fragata, e nos batéis das naus, foram ter às Antilhas, e passaram ao Reino, onde el-Rei D. João III o ocupou no serviço da Índia, para o refazer, ou satisfazer das passadas perdas do Brasil. Aqui a dificuldade toda do caso. Luiz de Melo da Silva foi despachado para a Índia no ano de 1557, último da vida del-Rei D. João III, neste ano faziam ao menos vinte e quatro, que Luiz de Melo havia tomado a Ilha do Maranhão, para poder ir a ela, como querem, antes dos filhos de João de Barros, que foram ali no de 1539. E quem se há de capacitar, que estivesse el-Rei D. João III deixando correr vinte e quatro anos, ou mais, para no fim deles lembrar-se das perdas de Luiz de Melo no Maranhão, e mandá-lo à Índia, e ocupá-lo lá por elas no seu serviço? Parece incoerente este discurso, e fundados nele deixamos assentada por certa, primeiro que a de Luiz de Melo na Ilha do Maranhão, a assistência nela dos filhos de João de Barros.

Também depois de termos assentadas as Estâncias das outras Capitanias, e apontado os anos, uns ao certo, outros por conjeturas, dessas fundações, tivemos ocasião de ver alguns Autores naturais, e estranhos, nos quais achamos muita diferença entre os anos, que assignam para a fundação de algumas, e os que nós apontamos, e assim devemos dar breve razão, ou fundamento de o fazer assim. É a primeira a de Pernambuco. Dizem eles, que fundada esta Capitania por Duarte Coelho Pereira, no ano de 1551, e nós a pomos em 1530 porque certamente assim foi; como, além de outros, que o dizem assim, é constante por escrituras públicas de seus Donatários, e Câmara de Olinda. É a segunda a da Bahia, que o de Vallemont, e o seu tradutor, que é o da opinião acima, com o da Política Moral, e Civil, diz aquele fora descoberta por Cristóvão Jaques no ano de 1549; sendo este o em que foi mudada a Vila Velha para o lugar em que hoje está a Cidade, fundada por Tomé de Sousa, e o seu descobrimento por Cristóvão Jaques em 1523, ou 24. É a terceira a dos ilhéus, em que um a põe fundada em 1546, e outro em 1564 se não é erro da imprensa, que ambos queiram dizer o mesmo, antepondo, ou pospondo um algarismo, e sempre com equivocação em ambos; porque quando pelos anos de 1540, e nos seguintes, se achava Francisco Pereira Coutinho cercado pelo Gentio em Vila Velha, já a Capitania dos Ilhéus era fundada, pois a ela mandava buscar mantimentos, e provisões para os seus na Bahia, e daqui se embarcou para os Ilhéus fugindo do Gentio. É a quarta a de Porto Seguro, a qual diz o mesmo Vallemont ser fundada em 1553 sendo certo, que no de 1552 quando a ela foram os RR. PP. Jesuítas, já era Vila há mais anos fundada. É a quinta, e última a de S. Vicente, que a põem o mesmo Autor no ano de 1549 por Martim Afonso de Sousa, sendo aquele ano o mesmo, em que este Capitão fazia a segunda viagem para a Índia por seu Vice-Rei, e antes desta, e da primeira, que para a mesma Índia tinha feito em 1534 já deixava fundada esta Capitania, seguindo-se a esta outra equivocação, em dizerem comumente todos, que lhe dera el-Rei esta Capitania pelos serviços, que na Índia lhe havia feito, sendo certo, que quando ele foi à Índia, não só da segunda, mas da primeira vez, já a deixava fundada desde o ano de 1524 ou 25 como em sua particular Estância fica assentado.

DIGRESSÃO V

Dos Prelados maiores desta Província, desde a sua fundação até o presente, assim Custódios, como Provinciais, seus Capítulos, e Congregações, dos Estudos, que nela tem havido, e de alguns Religiosos, que a ilustraram com as suas letras, e escritos.

ESTÂNCIA I

Dos Custódios.

206. Da Província de Santo Antônio de Portugal, fecunda Mãe de outras muitas, entre as quais tem o primeiro lugar, e logra a glória de Primogênita esta do Brasil, saíram os seus primeiros Fundadores, e por Prelado, e Custódio primeiro:

I. O M.R.P. Fr. Melquior de Santa Catarina. Era natural de Britiandos, junto a Ponte de Lima, Pregador insigne, reformado na vida, e exemplaríssimo nos costumes. Chegou ao Brasil no ano de 1585 a doze de abril, e a quatro de outubro deste mesmo ano entrou com os mais Religiosos seus companheiros na Casa da Senhora das Neves da Vila de Olinda, em a qual deu princípio a esta Custódia, e a governou por mais de nove anos, até maio de 1594. Neste tempo se fundaram cinco Casas. A primeira a da Senhora das Neves da Vila de Olinda, a segunda a de N. P. S. Francisco da Cidade da Bahia, a terceira a de Santo Antônio da Vila de Igarassu, a quarta a do mesmo Santo na Cidade da Paraíba, a quinta a da Vila da Vitória na Capitania do Espírito Santo. Completo o seu governo, se retirou para a Província, e sendo nela Definidor, acabou o curso da vida cheio de merecimentos, e anos, no de 1618, e jaz sepultado em Santo Antônio de Lisboa.[74]

II. O M.R.P. Fr. Leonardo de Jesus, Pregador, e natural da Carvalhosa, termo da Cidade de Lisboa. Foi eleito no Capítulo celebrado em Santo Antônio de Penella em 1593, e no seguinte de 1594 chegou à Custódia; governou-a três, e acabou no de 1596. Era Religioso de notável regularidade na sua vida, e ações, e informado por seu Antecessor do estado da Custódia, se-

[74] Frei Cristóvão da Conceição, eleito sucessor de Fr. Melquior, não tomou posse (CONCEIÇÃO, 1733, p. 81-82; SALVADOR, 2010, p. 327; WILLEKE, 1977a, p. 40-50).

guindo pontualmente as suas acertadas direções, nada inovou, nem diminuiu do governo regular, e só como prudente se ocupou em aumentar as Casas das novas fundações, provendo cuidadosamente em tudo quanto conduzia para o serviço de Deus, e bem das almas; e fazendo muito cargo dos súditos, que lhe foram encomendados, os conservou com aquelas formalidades de política Religiosa, e observância Regular, em que os havia informado o seu primeiro Fundador. Com a chegada do novo Prelado se retirou para a Província, com bem merecidos créditos de prudente, e Religioso.[75]

III. O M.R.P. Fr. Braz de S. Jerônimo. Foi Pregador e natural de Ados-Quentes, termo da Vila da Merciana, eleito no Capítulo celebrado na Casa de N.S. do Loreto do Amourol a 17 de Julho do ano de 1596, e no mesmo chegou a esta Custódia, que a achou muito bem morigerada; porque os súditos observantíssimos da santa Regra, e leis da Religião, só cuidavam com santo desvelo na regularidade da vida virtuosa, fazendo-a muito exemplar aos olhos do mundo. E considerando este atento, e zeloso Prelado, que sendo assim bem instruído para si, os devia habilitar também para servirem de proveito ao próximo com a pregação Evangélica, que foi o empenho maior do nosso santo Padre, e sendo o mais proporcionado meio para este sacro ministério a aplicação às letras, e estudos maiores, abriu o primeiro Curso do Artes no Convento de N. Senhora das Neves da Vila de Olinda, e obrou nisto retamente, e muito conforme com os mais ajustados ditames de uma discrição toda do céu: porque considerando, com o seu elevado espírito, que a vinha, que o Senhor lhe havia encarregado, estava já mui dilatada, e crescida, e os Operários para ela mui poucos: com estes, que agora aplicava aos Estudos, criava novos cultivadores para suplemento desses poucos, que havia na Custódia, a qual governou por seis anos, e vindo-lhe no fim deles sucessor, ainda se demorou nela até o ano de 1607, em que voltando para a Província, lá premiaram os Padres o seu grande zelo, e boa Religião; porque no mesmo ano foi eleito[76] em Ministro-Provincial, no Capítulo de 22 de Julho, e continuou até junho do ano de 1610; e cheio de merecimentos, anos, e boa fama, pôs termo aos da vida aos 10 de junho de 1633 no Convento de Santo Antônio de Lisboa, deixando uma mui viva memória do seu bom exemplo,[77] e conhecidas virtudes,

---

75 Cf. Ilha (1975, p. 30 e 75s.).

76 [Jaboatão] Agiol. Lusit., tom. 3., p. 623., lit. L [nota ed.: CARDOSO, 1666].

77 [Jaboatão] Frei Martinh., p. 522., nº 59 e 70 [nota ed.: AMOR DE DEOS, 1740].

assim naquela Província, como nesta Custódia. A sua vida, ou o substancial dela escreveu já Jorge Cardoso, e o cronista Fr. Martinho.[78]

IV. O M.R.P. Fr. Antônio da Estrela, Pregador, e natural da Serra do mesmo nome no Reino de Portugal. No ano de 1602 chegou à Custódia, sendo neste mesmo ano eleito para Prelado dela na Congregação celebrada no Convento de Santo Antônio de Lisboa. Sendo este Prelado nimiamente austero, e rigoroso para si; porque era com excesso mortificado, e um vivo exemplar de penitentes, era discretamente mui afável, e benigno para os súditos, e próximos, de que se seguia ser observantíssimo da disciplina Regular, e da sequela dos atos da Comunidade, de sorte que, visitando pessoalmente a Custódia, nem os longes dos caminhos, e molesto das jornadas por terra, nem o enfadonho das passagens dilatadas, e perigosas do mar, o impediram em ocasião alguma, por mui mortificado que se achasse, seguir as comunidades do coro, e Refeitório, em chegando aos Conventos, sem tomar repouso, e descanso a tanta moléstia, e descômodo; e o mesmo observava nos exercícios interiores de penitência, e oração. Concluído o seu triênio, se deixou ficar na Custódia, e nela o fizeram Guardião da Casa da Vitória, e foi o quarto com este título naquele Convento. Em outro lugar concluiremos com o mais que lhe toca.[79]

V. O M.R.P. Fr. Leonardo de Jesus. Já o vimos nesta Série uma vez, e agora o tornamos a encontrar. Notável, e bem vista carta de recomendação trazem consigo os virtuosos, e perfeitos súditos, para a lembrança dos Prelados, que também como bons, e retos governam só com os olhos em Deus, regulando pelo ditame da justiça aos beneméritos para as eleições. Criavam naqueles princípios os Padres da Província de Santo Antônio de Portugal esta sua primogênita, a Custódia do Brasil, com grande cuidado, e especial desvelo, e por isso se esmeravam muito na escolha dos Prelados para partes tão remotas, onde se necessitava tanto de Pastores, que fossem os mais solícitos das próprias ovelhas, e também das estranhas, destas por caridade, e compaixão, e daquelas, ex-ofício, e de justiça. E como o P. Custódio Fr. Leonardo havia cabalmente satisfeito todos os empregos, de solicito, e vigilante Prelado, na primeira vez que ocupara o seu lugar, neste ano de 1605 o elegeram segunda vez para Custódio do Brasil, na Congregação celebrada em Santo Antônio de

[78] Foi Fr. Braz de S. Jerônimo quem introduziu os estudos filosóficos e teológicos no Convento de Olinda, em 1596 (CARDOSO, 1666, p. 623).

[79] Frei Vicente do Salvador refere-se à gestão custodial de Fr. Antônio da Estrela (SALVADOR, 2010, p. 378). Uma carta deste, em que dirige uma reclamação à Corte, se encontra em Willeke (1974a, p. 75-76).

Lisboa. Não há mestra, que melhor ensine, que a experiência; porque como esta não está só formalmente na especulação, e consiste mais na prática, e teórica; não se pode explicar o contentamento, e alegria dos Religiosos súditos da Custódia, quando viram por Superior seu tão experimentado sujeito para os governar, assim como ele se comprazia espiritualmente em ser Prelado de uns tais súditos. Conhecia o Prelado que súditos tinha; sabiam os súditos as qualidades do Prelado, eis aqui um bom Pastor para governar com acerto; eis aqui um rebanho todo de Deus para as direções do Bom Pastor. Tomou a posse no ano seguinte de 1606 em que chegou ao Brasil a 14 de Julho, e em 28 de outubro fez junta para a eleição de Prelados Locais, continuou por três, e acabou no de 1609;[80] mas neste tempo aumentou muito as Casas, estendendo as habitações, e acrescentando os edifícios, e assim também cuidou com o grande espírito de que era dotado na reforma, e perfeição da disciplina Regular. No mesmo ano em que chegou, e na Junta que fez em a Casa de Olinda, foi aceita a fundação do Convento da Cidade do Rio de Janeiro; também nesta mesma se aceitaram a de Santo Antônio da Povoação do Recife, e a do mesmo Santo do lugar de Ipojuca. Estes foram os acertados progressos do P. Custódio na sua segunda Prelatura, em tudo semelhante à primeira. Bem o conheceu a Província, para onde retirando-se, lá premiaram seus merecimentos, elegendo-o por seu Ministro no Capítulo de 14 de janeiro de 1617. Acabado lá o seu triênio, e estando de assistência no Convento de Santo Antônio de Lisboa, aí com a morte completou o curso da vida, deixando suave memória de Religioso de virtude, prudente Superior, e perfeita norma de Prelados Regulares.

VI. O M.R.P. Fr. Francisco dos Santos, eleito no ano de 1608 em a Congregação celebrada em a Casa de N. Senhora do Amparo. Entrou na posse em o seguinte ano, em que chegou à Custódia no princípio dele. Era natural da Cidade de Viseu. Foi o primeiro Prelado da Casa de Olinda, e companheiro do P. Custódio Fr. Melquior, e mais Fundadores; e tanta foi a prudência, Religião, e acerto, que mostrou no lugar de Olinda, que repetidas vezes foi escolhido para Prelado dos primeiros de quase todas as Casas que havia na Custódia, especialmente das principais. Foi o primeiro de Olinda, por mais de quatro anos. Daqui passou com o primeiro Guardião da Paraíba Fr. Antônio de Campo maior a dispor a planta daquela Casa; e foi isto pelo mês de junho de 1590, e no fim deste mesmo ano, voltando para Olinda, passou à

80 A data da "junta custodial" não consta ao certo, porque em outro lugar se afirma que foi a 22 de outubro. Na mesma ocasião, a junta elaborou o regulamento para os missionários dos índios (ANTT, Arquivo Nacional da Torre do Tombo, Santo Antônio dos Capuchos, maço 18, nº 26, fl. 2v.-3v.).

Bahia por segundo Guardião desta Casa até 1596 que tornou para Guardião de Olinda, até 1598 em que de Olinda voltou segunda vez por Guardião da Bahia até 1603 que então o mandaram por Guardião da Paraíba,[81] que exerceu até 1606 sendo juntamente Comissário dos Conventos de Pernambuco, em ausência, que fez para os da Bahia o Custódio Fr. Braz de S. Jerônimo. Da Paraíba passou à Província, e achando-se na sua Congregação intermédia, foi eleito em Custódio. Não houveram no seu tempo novas fundações; mas nas que o estavam já cresceram em grande maneira as fábricas, traçadas pela sua ideia, que a tinha para isso mui singular, e ajustada, sem que estes materiais divertimentos pudessem embaraçar o vigoroso do seu espírito para cuidar na guarda, e perfeição do Estado Religioso, que à imitação, e exemplo seu, no tempo deste tão Regular, e observante Prelado, teve o maior aumento, crescendo ao cume da mais alta perfeição. Fez continuar o curso de Artes, que havia experimentado alguma interrupção. Concluído o seu triênio, sem se querer demorar na Custódia, nem ainda esperar novo Sucessor, se retirou para a Província; e como quem desejava já de todo viver abstraído da conversação do mundo, e desconhecido dos homens, pediu o retiro da casa da Vila de Viana, e aí pôs fim aos dias de vida, tão exemplar, e Religioso, como havia vivido.[82]

207. No livro-Cartório desta Província, no Catálogo dos seus Custódios, achamos em sétimo lugar segunda vez ao R. P. Fr. Antônio da Estrela, com o caráter de Comissário com vezes de Custódio, na qual ocupação diz entrara no princípio do ano de 1612, e o exercera até dezembro do seguinte de 1613 em que neste mês falecera no Convento de Olinda, e que dando-se disto parte à Província, no de 1614 mandara para Custódio ao P. Fr. Vicente do Salvador, e este é o que na lista dos Custódios, que se guarda no Arquivo de Santo Antônio de Lisboa, se acha sucedera ao P. Fr. Francisco dos Santos, sem se fazer menção de Fr. Antônio da Estrela, entremetendo-se da Congregação do ano de 1608 em que foi eleito o P. Fr. Francisco dos Santos para Custódio, até a outra Congregação, em que se elegeu o P. Fr. Vicente do Salvador, seis anos, sem que no Capítulo deste intermeio, se ache no tal assento da Província Custódio nomeado para o Brasil. Não achamos expressado o motivo desta falta. Mas como notamos dizerem os assentos, assim da Custódia, como da Província, falando do P. Fr. Francisco dos Santos, que acabado o seu triênio, sem

81 De fato, Fr. Francisco dos Santos não ocupou esta guardiania, segundo Jaboatão corrige na 2ª parte.

82 Frei Francisco dos Santos faleceu aos 27 de julho de 1625 (ANTT, Arquivo Nacional da Torre do Tombo, Santo Antônio dos Capuchos, maço 18, fl. 45).

se deter na Custódia, se retirara para a Província, e cá achamos imediatamente ao P. Fr. Antônio da Estrela com o título de Comissário, e vezes de Custódio, o que pudemos entender é, que como de outro assento desta mesma Custódia consta o Custódio Fr. Francisco dos Santos, completos os seus três anos, se retirara da Custódia sem esperar que da Província lhe viesse sucessor, supriu as suas vezes nesta falta o P. Fr. Antônio da Estrela, por qualquer modo que fosse, do qual nos não deixaram notícia, nem por comissão de quem exerceu o cargo de Comissário com vezes de Custódio, e assim o deixamos também sem lugar nesta estância pelo que ocupou desta vez

VII. O M.R.P. Fr. Vicente do Salvador. Achava-se atualmente Guardião no Convento de N. P. S. Francisco da Cidade da Bahia, donde era natural, e filho desta Custódia, na qual havia professado, e neste mesmo Convento, como em outro lugar diremos mais largamente, quando tratarmos desta casa, com a sua eleição, que foi a 15 de fevereiro de 1614 no Capítulo celebrado em S. Antônio de Lisboa, se deu nova forma ao governo da Custódia; porque se até ali os PP. Custódios só faziam juntas, e não Capítulos, agora ordenava o Reverendíssimo Fr. Antônio de Treixo, Vigário-Geral da Ordem, conformando-se com o que haviam determinado os PP. da mesma, na Congregação Geral, se fizessem nesta Custódia Capítulos Regulares, e que neles se elegessem também Definidores. Para efeito cabal desta determinação, partiu o P. Custódio da Bahia para Pernambuco, e chegando ao Convento de Olinda, que era o lugar consignado para este Capítulo, a quinze de outubro do mesmo ano se fez eleição dos PP. Definidores, e saíram nomeados Fr. Antônio da Ilha, Fr. Manoel de Portalegre, Fr. Bernardino de Santiago, e Fr. Simão de Santo Antônio. Assim, e com esta nova forma começou o seu governo, e o completou com aquele acerto, prudência, e bom exemplo, que prometiam a sua virtude, e boas letras.[83]

VIII. O M.R.P. Fr. Paulo de Santa Catarina. Havendo-se incorporado na Província, nela foi eleito em Custódio do Brasil, donde era filho, em 1617 no Capítulo celebrado em Santo Antônio de Lisboa a 14 de janeiro, em que foi eleito Provincial Fr. Leonardo de Jesus, que o havia aceito na Ordem, e lançado o hábito por sua mão. Neste mesmo ano chegou à Custódia, já pelo meado dele, e fazendo Capítulo, entrou a visitar a Custódia, e concluindo com a expectação, que prometiam as boas partes de Religioso perfeito, voltou para a Província. A seu tempo diremos o mais que lhe pertence.[84]

---

83 PINHO, 1969; WILLEKE, 1967b, 1968a, 1977a, p. 51-64.

84 Frei Paulo celebrou o capítulo custodial, em setembro de 1617 (ILHA, 1975, p. 116; ANTT, Arquivo Nacional da Torre do Tombo, Santo Antônio dos Capuchos, maço 18).

IX. O M.R.P. Fr. Manoel de Cristo, Pregador, filho da Província, e natural da Vila de Viana; eleito no Capítulo, que celebrou a Província em Santo Antônio de Lisboa, a dezesseis de novembro de 1619, e chegou à Custódia no ano seguinte, ainda no princípio. Achou-se mui florente em Religiosos, de virtude, e letras, que são os dois principais elementos, em que se sustenta a República Religiosa, e os dois eixos, ou Polos, sobre que se move a vida Regular, e Monástica, para ser bem regulada, e uniforme; e para que se continuassem estes espirituais aumentos, e se não murchassem estas odoríferas flores, especialmente as das virtudes, e pudessem servir de celeste recreação assim às almas dos súditos, como dos estranhos, cuidou muito em regá-las com o suave cultivo do seu bom exemplo, e vida regulada. Não lhe faltaram com tudo no seu tempo muitos, e graves trabalhos, porque no último ano dele, que foi o de 1624 fizeram os Holandeses logo no princípio a interpresa da Bahia, tomando a posse da sua capital, com o que coube também uma boa parte aos Religiosos seus habitadores de sustos, descômodos, e perigos, que sendo grandemente penosos para as Comunidades, são em sumo grau sensíveis aos Prelados. Com todo este tropel de moléstias, pôs o fim à sua tarefa do governo, sem poder daquelas partes da Bahia, neste último ano, dar provimento ao regime da Custódia, e assim com a chegada de novo Prelado se retirou para a Província. Mas Deus, que quis premiar logo o seu trabalho, não permitiu diferir para mais longe o seu fim, e o teve no mar, aonde o buscou a morte, com achaque natural, servindo-lhe de Mausoléu dilatado, se bem inconstante, o profundo do seu pego, no ano de 1625.

X. O M.R.P. Fr. Antônio de Braga, Pregador, filho da Província, e natural da Cidade, que lhe deu o sobrenome. Sendo eleito no ano de 1623 no Capítulo celebrado em Santo Antônio de Lisboa a seis de maio, chegou à Custódia no de 1624 já no fim. Fez Capítulo, e guardou nele as formalidades regulares, que nos mais se haviam observado. Achou os Conventos das partes do Sul bastante turbados com a introdução dos holandeses na Bahia; e isto lhe serviu de embaraço para pessoalmente os poder visitar no ano e meio primeiro do seu ofício; mas nos cinco que lhe ficavam da parte de Pernambuco, como Pastor vigilante, e infatigável, não faltou com o pasto espiritual a suas ovelhas, como também no que tocava ao temporal, foi em extremo cuidadoso; porque advertindo na grande falta, que tinha o Convento de Olinda de água de fonte, e capaz para a bebida, pois apenas havia na cerca a de um pequeno poço para o gasto, indo-se buscar a de beber no arrabalde da Vila em pipas, e carros, ordenou se fabricasse uma cisterna com a água da qual se pudesse acudir a este inconveniente. Assim se executou, e se aproveitaram por longos tempos, não só os Religiosos, mas muitos de fora da sua bondade, e abundância. É obra mui especial pela sua arquitetura, e sólido fundamento. Tem seus registos, que caem em poço mui bem-feito, e com um lavatório, tudo de forte abóbada onde lavam os Religiosos as suas roupas de túnicas, e hábitos. Não se fabricou no Claustro do Convento, porque, além de ser pequeno, temeram-se, que com a cava, que se fizesse, se poderiam arruinar os seus fundamentos, por estar feito, quando se intentou esta obra, mas plantaram-na da parte de fora, que olha para o mar, entre o canto, que faz o corredor, que forma a claustra de Nascente a Poente, e outro, que se levantou de novo, e faz ponta, e travessa para o Sul, e barra do Recife. Assim se conservou esta obra, e a sua serventia tão necessária, até que correndo os anos no de 1714, com a nova forma, que tomou o Convento, ou por descuido, ou por capricho do Prelado que ideava aquela obra, e seguem muitos, de que só o que eles traçam, acham ser o melhor, e de utilidade, ainda quando se não segue alguma, antes, como aqui, grave detrimento, tirando-lhe os canos, e aquedutos secretos, pelos quais se lhe introduzia a água dos telhados superiores, bastante, e limpa, e aplicando-lhe só a que corria do meio do Claustro: pouca, e menos pura, se começou a experimentar falta, e com esta alguma ruína nas obras interiores, de tal sorte, que totalmente foi preciso tornar ao trabalho de a ir carretar fora da Cidade. Assim se foi passando até o ano de 1748 em que sendo Provincial a segunda vez o P. Fr. Gervásio do Rosário, dando ouvidos às justas representações, que se lhe fizeram, e considerando com acordo a necessidade do Convento por lhe faltar a serventia da cisterna, e com a diligência, e cuidado do seu Guardião Fr. Antônio de Santa Izabel, se reformou da ruína interior, e desviando-se-lhe o cano, que corria do Claustro formando-lhe outros por algerozes dos telhados altos com canos de chumbo, correndo abaixo por alcatruzes vidrados, juntos em uma pia grande no canto, que formam os dois corredores, vão por outro cano desaguar a cisterna, pelo lado fronteiro aos arcos do corredor do Capítulo. Com esta boa diligência, logo no primeiro inverno se serviu o Convento da sua água, e passado o segundo algumas pessoas particulares, por estar já muito capaz, e ser abundante. O que fica dito ao princípio é o que achamos obrou o P. Custódio no seu tempo, o qual acabado se retirou para a Província, e lá foi completar o curso da vida em o Convento da Carnota, onde jaz sepultado o seu corpo.[85]

XI. O M.R.P. Fr. Antônio dos Anjos, filho da Custódia, e natural de Olinda, onde professou no Convento da Senhora das Neves daquela Vila no ano de 1599, e não pudemos ler o dia, e mês por estarem corroídas as escritas destes termos, e outros muitos do livro das profissões desta Casa. No Capítulo

85 APFR, Arquivo Provincial Franciscano do Recife, 28; ILHA, 1975, p. 115.

celebrado na Província em Santo Antônio de Lisboa a sete de setembro de 1626 foi a sua eleição para Custódio, e no de 1627 já no fim tomou a posse. Logo deu princípio à visita da Custódia, executando em si primeiro, como virtuoso, e exemplar Prelado, tudo quanto para perfeição Religiosa era conveniente observassem os súditos. Em seu tempo se pediram duas fundações para novos Conventos, e ambas foram aceitas com a invocação do Seráfico Patriarca, a de Vila Formosa de Sirinhaém em Pernambuco, e a de Sergipe do Conde no Recôncavo da Bahia.[86]

208. Neste de 1630, e último do seu governo, se achava o P. Custódio, e muito satisfeito com os aumentos das Casas, e família Regular, quando por inescrutáveis juízos da Providência de Deus se viu na maior turbação, e a seus súditos nos maiores perigos; porque neste mesmo ano de 1630 a quinze de fevereiro foi entrada pelos Holandeses a Cidade de Olinda, onde se achava, e obrigado com os mais Religiosos a largarem o Convento, e com a fatalidade de ver a sua Cidade cativa, os súditos espalhados, e perseguidos, se retirou para a Província, e chegando lá com pouca saúde, em breve tempo completou o curso da vida, achando-o a morte em Santo Antônio de Lisboa, não consta do dia, e ano, em que faleceu.

XII. O M.R.P. Fr. Simão de Santo Antônio, Pregador, natural da Vila de Góis, em a Comarca de Coimbra, e filho da Custódia, na qual havia professado em o Convento de Olinda a dezenove de junho de 1592. Havia sido Guardião neste mesmo Convento, de donde saiu o Definidor, um dos primeiros, e no primeiro Capítulo da Custódia. Foi a sua eleição para Prelado maior dela no Capítulo de Santo Antônio de Lisboa do mês de outubro de 1629, e no seguinte já no fim chegou ao Brasil a sua nominata. Em tão calamitosos tempos, e com sucessos tão trágicos, como os que nesta tempestade aconteciam, não era possível deixarem de ter neles os Religiosos muita parte, e muito especial o seu Custódio, que como prudente, e advertido devia premeditar o grande descaimento, a que podia vir o estado da Religião, em uma Província, infestada de Hereges, e inimigos, inquieta com guerras, e por isso necessitada de tudo o que podia servir de aproveitamento espiritual, e ainda de econômico da Custódia. Com tudo, entre trabalhos, descômodos, e receios, a visitou toda, e animando com o exemplo próprio aos seus súditos, sofriam tudo com ânimo paciente, e Religioso zelo. E assim com este tropel de fadigas, e cuidados, completou o seu tempo; e porque parece lhe não restava mais que ver, ficou cego, e deste modo se retirou para a Província, nem lá permaneceu mui-

86 LGIP, p. 206, nº 3.

to, porque em pouco tempo, perdeu também a vida, no Convento de Santo Antônio de Lisboa, onde espera seu corpo pela universal Ressurreição.[87]

XIII. O M. R. e Venerável Padre Fr. Cosme de S. Damião, Pregador, e filho da Custódia, eleito no Capítulo celebrado na Província em vinte e dois de janeiro de 1633. No fim deste mesmo ano tomou a posse, e governou cinco e meio até o de 1639, e neste intermeio foi preso pelos holandeses, e desterrado para a Serra Leoa, e sem a poderem tomar, os que o levavam, tornou a Pernambuco, de donde o mandou o Conde de Nassau, que ali havia chegado por seu Governador, lançar nas praias da Bahia, e Ponta de Itapuã, e daqui chegando ao Convento da Cidade no mesmo dia, com onze meses de degredo, se lhe fez a entrega da Custódia, que por sua ausência, e pela voz comum, de que os inimigos o haviam morto, estava governando o P. Fr. Manoel Batista de Óbidos, Pregador, e filho da Custódia, eleito pelos Padres da Definição, por falta do legitimo Custódio, do qual se dirá o mais, quando em outra parte, querendo Deus, escrevermos a sua vida.[88]

XIV. O M.R.P. Fr. Manoel de Santa Maria, Pregador, natural da Freguesia de N. Senhora da Graça de Fraguzela, Bispado de Viseu, filho da Província, e irmão carnal do P. Fr. Francisco dos Santos, que o trouxe consigo, ainda Corista, quando veio ao Brasil por seu Custódio. Cá versou os Estudos no Convento de Olinda, no curso em que foi Mestre Fr. Sebastião de Braga, que também veio da Província com o dito Custódio: Completos os Estudos, continuou por seis anos o ministério de Pregador, que o fazia com satisfação, e naturalidade. Voltou para a Província, e lá foi Guardião do Convento de Lisboa, e na Congregação intermédia celebrada na Província em 18 de novembro de 1637, foi eleito em Custódio do Brasil. Mas como as guerras deste Estado impediam a ordinária navegação para estas partes, não pôde sair o seu Navio, senão na companhia da Armada, que de Lisboa partiu para a restauração de Pernambuco, da qual era General D. Fernando Mascarenhas, Conde da Torre, e foi isto no ano seguinte de 1638 a sete de setembro, e a vinte do dezembro foi desembarcar ao Rio de Janeiro, levado dos tempos, e ventos, que o divertiram do porto da Bahia, para onde era a sua viagem; e não sendo então monções para voltar a ela, pelas não perder para a Vila de Santos, onde o chamavam duas novas fundações, que se ofereciam, uma nesta Vila, e outra na de S. Paulo, se embarcou do Rio a nove de janeiro, do seguinte ano de 1639, e a 16 do mesmo chegou à Vila de Santos, Capitania de S. Vicente.

---

87 LGPB, p. 276, nº 15.

88 LGPB, nº 7; LGBA, nº 18.

Achou no lugar conveniência para a fundação, e era a maior, não se poder aceitar Convento em S. Paulo, sem o haver também em Santos. Feita em uma, e outra a aceitação, se embarcou para o Rio a 19 de maio, e a 22 chegou ali, de donde partiu a quatro de junho, e tomando a embarcação os portos do Rio das Caravelas, Porto Seguro, e Ilhéus, chegou à Bahia a 23 do mesmo junho, e fazendo o seu Capítulo Custodial a seis de agosto deste ano de 1639, deu princípio ao governo da Custódia.[89]

209. Neste Capítulo se fez a formal aceitação das duas casas acima de Santos, e S. Paulo, havendo quase dez anos, que, pelas ocorrências dos tempos, se não cuidava em novas fundações. Assim governou este bom Prelado a Custódia alguns quatro anos, sempre vigilantíssimo, tanto no que respeitava ao bem dos súditos, como dos Conventos, daqueles que se achavam isentos da opressão herética dos Holandeses. Ao zelo, e diligência sua, deve esta Província algumas notícias manuscritas que se acham no seu Arquivo; porque considerando o descuido grande dos passados Custódios seus antecessores, em não haverem mandado fazer livros Cartórios para os Conventos os mandou ele fazer para todos, e em um particular, que intitulou: *Cartório Custodial da Custódia de Santo Antônio do Brasil*, recopilou algumas notícias perdidas, as fundações dos Conventos até o seu tempo, a ordem da sucessão dos Custódios, e Prelados Locais. Se todos o imitassem, não ficariam tão admiráveis progressos da Custódia, e desta Província, e tão heroicos, e virtuosos feitos de muitos de seus beneméritos filhos, sepultados no torpe, horrível, e perpétuo túmulo do esquecimento. Queixa, perda, ou descuido, que devemos lamentar com eternas, e irremediáveis lágrimas de sentimento. Contava um ano do seu ofício, quando, para moderar de alguma sorte as turbações do Brasil, chegou a ele a alegre notícia da feliz, e milagrosa Aclamação do legítimo Rei português D. João IV. Concluído o governo da Custódia se retirou para a Província, e lá pôs termo aos dias de vida a 19 de novembro de 1647 em o Convento de Viseu sua pátria, para onde se havia retirado.

210. Em um assento, que se acha no Arquivo desta Província,[90] tirado do Cartório de Santo Antônio de Lisboa, dos Custódios, que aquela mandou para esta, não se faz menção do P. Fr. Manoel de Santa Maria; por que depois do P. Fr. Cosme de S. Damião, diz assim o tal assento, ou Catálogo: *O 14 Custódio foi Fr. Duarte de Santa Clara, eleito no Capítulo celebrado em Santo Antônio de Lisboa no ano de 1636; O 15 foi Fr. Simão da Natividade, eleito*

---

[89] RÖWER, 1957, p. 129ss.

[90] APFR, Arquivo Provincial Franciscano do Recife, 28.

na Congregação celebrada em Lisboa na era de 1640. O 16 foi Fr. Francisco das Neves, eleito em 1643 na Congregação celebrada em Santo Antônio de Lisboa. E como aqueles dois, que ficam neste meio entre o Custódio Fr. Cosme de S. Damião, e Fr. Francisco das Neves, não chegaram cá, nem deles há notícia alguma nesta Custódia, e em seu lugar encontramos ao P. Fr. Manoel de Santa Maria, assim o assentamos aqui, deixando a razão, ou causal destes dois Padres não chegarem a esta Custódia, e por eles outro, de quem a Província, e o seu Catálogo não faz memória, para a mesma Província, que a deve saber, como também a certeza do ano, ou Capítulo, em que foi eleito o P. Custódio Fr. Francisco das Neves; pois dizendo o mesmo assento da Província de Portugal, fora em a Congregação celebrada no seu Convento de Lisboa no ano de 1643, neste parece não podia ser; porque neste mesmo, diz a crônica da Conceição do Minho, foi celebrado este Capítulo da Província de Santo Antônio a 21 de outubro; e assim, sendo em Congregação, devia ser nos anos atrás, de 641 ou 42, e nós achamos em os assentos desta Custódia, fora no ano de 1642 acrescentando estes viera do Reino para cá o P. Fr. Francisco das Neves, em companhia do Governador General deste Estado Antônio Teles da Silva; e como consta dos assentos da Câmara desta Cidade, e de alguns escritores, que este tal Governador viera para a Bahia no sobredito ano de 1642, neste mesmo ano assentamos nesta Estância.

XV. O M.R.P. Fr. Francisco das Neves, Pregador, natural do Porto, e filho da Província. Chegou à Custódia, e dela tomou posse pelo mês de agosto do já referido ano de 1642, e achando perturbada a parte principal da Custódia com as guerras de Pernambuco, só se ocupou em conservar os Conventos, que lhe ficavam da parte da Bahia, e os mais do Sul, e estes moderou com bom exemplo, e regular Observância, de que era dotada a sua pessoa. Só achamos mandara mudar em seu tempo a Casa da Vila de S. Paulo para o lugar em que agora está, e que fosse seu titular N. P. S. Francisco, sendo na sua primeira fundação dedicada ao nosso português Santo Antônio. Governou a Custódia cinco anos, os quais completos, voltou para a Província, e não alcançamos notícia onde faleceu.

XVI. O M.R.P. Fr. Bento de Santa Catarina, filho da Província, eleito no seu Capítulo de oito de outubro de 1646. Chegou à Custódia no princípio do seguinte, e havendo tomado a posse dela, faleceu sem haver feito Capítulo, e nomeação de Prelados, do que dando-se parte à Província, foi nomeado.

XVII. O M.R.P. Fr. Gabriel do Espírito Santo, eleito pela Mesa da Definição na Província em Junta, que se fez a 29 de setembro de 1647. No seguinte que chegou à Custódia, tomou posse dela, e também não fez Capítulo, nem eleição de Prelados, porque ao tempo, que o devia fazer, chegou à Custódia o Breve, e Patente do P.-Geral, que a isentavam da sujeição, e dependência da Província.

ESTÂNCIA II

Dos Custódios independentes da Província.

211. Por Breve do Santíssimo P. Inocêncio X de quatorze de agosto de 1647 que começa: *In nomine Sanctissimi,*[91] e com Patente do Reverendíssimo P.-Geral Fr. João de Nápoles, se fez a Custódia do Brasil, depois de 62 anos de sujeição, isenta, separada, e independente da Província de Santo Antônio de Portugal; e como aqui deu fim o governo primitivo, e subordinado, e a independência, e isenção é um notável distintivo de tempo a tempo, e de governo a governo, assim devemos pôr aqui também termo à numeração dos Prelados, e Custódios, que foram dependentes, e fazer nova Estância para os que se foram seguindo por espaço de onze anos mais com esta independência, até a total ereção da Custódia em Província. Vinha nomeado no Breve para Custódio em primeiro lugar.

I. O M.R.P. Fr. João Batista, Pregador, natural de S. Joaninho de Beja, e filho da Custódia, na qual havia professado no Convento de Olinda a 27 de junho de 1610 em idade de vinte e nove para trinta anos. Era Guardião atual do Convento da Bahia, feito na Congregação do Custódio Fr. Francisco das Neves de 5 de janeiro de 1645 pela renúncia de Fr. Antônio de Santa Clara, quando chegaram as letras da separação. Em 24 de fevereiro, dia assinalado para eleições, porque do Apóstolo S. Matias, escolhido pelo mesmo Deus para uma das mais acertadas que viu o mundo então, e a Custódia neste ano de 1649, foi celebrado este Capítulo no Convento da Bahia, e nele se aceitou, e deu posse ao novo Custódio, e se elegeram por Definidores Fr. Antônio de Santa Clara, Fr. Jerônimo de Santa Catarina, Fr. Francisco dos Santos, e Fr. Gaspar da Conceição. Neste Capítulo se assentaram algumas determinações, para melhor acerto da economia Regular, e uma destas foi, mandar-se fazer

[91] Havendo dúvidas sobre a data certa do breve *In Nomine Santíssimo*, i. é, se será a data de 14/08/1647 (segundo Jaboatão) ou a de 15/05/1647 (segundo Fr. Apolinário da Conceição), julga-se que se trata de dois breves sobre o mesmo assunto (ROMAG, 1940, p. 60).

um livro, em que se escrevessem as eleições, e Atas Capitulares, e que até então não havia: com este, e outros cuidados mais, deu princípio o P. Custódio ao seu governo; mas teve nele mui pouca duração, que não chegou a completar o primeiro ano; porque saindo a visitar os Conventos da parte do Sul, no da Vila de Santos o encontrou a morte, e achou a sepultura, pelo fim deste mesmo ano, com setenta e nove para oitenta de idade. Neste Capítulo se fez aceitação das duas Casas, que se ofereciam, a de Santo Antônio de Paraguaçu no Recôncavo da Bahia, e a de S. Boaventura de Casserebu no Rio de Janeiro. Antes de ser Guardião da Bahia o foi também no Rio de Janeiro, sendo Custódio Fr. Antônio de Braga pelos anos de 1624, e passando pelos de 1628 para o Reino, e de lá ao Maranhão por Comissário eleito pela Província, foi, com a embarcação, que o conduzia, por interpresa dos Mouros, cativo a Argel, e sem nos dizer o como, um assento da Custódia, voltou ao Reino, e ao Brasil, e sendo Secretário do Custódio Fr. Cosme de S. Damião, foram presos pelos Holandeses na derrota de D. Luiz de Roxas em Sirinhaém, com um Irmão corista Fr. Manoel das Neves, remetidos às Fortalezas do Recife, e posto cada um em sua nau, as que conduziam a Fr. João Batista, e Fr. Manoel das Neves, depois de sete meses de viagem aportaram a Holanda, e sendo lá havidos por livres, pelos do Supremo Conselho do Estado, foram ter ao Reino, e passaram outra vez ao Brasil. Isto transcrevemos, para que dos grandes trabalhos, que nestes cativeiros, desterros, navegações, e no mais que daqui se segue, e na idade em que as padeceu, e levou o P. Custódio Fr. João Batista, que contava já neste ano de 1636 em que foi preso, e desterrado pelos Holandeses alguns 67 de idade, ajuntando a tudo isto a paciência, e resignação com que, como Religioso que era de opinião, e virtude, as suportou, não poderia deixar de lhe servir de um grande merecimento diante de Deus, e ser-lhe remunerado pelo Senhor com o prêmio do eterno descanso.[92]

II. O M.R.P. Fr. Sebastião do Espírito Santo, Pregador, natural da Cidade de Lisboa, e filho da Custódia, na qual fez profissão em o Convento de Olinda aos 30 de maio de 1621. Achava-se Guardião no Convento do Rio de Janeiro, quando na Vila de Santos, faleceu o Custódio Fr. João Batista, e como no Breve: *Causa mortis*, vinha ele nomeado em segundo lugar, no mesmo convento tomou a posse, e o teve por quase quatro anos. Em 21 de novembro do seguinte de 1650 fez congregação, no Convento da Bahia, e nela se aceitaram três fundações, a de Santo Antônio da Vila de Cairu, a de S. Bernardino da Ilha Grande do Rio de Janeiro, e a de N. Senhora da Pena, ou

[92] LGBA, nº 27; RÖWER, 1937, p. 39.

Penha do Espírito Santo.[93] Com estas disposições, filhas todas do seu grande zelo, completou o seu governo. Depois deste o achamos Guardião do Convento da Bahia no Capítulo de 1657, e que também fora Comissário-Geral por Breve Apostólico, em virtude do qual fizera um Capítulo, que depois se deu por nulo por outro Breve, que o privava daquele cargo, por causas particulares, que se dirão; de que se seguiu passar ao Reino, e ser lá Visitador, e Presidente de um Capítulo na Província, onde faleceu em 1676.

III. O M.R.P.M. Fr. Daniel de S. Francisco. Era natural da Arrifana de Sousa, e filho desta Custódia, e havia professado no Convento de Olinda. Foi Leitor de um Curso de Filosofia três anos, e por quatro de Teologia ele só na Cidade da Bahia. Foi ao Reino sobre o particular da separação da Custódia, e voltando com o bom efeito dela, e saindo eleito em Guardião da Bahia no primeiro Capítulo da Custódia separada, fez renúncia do lugar. Outra vez, o elegeram para a mesma Casa na Congregação seguinte, do Custódio Fr. Sebastião; e no segundo Capítulo, em que presidiu o P. Fr. Cosme de S. Damião por patente do Reverendíssimo P.-Geral Fr. Pedro Manero, em 14 de setembro de 1653, eleito em Custódio no Convento da Bahia. Fez Congregação em 1655, e governou quatro anos, e alguns dias mais. Nesta Congregação foi aceita a Casa da Senhora da Conceição da Vila de Itanhaém, última das partes do Sul do Rio de Janeiro. No ano de 1654 a 27 de janeiro restaurou o valor português do tirano jugo de Holanda a Capitania de Pernambuco quando achando-se daquelas partes em visita o P. Custódio Fr. Daniel, foi ele o primeiro Religioso, que em companhia do Mestre de Campo João Fernandes Vieira entraram a tomar a posse da Praça do Recife. Não faço mistério deste acaso, repito o que acho nas nossas Memórias. Feita a Congregação, continuou o governo com o mesmo cuidado da observância do santo Instituto, e Religiosos costumes, que suavemente persuadia, e intimava, mais com a eficácia do seu bom exemplo, que com a violência, e força do preceito. Completo o seu governo, o achamos depois Guardião do Convento de Olinda no Capítulo do segundo Provincial Fr. Aleixo da Madre de Deus por três anos: com muitos de vida, e cheio de merecimentos completou o seu curso no Convento do Recife em quatro de fevereiro de 1692. Em outra Estância lhe daremos o lugar, que se lhe deve pela sua ciência, e literatura.[94]

---

[93] LGBA, nº 31; GARCIA, 1944; RÖWER, 1937, p. 43s.; RÖWER; SETARO, 1965, p. 52-58.

[94] LGBA, nº 29 e 9 da 2ª fase; LGIP, nº 6 da 2ª fase; APFR, Arquivo Provincial Franciscano do Recife, 9, fl. 3.

IV. O M.R.P. Fr. Pantaleão Batista, natural da Cidade do Porto, e filho desta Custódia, na qual havia professado em o convento da Cidade da Bahia aos 23 de junho de 1616 em idade de vinte anos. Em o de 1657 a 26 de agosto no Capítulo celebrado na Bahia foi eleito em Custódio do Brasil, a tempo em que já a vinte e quatro deste mês, e ano, o Santíssimo Padre Alexandre VII havia passado o Breve, pelo qual confirmava em Província esta Custódia, por se ter assim determinado no Capítulo-Geral de Roma de 1651 em que presidiu o Reverendíssimo Fr. Pedro Manero em Ministro-Geral: *Si Sanctissimo videbitur*, dizia a concessão do Capítulo Geral; ainda que pelos embaraços dos interessados de se não seguir a tal separação, como explica o Santíssimo Padre no seu Breve, não chegou a ter efeito senão no sobredito ano. Neste Capítulo da Custódia presidiu o mesmo Fr. João Batista por comissão do nosso Reverendíssimo Fr. Pedro Manero, na qual lhe concedia autoridade passiva para poder ser eleito sendo Presidente. Assim o diz um termo, feito pelos PP. Vogais congregados em Mesa para esta eleição, a qual feita no dito Custódio Fr. Pantaleão, foi confirmada pelo P. Fr. Cosme de S. Damião, como Padre mais digno, seguindo nisto (aponta o mesmo termo) o que ordenam os Estatutos Gerais, feitos para a Índia impressos em Roma, no ano de 1639 pág. 12, § 17.[95]

212. No seu tempo se aceitaram duas fundações a de Sergipe del-Rei, com o título de Bom Jesus no ano de 1658, e a de N. Senhora do Amparo na Ilha de S. Sebastião do Rio de Janeiro, no seguinte de 1659. Depois de ter visitado pessoalmente todos os Conventos da Província, fez congregação em 19 de março de 1659 em o Convento de Sergipe do Conde: mas os prelados nela eleitos não tomaram a posse dos Conventos, por quanto imediatamente chegou o Breve da ereção da Província, e enquanto se não fazia Capítulo, se puseram em os Conventos Presidentes *in capite*, e com esta forma, até à nova eleição completou o seu governo, falecendo no Convento da Bahia pelo mês de maio deste mesmo ano de 1659, dois meses depois da sua congregação, e mais de cinco antes do Capítulo seguinte primeiro Provincial. Foi Religioso de incansável zelo, tanto da reforma da Religião, como do aumento da Custódia. Por ela foi pessoalmente a Roma, a solicitar a sua independência; venceu dificuldades, e padeceu neste negócio muitos contratempos, e ainda que não conseguiu pôr-lhe lá a última mão, viu com tudo antes da sua morte concluído cá o que tanto lhe tinha custado. Com o fim da sua Prelatura, se completaram setenta e quatro anos, e um mês do dia de quatro de outubro de

95 APFR, Arquivo Provincial Franciscano do Recife, 9, fl. 4 e 172. Frei Pantaleão Batista foi o 1º Comissário da Ordem Terceira de S. Francisco da Bahia (ALVES, 1948, p. 13).

1585 que começou com forma Regular esta Custódia, até cinco de novembro de 1659 em que passou a Província.[96]

ESTÂNCIA III

Dos Ministros Provinciais.

213. Separada da Província de Santo Antônio de Portugal a Custódia do Brasil, e confirmada em Província por Breve do Santíssimo Padre Alexandre VII, de 24 de agosto de 1657, e terceiro do seu Pontificado, que começa: *Ex commissi nobis*; por outras letras deste mesmo Pontífice, em que vinham nomeados Provincial, Custódio, e Definidores, se fez a sua eleição, na qual presidiu, como determinavam as mesmas letras Apostólicas, o P. Fr. Aleixo da Madre de Deus, e foi celebrado este Capítulo na Casa da Bahia em 5 de novembro de 1659, e nele declarado, e aceito por Ministro-Provincial.

I. O M.R.P.M. Fr. Antônio dos Mártires. Era natural da Ilha da Madeira, e filho desta Custódia, e nela professo em o Convento de Olinda em oito de Março de 1603 em idade de vinte anos. Ouviu Filosofia, e Teologia nesta Custódia, e nelas aproveitou com especial vantagem; por quanto no quinto Estudo, que se abriu no Convento da Bahia, foi escolhido para esta Leitura, e o fez por quase sete anos contínuos, com honra da Religião, crédito de Mestre, e aproveitamento dos Discípulos. Acabada esta Leitura, foi eleito Guardião para o Convento do Rio de Janeiro, e de Ipojuca, e no Capítulo do último Custódio Fr. Pantaleão Batista, Guardião de Olinda, e na sua Congregação eleito para Prelado do Convento da Bahia, do qual não tomou a posse, por quanto a este tempo chegou o Breve Pontifício, em que vinha constituído primeiro Ministro desta Província. Neste mesmo Capítulo se erigiu a Custódia de N. Senhora da Conceição do Rio de Janeiro, por Indulto do Senhor Núncio Cardeal Protetor Francisco Barbarino, e foi feito seu primeiro Custódio o P. Fr. Antônio dos Santos, Pregador, e filho desta Custódia, e já no último Capítulo passado se havia disposto a sua ereção pelo Prelado maior, e mais Padres da Mesa. Também agora se ordenaram Estatutos particulares para a Província, e Custódia, e se reformou o cerimonial para ambas. No ano seguinte mandou fundar as duas Casas, a da Vila do Penedo no Rio de S. Francisco, e a da Alagoa do Sul. Fez a sua Congregação a quatro de dezembro

[96] LGIP, nº 18 e 22; LGBA, nº 25 e 31; RÖWER, 1937, p. 43.

do ano seguinte, em que se determinaram estas fundações, e não chegou a governar os três completos, porque quase dois meses antes se fez o Capítulo segundo.[97]

214. Uma das mais evidentes provas do grande zelo que tinha este Prelado do aumento, e crédito da sua Província, e estado Religioso, foi, que havendo falecido neste Convento da Bahia ao mesmo tempo o servo de Deus Fr. Cosme de S. Damião, e obrado o Senhor por ele vários prodígios, assim em vida, como na sua morte, e depois dela, logo no seguinte de 1660 fez com que se tirasse pelo Ordinário um instrumento autêntico dos mais públicos, e notáveis, que se guarda no Arquivo desta Província. Com estas, e outras semelhantes operações, filhas todas da sua muita virtude, e Religião, completo o seu governo, se retirou logo para o Convento de Santo Antônio da Vila de Igarassu, onde passados quatro anos, no de 1666 em vinte e sete de Julho, dia de S. Pantaleão, pôs fim aos da vida, em idade de oitenta e quatro anos, com sinais manifestos de Varão perfeito, e consumado em virtudes, das quais lhe não pôde negar o silêncio dos Antigos fosse dotado; porque além das de Prelado prudente, zeloso, e exemplar, de que achamos alguma notícia, para lhe atribuirmos outras muitas, não necessitamos de outro memorial, mais do que o que ele mesmo nos deixou, naquela, poucas, ou raras vezes seguida, retirada, que fez para o Convento de Igarassu concluído o seu Provincialado, como fugindo às honras, estimações, e dependências, que na Casa Capitular de Olinda podiam divertir o seu espírito, que quase profético, pelos anos, lhe estava ditando a pouca duração da vida, e que no retirado, e solitário daquele Conventinho, podia mais fácil, e ligeiramente subir, e elevar-se à superior esfera, e unir-se melhor com Deus, com quem piamente podemos confiar assiste descansando na Bem-aventurança.[98]

II. O M.R.P. Fr. Aleixo da Madre de Deus. O que achamos ao certo deste Padre, é ser filho desta Custódia, e que nela professara em o Convento de Olinda, mas não consta do dia, e ano pela falta das folhas, que já notamos, do livro das profissões daquela Casa; achamos sim, que na Congregação primeira da Custódia, depois da sua independência de 21 de novembro de 1650, fora nomeado colegial, sendo ainda corista moderno, porque dos últimos daquela pauta, e seria com pouca diferença a sua profissão pelos anos de 1648, e no de 1657 já o achamos no Reino, propondo algumas contrariedades à

---

97 APFR, Arquivo Provincial Franciscano do Recife, 73, fl. 76; APFR, Arquivo Provincial Franciscano do Recife, 9, fl. 110 e 172.

98 LGIP, nº 4 da 2ª fase; APFR, Arquivo Provincial Franciscano do Recife, 9, fl. 69; LGBA, nº 6 da 2ª fase.

separação desta Província, por parte da de Santo Antônio, e nem dele nos ficou cá outra notícia antecedente, mais do que a que achamos de vir nomeado no Breve Pontifício por Custódio do primeiro Capítulo Provincial, presidir nele, e confirmar as suas eleições, e neste segundo, celebrado em 21 de 1662 em o Convento de Olinda, eleito em Ministro-Provincial, com Custódio, e mais Definidores por outras letras Pontifícias, nas quais vinha nomeado para presidir, e confirmar as eleições o P. Fr. Daniel de S. Francisco, o que tudo se fez na forma, que ordenava o mesmo Breve. No livro antigo, ou primeiro das eleições Capitulares desta Província, do qual já falamos, lemos um termo, que diz assim: *A 22 dias do mês de outubro de 1663 neste Convento de nossa Senhora das Neves da Vila de Olinda, estando o Irmão Fr. Aleixo da Madre de Deus, Provincial desta Província, preso por ordem de Sua Majestade para se embarcar para o Reino, tendo os selos, e governo da Província o Irmão Fr. Antônio dos Mártires Padre mais digno, convocou os Definidores desta Província, para se eleger Vigário-Provincial, etc.* E logo na mesma folha vers. está outro termo assim: *Aos vinte e três dias do mês de outubro de 1663 neste Convento de nossa Senhora das Neves da Vila de Olinda, fizemos a eleição de Vigário-Provincial, na qual presidiu o Irmão Fr. Antônio dos Mártires, e todos os Definidores juntos elegeram canonicamente Vigário-Provincial ao Irmão Fr. Gerardo dos Santos, etc.* E em nenhum destes termos se declara a causa, ou motivo da prisão do P. Fr. Aleixo por ordem del-Rei; e nem em outro assento, ou memória se fala mais nesta prisão; antes falando-se em alguns, nas controvérsias de Fr. Aleixo com Fr. Gerardo, se diz, que este fora levantado Vigário-Provincial em ausência de Fr. Aleixo, que havia ido ao Reino a chamado do Rei; e da boa aceitação, que ele lá teve com o Monarca, que o mandara buscar, mostra que mais fora para receber favores, e não castigos. Mas devemos estar pelos termos, a que como tais se deve toda a fé.

215. Ausente Fr. Aleixo, e constituído Vigário-Provincial Fr. Gerardo, a 19 de abril do ano seguinte de 1664 em o Convento do Olinda fez Congregação, e pôs Prelados novos em todos os Conventos, e só ficou confirmado no de Olinda o P. Fr. Daniel de S. Francisco. Posto Fr. Aleixo na Corte, soube tão bem tratar os seus negócios, tanto os que tocavam com o Rei, que era então D. Alfonso VI, como os que pertenciam à Província, e particularmente sobre a eleição de Fr. Gerardo, em Vigário-provincial, e da fatura da sua congregação, que alcançou lá do Juiz Apostólico sentença de nulidade contra ela, e ordem del-Rei para ser preso Fr. Sebastião do Espírito Santo, que das partes da Bahia se tratava por Comissário-Geral com um Breve sub-reptício, que havia alcançado do Papa Alexandre VII de 10 de maio de 1663. Nos princípios do ano seguinte de 1665 se achava já o P. Fr. Aleixo em Pernambuco; porque dali

mandou à Bahia intimar a Fr. Gerardo a sentença Apostólica da nulidade da sua Congregação, e Prelatura, e citá-lo a ele, e a Fr. João da Natividade, para que, como Definidores atuais, que eram, aparecessem a dar descargo de si, para poderem entrar com os seus votos na Congregação, que se determinava fazer pela nulidade da passada, o que não teve efeito, como vemos no termo seguinte: *Em Nome de Deus. Amem. Aos oito dias do mês de agosto de 1665, neste Convento de nossa Senhora das Neves da Vila de Olinda, estando o Irmão Provincial Fr. Aleixo da Madre de Deus na sua cela, com os PP. da Província Fr. Antônio dos Mártires, e Fr. Daniel de S. Francisco, e o Irmão Custódio Fr. João do Deserto, e os Irmãos Definidores Fr. João da Luz, e eu Fr. Berardo da Encarnação, que o dito o Irmão Provincial me constituiu nesta Junta seu Secretário, perante nós todos propôs, e declarou, como queria fazer sua Congregação; porque por um Breve, e sentença do Juiz Apostólico, fora dada por nula a Congregação, que fez o Irmão Fr. Gerardo dos Santos, por estar excomungado, e Prelado intruso: e com tudo o dito Irmão Provincial mandou citar ao dito Irmão Fr. Gerardo dos Santos, e ao Irmão Fr. João da Natividade, para que, como Definidores, viessem a este Pernambuco, para serem ouvidos, e darem o descargo, para entrarem na Congregação; eles ditos Fr. Gerardo dos Santos, e Fr. João da Natividade se mostraram rebeldes, desobedientes, e contumazes, defendendo na Cidade da Bahia, que ele Fr. Gerardo dos Santos era só verdadeiro Prelado etc.*, o mais deste termo toca à sub-rogação dos Padres, que haviam votar por estes dois, que faltaram, e foram eles os PP. Fr. Antônio dos Mártires, e Fr. Daniel de S. Francisco; e neste mesmo dia, e ano se fizeram as eleições de Prelados para todos os conventos da Província. Nesta mesma Congregação do P. Fr. Aleixo, foi feito Guardião para a Paraíba o Irmão Fr. Aparício de Jesus, o qual (diz o Cartório daquele Convento) não tomou a posse dele, por quanto o mandou o Provincial Fr. Aleixo à Bahia, a tirar os Guardiães, que havia posto Fr. Gerardo, e a repor os de Fr. Aleixo; também, diz, levava Fr. Aparício comissão de Fr. Aleixo, e ordem del-Rei para prender a Fr. Sebastião do Espírito Santo, mas Fr. Aparício não pode na Bahia conseguir coisa alguma destas, impedido pela violência do Conde de Óbidos, Governador daquela praça, e foi vexado por Fr. Sebastião com o favor, e ajuda do Conde, e assim se tornou para Pernambuco, e foi tomar a posse da sua Guardiania, já no fim; e neste tempo Fr. Sebastião como Definidor, que tinha na Bahia, em virtude do seu Breve, de Comissário-Geral, fez um Capítulo em 3 de outubro deste mesmo ano de 1665, em que levantaram Provincial a Fr. Jácome da Purificação; mas já a tempo, em que o Provincial Fr. Aleixo se havia embarcado outra vez de Pernambuco para o Reino, como nos diz um termo, feito seis dias depois da sua Congregaram nesta forma: *Aos quatorze dias do mês de agosto da era de 1665, neste Convento de N. Senhora das Neves da Vila de*

Marim convocou nosso Irmão Provincial Fr. Aleixo da Madre de Deus os Irmãos Definidores, e o Irmão Custódio para haver de deixar Comissário-Provincial, que governasse esta Província na ausência, que fazia para a Corte de Lisboa, onde ia dar conta a Sua Majestade, na Junta dos Regulares, da pertinácia do Irmão Definidor Fr. Gerardo dos Santos, chamado Vigário-Provincial intruso, foi eleito por Comissário-Provincial, por votos, nemine discrepante, *o Irmão Fr. Bernardo da Encarnação, com todas as vezes do Irmão Provincial, em fé do que, etc.*

Deste termo consta, que o Provincial Fr. Aleixo, feita a sua Congregação, se fora para o Reino, e conforme achamos, não tornou mais a esta Província. Do fim, que fora dela teve, o diremos em outro lugar. Neste transcrevemos o Breve pelo qual foi revogada a graça de Comissário-Geral a Fr. Sebastião do Espírito Santo.

ALEXANDRE VII

Ad perpetuam rei memoriam.

216. Alias pro parte dilectorum filiorum Fratrum Provinciae Sancti Antonii Brasiliae in Indiis Ordinis Fratrum Minorum Sancti Francisci de Observantia Reformatorum nuncupatorum, Nobis exposito, quod ob ingentem dictae Provinciae Romana Curia distantiam, necnon itineris difficultatem inde ad Superiores Generales dicti Ordinis recursus occasione controversiarum, alliarumque ncessariarum provisionum, sine gravibus incommodis, ac periculis, gravibus expensis haberi nequibat, cupiebantque propterea dicti Exponentes eidem Provinciae de Commissario Generali a nobis provideri: Nos eorumdem Exponentium vobis hac in re favorabiliter annuere cupientes, supplicationibus eorum nomine Nobis super hoc humiliter porrectis inclinati, de Venerabilium Fratrum Nostrorum, S. R. E. Cardinalium negotiis, et Consultationibus temporum, et Regularium praepositorum consilio, dilectum filium Sebastianum a Spiritu Sancto, antiquiorem dictae Provinciae Patrem primo loco, necnon dilectum pariter filium Joannem a Deserto Ex-Guardianum secundo loco, ac dilectum etiam filium Joannem a Luce ibidem Ex-Guardianum, tertio loco respective, videlicet, unum in defectum alterius in supra dicta Provincia Brasiliae Commissarium Generalem, eum authoritate, et facultalibus necessariis, et opportunis, ac similibus Commissariis Generalibus concedi solitis, Apostolica auctoritate constituimus, et deputamus,

salva tamen semper in praemissis authoritate Congregationis eorumdem Cardinalium, et alias prout in nostris desuper in simili forma Brevis die XVI. Maii MDCLXIII expeditis, quarum tenore praesentibus pro plene, et sufficienter expresso, et inserto habere volumus, uberius continetur. Cum autem sicut pro parte dilectorum filiorum Difinitorii, et multorum Guardianorum dictae Provinciae Brasiliae, Nobis nuper expositum fuit, literae nostrae praedictae per subreptionem manifestam obtentae fuerint, quandoquidem Provincia praedicta, ejusdem instantiam non fecerit, et memoratus Sebastianus a Spiritu Sancto non sit Pater antiquior ejusdem Provínciae, sicut falso suppositum fuit, sed sit Frater inquietus, ac pacis, et quietis communis ipsius Provinciae perturbator, qui tempore emanatarum earumdem literarum fugitivus absque licentia suorum Superiorum vagabatur, prout ex attestationibus authenticis eorundem Diffinitorii, et Guardianorum constare asseritur: Nobis propterea ipsorum Diffinitorum, et Guardianorum nomine humiliter supplicatum fuit, ut in praemissis opportune providere, et ut infra indulgere de benignitate Apostolica dignaremur. Nos igitur Diffinitorium, et Guardianos praedictos specialibus favoribus, et gratiis prosequi volentes, et eorum singulares personas a quibusvis excommunicationis, suspensionis, et interdicti, aliisque Ecclesiasticis sententiis, censuris, et poenis a jure, vel ab homine quavis occasione, vel causa latis, si quibus quomodolibet innodatae existunt, ad effectum praesentium dumtaxat consequendum, harum serie absolventes, et absolutas fore censentes, hujusmodi supplicationibus inclinati de memoratorum Cardinalium consilio, attentis narratis, aliisque de causis rationabilibus, authoritate praedicta, tenore praesentium suspendimus praedictam deputationem, respetu cujuscumque ex tribus nominatis, illisque adimimus omnem facultatem ad Officium Commissariatus Generalis praedicti, ipsis, seu eorum cuilibet vigore supradictarum literarum attributam: Et propterea committimus dilectis filiis Dominico Vieira de Lima, Cantori Ecclesiae Sancti Salvatoris in Indiis, ac antiquiori Canonico ejusdem Ecclesiae, necnon Petro Vaz de Fonseca Coutinho, Protonotario Apostolico, uni scilicet, seu alteri, qui fuerit requisitus, ut per se, vel per alium, seu alios easdem praesentes omnimodae executioni demandari faciant sub censuris Ecclesiasticis, et aliis juris, et facti remediis, omni appellatione postposita, cum facultate etiam inhibendae quibus opus fuerit, salva tamen pariter in praemissis authoritate praedictae Congregationis Cardinalium. Decernentes ipsas praesentes literas firmas, validas, et efficaces existere, et fore, suosque plenarios, et integros effectus sortire, et obtinere, ac ab illis, ad quos spectat, et pro tempore spectabit, inviolabiliter observari, sicque in praemissis per quoscumque Judices, Ordinarios, et delegatos, etiam causarum Palatii Apostolici Auditores judicari, et diffiniri debere, ac irritum, et innane, si secus super his, a quoquam quavis authoritate, scienter, vel ignoranter contigerit attentari: Non obstantibus literis nostris praedictis, ac felicis recordationis Bonifacii P. VIII Praedecessoris nostri de uma, et Concilii Generalis de duabus dictis, dummodo ultra tres dictas aliquis authoritate praesentium in Judicium non trahatur, aliisque Constitutionibus, et Ordinationibus Apostolicis, necnon quatenus opus fit Provinciae, et Ordinis hujusmodi, etiam juramento, confirmatione Apostolica, vel quavis firmitate alia roboratis, statutis, et consuetudinibus, privilegiis quoque, indultis, et literis Apostolicis in contrarium praemissorum quomodolibet concessis, confirmatis, et innovatis. Quibus omnibus, et singulis illorum tenores, praesentibus pro plene, et sufficienter expressis, et insertis habentes, illis alias in suo robore permansuris, ad praemissorum effectum, hac vice, dumtaxat specialiter, et expresse derogamus, caeterisque contrariis quibuscumque. Datum Romae apud Sanctam Mariam Maiorem, sub Annulo Piscatoris, die XXIX Martii, MDCLXVI. Pontificatus nostri anno undecimo.

PROVINCIAIS INTRUSOS

217. Ausente o P. Fr. Aleixo segunda vez para o Reino depois de feita a sua Congregação, e estando os Conventos das partes da Bahia à obediência do P. Fr. Sebastião do Espírito Santo, que ficou, como de antes, tratando-se Comissário-Geral, fez este um Capítulo no mesmo Convento da Bahia, em três de outubro de 1665, e nele levantaram Provincial ao P. Fr. Jácome da Purificação, que fora Definidor em o Capítulo do Custódio Fr. Pantaleão Batista. Foi anulado este Capítulo pelo Geral da Ordem Fr. Alonso Salizanes, ou Ildefonso de Salinas, e ainda durou este governo um ano, e dez para onze meses. O mais, que toca a este Padre, diremos quando outra vez o encontrarmos aqui, que agora imos a concluir com o P. Fr. Sebastião, que anulado este seu Capítulo, e vendo-se privado da honra de Comissário-Geral, à instância de Fr. Aleixo, que se achava na Corte, se embarcou para o Reino, e lá faleceu, como fica dito no seu lugar de Custódio, termo, em que vem a parar todos os cuidados desta vida, que com ela se acaba toda a humana ambição de mandar, que sendo tão aborrecida, e censurada no estado Secular, do Eclesiástico, e Religioso ainda se faz mais indigna, e abominável.

218. Dividido assim o governo da Província em duas partes, ou cabeças, uma na Bahia, com Fr. Sebastião do Espírito Santo, tratado Comissário-Geral, outra em Pernambuco, com Fr. Bernardo da Encarnação, Comissário-

-Provincial de Fr. Aleixo, e não aparecendo este, nem Visitador nomeado pelo nosso Reverendíssimo, ou Pontífice, havendo-se pedido a ambos pelos P. de Pernambuco, como consta de um termo feito por eles, e segundo os Estatutos gerais, nesta falta elegeram por Visitador, e Presidente do Capítulo ao P. Ex--Definidor Fr. Bernardino da Purificação, e nele foi constituído Provincial, em 24 de agosto de 1667, o P. Definidor atual Fr. João da Luz, e em 22 de novembro de 1669 fez Congregação, e governou três anos, e alguns meses, que acabados se retirou para o Convento de Ipojuca, aonde havia professado em idade de 26 anos em 21 de novembro de 1620, sendo natural do Porto, e naquele Convento, onde nasceu para a Religião, acabou para o mundo em 22 de abril de 1683 com quase noventa anos de idade. Este Capítulo feito assim, à instância do Provincial Fr. João da Luz, e mais Padres da Mesa, foi aprovado pelo Comissário-Geral, e confirmado por autoridade Apostólica pelas seguintes Letras de S. Santidade.

CLEMENS PP. IX

Ad perpetuam rei memoriam

219. Exponi nobis nuper fecit dilectus filius Joannes de Luce, Minister Provincialis noviter electus Provinciae Brasiliae Ordinis Fratrum Minorum Sancti Francisci de Observantia nuncupatorum, quod dilectus filius Antonius de Velasco Procurator Generalis dicti Ordinis ac Commissarius Generalis Provinciarum Regni Portugaliae, ejusque Conquistarum a dilecto etiam filio Ministro Generali ejusdem Ordinis deputatus Capitulum Provinciale dictae Provinciae Brasiliae novissimo celebratum, confirmavit per suas Patentes Literas desuper emanatas, tenoris qui sequitur. – Fr. Antonius de Valasco, Lector Jubilatus, Sanctae Inquisitionis Qualificator, Almae Divi Jacobi Provinciae Pater, in Romana Curia Procurator Generalis, Ordinis S. P. N. Francisci, Regularis Observantiae, necnon ex speciali commissione Reverendissimi P. N. Ministri Generalis, cum plenitudine potestatis Commissarius Generalis Omnium Provinciarum ejusdem Ordinis Regni Portugalliae, et suarum Conquistarum: Charissimis in Christo Fratribus tam Superioribus, quam subditis Provinciae nostrae S. Antonii Brasiliensis, salutem. Cum ad visitandam istam nostram Provinciam, et Capitulum Provinciale celebrandum aliquis Visitator a Sancta Sede Apostolica, seu a Superioribus Generalibus deputatus opportuno tempore non pervenerit, Patresque Diffinitores ejusdem Provinciae le-

gitime congregati, inhaerendo statutis generalibus Ordinis de anno de 1658 solemniter editis ad praedictum munus Visitatoris, et Praesidentis Capituli obeundum elegerint P. Fratrem Bernardinum a Purificatione, ipsique per acta sua officii ratione, Capitulum Provinciale ad mensem Augusti proxime praeteritum indixerint, ad cujus celebrationem sub die vigesima quarta dicti mensis cum omnibus Vocalibus, iis exceptis, quibus itineris longitudo, seu aliquod impedimentum intervenire non permisit, cum pace, ac communi quiete, omniumque, etiam Saecularium aedificatione ventum fuerit, in eoque, sepositis humanis respectibus, juxta Dei servitium, totius Religionis decus, et maius praedictae Províncíae bonum pro meritis personarum officia distributa sint, eligendo in Ministrum Provincialem R. P. Fr. Joannem a Luce, inter caeteros virtute, et dexteritate coruscantem, aliosque in Custodem Provinciae Fr. Dominicum ab Annuntiatione, in Custodem Custodiae Fr. Matthaeum a Praesentatione, in Diffinitores Fr. Nicolaum a S. Thoma, Fr. Melchiorem ab Angelis, Fr. Leonem a S. Andrea, Fr. Matthaeum a Rosario de ejusdem Provinciae optime meritis, prout ex instrumentis, et aliis documentis authenticis nobis exhibitis pleno constat. Nos igitur pro commissa nobis a R. P. N. Generali Ordinis super Provinciis Portugaliae, etc., suarum Conquistaram, authoritate, cum plenitudine potestatis in conservationem illarum, et presertim istius, tamquam distantioris, pace, et tranquilitate sedulo studentes, eadem Reverendissimi Patris N. Generalis authoritate nobis delegata, innixi, Capitulum Provinciale supradictum electiones Provincialis, Custodem, et Diffinitorum, caeterasque tam praefatorum vocalium, quam aliorum officialium in eo gestas, harum serie confirmamus, et approbamus, et si opus fuerit quantum in nobis est, convalidamus, tribuentes onmium, et singulis Superioribus, et officialibus electis omnimodam pro suicumque munere exercendo juxta Ordinis nostrae, et Apostolicarum Constitutionum praescritum, facultatem in nomine Patris, et Filii, et Spiritus Sancti. Amen. Universis praeterea, et singulis predictae nostrae Provinciae Patribus, et Fratribus in virtute sanctae Obedientiae, ac sub excommunicationis maioris latae sententiae, ipso facto incurrendae, poena praecipientes, ut eidem Patri Provinciali in omnibus ad Dei tandem nostrae professionis institutum pertinentibus humiliter, prompteque obediant, ac subjiciantur, in quorum fidem, et robur praesentes nostra manu subscriptas, maiorique officii nostri sigillo munitas, et a nostro Secretario refrendatas, dedimus Romae in Conventu Ara-Coelitano die VII Aprilis. Anno Domini MDCLXVIII. Fr. Antonius de Velasco, Procurator Generalis Ordinis, et Portugalliae Commissarius Generalis. Loco + sigilli. De mandato suae Reverendissimae Paternitatis, Fr. Joannes de Herrera Secretarius Generalis Curiae, et Commissarius. Cum autem sicut eadem expositio subjungebat Capitulum Provinciale hujusmodi canonice celebratum fuerit, dictusque Joannes Minister Provincialis illud etiam Apostolicae confirmationis nostrae patrocinio communiri summopere desideret: Nos ipsum Joannem Ministrum Provincialem specialibus favoribus, et gratiis prosequi volentes, et a quibusvis excommunicationis, suspensionis, et interdicti, aliisque Ecclesiasticis sententiis, censuris, et poenis a jure, vel ab homine, quavis occasione, vel causa latis, si quibus quomodolibet innodatus existat, ad effectum praesentium duntaxat consequendum, harum serie absolventes et absolutum fore censentes. Supplicationibus ejus nomine Nobis super hoc humiliter porretis inclinati, de Venerabilium Fratrum nostrorum S. R. E. Cardinalium negotiis, et consultationibus exemptorum, et Regularium raepositorum consilio, Capitulum Provinciale praedictum, si, et quatenus Canonice celebratum fuerit authoritate Apostolica, tenore praesentium, confirmamus, et approbamus, illique inviolabilis Apostolicae firmitatis robur adjicimus, salva semper in praemissis authoritate Gongregationis eorumdem Cardinalium. Decernentes ipsas patentes literas firmas, validas, et efficaces existere, et fore, suosque plenarios, et integros effectus sortiri, et obtinere, ac illis, ad quos spectat, et pro tempore spectabit, plenissime suffragari: sicque in praemissis, per quoscumque Judices Ordinarios, et delegatos, etiam causarum Palatii Apostolici Auditores, judicari, et definiri debere, ac irritum, et innane, si secus super his a quoquam, quavis authoritate scienter, vel ignoranter contigerit attentari. In contrarium facientes: Non obstantibus quibuscumque. Datum Romae sub Annulo Piscatoris, apud Sanctum Petrum, die IV Junii MDCLXVIII, Pontificatus nostri anno primo. J. G. Husius.

220. Das referidas Letras consta dar o Santíssimo Padre Clemente IX por válido, e legitimamente feito o Capítulo acima, em que saiu Provincial o P. Fr. João da Luz, conforme a representação, que o dito fazia a sua Santidade, e a humilde súplica, com que a pedia à Sé Apostólica. Sendo com tudo manifestas ao Reverendíssimo P.-Geral da Ordem as coisas, e as razões dos pleitos, e controvérsias por instrumentos autênticos, assim pelos Padres da parte da Bahia, e do Capítulo do P. Fr. Jácome da Purificação, como pelos da parte de Pernambuco, e Capítulo do mesmo Padre Fr. João da Luz, fazendo por este motivo outra representação o Reverendíssimo P.-Geral ao Sumo Pontífice da grande necessidade, que tinham as Províncias Regulares, sitas no Reino de Portugal, e suas Conquistas de serem reformadas; e alcançadas para melhor efeito outras Letras de sua Santidade, que logo ajuntaremos, foram dados estes dois Capítulos por nulos, e inválidos, e especialmente o do P. Fr. João da Luz, não obstante o Breve da confirmação deste último, fundados sem dúvida os Padres, aos quais, como a Juízes foi cometida a averiguação dos seus pleitos,

e controvérsias, como abaixo se verá, em que no dito Breve confirmava, e revalidava Sua Santidade o tal Capítulo, dado caso que ele fosse, ou estivesse canonicamente feito, como explicam as cláusulas seguintes do mesmo Breve: *Capitulum Provinciale praedictum, si et quatenus Canonice celebratum fuerit.* E como entenderam os Padres Juízes, pelas razões alegadas nas mesmas controvérsias, não ter o tal Capítulo todas as solenidades, que dispõe o Direito, e determinam as Leis da Ordem, para a sua validade, o julgaram por nulo, sem que nisto encontrassem as Letras Apostólicas, que nesta suposição de legítimo, e canônico o confirmavam. Não achamos porém, que o S. Padre Clemente IX que pelo Breve referido havia validado este Capítulo, faça dele menção, no que depois concedeu ao nosso Reverendíssimo para a Reforma das Províncias do Brasil, nem o P.-Geral nas suas patentes, com que o dá por nulo, faça reflexão, de que fora aprovado pela Sé Apostólica. O que agora trasladamos, é o que para a sobredita Reforma alcançou do mesmo Pontífice no ano seguinte o nosso Reverendíssimo.[99]

CLEMENS PP. IX

Ad perpetuam rei memoriam

221. Dilecte Fili, salutem, et Apostolicam benedictionem. Injuncti Nobis Coelitus Sacrosancti Apostolatus Officii ratio exigit, ut paternam Christi fidelium, qui e fluctibus saeculi in portum vitae Religiosae confugerunt, ac Divinis obsequiis se sub suavi Redemptoris nostri jugo devoverunt, curam gerentes, pia illorum studia confovere, Religiososque illorum progressos, quantum nobis ex alto conceditur, juvare, et quidquid illis remoram injicere posset, e medio salubriter removere satagentes. Cupientes itaque, ut in Provinciis, Monasteriis, Conventibus, aliisque locis Regularibus tui Ordinis Fratrum Minorum Sancti Francisci de Observantia nuncupatorum in Regnis Portugalliae, et Algarbiorum constitutis, et Ecclesiastica, Regularisque disciplina sicubi colapsa est, opportunis rationibus restituatur, et ubi, benedicente Domino, viget, firmius, constantiusque perseveret, motu proprio, ac ex certa scientia, et matura deliberatione, nostris, de qua Apostolicae potestatis ple-

[99] LGIP, nº 9; APFR, Arquivo Provincial Franciscano do Recife, 9, fl. 6. Frei João da Luz é indicado como guardião de Olinda de 1660-1662 (MOSTEIRO DE SÃO BENTO, 1948).

nitudine, tibi per praesentes commitimus, et mandamus, ut etiam tanquam noster, et Apostolicae Sedis Commissarius, omnia, et singula Monasteria, Conventus, Domos, et alia loca Regularia Ordinis praefati in Provinciis Regnorum Portugalliae, et Algarbiorum sita, eorumque Ministros Provinciales, Custodes, Guardianos, aliosque Superiores, et Fratres quoscumque cuiuslibet status, gradus, conditionis, praeeminentiae, et dignitatis existant, tam in capite, quam in membris, etiam Authoritate nostra visites, ac reformes, et in eorumdem personarum statum, vitam, mores, ritus, et disciplinam, ubi opus esse censueris, diligenter inquiras, necnon Evangelicae, et Apostolicae doctrinae, Sacrumque Canonum, et Generalium Conciliorum, praesertim tridentini decretis, et Sanctorum Patrum traditionibus, atque Regularibus ejusdem Ordinis institutis Apostolica Autoritate confirmatis inhaerendo, et prout occasio, rerumque qualitas exegerit, quaecumque correctione, atque emendatione indigere cognoveris, corrigas, et emendes. Abusus quoque tollas, regulas, institutiones, et Ecclesiasticam, regularemque disciptinam, ac in primis Divinum cultum ubicumque exciderint, juxta ejusdem Ordinis Regulam, et Constitutiones dicta authoritate confirmatas modis congruis restituas, et reintegres: Si aliquos vero in aliquo delinquentes repereris, eum juxta Canonicas sanctiones, et regularia instituta praefata punias, et castiges, dictasque personas etiam quomodovult exemptas, ad debitum, et honestum vitae modum, ac ad statum Sacris Canonibus, et Concilio tridentino, Regularibusque Institutis hojusmodi conformem, revoces, et quidquid ad hujusmodi reformationis negotium spectans statueris, et ordinaveris, absque dilatione, et appellatione, quae excutionem quoquomodo ullatenus impediat, aut suspendat, neque nisi ad effectum divolutivum dumtaxat suffragetur, observari facias, et inobedientes, ac contradictores quoslibet et rebeles per sententias, censuras, et poenas Ecclesiasticas, aliaque opportuna juris, et facti remedia cogas, et compellas. Mandantes propterea omnibus, et singulis Ministris Provincialibus, Custodibus, Guardianis aliisque Superioribus, quocumque nomine nuncupatis, et personis praefatis, in virtute sanctae Obedientiae, ac sub Excomunicationis, et privationis suorum officiorum, et aliis, prout de jure, arbitrio tuo, infligendis poenis, ut tibi in praemissis omnibus, et singulis prompte pareant, et obediant, tuaque salubria monita, et mandata suscipiant humiliter, et efficaciter adimplere procurent; alioquin sententiam, sive poenam, quam rite tuleris, seu statueris in rebeles, ratam habebimus, et faciemus, authore Domino, usque ad satisfactionem condignam inviolabiliter observari. Non obstantibus Apostolicis, ac in universalibus, Provincialibusque, et Sinodalibus Conciliis editis generalibus, vel specialibus Constitutionibus, et Ordinationibus, necnon Ordinis, et Provinciarum, ac Monasteriorum, Conventuum aliorumque locorum

Regularium hujusmodi, etiam juramento, confirmatione Apostolica, vel quavis firmitate alia roboratis statutis, vel consuetudinibus, privilegiis quoque, indultis, et Literis Apostolicis, illis, eorumque Superioribus, et personis sub quibuscumque verborum tenoribus, et formis, ac cum quibusvis etiam derogatoriis, aliisque efficacioribus, et insolitis clausulis, irritantibusque, et aliis decretis in genere, vel in specie, etiam motu, scientia, et potestatis plenitudine paribus, ac consistorialiter, et aliis quomodo vel in contrarium praemissorum concessis, confirmatis, approbatis, et innovatis, quibus omnibus, et singulis, etiam si pro illorum sufficienti derogatione de illis, eorumque totis tenoribus specialis, specifica, expressa, et individua, ac de verbo ad verbum nihil penitus ommisso, et forma in illis tradita, observata, exprimeretur, et insererentur praesentibus pro plene, et sufficienter expressis, et insertis habentes, illis alias in suo robore permansuris, ad praemissorum effectum hac vice dumtaxat specialiter, et expresse derogamus, caeterisque contrariis quibuscumque. Datum Romae apud Sanctam Mariam Maiorem, sub annulo piscatoris, die secunda Octobris MDCLXVIII, Pontificatus nostri anno secundo, I. P. Husius.

222. Praesens copia de mandato Reverendissimi P. N. Fr. Ildefonsi Salizanes, totius Ordinis Fratrum Minorum S.P.N.S. Francisci Ministri Generalis collationata per nos infrascriptos Secretarios Generales ejusdem Ordinis, concordat cum suo originali de verbo ad verbum, in cujus rei fidem his subscripsimus, et sigillum minus Ordinis apposuimus. Ulyssipone in Conventu S. Francisci de Xabregas die secunda Aprilis 1669. Fr. Patricius Tyrellus Secretarius Generalis Ordinis, pro Cismontana Familia. Loco + Sigilli. Fr. Antonius Franciscus a Genua Secretarius Generalis Ordinis pro Ulramontana Familia.

223. Nós os Religiosos abaixo assinados, moradores neste Convento de N. S. P. S. Francisco da Bahia, certificamos, e damos fé, e *in verbo Sacerdotis*, serem os sinais acima dos PP. Secretários do nosso Reverendíssimo P.-Geral, e o selo menor do nosso Reverendíssimo; o que certificamos pelas cartas, e patentes, que se leram neste Convento, juntos todos os Religiosos, Capitularmente congregados, e alguns as tiveram em suas mãos. Bahia oito de fevereiro de 1670. Fr. Francisco do Desterro, Guardião. Fr. Francisco dos Santos. Fr. Simão da Trindade, Lente de Artes, Fr. Gaspar de S. Francisco.[100] – O P. Manoel Lopes de Matos, Presbítero, Autoridade Apostólica, Notário dos aprovados pelo Ordinário desta Cidade da Bahia, na forma do Sagrado Concílio Tridentino, certifico, e dou por fé, que os sinais postos ao pé deste

---

[100] Frei Francisco do Desterro (LGBA, nº 7); 2ª fase: Fr. Francisco dos Santos II (LGBA, nº 1); Fr. Simão da Trindade (APFR, Arquivo Provincial Franciscano do Recife, 20, fl. 100); Fr. Gaspar de S. Francisco (RÖWER, 1957, p. 306).

Breve acima são dos mesmos RR. PP. Religiosos do Convento de S. Francisco desta dita Cidade, os quais reconheço pelos ver escrever, em fé do que passei a presente certidão de reconhecimento, e a corroborei de meu sinal público, e raso na Bahia, aos quatro dias do mês de junho de 1670 anos. O P. Manoel Lopes de Matos. Em testemunho + de verdade. O qual traslado do Breve, eu o P. Manoel Lopes de Matos, Notário Apostólico de S. Santidade, e aprovados pelo Ordinário desta Cidade da Bahia, fiz trasladar bem, e fielmente do próprio, que entreguei à parte, e de como o levou, e se assinou na verdade, sem coisa, que dúvida faça, com o qual este traslado conferi, concertei, assinei, subscrevi, e corroborei de meu sinal público, e raso em a Bahia aos nove do mês de junho de 1670 anos. O P. Manoel Lopes de Matos. Em testemunho + de verdade.

224. Depois de alcançadas pelo Reverendíssimo Padre-Geral as sobreditas Letras de comissão de Sua Santidade, e havendo encarregado a Religiosos doutos da Ordem o exame, e averiguação das razões de controvérsia sobre a fatura dos dois Capítulos passados, conforme aos documentos, que da Província se lhe haviam remetido, deu sobre eles sua sentença, que transcrevemos aqui, porque dela consta com individuação todo o procedido.

225. Fray Alonso Salizanes,[101] Ministro General, y Siervo de toda la Orden de nuestro Padre San Francisco etc. A todos los Religiosos, así Prelados, como súbditos de nuestra Provincia de San Antonio en el Brasil; de cualquier calidad, que sean, salud, y paz en nuestro Señor Jesús Cristo. Por cuanto ha sido nuestro Señor servido lográsemos nuestro continuado deseo de venir a este Reino de Portugal para reconocer más de cerca el estado de nuestras Provincias en él, y su Dominio situadas, y reformar los abusos, que por larga ausencia de los Prelados Generales, y por humana fragilidad de los súbditos, se hubiesen introducido, y las graves, y repetidas quejas, que nos fueron dadas, no solo del grande menoscabo, que padece la Regular Observancia, sino también del descrédito de nuestro Seráfico Instituto, en dicha Provincia de Brasil, así por la poca paz, que de algunos años a esta parte goza, como del desamparo, en que se halla, por muchos Religiosos hijos de ella, que pasaron a esos Reinos, llama, y provoca nuestro cuidado y atención, y pastoral vigilancia a que en cumplimiento de nuestra obligación, y para mayor servicio de Dios atajemos los graves escándalos, que de uno y otro resultan, y restituyamos dicha nuestra Provincia a su prístino estado, esplendor de virtud, observancia, paz, y tranquilidad, resolviendo, según Dios y justicia, las con-

[101] O Ministro-Geral não se chamava Alonso e sim *Ildefonso*. O mesmo equívoco se repete várias vezes abaixo.

troversias, y terminando los pleitos, que a nuestra noticia legaron ha habido, y hay, sobre la validad, y subsistencia de algunos Capítulos, que se han celebrado en dicha nuestra Provincia de Brasil, para lo cual hallándonos en esta Ciudad de Lisboa, con los papeles, e instrumentos de las partes concernientes a las controversias, y deseando el mayor acierto en su resolución: Por las presentes damos comisión a los RR. PP. Fray Antonio de la Purificación, Padre de nuestra Provincia de la Arrábida, y Comisario Visitador de esta nuestra de Portugal, Fr. Christóbal Delgadillo, Lector Jubilado, y Padre de nuestra Provincia de Castilla, Fr. Luiz Cesar, Lector Jubilado, y Padre de nuestra Provincia de Portugal, Fr. Antonio de los Arcángeles, Lector Jubilado, y Padre de nuestra Provincia de los Algarves, Fr. Antonio Francisco de Génova, Padre, y Custodio de nuestra Provincia de Génova, y Secretario General de la Orden, Fr. Antonio del Sepulcro, Lector Jubilado, y Guardián del Convento de S. Francisco de la Ciudad de Lisboa, para que vean, y examinen dichos papeles concernientes a dichas controversias, y otras cualesquiera conexas sobre la subsistencia de dichos Capítulos; y les encargamos sus consciencias, nos den al pie de esta su parecer firmado, para que con descargo de la nuestra, y según la justicia lo pidiere, resolvamos, y determinemos lo que más convenga para mayor dirección, y gobierno de dicha nuestra Provincia. Dada en nuestro Convento de San Francisco de la Ciudad de Lisboa en 25 de marzo de 1669. Fr. Alonso Salizanes, Ministro General. Lugar + del Sello. Por mandado de su P. Reverendísima. Fr. Patricio Tirello, Secretario General de la Orden.

226. Fr. Antonio de la Purificación Padre de la Provincia de la Arrábida, y Comisario Visitador de la de Portugal, Fr. Christóbal Delgadillo, Lector Jubilado, y P. de la Provincia de Castilla, Fr. Luiz Cesar, Lector Jubilado, y P. de la Provincia de Portugal, Fr. Antonio de los Arcángeles, Lector Jubilado, y P. de la Provincia de los Algarves, Fr. Antonio Francisco de Génova, P. y Custodio de la de Génova, y Secretario General de la Orden, Fr. Antonio del Sepulcro, Lector Jubilado, y Guardián de S. Francisco de la Ciudad de Lisboa, Jueces nombrados, y deputados por la comisión de supra, y retro escrita, en virtud de ella, y obedeciendo el Orden de nuestro Reverendísimo P. Fr. Alonso Salizanes, Ministro General de toda la Orden de nuestro Padre San Francisco, hemos visto, y examinado los papeles, e instrumentos concernientes a las mencionadas controversias, y pleitos sobre la validad, y substancias de los Capítulos inmediatos de nuestra Provincia de San Antonio de Brasil, celebrados el uno en tres de Octubre de 1665, el otro en 24 de Agosto de 1667 y habiendo oído las partes, y sus allegados, unánimes, y conformes, después de haber conferido todo, hallamos que dichos dos Capítulos, especialmente el postrero, fueron totalmente nulos, por los defectos, que intervinieron, y por el consi-

guiente, carece nuestra Provincia de Ministro-Provincial, Custodio, Definidores, y Guardianes, legítimamente elegidos, y que por tales los debe declarar su Reverendísima, moviendo de nuevo Ministro, Custodio, y Definidores, que legítimamente congregados elijan Guardianes, y más Oficiales, según de Derecho se requiere, y es costumbre, atajando con este los graves inconvenientes, que se reconocen por nuestros papeles haber resultado en contravención de los Sagrados Cánones, y Leyes de nuestra Religión, y menoscabo de la paz, y tranquilidad de nuestra Provincia. Así lo sentimos es nuestro parecer, *salvo meliori*; y lo damos firmado de nuestras manos, en nuestro Convento de San Francisco de la Ciudad de Lisboa 27 de marzo de 1669. Fr. Antonio de la Purificación etc.

227. Ajustando-nos, como debemos, con el parecer, y determinación de tan doctos, y venerables Padres, contenidos en la resolución de supra: Por virtud de las presentes, y usando de nuestra autoridad, y de la que Su Santidad nos ha cometido en esta ocasión para reforma de todas las Provincias de Portugal, y juntamente de la que el Señor Protector nos ha dado, que constará una, y otra de los traslados auténticos, que con esta nuestra Patente irán, anulamos dicho Capítulo próximo pasado de nuestra Provincia de Brasil, y todo lo hecho en él declaramos ser de ningún valor, y fuerza, en cuya conformidad, no debe subsistir, ni queremos subsista cualquier oficio, así superior, como inferior, hecho por elección en dicho Capítulo, y volvemos, y constituimos la Provincia, y todos sus sujetos, así Prelados, como súbditos, al estado, como si no se hubiera hecho Capítulo, y mandamos a todos los Religiosos de cualquier calidad, que sean, por santa Obediencia, en virtud del Espíritu Santo, y pena de excomunión mayor *latae sententiae ipso facto incurrenda*, así lo entiendan, y observen, y les proveeremos de Ministro-Provincial, Custodio, y Definidores por otra Patente, que va con esta; y así mismo protestamos a todos VV. Paternidades RR. castigaremos con las penas de perturbadores de la paz a los que contraviniesen a lo determinado por este nuestro Decreto. Dada en nuestro Convento de San Francisco de la Ciudad de Lisboa en cuatro de abril de 1669. Fr. Alonso Salizanes Ministro General. Lugar + del Sello. Por mandado de su Reverendísima: Fr. Patricio Tirello Secret. General de la Orden.

228. Fr. Alonso Salizanes Ministro General, y Siervo de toda la Orden de nuestro Padre S. Francisco. A todos los Religiosos, de cualquier calidad que sean, de nuestra Provincia de San Antonio en Brasil, y su Custodia, salud, y paz en nuestro Señor Jesús Cristo. Por cuanto asistiendo personalmente en la Ciudad de Lisboa, hemos procurado saber el estado de todas las Provincias de

nuestra Religión en el-Reino de Portugal, y sus Conquistas sitas, para aplicar el oportuno remedio a todos los inconvenientes, y abusos, que por omisión de los Prelados, y humana fragilidad de los súbditos se hubiesen introducido, durante el tiempo de las guerras, y se nos ha hecho relación, por legítimos Procuradores, de las graves controversias, pleitos, inquietudes, y escándalos, que ha habido, y hay en dicha nuestra Provincia de San Antonio de Brasil ocasionados del próximo pasado Capítulo, en ella celebrado, en veinte y cuatro de agosto de 1667, de que nos fueron presentados los instrumentos auténticos, por una, y otra parte, cuyo examen hemos cometido a sujetos graves, y Doctos, para que, con su parecer, resolviésemos lo que, según Dios, y justicia, fuese más conveniente, y habiéndonos le dado por escrito, y firmado de sus manos, nos hemos ajustado con su resolución, en la conformidad, que por otra Patente, y Decreto nuestro va con esta, anulando, y declarando por nulo dicho Capítulo próximo pasado, y constituyendo la Provincia, y todos sus sujetos en estado, como si no se hubiera hecho Capítulo, como más extensamente por dicho Decreto, y Patente consta: y para que no carezca más tiempo de legítimos Prelados, y Definitorio, y en adelante tenga la Provincia un gobierno seguro, y gocen de la paz, y tranquilidad, que ante todas cosas deseamos: Por tanto, en virtud de las presentes, y con el mérito de la santa Obediencia, instituimos, y nombramos por nuestro Comisario General de dicha nuestra Provincia de Brasil, y su Custodia al P. Fr. Antonio de Santa Clara, Predicador, y Definidor habitual de nuestra Provincia de San Antonio de Portugal, y le damos toda nuestra autoridad plenaria, así como de Derecho se requiere, y se costumbra dar a los Comisarios Generales; y de más a más toda, la que tenemos, por Visitador, Reformador de Su Santidad, por Breve Apostólico, y por la autoridad, que nos ha cometido el Excelentísimo Señor Cardenal Protector, queremos, que dicho Padre Fr. Antonio de Santa Clara, sea Visitador, Reformador de dicha nuestra Provincia de Brasil, y su Custodia, y por tal le nombramos de modo, que en todo, lo que no perjudicare a la Religión, y nuestra autoridad, será, y podrá obrar todo aquello, que pudiéramos obrar por nuestra persona, si nos halláramos presentes, así para el fuero interior, como el exterior, por si, o por otras personas de la dicha Provincia, y Custodia, y en dicha Visita, según nuestras Leyes, formar procesos hasta ponerlos en estado de sentencia o por adjuntos, como mejor le pareciere; sobre que le encargamos la consciencia, y le rogamos obre con la prudencia, que pide nuestro estado, y el de dicha nuestra Provincia, y para que merezca, se lo mandamos por santa Obediencia, en virtud del Espírito Santo, y por la misma obediencia, y pena de Excomunión mayor *latae sententiae ipso facto incurrenda*, y de inhabilidad perpetua para los oficios de la Orden, mandamos a todos los Religiosos de dicha nuestra Provincia, y Custodia de Brasil, así habitantes en ella como a los ausentes, divertidos por estas Provincias de España, y Portugal, tengan a dicho P. Fr. Antonio de Santa Clara por su legítimo Prelado, Comisario General, por Nos nombrado, y le obedezcan, como a tal, en todo aquello, que es costumbre, y por especial Derecho le concedemos, y para mayor claridad, forma, y gobierno de dicha nuestra Provincia, y Custodia, en virtud de toda nuestra autoridad mencionada, ordenamos lo siguiente: Primeramente: instituimos, y nombramos por Ministro-Provincial de dicha nuestra Provincia de Brasil, al P. Fr. Jácome de la Purificación, Predicador, y en su defecto, por muerte, u otro legítimo impedimento, al P. Fr. Juan del Desierto, Predicador, y en defecto de este del mismo modo al P. Fr. Simón de las Llagas, Confesor; por Custodio al P. Fr. Laurencio de San Nicolás, Predicador, y Definidor habitual de dicha nuestra Provincia; por Definidores al P. Fr. Simón de las Llagas, al P. Fr. Juan del Desierto, Predicador, al P. Fr. Antonio de los Santos, Predicador, y al P. Fr. Juan Baptista, Confesor; en defecto de los cuales todos, así mismo por muerte, y otro legítimo impedimento, nombramos por Definidores, al P. Fr. Esteban de los Reyes, Predicador, al P. Fr. Juan de la Luz, Predicador, Fr. Pacífico de Jesús, Predicador, y al P. Fr. Matheo del Rosario, Confesor; y faltando alguno, o algunos de los primeros nombrados por Definidores, entrarán los postreros, que nombramos, según su graduación, y por el orden, con que van señalados; y mandamos por santa Obediencia, en virtud del Espíritu Santo, pena de excomunión mayor, *latae sententiae ipso facto incurrenda*, a todos los Religiosos, de cualquiera calidad que sean, de dicha nuestra Provincia de San Antonio de Brasil, y su custodia, admitan, reciban, y tengan por su Ministro-Provincial, Custodio, y Definidores a los así por nos nombrados, e instituidos, y a estos así mismos ordenamos, que con asistencia de dicho P. Fr. Antonio de Santa Clara, juntos en Definitorio, legítimamente congregados, elijan, y nombren Guardianes en todos los Conventos, y de más oficiales, según, y como es uso, y costumbre en nuestra Religión, como si estuvieran en Capítulo, y se apliquen todos a desterrar abusos, atajar relajaciones, y restituir la Provincia a su prístino esplendor de virtud, y Regular observancia, reconciliando-se unos con otros, para que unánimes, y conformes, sirvan, y alaben al Señor en el estado, que han profesado, volviendo por el crédito de la Religión, y suyo, que ha padecido el menoscabo, que es notorio; y para que esta nuestra Patente legue a noticia de todos, ordenamos, y mandamos se lea en todos los Conventos en plena Comunidad, y se ponga un tanto de ella en el libro Bezerro de la Provincia. Dada en nuestro Convento de S. Francisco de Lisboa, en cuatro de abril de 1669. Fr. Alonso Salizanes, Ministro General. Lugar del + Sello. Fr. Patricio Tirello, Secret. General de la Orden.

229. Um ano, e dois meses haviam corrido depois de passadas as Letras acima, sem chegarem à Província, e não alcançamos qual fosse o motivo desta dilação. Só consta pelas outras, que logo ajuntaremos, que celebrando-se Capítulo Geral em Valladolid no seguinte ano de 1670, e falecido a este tempo na Província o Custódio nomeado nas passadas Letras do Reverendíssimo, nem vindo suprimento nelas para outro, se recorreu com elas, tanto para a sua confirmação, como para que fosse nomeado outro Custódio pelo novo Geral, conforme consta das suas Letras, que são as seguintes, e primeiro as da confirmação.

230. Fray Francisco Maria de Policio, Ministro General, y Siervo de toda la Orden de N. P. San Francisco. Vistas por Nosotros las razones, por las cuales nuestro Predecesor declaró por nulo el Capítulo, que el retro *scripto* Instrumento menciona, ajustando-nos con su sentencia, parecer, y declaración, la confirmamos, y por la virtud de las presentes, ordenamos, y mandamos por santa Obediencia, y pena de Excomunión mayor *latae sententiae ipso facto incurrenda*, a todos cualesquier súbditos nuestros en dicha Provincia de Brasil le tengan a dicho Capítulo por nulo, y a todas las elecciones en él hechas, según, y como está declarado, como dicho es. Dada en nuestro Convento de S. Francisco de Valladolid en dos de Junio de 1670. Fray Francisco María de Policio, Ministro General de toda la Orden. Lugar del + sello. Fr. Antonio de Losada Henríquez, Lector Jubilado, Calificador del Santo Oficio, Custodio de la Santa Provincia de Sant-Ago, Secretario General de la Orden, doy fe, y verdadero testimonio, que estas Patentes, y Decretos en sus traslados concuerdan con su original. Dada en este Convento de Valladolid, de Junio tres de 1670. Lugar del + señal impreso, y público. En testimonio de verdad. Fr. Antonio de Losada Henríquez, Secretario General de la Orden.

231. O qual traslado de Patentes, e Decretos, eu João de Almeida, Presbítero, publico, *Authoritate Apostolica*, Notário dos aprovados pelo Ordinário desta Corte, na forma do Sagrado Concílio Tridentino, as trasladei bem, e fielmente das próprias, que me foram apresentadas pelo R. P. Fr. Francisco da Conceição, Procurador da dita Província, que, de como as tornou a levar assinou aqui, com as quais este traslado concertei, e a elas me reporto, em fé do que o corroborei de meus sinais publico, e raso, em Lisboa a vinte e dois de novembro de 1670 anos. *Instatus, et requisitus:* Em testemunho de verdade. + E concertado por mim Notário Apostólico – João de Almeida – Fr. Francisco da Conceição. Seguem-se as do suprimento de Custódio.

232. Fray Francisco María de Policio, Ministro General, y Siervo de toda la Orden de nuestro Padre San Francisco etc. Por virtud de las presentes,

y atentas las razones, y causa, que el R. P. Fr. Alonso Salizanes nuestro Predecesor, y al presente Obispo de Oviedo, ha tenido para anular el Capítulo, de que esta Patente hace mención, sino también de instituir Ministro-provincial, Custodio, y Definidores los PP. que en ella van expresados; conformándonos con tan justificada resolución: confirmamos los dichos P. Provincial, y Definidores, en sus oficios, y en lugar del P. Fr. Laurencio de S. Nicolás, Custodio, que ha sido, y ya murió, al P. Fr. Plácido de San Antonio, que por legítimo Custodio ha sufragado en el Capítulo General, y mandamos por santa Obediencia, en virtud del Espíritu Santo, pena de Excomunión mayor *latae sententiae ipso facto incurrenda*, a todos, y cualesquier Religiosos de dicha Provincia de Brasil, los admitan, y tengan por verdaderos Provincial, Custodio, y Definidores, y así mismo al P. Fr. Antonio de Santa Clara por su legítimo Comisario General, Reformador, como le confirmamos en esta nueva orden nuestra. Dada en nuestro Convento de S. Francisco de Valladolid, en dos de Junio de 1670. Fr. Francisco María Policio, Ministro General. Lugar del + Sello. Por mandado de su Reverendísima, Fr. Antonio de Losada Henríquez, Secretario General de la Orden.

233. O qual traslado de Patente do Reverendíssimo Padre-Geral, passado, e confirmação do que de presente é, eu João de Almeida, Presbítero, publico, *Authoritate Apostolica*; Notário dos aprovados pelo Ordinário desta Corte na forma do Sagrado Concílio Tridentino, as trasladei bem, e fielmente das próprias, que me foram presentadas, com as quais este traslado concertei, e a elas me reporto, as quais tornei ao R. P. Fr. Francisco da Conceição, Procurador, que, de como as recebeu, assinou aqui, em fé do que o corroborei de meus sinais publico, e raso, em Lisboa a vinte e seis de novembro de 1670 anos. Em testemunho de verdade. + E concertado por mim Notário Apostólico, João de Almeida. Fr. Francisco da Conceição.

234. Com estas Letras Patentes dos nossos Reverendíssimos Padres Gerais, passadas por um, e confirmadas por outro, chegou à Bahia o Comissário-Geral Fr. Antônio de Santa Clara, onde foi bem recebido dos Padres desta parte, que seguiam o partido do Provincial Fr. Jácome, intruso no Capítulo de três de outubro de 1665, em que presidiu Fr. Sebastião do Espírito Santo, Comissário-Geral por Breve Apostólico, que depois foi revogado como sub-reptício, e fica dito em seu lugar. Da Bahia mandou Fr. Antônio de Santa Clara presentar as suas patentes, e convocar a Capítulo os Padres Vogais da parte de Pernambuco, que vinham nomeados para Definidores Fr. João do Deserto, Fr. Simão das Chagas, e Fr. João Batista, os quais detidos lá, ou presos estes dois últimos pelos daquela fação, e séquito do Provincial Fr. João da

Luz, e não podendo passar à Bahia para assistirem ao Capítulo, por suas cartas se comprometeram com o que nele determinasse o Comissário-Geral com os outros Vogais, que no Convento da Bahia deram a posse, e reconheceram por legítimo Prelado, e

PROVINCIAL CANÔNICO

III. O M.R.P. Fr. Jácome da Purificação. Era Pregador, natural da Assurara Bispado do Porto, e filho da Custódia, que nela havia professado no Convento de Olinda em 25 de julho de 1621 em idade de 19 anos. Foi Presidente *in capite* no Oratório, que levantaram os Prelados no Engenho de Santo André, distrito da Cidade da Paraíba, depois que o holandês se apossou do Convento, que nela tem os nossos Religiosos. Guardião de Ipojuca ano e meio, e três do Convento da Bahia, e outra vez aqui ano e meio, e outro tanto na Congregação de Fr. Gerardo no mesmo Convento, e no Capítulo de Fr. Sebastião na Bahia, feito Provincial intruso, mas agora legitimo, e canônico, pelo Reverendíssimo P.-Geral, e aceito no Capítulo, que na mesma Bahia celebrou o Comissário-Geral Fr. Antônio de Santa Clara em 22 de novembro de 1670, e com um ano e quatro meses, depois no mesmo Convento da Bahia pôs termo com a vida aos cuidados de governar a 22 de fevereiro de 1672 em idade de sessenta e um anos com pouca diferença.

PROVINCIAL INTRUSO

235. Ainda não eram bem passados quinze dias, que na Bahia fora obedecido por Provincial o P. Fr. Jácome, quando em Pernambuco, repugnando os Padres daquela parte às Letras, e Ordens dos nossos Reverendíssimos, e havendo-se passado três anos, e mais de três meses do Capítulo do P. Fr. João da Luz, fazendo Visitador, e Presidente para as eleições futuras ao P. Fr. Melquior dos Anjos, celebraram um Capítulo em oito de dezembro do mesmo ano de 1670, e nele levantaram Provincial ao P. Fr. João do Deserto, Definidor atual dos nomeados nas patentes dos nossos Reverendíssimos, Custódio, que havia sido no Capítulo do P. Fr. Aleixo, Prelado de Olinda, quando se deixou aquele Convento pela entrada dos Holandeses, Guardião de Ipojuca três anos, e outro e meio de Sirinhaém, e do Recife pela renúncia de outrem, e outra

vez aqui reposto por um Breve do Senhor Núncio, de donde havia saído pela Congregação intrusa de Fr. Gerardo. Durou este seu governo em Pernambuco pouco mais de dez meses, por quanto no outro seguinte a quatro, dia do Seráfico Patriarca, consta de um termo feito entre os dois partidos da Bahia, e Pernambuco, que reconciliando-se uns com outros, desistiu do cargo de Provincial o P. Fr. João do Deserto, e se tornaram os Conventos da sua parte à obediência do Comissário-Geral Fr. Antônio de Santa Clara, e do Provincial Fr. Jácome, tomando a posse deles os Prelados feitos no seu Capítulo, cessando por algum tempo as controvérsias, e inquietações da Província. Faleceu no Convento de Olinda em 13 de março de 1686.

236. Havendo o Comissário-Geral Fr. Antônio de Santa Clara cooperado no seu ofício, como fica dito, no ano de 1671 lhe chegaram outras Letras patentes do novo Comissário-Geral do teor que se segue:

237. Fray Joseph Ximenes Samaniego, Lector Jubilado, y teólogo de Su Majestad en la Real Junta de la Inmaculada Concepción, Comisario General, y Siervo de toda la Orden de N. S. P. S. Francisco en esta Familia Cismontana etc. Al R. P. Fr. Antonio de Santa Clara, Padre, y Comisario General de los Estados, y Conquistas de Brasil, salud, y paz en nuestro Señor Jesús Cristo: Por cuanto en virtud, y letras del ilustrísimo, y Reverendísimo Señor D. Alonso Salizanes, Obispo de Oviedo, General inmediato, que fue de nuestra Religión, esta Vuestra Paternidad ejerciendo el oficio de Comisario General en estas partes, y Conquistas, y tenemos informe del celo, Religión, equidad, y prudencia, con que se porta en dicho gobierno, es bien que se continúe en él, para bien de la Religión, y consuelo espiritual, y temporal de los Religiosos: Por tanto, por virtud de las presentes confirmamos dichas Letras, y Patente de comisión en todo, y por todo, según su contenido, y de nuevo nombramos, e instituimos a Vuestra Paternidad por dicho Comisario con toda la autoridad, y según todas las cláusulas de dichas Letras, como si fueran expresadas aquí una por una: y mandamos por santa Obediencia en virtud del Espíritu Santo, y pena de Excomunión mayor *latae sententiae ipso facto incurrenda*, a todos los Religiosos, así Prelados, como súbditos, sin exceptuar alguno, que residen en dichos Estados, y Conquistas, obedezcan a Vuestra Paternidad, como a su legítimo Prelado, y nuestro Comisario, que representa Persona, y ejerce nuestra autoridad; y a todos, y a cualquiera, que no atendiendo al estado, que profesaron, se resistieren a la obediencia de Vuestra Paternidad, y de sus Prelados ordinarios, los comprimirá y obligará a que se sujeten, y obedezcan, procediendo contra ellos con todo rigor, e imponiéndoles las penas, que están determinadas por las Leyes de la Religión, y las demás que fueren necesarias

para su reducción, y quietud de esas Provincias. Dada en nuestro Convento de S. Francisco do la Ciudad de Lisboa en siete de abril de 1671. Fray Joseph Ximenes Samaniego. Comisario General. Por mandado de su Reverendísima: Fr. Diego Fol, de Ang. Secret. General de la Orden.

238. E para mais corroboração, e melhor firmeza das retas operações do sobredito Comissário Fr. Antônio de Santa Clara nesta Província, conforme ele, e os Padres adjuntos representavam a sua Reverendíssima, confirma de novo, e revalida em tudo o Capítulo celebrado em virtude do Breve Apostólico, e Letras Patentes dos Padres Gerais, Antecessor, e atual, por outras suas, que são as seguintes:

239. Fray Joseph Ximenes Samaniego, Lector Jubilado, y teólogo de Su Majestad en la Real Junta de la Inmaculada Concepción, Comisario General, y Siervo de toda la Orden de N. S. P. S. Francisco en esta Familia Cismontana etc. Al P. Fr. Antonio de Santa Clara, Definidor habitual de nuestra Provincia de San Antonio de Portugal, y nuestro Comisario General en los Estados de Brasil, y Padres Fr. Jácome de la Purificación, Predicador, y Ministro-Provincial, Fr. Esteban de los Reyes, Predicador, y Fr. Pacífico de Jesús, Lector de teología, y Definidores actuales de nuestra Provincia de San Antonio de Brasil, salud, y paz en nuestro Señor Jesús Cristo. Por cuanto vuestras Paternidades nos informan, que habiéndose dado por nulos dos Capítulos celebrados en dicha Provincia, uno en cuatro de octubre de seiscientos y sesenta y cinco, otro en veinte y cuatro de agosto de seiscientos y sesenta y siete, por el Ilustrísimo y Reverendísimo Señor D. Fr. Alonso Salizanes, Obispo de Oviedo, que al presente era Ministro General de toda la Orden, el cual para mayor seguridad, y que cesasen los pleitos movidos en esa nuestra Provincia, recurrió a Su Santidad, y Eminentísimo Cardenal Protector de la Orden, y obtuvo un *Motu propio* de Su Santidad, y Letras Patentes del dicho Señor Protector para nombrar Provincial, Custodio, y Definidores de dicha Provincia, y que los nombrados por su Reverendísima celebrasen, e hiciesen las demás elecciones de Prelados de los Conventos de dicha Provincia, y para la ejecución, instituyó en virtud del *Motu propio*, y Letras del dicho Señor Protector, por Comisario General y Reformador Apostólico de dicha Provincia, y Custodia de Brasil al dicho R. P. Fr. Antonio de Santa Clara, que con efecto pasó a los dichos Estados, y fue recibido, y obedecido como tal Comisario General por todos los Religiosos de la Provincia, y Custodia, excepto de los moradores de siete Conventos sitos en Pernambuco, y hallándose en el Convento de San Francisco de Bahía, declaró las elecciones de Ministro-Provincial, Custodio, y Definidores hechos por nombramiento del dicho Ilustrísimo Señor Fray Alonso

Salizanes en Vuestras Paternidades, y los Padres Fr. Simón de las Llagas, y Fr. Juan Bautista, ausentes, y prisioneros por los Rebeldes de Pernambuco, y declaradas dichas elecciones, convocó a Capítulo para celebrar las elecciones de los demás Prelados así de la Provincia, como de la Custodia, que con efecto se celebró en veinte y dos de Noviembre del año pasado de setenta por Vuestras Paternidades, presidiendo dicho R. P. Comisario General, que constituían la mayor parte del Definitorio, no obstante, aunque lucró convocados dichos dos Padres Definidores prisioneros, que no asistieron, más se comprometieron por carta en lo que hiciesen Vuestras Paternidades, y eligieron Guardianes, y demás Oficiales para dicha Provincia, y Custodia; y ahora nos piden hayamos por bien de continuar e declarar por buenas dichas elecciones: Por tanto, atendiendo al Breve, y *Motu proprio* de Su Santidad, letras del Eminentísimo señor Protector, institución de Comisario General de dichos Estados, y todo estar recibido, y aprobado por el Capítulo General próximo pasado, celebrado en el Convento de Valladolid, y por nuestro Reverendísimo P. Fray Francisco María de Policio, Ministro General de toda la Orden: Por virtud de las presentes declaramos por buenas, y canónicamente celebradas dichas elecciones de Custodio de la Custodia de Rio de Janeiro, de Guardianes, y demás Oficiales hechos por Vuestras Paternidades, como queda referido, a todos los cuales, y a cada uno confirmamos en sus oficios en el nombre del Padre, del Hijo, y del Espíritu Santo, y mandamos por santa Obediencia, y pena de Excomunión mayor *latae sententiae ipso facto incurrenda*, a todos los Religiosos, y a cada uno los tengan, y obedezcan, en lo que les tocare, por sus legítimos Prelados canónicamente electos, y por Nosotros confirmados. Dada en nuestro Convento de S. Francisco de Agreda en 27 de agosto de 1671. *Fray Joseph Ximenes Samaniego, Comisario General: Fray Diego Fol. de Ang. Secretar. General de la Orden.*

240. Aqui julgo ser preciso fazermos uma breve, e clara narrativa deste governo da Província, do tempo, que nesta, pela intrusa Congregação de Fr. Gerardo até o Capítulo presente do Comissário-Geral Fr. Antônio de Santa Clara, entraram estas controvérsias de Prelados, antecipação de Capítulos, e divisão de governos. Feita a sobredita Congregação no ano de 1664 por abril, por ausência de Fr. Aleixo, pôs o Vigário-Provincial intruso Fr. Gerardo dos Santos Guardiães em todos os Conventos assim nas partes da Bahia, como nas de Pernambuco; estes duraram no governo até agosto do ano seguinte de 1665 um ano e quatro meses, em que voltando do Reino Fr. Aleixo, deu aquela Congregação por nula, e fazendo outra, pôs novos Prelados por Pernambuco. Os da Bahia chegaram a ano e meio até o outubro daquele ano, no qual tempo Fr. Sebastião do Espírito Santo, não obedecendo às ordens de Fr. Aleixo, fez

lá aquele outro Capítulo, em que levantaram Provincial a Fr. Jácome, e ficou assim dividida a Província em duas partes, e o seu governo com duas cabeças: uma de Fr. Jácome na Bahia, com Fr. Sebastião, que se tratava Comissário--Geral; outra com Fr. Bernardo da Encarnação, Comissário-Provincial de Fr. Aleixo em Pernambuco, que havia tornado para o Reino. Permaneceu este governo assim diviso, o da Bahia dois anos e dois meses; e dois anos o de Pernambuco, por quanto em 24 de agosto de 1667 se fez em Olinda Capítulo, em que saiu Provincial Fr. João da Luz, e a este obedeceram todos, assim os de Pernambuco, como da Bahia; estes, porque já a tempo, que em Fr. Sebastião lhes faltava cabeça, pois havia chegado a esta Província o Breve revogatório da sub-reptícia graça de Comissário-Geral, com as expressões já referidas no mesmo Breve; e os de Pernambuco, como partes, que sustentavam ao que haviam escolhido para sua cabeça o P. Fr. João da Luz; este governou toda a Província três anos e quatro meses, até que chegando do Reino o Comissário--Geral Fr. Antônio de Santa Clara, e dados por nulos estes dois Capítulos, e especialmente este de Fr. João da Luz, que era só o que existia de presente, fez Capítulo na Bahia em vinte e dois de novembro de 1670, e nele foi declarado Provincial Fr. João da Purificação feito pelo Reverendíssimo, e se fez nomeação de Prelados para todos os Conventos da Província. Foram estes aceitos nos da Bahia, mas em Pernambuco não, fundados sem dúvida os PP. dele no Breve Pontifício, que fica referido, e dava por válido este Capítulo, quando ele em si o fosse, e assim em oito de dezembro do mesmo ano fizeram outro Capítulo, e nele Provincial a Fr. João do Deserto, que ainda governou quase dez meses até quatro de outubro de 1671 em que feita Religiosa e pacífica concordata, obedeceram todos ao P. Reformador Fr. Antônio de Santa Clara, e ao legítimo Provincial Fr. Jácome da Purificação. Por morte deste, tornemos ao ponto, em que íamos.

241. Por morte do P. Provincial Fr. Jácome da Purificação, achando-se o Comissário em Pernambuco, com o P. mais digno da Província Fr. Daniel de S. Francisco, a quem pertencia irem os Selos, e fazer a eleição de sucessor, de tudo fez ele desistência, e do direito, que a uma, e outra coisa tinha, por um termo, declarando que o fazia por esta vez, *Et pro bono pacis*. Era entendido, douto, e virtuoso, e temendo sem dúvida, pelas razões particulares, que penetrava, novas alterações, sendo ele o Presidente desta eleição, fez renuncia dela, e foi ter ao segundo Padre Fr. Simão das Chagas, que convocando Mesa da Definição no Convento de Olinda, e Presidindo nela o P. Reformador em vinte e três de abril de 1672, saiu eleito com todos os votos.

VIGÁRIO PROVINCIAL CANÔNICO

O M.R.P. Fr. Simão das Cagas, Confessor, natural do Lugar de Ipojuca em Pernambuco, e filho desta Custódia. Foi Presidente com voto em Capítulo no Convento de sua pátria três anos contínuos, e ano e meio depois Guardião no mesmo; também o foi da Bahia outro tanto tempo, e depois em Sergipe do Conde, e Definidor nomeado na Patente referida do nosso Reverendíssimo, em que veio feito Provincial o P. Fr. Jácome, e por morte deste, eleito em Vigário-Provincial em 23 de abril de 1072, e em onze do seguinte mês de junho deste mesmo ano fez Congregação, em o Convento de Olinda, na qual presidiu o sobredito Comissário-Geral Fr. Antônio de Santa Clara, e depois desta governou a Província toda um ano, e alguns dias mais, como Prelado legitimo, e dois meses mais como

PROVINCIAL INTRUSO

242. Por quanto o Comissário-Geral Fr. Antônio de Santa Clara, Reformador destinado para esta Província, e nela tão encarecido por Letras particulares de três Reverendíssimos Padres Gerais para pacificar as suas turbações, e desconcertos, este mesmo depois de uma paz, e concórdia, que tanto havia custado a introduzir, e com vagares, e embaraços conseguida, tornado de Juiz, e cabeça independente, membro movediço, e parcial, causa porque já de princípio conhecido, ou penetrado nele este gênio, se retardaram mais do que podia ser os efeitos daquela concordata, como faísca, que conservada em matéria combustível, e apta, quando parece estar apagada, e consumida, pega, e levanta novo, e maior incêndio; assim agora, lendo este R. P. notícia certa de que, por serem representadas à Sé Apostólica estas incoerências do seu governo, era removido do ofício de Comissário-Geral desta Província, e nomeado para ela outro, antes que este cá chegasse, e faltando ainda seis meses para a legítima celebração do Capítulo futuro, com toda esta antecipação de tempo, convocou os Padres Vogais, e em 6 de maio de 1673 em o Convento de Olinda, fez celebrar Capítulo, em que foi nomeado Provincial o mesmo, que estava exercendo o Ofício de Vigário o P. Fr. Simão das Chagas: fizeram Prelados novos para todos os Conventos, de que uns tomaram posse, e outros não foram admitidos, ficando assim o corpo da Província, ainda que com uma só cabeça, porque subordinada, e dependente, em si mesmo diviso, e encontrado, pondo-o deforme, e disparado a mão daquele próprio artífice, que fora escolhido para o compor, e reformar; efeitos, ou deformidades, que ordinaria-

mente costumam sobrevir àquelas Repúblicas, quaisquer que elas sejam, donde os que regem, e sustentam a sua máquina, tomando por suavidade a carga do mando, e fazendo demasiado gosto do atrativo do governo, quanto mais cuidam em fazer-se perduráveis, e seguros nele, por meios incoerentes, mais depressa correm para a sua ruína deles mesmos são os que melhor concorrem para o seu desconcerto. Tudo viu o Comissário-Geral Fr. Antônio de Santa Clara executado agora em si, e na Província, onde parece queria perpetuar-se com o seu governo, depois de diviso este, e separados alguns Conventos da sua obediência, totalmente sobre arruinado concluído, como se vê do assunto seguinte: *Chegou à Cidade da Bahia em nove de junho de 1673 por Comissário, Visitador, e Reformador desta Província, de Santo Antônio do Brasil o M.R.P. Fr. Luiz da Ressurreição, Definidor habitual da mui santa Província de N. Senhora da Arrábida, por mandado do nosso Reverendíssimo Padre Ministro-Geral, Fr. Francisco Maria Rhini de Policio, e tomou logo posse em o nosso Convento de S. Francisco da Bahia em plena Comunidade, sem contradição alguma, e assim nos mais Conventos circunvizinhos, a saber: de Sergipe do Conde, de Paraguaçu, Santo Antônio do Cairu, e Sergipe del-Rei, achando já dois destes ditos Conventos sem darem obediência ao P. Fr. Antônio de Santa Clara. E depois se partiu para este Pernambuco, onde chegou a 27 do mês de julho, e posto já o tinham obedecido por suas Patentes, que tinha enviado, o tornou de novo a fazer tomando posse do Convento de Santo Antônio do Recife, e de todos os mais deste Pernambuco, a saber: do Convento da Vila de Olinda, de Igarassu, Paraíba, Ipojuca, Sirinhaém, Alagoa e Rio de S. Francisco. Foi recebido com grande aplauso de todos os Religiosos, sem lhe encontrarem em alguma coisa suas Patentes, por onde mandou tomar posse nos Conventos mais remotos, e já declarados; e vindo aos vinte nove do mesmo mês para este Convento de Olinda, aos dez dias de agosto meteu de posse ao Provincial, Custódio, e mais Definidores nomeados por um Breve de Sua Santidade, e Patente do nosso Reverendíssimo Padre-Geral, anulando, e declarando de nenhum vigor o Capítulo intruso, que tinha celebrado o P. Fr. Antônio de Santa Clara em seis de Maio de 1673, em que fez Provincial ao P. Fr. Simão das Chagas Vigário--Provincial; e as razões da nulidade do sobredito Capítulo intruso as mandou o mesmo Padre Visitador ao nosso Reverendíssimo Padre-Geral, sendo uma das principais, por o dito P. Fr. Antônio de Santa Clara maliciosamente antecipar o dito Capítulo intruso, seis meses e dezoito dias, com a notícia evidente, que tinha da vinda do P. Visitador, Executor do dito Breve de Sua Santidade; pois em seu poder, consta, teve dois transuntos impressos, e justificados na Cúria Romana pelo Notário Apostólico; e também por que seria frustrada, e baldada a intenção assim do Sumo Pontífice, como do nosso Reverendíssimo, os quais ordenavam, que com o Definitório nomeado, se fizesse o corpo do Capítulo, conforme determinava o Breve Pontifício incluso nas Letras seguintes do nosso Reverendíssimo.*

243. Fray Francisco María Rhini de Policio, Ministro General, y Siervo de toda la Orden de N. S. P. S. Francisco etc. Al P. Fr. Luiz de Lemos, Definidor habitual de la Provincia de Santa María de la Arrábida, salud, y paz en nuestro Señor Jesús Cristo: Per cuanto para la quietud, paz, y reforma de nuestra Provincia de San Antonio de Brasil, hemos recibido un Breve de Nuestro Santísimo Padre Clemente X, expedido a nuestra instancia, que es del tenor siguiente:

CLEMENS PP. X

Ad perpetuam rei memoriam.

244. Sacro-Sancti Apostolatus Officium, quod inscrutabilis Divinae Sapientiae, atque Clementiae altitudo humilitati nostrae, nullo licet meritorum nostrorum suffragio, committere dignata est salubriter exequi, adjuvante Domino, jugiter satagentes, exorta inter Religiosos Viros animorum dissidia, ne fraternae charitatis, Religiosaeque tranquilitatis serenitatem diutius conturbent, opportunis rationibus recidere, ac ipsorum Religiosorum saluti et quieti, quantum nobis ex alto conceditur, providere studemus, sicut personarum, locorum, et temporum qualitatibus mature perpensis in Domino expedire arbitramur. Exponi siquidem nobis nuper fecit dilectus filius Franciscus Maria Rhini de Policio, Minister Generalis Ordinis Fratrum Minorum Sancti Francisci de Observantia nuncupatorum, quod cum in Provincia Sancti Antonii Brasiliae Fratrum Discalceatorum dicti Ordinis a pluribus retro annis viguerint controversiae, non minus paci, ac charitati Religiosae quam Regulari Observantiae, ac strictiori Instituto ejusdem Provinciae plurimum adversae, ac praejudiciales; praecipue quidem propter Capitulum quoddam ibidem anno MDCLXVII celebratum, quod a tunc existente ejusdem Ordinis Ministro Generali dicti Francisci Mariae Praedecessori annullatum fuit, cum institutione alterius Ministri Provincialis, et Diffinitorii dictae Província, ac propter delegationem cujusdam Commissarii Nationalis, qui adhuc in eadem Provincia manet cum obedientia maioris numeri Conventuum. Ex adverso vero remanserint ex alia parte praefatum Commissarium recusantes Ministri, et Diffinitores annullati, qui, non obstantibus censuris ab eodem Commissa-

rio fulminatis, novun Capitulum celebrarunt anno MDCLXX cum retentione paucorum Conventuum in districto de Pernambuco; atque ita utraque pars in divisione perseveret. Idem Franciscus Maria Minister Generalis pro muneris sui obligatione, subditorum sibi commissorum saluti, et quieti Religiosae prospectum esse exoptans opportune in praemissis a nobis provideri, et ut infra indulgere plurimum desiderat. Nos igitur ipsius Francisci Mariae Ministri Generalis votis *in hac parte*, quantum cum Domino possumus, favorabiliter annuere volentes, ac ejus, et infra nominatorum Fratrum expresse professorum Ordinis praefati singulares personas a quibusvis excommunicationis, suspensionis, et interdicti, aliisque Ecclesiasticis sententiis, censuris, et poenis, a jure vel ab homine, quavis occasione, vel causa latis, si quibus quomodolibet innodalae existunt, ad effectum praesentium dumtaxat consequendum, harum serie absolventes, et absolutos fore censentes, supplicationibus ejusdem Francisci Mariae Ministri Generalis nomine nobis super hoc humiliter porrectis inclinati, omnes, et singulos, qui poenis, et censuris occasione praenarratarum controversiarum hinc inde latis, quovis modo innodati sunt, seu alias, quomodolibet, in praemissis, aut rei, aut obnoxii existunt, a censuris, et poenis hujusmodi, quas propter eadem praemissa quovis modo incurrerunt, seu incurrisse, dici, censeri, vel praetendi possent, Authoritate Apostolica, tenore praesentium, in utroque foro absolvimus, et totaliter liberamus, dictasque poenas eis, et eorum cuilibet gratiose remittimus, et condonamus, ac cum ipsis omnibus, et singulis super irregularitate, si quam, ex eo quod censuris hujusmodi propter eadem praemissa innodati, sacrosanctum Missae Sacrificium, et alia Divina Officia (non tamen in contemptum clavium) celebraverint, seu alias in suis Ordinibus ministraverint, quovis modo contraxisse reperiantur, ad quemcumque effectum, authoritate, et tenore praefatis, de specialis dono gratiae dispensamus; eosque, et eorum quemlibet in pristinum, et eum, in quo, ante praemissa, quomodolibet erant, statum restituimus, reponimus, et plenarie reintegramus. Necnon super praenarratis controversiis perpetuum cunctis silentium imponimus. Praeterea utrinque partis praefatis Ministris, et Diftinitoribus, qui de praesenti in memorata Provincia divisi gubernant, quos omnes, et singulos a gubernii munere respective absolvimus, necnon illis, qui in praefato Capitulo anni MDCLXVII, ut praefertur, annullato electi fuerunt, ut omnibus, et singulis privilegiis, praerogativis, gratiis, et indultis a Statutis dicti Ordinis pro ipsorum institutis praescriptis, uti, frui, et gaudere libere, et licite possint, et valeant in omnibus, et per omnia perinde, ac si legitime electi, munerum suorum tempus ab eisdem statutis praefixum explevissent, dicta authoritate harum serie concedimus, et indulgemus. Ac dilectum filium Antonium a Sancta Clara Fratrem dicti Ordinis Commissarium nationalem in Provincia praefata delegatum, a suo Commissariatus hujusmodi officio absolutum Authoritate praedicta earumdem tenore praesentium declaramus, eique precipimus ne amplius quidquam jurisdictionis in eadem Provincia exerceat, sed statim ad propria revertatur. Pro felici, prosperoque dictae Provinciae Sancti Antonii Brasiliae regimine, et gubernio salubriter providere cupientes, ac de infra scriptorum Ordinis praefatae Professorum fide, prudentia, vigilantia, charitate, integritate, et Religionis zelo plurimum in Domino confisi, dilectos filios Simonem a Plagis in Ministrum Provincialem, ac Dominicum a Sancto Antonio in Custodem, necnon Matthaeum a Praesentatione, Antonium ab Angelis, Bonaventuram a Rosario, et Dominicum a Martyribus Fratres expressas professos Ordinis hujusmodi in Diffinitores ejusdem Provinciae Sancti Antonii Brasiliae respective ad tempus, quo ejusmodi officia juxta regularia ejusdem Ordinis Instituta, per Sedem Apostolicam confirmata durare consueverunt cum omnibus, et singulis privilegiis, praerogativis, et facultatibus, Authoritate, praeeminentiis, gratiis, et indultis, ac honoribus, et oneribus solitis, et consuetis, Authoritate, et tenore praefatis constituimus, et deputamus: ac illis secundo loco, in casu mortis, dilectos pariter filios Bernardinum a Purificatione in Ministrum Provincialem, et Stephanum a Regibus in Custodem, ac Joannem a Luce, et Danielem a S. Francisco ejusdem Ordinis Professores in Diffinitores Provinciae hujusmodi respective substituimus, et subrogamus. Volentes, ut Minister Provincialis, ac Custos, et Diffinitores sic a nobis deputati, sive substituti, respective una cum Commissario per memoratum Franciscum Mariam Ministrum Generalem ad Provinciam praefatam pro illius reformatione destinando electioni faciendae novorum Guardianorum juxta Statuta Ordinis, et exigentiam Provinciae hujusmodi assistant. Demum eidem Commissario sic destinando praesentes literas excutioni mandandi, ac demandari faciendi, nenon contradictores quoslibet, et rebelles per sententias, censuras, et poenas Ecclesiasticas, aliaque opportuna juris, et facti remedia appelattione postposita compercendi, auxiliumque brachii saecularis, ad hoc, si opus fuerit, invocandi quamcumque necessariam, et opportunam facultatem, eadem Authoritate, harum serie tribuimus, et impertimur. Mandamus praeterea in virtute sanctae Obedientiae, ac sub indignationis nostrae, aliisque arbitrii nostri poenis, omnibus, et singulis Provinciae praefatae Superioribus, fratribus, et personis, caeterisque, ad quos spectat, et spectabit in futurum, ut supra nominatos fratres ad officia eis respective per praesentes demandata illorumque liberum exercitium juxta earumdem tenorem praesentium recipiant, et admittant, eosque recognoscant, et illis in omnibus officio hujusmodi concernentibus pareant, et obediant, faveantque, et assistant respective. Ac decernentes ipsas praesentes literas firmas, validas, et efficaces, existere, et fore, suosque plenarios, et integros effectus sortiri, et obtinere, ac illis, ad quos spectat, et spectabit in futurum, in omnibus, et per omnia plenissime suffragari, et ab eis respective inviolabiliter observari, sicque in praemissis per quoscumque Judices Ordinarios, etiam causarum Palatii Apostolici Auditores, judicari, et diffiniri debere, ac irritum, et innane, si secus super his a quoquam quavis authoritate, scienter, vel ignoranter contigerit attentari. Non obstantibus praemissis, ac Constitutionibus, et ordinationibus Apostolicis, necnon praefatorum Ordinis, et Provinciae, aliisve quibusvis, etiam juramento, confirmatione Apostolica, vel quavis firmitate alia roboratis, statutis, et consuetudinibus, privilegiis quoque, indultis, et Literis Apostolicis in contrarium praemissorum quomodolibet concessis, confirmatis, et innovatis. Quibus omnibus, et singulis illorum tenores praesentibus pro plene, et sufficienter expressis, ac de verbo ad verbum insertis habentes illis alias in suo robore permansuris, ad praemissorum effectum hac vice dumtaxat specialiter, et expresse derogamus, caeterisque contrariis quibuscumque. Volumus autem, ut illi, quos a censuris propter praemissa incursis, ut prefertur, absolvimus, poenitentiam, quam eis Sacerdos idoneus propter eadem praemissa injunxerit, omnino adimpleant, alioquin praesentes Literae quoad absolutionem hujusmodi eis in foro conscientiae minime suffragentur. Datum Romae apud Sanctam Mariam Maiorem, sub annulo Piscatoris die XVIII Maii MDCLXXII, Pontificatus nostri anno tertio, I. G. Slusius.

245. Por tanto constándonos, (como nos consta) de la necesidad, que dicha Provincia tiene de Reforma, y Visita, aun después de una concordia, que se dice estar pasada entre los Padres de Pernambuco de una parte, y el Padre Comisario General Fr. Antonio de Santa Clara con el P. Provincial Fr. Jácome, y su Definitorio en cuatro de Octubre de 1671, usando de la Autoridad, que Su Santidad en el referido Breve nos concede, y teniendo plena noticia de que en vuestra Paternidad concurren todas las prendas, que pide el sujeto, que haya de ser instituido, y nombrado por Reformador, y Visitador, según el tenor del Breve, con entera satisfacción de que cumplirá adecuadamente con las obligaciones de tal: Por el tenor de las presentes, firmadas de nuestra mano, selladas con el Sello mayor de nuestro Oficio, y refrendadas por nuestro Secretario, nombramos, señalamos, e instituimos a V. P. por Comisario, Visitador, y Reformador nuestro de dicha Provincia por el tiempo, y espacio, que durare dicha Visita, y ejecución de dicho Breve, y los puntos por Su Santidad determinados, y después por espacio de seis meses, para que vea como se cumple dicha Reforma, y observancia regular, y nos pueda dar cuenta, y entera satisfacción de lo obrado por dichos Padres, nuevamente por Su Santidad nombrados, e instituidos en sus oficios. Y queremos, ordenamos,

y mandamos, que no obstante dicha concordia, el insertado Breve de Su Santidad se ejecute en todo, y por todo, según su tenor. Y para que mejor pueda V. P. cumplir con la obligación de tal Comisario, Visitador, y Reformador de dicha Provincia, y todo lo que juzgare ser más conveniente a dicha reforma, y debido cumplimiento de este Breve, teniendo, como tenemos, entera satisfacción do la virtud, literatura, celo, y prudencia de V. P. le concedemos toda nuestra Autoridad, tanta, quanta podemos delegar sobre dicha Provincia de San Antonio de Brasil, y Custodia, y todos los demás nuestros súbditos, estantes, y habitantes en dicha nuestra Provincia, de forma, que pueda obrar en ella V. P. todo aquello que nos podíamos, y podemos, si fuésemos presentes, así para la Visita, y Reforma, como para presidir en las elecciones, y Definitorios, que ocurrieren, durante el tiempo de dicha Visita, y por los seis meses después de ella, y todo lo demás, que se pueda hacer por nuestra autoridad delegada, *cum plenitudine potestatis*, aunque sea para las cosas, para que sea necesario expresar la delegación, que le damos, y declaramos por expresada, como si especial la concediéramos, como concedemos. Y mandamos a V. P. por Santa Obediencia, que, no obstante la dicha concordia, ponga en ejecución el dicho Breve, y todas sus partes, y de la posesión a los dichos Religiosos nombrados por Su Santidad en los oficios de Ministro-Provincial, Custodio, y Definidores; y porque V. P. no carezca del mérito de la Santa Obediencia en función tan grave, e importante al servicio de Dios, mandato de Su Santidad, bien de la religión, y paz de esta nuestra Provincia, se lo mandamos por santa Obediencia, en virtud del Espíritu Santo, admita, y acepte dicho nuestro nombramiento, institución, y comisión de Visitador, y Reformador. Y a todos los Religiosos de dicha nuestra Provincia, así súbditos, como Prelados, mandamos debajo de la misma Obediencia, pena de excomunión mayor *latae sententiae ipso facto incurrenda*, y de privación perpetua de los actos legítimos, reciban, y admitan a V. P. por su Superior, y Prelado Visitador, y Reformador nuestro en la forma arriba declarada, y expresada, y por el tiempo ya dicho, y como a tal Comisario Visitador, y Reformador lo obedezcan. Todo lo cual cumplido, y ejecutado, en la forma, que Su Santidad dispone, y nosotros por esta mandamos; y cumplidos los seis meses después de dicha Visita, se volverá V. P. a su Provincia. Dada en nuestro Convento de San Francisco de Madrid, en dos de Marzo de 1673 años. Fr. Francisco Maria Rhini de Policio, Ministro General. Por mandado de Su Reverendísima: Fr. Antonio Henríquez de Lozada, Secretario General de la Orden.

246. Destas Letras Patentes de sua Reverendíssima, Breve Apostólico, e assento referido, se vê como foi nulo o Capítulo Provincial último do Comissário-Geral Fr. Antônio de Santa Clara, e as razões da sua nulidade, sendo

a principal estar já havia um ano passado o Breve de Sua Santidade, pelo qual o absolvia daquela ocupação, e mandava retirar, a antecipação cavilosa do tal Capítulo, não sendo ignorante ele do Breve, que o privava. Por virtude deste, nomeou sua Reverendíssima por Comissário-Geral, Visitador, e Reformador desta Província ao P. Fr. Luiz de Lemos, ou da Ressurreição, Definidor habitual da Santa Província da Arrábida, que chegando à Bahia, como fica dito, foi obedecido de todos os Padres daquela parte, e dali passando a Pernambuco, a quinze de agosto deste mesmo ano de 1673, depois de declarada novamente a nulidade do passado Capítulo, se fez o seguinte em o Convento de Olinda, donde se achavam todos os Padres da Definição nomeados no Breve de Sua Santidade com o Ministro

PROVINCIAL CANÔNICO

IV. O M.R.P. Fr. Simão das Chagas. Neste mesmo Capítulo, com a presidência do Comissário-Geral, e novo Reformador, se fez a eleição de todos os mais Prelados, e oficiais para os Conventos da Província, que sem controvérsia tomaram posse deles, e se conservaram em paz até a entrada do Visitador-Geral seguinte, como logo veremos. Neste mesmo Capítulo se aceitou um Decreto da Sagrada Congregação dos Cardeais para que nesta Província se pudesse eleger um Visitador-Geral, para a visitar, e presidir em Capítulo, dado caso, que o pedido a sua Reverendíssima, ou à Sé Apostólica não chegasse a tempo de fazer nela estas funções, o qual é na forma seguinte.

247. Eminentissimi e Reverendissimi Sig. La Provincia di S. Antonio del Brasile dei Minori Observanti Riformati di S. Francesco umilmente espone alle EE. VV. qualmente essendo distante dai Superiori Generali dell'Ordine più di quattro mille miglia e tutto per mare con grandisissimi pericoli di Juzehi,[102] et atre molte disgrazie che sogliono accadere per mare, ed essendo necessario, conforme all'uso de la Religione d'andare a buscare il Comissario Visitatore nominato dal Superiore por visitare la detta Provincia e come molte volte succedono molti inconvenienti per mancamento d'imbarcazione, o delle disgrazie del mare la detta Provincia non arriva a tempo, o qualche volta si perde con detrimento notabile della suddetta Provincia. Per tanto, umilmente supplica la benignità delle EE. VV. a degnarsi atteso a tanti inconvenienti dar facoltà al Definitorio in tali occasioni di mancamento, o tardanza di elegge-

[102] Termo desconhecido dos editores.

re un Padre de la medesima Provincia per Visitatore di essa, conforme agli Statuti Generali della medesima Religione disposti per le Indie Occidentali dell'anno 1651, del seguente tenore: *Si vero non adest Commissarius Visitator, Minister, aut Vicarius Provincialis simul cum Diffinitorio eligant Patrem gravem ejusdem Provinciae, qui vel sit Lector Jubilatus, vel fuerit ejusdem Provinciae Minister Provincialis, vel Diffinitor, vel Guardianus cum maiori parte suffragiorum, et iste nomine Capituli Generalis erit Commissarius Visitator, Praeses Capituli cum suffragio, et plenitudine potestatis, revocata pro isto casu quacumque Constitutione in contrarium.* Che è il tutto... Deus dedit. *Sacra Congregatioo Eminentissimorum Sanct. R. E. Cardinalium negotiis, et consultationibus Exemptorum, et Regularium praeposita, audito Procuratore Commissario Curiae Minorum Observantium, ac referente Eminentissimo Cardinali Cibo benigne indulsit, ut Oratores in casu praenarrato deficientiae Commissarii Visitatoris a Patre Ministro Generali deputati, alium Religiosum qualitatibus ex praescripto Constitutionum dispositione ad proedictum munus eligere, et deputare possint, et valeant cum iisdem facultatibus, praerogativis, et privilegiis, quibus Commissarius Visitator a Ministro Generali, ut supra, deputatus, frui, et gaudere solet. Ita tamen ut Oratores teneantur semper hujusmodi Commissarium Visitatorem legitimo tempore petere; et quatenus ille supervenerit antequam Commissarius ab ipsis Oratoribus electus muneris sui exercitium inchoaverit, possit, et debeat, non obstante praefata electione injunctum sibi a praedicto Ministro Generali officium exercere; electus autem per Oratores omnino abstinere teneatur. Non obstantibus etc. Romae 13 Maii 1672. E. Cardinal. Brancatius. Sigilli Loco.*

248. Feito o Capítulo na forma referida, compostas no melhor modo as passadas turbações, e completos os seis meses, que depois da fatura dele assignava o Reverendíssimo ao P. Reformador Fr. Luiz da Ressurreição para a revista dos efeitos da sua Reforma, se voltou para a sua Província, tendo antes com os Padres da Definição representado ao nosso Reverendíssimo, e a Sua Santidade a notícia, e processo das suas operações, de que resultou confirmar o Santo Padre por outro Breve seu tudo o executado no dito Capítulo, declarando juntamente, como o havia feito o P. Reformador, por inválido o precedente, o intruso do P. Fr. Antônio de Santa Clara com a expressão das justas causas para a sua nulidade, que é o seguinte.

CLEMENS PP. X

Ad futuram rei memoriam.

249. Exponi nobis nuper fecit dilectus filius Ferdinandus a Penha de Francia, Procurator specialis Provinciae Sancti Antonii Brasiliae Fratrum Minorum Ordinis Sancti Francisci de Observantia Discalceatorum nuncupatorum, quod cum ad componendas multorum annorum lites, ac Instituti Regularis relaxationes in dicta Provincia ferventes debile corrigendas, Nos per quasdam nostras, in simili forma Brevis Literas, die XVIII Maii, MDCLXXII expeditas, ad supplicationem dilecti filii Francisci Mariae a Policio, Ministri Generalis dicti Ordinis, nonnulla statuissemus, et ordinavissemus, ac Ministrum Provincialem, Custodem, et Diffinitores Provinciae praedictae constituissemus, et alias, prout in eisdem Literis uberius continetur; dilectus etiam filius Ludovicus a Resurrectione, Frater expresse professus Provinciae Arrabidae Ordinis praedicti, ac Commissarius Visitator dictae Provinciae Sancti Antonii Brasiliae, a memorato Francisco Maria Ministro Generali deputatus, mense Junii MDCLXXIII ad Provinciam Brasiliae hujusmodi acessit, ibique ab omnibus ipsius Provinciae Conventibus admissus, tandem juxta formam praedictarum nostrarum literarum in Conventu Capitulari Sanctae Mariae de Nivibus Ville Olindae prope Pernambucum, declaravit, ac in possessionem suorum respective Officiorum admisit, dilectos pariter filios Simonem a Plagis Ministrum Provincialem, Dominicum a Sancto Antonio Custodem, ac Matthaeum a Praesentatione, Dominicum a Martyribus, Antonium ab Angelis, et Bonaventuram a Rosario, Diffinitores ejusdem Provinciae Sancti Antonii Brasíliae. Insuper dictus Ludovicus, Commissarius Visitator, eodem loco, ac tempore cassavit, atque annulavit quoddam Capitulum, antecedente mense Maio celebratum per dilectum filium Antonium a Sancta Clara, tunc praetensum Commissarium, eo quod dolose per anticipationem debiti temporis, in fraudem dictarum Literarum habitum fuisset; quod etiam pro tali habitum, atque declaratum in Civitatem Ulixbonem, post partium in contestationem, coram Venerabili Fratre Marcello Archiepiscopo Chalcedonense nostro, et Apostolicae Sedis in Portugaliae, et Algarbiorum Regnis Nuntio, factam, ad hoc, ut praedictae Literae nostrae effectum haberent. Porro idem Ludovicus Commissarius Visitator, congregato Diffinitorio, sic Apostolica authoritate instituto, die XV Augusti proxime praeteriti in praedicto Conventu ad Canonicam Guardianorum electionem juxta Constitutiones Ordinis praedicti processit, prout in Actis Capitularibus, et reliquis scripturis inde transmissis uberius dicitur contineri. Cum autem sicut eadem expositio subjungebat, ut praefata

omnia juxta supradictas nostras Literas, ac dicti Francisci Mariae Ministri Generalis dispositionem acta, et gesta firmius subsistant, dictus Ferdinandus Procurator plurimum cupiat illa Apostolicae confirmationis nostrae patrocinio communiri: Nobis propterea, nomine dictae Provinciae Sancti Antonii Brasiliae humiliter supplicari fecit, ut in praemissis opportune providere, et ut infra indulgere de benignitate Apostolica dignaremur: Nos igitur ipsius Ferdinandi votis hac in re, quantum cum Domino possumus, favorabiliter annuere volentes, eumque a quibusvis excommunicationis, suspensionis, et interdicti, aliisque Ecclesiasticis sententiis, censuris, et poenis a jure, vel ab homine, quavis occasione, vel causa latis, si quibus quomodolibet innodatus existit, ad effectum praesentium dumtaxat consequendum harum serie absolventes, et absolutum fore censentes, hujusmodi supplicationibus inclinati, de Venerabilium Fratrum nostrorum S. R. E. Cardinalium, negotiis, et consultationibus Episcoporum Consilio, veris existentibus expositis, praefatum Capitulum Provinciale a dilecto Ludovico a Resurrectione, Commissario Visitatore celebratum, electiones in eodem factas, caeterosque actus Capitulares quoscumque, quatenus praefata omnia canonice, et juxta dispositionem praedictarum nostrarum Literarum gesta sint, Authoritate Apostolica, firmitatis robur adjicimus, praecedensque Capitulum a dicto Antonio a Sancta Clara celebratum, nullum, et irritum, cum omnibus inde secutis, Authorilate, et tenore praefatis declaramus, salva tamen semper in praemissis authoritate Congregationis eorumdem Cardinalium. Decernentes ipsas praesentes Literas firmas, validas, et efficaces existere, et fore, suosque plenarios et integros effectus sortiri, et obtinere, ac illis, ad quos spectat, et expectabit in futurum, plenissime suffragari, sicque in praemissis per quoscumque Judices Ordinarios, et delegatos, atiam causarum Palatii Apostolici Auditores, judicari, et definiri debere, ac irritum, et innane, si secus, super his, a quoquam, quavis Authoritate, scienter, vel ignoranter contigerit attentari; non obstantibus in contrarium adductis, ac Constitutionibus, et Ordinationibus Apostolicis, necnon omnibus, et singulis illis, quae in Literis nostris supradictis voluimus non obstare; caeterisque contrariis quibuscumque. Datum Romae apud Sanctam Mariam Maiorem, sub Annulo Piscatoris die XVIII Aprilis MDCLXXIV, Pontificatus nostri anno quarto. I. G. Slusius.

250. Depois de assim eleito, e confirmado por Letras Apostólicas o Provincial Fr. Simão das Chagas, no ano seguinte de 1675 a nove de fevereiro fez Congregação em o Convento de Olinda, e continuou em paz o governo da Província até o mês de maio do ano seguinte, em que a ela chegou por seu Visitador, e Presidente do futuro Capítulo o Irmão Fr. Manoel de Évora Carreira, da Província da Soledade. Chegou a Pernambuco no ano de 1676

pelos fins de maio, e com ele as maiores turbações desta Província; porque entrando a visitá-la pela parte de Pernambuco desde o Convento da Paraíba até o do Cairu último da Bahia, privou a cinco Guardiães, e recolhendo-se outra vez ao Convento do Recife em 16 de setembro deste mesmo ano em Mesa de Definição os sentenciou com privação dos Ofícios, e de voz ativa, e passiva, e o mesmo fez depois em outra Mesa a dois Definidores atuais, e a um destes o prendeu sem sentença, nem culpas formadas, convocando só para esta função ao Provincial, e a um Definidor atual, porque os mais se haviam retirado, e o Custódio se achava fora da Província na diligência de assistir a Capítulo Geral, suprindo a falta dos Definidores, outros Frades, que não tinham jus para a tal sub-rogação. Fez-se lhe requerimento, que segundo a disposição do Breve do Senhor Papa Urbano VIII do qual consta, e concedeu a esta Província, que entrando nela o seu Visitador, não possa este privar a Vogal algum de voz ativa antes de votar no Capítulo seguinte com clausula irritante; e que havendo culpa de algum, ou alguns, se farão os processos, e sentenciados se dará a sentença à execução depois de haverem votado. Não foi admitido este requerimento, antes cuidou em prender os Vogais, que o faziam; os quais temerosos das suas violências, se recolheram ao Convento da Senhora do Carmo da Vila de Olinda, e dali continuaram com os requerimentos da sua justiça ao tal Visitador; que simulando a pouca do seu procedimento, e por conhecer a muita, com que se achavam os Vogais litigantes, fez um ato de desistência do seu ofício e da Presidência do Capítulo, e esta a subdelegou em a pessoa do Provincial, que existia, para que fizesse a Eleição Capitular, com cláusula, de que nela só teriam voz ativa os Vogais litigantes, e isto feito, se ausentou da Casa Capitular de Olinda, pondo-se distante dela algumas 180 léguas por mar, não declaram as memórias para onde.

PROVINCIAIS INTRUSOS

251. Aceitou o Provincial Fr. Simão das Chagas a subdelegação, que lhe fez o Visitador-Geral Fr. Manoel de Évora, e chamou para o Convento de Olinda alguns dos Vogais legítimos, que se achavam pelos de fora, para a celebração do Capítulo. Mas a maior parte dos Vogais litigantes, que assistiam recolhidos ao Convento do Carmo, sobre a restituição dos seus votos, mandaram de novo requerer ao Provincial, não podia aceitar aquela confissão; e que havendo de se fazer Capítulo, em tal caso devia ele usar do Decreto da Sagrada Congregação concedido a esta Província, (e já vai lançado nesta

Estância) o qual dispõe, que faltando nela Visitador, se eleja com a maior parte da Definição um Religioso, que houvesse sido Provincial, Definidor, ou Guardião, e que esse tal assim eleito, visite, convoque, e presida no Capítulo, e que feito isto assim, deviam eles litigantes entrar também com o seu voto, como legítimos, e Canônicos Vogais. Não concordou com isto o Provincial, e resolveu fazer Capítulo, de que resultou ficarem divididos os Padres Vogais. Com o Provincial se achou um Definidor atual, dois Guardiães legítimos, e cinco intrusos, que foram nomeados pelo Visitador em lugar dos que ele havia privado, e para encher o número dos mais Vogais, que se achavam retirados no Convento do Carmo, e litigavam, mandou o Provincial de seu *Motu proprio* a alguns Religiosos, que lhe pareceu, votassem pelos litigantes, assim Guardiães, como Definidores, sub-rogando em lugar dos três, que faltavam, o P. Fr. João da Luz, Fr. Leão de Santo André, e Fr. Melquior dos Anjos, estes dois, Definidores habituais, e o outro, Padre da Província. Com a parte dos Vogais litigantes no Carmo se acharam três Definidores atuais, e seis Guardiães legítimos. Desta divisão se originou fazerem-se dois Capítulos no mesmo dia, que foi em dezesseis de janeiro de 1677, um no Convento de Olinda, em que presidiu o Provincial, e neste levantaram Provincial ao P. M. Fr. Pacífico de Jesus; o outro se fez no Convento do Carmo, e foi seu Presidente o Irmão Fr. Antônio dos Anjos, um dos Definidores atuais, e fizeram aqui Ministro-Provincial o P. Fr. Domingos da Anunciação, ou Arcângelo, como era vulgarmente chamado, e natural de Pernambuco, filho de Francisco do Rego Barros e de D. Arcângela da Silveira, pessoas principais, particulares devotos, e grandes benfeitores do Convento de Olinda, e geralmente de toda a Religiosa, e Seráfica família, e havia professado no Convento da Bahia em oito de dezembro de 1651 em idade de dezoito anos. Foi Guardião da Paraíba ano e meio, outro tanto de Olinda, e aqui outra vez por três anos, Custódio no Capítulo do P. Fr. João da Luz, e agora provincial nesta conjunção. Durou o seu governo um ano e sete meses da parte de Pernambuco: por quanto no de 1678 pelos fins de agosto, enquanto as controvérsias da Província se resolviam pelo Reverendíssimo Padre-Geral, veio a Pernambuco uma Provisão do Senhor Núncio de Portugal, pela qual constituía ao P. Fr. Simão das Chagas, Ex-Provincial imediato, em Comissário-Provincial, com Autoridade, e poder para repor em seus lugares a todos os Prelados, ou Guardiães, que o estavam sendo nesta Província, quando nela entrou por seu Visitador o P. Fr. Manoel de Évora Carreira, com pena de excomunhão maior, e dez anos de privação dos atos legítimos aos que não quisessem estar por este Decreto. Com efeito obedeceram logo todos os Religiosos, que se achavam das partes de Pernambuco, repondo-se em todos os seus Conventos os Guardiães passados; mas não os da parte da Bahia; porque, mandando lá o Comissário-Provincial Fr. Simão das Chagas suas Patentes, não quiseram estar por elas, continuando na obediência do P. Fr. Pacífico de Jesus, que do Pernambuco se havia retirado para aquela Cidade, e lá era reconhecido por Provincial, com menos fundamentos, dos que da sua parte tinha o P. Fr. Domingos Arcângelo, porque além das razões já referidas, para a nulidade daquele Capítulo do Convento de Olinda, em que foi feito Provincial o P. Fr. Pacífico, ainda havia outra de mais consequência; porque constou que o P. Visitador-Geral Fr. Manoel de Évora, um dia antes que se embarcasse em Lisboa para esta Província, foi declarado, em as Igrejas de Lisboa, por excomungado, como se averiguou pela sentença declaratória do Juiz Apostólico o Doutor Domingos da Cunha Barreto, Prior de S. Jorge, dada em dois de abril do ano de 1676, e embarcando-se ao outro dia desta declaratória, não houve tempo congruente para ser absolto: e se o fora, não enviara, como mandou, o dito Juiz a Pernambuco sua Carta, para que fosse declarado ali; e por este só princípio, ainda que não obrasse as grandes incoerências, que ficam referidas, para serem de nenhum vigor as suas operações, esta de excomungado destruía todas as mais; e não obstante tudo isto, ainda sustentavam na Bahia as suas partes, os que foram faturas suas, contra a determinação, e decreto do Núncio Apostólico, a quem sem repugnância se sujeitaram em Pernambuco os do P. Fr. Domingos Arcângelo, o qual havendo desistido desta pretensão, e vista a renitência de Fr. Pacífico, se embarcou para o Reino, e nele falaremos, quando de volta o virmos outra vez nesta Província.

252. Repuseram-se, como dizíamos, estes Prelados das partes de Pernambuco no ano de 1678 no princípio, pelo Comissário-Provincial Fr. Simão das Chagas, e ordem do Senhor Núncio, e governaram até o ano de 1680 pelos fins; porque já em agosto, Setembro, e outros seguintes meses achamos em alguns Conventos Presidentes *in capite* nomeados pelo Padre Fr. Miguel das Chagas, da Província de Santo Antônio de Portugal, que a esta havia chegado com Letras Patentes do Reverendíssimo Padre-Geral Fr. Joseph Ximenes Samaniego de treze de março de 1679 passadas.

253. Fray Joseph Ximenes Samaniego Ministro General de toda la Orden de los Frailes Menores de Nuestro Seráfico P. S. Francisco, y Siervo: etc., Al P. Fray Miguel de las Llagas, Predicador, hijo de Nuestro Padre San Francisco, profeso en nuestra Provincia de San Antonio del Reino de Portugal, bendición: *Et salutem in Domino sempiternam.* Por cuanto habiendo llegado a nuestra noticia, con sumo dolor de nuestro corazón, los gravísimos escándalos, turbaciones, e inquietudes, que, instigándolo el común enemigo de las almas, ha habido en nuestra Provincia de S. Antonio de Brasil sobre la cele-

bración del Capítulo Provincial convocado para el día dieciséis de Enero del año de 1677, no solo en el antecedente al día señalado, sino en el mismo día celebrando-se dos Capítulos acéfalos, el uno fuera de la Religión, y el otro sin Presidente legítimo, y aún más en el subsecuente, dividiéndose en tres cabezas la Provincia, y tomándose por asaltados los Conventos con inaudito horror de la Religión, y escándalo irrespetable de los Seglares de todo aquel estado; y nosotros por la obligación de nuestro Oficio hemos formado proceso de todo lo sucedido, y con consejo, y parecer de Padres graves, Letrados, y temerosos de Dios, que tomamos por nuestros asistentes, y Conjueces, hemos dado sentencia definitiva, declarando por nulos los dichos Capítulos de ningún valor, ni efecto, decretando se cambie Comisario Reformador a dicha Provincia de S. Antonio de Brasil de otra Provincia Reformada, remitiendo a Su Santidad las elecciones de Provincial, y Definitorio, y condenando a los criminados en dicho proceso, que han pedido ser oídos, y últimamente determinando se dé comisión para oír, y sentenciar a los culpados: Por tanto habiéndose de dar excusión a dicha sentencia, y principalmente en lo que insta la excusión, sin admitir dilación alguna de proveer de gobierno, y remedio presente a dicha nuestra Provincia, y teniendo (como tenemos) entera satisfacción de la Religiosidad, prudencia, celo, literatura, y experiencia de V. Paternidad, por el tenor de las presentes, no solo por la autoridad ordinaria de nuestro Oficio de Ministro General de toda la Orden, sino por la delegada de nuestro SS. Padre Inocêncio XI, que gozamos por un *Motu proprio* de Su Beatitud, su data en Roma Trinta[103] de Junio del año pasado de 1678, en que con precepto de Obediencia nos comete, y manda la reformación de todas las Provincias de nuestra Orden, instituimos, y nombramos a V. P. por Comisario nuestro de dicha Provincia de Brasil, y su Reformador, con toda la autoridad necesaria para que la gobierne, y reforme todo el tiempo, que no se diere otra disposición por la Sede Apostólica, o por nosotros; especialmente le concedemos toda la autoridad, que los Ministros Provinciales tienen en sus Provincias por las Leyes de la Religión, reservando solo, la de dar hábitos, y recibir a la Orden, la cual queremos que ningún Prelado tenga en dicha Provincia, hasta que nosotros, informados de que está verdaderamente reformada, la concedamos. Ítem concedemos a V. P. para que, con consejo de algunos Padres graves de su satisfacción, provea de Presidentes *in capite* todos los Conventos de dicha Provincia, dándoles autoridad necesaria para que los gobiernen, como se fuesen Guardianes, y con facultad de poderlos remover de dicho Oficio, cuando le constare no cumplen con la obligación de él; sobre lo cual, de la elección

[103] *Treinta.*

de los mejores, y remoción de los malos, le encargamos gravísimamente la conciencia. Ítem, le concedemos facultad para que reforme dicha nuestra Provincia por todos los medios convenientes conforme a las Leyes Apostólicas, y de la Religión, reduciéndola en cuanto fuera posible a la pura Observancia, y Reforma, en que fue establecida, y fundada, cuando era Custodia de nuestra Provincia de San Antonio de Portugal: y le encargamos, y mandamos no dé licencia a ningún Corista, sino que haya cumplido los anos de hábito, que la Constitución dispone, y que sea de virtud aprobada; y en caso, que con las calidades se hayan de ordenar, prohibimos a V. Paternidad de facultad para ordenarse fuera del Estado de Brasil; y así mismo le mandamos ponga los dichos Coristas, cuanto fuere posible, en las Casas de Noviciado, y reparta los Legos para el servicio de los Conventos, y para que sean limosneros en ellas, evitando del todo el que los Coristas salgan de los Conventos, aunque sea con el pretexto de pedir las limosnas: y así mismo mandamos a V. Paternidad que habiendo proveído a los Conventos de Presidentes, los visite, y ponga en la Reforma dicha, mandando, disponiendo, y ejecutando cuanto para ella le pareciere necesario, y conveniente. Y a todos los Religiosos, así súbditos, como Prelados, de dicha nuestra Provincia de San Antonio de Brasil, mandamos por santa Obediencia, y pena de excomunión mayor, *latae sententiae*, inhabilidad perpetua de todos los Oficios de la Orden, reciban a V. P. por su legítimo Prelado, nuestro Comisario, y Reformador de dicha Provincia, y le obedezcan según el tenor de la Regla, y los exhortamos en el Señor a que con sus procedimientos, y reformado modo de vivir enmienden las desordenes, y escándalos pasados, y vuelvan por el crédito de esa nuestra Provincia su Madre, que tan desacreditada la tienen, con apercibimiento de que no haciendo así, y reformarse con efecto, suplicaremos a Su Santidad instantemente la disipe, o a lo menos le quite el título, y autoridad de Provincia, y la reduzca al estado de Custodia debajo de la Provincia de San Antonio de Portugal, y su obediencia, como estuvo antes de su erección. Y porque tenemos noticia, que muchos Religiosos de diversas Provincias están en dicho Estado de Brasil sin licencias legítimas, o habiendo pasado el tiempo, que se las concedieron, o cesado la causa de su asistencia en dicho Estado; concedemos a V. P. toda nuestra autoridad para que a todos los que hallare en dicha forma de cualquier Provincia de nuestra Orden, que fueren, o de la tercera a Nosotros sujetos, los haga con efecto embarcarse, y remita a las Provincias, de que son hijos, valiéndose de todos los remedios necesarios, y comprimiéndolos con censuras, y otras penas, hasta implorar (si fuere necesario) el auxilio del brazo seglar, y a todos los Religiosos, que con legítima licencia estuvieren en dicho Estado los hacemos por las presentes súbditos de V. P. por el tiempo, que en él estuvieren.

Últimamente, concedemos a V. P. nuestra autoridad para que por los méritos del proceso dicho, que hemos formado, y entregará a V. P. el P. Fr. Manoel de San Atanasio Ministro-Provincial de nuestra Provincia de San Antonio de Portugal, tome las confesiones, y consejos, y asenso, y cuatro Religiosos de ciencia, y conciencia, que eligiere, sentencien condenando, o absolviendo a los Religiosos de dicha nuestra Provincia de San Antonio de Brasil, que en dicho proceso estuvieren gravemente criminosos. Para todo lo cual, como va referido, damos a V. P. toda la facultad, y autoridad nuestra, cuanto se requiere. En fe de lo cual dimos las presentes firmadas de nuestra mano, selladas con el sello mayor de nuestro Oficio, y refrendadas de nuestro Secretario en nuestro Convento de San Francisco de Madrid en 13 de Marzo de 1679. Fray Joseph Ximenes Samaniego, Ministro General. Por mandado de su Reverendísima. Fr. Miguel Aoengozar, Secretario General de la Orden.

254. No mês de maio do ano seguinte de 1680 chegou a Olinda o P. Comissário-Geral Fr. Miguel das Chagas e em 21 do mesmo mês lhe deu a posse o Comissário-Provincial Fr. Simão das Chagas, como consta de um termo por ele assinado, e ele a tomou de toda a Província sem repugnância, ou contradição, e como Prelado absoluto, e independente a governou, pondo Presidentes *in capite* em todos os Conventos, não só da parte de Pernambuco, mas também nos da Bahia, e assim lhe deram também obediência os desta parte, que a haviam negado ao Comissário-Provincial Fr. Simão das Chagas, sugeridos por Fr. Pacífico de Jesus, que como Provincial sustentou este cargo até agora, durando o seu governo quase três anos. Mais de um durou também o do P. Fr. Miguel das Chagas, como Comissário-Geral em toda a Província, sem outro algum Prelado maior, desde maio de 1680, em que tomou a posse em Olinda até dezembro seguinte de 1681, em que lhe chegaram outras Letras do mesmo Reverendíssimo, e Breve de Sua Santidade com a nomeação de Ministro-Provincial, e seu Definitório, que são as seguintes.

255. Frater Joseph Ximenes Samaniego totius Ordinis Seraphici P. N. S. Francisci Minister Generalis, et Servus: Dilecto nobis in Christo Patri Fratri Michaeli a Plagis ejusdem Ordinis, Praedicatori, Provinciae vero nostrae Sancti Antonii Discalceatorum in Lusitania Alumno, et super Provincias nostras S. Antonii, et Immaculatae Conceptionis Discalceatorum Brasiliae Commissario Reformatori, cum plenitudine potestatis, et universis etiam Patribus, ac Fratribus ejusdem nostrae Provinciae Sancti Antonii Brasiliae salutem in Domino sempiternam. Quoniam Dominus noster Innocentius Divina Providentia Papa XI, per nos certior factus de jurgiis, et dissensionibus in Provincia nostra Sancti Antonii Discalceatorum Brasiliae super celebratione Capituli

Provincialis, non sine magno illius Regni scandalo suscitatis, ad instantiam nostram Literas suas in forma Brevis expediri mandavit, tenoris sequentis. – *Foris* – Dilecto Filio Josepho Ximenes de Samaniego, Ministro Generali Ordinis Fratrum Minorum Sancti Francisci de Observantia nuncupatorum. – Intus –

INNOCENTIUS PP. XI

256. Dilecte Fili, salutem, et Apostolicam benedictionem. Exponi nobis nuper fecisti, quod cum in Provincia Sancti Antonii Brasiliae Fratrum Minorum Ordinis Sancti Francisci de Observantia Reformatorum nuncupatorum Inimico Generis humani discordiarum, et ambitionis superseminante zizania, proximo ad Capituli Provincialis ejusdem Provinciae celebrationem tempore, tot jurgia, et seditiones motae sint, ut aufugiente ob metum conjurationis in ipsum Commissarium Visitatore, duo Capitula acephala eadem die, et in eadem Civitate, alterum in Conventu ejusdem Provinciae, et alterum in Conventu alterius Religionis celebrata; et in utroque eorum omnes officiales electi fuerint, inde factum est, ut in eadem Provincia pessimum, et scandalosum scisma, et totius disciplinae Regularis eversio, aliaque mala orta sint. Et quamvis tu, pro tui muneris ratione, super praemissis processum formaveris, eoque formato Capitula praedicta per sententiam diffinitivam nulla declaraveris, et in Reos, qui comparuerunt, et auditi sunt, debitam poenam tuleris, miserisque in dictam Provinciam tuum Commissarium, qui contra caeteros culpabiles causam concludat. Provinciam integram gubernet, omnesque illius Fratres ad veri Praelati obedientiam reducat; quia tamen celebratio novi, et veri Capituli Vocalibus dictorum Capitulorum acephalorum, qui omnes in illo crimine Rei sunt, committi non potest, nec expedit illam eis permitti; et quia Provincia praedicta reformatione magnopere indiget, tu Ministrum Provincialem, ac Custodem, et Diffinitores ipsius Provinciae, pro hac vice, instituere plurimum desideras. Nobis propterea humiliter supplicare fecisti, ut tibi in praemissis opportune providere, et ut infra indulgere de benignitate Apostolica dignaremur. Nos igitur votis tuis hac in re favorabiliter, quantum cum Domino possumnus, annuere volentes, teque a quibusvis Excommunicationis, suspensionis, et interdicti, aliisque Ecclesiasticis sententiis, censuris, et poenis a jure, vel ab homine, quavis occasione, vel causa latis, si quibus quomodolibet innodatus existis, ad effectum praesentium tantum consequendum, harum serie absolventes, et absolutum fore censentes, hu-

jusmodi supplicationibus inclinati, tibi Ministrum Provincialem praedictae Provinciae Sancti Antonii Brasiliae, ex aliqua Provincia Reformata Portugaliae dicti Ordinis, ubi magis idoneum pro praedicta Reformatione, et quiete ipsius Provinciae Brasiliae repereris, ac Custodem, et quatuor Diffinitores ejusdem Provinciae Sancti Antonii Brasiliae ex ipsa Provincia, eos scilicet Fratres, quos meliores, et aptiores esse in Domino judicaveris. Qui Minister Provincialis, ac Custos, et Diffinitores eligant, ut moris est, Guardianos, durentque in suis officiis ad trienium Capilulare, caeteraque praestent ad reformationem, et melius gubernium Provinciae hujusmodi, sicut secundum datam tibi a Domino prudentiam eis injungendum duxeris, cum omnibus, et singulis privilegiis, praerogativis, facultatibus, Authoritate, gratiis, et indultis, ac honoribus, et oneribus solitis, et consuetis, Authoritate nostra Apostolica, pro hac vice tantum instituendi, et deputandi quamcumque necessariam, et opportunam facultatem, eadem Authoritate tenore praesentium concedimus, et impertimur. Decernentes easdem praesentes Literas firmas, validas, et efficaces existere, et fore, suosque plenarios, et integros effectus sortiri, et obtinere, ac tibi, et Fratribus a te, sicut praescribitur, instituendis, aliisque, ad quos spectat, et spectabit in futurum in omnibus, et per omnia plenissime suffragari. Sicque in praemisssis per quoscumque Judices Ordinarios, et delegatos, etiam causarum Palatii Apostolici Auditores judicari, et diffiniri debere, ac irritum, et innane, si secus super his a quoquam quavis Authoritate scienter, vel ignoranter contigerit attentari. Non obstantibus praemissis, ac Constitutionibus, et Ordinationibus Apostolicis, necnon Ordinis, et Provinciae hujusmodi, etiam juramento, confirmatione Apostolica, vel quavis firmitate alia roboratis, Statutis, et consuetudinibus, privilegiis quoque, indutis, et Literis Apostolicis, in contrarium praemissorum Ordinis forum quomodolibet concessis, confirmatis, et innovatis. Quibus omnibus, et singulis eorum tenores praesentibus pro plene, et sufficienter expressis, et insertis habentes illis alias in suo robore permansuris, ad praemissorum effectum hac vice dumtaxat specialiter, et expresse derogamus; caeterisque contrariis quibuscumque. Datum Roma apud Sanctum Petrum sub annulo Piscatoris die septima Decembris MDCLXXIX, Pontificatus nostri anno quarto. Joannes Gualterius Stusius. Idcirco, Nos Authoritate nobis per easdem Literas Apostolicas concessa utentes in Ministrum Provincialem pro eadem Provincia nostra Sancti Antonii Discalceatorum Brasiliae ad triennium a die intimationis praesentium, et sumptae possessionis duraturam eligimus, nominamus, et declaramus Patrem Fratrem Michaelem a Plagis, Provinciae nostrae Sancti Antonii in Lusitania Praedicatorem, et ejusdem nostrae Provinciae Sancti Antonii Brasiliae Commissarium Reformatorem. In Custodem Patrem Fratrem Michaelem a Sancto Bonaventura,

Sacrae theologiae Lectorem, in Diffinitores vero Patrem Fratrem Dominicum a Laureto Predicatorem, P. Fr. Bonaventuram a Rosario Praedicatorem, P. Fr. Joannem a Deserto Predicatorem, et P. Fr. Joseph a Conceptione Predicatorem, omnes ex eadem Provincia Sancti Antonii Brasiliae, quos omnes sic electos, nominatos, et confirmatos in Provincialem, Custodem, et Diffinitores respective ab omnibus, et singulis Patribus, et Fratribus ejusdem nostrae Provinciae, ut tales recipi, haberi, et aestimari mandamus, ac praecipimus in virtute sanctae Obedientiae, et sub poena excommunicationis maioris latae sententiae ipso facto incurrenda, nec non privationis perpetuae omnium officiorum Ordinis, et inhabilitatis ad ea. Item praecipimus eidem Patri Provinciali per Nos sic electo quatenus statim post captam sui muneris possessionem convocet praeditos Patres in Custodem, et Diffinitores a Nobis pariter electos, et simul cum eis, ut moris est, et per Statuta Ordinis praescriptum, eligat Guardianos pro singulis Conventibus, et omnes alios Officiales totius Provinciae. Omnibus autem, et singulis Electoribus enixe commendamus, ut quilibet in suo numere exequendo, et maxime in Guardianorum electione, illa se gerat, ut solum Deum, et Provinciae utilitatem prae oculis habeat. Datum in Conventu nostro Sancti Francisci Matriti die tertia mensis Decembris anni 1680. – Frater Joseph Minister Generalis. – De mandato Reverendissimi P. Gen. – Frat. Hieronymus de Sousa, Secretario Gen. Ordinis.

PROVINCIAL CANÔNICO

V. O M.R.P. Fr. Miguel das Chagas, Pregador, e filho da Província de Santo Antônio dos Currais, eleito pelas Letras acima de sua Reverendíssima, e em virtude do *Motu proprio* do Santíssimo Padre Inocêncio XI nelas incluso. Em 13 de dezembro de 1681, com a Mesa da Definição nas mesmas Letras nomeada, se fizeram as eleições dos mais Prelados e Oficiais; e em dois de maio de 1683 se fez a Congregação na mesma Casa de Olinda, e governou toda a Província sem alteração, ou controvérsia, em união, e concórdia até o mês de setembro de 1684 com quase três anos de Provincialado, no qual mês, e sem ter ainda chegado a esta Província Visitador, e Presidente para o Capítulo futuro, de Pernambuco se embarcou para o Reino, ou para a sua Província, e ainda boje é lembrado nesta pelo ambicioso, e despótico do seu governo, com outras incoerências, e requisitos impróprios a um Prelado maior, e destinado para a Reforma de uma Província, que tanto desvelo causava aos Reverendíssimos Padres Gerais; e que cuidando eles muito na escolha de sujeitos prudentes, sábios, e Religiosamente observantes, o inimigo comum da paz de tal sorte pervertia, ou embaraçava estas boas partes, que sem se lograr o efeito desejado, o que devia ser paz, era discórdia, a Reforma passava a desordem, e a Observância degenerava em laxidão. Ainda achamos em nossos dias Religiosos graves, e antigos daquele tempo, dos quais colhemos estas, e outras mais notícias; e porque sobre a ausência do R. P. Comissário Reformador, antes do futuro Visitador, e Capítulo, ouvimos algumas opiniões, ou discursos, somos obrigados a escrever aqui a verdade dela no particular, ainda que no sentir do público se entendesse outra, ou porque fosse talvez a comum ocasião da oculta. Foi voz comum da Província, que o seu Reformador se ausentara dela antes da entrada do seu Visitador, com o receio de ser carregado perante ele; mas, ou isto fosse só voz comum, ou de outra qualquer sorte, é certo que fez a tal ausência, por ordem que teve do Reverendíssimo P.-Geral; ignora-se se buscada por ele para melhor efeito do seu intento, ou se legitimamente chamado, pelo motivo que diz o Reverendíssimo nas suas Letras, com o que nos devemos conformar, e aqui trasladamos.

257. Frater Marcus Zarcosa, Lector Jubilatus, Commissarius Generalis, et Servus totius Ordinis Seraphici Sancti Patris nostri Francisci, in hac Familia Cismontana etc. Dilecto nobis in Christo Patri Fratri Michaeli a Plagis, Ministro-Provinciali Provinciae nostrae Sancti Antonii Brasiliensis, et ejusdem, ac nostrae Provinciae Immaculatae Conceptionis ipsius Regni Apostolico Reformatori: Salutem in Domino sempiternam. Cum maxima distantia cadens inter hanc, quam colimus, et Brasiliensem Regionem, non permittat nos personaliter tractare expedictiones, quae nostri sunt muneris, attinentes ad praefatam Provinciam, atque omnino suadeat nostram autoritatem committere aliis, de quorum prudentia, et Religione possimus in Domino confidere, et insimul tempus instet Capituli intermedii, aut Congregationis celebrandae per praedictam, quam moderaris, Provinciam nostram Sancti Antonii Brasiliensem; idcirco, tenore praesentium, tibi, de cujus virtute, solertia, et Religionis zelo plurimum opinati sumus, committimus nostram authoritatem, et facultatem, cum plenitudine potestatis, quantum possumus, etiam ultra consuetudinem, quatenus possis, et valeas, ad memoratam Congregationem convocare, in ea praeesse, atque de ipsius consensu Guardianos, et alios Officiales instituere, et continuare, transmutare, et ammovere: et ibidem dispensare tam cum Electoribus, quam cum electis, et eligendis, in quibuscumque sententiis, censuris, poenis, et impedimentis omnibus, in quibus nos ipsi dispensare possemus personaliter assistentes; et similiter circa tempus praedictae Congregationis deputandum praeponendo, aut postponendum eum, ut melius expedire videbitur. Quod ipsum tibi imponimus per sanctam

Obedientiam; et virtute ejusdem praecipimus, ut celebrata, et absoluta relata Gongregatione quam citius coneris ad nos transmeare, qui plurimum momenti tecum conferre, et consulere os ad os desideramus; nec in hoc regressu moram notabilem patiemur libenter: quapropter, per alias nostras Litteras, quas ad te mittimus, etiam providemus de Commissario-Provinciali dictae Provinciae, cui eam possis commendare, et circa ipsius regimen illum instruere, et dirigere, quamprimum discessurus, et venturus Hispaniam versus. Vale. Nostri memor, apud altare Domini. Datae Hispalis in hoc nostro Conventu Virginis Deiparae Consolatricis, die XV mensis Januarii, anni MDCLXXXIII. – Fr. Marcus Zarcosa, Commissarius Generalis. Loco + Sigilli. Fr. Josephus a Valverde Secret. General. Ordinis.

258. Com estas Letras do Reverendíssimo P. Comissário-Geral, pelas quais determinava o que nela se contém acerca da ida do P. Fr. Miguel das Chagas à sua presença, acompanhavam outras, que na ausência deste constituíam por seu substituto, e Comissário-Provincial ao P. Fr. Domingos do Loreto, Definidor atual, na forma seguinte:

259. Frater Marcus Zarcosa Lector Jubilatus, Commissarius Generalis, et Servus totius Ordinis Sancti Patris nostri Francisci, in hac Familia Cismontana etc. Dilecto nobis in Christo Patri Fratri Dominico a Loreto, Praedicatori, et actuali Diffinitori Provinciae nostrae Sancti Antonii Reformatorum Brasiliensis: Salutem in Domino sempiternam. Pastoralis Officii nostri cura summopere postulat, ut graviora negotia, quae per nos ipsos tractare nequimus, Patribus doctrina, prudentia, atque experientia praestantibus committamus: Unde de tua probitate, sollicitudine, rerumque agendarum dexteritate certiores facti, atque in Domino confidentes, te Commissarium Provincialem dictae Provinciae destinandum volumus, sicut per praesentes Litteras destinamus, et constituimus, quatenus nostrum dilectum in Domino Patrem Fratrem Michaelem a Plagis ipsius Provinciae Provincialem Ministrum ad nos transmeare praecipimus, quo plurima momenti cum illo conferre, et consulere os ad os desideramus: Interim tamen tibi praecipimus per sanctam Obedientiam in virtute Spiritus Sancti obedias, observes, et observare facias omnia illa, quae supradictus Provincialis tibi comendaverit, et per suas Litteras instruerit circa ipsius regimen: et in hac consideratione tibi committimus cum plenitudine potestatis nostram Authoritatem, et facultatem, non solum ordinariam quantum possumus, et indiges, sed etiam ultra consuetudinem; praecipientes omnibus, et singulis Patribus, ac Fratribus, Superioribus, ac subditis praedictae nostrae Provinciae Sancti Antonii Brasiliensis per sanctam Obedientiam, et sub poena excommunicationis maioris latae sententiae, necnon privationis

perpetuae Officiorum Ordinis, (quatenus contrarium non disposuerimus, aut Provincialis ad ipsam Provinciam non redierit) te Commissarium Provincialem tamquam eorum Superiorem, et legitimum Praelatum recipiant, et venerentur; tibique in cunctis ad Regulas statutorum praescriptum pareant. Datae in nostro Conventu Virginis Deiparae Consolatricis Hispalis die quartadecima Januarii anni 1683. – Fr. Marcus Zarcosa, Commissarius. Loco + Sigilli. De mandato suae Reverendissimae. – Fr. Josephus a Valverde Sec. G. Ordinis.

260. Chegaram à Província estas Letras a tempo, que já o P. Reformador Fr. Miguel das Chagas havia feito a sua Congregação; porque celebrando-se esta a dois de maio de 1683, e passadas as Letras em 15 de janeiro antecedente não era possível que em três meses passassem elas desde Espanha, ou Sevilha, até o Brasil, e temos por certo não chegaram cá senão no ano seguinte de 1684 pelo mês de setembro, ou pouco antes; porque a este tempo por elas tomou a posse de Comissário-Provincial o P. Loreto a 26 de setembro do referido ano de 1684 em o Convento de Olinda em Pernambuco, de donde ao mesmo tempo havia saído o P. Provincial Fr. Miguel das Chagas a embarcar-se para o Reino, e dar execução às ordens de sua Reverendíssima. Consta o referido de um termo da Mesa da Definição feito neste mesmo dia, e ano, e por outro termo do seguinte dia de 27 deste mês, e ano, se acha foi nomeado para Visitador da Província, e Presidente do futuro Capítulo o P. Definidor atual Fr. Joseph da Conceição; por quanto se explica naquele termo, que este próprio dia de 27 era o prefixo, e em que se completava o triênio deste Provincialado; sem dúvida, porque neste tal dia, e mês do ano de 1681 havia tomado a posse de Provincial o P. Fr. Miguel das Chagas pela Patente do Reverendíssimo P.-Geral, não obstante fazer a eleição dos Guardiães, e mais oficiais em o dia 13 de dezembro daquele ano, como em seu lugar fica dito. Fez-se esta nomeação, por quanto completo o triênio não aparecia na Província Visitador-Geral mandado pelo nosso Reverendíssimo, e havendo este assim eleito visitado os Conventos da parte de Pernambuco pelos fins do ano de 1684, no seguinte de 1685 a vinte e oito de janeiro chegou ao Convento de Olinda o P. M. Fr. Agostinho da Conceição, Provincial atual da Província da Conceição do Rio de Janeiro, Comissário, Visitador, e Presidente para o futuro Capítulo, nomeado pelo nosso Reverendíssimo P. Fr. Pedro Marino Sormano Ministro-Geral de toda a Ordem. Já quando chegou a Pernambuco o Padre Visitador Fr. Agostinho, deixava visitados todos os Conventos da parte da Bahia, e da mesma sorte achou já também feita toda a que pertencia à parte de Pernambuco pelo Visitador eleito pela Província, que foi bem aceita pelo de sua Reverendíssima, entregando a este com os autos da Visita toda a posse, e jurisdição, que lhe pertencia por um termo da Mesa da Definição no

dia já referido de 28 de janeiro de 1685 no Convento de Olinda. E como a Província estava visitada, e ia já correndo para o meio o quarto ano, se deu pressa a convocar os Vogais para a Casa de Olinda, onde o futuro Capítulo se havia celebrar. Enquanto chegavam os que faltavam não faltou aos mais bastante cuidado. Aqui lhes foi intimado um Breve Pontifício do Santo Padre Inocêncio XI, alcançado à instância de Fr. Plácido de Santo Antônio filho desta Província, no ano de 1683 no qual Breve vinha feito Provincial o P. Fr. Domingos da Anunciação Arcângelo, que se achava em Portugal, e se fez cá a intimação pelo R. Doutor Nicolau Pais Sarmento, Vigário-Geral de Pernambuco, que era o Juiz executor deste Breve, do qual pediram vista o Visitador-Geral, e mais Padres da Mesa, interpondo fora alcançado ob-repticiamente, e com premissas falsas. Aceitou o Vigário-Geral a apelação, e remeteu o Breve devoluto à Sé Apostólica para ser lá julgado da ob-repção, e sub-repção, e enquanto chega, e volta da Cúria resolvida esta contenda, e o P. Fr. Domingos Arcângelo a Pernambuco do Reino, vamos com o Capítulo seguinte em que foi eleito, em Provincial

VI. O M.R.P. Fr. Domingos do Loreto, Pregador, filho desta Província, e natural da Cidade da Bahia. Foi Guardião dos Conventos do Cairu, Paraguaçu, e Recife, Definidor no Capítulo intruso de Olinda do P. Fr. Manoel de Évora, e outra vez canonicamente eleito por Patente do P.-Geral Fr. Joseph Ximenes; Comissário-Provincial na ausência do P. Fr. Miguel das Chagas, e Provincial agora no Capítulo celebrado em o Convento de Olinda em 24 de fevereiro de 1685, em que presidiu o P. Mestre Fr. Agostinho da Conceição, Provincial atual do Rio de Janeiro. Concluídas as funções Capitulares, de Pernambuco partiu para a Bahia o novo Provincial em companhia do P. Visitador pelo mês de março, e dali, resolvendo-se a passar ao Reino, despachou para Pernambuco o seu Secretario Fr. Pantaleão da Porciúncula com os Selos da Província a entregá-los ao Padre mais digno dela Fr. Simão das Chagas, para que com os Padres Definidores em Mesa fizessem eleição de Vigário-Provincial, e foi eleito o P. Fr. Antônio da Penha, Definidor atual, e o P. Loreto se embarcou da Bahia para Lisboa em abril do referido ano de 1685.

PROVINCIAL INTRUSO

261. Como o Corpo Monárquico, e regular da Província pelas passadas discórdias se havia posto com um tal jeito, e disposição para o deforme, e monstruoso de acomodar em si, sendo um só, muitas cabeças, e tão conti-

nuadas, que, ou lhe nasciam duas ao mesmo tempo, ou ainda uma não estava de todo formada, quando já se levantava outra; ainda o P. Loreto não tinha completo o primeiro ano do seu governo, quando em Pernambuco vemos tomar substância outra, e celebrar-se ali um Capítulo; e a causa foi a seguinte. Achava-se em Lisboa o P. Fr. Domingos Arcângelo, quando lá chegou da Bahia o P. Loreto, e julgando esta por boa conjunção de se introduzir no governo da Província, partiu para vila, e chegando a Pernambuco no mês de novembro deste mesmo ano de 1685, e não obstante ter ido devoluto, e apelado para Roma o seu Breve, valendo-se dele, fez Capítulo em quinze de dezembro seguinte no Convento do Recife, em que presidiu o P. da Província Fr. Daniel de S. Francisco, que para isso vinha nomeado no mesmo Breve. Daqui se seguiu, que dos Conventos de Pernambuco, exceto o de Olinda, Igarassu, e Alagoa, dos mais tomaram posse os Guardiães feitos neste Capítulo, com exclusão dos que neles estavam, e feitos no do P. Loreto; e com isto se introduziu na Província outra nova, e maior desordem do que as passadas, e aquelas ainda hoje lembradas, ou chamadas bulhas, e melhor disseram guerras civis, que sendo tão perniciosas às Repúblicas seculares, nas sagradas, e Religiosas passão sobremaneira a ser abomináveis.

262. Já antes que o P. Arcângelo saísse de Lisboa para Pernambuco, havia alcançado o P. Loreto do Reverendíssimo Comissário-Geral Fr. Julião Chumillas, que se achava em S. Francisco da sobredita Cidade, umas Letras de 23 de agosto deste mesmo ano de 1685, confirmadas por outras do Senhor Internúncio de Portugal João Batista Ciccius, de 28 de setembro do próprio ano, pelas quais se dava por confirmado o seu Capítulo, e todas as suas eleições, como também tinham por elas pena de excomunhão, com outras mais, a todos os Religiosos, que, como perturbadores da paz, seguissem as partes do P. Arcângelo, e especialmente ao P. Definidor Fr. Mateus da Apresentação, Irmão carnal do P. Arcângelo, que em Pernambuco era o agente do seu Breve, e dava calor a este negócio, e contra todos estes havia já fulminado as tais penas o Vigário-Geral Nicolau Pais Sarmento, executor daquele Breve, para que sobre este se não movesse contenda, enquanto pela Cúria Romana não fosse julgada a sua ob-repção. Também nas suas Letras concedia o mesmo Núncio pudesse recorrer o P. Loreto, se necessário fosse, ao auxílio secular para quietação dos parciais opostos.

263. Estas letras havia enviado adiante o P. Loreto, quando entendeu partira para Pernambuco o P. Arcângelo, e sendo-lhe cá intimadas, não foram bastantes os golpes desta espada Eclesiástica a cortar tanta discórdia; do que tendo notícia o P. Loreto, e de como o P. Arcângelo estava levantado Provin-

cial, e tinha os mais dos Conventos à sua obediência, especialmente os que ficavam das partes de Pernambuco, dando conta de tudo ao Reverendíssimo P.-Geral, e ao Procurador da Província na Cúria Romana o P. Fr. Filipe da Madre de Deus, e alcançado Decreto Real para que repugnando o P. Arcângelo a entrega dos Conventos, por virtude das Censuras da Igreja, fosse desapossada deles por força das armas seculares; se partiu para Pernambuco na frota do ano seguinte de 1686. Era o ânimo do P. Loreto sem dúvida nimiamente fogoso, e de ambição indiscreta em pontos de governo, ou seria também por imitar nesta máxima, ou absurdo, o que já antes havia executado o P. Arcângelo, que posto do seu partido o Convento do Recife, onde celebrou o seu Capítulo, dali mandou com socorro secular, e alguns Religiosos a tomar por força o Convento de Olinda, que seguia o partido do P. Loreto; que suposto se não conseguiu, por se defenderem os do Convento no mesmo tom em que os buscavam, nestes, e em outros semelhantes encontros, por uma, e outra parte, houveram alguns acasos indignos de ocuparem este papel, e de se mandarem executar, ou ao menos permitir por um Prelado maior, que se o não era com efeito agora, como de outra vez, que também fora feito, tinha merecimento para o poder ser, perdendo então por fortuna, o que outra vez queria por violência. Nesta o quis imitar o P. Loreto, que em outros pontos de Religião mostrava ser mui exemplar, e observantíssimo. Mas como a paixão de mandar é fogo, que ordinariamente arde em matéria desordenada, convertendo em fumos o que devia ser luz, sempre contrai mais propriedades para cegar o entendimento, do que para alumiar o discurso. Com um mui semelhante a este chegou a Pernambuco o P. Loreto na frota deste ano, como fica dito, e foi tomar pousada nas casas, que chamam de D. Francisco, pegadas ao nosso Convento, em que assistia o P. Arcângelo; e quando foi tempo, desembarcando o Capitão de Mar, e Guerra com a sua Infantaria, marchou com ela formada, e chegando ao Convento o pôs em cerco. Quiseram ainda resistir alguns Frades moços, mas vendo a resolução do Cabo, e os Prelados as ordens del-Rei, se resolveram à entrega do Convento, e formados em Comunidade com cruz alçada, porque de um abismo se segue outro, tomando o Santíssimo do Sacrário, saíram com ele em Procissão, e cantando o Salmo *In exitu Israel de Egypto*, com um grande, e notável alvoroço de todo o Povo, sentimento, lágrimas, e compaixão, e algumas palavras, menos Religiosas, que das varandas das casas onde assistia o P. Loreto, e passava esta nova Procissão, proferia ele com vozes desentoadas aos Soldados (que mais atentos, e Religiosos acompanhavam ordenados ao Senhor) que prendessem aqueles Frades, aqueles rebeldes, e inobedientes, e outros ditérios semelhantes, mais ditados pela sua desordenada paixão, que devidos ao caráter da sua pessoa, e lugar; foram assim até o Convento do Carmo Reformado da mesma Povoação de Santo Antônio, e fazendo no seu Sacrário depósito do Senhor, cada um seguiu dali o rumo que o seu capricho, ou vontade lhe ditava, até que compostas as controvérsias, e postos os mais Conventos à imitação do de Recife na pacífica posse do P. Loreto, uns, e foram os mais, usaram o Convento, que melhor lhes pareceu, e os interessados, como foi o P. Arcângelo, tornaram para o Reino, e o mais que lá puderam conseguir do P.-Geral, e Sumo Pontífice, foi conceder-lhes Sua Santidade por sentença do Cardeal Alderano Protetor da Ordem de 23 de abril de 1688, que assim o P. Arcângelo, como os mais da nomeação do seu Breve, lograssem, ele as honras de Padre da Província, e o Custódio, e Definidores, o que se lhes concede pelos Estatutos da Província, e leis da Ordem, ocupando cada um *respective* o último lugar depois dos Provinciais, e Definidores legitimamente eleitos, e nunca entrariam por sub-rogados na Província, para a qual não tornou mais o P. Arcângelo, e faleceu no Reino em o Convento de S. Francisco de Xabregas no ano de 1690 em Domingo de Ramos, com 58 anos de idade. Havia sido duas vezes Provincial intruso, e muitas benemérito para o ser, se fizera menos diligências. Neste mesmo ano em dois de julho faleceu no Convento da Bahia o P. Fr. Simão das Chagas, em quem temos falado aqui repetidas vezes, porque outros tantos lugares de Prelado maior ocupou nesta Província. Nela foi Vigário-Provincial legitimo, Provincial intruso uma vez, e outra Canônico, Comissário-Provincial depois pelo Senhor Núncio para repor os Prelados amovidos naqueles Capítulos nulos, e de que ele mesmo havia sido grande causa, aceitando, pela ausência do Visitador Fr. Manoel de Évora, a comissão, que lhe não tocava, nem podia, fazendo-se motivo concorrente para as desordens seguintes de toda a Província, pelo gênio propenso, que nele predominava para estes lugares, e para se acomodar a qualquer partido que menos estes afetos, ou paixões da natureza, foi Religioso exemplar, e de conhecidas virtudes, faleceu em idade provecta.

264. Compostas assim as turbações de Pernambuco, ficou o P. Loreto com a posse quieta de toda a Província; e logo a sete do mês de setembro do ano de 1686 fez Congregação na Casa de Olinda, e nela proveu de Prelados todos os Conventos, que governou sem competência, depois de feita a sua Congregação, três anos, e alguns dias mais, sendo a causa disto, umas Letras do Bispo Portuense, Alderano, Cardeal Cibo, Protetor da Ordem, de 26 de setembro de 1687, referendadas pelo Notário Apostólico Carlos Bicio, Referendário do Papa, Auditor-geral, Juiz ordinário da Cúria de 26 do dito mês, e ano, alcançadas à instância do Procurador da Província Fr. Filipe da Madre de Deus, para que se não celebrasse o Capítulo futuro, enquanto não fosse sentenciada pela Sé Apostólica a causa do Breve, e Capítulo do Padre Arcângelo,

com cláusula de que completos os três anos do Capítulo passado do Padre Loreto, sem estar sentenciada a tal causa, o Visitador-Geral nomeado por sua Reverendíssima, ou na falta deste pela Província, a governasse como Prelado maior, não só os seis meses, que completavam os três anos, mas todo o tempo, que se seguisse até a final sentença de Sua Santidade; o que assim se executou, porque, esperando ano e meio depois da Congregação pelo Visitador-Geral nomeado pelo Reverendíssimo Fr. Julião Chumillas, que por sua Patente, o mandava vir da Província do Rio de Janeiro, para onde foi remetido, e não chegava até 24 de fevereiro do ano de 1688, em que se completavam os três do Capítulo passado, no dia seguinte de 25 consta de um termo feito pela Mesa da Definição em a Casa de Olinda, foi eleito em Comissário Visitador-Geral, e Presidente do futuro Capítulo o P. Definidor habitual Fr. João Batista, filho desta Província, que se achava das partes da Bahia, e lá se lhe enviaram os Selos do seu Oficio, que o excerceu até o Capítulo futuro por pouco mais de ano e meio, pela razão já dita de se esperar a sentença da Sé Apostólica, a qual chegou no mês de maio de 1689, como declara um termo dos Padres da Mesa, que aqui trasladamos, por constar, além deste, de outros particulares mais a este respeito.

265. Ano do Nascimento de N. Senhor Jesus Cristo de 1689 a vinte e sete do mês de maio, convocou o Irmão Comissário Visitador, e Presidente do Capítulo Fr. João Batista, Mesa de Definição neste Convento de N. Senhora das Neves de Olinda, em que se achou presente o irmão Ministro-Provincial Fr. Domingos do Loreto, o Irmão Custódio Fr. Domingos do Rosário, e os Irmãos Definidores Fr. Simão das Chagas P. mais digno da Província, e Definidor Sub-rogado, Fr. André de S. Boaventura, Fr. Antônio da Penha, e Fr. Pedro do Paraíso, aonde lhes apresentou o Irmão Pregador Fr. Filipe da Madre de Deus os originais dos Breves, que trouxe de Roma, a saber: o Breve original em que vem lançado o Breve do P. Fr. Domingos da Anunciação, e a sentença anulatória deste, julgando-o por ab-reptício, e sub-reptício, como se nunca fora passado; apresentou-nos mais outro Breve original, em que Sua Santidade nos concede, que os Visitadores sejam desta nossa Província, e que os Capítulos se façam na Bahia com pena de nulidade: apresentou-nos mais o original da habilitação de todos os Prelados, e Vogais da Província para podermos proceder a eleição do novo Capítulo, para o que nos concede quatro meses de tempo para se poderem convocar os Prelados; e porque o Irmão Pregador Fr. Filipe da Madre de Deus chegou a esta Província a vinte deste presente mês de maio, dia em que desembarcou do Navio, em que vinha, no Recife de Pernambuco, fizemos este termo para que conste a todo o tempo

desta verdade acima referida em fé da qual nós assinamos todos, dia, mês e ano acima.

266. Era no primeiro Breve, aqui apontado, e no qual se refere o do P. Fr. Domingos Arcângelo, a sentença anulatória dela dada pelo Cardeal Cibo, Alderano, Protetor da Ordem, em 23 de abril de 1688, e confirmada pelo Santíssimo Padre Inocêncio XI, por Bula de 21 de maio do referido ano. O Breve, que habilitava os Vogais do Capítulo do P. Loreto para o futuro, era um da Sagrada Congregação a requerimento do Procurador da Província Fr. Filipe da Madre de Deus, interposto a Sua Santidade pelo dito Cardeal Protetor, e por ele deferido em 14 de Julho de 1688 com a prorrogação dos quatro meses para o seguinte Capítulo depois de promulgada na Província a sentença anulatória. O Breve para serem os Visitadores desta Província, e os seus Capítulos na Casa da Bahia, passado pelo mesmo Santíssimo Padre Inocêncio XI, em 28 de agosto do referido ano de 1688. É verdade, que já desde o ano do 1677 tinha alcançado esta Província um Breve do SS. P. Clemente X, de 26 de fevereiro, para que assim nesta, como na do Rio de Janeiro fossem os seus Visitadores Religiosos filhos destas mesmas Províncias, alcançado à instância do P. Fr. João da Natividade Procurador desta nossa de Santo Antônio, explicando o Santíssimo nas suas Letras, concedia a esta nossa a referida graça, atendendo não só às despesas da mesma Província na recondução dos tais Visitadores, a dificuldade, incerteza, e perigos das viagens, como principalmente pelos distúrbios, e alterações, que nela se haviam movido desde o P. Fr. Antônio de Santa Clara, que a esta havia vindo da Província de Portugal, desde o tempo do qual, explicam as mesmas Letras Apostólicas, se acenderam, e tomaram vigor as grandes controvérsias desta Província, pelas quais, declaram as sobreditas Letras de Sua Santidade, foi este Reformador, amovido do cargo por outras, de que já fica feita menção; mas achando-se este Breve de que agora tratamos lançado no Cartório desta Província, não alcançamos a causa, porque se não deu cumprimento a ele até o presente do Santíssimo Padre Inocêncio XI.

267. Com toda esta lida de cuidados, e inquietações carregou o P. Loreto o peso do seu Provincialado, por quatro anos e meio até o Capítulo futuro, e ainda que no último ano e meio ocupou o lugar do primeiro Prelado o P. Visitador-Geral, como cabeça, desta saíam as operações, da outra eram os influxos, que ainda continuaram por doze anos até o de 1701, em que faleceu no Convento da Bahia a 19 de março carregado de anos; mas nestes, que lhe restaram depois de Provincial, ainda presidiu na Congregação seguinte, e nos dois Capítulos subsequentes, e ainda que não como Prelado maior, sempre

dependeu dele o governo da Província, da qual se mostrava grande zelador. Deus lhe não faltaria com o prêmio igual ao seu desvelo, porque só ele conhece, e sabe distinguir o falso do verdadeiro, a cizânia do trigo, e a ambição de mandar da conformidade de obedecer.

PROVINCIAL CANÔNICO

VII. O M.R.P.M. Fr. Pacífico de Jesus. Foi Leitor de Teologia no Curso que abriu o primeiro Provincial Fr. Antônio dos Mártires, e no Capítulo seguinte feito Guardião de Paraguaçu, sendo Provincial Fr. Aleixo, que na sua Congregação o elegeu para a casa da Bahia, da qual fez renúncia. Foi Definidor no Capítulo do P. Fr. Jácome por nomeação Apostólica, e depois Guardião do Cairu, de donde saiu a Provincial intruso no Capítulo celebrado no Convento de Olinda nas controvérsias do Visitador Fr. Manoel de Évora, e aí depois Guardião, e outra vez do Recife, e agora canonicamente eleito em Provincial no Capítulo celebrado no Convento da Bahia, que já está feita Casa Capitular, e privada desta Regalia a primaz, e antiga de Olinda, que não é novo no mundo passarem-se os foros de umas para outras Casas, quando para isso concorre a vontade, ou paixão dos que as dominam. Celebrou-se este Capítulo, e primeiro, por Breve Apostólico em 14 de setembro de 1689, e presidiu nele o P. Fr. João Paulista filho desta Província, e Visitador feito por ela, como fica dito. Em 31 de março de 1691 se fez a Congregação, e nela presidiu o P. Loreto por comissão que para isso alcançou do Reverendíssimo P.-Geral Fr. João Alvin. Governou o P. Fr. Pacífico até o Capítulo seguinte com todas as partes de bom Pastor, e Prelado pacífico, o qual, passados cinco anos e quatro meses depois de completos os do seu Provincialado, pôs termo ao curso dos dias no Convento da Bahia aos 21 de fevereiro de 1698. Para a paz, que nesta Província nos entrou com este Prelado não há dúvida concorreu muito a graça alcançada da Sé Apostólica de que fossem os seus Visitadores, e Presidentes dos Capítulos os seus mesmos filhos, que de serem aqueles de outras, comumente nasceram nesta, ou se atearam mais as controvérsias, que houve até o presente, como as que de ordinário se costumam levantar naquelas Repúblicas, que se movem por cabeças, que não são do próprio corpo; pois quando estes com as domésticas, e naturais se descompõem às vezes, e enfermam tanto, como se poderão unir, compor, e sarar de todo com as estranhas, e postiças.

VIII. O M.R.P. Fr. André de S. Boaventura, Confessor, e natural da Bahia, onde professou no Convento da Cidade a 25 de julho de 1655 em idade de vinte anos. Foi Guardião nos Conventos da Vila do Penedo, Sergipe del-Rei, e do Conde; Definidor no Capítulo antepassado, Guardião depois na Casa de Paraguaçu, e agora Ministro-Provincial neste celebrado no Convento da Bahia em 18 de outubro de 1692, em que presidiu o P. Loreto por comissão do Reverendíssimo P.-Geral Fr. João Alvin. Em 24 de abril de 1694 fez Congregação, e completo com sossego, e boa aceitação o seu triênio, a poucos anos concluiu também os dias de vida a onze de dezembro de 1700 no Convento da Bahia, em idade de 75 anos. Para prova de Prelado exemplar, e Religioso de virtude, basta o que dele achamos por certo, que nas três Visitas, que fez pessoalmente, sendo provincial, desde a Bahia até Pernambuco, seis vezes tomou a pé, e descalço, todo este áspero, e prolongado caminho por mais de duzentas léguas.

IX. O M.R.P. Fr. Jácome da Purificação, Pregador. Foi Guardião da Paraíba, e do Recife; de donde subiu a Custódio no Capítulo passado, e com este emprego foi a Capítulo Geral celebrado em Vitória, Cidade de Castela, em 1694, em que saiu por Ministro-Geral de toda a Ordem o Reverendíssimo Fr. Boaventura Poerio, Italiano, e Comissário-Geral da Família Cismontana o Reverendíssimo Fr. Jacinto Fernandes de la Torre, de quem trouxe Patente para Visitador-Geral, e Presidente do Capítulo, com faculdade para poder renunciar esta depois de feita a Visita, e ser eleito em Provincial, como foi no Capítulo seguinte celebrado na Bahia, em 26 de novembro de 1695, em que presidiu por renúncia sua o P. Loreto, por comissão da mesma Patente de sua Reverendíssima. Em três de agosto de 1697 fez Congregação, e governou até o Capítulo seguinte três anos dois meses e alguns dias mais. Do Convento da Bahia, acabada a ocupação de Ministro, se passou para o do Recife em Pernambuco, do qual no seguinte ano preocupado de um temor pânico, que lhe haviam introduzido alguns Internúncios do P. Loreto, com quem se não havia contemporizado nas direções do seu governo, sugerindo-lhe aqueles ter o Guardião da Casa ordem do Provincial, e Definidores para o prenderem, acreditando verdade, o que só era estratagema para o precisarem a algum excesso, com que desse ocasião a que mostrassem fazer obrigados, o que desejavam voluntários, saindo uma tarde, como a divertir à cerca do Convento, ou porque o tivesse comunicado aos mesmos, que a isso o incitavam, ou porque lhe andassem à espreita, lá o foi buscar o Guardião, e com pretexto de fugitivo o trouxe para o Convento; e de uma cela em que o puseram a seguro, fez precisado o mesmo, que eles queriam; e com um Leigo, que lhe servia de guarda, e carcereiro, e adjutório de alguns parentes dos muitos, e abastados, que tinha na praça do Recife, se ausentou para o Reino, onde consumidas com o tempo as razões passadas o convidaram algumas vezes a tornar para a Província os mesmos, que lhe haviam dado motivo a ausentar-se dela; e o que não quis executar, quando rogado, veio a fazer depois voluntário, e tendo de idade alguns noventa anos, se embarcou do Reino para o Brasil, e à vista da barra de Pernambuco faleceu no mar, e sendo recebido morto na mesma Casa, donde saíra vivo, havia trinta anos, foi sepultado no próprio Convento do Recife em três de dezembro de 1727. Havia professado nesta Província em 4 de outubro de 1668.

X. O M.R.P. Fr. José de Santa Catarina, o Roda, Pregador, natural da Cidade da Bahia, e professo no seu Convento de S. Francisco em 25 de novembro de 1663, em idade de 19 anos. Foi Guardião de Igarassu, Alagoa, e Rio de S. Francisco, donde passou a Definidor no Capítulo de 1692, e neste agora de 1699, em três de janeiro, em que presidiu o P. Ex-Custódio Fr. Pantaleão da Porciúncula, renunciando primeiro o lugar de Custódio atual, por Patente do Reverendíssimo Comissário-Geral Fr. Antônio de Carmona, e acabando de Guardião da Bahia, que exerceu por três anos, foi eleito em Ministro-Provincial. E em 22 de maio de 1700 fez Congregação, e foi o seu governo de três anos, e alguns dias mais, o qual concluído se retirou da Casa Capitular da Bahia para a de Santo Antônio da Vila do Cairu, donde retirado às dependências do mando, pobre, obediente, e Religioso viveu depois por espaço de trinta anos. Mas neste intermeio por falecimento do Provincial Fr. André da Conceição foram à sua mão os Selos da Província, como a Padre mais digno dela, e presidiu na eleição de Vigário-Provincial. Estes foram na Província os seus empregos e chegando com os dias aos nove de maio de 1729, faleceu no mesmo Convento com 84 anos de idade.

XI. O M.R.P. Fr. André da Conceição, Pregador, natural de Pernambuco, e professo no Convento de Olinda a 16 de abril de 1675, em idade de vinte e um anos. Foi Guardião dos Conventos da Paraíba ano e meio, e por três do Paraguaçu, no Capítulo passado, e agora neste celebrado na Bahia, sem passar a Definidor, subiu a Provincial em onze de fevereiro de 1702. Presidiu nele, por comissão do Reverendíssimo P.-Geral Fr. Luiz de la Torre, o P. Definidor Fr. Miguel das Neves. Em 16 de junho fez Congregação no seguinte ano, e não completos os cinco meses depois desta a dois de novembro dia de Finados do mesmo ano de 1703 completou na Bahia o curso da vida antes que acabasse o do seu Provincialado, e na melhor idade de quarenta e nove para cinquenta anos, e no mais perigoso passo dela, porque no maior tropeço, que pode ter o homem para acertar com o caminho para o verdadeiro descanso, que é o mandar, e governar a outros. Mas este Reverendo Padre, pelo que tocava a este ponto de Prelado, e Superior, parece não teria muito que temer esta passagem, e a este tempo, porque o sentimento, que causou nos súditos a sua falta, foi a melhor consequência da sua bondade.

Por sua morte elegeram os Padres a quem tocava por Vigário-Provincial, ao Custódio atual Fr. Cosme do Espírito Santo, presidindo na Mesa o P. mais digno Fr. José de S. Catarina, a quem foram os Selos, pela ausência do P. Fr. Jácome. Fez-se esta eleição em 19 de novembro do mesmo ano de 1703 no Convento de Santo Antônio de Paraguaçu, para onde se convocaram os Padres da Definição. Governou o Vigário-Provincial deste dia até o de quatorze de fevereiro de 1705, em que no Capítulo celebrado na Bahia, e no qual presidiu o P. Ex-Definidor Fr. Daniel da Assumpção com Patente do Reverendíssimo P.-Geral Fr. Alonso de Biesma, foi eleito em Ministro-Provincial.

XII. O M.R.P. Fr. Cosme do Espírito Santo, Pregador, natural da Ilha de Santa Maria, uma das chamadas Terceiras, ou dos Açores, e a primeira destas, que foi descoberta, e povoada em 15 de agosto, dia dedicado pela igreja à triunfante Assumpção da Mãe de Deus aos Céus, em reverência do qual Mistério tomou a Ilha o nome de Santa Maria. Foi seu primeiro povoador, e Donatário por el-Rei D. João I em 1432, Fr. Gonçalo Velho Cabral, Comendador de Almourol, na Ordem de Cristo, de quem por sua mãe Bárbara Velho, casada com Sebastião Correia, trazia ascendência seu filho Cosme de Andrade, que nesta Província no Convento de Olinda fez profissão para Frade Menor em 29 de junho de 1670 em idade de dezesseis anos. Antes que chegasse ao cargo de Provincial passou na Religião por todos aqueles degraus, pelos quais devem subir os seus melhores alunos, e ocupou todos aqueles lugares, com que ela sabe condecorar aos seus mais beneméritos filhos, ainda que, os que a moderam, ou por respeitos particulares, ou paixões próprias, pervertem muitas vezes esta sua regular, e reta ordem. Foi Guardião de Ipojuca ano e meio, e três no Recife; e neste feita a Congregação, foi mandado ao Reino a negócios da Província; os quais concluídos voltou para ela, no Capítulo seguinte indo votar como Guardião, porque lhe levaram em conta o tempo que foi ao Reino, saiu por Custódio, e feita a Congregação, por morte do Provincial Fr. André foi constituído Vigário-Provincial, e agora neste Capítulo foi eleito em Ministro-Provincial. Em 14 de agosto de 1706 fez Congregação na Casa da Bahia. Governou agora como Provincial três anos menos um mês; o qual tempo concluído, na Congregação seguinte foi eleito Guardião do Convento de Olinda. O mais que lhe toca diremos a seu tempo.

XIII. O M.R.P. Fr. Estevão de Santa Maria, Pregador, e diz a tradição que natural da Bahia, porque não achamos assento da sua profissão nos livros da Província, foi eleito em seu Ministro no Capítulo celebrado em 31 de dezembro de 1707 no Convento de Sergipe do Conde, por Indulto do Senhor Núncio de Portugal, Miguel Ângelo, Cardeal Conti, dispensando por esta vez no Breve de Sua Santidade, pelas razões que alegaram os PP. da Mesa para se não fazer esta eleição na Casa Capitular da Bahia, e pelo mesmo Indulto presidiu nela o P. Fr. Melquior da Madre de Deus, fazendo primeiro renúncia do lugar de Custódio atual, em que se achava. Em 29 de junho de 1709 se fez a Congregação na Casa da Bahia. Havia ocupado, antes que chegasse ao de Ministro, os lugares de Guardião no Convento de Sergipe del-Rei ano e meio, e três no Cairu, e daqui a Definidor, e outra vez do Cairu da Congregação para o Capítulo, em que foi feito Provincial. Concluída esta Prelatura, e ficando por assistente no Convento da Bahia, aí o buscou a morte em 15 de janeiro de 1713.

XIV. O M.R.P.M. Fr. Agostinho da Assunção, natural de Mouriz da Arrifana de Sousa, e professo nesta Província no Convento de Paraguaçu em idade de vinte anos, no de 1676, ao primeiro de novembro. Foi Lente de três Cursos de Artes com suas Teologias, Guardião da Bahia três anos, e saiu por Definidor no Capítulo seguinte de 1702, e neste mesmo sendo Definidor o fizeram Mestre, e foi este o terceiro Curso, que leu, e no Capítulo celebrado segunda vez em Sergipe do Conde por outro Decreto do mesmo Núncio, por se não poder recorrer ao P.-Geral, e Sé Apostólica em razão das guerras com Castela, no qual presidiu pelo mesmo Decreto o P. Fr. Cosme do Espírito Santo em 27 de dezembro de 1710, foi eleito em Ministro-Provincial, e em dois de Julho de 1712 fez Congregação no Convento da Bahia. Concluído o tempo do seu governo foi nomeado pelo Reverendíssimo P.-Geral Fr. Alonso de Biesma para Visitador, e Presidente do Capítulo de 1717, e havia ido em a Nomina em segundo lugar, do que fez renúncia. Ocupou enquanto viveu o de Regente dos Estudos, e seu Decano, honra Escolástica, que antes, e depois dele se não deu a outrem. Foi um dos Padres, e teólogos das Juntas, e Sessões, que celebrou o Ilustríssimo, e Reverendíssimo Arcebispo Metropolitano do Brasil D. Sebastião Monteiro da Vide, quando formou a nova, e primeira Constituição do seu Arcebispado, e mais sufragâneos, e nela instituído Examinador Sinodal. Sendo aliás Religioso douto nas matérias escolásticas, era dotado de uma tão rara, e santa singeleza, que sabia haver mal, porque tinha lido que o havia, mas não porque entendesse que podia haver sujeito, que fosse mau. Era Religioso sumamente pobre, e uma pobreza tão santa, e ignorante do que era ter, que nem a moeda de prata, ou outra qualquer conhecia pelo seu valor, ou quantia. Casto, pudico, manso, e sem outro desvelo algum, ou paixão particular, mais que uma Religiosa, e modesta ambição de estudos, e estudar, e a tudo o que a isso dizia respeito era naturalmente inclinado; e tanto, que ainda sendo Noviço, e Corista, e lhe tocava a semana de assistir na cozinha, o principal instrumento, que conduzia consigo para aquela oficina, e tomava por companheiro para o ajudar a divertir a sua fadiga, era um livro, ou postila de Filosofia; porque já no século andara no Curso. Com ele se criou esta inclinação de saber, com ele viveu, e acabou com ele, por até o dia de 13 de Julho, em que faleceu, que foi sem doença, ou com a dos velhos, com os livros à cabeceira acabou a vida, em idade de mais de 80 anos, no de 1733, no mesmo Convento da Bahia, em que sempre morou.

XV. O M.R.P. Fr. Cosme do Espírito Santo, segunda vez eleito no Capítulo celebrado na Bahia em nove de janeiro del714, em que presidio, por Indulto do Senhor Núncio de Portugal Miguel Ângelo, o P. Fr. Gonçalo de Santa Isabel. Em seis de julho fez Congregação no ano de 1716. Governou desta vez três anos e três dias, e ultimamente foi Visitador, e Presidente do Capítulo de 1719, e daqui se retirou para o Convento de Paraguaçu, aonde postos de parte os cuidados de mandar, e aplicado só aos de saber morrer, concluiu os dias ao primeiro de Junho de 1722, com sessenta e oito anos de idade.

Foi o P. Fr. Cosme de entendimento claro, e perspicaz, agradável no trato, atrativo na prática, e tendo quando colocado no governo da Província todas as partes de um bom, e perfeito Prelado, manso, moderado, cortês, e provido; e assim deu grande aumento, e toda a estabilidade à economia regular, e Religiosa, tanto no que pertencia ao Culto Divino, e suas cerimônias, mandando compor, e imprimir o Cerimonial da Província; também ordenou, e imprimiu Estatutos particulares para ela, que até o seu tempo se dirigia por uns mui diminutos, que havia ordenado o P. Fr. Jácome, e pelos de Santo Antônio de Portugal. Foi grande amador das letras, e como tal favorecia aos Estudantes, honrava aos Mestres, e lhes ordenou pelos Estatutos, graças, privilégios, e isenções, com que os incitasse a segui-las com emulação, pretendê-las com ânsia, e exercitá-las com aproveitamento. Dos enfermos foi em grande maneira cuidadoso: e para serem curados com zelo, e caridade renovou as enfermarias das Casas da Bahia, Olinda, e Recife, aonde pudessem recorrer também os dos mais Conventos de fora, e se acha nelas para todos o preciso para a enfermidade, e convalescença, e sobretudo cuidou em assentar na Província um modo de provimento para o vestuário dos Religiosos, de que havia até o seu tempo muita necessidade. Foi finalmente o P. Fr. Cosme um Prelado para todos, e para tudo; porque a ele deve a Província tudo o que foi do seu maior aumento mais esplendor, e o que melhor conduzia tanto ao de Deus na perfeição do seu culto, como o que tocava aos homens para o tratamento de seus Irmãos, porque de todos cuidou tão bem: mas tudo temperado com uma prudência discreta, e cristã circunspeção, que o fazia não só amado dos súditos como Irmão, mas também recomendável para o mais rendido respeito como Prelado, que sendo dos mais beneméritos da Província, será nela perdurável a sua memória, assim como foi bem sentida a sua falta.

XVI. O M.R.P.M. Fr. Gonçalo de Santa Isabel, natural da Vila de Sergipe do Conde, Recôncavo da Bahia, e professo no Convento de Paraguaçu em 25 de fevereiro de 1691, em idade de 23 anos. Foi Leitor de Teologia de Véspera no Convento da Bahia, Guardião no de Igarassu, e Custódio no Capítulo de 1707, e neste mesmo foi mandado por Procurador ao Reino sobre particulares desta Província, e na de Santo Antônio de Lisboa foi Visitador, e Presidente de um Capítulo, por nomeação do Senhor Núncio Miguel Ângelo, e por este mesmo instituído Visitador-Geral para a sua Província, e Presidente do Capítulo passado, e na sua Congregação o fizeram Guardião do Convento do Cairu, e no Capítulo seguinte de nove de janeiro de 1717, celebrado na Bahia, em que presidiu, por comissão do Reverendíssimo P.-Geral Fr. Alonso de Biesma, e renúncia do P. M. Ex-Provincial Fr. Agostinho da Assunção, o P. Definidor Fr. Domingos dos Anjos, eleito em Ministro-Provincial, e em dois de Julho de 1718 fez Congregação, e ultimamente no Capítulo seguinte foi feito Guardião da Bahia, de que fez renúncia, e com esta a deu a todas as mais dependências do mando, e governo.

Foi Religioso mui composto, e asseado; exemplaríssimo em todas as suas ações, assim em súdito, como Prelado, e em qualquer destes estados sempre mui observante das cerimônias, costumes, e Leis da Religião, e tão vigilante nelas, que passava às vezes de moderado a excessivo, pobre, honesto, e parco, até no preciso para a pessoa. Nunca se achou de dia sobre a cama, nem ainda para o descanso do silêncio: porque se neste tempo havia necessidade de lhe falar, o achavam sobre um pequeno banco ao pé da Estante sentado, donde tomava o necessário repouso. O seu hábito tinha mais de curto do que de comprido: e nunca lhe cobria o peito dos pés, estreito, e conformando em tudo o exterior da pessoa com o homem interior. Alguns anos antes que se lhe extinguisse a luz da vida, perdeu a dos olhos, e cego assim não faltava aos atos do Coro, tendo saúde, que a logrou sempre robusta, sem outra moléstia, mais que aquela última, que pondo-lhe termo aos dias, o entregou à morte aos 16 de junho de 1751 com sessenta e um anos de hábito, e oitenta e três de idade.

XVII. O M.R.P. Fr. Hilário da Visitação, Pregador, natural da Freguesia de Santo André de Sobrado, Concelho de Aguiar de Sousa, Bispado do Porto, e professo nesta Província no Convento da Paraíba, aos 15 de outubro de 1684 em idade de vinte e um anos. Foi Guardião no mesmo Convento da Paraíba a primeira vez, a segunda em Olinda três anos, e daqui passou a Definidor, e outra vez Guardião da Bahia três anos, até o Capítulo seguinte celebrado aí em trinta de dezembro de 1719 em que presidindo o P. Fr. Cosme do Espírito Santo, por comissão do Reverendíssimo Padre-Geral Fr. José Garcia, subiu a Ministro-Provincial, e em 5 de Julho de 1721 fez Congregação.

XVIII. O M.R.P. Fr. Miguel de Santa Catarina, Pregador, natural da Vila da Alagoa da Capitania de Pernambuco, e professo no Convento de Ipojuca a vinte e cinco de novembro de 1691 em idade de 19 anos. Foi Guardião do Convento de Igarassu, e Olinda, Definidor, e depois guardião da Alagoa, e no Capítulo celebrado na Bahia a dois de janeiro de 1723, em o qual presidiu o P. Ex-Custódio Fr. João do Deserto por comissão do Reverendíssimo P.-Geral Fr. José Garcia, eleito em Provincial. Em três de junho de 1724 fez Congregação, e completo o seu triênio se retirou para o Convento da sua Pátria, e ali sem mais cuidados de mandar viveu até o ano de 1754, em o qual concluiu os seus dias.

XIX. O M.R.P. Fr. João do Deserto, Pregador, e natural de Gotinhais, termo da Vila de Caminha, Arcebispado de Braga. Professou nesta Província no Convento de Paraguaçu aos 29 de junho de 1687 com 21 anos de idade. Foi Guardião da Vila do Penedo ano e meio, e três anos outra vez ali; e vindo votar no Capítulo seguinte de 1710, fez renúncia da Patente de Pregador, que lhe foi aceita, em Mesa de Definição no mesmo Capítulo, e na Congregação seguinte foi feito Guardião de Igarassu, e indo votar ao Capítulo de 1714, se lhe tornou a conferir com a Patente a graça de Pregador, e o Cargo de Custódio. Foi Visitador, e Presidente do Capítulo de 1723, e neste mesmo, por renúncia do P. Ex-Definidor Fr. Antônio do Desterro Azevedo, foi posto por Guardião da Bahia, que exerceu até a Congregação, e no Capítulo seguinte celebrado ali em cinco de janeiro de 1726, em que presidiu por Patente do Reverendíssimo Comissário-Geral Fr. João de Souto, o P. Fr. Hilário da Visitação, foi constituído em Ministro-Provincial. Em 5 de junho de 1727 fez Congregação. Completo o seu triênio se retirou para o Convento do Recife, e ali pôs também termo aos dias de vida a dezassete de novembro de 1730.

XX. O M.R.P. Fr. Hilário da Visitação, segunda vez eleito no Capítulo celebrado na Bahia em oito de janeiro de 1729, no qual presidiu, por Patente do Reverendíssimo Comissário-Geral Fr. João de Souto, o P. Visitador Fr. João da Purificação, Procurador que havia sido muitos anos na Corte de Lisboa. Em primeiro de Julho de 1730 fez Congregação, e completo o tempo deste Provincialado ainda presidiu depois no Capítulo de 1735, e faleceu na Bahia a seis de junho de 1740 com setenta e sete anos de idade.

XXI. O M.R.P. Fr. João da Trindade, Pregador, natural da Freguesia de S. Mamede de Valongo, Bispado do Porto, e professo no Convento de Sergipe do Conde aos doze de março de 1703 em idade de 19 anos. Foi Guardião do Cairu a primeira vez, e as duas seguintes, e Custódio no Capítulo Geral de 1729 em Milão, e de lá voltou com a Nominata da Província, em que vinha em primeiro lugar para seu Visitador, e Presidente do Capítulo seguinte, do que fez renúncia, e presidindo nele o P. Ex-Definidor Fr. José de Jesus Maria Colares, que vinha nomeado em segundo lugar, foi eleito em Ministro-Provincial em 12 de janeiro de 1732, e em quatro de Julho de 1733 fez Congregação. Acabado o seu triênio se retirou para a Casa de Santo Antônio do Cairu, que escolheu para o seu descanso. Aqui neste retiro o foram buscar por duas vezes para Visitador, e Presidente de dois Capítulos, que a seu tempo se verá.

XXII. O M.R.P. Fr. João do P. Eterno, Pregador, natural da Vila de S. Pedro de Rates no Arcebispado de Braga, e professo no Convento de Sergipe do Conde em 17 de agosto de 1698 de idade de vinte e dois anos. Depois de Mestre de Noviços no Convento de Igarassu, foi Guardião no mesmo ano e meio, outro tanto no da Paraíba, no do Recife, e no de Olinda, de donde passou a Custódio, e no Capítulo seguinte em oito de janeiro de 1735, em que presidiu, por Patente do Reverendíssimo P.-Geral Fr. João de Souto, o P. Fr. Hilário da Visitação, foi eleito em Ministro-Provincial, e fez Congregação em 7 de junho de 1736, e ficando de assistência no Convento da Bahia, onde presidiu ainda uma vez no Capítulo de 1741, e tendo tomado posse de Visitador-Geral para a presidência de outro, antes de entrar a Visita faleceu aos 22 de setembro de 1749 com 52 anos de Religião, e 73 de idade.

XXIII. O M.R.P.M. Fr. Manoel da Ressurreição, natural de S. João da Fox, Bispado do Porto, e professo nesta Província no Convento de Sergipe do Conde a 27 de abril de 1700, em idade de 18 anos. Continuou o vigésimo Curso de Artes, que se havia aberto na Bahia na Congregação do P. Fr. Agostinho, para o qual fora eleito por Mestre o Irmão Fr. João Batista da Ressurreição, que lendo o dito Curso ano e meio, fez dele renúncia, e o P. M. Fr. Manoel o concluiu com a sua Teologia. Foi Guardião de Sergipe do Conde ano e meio, e o mesmo em Sirinhaém para o Capítulo de 1723, em que saiu por Definidor, e agora neste celebrado na Bahia em onze de janeiro de 1738, em que presidiu, por Letras do Reverendíssimo P.-Geral Fr. Juan Bermejo, o

P. Fr. João da Trindade, eleito em Ministro-Provincial, e em vinte de junho de 1739 fez Congregação, e concluiu o triênio por esta vez.

XXIV. O M.R.P. Fr. Gervásio do Rosário, Pregador, natural de S. Tomé de Gerês, Arcebispado de Braga, e professo nesta Província em o Convento de Igarassu aos quatro de outubro de 1709, em idade de 16 anos. Foi Guardião da Alagoa ano e meio, e outro tanto do Convento do Recife, e Definidor no Capítulo de 1735, Guardião da Bahia no de 1738 até o seguinte de 1741, de sete de janeiro, em que presidindo, por Patente do Reverendíssimo Comissário-Geral Fr. Domingos Lossada, o P. Fr. João do P. Eterno, foi eleito em Ministro-Provincial. Em 23 de junho de 1742 fez Congregação, e completou por agora o seu triênio.

XXV. O M.R.P. M, Fr. Ruperto de Jesus, natural da Vila de Santo Antônio do Recife de Pernambuco, e fez profissão no Convento de Paraguaçu na Bahia a oito de setembro de 1717, de 17 anos de idade. Foi Leitor de um Curso de Teologia em Olinda, e depois de um inteiro no Convento do Recife, Guardião da Congregação para o Capítulo de 1738, e Custódio no de 1741, e no de 1743 de 28 de Dezembro, em que presidiu, com Letras do Reverendíssimo Comissário-Geral Fr. Juan de la Torre, o P. Fr. Manoel da Ressurreição, foi posto por Ministro-Provincial; em 12 de junho de 1745 fez Congregação, e completou no Capítulo seguinte.

XXVI. O M.R.P.M. Fr. Manoel da Ressurreição, segunda vez assunto no Capítulo de três de dezembro de 1746, em que presidiu, com Patente do Reverendíssimo Fr. Juan de la Torre Comissário-Geral, o P. Fr. Gervásio do Rosário. Em quatro de maio de 1748 fez congregação; e completo o tempo do seu governo, no mesmo Convento da Bahia o achou a morte a 29 de junho de 1750 em idade de 68 anos.

XXVII. O M.R.P. Fr. Gervásio do Rosário, outra vez eleito no Capítulo de 6 de dezembro de 1749, no qual presidiu, por Letras do Reverendíssimo Comissário-Geral Fr. Juan de la Torre, o P. Ex-Definidor Fr. Antônio das Chagas de S. Francisco, por morte do P. Fr. João do P. Eterno, primeiro Visitador nomeado nas Letras de sua Reverendíssima; em 29 de 1751 fez Congregação, e completo o seu triênio, presidiu depois no Capítulo de 1755.

XXVIII. O M.R.P. Fr. Manoel de Jesus Maria, Pregador, natural da Freguesia de S. João da Foz do Douro, Bispado do Porto, e professo no Convento de Paraguaçu aos 29 de junho de 1719, em idade de 18 anos. Foi um dos sete Passantes, que saíram do Curso, em que foi Mestre o P. Fr. Rafael da purificação, de que depois no Curso seguinte fez renúncia. Deixando este lugar, ocupou o de Mestre de Gramática aos Seculares por três anos no Convento da Alagoa. Guardião do Cairu da Congregação para o Capítulo, sendo Provincial o P. Fr. João do P. Eterno de quem foi Secretário o primeiro ano e meio. Também o foi por três anos do Provincial Fr. Manoel da Ressurreição; Guardião de Paraguaçu três anos até o Capítulo de 1743, em que saiu por definidor. E no seguinte Guardião da Bahia até o de 1752 celebrado a dois de Dezembro, no qual presidindo, por patente do Reverendíssimo Fr. Juan de Motina Geral da Ordem, o P. Fr. João da Trindade, foi eleito em Ministro-Provincial, e fez Congregação em o primeiro de junho de 1754.

XXIX. O M.R.P. Fr. Inácio de S. Félix, Pregador, natural da Cidade da Bahia, e professo no Convento de Santo Antônio de Igarassu aos vinte e nove de junho de 4720, em idade de 17 para 18 anos. Foi Guardião duas vezes no Convento do Cairu da Congregação para Capítulo, e no de 1752 ficou por Definidor, e no seguinte de 1755, em que presidiu, por comissão do Reverendíssimo P.-Geral Fr. Pedro João de Motina, o P. Fr. Gervásio do Rosário, foi eleito em Ministro-Provincial; em 28 de maio de 1757 fez Congregação.

ESTÂNCIA IV

Dos Estudos, que tem havido na Província desde o princípio de Custódia.

I. (1596) No Convento de Marim sendo Custódio Fr. Braz de S. Jerônimo. Foi Lente Fr. Sebastião, de quem nos não dizem outro sobrenome mais que o de *Barba de Baeta*, filho da Província de Santo Antônio de Portugal.

II. (1606) No mesmo Convento, sendo Custódio Fr. Leonardo de Jesus. Este Curso começou a ler o Irmão Fr. Vicente do Salvador filho desta Custódia, e vindo da Província por Custódio Fr. Francisco dos Santos, e trazendo consigo outro Mestre chamado Fr. Sebastião de Braga, com mais quatro Estudantes, com estes, e o dito Mestre se continuou o mesmo Curso.

III. (1617) No próprio Convento pelo Custódio Fr. Paulo de Santa Catarina. Começou a ler este Curso Fr. Boaventura de S. Tomaz, que fazendo renúncia, entrou a ler Fr. Manoel da Piedade, e depois o concluiu Fr. Francisco Roca; todos filhos da Custódia.

IV. (1627) Pelo Custódio Fr. Antônio dos Anjos. Foi Lente de Artes o Irmão Fr. Francisco dos Santos, e a Teologia a leu ele com o Irmão Fr. Bartolomeu dos Mártires, ambos filhos desta Custódia. Este Curso se começou a ler no Convento de Olinda, mas tomando os Holandeses a terra, o foram concluir ao Convento da Bahia.

V. (1633) No mesmo Convento da Bahia pelo Custódio Fr. Cosme de S. Damião. Foi Lente de todo o Curso o Irmão Fr. Antônio dos Mártires, filho desta Custódia, e foi depois o seu primeiro Provincial.

VI. (1639) No próprio Convento, sendo Custódio Fr. Manoel de Santa Maria. Leu todo o Curso o Irmão Fr. Daniel de S. Francisco, da Custódia.

VII. (1650) No Convento do Rio de Janeiro pelo Custódio Fr. Sebastião do Espírito Santo. Foi Lente de Artes Fr. Manoel de Cristo filho da Custódia, e Leitor de Teologia Fr. Gregório de S. Julião, chamado Francês.

VIII. (1655) Pelo Custódio Fr. Daniel de S. Francisco. Começou no Convento da Bahia, e acabou no do Rio de Janeiro o mesmo Fr. Gregório Francês.

IX. (1659) Pelo Custódio Fr. Pantaleão Batista. Entrou a ler este Curso o Irmão Fr. Manoel de Cristo, e o continuou o Irmão Fr. Simão da Trindade no Convento de Olinda. A Teologia leu na Bahia o Irmão Fr. Pacífico de Jesus.

X. (1661) No mesmo Convento da Bahia pelo primeiro Provincial Fr. Antônio dos Mártires. Foi Lente de Artes Fr. João da Natividade, e Leitor de Teologia Fr. Pacífico de Jesus.

XI. (1672) No mesmo Convento, sendo Vigário-Provincial Fr. Simão das Chagas. Foi Lente de Artes Fr. Miguel de S. Boaventura. Leram a Teologia Fr. Domingos Laborda, francês de Nação, e Fr. Antônio da Conceição Mialhas.

XII. (1680) Em Olinda pelo Provincial Fr. Miguel das Chagas. Leu todo o Curso o Irmão Fr. Miguel de S. Boaventura.

XIII. (1689) Em Olinda pelo Visitador-Geral Fr. João Batista. Leu o Curso inteiro o Irmão Fr. Jerônimo da Ressurreição.

XIV. (1689) Pelo mesmo Visitador-Geral no Convento da Bahia, e leu todo o Curso o Irmão Fr. Agostinho da Assumpção.

XV. (1695) Na Bahia sendo Provincial Fr. Jácome da Purificação, tomou o Curso todo o Irmão Fr. Agostinho da Assumpção.

XVI. (1697) Em Olinda pelo mesmo Provincial, e leu o Curso inteiro o Irmão Fr. Luiz da Purificação.

XVII. (1702) Na Bahia pelo Provincial Fr. André da Conceição. Foi Lente de todo o curso o Irmão Fr. Agostinho da Assumpção.

XVIII. (1706) Em Olinda pelo Provincial Fr. Cosme do Espírito Santo. Foi Lente de Artes Fr. João Batista da Ressurreição, que já tinha lido Teologia a uns Colegiais do Curso acima 16 do Irmão Fr. Luiz da Purificação, que da Bahia vieram para Olinda, ficando lá os mais, a quem leu Teologia Fr. Agostinho da Assumpção, e Fr. Gonçalo de Santa Isabel.

XIX. (1709) No Recife pelo Provincial Fr. Estevão de Santa Maria. Foi Lente de Artes do Irmão Fr. João da Conceição Sant-Ago, e leu a Teologia com o Irmão Fr. Manoel da Esperança Rebouças.

XX. (1712) Na Bahia pelo Provincial Fr. Agostinho da Assumpção. Foi Lente o Irmão Fr. João Batista da Ressurreição, da Congregação até o Capítulo, em que saiu Provincial segunda vez o P. Fr. Cosme, que elegendo ao Irmão Lente Fr. João por seu Secretário, continuou o Curso de Artes o Irmão Fr. Manoel da Ressurreição, e a Teologia com o Irmão Fr. João da Conceição Sant-Ago.

XXI. (1715) No Recife pelo Provincial Fr. Cosme do Espírito Santo. Leu Artes o Irmão Fr. Manoel da Esperança Rebouças, e a Teologia com o Irmão Fr. José do Egito.

XXII. (1718) Na Bahia pelo Provincial Fr. Gonçalo de Santa Isabel. Leu Artes, e Teologia de Prima o Irmão Fr. Francisco das Chagas, de Noa o Irmão Fr. Francisco de Jesus Maria, Cairu, e de Véspera o Irmão Fr. José dos Santos Cosme, e Damião.

XXIII. (1718) Na Paraíba pelo mesmo Provincial. Leu Artes o Irmão Fr. Antônio do Espírito Santo, e a Teologia com o Irmão Fr. José da Vitória Lamego.

XXIV. (1721) Em Olinda pelo Provincial Fr. Hilário da Visitação. Foi Lente o Irmão Fr. Rafael da Purificação, e a Teologia a foi ler ao Recife com os irmãos Fr. João Campelly, e Fr. João Crisóstomo.

XXV. (1724) Na Bahia pelo Provincial Fr. Miguel de Santa Catarina. Leu Artes o Irmão Fr. José dos Santos Cosme, e Damião, e a Teologia a foi ler a Olinda com o Irmão Fr. David dos Reis, e Fr. Ruperto de Jesus, e parte dos Colegiais, e com a outra parte a foi ler à Paraíba o Irmão Fr. Bernardino de Jesus.

XXVI. (1727) No Recife sendo Provincial Fr. João do Deserto. Leu Artes Fr. João da Apresentação Campelly, e a Teologia a foi ler a Olinda com o irmão Fr. José de Santa Clara Melo.

XXVII. (1727) Na Bahia pelo mesmo Provincial. Leu Artes Fr. João Crisóstomo, e a Teologia com o Irmão Fr. David dos Reis.

XXVIII. (1730) No Recife pelo Provincial Fr. Hilário da Visitação. Leu Artes o Irmão Fr. Ruperto de Jesus, e a Teologia com os Irmãos Fr. Antônio de Santa Rita, e Fr. Francisco Xavier Rebelo.

XXIX. (1733) Na Bahia sendo provincial Fr. João da Trindade. Leu Artes o Irmão Fr. David dos Reis, e a Teologia com os Irmãos Fr. João de S. Miguel, e Fr. Antônio de Santa Maria Traripe.

XXX. (1733) Em Olinda sendo Provincial o mesmo. Leu Artes o Irmão Fr. Boaventura de S. José, e Teologia com os Irmãos Fr. Bento de Santa Isabel, de Noa, e Fr. Laureano de S. José de Véspera.

XXXI. (1739) No mesmo Convento, pelo Provincial Fr. Manoel da Ressurreição. Leu a Filosofia Fr. Francisco Xavier Rebelo, e por morte deste leu Teologia de Prima Fr. Anselmo de Santa Teresa, e de Véspera Fr. Antônio de Santa Ana Pacheco, e Fr. João de Santa Ângela Alagoa.

XXXII. (1739) Na Bahia pelo mesmo Provincial. Leu Artes Fr. Boaventura de S. José segunda vez, e a Teologia com o Irmão Fr. Serafim de Santo Antônio, e Fr. Jacinto de Santa Brígida.

XXXIII. (1739) No Recife pelo mesmo Provincial. Leu Filosofia Fr. Laureano de S. José, e a Teologia com o Irmão Fr. Manoel da Epifania, e Fr. João de Deus.

XXXIV. (1739) Na Paraíba pelo mesmo Provincial. Leu Artes o Irmão Fr. Antônio de Santa Maria Traripe, e a Teologia com os Irmãos Fr. Anselmo da Apresentação, e Fr. André de S. Luiz.

XXXV. (1746) Na Bahia pelo Provincial Fr. Manoel da Ressurreição, da segunda vez. Foi feito Mestre para este Curso Fr. Anselmo de Santa Tereza, e por sua renúncia, leu Artes Fr. Jacinto de Santa Brígida, e a Teologia de Prima, e de tarde Fr. Leandro do Sacramento.

XXXVI. (1746) Em Olinda pelo mesmo Provincial. Leu Artes Fr. Serafim de Santo Antônio, e a Teologia com o Irmão Fr. José da Conceição da Gama.

XXXVII. (1752) Na Bahia pelo Provincial Fr. Manoel de Jesus. Leu Artes Fr. Leandro do Sacramento, e a Teologia com Fr. Antônio da Anunciação, e Fr. Antônio de Sampaio.

XXXVIII. (1752) Em Olinda pelo mesmo Provincial. Leu Artes Fr. José da Conceição Gama, e pela renúncia deste leu Teologia de Prima Fr. João do Rosário, e de tarde Fr. André de Santa Joana, e Fr. Fernando de Santo Antônio.

XXXIX. (1752) No Recife pelo mesmo Provincial. Leu Artes, e Teologia de Prima Fr. Boaventura de S. Tomaz, e, de tarde Fr. Luiz de Santo Antônio, e Fr. Manoel de Santa Helena.

ESTÂNCIA V

De alguns Religiosos desta, que escreveram, e da que já está impresso, e se acha manuscrito.

268. Em toda a Redondeza do antigo, e grande Orbe Seráfico que compreende, e por onde se dilata a sagrada Religião dos Menores, floresceram sempre os seus Olhos em todo o gênero de letras, e ciências, como é notório ao mesmo Mundo; e sendo esta Província de Santo Antônio do Brasil uma boa parte deste Seráfico Orbe, ou outro novo, como se diz, e pela conaturalidade do seu terreno, e clima fecundíssima de muitos, e bons Engenhos, sem apontarmos os de fora, porque não correm por nossa conta, dos de casa podíamos sem dúvida mostrar mais enriquecida de sujeitos, e ornada de obras esta Estância, se a pobreza, que professamos, unida ao descuido, de que somos notados, nos não diminuíra a glória de a vermos mais aumentada de fábricas, e enobrecida de Quadros; mais sempre lhe poremos à vista aqueles, de que pudemos haver mais certa notícia.

A

Fr. Anônimo desta Província.

Digressões Panegíricas sobre a prodigiosa vida de Santa Iria, ou Irene, insigne Mártir Portuguesa discursada por F... Aqui estava escrito o nome do seu

Autor; mas outra pena, êmula sem dúvida de glórias alheias, lhe riscou o nome, deixando nestas feias sombras, com que o quis escurecer, conhecido o seu. Tem Dedicatória, e Prólogo, e um discurso Panegírico de cento e trinta páginas de fólio, ornado de todo o gênero de Letras Divinas, e humanas, frase polida, modo lacônico, conceito profundo, oração breve, sentido claro, e corrente narração; obra em tudo digna de gozar o benefício da luz pública: guarda-se no Arquivo desta Província; no mesmo se acha

Vida do P. Pr. Luiz da Anunciação. Consta de um caderno de fólio manuscrito. Não tem nome do Autor. Mas, porque está escrita pela mesma letra, estilo, e tudo o mais da primeira acima, não temos dúvida em que seja esta irmã sua, e filhas ambas, ou partos do mesmo Autor, e Religioso desta Província, como o declara em partes deste Panegírico.

Fr. Antônio da Conceição Mialhas. Nasceu na Cidade da Bahia, e no Convento de S. Francisco da sua pátria se fez pela Profissão filho desta Província em oito de dezembro de 1651. Foi Leitor de um Curso de Teologia, no mesmo Convento, e Guardião no da Paraíba, e sem mais empregos, que o contínuo exercício do púlpito, completos os trinta anos de hábito, faleceu no mesmo Convento da Bahia aos 23 de novembro de 1691. Foi um dos celebrados Pregadores do seu tempo, e ainda hoje é renovada a sua memória, e vive em muitos partos do seu discurso. À nossa mão veio ter um destes, exposto, e recitado por ele na forma seguinte:

Sermão nas Exéquias do Governador-Geral da Bahia Afonso Furtado de Mendoça, a 26 de novembro de 1675. A sua leitura nos fez confirmar ser ainda maior o conceito, que nos seus papéis se oculta, do que o brado, que deles publica a fama.

Fr. Antônio de Santa Maria Jaboatão, natural deste lugar Freguesia de Santo Amaro, distrito do Recife de Pernambuco, e filho desta Província, que nela professou a doze de dezembro de 1717 no Convento de Santo Antônio de Paraguaçu das partes da Bahia em idade de vinte e dois anos. Concluídos os Estudos no Convento da Bahia, ficou continuando o ministério da prédica pelo decurso de trinta anos, sendo, do intermeio destes, Mestre de Noviços no Convento de Igarassu, Guardião duas vezes em diferentes tempos no da Cidade da Paraíba, Secretário no Capítulo do Provincial Fr. Manoel de Jesus Maria até a sua Congregação, e nela Prelado Local para o Convento de Santo Antônio da Vila do Recife, Definidor no Capítulo de 1755, e neste nomeado para cronista da Província. Na sua primeira idade teve gênio, e agudeza para a

Poesia, especialmente a vulgar, de que viu alguns aplausos no estado de secular, e no de Religioso nos primeiros anos em que apresentou algumas Obras na Academia dos Esquecidos da Bahia, assim em abono dos seus Presidentes, como em desempenho de Assuntos poéticos: mas desta suave aplicação o divertiram de todos os Estudos Sagrados, especialmente o da prédica, do qual trabalho, e aplicação tem saído à luz

Discurso histórico, Geográfico, Genealógico, Político, e Encomiástico, recitado na nova celebridade, que dedicaram os Pardos de Pernambuco ao Santo da sua cor, o B. Gonçalo Garcia, na Oficina de Pedro Ferreira em 1751.

Sermão de Santo Antônio em dia do Corpo de Deus, no Convento do Recife, na mesma Oficina, e ano.

Sermão de S. Pedro Mártir, Festa de Familiares, na Matriz do Corpo Santo do Recife, na própria Oficina, e ano.

Josefina Régio-Equívoco-Panegírica, três Práticas, e um Sermão do Glorioso Patriarca S. José, oferecidos ao Fidelíssimo Rei D. José I, em um discurso Encomiástico da sua feliz, e auspicada Aclamação, pregado na Igreja Matriz da Cidade da Paraíba, festa do Senado, e sendo ali Guardião do Convento. Na Oficina Ferreiriana em 1753. 4.

Gemidos Seráficos, este Título, sua Dedicatória à Sereníssima Rainha D. Maria Ana de Áustria, breve narração das Exéquias, que fez esta Província da parte de Pernambuco, até o § que começa a relatar as da parte da Bahia, exclusive; com o Sermão pregado no Convento do Recife pela morte do Fidelíssimo Monarca, que tudo se acha impresso, com cinco Sermões mais de outros Autores, como é também alheio, e de outra pena o resto da narração, que escreve as Exéquias dos Conventos da Bahia, e Sergipe do Conde, que são os últimos seis na Oficina de Francisco da Silva no ano de 1755. 4.

Jaboatão Místico em correntes Sacras dividido, Corrente primeira, Panegírica e Moral. Na Oficina de Antônio Vicente da Silva, ano de 1758. 4.

Outras manuscritas.

Corrente II. Panegírica, e Moral, consta de Sermões nas Solenidades de vários Santos. 4

Corrente III. Seráfica, e Panegírica, contêm Sermões dos Santos, e várias Solenidades da Ordem. 4.

Corrente IV. Moral, e Ascética, Sermões de Quaresma, Penitência, e Doutrina. 4.

Corrente V. Sermões em diversas Festividades, e Títulos da Senhora.

Crônica da Província, Parte primeira. *Hic.*

Ao tempo, que acabávamos de assentar o Quadro acima nesta Estância, nos chegaram da Impressão nesta frota de 1757 os dois, que agora se seguem, com que a pudéssemos acrescentar, e por isso vão também fora da ordem, que se costuma seguir nas listas dos Alfabetos.

Fr. André de S. Luiz. É natural da Freguesia de S. Pedro do Lugar de Nogueira, Arcebispado de Braga. Fez profissão no Convento de Santo Antônio de Paraguaçu, Recôncavo da Bahia, a dois de outubro de 1729, quando contava de idade vinte e três anos. Foi Leitor de Teologia no segundo Curso de Artes, que houve no Convento da Cidade da Paraíba, a qual concluída, ficou continuando o exercício da Prédica, de que saiu a luz

Sermão do Glorioso S. Pedro Mártir, pregado na Festa dos Familiares de Pernambuco, na Paroquial Igreja da Vila de Santo Antônio do Recife no ano de 1754, cantando Missa nova o M.R.P. Manoel Carvalho de Oliveira, e estando exposto o Santíssimo Sacramento, dado à Imprensa pelo Juiz da Festa Manoel Afonso Figueira, Mercador em Pernambuco, e Familiar do Santo Ofício, a quem foi dedicado. Na Oficina de Pedro Ferreira, ano de 1757. 4.

Fr. Antônio de Santa Maria Traripe. Neste lugar, termo da Freguesia de N. Senhora da Purificação, Vila de Santo Amaro, Arcebispado da Bahia, nasceu para o mundo, e para a Religião no Convento de Santo Antônio de Igarassu aos 19 de outubro de 1725, em idade de 18 anos. Foi Leitor de Teologia no Convento da Bahia, e de um Curso inteiro no da Paraíba, e ali Guardião depois por ano e meio. Continua a tarefa do Púlpito, com crédito, e aceitação, e especialmente a de Missionário aos Povos pelos distritos das Paróquias de fora, que o executa com ciência, zelo, e aproveitamento das almas dos Fiéis, e bom exemplo seu. Deu à luz

Carta Apologética, sobre a crítica feita por certo P. M. de outra Ordem a algumas proposições do Sermão de S. Pedro Mártir, impressa no mesmo Sermão, pregado pelo P. M. Fr. André de S. Luiz, sem nome do Autor.

Fr. Antônio de Santa Rita, natural da Cidade da Bahia, e professo no Convento de Sergipe do Conde aos 4 de outubro de 1719, em idade de 18 anos. Foi Leitor de Teologia no Convento do Recife, Guardião de Igarassu ano e meio, e três, do Convento do Recife, e Definidor no Capítulo de 1746. Exerceu o Ministério do Púlpito, com crédito, e aceitação. Pregou entre outros muitos no Convento da Bahia

Sermão de N. P. S. Francisco, celebrando Pontifical o Excelentíssimo e Reverendíssimo Primaz da Índia D. Lourenço de Santa Maria, que lhe pediu o traslado para o dar ao prelo.

Fr. Antônio do Rosário, natural de Lisboa. Depois de ter abraçado com o nome de Fr. Antônio de Santa Maria o hábito dos P. Agostinhos Descalços no Convento do Monte Olivete, situado nos subúrbios da Corte de Lisboa, a 18 de Julho de 1671, sendo Leitor de Filosofia, e Visitador-Geral da sua Religião, trocou as vestiduras desta pelas do Príncipe dos Apóstolos S. Pedro. Assim em hábito Clerical apareceu no Brasil com o título de Missionário Apostólico; emprego que desempenhava com zelo, e fruto da Pregação, e no Apostólico, e exemplar da vida. A voz pública da sua boa fama, e o fervor com que o seu espírito solicitava passar de Anjo Anunciador do Evangelho para Serafim contemplativo na companhia de Francisco, obrigou a seus Filhos a admiti-lo ao seu Coro, no qual professou pelos anos de 1686, sendo Provincial intruso das partes de Pernambuco o P. Fr. Domingos Arcângelo, a segunda vez, a qual profissão, por não ser legítimo o Provincial, que o aceitara, ratificou depois a dois de junho de 1689, no Convento de Olinda, mudando outra vez de hábito, e com ele revestido de novos ardores o seu espírito, continuou no exercício das Missões, trabalhando com incansável zelo por conduzir ao Rebanho da Igreja as almas desgarradas do caminho da salvação, com grande fruto da sua doutrina, de que via admiráveis efeitos de muitas conversões, e mudanças de vidas estragadas, composições de ódios envelhecidos, e melhoras em todos os estados. Foi Varão de conhecidas virtudes, penitente, devoto, espiritual, e douto. Pregador Apostólico pelo eficaz desejo de converter almas a Deus. Feito Guardião do Convento da Bahia, não foi menos vigilante do bem espiritual dos súditos quando Prelado, do que havia sido zelador dos próximos como Missionário. Com a boa opinião, que adquiriu em vida, o achou a morte no mesmo Convento da Bahia em oito de setembro de 1704. E para que ainda depois de morto pregasse aos vivos, deixou por filhos do seu Apostólico espírito, e frutos do seu continuado trabalho, diversos livros de saudáveis documentos, e católicos desenganos. No tempo, em que foi Agostinho Descalço, compôs, e imprimiu

Martirológio singular da Invictíssima Japonesa a Venerável Virgem Maria Madalena, Mantelata dos Agostinhos Descalços. Lisboa, por Antônio Rodrigues de Abreu 1675, em 12. Desta Obra diz a Biblioteca Lusitana se lembra a Oriental novamente acrescentada tom. I. tit. 8.

Sermão das Almas pregado em Santo Estevão de Alfama. Lisboa por João da Costa 1678, em 4.

Depois de Religioso Menor publicou as Obras seguintes:

Feira Mística de Lisboa, em uma trezena de Santo Antônio, na Oficina de João Galrão, ano de 1691, em 4.

Sortes de Santo Antônio, celebradas em uma trezena, histórica, moral, e Panegírica. Lisboa por Miguel Manescal, 1701, em 4.

Frutas do Brasil, em uma nova, e ascética Monarquia. Lisboa por Antônio Pedroso Galrão, em 1702, em 4. Do Autor, e da Obra, diz o da Biblioteca Lusitana, faz memória o novo adicionador da Ocidental, tom. 2, tit. 12, p. 917.

Cartas de Marear. Lisboa na mesma Oficina, 1698. 8.

B

Fr. Boaventura de S. José, natural da Freguesia de S. Nicolau do Porto, e filho desta Província pela Profissão, que fez de Religioso no Convento de Paraguaçu em dois de Julho de 1720, em idade de 18 anos. Foi Lente de Artes de dois Cursos com suas Teologias, um no Convento de Olinda, e outro no da Bahia; e aqui Guardião; e depois Comissário da Venerável Ordem Terceira por três anos até o de 1754, em que a quatro de janeiro faleceu no mesmo Convento, com tão boa opinião de virtuoso, e exemplar, como a lograva de sábio, e douto. De tudo deu, enquanto vivo, bastantes mostras, deixando só depois da morte para algum abono da sua ciência

Aprovação ao livro, Letras Simbólicas, impressa no mesmo livro, donde em poucas regras publica muito conceito, loquela suave, e frase corrente.

C

Fr. Cosme do Espírito Santo. Já na Estância 3.ª da 5.ª Digressão teve o seu devido lugar entre os Ministros, e Prelados maiores desta Província, para o bom regime, da qual, ordenou, e imprimiu

Estatutos Municipais da Província de Santo Antônio do Brasil, Lisboa na Oficina de Manoel, e José Lopes Ferreira, 1709, fol. Já desta Obra, e seu Autor faz memória a Biblioteca Lusitana de Barbosa em seu lugar. Lit. C.

D

Fr. Daniel de S. Francisco. Também nesta mesma Digressão, Estância II e III, dos Custódios do Brasil, fica feita a memória, que lhe tocava por Prelado maior; aqui lhe damos o lugar, que merece por sábio, e douto. Foi Varão consumado nas três faculdades da Teologia, Cânones, e Direito Civil. Todos os doutos do seu tempo o ouviam como a Oráculo das ciências, e os que não o eram tanto, achavam nele muito que aprender. Foi de tão feliz memória, que lhe não esquecia nada do que havia estudado em algum tempo. Sabia todos os Poetas, e com retentiva tão pronta, que em qualquer dos seus livros os repetia com felicidade. Corria tão desembaraçado pela história antiga, e moderna, que nenhuma se apontava, que prontamente não continuasse, como se aquela memória felicíssima fosse um fiel arquivo de toda a erudição. Disto testificam ainda hoje as Bibliotecas do Recife, e Olinda, nas quais alguns dos seus mais seletos livros foram do uso deste Padre, e se acham rubricados com o seu nome. Deixou-o certamente grande; porque também com o bom exemplar da vida Religiosa qualificava melhor a opinião de sábio, mostrando, assim nas letras, como na virtude, que aquilo mesmo, que havia depositado a liberal mão de Deus em sua alma, o sabia ele reduzir a praxe. E para que em tudo mostrasse a natureza, que o fizera grande, até no corpo o quis mostrar, porque era de estatura mais que ordinária; e parece que à medida do corpo, cresceu nele também a alma pelas muitas graças de uma, e outra ordem, com que o ornou o Supremo Dador de todo o bem. Tudo isto ouvimos a Religiosos graves, e antigos, que ainda o viram, e conheceram. Do que escreveu só viu a luz

Aprovação ao livro: Feira Mística, impressa no mesmo.

Fr. David dos Reis, natural do Recôncavo da Bahia, e filho desta Província pela profissão feita no Convento de Paraguaçu a seis de janeiro de 1718. Aplicado aos Estudos maiores frequentou as Cadeiras por doze anos, lendo nove Teologia, e três o Curso de Artes, estes na Bahia, e o primeiro de Teologia em Olinda. Sendo eleito Guardião para o Convento de Sergipe do Conde, fez renúncia desta carga, e sem recusar a do púlpito, a exercitou sempre, e ainda continua dentro, e fora, com crédito, ciência, e naturalidade, como além dos que o ouvem publica o seguinte

Sermão na Profissão de Sóror Justina de Santa Ana, no seu Convento da Lapa, da Cidade da Bahia, impresso na Oficina de Miguel Menescal. 1755. 4.

F

Fr. Francisco das Chagas, natural do Lugar de Rolas, Comarca de Arouca, Bispado de Lamego, e filho desta Província. Nela professou no Convento de Paraguaçu a vinte e um de outubro de 1705 em idade de 16 anos. Depois de ler um Curso inteiro no Convento da Bahia, que concluiu no ano de 1723, e no de 1725 a doze de agosto se embarcou desta Cidade para a do Rio de Janeiro a suprir a falta de Mestres, que naquela Província então havia, e os solicitavam desta, que o nomeou para este emprego. Depois de ler lá outro Curso inteiro, foi Guardião de um Convento, e passou ao Reino, e voltando para aquela Província, nela foi seu Ministro, e Prelado maior, como já se disse em outro lugar. É sujeito douto na faculdade, que professa, e em todas as mais literárias, e especialmente na discursiva, em que a frase é pura, o estilo corrente, os termos próprios, as notícias várias, e a Leitura agradável, como bem o mostra

Aprovação às tardes da Quaresma, que com metáfora de Nau pregou na Igreja das Chagas de Lisboa o P. Fr. Manoel Rodrigues, impressa na Oficina Silviana da Academia Real, em 1738.

Fr. Francisco do Rosário, de quem daremos mais individual notícia, quando tratarmos dos Religiosos de virtude, que estão sepultados no Convento da Bahia. Agora só lhe toca dizer, que abraçando na Religião o estado de Leigo por humilde, era bastante noticioso da língua Latina, e na do Gentio do Brasil, com o qual assistiu muitos anos pelas suas Missões, mui versado, e prático, e a falava, e entendia com perfeição, e dela compôs

Um Tratado dos Ritos, costumes, e línguas dos Brasis na nossa vulgar, escrito da sua própria mão.

Catecismo para o Gentio do Brasil na sua própria língua. Destas Obras escreveram já a Biblioteca Lusitana, e antes a Hispan. Tom. 2, pág. 346, donde o intitula *Singularis pietatis Vir.* E Jorge Cardoso no seu *Hagiológio Lusitano*, tom. 3, p. 850, onde diz: *Viveu sempre com muito exemplo, estranha pobreza, notória caridade, e rara abstinência.* Daquele seu livro só achamos a memória no Arquivo desta Província, porque o seu original foi ter à mão dos Holandeses na perda de Pernambuco.

Fr. Francisco Xavier de Santa Teresa, natural da Cidade da Bahia, e filho desta Província, pela profissão, que nela fez no Convento de Sergipe do Conde a quatro de Julho de 1703, em idade de 18 anos, diz o termo da sua profissão. Deste Autor, e suas Obras escreveu já com elevada pena, e muita glória o da Biblioteca Lusitana, tom. 2, pág. 302, para onde remetemos o curioso Leitor, por não repetirmos o que anda escrito, ou por não afearmos com o tosco, e grosseiro da nossa, o ornado, e polido da sua; só acrescentamos, porque faltou ali, que sendo escolhido ainda no estado de Corista para um dos Colegiais no 16 Curso da Província, que se abriu no ano de 1706 no Convento de Olinda, antes de o concluir por respeitos particulares se ausentou dela, e foi ter à Ilha da Madeira, com o mais, que se acha no referido Autor. Nos poucos anos, que viveu nesta Província, e antes que deixasse a Mãe, que lhe havia dado o segundo, e mais perfeito ser; também deu bastantes mostras do que fora dela se podia adiantar nas funções literárias, especialmente na da Poesia, em que havia já produzido o furor métrico do seu Apolíneo espírito alguns partos de muita substância, e agradável leitura. Entre eles têm o merecido lugar os três últimos manuscritos, de que faz lista o Autor referido, e diz se guardavam no Arquivo de Olinda, suposto que ali já os não achamos, buscando-os com cuidado, por outra antecipada notícia, que deles tínhamos, chegando a estes talvez aquela comum desgraça, que entre os nossos tem contraído outros semelhantes, e de mais proveito, e crédito para a Religião, de não fazermos apreço, e desestimarmos sempre o que não é filho do nosso trabalho, e sem emendarmos o defeito, que notamos nas obras alheias, com outras produções melhores da nossa capacidade. Tomamos o trabalho, e julgamos que com razão, de darmos lugar nesta ESTÂNCIA entre os mais filhos da Província do Brasil a este seu Irmão, porque nela professou, nela ouviu a Filosofia, e viveu os primeiros anos, ela lhe deu o ser, e o pôs no estado de poder aproveitar, e crescer fora dela. Mas quando, em contrário de tudo isto, haja alguma razão, (ainda que nenhuma bastará a tirar-lhe esta filiação) por onde se julgar não pode residir nesta Estância, sem muita força desistiremos do empenho; porque, ainda que tão pobre de aparatos próprios, e despida de grandes Retratos, nem por isso a queremos enriquecer com estátuas alheias, nem adornar com simulacros estranhos. Das mais obras deste Autor faz memória o da Biblioteca Lusitana onde se podem ver.

J

Fr. Jácome da Purificação, segundo deste nome, e a quem já se deu lugar na Estância III desta Digressão, entre os Ministros, e Prelados maiores desta Província. Dele se lembra o Autor da Biblioteca Lusitana, ainda que lhe dá só o título de Custódio, que é o que tinha, quando deu à luz

Sermão de Santo Antônio, pregado no Convento do mesmo Santo do Recife de Pernambuco, Lisboa por Miguel Deslandes 1694, em 4.

Estatutos da Província de Santo Antônio do Brasil.

Fr. Jerônimo da Ressurreição, natural de Pernambuco, e filho desta Província, professo no Convento de Santo Antônio do Lugar de Ipojuca em treze de abril de 1666 na idade de 17 anos. Foi Leitor de um Curso inteiro no Convento de Olinda. Por cinco vezes em diferentes Conventos foi Guardião, e na última passou a Definidor. Concluída esta nomeação, logo na Congregação seguinte foi pedido por Comissário de terceiros do Convento da Bahia, ocupação, que exerceu com créditos de prudente, e virtuoso, por quase doze anos até o de 1723, em que a onze de abril faleceu no mesmo Convento com sessenta e quatro anos de idade, e opinião de tão douto, como Religioso. De tudo podemos dar testemunho, da sua exemplar vida, com que edificava a todos, dentro, e fora dos Claustros, e da sua ciência, com a doutrina, que ensinou nas Cadeiras, e praticava nos púlpitos, e confessionários, e com estas breves escritas

Aprovação ao livro, Frutas do Brasil, ibi.

Aprovação ao livro, Sortes de Santo Antônio. ibi.

Fr. João de Santa Ângela. Tendo por pátria a Vila da Alagoa, chamada do Sul, nasceu para a Religião no Convento de Santo Antônio da Vila de

Igarassu a 30 de março de 1725, em idade de 16 anos. Concluídos os Estudos no Convento de Olinda, ali mesmo leu a Teologia de Véspera. Foi fecundo colega do Parnaso, e pronto para todo o gênero de Poesia vulgar, e muito mais para a Latina, de que temos visto Obras em todo o sentido perfeitas. Não só nas Latinas Filosóficas, e Teológicas, também nas letras Sagradas, e expositivas do Evangelho, sabe discorrer liberal com agudeza, novidade, e afluência. Tudo mostra, além de outras muitas Obras suas, que oculta por modéstia, o publicam as seguintes:

Sermão nas Exéquias do Fidelíssimo Rei D. João V. pregado no Convento de Santo Antônio da Povoação de Pojuca. Acha-se impresso com os mais no livro Gemidos Seráficos. No mesmo se acham também impressos e são os primeiros

Seis Epigramas Latinos, e uma Décima, de vários conceitos, sobre a morte do mesmo Monarca, e seus elogios.

Quatro Conclusões, umas de Lógica, Física, e Metafísica, e três de Teologia, as primeiras de Incarnatione, *as segundas de* Beatitudine, *e as últimas,* de Gratia Santificante. Constam as de Filosofia, e primeiras de Teologia de 45 pontos, resolvidos em outros tantos *Dísticos*, proposta a dúvida em prosa na forma seguinte: *Utrum natura creata, et praedicamentalis sit pluribus communis per inexistentiam?*

Oppositam partem tueor sub Principe nostro;
Quam docet expresse pluribus ipse locis.

Foram consagradas a Maria Santíssima debaixo do suavíssimo Mistério de sua Imaculada, e Puríssima Conceição, todas estas Conclusões na forma seguinte:

Ingeniti Genitoris Filiae
Unigeniti Sempiterni Matri,
Ab utroque Procedentis Sponsae, Cujus
Illibata, et Immaculata Conceptio,
Si mihi sit accumulata concessio.
In praesentiarum erit non semel Tilularis,
Sed aeque simul Tutelaris etc.

Com outra semelhante foram dedicadas ao mesmo Mistério da Conceição da Senhora as Conclusões quartas, que são de *Gratia Sanctificante*, nesta forma:

Omnipotentis Dei Filiae
Aeternae Sapientiae Matri.

Pneumatis Sempiterni Sponsi.
MARIAE
Inquam
Sub illibatae Conceptionis stemmate,
Quae non sensit culparum stigmata;
Siquidem
Mundo ipsa nondum nata,
Sed solum concepta Dei nutu,
In tenebrosa culparum nocte,
Ipsam praeservante illius Gnato,
Inter omnes luxit sine nota. etc.

Concluem-se as segundas, que são de *Incarnatione*; e precede as terceiras de *Beatitudine*, a cada uma sua *Prolusão*; a primeira contém 478 versos heroicos, com seu título, assim;

Virginis ante pedes sistit Praelusio nostra;

E começa deste modo:

En opus aggredimur, Triados Venerabile Templum,
Luminis Ingeniti semper pulcherrima Proles, etc.

A segunda consta de 38 Dísticos Leoninos, com este demais por título:

Quam modo diffundo, Praelusio mostra secundo
Sternitur ut donum Virginis ante Thronum.

E começa

En cupio rursum stadii praecludere cursum,
Stemmate sub solo, quod pietate colo. Etc.

Depois de consagradas à Puríssima Conceição da Senhora estas Conclusões, foram oferecidas a um R. Sacerdote, particular amigo, e grande Benfeitor seu, com uma Elegia, que consta de 516 versos tão heroicos, como correntes, e ornados de todos os Tropos da erudição, e arte, a que dá o título de *Grata Nuncupatio*, e principia assim:

En humili cantu celebrem mea parva camaena,
Sanguine praeclaro, necnon virtutibus altum. etc.

Implorando humilde, e afetuoso o auxílio da Senhora, neste suave, e doce canto Leonino:

Nunc Regina Poli nostros contemnere noli
Clamores mites, nam pietate nites.

Audi clamorem, pariterque impende favorem:
Protege, nec cesses, dum tibi fundo preces.
In me jam fortes properant ad bella cohortes:
Ne patiar damnum, porrige, Virgo manum.

Faz para os Leitores, ou pios, ou críticos, este discreto, e bem entoado Prefácio:

Quisquis es, o Letor, scriptum cum legeris istud,
Ne reputes librum, nam liber esse nequit.
Si fueris sapiens sapientibus utere factis;
Si ignarus mordax; utere dente tuo. Vale.

Foram impressas estas Conclusões a imprensas do seu R. Benfeitor, em Lisboa na Oficina de Miguel Manescal da Costa no ano de 1754 em um só corpo de fólio.

Ao tempo, que acabávamos de assentar nesta Estância, como em seu devido lugar, a recente memória deste benemérito sujeito, e muito digno pela sua ciência de outros mais subidos, nos chegou a infausta notícia da sua violenta, e intempestiva morte; motivo, porque dele falamos até agora, como de quem gozava ainda os alentos da vida, e por isso, seguindo o conselho do Espírito Santo, que adverte, se não deve louvar ao homem, enquanto vivo, especialmente no que toca ao seu virtuoso, e moral proceder, porque o vento inconstante da vaidade, não sopre inchado, e desvaneça intrometido a afluência do espírito; nesta conformação, não havíamos tocado nas conhecidas virtudes, com que adornou a graça a sua alma no estado Religioso, e só o havíamos feito das naturais, e aquisitas na escola das ciências, o que agora faremos com brevidade; porque não sabemos se em outro lugar o poderemos fazer com mais difusão.

Já quando Noviço, e principiante, dava mostras de que seria pelo tempo adiante Religioso perfeito, e o confirmou melhor depois de professo; porque aqui agora com a posse certa do estado descobria na realidade, o que naqueles exórdios podia dissimular a razão de Noviço, ou a conveniência do estado, que pretendia. Ao compasso do tempo se foi ajustando de modo a prática das virtudes com o seu composto, que tanto edificava com este, como persuadia com aquelas, adiantando-se entre todas, na da santa pobreza, que observou sempre com tal desapego, que nunca se serviu, nem guardou para vestir mais que um só hábito, sem se querer aproveitar da faculdade, que nos permite a santa Regra de podermos usar de uma túnica mais; e a este respeito eram todos os ornatos, e preparos da sua cela, que como tinha ali tão pouco que guardar, também a não queria ocupada com arca, ou canastra, nem menos cuidava em que houvesse chave na sua porta, porque, sendo só disciplinas, cilícios, e uma cruz os seus mais preciosos trastes, entendia não achar algum tão ambicioso dos bens alheios, que quisesse tirar-lhe estes seus, e tomar sobre si a carga deles. A esta total indigência ajuntava aquela outra virtude, que por propriedade simpática, ou natural correspondência sempre anda unida com ela, e particularmente em pessoas Religiosas, que é a da santa pureza; porque no Religioso, o maior indício de ser muito puro, e casto, é a sua suma indigência, e grande pobreza. Com estas uniu também outras muitas, não lhe faltando em todas suficiente matéria para os seus exercícios, e mortificações assim ativas, como passivas. Também mereceu ao céu algumas particulares, e corporais, como foi por causa de uma erisipela, que lhe sobreveio na perna esquerda, assistindo de moradia no Convento de Ipojuca, onde o assaltou a morte no ano de 1756, aos 2 de Setembro, e não haver ali quem acertadamente o soubesse curar, ficar-lhe a perna podrida com algumas chagas, de que padecia continuamente moléstia grave, com repetição do mesmo achaque, mas sempre com alegria natural, que nos espíritos conformes sabe unir as penas, e males o perfeito, e virtuoso.

Fr. João da Apresentação Campelli. Foi natural do Recife de Pernambuco, e filho desta Província, em a qual professou no Convento de Paraguaçu das partes da Bahia a vinte e um de novembro de 1709, com 18 anos de idade. Foi Lente de artes no Convento do Recife, com a sua Teologia, havendo lido outra antes no mesmo Convento. Foi Pregador de fama, e grande teólogo, e por este respeito mereceu entre os sábios, e doutos distinto lugar, e o teve muito específico no grande conceito do Ilustríssimo Bispo de Pernambuco D. José Fialho, elegendo-o para Examinador do Bispado, teólogo das suas Juntas, e consultas, e companheiro das suas Missões, que fazia nas Visitas da sua Diocese às suas ovelhas, e em outras ocasiões, nas quais pregava igualmente com sua ilustríssima. Com ele, sendo elevado à Cadeira Metropolitana da Bahia, passou para esta Cidade, e dali para o Reino, quando também passou para Bispo da Guarda, donde por falecimento deste Prelado voltou à Bahia. Nesta derrota, que fez ao Reino, levou também a incumbência de ir votar Pro-Ministro ao Capítulo Geral, celebrado em Valladolid no ano de 1740. Voltou à Corte, e conseguiu do tribunal do Santo Ofício o ser seu Qualificador. Passou à Bahia, e na Congregação de 1745, o fizeram Comissário de terceiros, que exerceu até 18 de fevereiro de 1751, em que completou a carreira dos dias. Foi sujeito com aplicação, e gênio dado aos Estudos teológicos, morais, expositivos, e da história, e nestes com bastante prática, e maior aplicação aos predicativos.

Destes deixou copiosos frutos em muitos livros, e cadernos de folio, que nós vimos em sua mão, por largos anos, que fomos com ele moradores nos Conventos de Olinda, e Recife de Pernambuco, e alguns lhe pusemos em limpo da nossa letra, mas destes, por sua morte, não apareceu algum; só achamos

Epítome da Vida, ações, e morte do Ilustríssimo, e Reverendíssimo Bispo de Pernambuco, Arcebispo da Bahia, e Bispo da Guarda, D. Fr. José Fialho, manuscrito em fol. no Arquivo da Bahia.

Tractatus prolusorius ad Sacram Scripturam intelligendam, et ad Verbi Dei Praecones, et Praedicatores erudiendos, in duas partes destributus.[104] A primeira parte se acha completa, a segunda só principiada, manuscrita em 4. ibi.

Respostas sobre o fato de um homicida, que em fragrante adultério, mas de caso pensado, com outras circunstâncias de mais consideração, matou a um Eclesiástico; se incorreu, ou não, na censura do Cap. Siquis suadente, *que sendo resolvido por vários teólogos, que não, e absolto pelo Bispo; foi a Resolução do Autor, que sim, em um largo, douto, e bem-composto tratado*, manuscrito em fol. ibi.

Aprovação ao livro Letras Simbólicas. ibi.

Carta ao Autor do Discurso pregado na nova celebridade do B. Gonçalo Garcia, impressa no princípio, ibi.

Fr. João de Deus, natural da Cidade da Bahia, e professo no Convento da Vila de Igarassu a 18 de Fevereiro de 1732, em idade de [...][105] anos. Foi Leitor de Teologia no Convento do Recife, e Guardião no de Olinda. Continua a pensão do púlpito, que a exercita com aceitação de Pregador, e douto. Por fruto deste trabalho saiu à luz

Sermão nas Exéquias do Fidelíssimo Rei D. João V, pregado no Convento da Vila de Sergipe do Conde. Impresso com os mais no livro *Gemidos Seráficos.* ibi.

Fr. João do Rosário, nasceu para o mundo na Vila do Recife de Pernambuco, e para a Religião no Convento de Santo Antônio de Paraguaçu, em que professou a 8 de março de 1742, em idade de 16 anos. É ao presente Leitor de Teologia de Prima no Convento de Olinda. Com a profunda, e boa inteligência, que tem da Lógica, e suas partes, ajunta a agudeza, e cadência

[104] *Distributus.*

[105] Falta o número na edição de 1761 e na de 1858.

para as Musas, assim na Poesia Latina, como vulgar, e não menos para a prédica. De tudo tem saído à luz

Sermão pregado na Capelinha do Bom Jesus, que chamam das Portas, no Recife de Pernambuco. Na Oficina do Pedro Ferreira em 1755.

Elegia, que consta de quarenta Dísticos em versos Leoninos na morte do Rei Fidelíssimo D. João V, impressa com as mais Obras Poéticas, e Discursos Evangélicos, e funerais nas Exéquias da Catedral da Bahia, que fez celebrar o seu Excelentíssimo Arcebispo. Na Oficina Silviana. Lisboa 1753, em fol. Esta mesma Elegia se tornou a imprimir no livro *Gemidos Seráficos*, e começa assim:

Siste, Salutator, paulisper siste Viator
Te nunc invito plangere, flere cito.

Epitaphium Acrostichon, que consta de sete versos heroicos, e começa, e acaba cada um pela ordem das sete letras do nome Latino Joannes, com outra ordem das mesmas letras no meio de cada verso assim:

Inclytus exanimis	**J**acet sub hac sede sepulchr	**I**
Orbis Rex ingens	**O**lim memorabile mund	**O**
Absque pari exemplo	**A**lcides virtute stupend	**A**
Numine rectrici	**N**otus, lapsisque levame	**N**
Norma, et virtutis	**N**utrix, pacisque nutrime	**N**
E solio ad solium	**E**rectus, pacisque quiet	**E**
Sydera subpeditans	**S**apiens dominabitur astri	**S**

Inscriptio Acrostichon, que se compõem de outros sete versos heroicos, em que começando cada um pelas mesmas sete letras do nome *Joannes*, todos constam de cinco dicções, que também principiam pelas letras do próprio nome deste modo

Ingemat	**I**nteritu	**J**oannis	**J**actitet	**I**mbres
Omnis	**O**lissipo	**O**fficiosis	**O**brutus	**O**rbis
Astipuletur [*sic*]	**A**quis	**A**ssistat	**A**merica	**A**manter
Necnon	**N**aiadum	**N**utum	**N**onnulla	**N**egare
Nolit	**N**obiscum	**N**unc	**N**otificare	**N**ecesse
Exitium est	**E**uge	**E**ffugiant	**E**picedia	**E**podon
Succedat	**S**ubiit	**S**upremus	**S**ydera	**S**alvus

Nove Epigramas sobre algumas virtudes morais, e outras circunstâncias notadas na morte do mesmo Rei.

Seis Sonetos ao mesmo assunto.

Uma Oitava, ou Epitáfio, à memória do mesmo defunto Monarca. Todas estas Obras saíram impressas no apontado livro *Gemidos Seráficos*.

Fr. José da Conceição Gama, nasceu na Cidade da Bahia, e professou no Convento de Igarassu, em Pernambuco a 8 de Setembro de 1737, em idade de 17 anos. Depois de concluídos os Estudos no Convento de Olinda, aí mesmo leu Teologia de Véspera, e depois a Cadeira de Artes, e não continuou a Teologia pela renúncia que fez. Tem suave entrada, e boa aceitação no coro de Apolo, também o púlpito o recebe com agrado, e por isso ainda na contínua tarefa dos Estudos Filosóficos, e Teológicos, não se negou aos concionatórios, e Expositivos. Destes saiu à luz

Sermão nas Exéquias do Rei Fidelíssimo D. João V, pregado no Convento de Igarassu em Pernambuco, impresso com os mais no livro *Gemidos Seráficos*, ibi.

Fr. José dos Santos Cosme, e Damião, natural da Cidade da Bahia, e professo no Convento de Igarassu em Pernambuco aos 8 de setembro de 1710, em idade de 16 anos. Concluídos os Estudos no Convento da Bahia, aí foi passante, e Mestre das Reparações do Curso seguinte, ditando a Retórica por seis meses antes aos Colegiais nomeados para ele, e neste mesmo leu a Teologia de Véspera, e foi depois Lente de Artes, e a Teologia de Prima a foi ler com os mesmos Discípulos ao Convento de Olinda, aonde acabada, foi Guardião, e indo votar a Capítulo ficou por Definidor. É Qualificador do Santo Ofício, Lógico agudo, e arguitivo, teólogo profundo, e conceituoso Pregador, como expressam os seguintes

Ternário Concionatório três Sermões do Seráfico Patriarca, pregados em três sucessivos anos no Convento da Bahia. Lisboa na Oficina de Francisco da Silva, 1745, em 4.

Sermão na Profissão de uma sobrinha do Autor, no Convento do Desterro da Cidade da Bahia. Lisboa na mesma Oficina, e ano. 4.

Sermão do B. Gonçalo Garcia, na Catedral da Bahia, primeira festa dos homens pardos ao Santo. Lisboa, na Oficina de Miguel Rodrigues 1747. 4.

Sermão para a Profissão de uma Religiosa no Convento da Lapa na Bahia. Lisboa, na Oficina de Pedro Ferreira, 1748, em 4.

Sermão das Soledades da Senhora, no Convento do Desterro da Bahia. Lisboa na Oficina de Francisco da Silva 1748, em 4.

Sermão do Seráfico Padre S. Francisco no Desterro da Bahia. Lisboa, na Oficina de Pedro Ferreira, 1752, em 4.

Sermão dos Passos, na Igreja do Desterro da Bahia. Lisboa na Oficina de Francisco da Silva 1754, em 4.

Sermão do Apóstolo Sant-Ago Maior, pregado na sua Igreja Paroquial da Freguesia de Iguapé, Recôncavo da Bahia. Na Oficina de Francisco da Silva 1755, em 4.

Sermão nas Exéquias do Rei Fidelíssimo D. João V, no Convento da Bahia, impresso com os mais no livro Gemidos Seráficos, e já antes se havia dado à luz na Relação Panegírica das Exéquias do mesmo Monarca pelo Excelentíssimo Arcebispo da Bahia.

Fr. José do Egito. Foi natural da Cidade de Coimbra, e na da Bahia professou o Instituto Seráfico no seu Convento a 29 de junho de 1702, em idade de 18 anos. Concluídos os Estudos, foi Leitor de Teologia de Véspera no Convento do Recife, e depois Guardião no da Paraíba, uma vez, e outra no de Olinda. Poeta jovial, e Pregador festivo; mas, ou no púlpito, ou na Poesia, sempre com graça, chiste, e agudeza. Assim como sabia cantar tão bem no celeste Coro das Musas, ainda o fazia melhor no dos Serafins da terra, atraindo, se não como Orfeu das fábulas, como Cantor Angélico com o suave Alto, e harmonioso da sua voz aos ouvintes todos. Quando contava 64 anos, faleceu no Convento do Recife a 26 de abril de 1748. Na Academia dos *Esquecidos da Bahia*, instituída pelo seu Vice-rei Vasco Fernandes Cezar no Palácio dos Governadores daquele Estado, sendo o Presidente dela, recitou, além de outras Poesias a vários assuntos, com aplauso, e aceitação, uma

Oração Acadêmica, que com outras mais Obras suas foi pedida para verem a luz pública, da qual até o presente a tem privado o mesmo esquecimento, de que aquela Aula, para divisa das mais, tomou o nome.

L

Fr. Lourenço da Ressurreição. Foi natural da Cidade da Bahia, e professo no Convento de Paraguaçu, a 24 de abril de 1685. Por achaque, de que veio a falecer no Convento da Bahia em Sexta-feira da Semana Santa 3 de abril de 1705, não continuou as Cadeiras para as quais saiu habilitado dos Estudos. Por ordem do Provincial Fr. Cosme do Espírito Santo compôs

Cerimonial da Província de Santo Antônio do Brasil. Lisboa na Oficina de Manoel, e José Lopes Ferreira, 1708, em 4.

Fr. Luiz da Purificação. Nasceu na Cidade de Lisboa, e professou no Convento de Paraguaçu na Bahia aos 11 de fevereiro de 1685. Foi Leitor de um Curso inteiro no Convento de Olinda, e aí também Guardião ano e meio. Teve para o púlpito graça natural, com as mais partes de bom Pregador. Dos seus Sermões um só caderno se não achou por sua morte, que foi a 10 de outubro de 1744 na Bahia; porque como estes eram só os bens, de que em vida podia dispor, antevendo, sem dúvida, que sempre viriam a parar em mãos alheias, o quis ele fazer pelas suas; porque ao menos lhe ficassem os aproveitados neste agradecimento, como dívida à sua posteridade. Da sua escrita só viu a luz

Aprovação ao livro, Frutas do Brasil, ibi.

Oração Acadêmica, recitada na Aula dos Esquecidos da Bahia, que com as mais daquele Ateneu literário passaram dele para o túmulo do esquecimento.

M

Fr. Manoel da Madre de Deus, natural da Cidade da Bahia, e professo no Convento da Vila de Igarassu em Pernambuco a 5 de maio de 1745, em idade de 21 anos incompletos. Por moléstia, que padeceu nos primeiros anos de Religioso, não continuou os Estudos maiores, tendo mostrado pelos Clássicos capacidade para todos. De tudo é bastante prova o seguinte:

Suma triunfal da nova, e grande celebridade do Glorioso, e invito Mártir o Beato Garcia, pelos homens Pardos de Pernambuco. Esta Obra saiu impressa com o suposto nome de *Sotério da Silva Ribeiro*. Lisboa, na Oficina de Pedro Ferreira, 1753. 4.

Convento aos Emblemas, ou Empresas de Alciato; ornado de todo o gênero de erudição Poética, Histórica, e ainda Sagrada, sobre os assuntos das mesmas empresas, manuscrito em fol.

Fr. Manoel de Santa Maria Itaparica, desta Ilha aonde nasceu fronteira ao Ocidente da Cidade da Bahia, e professo no Convento de Paraguaçu em dois de Julho de 1720, em idade de 16 anos. Depois de concluídos os Estudos, ficou continuando o ministério da prédica, que exercita ajustado às regras da arte, e Leis do Evangelho. É destro cultivador das flores do Parnaso, e dos frutos do seu trabalho se podiam ter colhido alguns Volumes, se assim como se espalham por particulares mãos, se ajuntassem em um corpo. Destas viram só a luz pública

Epigrama Latino à morte do Fidelíssimo Rei D. João V. Saiu impresso na Relação Panegírica das Exéquias da Bahia, ib.

Canção fúnebre ao mesmo assunto, ibi.

Três Sonetos, Sobre as vozes tristes dos sinos, um; outro ao fúnebre estrondo da artilharia, e o terceiro à sentida morte del-Rei. ibi.

P

Fr. Pacífico de Jesus. Já nesta Digressão se lhe deu lugar em duas Estâncias, na dos Ministros Provinciais, e na dos Leitores de Teologia, e agora entra nesta; porque além do que ensinou nas Aulas com crédito de douto, e edificou no lugar, como bom Prelado, também persuadiu no púlpito com espírito Evangélico, e escreveu

Aprovação ao livro Feira Mística. Impressa ibi.

Fr. Pantaleão Batista. Também já teve o seu merecido lugar, e o último na Estância dos Prelados desta Custódia, depois da sua independência. Foi tão zeloso do bem espiritual das almas, como do aumento desta Província. Por este trabalhou, e padeceu, o que em seu lugar fica dito: para aquelas deixou composto

Ramalhete espiritual de todo o gênero de belas, e santíssimas flores, colhidas no ameníssimo Jardim de Itália. Tanto para os devotos, e peregrinos, que a ela forem, e quiserem gozar do seu celestial cheiro, quanto para os que em suas pátrias desejarem saber as devoções grandíssimas, que no espiritual, e temporal nela se colhem. Lisboa na Oficina Crasbekiana, 1655, em 4. Da Obra, e seu Autor, se lembra o da Biblioteca Lusitana em seu lugar.

R

Fr. Rafael de S. Boaventura. No Relatório III deixamos feita a breve memória da sua morte pelos hereges holandeses, aqui lhe damos o lugar, que também se lhe deve, enquanto vivo. Foi natural da Vila de Olinda, e filho desta Custódia, em que professou no Convento da Bahia a nove de março de 1602, aos 16 anos de idade, e no mesmo Convento foi Guardião. Era Pregador, e dos celebrados do seu tempo; e foi o primeiro, que deixou em escrito algumas notícias dos feitos de virtude, e nota dos primeiros Religiosos desta Custódia, que até o tempo em que ele faleceu haviam florescido; como testifica o P. Fr. Thomaz da Apresentação, que as que achou daqueles primitivos tempos, diz, as devia ao cuidado do Pregador Fr. Rafael de S. Boaventura. Da sua letra foi escrito o Cartório desta Custódia até o tempo do P. Fr. Manoel de Santa Maria seu Prelado maior, por ordem do qual foi feito, mostrando em os seus exórdios bastante erudição. Da própria letra feito, e assinado por ele, como seu Autor, e rubricado com o nome do Custódio Fr. João Batista, Fr. Cosme de S. Damião, Padre da Custódia, Fr. Daniel de S. Francisco, Leitor de Teologia, e outros mais está o seguinte

Memorial, em que se representam as decentes causas, que tem a Custódia de Santo Antônio do Brasil, para a justa pretensão da sua independência da Província de Portugal. Este papel, que foi feito, e está assinado por ele no primeiro de Setembro de 1648, não só prova a capacidade de seu Autor, mas o grande conceito, que dela faziam os PP. da Custódia. Com 72 anos de idade, deixando também fama de Religioso, e observante, completou os da vida no de 1658, como no Relatório se diz.

Fr. Rafael da Purificação. Foi natural de Matosinhos, Bispado do Porto, e professo nesta Província no seu Convento de Paraguaçu a 17 de Julho de 1708, em idade completa de 17 anos. Completo o Curso, em que ouviu Filosofia, e Teologia no Convento da Bahia, foi passante, e Mestre de Reparações no primeiro, que houve no da Paraíba, no qual leu Retórica por seis meses aos Colegiais, antes que se abrisse aquele Curso, e nele foi Leitor de Teologia de Véspera. Foi Lente de Artes no Convento de Olinda, e a Teologia a foi ler ao do Recife com os mesmos discípulos, que neste Curso foram 24, dos quais 8 saíram Passantes. Não ocupou Prelatura alguma, e só a de Comissário-Provincial em Pernambuco por ano e meio, e Visitador das Aldeias do Sertão, e Rio de S. Francisco, com o motivo de ver se com a mudança daqueles ares melhorava de achaques, e se recolheu com o desengano de a não achar para os que padecia, e trazer um demais, porque de uma queda perigosa, que deu por aqueles ásperos caminhos, e não havendo quem o soubesse bem curar, ficou com um braço deslocado, de que lhe resultava moléstia contínua. Antes que fizesse aos Sertões esta saída, havia ido votar Pro-Ministro ao Capítulo Geral de Milão celebrado a 4 de junho de 1729 no Convento de Santo Ângelo, e nesta ocasião correu grande parte da Itália, e passou a Londres a curar-se da sua grave moléstia do peito, mas com pouco alívio, e nenhum remédio nela, e assim veio a falecer no Convento da Bahia na noite de Quinta para Sexta-feira maior três de abril de 1744, quando ia completar 53 anos de idade, e 37 de hábito.

Foi Sujeito universal em toda a matéria científica, entendimento claro, e de tão fácil compreensão, e feliz retentiva, que o que uma vez encomendava à memória, ou guardava nela, ficava depositado, como em arquivo perdurável para usar dele a qualquer tempo, e ocasião conveniente. Por mais esquisitos, e fora do uso, que fossem, repetia qualquer escólio de nomes, ou de uma, ou de outra sorte, quer do princípio para o fim, ou deste para o princípio com a mesma facilidade, ou desembaraço, com que os lia. Da mesma sorte Capítulos inteiros da Sagrada escritura, autoridades extensas dos Santos Padres, muitas páginas de todos os Poetas, e ainda de vários historiadores, apontando em os mais deles os lugares, e números marginais, donde os tinha lido. Ditava de memória, e sem apostila, as lições de Teologia, e não era muito fizesse isto, quem aprendeu sem Mestres as mais das ciências. Entendia da Matemática, e Aritmética o que bastava para quem não era seu professor, e nelas era consultado. Da Geografia tinha tanta inteligência, que fazia sem compasso as suas arrumações. Lia com desembaraço os caracteres Gregos; a língua Francesa, Inglesa, e Italiana, lia, e entendia com perfeição, e bastantemente da Hebraica. Foi mimoso Apóstolo das Musas em ambas as Poesias, Latina, e vulgar, bom

Teólogo, e melhor Filósofo. Com todas estas partes cientificas, na Expositiva, e dos púlpitos, foi singularíssimo, ornando esta Arte das artes não só com as partes da Retórica necessária, melhor com os dotes da natureza liberal, presença agradável, voz clara, loquela desembaraçada, ações naturais, e graves, compostas sem artifício; discursos novos com propriedade, e apropriados sem violência, pelo que se fazia buscado com ânsia, ouvido com aplauso, celebrado sem lisonja, e louvado sem desvanecimento. Da sua grande literatura, e aplicação a todas as letras deixou por fruto

Figmenti Cabalislici enodatio, Rythmicae quaestionis resolutio a quodam Cabalista de Inspruch confictae cabalam suam consulente circa ortum desideratissimum Archiducis. Ulyssipone ex Oficina Ferreiriana 1728. 4.

Letras Simbólicas, e Sibilinas, Obra de toda a erudição Sagrada, e profana. Lisboa, por Francisco da Silva, 1747. fol.

Officium Sancti Bonaventurae. Lisboa sem nome do Impressor, em 16.

Obras manuscritas

Domus Sapientiae, ou Exposição do Salmo: *Fundamenta ejus in montibus Sanctis*, discursado o seu sentido em místico, moral, e predicativo, sobre particulares excelências da Mãe de Deus, e Casa Soberana da Divina Sabedoria, Obra de muito conceito, e erudição, mas incompleta, no Arquivo do Convento da Bahia.

Língua bilíngue, dividido em três tratados, dos quais é o assunto: *Excelências da língua Portuguesa, da naturalidade, semelhança, e equivocação com a Latina*, donde por fim assenta um largo Vocabulário pelas letras do A. B. C. de todos os nomes de uma, e outra língua, que se escrevem com as mesmas letras na forma seguinte.

A	B
Aba, Abas. v. g. Aba da toga, e vestidura, abas do galero, ou chapéu, Lat. Aba tem várias significações. Abas tem também outras muitas.	Baba. v. g. humor pituitoso. Baba Lat. voz de menino balbuciante, ou homem tolo.
Abbrevio, abbrevias, abbrevia, abbrevies, abbreviem, abbreviantes, abbreviando &c, se diz em uma e outra língua.	Baptizo, baptizas, baptiza, baptizem, baptizes, baptizarem, baptizares, baptizando, baptizantes, etc., se diz em ambas as línguas, et de aliis innumeris usque ad litteram Z.

S

Fr. Serafim de Santo Antônio, natural do Recife de Pernambuco, professou no Convento de Paraguaçu aos seis de abril de 1728 em idade de 18 anos. Foi Leitor de Teologia no Convento da Bahia, e passando para o de Olinda, leu nele um Curso inteiro. Entre as fadigas das Cadeiras não recusou as pensões do púlpito, que ficou depois exercendo, de que tem visto a luz.

Sermão do triunfo do Nome de Jesus, no Convento de Olinda. Impresso em Lisboa, 1751. 4.

Sermão das Exéquias do Rei D. João V, no mesmo Convento, impresso com os mais no livro, *Gemidos Seráficos.*

V

Fr. Vicente do Salvador. Na Estância dos Custódias teve já o lugar, que lhe tocava pelo cargo, agora lhe damos o que nesta lhe pertence pelas letras, e na segunda parte desta crônica entrará também pelas virtudes. Foi Doutor pela Universidade de Coimbra, sendo secular, e feito Religioso leu um Curso de Artes. Deixou escrita

Crônica da Custódia do Brasil. Desta faz memória o Autor do Hagiológio Lusitano tom. I., p. 469, lit. g., no Convento e tom. 3, p. 312, lit. d., no Com., ainda que no mesmo tom. a p. 522, diz. Fr. Vicente do Salvador, Capuchinho, Sanct. Marian. Tom. 9, p. 381 e tom. 10, p. 143 e 146, em que transcreve muitas passagens desta crônica, a qual levando-a consigo seu Autor para a Província no ano de 1618, assim a ela, como a esta Custódia só nos ficou a notícia, que desta Obra nos dão os estranhos.

Fr. Raymundo de Santa Teresa, Irmão Corista, natural das Minas do Rio das Contas, professo nesta Província no Convento de Santo Antônio de Igarassu ao primeiro de maio de 1752 em idade de 16 anos. Sem ter continuado os Estudos maiores, compôs.

Tratado Apologético em defesa da Primazia do Seráfico Doutor S. Boaventura, sobre a Saudação Angélica ao toque dos sinos, que dizem, Ave-Marias, manuscrito.

DIGRESSÃO VI

Em a qual, como apêndice, ou aditamentos, se assentam algumas coisas, que por não chegarem as notícias pedidas a tempo, se deixaram de colocar nas Estâncias, a que pertenciam.

ESTÂNCIA I

De uma Capela do Seráfico Patriarca, no distrito dos Ilhéus.

269. Ao passar da Capitania dos Ilhéus para a Vila do Cairu, nos passou também intrometer ali a notícia de uma Capela do Seráfico Patriarca, que houve nos seus princípios no distrito daquela Vila, e antes que ela fosse decorada com este título. E porque não temos naquela Capitania Convento, a que pudéssemos agregar a dita Capela, quando dele tratássemos, e não deixarmos de fazer dela memória, aguardamos para aqui. Foram Fundadores desta em uma fazenda de Engenho, de que eram Senhores, Domingos da Fonseca Saraiva, e sua mulher Antônia de Pádua de Góis, esta natural de Lisboa, e de quem em outra parte daremos mais larga notícia, e ele da Vila de Trancoso, que havia passado à Capitania dos Ilhéus nos princípios da sua fundação, e a mulher em companhia de seu Pai, Gaspar de Araújo, natural de Viana, e a Mãe Catarina de Góis, natural de Lisboa, que também haviam passado à mesma Capitania pelos anos de 1563, e ali casaram a filha Antônia de Pádua com o já nomeado Domingos da Fonseca Saraiva. Estes no seu Engenho, e fazenda, levantaram, por particular devoção, uma Capelinha a S. Francisco, e no seu altar tinham também colocada a Imagem do Glorioso Português Santo Antônio, e a ambas festejavam anualmente em os seus particulares dias. Assim se conservou por alguns anos a devoção, e a Capela enquanto na fazenda, e Engenho assistiram os Senhores. Mas, sendo-lhes forçado deixarem o lugar, e retirarem-se com os mais moradores para a Ilha do Cairu, fugindo aos estragos, e insultos dos Tapuias Aimorés, estes arrasaram tudo, e com a mina do Engenho, a teve também a Capela. Desta só ficou a memória do Lugar, que ainda hoje conserva o nome de S. Francisco, junto às margens do chamado Rio Fundo, vindo dos Ilhéus para o Camamu, em terras, que ao presente pertencem ao Colégio dos RR. PP. Jesuítas da Cidade da Bahia.

ESTÂNCIA II

Da Vila de Sergipe do Conde.

270. Antes de entrarmos na Província, e Capitania da Bahia, e tendo concluído com a dos Ilhéus, sua confinante, de que tratamos na sua Estância, demos lugar à Vila do Cairu, por ser esta do seu distrito, e haver nela Convento de Religiosos Menores, e esta mesma razão estava pedindo, que na Estância da Bahia, e fim dela devíamos colocar a Vila do Sergipe do Conde, por ser do seu distrito, e terem nela os nossos também Convento; e o mesmo devíamos fazer na Estância de Pernambuco, metendo nela as cinco Vilas do seu distrito, pelos Conventos, que em todas há; mas porque, pelos motivos apontados, o não foi possível fazer ali, e em seus lugares, o executamos agora, como aditamento nestas particulares Estâncias.

271. Doze[106] léguas da Cidade da Bahia ao Nordeste do seu Recôncavo, e Enseada, ao entrar na Barra, que chamam do Sergipe, sobre um alto, que forma a terra à parte direita, e ao Sul, está situada a Vila de S. Francisco, que assim a intitularam, quando se levantou, em obséquio do Seráfico Patriarca, que já nela tinha Convento desde o ano de 1629, quando no de 1698 a 16 de fevereiro, foi levantada em Vila, pelo Desembargador Estevão Ferraz de Campos, à ordem do Rei D. Pedro II, sendo Governador da Bahia D. João de Lencastro. Foram possuidores das terras, e distritos da Vila desde o princípio da Povoação, que foi pouco depois, logo que o teve também a Bahia, por Tomé de Souza, os Condes de Linhares. Por falecimento do último sem herdeiros, passou a sua mulher, Condessa do mesmo título, a qual por morte deixou em legado as terras, e Engenho, que nelas haviam erigido, aos Padres do Colégio de Santo Antão de Lisboa, para enquanto durassem as obras do dito Colégio, e ainda ao presente conserva aquela fazenda o título do seu proprietário, e é conhecida, e nomeada pelo Engenho do Conde. Ao pé deste, que demora sobre as margens do Rio da parte do Norte, entra nele, em distância de légua e meia da Vila, e Barra, o Riacho, chamado pelo Gentio: *Sergipe*, do qual, e do título do Senhorio, se ficou denominando, assim a terra, como a Vila, de *Sergipe do Conde*. As águas, que formam o Rio, e a sua Barra, que terá na entrada um tiro de canhão de largo, e navegam por ele acima pouco mais de légua e meia as embarcações comuns do Recôncavo, é um braço de mar, que entra por ela, até a Povoação, e hoje Vila de Santo Amaro, situada no fim dele, em distância de duas léguas da dita Barra. À Povoação de Sergipe do Conde cha-

[106] Cf. Aditamento IX no início de OSNB II: *dez*, em vez de *doze*.

maram sempre desde a sua fundação, o Sítio; levantaram depois os nossos nela Convento, e a este ficaram intitulando, *S. Francisco do Sítio*: e em reverência do Santo Patriarca, foi ereta em Vila com o mesmo título de S. Francisco, e assim é nomeada nos papéis públicos, *Vila de S. Francisco da Barra de Sergipe do Conde*. Pouco depois da sua ereção, intentaram o Juiz, e Oficiais da sua Câmera transferir, ou mudar o título da Vila, nomeando-a nos papéis jurídicos, que formavam, Vila de S. Gonçalo, em obséquio do Santo, Orago da sua Matriz, que sendo Igreja particular, ereta pelos moradores, havia passado a Paróquia, com Cura, ou Vigário encomendado, no ano de 1678, e no de 1695, a Igreja colada, da qual tomou posse o seu Pároco Luiz de Souza Marques, que era o mesmo, que do princípio servia encomendado. À sobredita mutação de Vila de S. Francisco para S. Gonçalo, acudiu o Síndico do Convento, Francisco da Fonseca Vilas-Boas, e interpondo agravo para a Relação da Bahia, foi provido, e alcançou nela sentença de vinte e quatro de maio do mesmo ano de 1698, em que os seus Camaristas o intentavam transmutar, para que se conservasse com o título de *Vila de S. Francisco*, conforme lhe fora posto na sua instituição. É lugar de alguns cem vizinhos com as duas referidas Igrejas, Matriz de S. Gonçalo, e Convento de S. Francisco, de que a seu tempo se fará memória.

ESTÂNCIA III

Das Vilas do Penedo, Alagoas, Sirinhaém, Recife, e Igarassu no distrito da Capitania de Pernambuco.

272. O Rio de S. Francisco assim chamado, porque sem dúvida no dia do Seráfico Patriarca foi entrado a primeira vez pelos nossos portugueses, e do qual Santo tomou também o nome a Vila, de que agora imos a tratar, é um dos três maiores, que regam, e repartem as terras do Brasil, o do Pará para o Norte, o da Prata para o Sul, fazendo o grande círculo, ou circunferência, que já fica notada, na descrição de ambos, e este de S. Francisco, cortando-o pelo meio, e quase sempre do pôr ao nascer do Sol, ou do Meio-dia para o Nascente.

273. Muitas, e grandes notabilidades, ou famosos encarecimentos, por lhes não dar o nome de fábulas Gentílicas, escreveram os primeiros, que passearam estes Países, e terras do Brasil, umas exageradas pelo Gentio, sempre no seu modo, e no que tocava a esta sua Pátria admirativo, outras acrescentadas pelos Relatores, como é frase nos que escrevem coisas novas, para as fazer mais

recomendáveis, encarecê-las. É sem dúvida, que para este Rio ser um dos mui celebrados, não só do Brasil, mas de outras partes do mundo, não lhe eram necessárias ficções poéticas; porque nas suas próprias, e naturais particularidades tem bastante matéria para ser notado. E deixando de repetir o que eles contam da sua espantosa cachoeira, que com o estrondo da sua queda atroa por mais de uma légua os seus vizinhos montes, e campos; amedronta as feras, espanta as aves, salpica, ou borrifa com as suas águas por uma grande distância os seus contornos, e proíbe aos homens a sua vizinhança, e indagação; deixando o que disseram do medonho sumidouro, por onde, qual outro Alfeu, entrando todas as suas correntes, depois de andarem doze léguas por baixo da terra, ressuscitam, ou renascem outra vez todas; o que afirmaram da sua origem na famosa lagoa, que se forma das vertentes, que correm das Serranias do Chile, da qual escreveram, nasciam também os dois Gigantes das águas, o Pará, e o da Prata; o que fabularam das chamadas Amazonas, que também queriam fossem habitadoras algumas das suas margens: como o intentaram persuadir de outras nas do Grão-Pará; o que finalmente queriam persuadir, para ostentação das grandes riquezas, que reconcentravam nas entranhas das suas terras, e corriam pelas madres das suas Ribeiras, e era dizerem, que as Nações de Tapuias, que por este Rio de S. Francisco habitavam, se compunham com lâminas de puro ouro. Deixando tudo isto, como relações menos certas, e pouco averiguadas então, o que agora imos a dizer, é o que o tempo, e a experiência dos que, ou por terra, ou por ele acima têm andado, consta por verdade, e informação, especialmente de alguns Religiosos desta Província, que na diligência das esmolas dos seus Sertões, e Minas, o viram, e pisaram quase todo.

274. Por uma Barra de duas léguas em altura de 10 graus e um quarto, entra no mar, intrometendo-se por cinco, e abrindo caminho pelas salgadas do Oceano as suas doces, e arrebatadas correntes, que em tanta distância afirmam os navegantes as chegam a gostar, especialmente nas suas anuais inundações. Dá entrada por esta boca a embarcações comuns de caravelas, e barcos, e se navega até à sua primeira Cachoeira, aonde chamam *Porto do Jacaré*, e houve nos anos passados armazém para a fábrica do Salitre, que depois se desvaneceu. Desta primeira Cachoeira até à segunda, que chamam de Paulo Afonso, corre o Rio por distância de algumas trinta léguas; e no meio desta, o celebrado sumidouro. Deu motivo a este engano a pouca indagação dos que primeiro o descobriram; porque vendo o Rio nas suas enchentes fazer na entrada deste Lugar um como remanso, ou lago, e esconder-se logo por entre as serranias, que lhe ficam adiante, e não aparecerem as suas águas, senão dali a doze léguas, entenderam corria todo por debaixo da terra. Mas é certo, como se vê agora pelos que se chegam mais ao perto das suas margens, corre

todo por um estreito, ou canal, que entre as serranias de uma, e outra parte se forma. É sem dúvida, afirmam os que melhor discorrem, não ser possível caminharem todas as águas do Rio por este estreito canal, e que é provável, que por debaixo daquelas serranias, ou pederneiras, há cavernas, sumidouros, e veredas mais extensas, por onde façam a sua carreira muitas delas. A terra, que corre por cima destas serranias, é toda rasa, a que chamam tabuleiros, e por eles fazem o seu caminho, os que sobem para os Sertões, e Minas, ou descem por ele abaixo.

275. O que mais se deve notar, e todos admiram, e viu o P. definidor Fr. Francisco da Conceição Trigueiros, descendo das Minas por este caminho, é, que fazendo o Rio o seu curso por entre as pederneiras da parte de cima, como 100 braças com pouca diferença, antes de chegar ao suposto sumidouro das Serranias debaixo, faz a terra neste meio uma baixa, como vale, ou campina, com a mesma largura pela circunferência de cada uma das partes, e pelo meio desta, por outro canal também estreito, que terá de duas até quatro braças, e afirmam alguns, que se não fora o temor, ou tremor, que causa aos que a ele querem chegar, e o mesmo dizem do outro canal, que corre entre as Serranias do suposto sumidouro, se poderiam tomar os vaus destes dois canais com um bom salto. E fora disto, que sem dúvida causa espanto, e admiração, a faz ainda mais notável, aos que chegam ao alto, que desce para este do vale, é verem as águas do Rio ao sair das Serranias de cima, encaminhadas todas ao princípio, logo que caem dos altos, por este canal da vargem, se não veem mais, até que chegam ao princípio das Serranias debaixo, aonde aparecem outra vez, quando se vão a encanar pelo estreito, que chamam Sumidouro, sem se poder averiguar o como se escondem, e correm por este canal da vargem tanta multidão de águas, sem as poder distinguir os que ao descer para a vargem, e primeiro alto, estão vendo entrar da parte de cima, e sair pela debaixo, ver-se o canal, e não aparecer o Rio, e só quando vai cheio, então cobre todo este vale.

276. Da segunda Cachoeira grande de Paulo Alfonso, algumas dez, ou doze léguas adiante, está a terceira, também grande, chamada da Boavista; e por toda esta distância, por mais de quarenta léguas, desde a primeira do Jacaré até esta, se não pode navegar o Rio com embarcação alguma, por correr sempre por entre serras, pedras, e despenhadeiros. Da Boavista para cima, por mais de sessenta léguas, até à última Cachoeira grande, que chamam do Sobrado, ainda se acham outras de menos nota, por entre as quais, com bastante perigo, e Pilotos destros, já se navega o Rio nas comuns embarcações de canoas. Desta última cachoeira até a Barra do Rio das Velhas, que das Minas

Gerais se vem meter, pela parte do Norte, neste de S. Francisco, já se navega com toda a sorte de embarcações, por mais de duzentas léguas, por ser todo limpo, e não haver nele mais Cachoeiras, e Serranias, que o embaracem. Da mesma sorte é navegável, e limpo por mais de cem léguas até às suas margens, correspondentes às terras da Vila do Pitangui, que fica em distância do Rio para a parte do mesmo Norte viagem de seis dias. É o Pitangui outro Rio, que entra também como o das Velhas neste de S. Francisco, e ainda com mais águas do que este, e chamam à sua Barra o *Pará*. Desta à Pedra furada, vão mais de cinquenta léguas. É esta *Pedra furada*, um grande, e largo Penedo, ou Penedia, que toma o Rio de uma a outra margem, formando uma como abóbada, por entre a qual passa todo o Rio, e as suas águas. Daqui corre ainda do mesmo modo o Rio por mais de vinte léguas até o que chamam Brejais, ainda hoje impenetráveis; porque além da sua muita extensão, assim em longitude, como em largura, são uns, como pântanos, ou alagadiços, que se não podem romper, e vadear, e destes é que nasce, e esta é a fonte, e origem do famoso, e grande Rio de S. Francisco, que para última circunstância de serem tudo notável, quando se vê sair destes seus Brejais, ou berço, já é grande, caudaloso, e navegável. Estas são as imaginadas vertentes das Serranias do Chile, das quais queriam os primitivos andantes destes Países fazer nascedouro a este Rio, ficando elas tão distantes desta sua nascença, que os de S. Paulo, Minas Gerais, e Pitangui, que querem passar para as novas da Natividade, e Tocantins, o fazem por caminho de mais de três meses de viagem, pelas cabeceiras deste nascimento do Rio, e seus brejais, correndo entre estes, e a nova estrada, muitas, e vastas Serranias, nas faldas das quais se formam aqueles profundos, e intricados brejos para esta parte das cabeceiras do Rio, e do mesmo caminho para as do Reino do Peru, que são as que correspondem à nascença deste Rio, ainda se lhe mete em meio outro meio mundo de terra. Nem este Rio de S. Francisco, na forma em que os novos Mapas assentam estas porções de terra do Brasil, e Índias Ocidentais, podia trazer o seu nascimento das águas, e lagos das Serranias do Chile; porque entre as terras deste Reino, que fica na Costa da outra parte da América, e Índias de Castela, e a parte da Costa do nosso Brasil, que lhe corresponde, fica a dilatada Província do Paraguai, por meio da qual atravessa o Rio da Prata; o qual da sua Barra, que fica na costa do Brasil, Leste a Oeste com a Costa do Reino do Chile, deixando este, vai cortando para o Norte, por meio de todo o Paraguai, nos confins do qual, e já em correspondência do Reino do Peru, tem a sua origem; e assim era necessário, que para o Rio de S. Francisco nascer das águas das Serranias do Chile, deixasse de correr do Poente, ou virem dali as suas, e nascessem ao Sul, e atravessassem toda a Província do Paraguai, e o mesmo Rio da Prata, para poderem por este caminho trazer as suas águas a nascente das referidas Serranias do Reino do Chile.

277. Nem tampouco deixou de ser engano afirmar, que os outros dois Rios do Pará, e Prata, nasciam, como o de S. Francisco, destas mesmas águas das sobreditas Serranias do Reino do Chile. O de S. Francisco, e o da Prata, não, como fica mostrado; e o do Pará muito menos: porque este, tendo a sua Barra debaixo da Linha, vai cortando a terra ao Oeste, e buscando para nascer o centro da terra, que corresponde, ainda que em distância grande, às do Reino do Peru, e para chegar a este, trazendo a nascença daquelas Serranias do Chile, devia vir tocando do Sul para o Norte, atravessar também quase todo o Paraguai, e Rio da Prata, para buscar o centro da terra correspondente às do Peru, como fica dito; aonde se veem hoje as suas vertentes pelos que as penetram, e o mostram as tábuas dos novos Mapas.

278. Conforme as assignadas distâncias de léguas, que deixamos medido, vem a ter o Rio de S. Francisco, com esta, ou aquela diferença, algumas quinhentas léguas de curso, sempre a terra,[107] como o experimentam os que por ele acima navegam, do Nascente para o Meio-dia, ou Poente, com alguma pouca inclinação para o Norte; porque estes, que por ele acima sobem, levam o Sol, quase sempre, o peito esquerdo ao Poente.

279. São muitas, e várias as correntes, e Rios, que neste de S. Francisco entram, e quase todos da parte do Norte, e Pernambuco; da parte da Bahia, e Sul, são mui poucos, e de nome só o que chamam das Velhas, o qual vindo da mesma parte do Sul, atravessa as Minas Gerais, caudaloso, e navegável, e nestas entra no de S. Francisco, fazendo a sua Barra com o mesmo nome do *Rio das Velhas*. Da parte do Norte, e Pernambuco, além dos muitos de menos nota, entram nele, o que chamam *Pracatu*, das Minas novas do próprio nome, e o do *Pajahú*, também abundante de águas, que entra neste de S. Francisco, junto à Cachoeira da Boavista; o Rio, que chamam Corrente junto ao Santuário da Lapa; e também entra nele o chamado Rio Grande do Sul de Pernambuco, o qual na Barra, que faz ao entrar neste de S. Francisco, tem hoje a nova Vila, com o título do mesmo Santo Patriarca, uma das maiores, e de mais concurso de Povo, e comércio, que se acham pelos Sertões daquela Ribeira.

280. Não deixaremos de ajuntar aqui o que por todos se vê na Barra deste Rio Grande, entre as suas águas, e as do Rio de S. Francisco, onde entra; e é que estas, não deixando com toda a sua força de retroceder, ou afastarem-

[107] Cf. Aditamento IX no início de OSNB II: *cortando sempre a terra*, em vez de *sempre a terra*.

-se ao ímpeto das outras, que as vão levando até o meio do seu pego e aqui, como pelejando ambas, fazem, por grande distância da Barra para baixo, um como cordão, ou veia mais alta, aonde se estão vendo pelos que chegam às margens de ambos, aquela fria contenda, e naval peleja, empolando-se umas com outras, até que a continuação, e trato as faz amigáveis, e correm depois de bem batidas, ou cansadas, e já de mistura, depois daquele comprido cordão, para baixo, sem diferença. Nem deixa também de ser digno de nota, que sendo as águas deste Rio Grande pretas, e escuras na sua mãe, de tal sorte, que pelo cordão, que formam umas com outras no meio do seu encontro, se estão divisando as deste Rio com o seu natural negrume, e escuro distinguirem-se das do Rio de S. Francisco, que mostram uma como cor loura, claras, limpas, e salutíferas, e tanto, que os Moradores, e Colonos da parte da Vila, e Barra do Rio Grande, dela para baixo, e por todo aquele espaço, que de ambas se forma o cordão pelo meio, vão em canoas tomar para beber da outra parte as do Rio de S. Francisco, o qual, depois de aplacados aqueles primeiros impetuosos encontros do seu grande competidor, com o cristalino, e puro das suas transforma as daquele na sua mesma qualidade, e cor; e este benefício participam não só as águas deste Rio Grande, mas as de todos os que no de S. Francisco entram, por muito grossas, e turbadas que cheguem a comunicar com as suas. Esta mesma contenda de águas, divisão, e diferença por larga carreira, se admira na Barra do Rio das Velhas das Minas Gerais, quando entra neste de S. Francisco.

281. São inumeráveis as Ilhas, que na distância deste seu prolongado curso vão formando as suas águas. Uns lhe contam trezentas, e outros mais; umas maiores, outras de menos corpo, e em algumas delas há fazendas de gados, e estão situadas algumas Missões, e Doutrinas do Gentio manso, que dos bravos, já neste tempo, está todo o Rio desocupado, e só se acham alguns pelos centros dos Sertões. Duas léguas da sua Barra para dentro, se acha logo a primeira Ilha, chamada do Brejo Grande, de três léguas de comprido, e nela a fábrica de três Engenhos; e encadeada com esta entra a outra, que também chamam Ilha Grande, e têm nela fazenda os RR. PP. de S. Bento, com outras três léguas de comprido, e duas em distância da Vila do Penedo, e ambas estas Ilhas caem do meio do Rio para suas margens da parte de Pernambuco. Desta mesma parte, em distância de três léguas da Barra, ou do mar, está o Lugar, que chamam *Piaçabuçu*, no qual se acha uma Capela do Seráfico Patriarca, fundada há mais de noventa anos por André da Rocha Dantas da Família dos Lins, que vieram em tempos passados a Pernambuco, das partes de Portugal. É este lugar bastante frequentado dos que pela Costa do mar fazem jornadas

de Pernambuco, e Bahia, por ser aqui aonde o Rio por entre as duas Ilhas dá passagem com menos perigo em canoas, e jangadas.

282. A maior notabilidade das águas deste Rio, é a das suas enchentes fora do tempo comum das invernadas; porque nestas mostra que se não satisfaz com as que lhe comunica o céu, e participa dos mais Rios, que nele entram, pois, por muitas que sejam as de fora, sempre se deixa ficar recluso nas suas margens, menos nas que são rasas, e espraiadas. As suas enchentes são pelo Verão, umas comuns, que sempre excedem as que ele tem pelos Invernos, mas não sai com estas de todo fora da Mãe como dizem os naturais. Além destas comuns do Verão, tem algumas de tempos a tempos, notavelmente excessivas, e danosas, a que chamam Dilúvio Grande. Este o lança fora das suas balizas nas partes mais altas, e nas baixas, e rasas o faz espraiar quatro, e cinco léguas, e em outras mais, alagando campos, vales, e Ilhas, e às vezes com tanto ímpeto, violência, e pressa, que, não dando lugar a se retirarem os gados, e animais, que há pelas fazendas das Ilhas, tudo se afoga, e perece, e não só os animais de criação, mas até os bravios, como Onças, tigres, Veados, e até as mesmas Cobras, e tudo o que habita, e vive pelas suas Ilhas, e Ribeiras, ou se acolhe a elas pelo Verão, tudo acaba. E daqui nascem as grandes doenças, ou contágios das sezões malignas, a que chamam Carneiradas; que tanto se acende mais este mal, quanto é maior a inundação do Rio, pelas podridões dos animais, e sevandijas mortas, de que se originam os ares corrutos, que causam estes achaques, que sempre sobrevêm nas vazantes do Rio, e dos lagos inficionados.

283. Os primitivos habitadores das suas margens presumiam, e muitos ainda depois deles, que estas inundações do Rio eram próprias suas, que por vir de mui longe, e de clima diferente das suas nascenças, trazia dele estas águas fora do tempo, que as há no Brasil, e nestas partes por onde corre o Rio para a Costa do mar. Mas o certo é, como o veem todos os que vão, e habitam as Minas Gerais, que este dilúvio de águas entra no de S. Francisco, e lhe sobrevêm pelo Rio das Velhas, que atravessa as mesmas Minas, vindo das partes das Índias de Castela, e Província do Paraguai. Ocorrem estas enchentes pelo Verão no mês de Setembro, e seguintes, e muitas vezes têm variado, e chegam abaixo pelo Inverno, e então se ajuntam com as que descem pelo Rio das Velhas às do mesmo Rio de S. Francisco, que vêm dali para cima das suas vertentes, e para baixo se lhe ajuntam as dos mais Rios, que nele entram, e são por estas ocorrências mais danosas as suas inundações.

284. Para evitar nestas os grandes danos, que causavam, pelas suas Ribeiras abaixo, aos que colhem sem a necessária prevenção, costumam os seus

habitadores virem em canoas, conforme as distâncias de cada um, dando aviso, que aí vem o dilúvio grande. Começa este aviso, ou correio, desde o centro das Minas Gerais pelo Rio das Velhas dos últimos habitadores portugueses. No ano de 1739 se achava nas ditas Minas às esmolas do Convento da Cidade da Bahia, o Irmão Pregador Fr. Francisco da Conceição Trigueiros, de quem já acima falamos, quando chegaram ali pelo Rio das Velhas abaixo, e deste pelo de S. Francisco, nas Ribeiras do qual assistia este Religioso, a toda a pressa os avisos do dilúvio grande daquele ano. Recolheu-se ele à casa aonde assistia, com outras pessoas mais, para passarem a noite, com o cuidado, de que no dia seguinte se haviam transportar daquele para outro sítio mais alto, e distante da margem do Rio, aonde não chegavam nestes dilúvios as suas águas, como o costumam fazer todos os que habitam por aquelas Ribeiras mais rasas; mas quando de manhã se foram levantar das camas, se acharam já com mais de dois palmos de água, dentro da casa, crescendo de tal sorte, que a poucas horas do dia dentro da mesma casa andava a água pelo meio das paredes, sendo-lhes necessárias embarcações para passarem dali a outras habitações, e Estâncias. Foi isto pelos fins de janeiro daquele ano, e na última Oitava da Páscoa, dia último de março, chegaram as águas deste dilúvio à Vila do Penedo, gastando nesta carreira desde as Minas Gerais até esta Vila mais de dois meses, sinal da muita distância de caminho, e multidão de léguas, que traziam de jornada, e quanto é dilatado, e comprido o curso deste Rio.

285. Nas suas margens foi descoberta a memorável gruta, ou Capela aberta pela natureza, que agora se chama o Santuário da Lapa, de que não damos aqui mais larga notícia, pelo ter já feito com particular individuação o Autor da América Portuguesa. Mas não deixaremos em silêncio a de outro, se não tão notável, sempre digno de alguma advertência, e de poucos até o presente visto.

286. Assistindo pelos anos passados de 1742, na Missão de S. Pedro, que tem os RR. PP. Italianos na Ribeira deste Rio da parte da Bahia, antes de chegar à sua primeira Cachoeira, e princípio das fazendas do Morgado de Alexandre Gomes, o seu Prefeito, e Missionário, o P. Fr. Francisco Maria, Religioso de virtude, e exemplo, foi convidado muito em segredo, e com espanto de alguns Índios da sua Missão, para ver um Frade, que diziam eles aparecia junto a um Penedo, ou pequeno monte, que da dita Missão a cinco para seis léguas ficava distante, encarecendo eles isto, como coisa de muita admiração. Com efeito se resolveu o P. a ver o que tanto lhe encareciam. Tomou por guias aos mesmos, e depois de andar, como coisa de cinco léguas, por uns dilatados campos, a que os naturais chamam catingas, povoadas de poucas, e rasteiras

árvores, chegada a noite, fizeram rancho, e ao outro dia de manhã continuaram a viagem. À pouca distância deram em um terreno, que teria de circuito um quarto de légua, limpo de arvoredo, e todo descampado. No meio deste avistaram logo o referido montezinho, ou penedo, e ao pé dele lhe mostraram os índios o Frade, de que lhe haviam dado notícia, e ele por tal o julgou também. Passaram adiante, e notando o Religioso já com mais advertência aquele vulto, sempre lhe parecia ser Frade, e quanto mais perto, mais se lhe avultava ser assim. Mas ao chegar em distância, em que já os olhos, e a vista, podiam fazer melhor o seu Ofício, sem advertir o como, de que modo, ou por donde, lhe desapareceu o vulto, e se não viu mais, nem sinal onde estivesse. Chegaram ao monte, e viram que era todo de pedra, ou rochedo, não mui alto, nem espaçoso, e por aquela parte inferior viram tinha porta capaz de dar passagem a uma pessoa, e por ela se puseram da parte de dentro. Era o seu vão, uma como Capelinha, ou cela comum de qualquer Religioso, aberta, e lavrada pela natureza na mesma penha, e a um lado dela, um leito, ou cama, com travesseiro da mesma pedra, e tudo obrado pela própria, e admirável mestra, que tem para estas, e outras notáveis produções, nunca bem imitadas pelos melhores, e mais destros Artífices.

287. Admirado do que via o Padre, ainda o ficou mais, quando na mesma pedra, e paredes, que formavam o corpo da Capelinha, ou gruta, divisou várias letras do A, B, C, formadas na própria pedra, que era de cor branca, e as letras de outra mais escura, não totalmente pretas, mas tal, que mostrava com distinção a diferença da outra. Não estavam estes caracteres embutidos, ou gravados com algum instrumento da arte, mas naturalmente unidos com a mesma pedra, e só se conhecia a diferença pelas cores. Não estavam postos por ordem ou em modo que se pudesse formar deles alguma dição, ou palavra, mas avulsamente espalhadas pelas paredes. Tendo tudo isto assim notado, saíram da gruta, e posto o Padre ao pé do monte, onde lhe parecia haver divisado aquele vulto, por se tirar da dúvida, que se lhe oferecia, de que fosse sombra de algum arvoredo, que sobre a penha pudesse demorar; porque outra coisa não havia no baixo, capaz de a poder fingir, nada via, nem divisou. Subiu com os índios acima, e também não acharam lá ponta, ou cabeço mais alto, que pudesse por sombra levantar aquele vulto; mas viram novo motivo para notar, e foi no meio daquela penha, ou pedra uma como cisterna, ou poço fundo, não de muita largura, ou circunferência, cheio de água, clara, fresca, e saborosa, de que beberam, e gostaram, e assim já mais cheios de espanto, do que haviam tido de admiração, desceram do monte, e se puseram a caminho, fazendo o Padre na volta, novas, e repetidas reflexões para o lugar, onde haviam observado o sobredito vulto, mas de nenhum modo, e por mais

diligências, que aplicaram, o puderam tornar a ver, nem coisa que se parecesse com ele; e assim chegou à sua Missão este Religioso com novos impulsos de repetir em outra ocasião aquela experiência; mas sobrevindo-lhe moléstia de saúde, lhe foi preciso deixar a Missão, e recolher-se à Bahia, e assistindo de passagem alguns dias no nosso Convento da Vila de S. Francisco do Penedo, comunicou com o P. Guardião dele este caso; que suposto o não definia por prodígio, ou coisa miraculosa, sempre o julgava digno de nota: e da mesma sorte, sem outro particular motivo, ou circunstância de mais o transcrevemos aqui.

288. Foi o primeiro descobridor Português, conforme a notícia, que alcançamos, e que pela sua Barra entrou, Duarte Coelho Pereira, primeiro Senhor, e Donatário de Pernambuco, o qual depois de fundada a Povoação de Olinda, e feitas pazes com o Gentio, vencidos os mais, com os Franceses seus confederados, saindo com algumas Naus, foi correndo as costas do seu distrito, lançando dos seus portos a alguns dos mesmos Franceses, que por eles achava ao comércio até este Rio de S. Francisco, que navegou por ele acima algumas léguas. Depois tornou a entrar por este Rio Duarte Coelho de Albuquerque seu filho, e segundo Donatário, com seu irmão Jorge de Albuquerque no ano de 1560, e por ali deram princípio à conquista do Gentio levantado,[108] restaurando algumas pequenas Povoações, que já havia por ele, e levantando outras de novo; e por estes tempos leve princípio a do Penedo, assim chamada, por um bastantemente alto, para a parte de cima da Povoação em terreno mais levantado, e cai sobre a margem do Rio, inacessível, e ameaçador de precipícios. Não consta dos assentos da sua Câmera o ano, em que foi levantada em Vila; e o que lá se não acha, encontramos nós em as Memórias Diárias, onde diz o seu Autor,[109] e próprio Donatário de Pernambuco, Duarte de Albuquerque Coelho, estando de assistência em Porto Calvo, na volta, que, em companhia do Conde de Banholo, havia feito da Alagoa para esta Povoação pelo mês de março do ano de 1636. *Que en doce de Abril de este propio año fue levantada en Villa, con el título del Buen Suceso, la Población de Puerto Calvo. Así lo hizo también con las Poblaciones de la Laguna del Sur, y del Rio de San Francisco, llamando Villa de la Madalena a la primera, y de San Francisco a la segunda, dándoles términos, y jurisdicciones, conforme a los poderes, y privilegios, que tenia del Rei para hacer las que le pareciese.* A diligência de erigir, e levantar esta do Penedo, só se acha nela alguma memória que fora a isso o Doutor Gregório Gomes Madeira, Ouvidor de Pernambuco. No mês

108 [Jaboatão] Hist. Trag. Marit., tom. 2., fol [nota ed.: BRITO, 1736].

109 [Jaboatão] Memor. Diar. Pág. 225 vers [nota ed.: COELHO, 1654].

de março do seguinte ano de 1637 foi ocupada pelos holandeses, com uma boa Fortaleza sobre aquela mesma Rocha, ou Penedo, que lhe deu o nome, a qual foi restaurada pelos nossos a dezenove de setembro de 1645.

289. Tem Igreja Matriz, consagrada à Senhora do Rosário; outra do mesmo título, ereta, e administrada pela Irmandade dos Pretos, e a miraculosa Capelinha de N. Senhora da Corrente. Foi fundada a expensas dos moradores da praia daquela Vila, sendo os principais agentes da obra dois devotos da mesma Senhora, que ali assistiam com suas comissões de fazendas, José de Oliveira Reis, e Luiz Barbosa da Mota, que ainda agora vivem, este no estado de Religioso Leigo desta Província, Fr. Luiz da Pádua; e o outro na mesma Vila, no de casado. No ano de 1720 vieram à Bahia por provimento do negócio que tratavam, a tempo que naquela Cidade se havia introduzido, e ainda se continua, a piedosa, e louvável devoção de rezarem a coros os moradores, e vizinhos de cada uma das ruas, ao entrar da noite, o terço da Senhora diante das suas sagradas Imagens que colocam em Oratórios, e nichos, de mais, ou menos fábrica, conforme a possibilidade dos que as habitam, e se acham alguns de custo, e bem-ornados, celebrando neles festa com Sermão de tarde, os dias da Senhora, e do título, que cada um escolhe para esta função.

290. Levados estes dois devotos do mesmo zelo, e afeto à Mãe de Deus, determinaram logo introduzir na Vila do Penedo este santo exercício, e reza do terço, e na Bahia mandaram fazer a Imagem da Senhora, e o lampião para arder diante do seu nicho, e alguns preparos mais, que para o efeito eram precisos, e se não podiam haver naquele lugar. Chegaram à Vila, e a quererem pôr em execução o seu voto, e desejo, de vários pareceres, que houve entre ambos sobre o lugar em que se devia constituir o oratório; porque a rua, em que eles moravam, e o queriam colocar, que era a da praia, e baixa da Vila, não parecia conveniente per desabrigada, e exposta aos ventos, e tempestades, que vêm pela parte do Rio, e sua margem ao Sul, vieram a resolver, que em lugar de Oratório se levantasse à Senhora uma Capelinha; e assim o executaram em breve tempo, no Areal, ou Combro, que corre entre as casas da rua, e mesma margem do Rio, e logo ao princípio, ao descer da rua, que sai da Vila, e parte de cima, concorrendo os seus moradores com uma esmola de mais de cem mil reis, e os devotos instituidores com o mais, e o seu trabalho, e cuidado, sendo estes com os seus escravos os próprios oficiais, e trabalhadores, que dos rochedos vizinhos arrancavam as pedras, e as conduziam à praia, e dali para o lugar da obra os mais vizinhos, não se escusando deste humilde exercício muitas pessoas particulares, e ainda mulheres, e meninos, que nas noites de luar as iam conduzir às costas em obséquio da Senhora, que como Mãe, e

sempre piedosa, lhes soube pagar a todos o seu trabalho, zelo e devoção. Foi colocada a sua Imagem com o título da Corrente, pela que tomavam os da sua Irmandade, que ao mesmo se levantou, título, que de corrente do braço, com que se prendiam, e mostravam escravos da Senhora, se foi passando com mais propriedade para a da corrente do Rio, que lhe fica ao pé, e sem dúvida, com devido obséquio se fez esta mudança, pois a mesma Senhora, parece que assim o quis; porque costumando o Rio nas suas maiores enchentes lavar toda aquela praia, com grande detrimento dos moradores dela, porque lhes tomava a maior parte das casas, não ficando de fora o lugar, onde se fundou a sua Capela; depois que ali se erigiu, não chegaram mais até o presente as águas do Rio, ainda nas maiores inundações, como o faziam muitas vezes antes, ficando sem dúvida presas, ou detidas umas com outras correntes, ficando assim equivocado, para segura, e perpétua memória do benefício feito por esta piedosa Mãe dos pecadores aos seus devotos, a Corrente do título da Senhora, com o de Senhora da Corrente do Rio. Há na sua Vila Convento dos nossos, de que em seu lugar se fará lembrança.

291. Como trinta léguas caminhando desta Vila do Penedo, e Rio de S. Francisco para as partes de Pernambuco, tem seu assento a Vila da Alagoa, por ficar às margens de uma formada pelas águas do Oceano, que entrando em altura de dez graus, por Barra, que terá de largura um bom tiro de canhão, à maneira de Rio, e fazendo, logo depois de recolhidas, para dentro um largo bojo, a que chamam a Caixa, umas correm para o Norte ao longo da Costa, e a poucas léguas formam a Alagoa assim chamada do Norte; as que correm para o Sul, depois de cinco léguas, duas que se navegavam de embarcações comuns, e as três só de Canoas, por entre mangais, e brejos, no fim destas começa a Alagoa, de que falamos, e chamam do Sul, e aqui a espraiar por uma, e outra parte, fazendo um como bojo de outras cinco léguas de comprido, e um quarto de largo ao princípio, e no último rebojo com mais de uma de largo. A sua Ribeira, para a parte do Norte, é toda montuosa, e áspera, e pouco habitada; mas o Saco, ou Rebojo, que começa ao Norte, corre pelo Meio-dia, e acaba ao Sul, por Costa, e circunferência de mais de duas léguas, está situada toda a margem como pela terra a dentro de vários Engenhos, e de muitos sítios, e várias habitações, sendo a última, que demora ao princípio da mesma Lagoa ao Sul, a sua Povoação, e Vila, com mais de quinhentos vizinhos. Tem Igreja Matriz dedicada à Senhora do Rosário;[110] hospício dos RR. PP. do Carmo Observante, a que deram fundamentos os anos passados, na Capelinha da

[110] Cf. Aditamento IX no início de OSNB II: *Senhora da Conceição*, em vez de *Senhora do Rosário*.

Senhora do O', e um Convento de Religiosos Menores, de que em seu lugar se fará menção.

292. Não se acha ao certo o ano, em que se deu princípio à Povoação; sendo que no de 1591 ainda parece não havia alguma em forma: porque neste mesmo ano, consta de uma escritura pública, fora feita a data de cinco léguas de terra ao longo da Costa, e sete para o Sertão, a saber, declara a tal escritura, da boca da Alagoa, a que chamam Manguaba, três léguas de Costa para a banda do Sul, e da mesma boca da Alagoa para o Norte duas léguas. Fez-se esta data a Diogo de Melo de Castro, à instância, e petição sua, por Pedro Homem de Castro, sobrinho, e Procurador do Donatário de Pernambuco, Jorge de Albuquerque Coelho, em cinco de agosto de 1591. Declara ele na sua petição, pedia aquela terra para nela fundar uma Vila, que na mesma súplica afirma havia ser com o título da Madalena, como hoje o é, e por este tempo é sem dúvida havia já Povoação na Alagoa; mas o título de Vila não consta da sua Câmera quando o lograsse, se o não acháramos assignado, como fica referido, pelas Memórias Diárias do seu próprio Donatário, em doze de abril de 1636. Nas guerras do Holandês[111] serviu de algum refúgio aos miseráveis povos de Pernambuco, e aos seus Cabos, e Generais, enquanto se passavam para as partes da Bahia, e também aos Religiosos Menores, fundando nela o Venerável Custódio Fr. Cosme de S. Damião um Hospício, e Oratório, tanto para acomodação dos mesmos Religiosos opressos, e perseguidos das partes de Pernambuco pelos Inimigos, como para assistência, e consolo dos povos retirados, e dos Militares. Confirma o próprio Autor das Memórias Diárias a ereção da Alagoa em Vila no sobredito ano de 1636; pois falando da retirada, que fazia de Porto Calvo o Conde de Banholo no seguinte ano de 1637, diz assim: *Llegó él a la Población de la Laguna del Sur, que ya era Vila de la Magdalena.* Só esta Vila não achamos nas mesmas Memórias, e guerras de Pernambuco fosse ocupada pelos Holandeses.

293. Quatorze léguas antes de chegar à Praça do Recife de Pernambuco, indo do Sul para o Norte, está situada a Vila de Sirinhaém, nome que lhe deu o Rio que com boas, e abundantes águas rega o seu País. Com o de Vila Formosa a decorou o seu Instituidor, e terceiro Donatário Duarte de Albuquerque Coelho, e se fez o ato desta ereção no primeiro de junho de 1627, pelo Doutor Diogo Bernardos Pimenta, Ouvidor de Pernambuco, três anos antes que o Holandês se apossasse desta Capitania; os quais, depois de franqueada por eles a campanha, se fizeram também senhores desta Vila, como

111 [Jaboatão] Ubi. Sup. Pág. 259, nº 264.

das mais, até o princípio da empresa da liberdade, que, deixada a campanha aos nossos, se recolheram à Praça do Recife. A Povoação, que constará de cem vizinhos, tem Igreja Matriz do título do Rosário, outra do mesmo da Irmandade dos Pretos, a Capela de S. Roque, e o nosso Convento, de que em seu lugar se fará menção. Está situada em um alto ao Poente sobre a margem do Rio, pelo qual entram barcos da Costa por cinco léguas, e uma antes de chegar à Vila. O seu terreno é o mais fresco, e por isso o mais fértil da Capitania de Pernambuco, pelas muitas Ribeiras de que é cortada.

294. Consta a Vila de Pernambuco de duas Povoações, uma da parte do Nascente, que chamam Recife, da qual vulgarmente se dá o nome à Vila; outra para o Meio-dia, com o nome de Bairro de Santo Antônio. Sendo o Recife uma pequena península, na forma que logo explicaremos, é o Bairro de Santo Antônio uma como Ilha; e se divide daquela pelo Rio Beberibe no modo seguinte. Corre este Rio desde a Cidade de Olinda, e de Norte a Sul igualmente emparelhado com a Costa do mar, começando na ponte do Varadouro da Cidade por distância de uma légua até a ponte do Recife. Aqui, algum espaço antes, formando dois, ou dividindo-se em dois, um vai separando a Península do Recife do Bairro de Santo Antônio, o outro vai costeando pelo Poente este mesmo Bairro, e a terra firme da Boavista, no fim da qual, em distância de quase um quarto de légua, vem buscar este do Beberibe, e entra nele o Rio Capibaribe dos maiores de Pernambuco, e ambos juntos, pelo lugar dos afogados, cortando outra vez ao Nascente, e deixando um bojo de mais de meia légua de terra, ou salgado, de comprido, a metade de largo, e mais de uma de circunferência, desaguam na Costa do mar, que chamam Barreta. Daqui correndo estas águas outra vez ao Norte, entre os Recifes, e praia de Santo Antônio um quarto de légua, as vem buscar o outro braço, que haviam deixado em pouca distância donde se apartaram acima da ponte do Recife, e todas juntas costeando pelo Nascente, entre os Recifes, e a sua Península, desaguam pela barra de Pernambuco, formando primeiro um grande Remanso, depois que se encontram até que saem, no qual descansa todo o gênero de embarcações, amparadas daquela celebrada Serrania, ou muralha de pedra, que chamam Recifes, e artificiada pela natureza, que, melhor mestra que a arte, as soube traçar ali por mais de uma légua desde a Barra do Picão até além da Barreta, para abrigo quieto, e manso albergue dos seus baixéis contra as fúrias dos ventos, e ímpeto das águas, nas suas maiores tempestades.

295. Desta muralha, ou Serrania de pedras, que na vazante das marés fica toda descoberta, e nas enchentes a lavam as águas do mar, tomou o nome de Recife a Povoação da terra. Está situada na pequena Península, ou cabeça,

que se forma de uma garganta de área, que entre a pancada do mar, e as águas do Beberibe, corre por distância de duas léguas de comprido, e quarenta braças mais, e menos em partes de largo, vem da Cidade de Olinda, onde tem o seu princípio ao pé do muro do Mosteiro de S. Bento, entre a ponte do Varadouro ao Meio-dia, e a praia oposta ao Nascente. E porque na ponta deste notável Recife, e muralha de pedra, que olha para o Norte, faz duas abertas, de que se formam as duas Barras, uma que se diz do Picão, e de menos fundo, encostada ao Castelo situado na ponta última deste Recife, e só para embarcações comuns, e a outra mais arredada, para as de maior porte; a estas duas Barras, ou abertas, chamaram os Naturais: *Paranambuc*, que no seu Idioma quer dizer: *Rio, que corre por entre pedras furadas, ou, Abertura de pedras, por onde entra, e sai o Rio, e as suas águas*. O que se pode verificar, não só destas águas da Barra, como se diz, mas muito melhor, e com mais propriedade de todas as que correm pelos Recifes, que tinham muitas abertas pequenas, e rasas, ou furnas, por entre as quais passavam muitas águas, que os primeiros Povoadores, e depois os Holandeses, mandaram encher, e entupir com outras lavradas à arte, como se divisa em algumas partes. Por estes Recifes, e pedras furadas, e pelas águas, que por entre elas corriam, foi aplicado com naturalidade da linguagem gentílica ao lugar o nome de *Paranambuc*, explicando eles com uma só palavra, o que os nossos com menos de duas não puderam exprimir, dizendo: Recife de Pernambuco; e deste por menos praticado, ou mais natural ficou denominada toda a Capitania.

296. Já quando os Holandeses no ano de 1630 entraram em Pernambuco, era o Recife Povoação, habitada comumente de alguns pescadores, e gente marítima, porque pelo desabrigado do porto de Olinda, e não haver para os navios ancoradouro muito capaz, se haviam passado para a Povoação do Recife os armazéns, para o recebimento dos Açúcares, e mais haveres da terra, e ali os vinham tomar os Navios, ancorando no seu surgidouro, e remanso do Rio. Também para defender a Barra, se haviam levantado duas Fortalezas, a do mar na ponta do Recife, que fica dito, e a de S. Jorge, fronteira a ela, onde hoje está o que chamam do Brum, na Costa, e língua de areia, entre as águas do Beberibe, e as do mar. Logo no princípio levantaram na Povoação os seus comuns habitadores uma Igreja, como bons Católicos, e por serem todos homens marítimos a dedicaram ao seu S. Telmo, ou S. Pedro Gonsalves, com o título de Corpo Santo, que ainda hoje conserva, no mesmo lugar da sua fundação, e só com uma torre de maior altura da que pediam os seus fundamentos, que ao lado da Capela-Mor levantaram os Holandeses, quando dominantes da terra, a converteram em Mesquita, e nela foi sepultado com as suas heréticas cerimônias o corpo do Conde João Arneste, irmão do

de Nassau, João Maurício, Governador da Praça, e Conquista sua em Pernambuco, que para fazer mais célebre o seu nome, o gravou no título, que deu à Povoação da parte de Santo Antônio, de *Cidade Mauricea*, erigindo nela também Palácio, para residência sua, e chamam das torres, por duas, com as quais o ornou, e serve ainda hoje na mesma forma aos Governadores da terra, situado na ponta, ou princípio da Ilha, que já dissemos começa a formar o Rio Beberibe com os seus dois braços. Consta esta Povoação de Santo Antônio, de todo o terreno, e bojo, que apontamos já vão abarcando por uma, e outra parte. Na sua primeira fundação era chamada a Ilha dos Navios, porque aqui nesta ponta, que fica fronteira à Povoação do Recife, se fabricavam estes, que para eles dava fundo o seu porto, e Costa, e hoje só de maré cheia o podem ter apenas os batéis, e canoas, que já agora nas vazantes ficam de todo em seco.

297. Teve princípio esta Povoação, juntamente com a do Recife, e nela habitavam algumas pessoas de mais posses, com a ajuda, e esmolas das quais haviam fundado nela Convento os nossos Religiosos desde o ano de 1606, vinte e quatro antes que os Holandeses se fizessem senhores de Pernambuco. É muito mais avantajada hoje em vizinhos, que a do Recife, por ser o seu terreno mais amplo. No ano de 1755, pelo rol da desobriga, constava este Bairro de Santo Antônio só de pessoas de Comunhão de mais de sete mil. Ornam o seu distrito quatro Conventos, e oito Igrejas. A nova do Sacramento, que ao presente levantaram para Matriz, a Capela de S. José, também nova, a Igrejinha do terço, a dos Soldados, e Militares, o templo de S. Pedro dos RR. Clérigos, a do Paraíso com Hospital para enfermos, a do Livramento dos Pardos, e o Rosário dos Pretos. O Convento dos PP. Carmelitas Descalços. O Hospício de N. Senhora da Penha, de Religiosos Italianos, Colégio dos PP. Jesuítas, e a Casa de Santo Antônio dos Menores, primeiro templo, que houve desta parte. Da outra do Recife, além da Igreja primitiva do Corpo Santo, se acha dentro da Povoação o Convento dos PP. de S. Filipe Neri, e fora das portas no fim da rua a Capela de N. Senhora do Pilar, e a devota Capelinha com o título do Bom Jesus das Portas, por estar fabricada sobre a abóbada do Castelo das mesmas portas, as quais dão passagem, e é só a que há por terra, para todos os que caminham para Olinda, e seus distritos.

298. Por outras duas pontes, também de madeira, com vinte palmos de largo cada uma, e com pouca diferença de cem braças de comprido, dá entrada, e saída o Bairro de Santo Antônio a todo o povo de fora de Pernambuco. Uma pelo País da Boavista ao Meio-dia, que ao presente tem crescido em grande aumento de edifícios, e moradores; pois para tudo dá lugar o espaçoso, e plano do seu terreno. Depois da ponte, que começa ao pé da rua nova

de Santo Antônio, continua por espaço de outras cem braças, sobre o salgado, que ocupa o Rio de maré cheia, um aterrado no mesmo andar, e largura da ponte até o pé da primeira rua da Boavista, e a distância, que tem este aterrado, e ponte, é a mesma, que medeia entre uma, e outra Povoação, alegres, e vistosas, pela vizinhança do rio, que as divide, e recreia com a variedade, e continuação dos passageiros de pé, e transporte de embarcações. A outra ponte é a dos Afogados, entre o Meio-dia, e Sul, distante meia légua da última rua da Povoação, que chamam das cinco Pontas. Fazem caminho desta para a Ponte, em toda a distância desta meia légua, por outro aterrado também de vinte palmos de largo, em linha reta, obra esta de grande conveniência para todo o povo de dentro, e fora; porque com ela se evitaram os vagares, e mais que tudo os perigos, que experimentavam os passageiros esperando para entrarem, e saírem as vazantes, que os embaraçavam, em uma larga, e profunda Camboa, onde nas enchentes grandes, a querer tomá-la de vau, se afogavam muitos, ou impacientes da espera, ou ignorantes do perigo, assim aqui, como no mesmo Rio, que por isso o chamavam dos afogados, antes do benefício da sua ponte, e aterrado; e hoje passam por tudo isto a pé enxuto, obra, ainda que a custa do mesmo povo, conveniente, e devida ao zelo, e diligência do mesmo Governador Henrique Luiz, como foi também a da Boavista, e seu aterrado. O mais, que toca ao estado, e progressos destas duas Povoações, com o mais comum a todo Pernambuco, fica já assentado na ESTÂNCIA particular desta Capitania.

299. Também na fundação de Olinda fica dito por ocorrência, o que de Lisboa até tomar porto neste de Igarassu, em que agora é força entrarmos outra vez, passou Duarte Coelho Pereira, quando veio fundar a Capitania de Pernambuco; agora acrescentaremos o mais. Cinco léguas ao Norte da Cidade de Olinda, e três para o Meio-dia da Barra de Itamaracá pelo Rio acima, à margem deste ao Sul sobre um meio alto está situada a Vila de Igarassu, que na linguagem da terra quer dizer: *Embarcação grande*; nome que lhe deu o espanto do Gentio, que ali habitava, pelo que lhes causou a grandeza das nossas naus, a respeito da pequenez das suas, que ou eram Jangadas, ou Canoas. Destas últimas as tinham eles aqui mui grandes, e fortes, e se serviam delas quando faziam sobre as águas as suas pelejas. Uma mui renhida houve aqui entre Gentios, e Portugueses, depois de outros vários combates, que tiveram, e já se fez deles menção, com inumerável multidão deles, habitadores da principal Aldeia, que tinham neste lugar, os quais vencidos com grande resistência, e afugentados com maior susto, e temor em dia dos gloriosos Mártires Santos Cosme, e Damião, se retiraram aos matos. Agradecidos os nossos aos Santos, pelo benefício, como os que reconheciam dever à sua proteção esta última, e

milagrosa vitória, pela multidão, e esforço dos Gentios, (eram já a este tempo os que chamavam Potiguares) dedicaram aos mesmos Santos a Igreja, que ali se levantou, e fundaram a Povoação primeira de portugueses, que houve nas partes de Pernambuco; porque partindo daqui Duarte Coelho a buscar para as partes do Sul sítio mais acomodado para cabeça da sua Capitania, como o achou no monte de Olinda, deixou logo em Igarassu gente, e aprestos para defender o Lugar, e dar princípio à Povoação.

300. Não se acha nos livros modernos da Câmera desta Vila, o assento do ano, em que foi levantada com este título, por quanto os antigos, que disso constavam, com os seus títulos, e foral, foram queimados, e consumidos pelos Holandeses, quando no ano de 1632 em o primeiro de maio, e a primeira vez, a entraram, e foi por eles saqueada; mas consta, que recorrendo a sua Câmera, no ano de 1693 ao Rei D. Pedro II pelo traslado do seu foral, e títulos, que se deviam achar na torre do tombo de Lisboa, dele consta, que sendo Rei de Portugal D. João III no ano de 1534 concedeu a Duarte Coelho Pereira, primeiro Donatário, e Governador de Pernambuco, a mercê, e título conteúdos no dito foral, de que usa aquela Câmera. E não deixa de ser muito para notar, que no breve espaço de três para quatro anos, desde o de 1530, em que começou a ser povoada, até o de l634, em que se lhe deu o foral, chegasse a um tal estado, de povo, e comércio, que pudesse ser sublimada em Vila; não sendo só este o Lugar povoado, e nem ainda o principal, suposto que primeiro; porque com esta regalia ficou o de Olinda, ainda que segundo, tanto na fundação, como no título de Vila, pela melhoria de seu porto; e é sem dúvida, que para ali concorreu a maior parte da gente Portuguesa, que se achava na terra; e com tudo isto, não embaraçou esta fundação segunda de Olinda a primeira de Igarassu, para que em tão pouco tempo se visse exaltada em Vila. É Lugar de mais de cem vizinhos, com Igreja Matriz, de que são Padroeiros os gloriosos Mártires Santos Cosme, e Damião, pela razão que já se disse, e dos mesmos tomou o nome a Vila. Tem Casa de Misericórdia, a igreja de N. Senhora do Rosário dos Pretos, a da mesma Senhora com o título dos Prazeres, o Convento de Santo Antônio dos nossos, com a nova Capela, que agora se fabrica, para recolhimento de mulheres convertidas. Todas estas no corpo da Vila, e da outra parte do Rio para o Norte, a Capela de S. Sebastião, que administra a sua Câmera.

301. Foi também esta de Igarassu uma das primeiras Povoações, em que executou o Holandês os excessos da sua ambição, e ódio herético. Nela deram um repentino assalto em o primeiro de maio de 1632 pelas 9 horas do dia, e com algumas mortes, que fizeram a poucos moradores, que intentaram resistir, roubando tudo quanto acabaram, não só nas casas, mas nas Igrejas, e

Convento, levando deste, com todas as alfaias de ouro, prata, e ornamentos, presos aos Religiosos, que nele acharam, e ao Coadjutor da Matriz, assim revestido, como estava nas sagradas vestiduras, com que acabava de celebrar o Sacrifício, e quatrocentos negros, que traziam para o efeito, carregados com estes despojos, se puseram em marcha, buscando a Praia, e porto, que chamam de Maria Farinha, onde haviam ancorado as suas embarcações. Mas os Santos Mártires, Padroeiros daquele povo, que desde o princípio o mostraram ser, ainda que agora, talvez por alguns descuidos do seu devido reconhecimento, consentiram, por disposição do céu, sofressem este pesado golpe, não quiseram também deixá-los ficar sem algum castigo os pérfidos Hereges, ao menos pelas insolências feitas ao sagrado dos templos, e especialmente no dos Santos Mártires; infundiram estes, sem dúvida, ânimo, e acordo em alguns moradores, para os seguir, e acometer na retaguarda, obrigando-os com mortes, e feridas de muitos a largar o roubo, e fugir aos golpes, buscando com medo, e pressa desordenada o abrigo das suas embarcações.

302. Outros benefícios mais, e pelos tempos receberam sempre aqueles moradores dos seus Santos, e especiais Padroeiros. Tudo, com o mais que fica referido, se acha posto em lembrança, em quatro Painéis grandes de boa pintura, que ornam as paredes de sua Matriz, e repetem, desde o princípio, e agora renovados os benefícios dos seus Santos Patronos; e em reconhecimento do que também lhes somos devedores, trasladamos aqui os seus rótulos pelos apontados motivos, e também para conclusão, e último ornato desta Estância.

303. No primeiro painel se lê ao pé da pintura o Rótulo seguinte: *A primeira terra, que em Pernambuco tiveram os portugueses, foi esta de Igarassu, nome que lhe trouxe a admiração dos Naturais, vendo a grandeza das nossas embarcações, sendo o mesmo na sua língua, Igarassu, que é Nau grande, chegando a ela no ano de 1530, em 27 de setembro, dia de Santos Cosme, e Damião, com cujo patrocínio venceram no mesmo dia uma grande multidão de índios, e expulsando-os fora, atribuíram aos Santos a vitória.* Ita Fr. Raphael de Jesus in Castriot. Lusit. liv. I. n. 15. *E para maior triunfo do esquecimento, se fez este de parte das esmolas, que deu para esta Igreja o Ilustríssimo Senhor D. José Fialho de feliz mem. Bispo de Pernambuco, no ano de 1729, e fez a festa à sua custa.*

304. É a seguinte a Inscrição do segundo: *Vencidos os Índios pelos portugueses em dia dos Santos Cosme, e Damião, em reconhecimento de tão grande benefício, no mesmo lugar da vitória, que é este de Igarassu, fundaram logo este templo, o primeiro que houve em Pernambuco, e o consagraram aos gloriosos Santos, donde foram sempre contínuas suas vitórias, e maravilhas, e debaixo da proteção dos mesmos Santos fundaram esta Vila, que também foi a primeira, que*

houve. Ita Castriot. Lusit. liv. 1. n. 15. *E para maior memória se mandou pôr este quadro, no ano de 1729, e o deu de esmola o R. P. Félix Machado, Coadjutor do Recife.*

305. Diz assim o do terceiro: *Depois de terem os Holandeses saqueada esta Vila de Igarassu no ano de 1632 em o primeiro de maio tornando a ela, no tempo em que estavam povoando a Ilha de Itamaracá, a buscar a telha de algumas casas, e Igrejas para fabricar as que faziam, indo destelhar também esta Igreja Matriz dos Santos Cosme, e Damião, o não puderam conseguir, porque dos que subiram acima, uns ficaram cegos, e outros mortos.* Ita Com. Tradit. *E para memória se pôs este quadro no ano de 1729, que o deu de esmola o R. P. Manoel de Barros Vale.*

306. Tem o quarto painel esta inscrição: *Um dos especiais favores, que tem recebido esta Freguesia de Igarassu dos seus Padroeiros Santos Cosme, e Damião, foi defederem-na da peste, a que chamaram males, e infestaram a todo Pernambuco, começando nos fins do ano de 1583, continuaram pelo seguinte, e ainda que passaram a Goiana, e outras Freguesias adiante, deixaram intata a toda esta de Igarassu, porque ainda que duas, ou três pessoas os trouxeram do Recife, nelas findaram, sem se comunicarem a outra alguma. O que tudo é notório; e para memória, se pôs este quadro no ano de 1729, e o deu de esmola Manoel Ferreira de Carvalho, morador do Recife.*

307. Ainda fora desta sua Freguesia tem obrado os gloriosos Mártires, por meio das suas sagradas Imagens, outros benefícios com os seus devotos. Há no distrito da Cidade da Paraíba, em distância de três para quatro léguas na vargem, que chamam do Inhobi, em fazenda de Engenho, uma Capelinha dedicada aos Santos Mártires; e é tradição constante, que as Imagens desta são as primeiras, e as mesmas, que houve, e foram colocadas na Igreja, e Povoação de Igarassu, e que dali pelos tempos adiante mandando-se fazer outras novas, as antigas as traspassaram para a Capela de Inhobi. Aqui sucedeu em o ano de 1645, em o mês de setembro, no qual naquela Capitania se aclamou a empresa da liberdade, em um encontro com Holandeses, que buscavam os nossos no Arraial de Santo André, que saindo dele com o seu Capitão alguns poucos, que se achavam na campina do Inhobi, se atacaram, e com tão boa fortuna, que vencida, e confusa pelos poucos a multidão dos inimigos, nos largaram a vitória. Esta atribuíram todos aos gloriosos Mártires, Santos Cosme, e Damião, pois ao mesmo tempo do conflito foram vistas abrir-se por si as portas da sua Capela, e assim lhes renderam então as devidas graças, e o reconhecem ainda hoje.

[Fim do Volume I da *Primeira Parte* da edição do IHGB, publicado em 1858.]

LIVRO ANTEPRIMEIRO

Mostra como este Novo Orbe foi descoberto, cultivado, e estabelecido por Religiosos Menores, sendo neles os primeiros, seus progressos espirituais desde o ano de 1500 do seu descobrimento até o de 1585 em que fundaram a primeira Casa em Olinda, suas Missões, morte preciosa de alguns, e outros vários acasos daqueles tempos, e também um breve resumo do mais até o presente.

CAPÍTULO I

Dá-se notícia do Estado do Brasil, primeiro no que toca ao da natureza, para melhor conhecimento do espiritual, sua breve descrição, prodigioso descobrimento, e de algumas coisas mais notáveis do seu País.

1. O Brasil, porção notável, deliciosa, e rica da grande América (a qual, entre as partes do mundo, por ser a última, que nele apareceu, levou o nome de Quarta, não desmerecendo, por outras excelências particulares, o de Primeira, assim como a competências, e ainda a excessos do antigo se lhe apropriou o de novo mundo), é o teatro glorioso, em que havemos ver representadas cenas prodigiosas, sucessos admiráveis, e feitos heroicos, obrados a esforços da graça, e valentias do espírito, por muitos dos Religiosos Menores da Seráfica Família, na espiritual conquista desta, como dizíamos, rica, deliciosa, e notável porção de terra. Notável pelas circunstâncias particulares do seu descobrimento,[112] tantos mil anos oculta à notícia dos humanos discursos, e que a julgavam por inabitável, quando era já possuída, e cultivada de tantas, e tão várias nações de gentes; mui notável pela natureza de seus habitadores, e pelo incerto da sua origem, e muito mais notável pela barbaridade de seus costumes, e pela fereza do seu natural. Deliciosa pelo salutífero de seus ares, pela frescura de suas virações, pelo benigno de seu clima, e pelo fértil de seu terreno, que a influxos dos Astros propícios, e a vigores da natureza próvida, dá tudo o que conduz, não só para a sustentação precisa da vida humana, também para o seu melhor regalo com menos fadiga, e trabalho de seus naturais do que o que para isso põem as mais gentes: porque a fertilidade da terra tem o cuidado de produzir, e dar por si mesma o necessário para a conservação dos que nela vivem. Rica pelos infinitos tesouros de ouro, prata, pedras preciosas, e outras várias drogas de estimável preço, e apetecido custo com que,

---

112 [Jaboatão] Ano 1500.

desentranhando-se a si, tem enriquecido as mais partes, causando-lhes estes frutos do seu ventre, o que na víbora, o filho ingrato, a morte, e destruição da mãe; pois as riquezas do Brasil, quem não sabe, foram, são, e serão sempre a causa motiva da sua mesma ruína, e a de seus próprios naturais.

2. Está, como reclusa, esta notável porção de terra entre os dois famosos rios, que, como duas preciosas chaves, a fecham toda; uma de prata, nome que lhe pode dar esse, que a demarca pela parte do sul, o chamado Rio da Prata; e a outra de ouro, de que a pode formar aquele, que pelo norte a cerca, o celebrado das Amazonas, ou Grão-Pará, de quem diz um discreto historiador,[113] sem encarecimento de poeta, corre este imperador dos rios sobre pedras preciosas, seixos de ouro, e areias de prata. Também podem ser ambos duas como formosas colunas de cristal, que a demarcam, e lhe servem de balizas, ou dois, como gigantes, que não só parece quererem tragar o mar com o deforme das suas largas bocas, também com o crescido de seus robustos corpos a defendem, e com o extenso de seus fortes braços a abarcam toda pelo centro dos sertões, depois que, formando um prolongado círculo de quase cinco mil léguas, um de uma parte, e outro da outra, se vêm dar as mãos, como amigos, ou nascer, como irmãos, do mesmo ventre, ou daqueles grandes lagos das serranias do Chile, formando daqui, ou deste berço em que tem princípio, ao meio-dia, até o oceano do nascente, que vem buscar ambos, um tão avultado bojo de terra, que é este continente do Brasil, de que falamos, que ainda se lhe não sabe ao certo a sua grandeza.

3. Das águas do mar Atlântico, ainda que com diferentes rumos, são lavadas todas as suas costas. Também são cortadas de outras muitas, e caudalosas correntes, além de um grande número de menos cabedal, que umas, e outras se jactam todas, de que, ou lhes corre pelas veias o sangue daqueles dois, ou que do seu grande seio lhe saem todos, ou como sobejos do seu regaço, ou como êmulos da sua grandeza.

4. Sendo tanto para notada a terra do Brasil, pelo extenso do seu corpo, não é menos agradável para a vista, pela variedade da sua perspectiva. Já a verão levantada em montes empinados, já abatida em vales estendidos, já ornada de verdes, e frondosos arvoredos, tão incorruptíveis uns, que presumem igualar a duração dos tempos, e resistir à voracidade do fogo, e tão frutíferos outros, que se jactam aparecer com os seus pomos a qualquer estação do ano; já matizada de tão alegres, e distintas flores, que sem mais cuidado para o seu cultivo, que o da natureza, e do tempo, umas só servem de divertimento ao

---

113 [Jaboatão] Brit. Freir. Nova Lusitan [nota ed.: FREIRE; BERAIN, 1675].

inquieto dos olhos, outras também dão que sentir ao delicado do olfato; já povoada de volantes aves, umas, que recreiam a vista com o vario, e lustroso das penas, outras, que satisfazem o gosto com o saboroso, e desenfastiado das carnes; muitas, que divertem o humano com o suave do canto, e algumas, que imitam o racional com o parleiro das vozes. Tão fecunda de gados de todas as espécies, que assim como sobejam para o gosto, e sustento, abundam para o serviço, e servem para o lucro. Tão cheias de ouro, prata, e pedras preciosas as suas entranhas, que não inveja os diamantes da Ásia, o Potosí do Peru, nem o Ofir de Salomão. Tão aromáticas as suas plantas, que podem emprestar excessos aos bálsamos da Arábia, e aos aromas de todo o orbe. Um terreno fértil, um clima salutífero, uns ares alegres, uns céus propícios, e um novo mundo, em que parece quis emendar nele o seu autor alguns avessos do tempo, e dos astros do mundo antigo; porque aqui fala o dia, e corre igualmente com a noite; a viração tempera o calor, o inverno não resfria, nem o verão abrasa. Um novo mundo, enfim, e uma tão bem-disposta estação para viver o homem, que não merecia muita censura, quem quisesse plantar nela o paraíso terreal, ou ao menos descrevê-la com as excelências, e prerrogativas de um terreal paraíso.

5. Deste tomou posse, como fica dito, Pedro Álvares Cabral, para o monarca português, acrescentando, qual outro novo Colombo, à sua Coroa esta grande parte que lhe faltava, e deixando nela para seus príncipes abertas as portas de muito maiores, e menos distantes interesses, que os da Índia Oriental, para onde então levava a proa de seus desígnios, e o mandava aquele rei, e porque nestes a melhor, e mais segura máxima para aumentar os Estados é a da propagação da fé em as novas conquistas, para isso mandava também o mesmo Senhor para a Índia, com Pedro Álvares Cabral, operários evangélicos. Foram escolhidos para este espiritual emprego o P. Fr. Henrique de Coimbra, da Regular Observância, com sete companheiros mais da mesma profissão, os quais, tendo-se ocupado nas funções já referidas,[114] por tempo de um mês, continuaram com aquele capitão a viagem da Índia, onde o P. Fr. Henrique obrou progressos admiráveis naquelas conquistas, filhos do seu apostólico espírito, e alguns de seus companheiros colheram pelo justo prêmio de seus trabalhos a coroa do martírio.[115] Era este venerável Padre natural de Coimbra, eleito, depois da volta da Índia, em confessor do mesmo rei D. Manuel, bispo de Ceuta na África, e se não o primeiro inquisidor-geral do reino, como tive-

---

114 [Jaboatão] Preâmb. Digr. I, p. 3.

115 [Jaboatão] Hist. Seraf. 4, p. nº 540 [nota ed.: SOLEDADE; ESPERANÇA, 1656].

ram alguns, o primeiro que, como tal, fez abrasar com fogo aos apóstatas da fé.

6. Este era enquanto ao natural o estado do Brasil, quando nele entraram a primeira vez com seus descobridores os religiosos menores; e daqui se deixa ver o que seria enquanto ao espiritual. Uma região tão habitada de indivíduos humanos, como de animais ferozes, tão nocivos muitos destes, como inumanos aqueles; índios selvagens, tão brutos como os mesmos irracionais, e ainda ao parecer mais irracionais que os mesmos brutos; pois destes, ainda os mui vorazes, nenhum chega a comer o indivíduo da sua espécie: não assim o gentio do Brasil, tão tragadores de carne humana, que não só comem a outros quaisquer indivíduos do homem, mas também aos seus próprios, e ainda aos mais amigos, e parentes. Gentes enfim sem rei, nem lei, nem fé, que por isso dizem comumente os que até agora têm escrito deste gentio, que não têm na sua língua as três letras, que lhes correspondem, que são F, L, R, que sendo certo enquanto às duas primeiras, F, L, enquanto ao R não é assim, antes é esta letra uma das mais usadas na sua linguagem; e repetidas vezes em uma só palavra, especialmente as que são compostas de duas, como nesta *Aracajuru*, que quer dizer, *Casa do Sol*; é verdade que se não acha na tal língua esta letra como áspera, ou dobrada, porque não pronunciam palavra alguma com dois RR, e por isso não têm o seu idioma dicção, que comece por R, pelo não poderem dobrar com a língua, ou fazer áspero; e como este R, assim, é inicial de rei, só neste sentido se pode verificar, que por se não dobrarem ao áspero, e duro império de algum príncipe, ou rei, como princípio deste, não quiseram na sua língua a letra R, e só nisto não pareceu cega a sua barbaridade, sendo em tudo a maior do mundo. Mas entre tanta cegueira não se lhe pode, contudo, negar uma singularidade mui notável, e na qual não teve semelhança com outra alguma, ainda a mais cega, e bárbara; pois nenhuma, por mais ignorante que fosse das coisas sobrenaturais, e não tendo conhecimento delas, nem do autor de todas, deixou de dar adoração a uma, e, às vezes, a muitas divindades, fazendo-se assim idólatras; o que não teve a gentilidade do Brasil; porque, na opinião dos doutos, não caiu em erros de idolatria, pois não adoravam a divindade alguma particular, e só reconheciam a uma Excelência Superior, que é o mesmo, que Deus, chamada na sua língua *Tupã*; mas até esta, sem adoração,

ou culto algum, e só se deixavam enganar dos seus feiticeiros, a quem não guardavam mais que um simples respeito.[116]

7. Suposto que prodigioso, não é só aquilo, que sobrenatural, ou miraculosamente sucede, senão também que é prodigioso o que naturalmente acontece fora da ordem comum das coisas; neste sentido chamamos prodigioso ao descobrimento do Brasil; e não erraríamos, parece, se também o explicássemos com a frase de miraculoso, e sobrenatural, pelas circunstâncias, que no seu descobrimento ficam notadas, ao menos enquanto por disposição superior foram acontecidas todas, e como ordenadas por particulares, e ocultos juízos da Altíssima Providência daquele Supremo Entender, que tudo dispõe para os seus determinados fins. E assim dizemos, que deste, sobre o natural, prodigioso descobrimento, se deixa bem ver quais sejam os inescrutáveis arcanos do altíssimo, que tendo esta dilatada região do Brasil oculta aos discursos dos homens tantos mil anos, quis agora que os pobres filhos de Francisco fossem os primeiros, que descobrissem para a Igreja este importante tesouro, de que havia colher o céu multiplicados lucros, arvorando por parte de Deus aqui a bandeira da fé, e expondo em suas mãos aquele Pão dos Anjos, e Divino Maná Sacramentado aos olhos da sua gentilidade, para que ao depois em outros tempos lho repartissem liberais, espalhados por toda ela, e para que não incorressem descuidados na queixa do profeta,[117] de que os pequenos, e famintos pediram pão, e não havia quem lho distribuísse, ouvindo eles agora, como feliz anúncio desta promessa, e satisfação daquela queixa, as primeiras trombetas do Evangelho no seu país, e ficando aqui também acesa a primeira tocha da verdade, descoberta, e tomada a posse desta espiritual conquista, por parte do céu, pelos frades menores, assim como Pedro Álvares Cabral temporalmente a havia tomado pelo monarca da terra.

---

[116] Frei Vicente do Salvador afirma os mesmos conceitos sobre a falta de fé, lei e rei (SALVADOR, 2010, p. 96). Aliás, a Carta de Pero Vás de Caminha já fala da aparente falta de fé entre os Tupiniquim de Porto Seguro (CAMINHA; PRADO; SILVA, 1965, p. 108).

[117] [Jaboatão] Trenor. 4. v. 4.

CAPÍTULO II

Mostra como se verifica dos frades menores, depois de descobridores da espiritual conquista do Brasil, serem eles só os primeiros também que a cultivaram, pelo dilatado espaço de cinquenta anos.

8. Alguma coisa sobre esta excelência dos religiosos menores, na espiritual conquista do Brasil, fica apontado na estância III da 1ª digressão do nosso preâmbulo, e aqui acrescentaremos agora, como em lugar próprio, tudo o que achamos ser bastante para que deles se possa verificar não só a sua primazia nesta espiritual conquista, mas também como a cultivaram desde aqueles princípios, por espaço de cinquenta anos, e dos grandes trabalhos, que nisto padeceram.

9. Eles foram os primeiros, que a descobriram, como fica advertido; eles os primeiros, que a santificaram com o tremendo Sacrifício do Altar, celebrando a primeira missa um daqueles religiosos, companheiro do P. Fr. Henrique;[118] eles os primeiros, que plantaram nela a semente do Evangelho, e palavra de Deus, pregando na mesma ocasião este venerável padre, primeiras funções eclesiásticas, e divinas, que viram com espanto, e assistiram com admiração os naturais do Brasil, e celebraram com júbilo excessivo da alma os filhos de Francisco.[119] Eles foram os primeiros, que para que a sementeira da pregação se multiplicasse frutuosa, a regaram logo com o próprio sangue, derramando-o pela fé dois religiosos menores no mesmo lugar de Porto Seguro, poucos anos depois. Eles os primeiros, que levantaram nela templo, e casa para Deus, e para que fosse o Senhor servido, e louvado nelas; sendo também

---

[118] Jaboatão equivocou-se atribuindo a celebração da missa a um dos companheiros de Fr. Henrique de Coimbra. A Carta de Pero Vás de Caminha atesta que Fr. Henrique celebrou ambas as missas (CAMINHA; PRADO; SILVA, 1965, p. 94 e 106-108). Os confrades que acompanharam a Fr. Henrique até o Brasil e à Índia foram Fr. Gaspar, Fr. Francisco da Cruz, Fr. Simão de Guimarães, Fr. Luís de Salvador, sacerdotes e pregadores; Fr. Masseu, músico e organista, Fr. Pedro Neto, corista, e Fr. João da Vitória, irmão, não constando os nomes dos padres seculares que acompanharam os descobridores (SOLEDADE; ESPERANÇA, 1656, p. 489; WILLEKE, 1977a, p. 13-16).

[119] Entre os primeiros autores franciscanos que trataram do descobrimento do Brasil, figuram Fr. Francisco Gonzaga (GONZAGA, 1587, p. 293 e 1201) e Fr. Manuel da Ilha (ILHA, 1975, p. 64s.). Segundo afirma Fr. Vicente do Salvador, desejava Fr. Henrique de Coimbra ficar no Brasil para, desde logo, encetar a catequese dos Tupiniquim, ao que se opôs Pedro Álvares Cabral, alegando que todos os padres e religiosos deviam seguir para a Índia, segundo a ordem de D. Manuel I (SALVADOR, 2010, p. 66).

os primeiros eles, que na terra do Brasil administraram os sacramentos do Batismo, Penitência, Matrimônio, e os mais da santa Igreja, não ficando finalmente capitania, menos uma, ou outra, ou lugar notável em que não fossem os religiosos menores os primeiros para a pregação do Evangelho, luz da fé, e conhecimento de Deus, como o irão mostrando os capítulos seguintes.[120]

CAPÍTULO III

Dos segundos religiosos menores, que passaram ao Brasil.[121]

10. Como o gentio da América, e com muita especialidade este das partes do Brasil, era, entre todas as nações do mundo, aquela gente, que só se podia chamar naturalmente pobre, ou pobre por gênio da sua natureza, pois vivendo, e dando-lhe Deus para moradia uma região a mais rica, e abastada do mundo todo, eles entre o ouro, e prata, pedras preciosas, toda a mais, e grande riqueza do Brasil, viviam entre ela com um natural desprezo de tudo, como verdadeiros pobres; assim determinou também o céu, que para a primeira, e principal conversão de uns tais pobres como estes, fossem outros pobres os primeiros; e com uma tão alta providência, como a sua; porque, se a semelhança é causa do amor, e as virtudes umas com outras têm sua simpatia, com que, respirando influências, unem entre si os seus sujeitos; que melhor pregador para um pobre, que outro pobre, e que mais eficaz atrativo para arrastar a uns homens nus de todos os bens da natureza, como era o gentio do Brasil, do que uns homens despidos, e despossados de todos os interesses do mundo, como os filhos de Francisco; o mesmo gentio o manifestava assim quando já para a sua doutrina concorriam também outros evangélicos operários, abandonando-se destes para os nossos, e confessavam que os movia, e arrastava a este excesso a grande inclinação que nos tinham, pelo desapego, que em todos viam, de bens da terra, e cuidados de temporalidades, que tanto se coadunava com o seu próprio gênio; e por isso sem dúvida que a estes nossos, entre todos os mais, de o mesmo céu a primazia na conversão deste gentio, e que eles no largo tempo de quarenta e nove para cinquenta anos, desde o de 1500, em que aportaram em Santa Cruz o P. Fr. Henrique, e seus companheiros, até o de

120 A primazia dos Franciscanos em Terras de Santa Cruz, antes de Jaboatão, foi longamente exposta por Fr. Apolinário da Conceição (CONCEIÇÃO, 1733).

121 [Jaboatão] Segundos missionários.

1549 que chegaram à Bahia os PP. Jesuítas, fossem os cultivadores desta vinha, como agora iremos vendo.

11. Assim como permitia Deus saciar o desejo santo do piedoso rei D. Manuel, em dilatar-lhe o seu império português com o descobrimento de novos mundos, não menos se desempenhava o zelo deste grande monarca em introduzir, e aumentar o culto, e lei do mesmo Senhor em as novas conquistas que lhe oferecia. Para a das almas, achamos, mandara logo, depois daquele primeiro descobrimento por Pedro Álvares Cabral, e em companhia dos segundos indagadores destas costas do Brasil, a dois religiosos menores da santa Província de Portugal Observante. Seus nomes, que só estarão escritos no livro da vida, deixou no do esquecimento o descuido dos nossos, nesta parte, sempre fatal. Só nos dão alguma notícia de que no ano de 1503 passaram do Reino para o Brasil estes semeadores do Santo Evangelho; e que nesta conquista começaram a plantar com o seu apostólico zelo a semente da palavra divina, e a regá-la com o seu sangue, colhendo por prêmio do seu trabalho o fruto do martírio.[122]

12. No lugar de Porto Seguro, em que três anos antes haviam aportado o P. Fr. Henrique, e os mais, de que já falamos, primeiros descobridores da nova, e espiritual conquista, tomaram terra estes segundos.[123] Aqui ajudados dos próprios naturais, de quem foram bem recebidos, e com mostras de agrado, como os que se não esqueciam ainda do bom tratamento, que lhes haviam os nossos dado da primeira vez, e de alguns portugueses, que levavam consigo, deram princípio, e concluíram com pressa uma pobre casinha, com sua pequena igreja da invocação do Seráfico Patriarca S. Francisco, e foi este o primeiro templo dedicado a Deus, que se levantou em todo o Brasil. Dois anos com pouca diferença assistiram neste recolhimento aqueles ministros do Altíssimo, exercitando-se com o gentio do lugar em atos de verdadeira caridade, e amor do próximo, de que colhiam copioso fruto na conversão de umas ovelhas por tantos mil anos separadas do grêmio da Igreja. Acharam-nos para receber os rudimentos da fé, e seus mistérios, tão bem-dispostos, como a terra nova, quando se lhe aplica a primeira semente, que a abraça benigna,

---

[122] O autor equivocou-se com o ano de 1503; pois, a situação histórica descrita parece ser posterior, provavelmente 1516, ano em que os franciscanos podem ter vindo, segundo provam Vat (1952, p. 21-43) e Willeke (1974a, p. 21-25).

[123] Frei Henrique não aportou propriamente em Porto Seguro, como provam renomados historiadores, mas sim algumas léguas ao Norte, na Bahia Cabrália.

nasce com vigor, e frutifica com lucro: tudo acharam neste gentio os novos semeadores.[124]

13. Mas o lobo infernal, que começava a ver ir-lhe fugindo das garras um rebanho, em que tanto havia se tinha cevado; e temendo que, pela facilidade com que lhe escapavam do regaço, e se acolhiam às abas da Igreja, a poucos passos ficaria destituído de toda a presa, semeou no coração, e ânimo dos maiores, e mais antigos tão grande ódio contra os religiosos, que assentaram entre si tirar-lhes as vidas. E para o poderem melhor fazer, sem que os portugueses, que havia, o pudessem impedir, também consultaram matá-los primeiro. Para isso ordenaram uma feira (como algumas vezes costumavam), e para a qual concorriam muitos deles com vários gêneros das suas caças, frutas, e mel, a vender aos portugueses estas drogas, e a trocá-las por outras de panos, ferramentas, e semelhantes. Chegou o dia, ajuntaram-se em grandes ranchos, e magotes, e quando os colheram mais embebidos naquela gulosina,[125] e baralhados uns com outros, dando um estrondoso urro, sinal costumado nas suas guerras para avançar aos inimigos, e ao som deste, saindo dos matos vizinhos uma grande multidão, que tinham de emboscada, com arcos, flechas, e os seus paus de jucar, que é o mesmo que paus de matar, quebrando-lhes com eles as cabeças a uns, e transpassando a outros com setas, assim acabaram com todos, que para a feira tinham concorrido, e que cuidando achar nela refeição para os corpos com eles, incautos sempre como portugueses, vieram servir àqueles bárbaros, e falsos gentios do seu mais saboroso manjar.

14. Mortos assim estes, com um grande alarido de vozes desentoadas, bater de arcos, e pés, partiram de corrida para a casinha dos padres, que, avisados pelo estrondo, e alvoroço do que podia ser, se recolheram à igrejinha, e postos de joelhos com as mãos levantadas ao céu, em ação de graças, nesta postura lhes tiraram as vidas com o mesmo gênero de morte, com as cabeças quebradas à força de malhos, e os corpos transpassados à violência de setas, que, feitos depois em postas, lhes deram em seus ventres a costumada sepultura dos brutos, ficando a terra regada com o inocente sangue destes bem-aventurados, e santos religiosos; e com esta morte, e gênero de martírio, com a lauréola de protomártires do Brasil, e primeiras vítimas da barbaridade gentílica de seus naturais, e eles assim na sua antiga cegueira; que depois de

[124] Tratam largamente dos Protomártires do Brasil os seguintes autores: Ilha (1975, p. 66-68); P. Manuel da Nóbrega, SJ, em carta de 6 de janeiro de 1550, *apud* Leite (1956, p. 162); Anchieta (1931, p. 312); Daza; Godínez de Millis; Fernández de Córdoba (1611, cap. 57); Jarric (1615, cap. 23) e outros.

[125] Termo arcaico equivalente a gulodice.

terem saciado o seu mais brutal apetite nos despedaçados corpos dos servos de Deus, se lhes faltou a humanidade para os devorarem, sobejou-lhes a astúcia para o fingimento; porque, antevendo a justa vingança que da sua falsidade poderiam tomar os mais portugueses, que se não acharam naquela feira, quiseram, antes que a experimentassem, ou encobrir a morte dos religiosos, ou segurar com o disfarce mais presas nos incautos cristãos, vestindo-se como lobos nas peles das ovelhas, que comeram; porque, metidos depois nos hábitos que despiram dos religiosos defuntos, e que eles haviam morto, passeavam na casinha, e apareciam na ermida, aonde pudessem ser vistos, e com esta farsa enganar aos que ficaram, como sucedeu; porque, acudindo a eles alguns portugueses, como a religiosos amigos, encontravam com índios tiranos, que logo lhes tiravam as vidas, e os engoliam a pedaços; mas pouco lhes durou esta cruel, e enganosa cena; porque, advertidos os que se seguiram do que acontecera aos primeiros, à custa de vidas de bárbaros rebeldes resgataram os hábitos dos religiosos mortos, de que se seguiu entre índios, e portugueses uma porfiada guerra, que aturou por muitos anos.[126] Dizem as crônicas da Ordem acontecera o martírio, ou morte destes religiosos a dezenove de junho de mil e quinhentos e cinco,[127] das quais o tirou o Hagiológio Lusitano neste dia, e o padre Teles nas Crônicas da Companhia no lugar citado.

CAPÍTULO IV

Vão a Porto Seguro outros dois missionários franciscanos, e do que ali obraram, morte prodigiosa de um, e ausência do outro.[128]

15. Sendo tão fértil para os frutos da terra, esta, em que estamos de Porto Seguro, não se mostrou menos fecunda para a semente da pregação

---

[126] O confronto da descrição feita por Jaboatão com a dos demais historiadores comprova que o Orbe Seráfico enfeitou demasiadamente o trecho 14 (WILLEKE, 1970c, p. 502-506).

[127] [Jaboatão] Part. I, liv. 3, cap. 3, fol. 434, § II.

[128] [Jaboatão] Terceiros missionários.

(1515),[129] que começando a brotar aqui com tanto fervor ao rego da doutrina daqueles dois veneráveis anunciadores do santo Evangelho, de quem já falamos, e podemos dizer ainda, que o seu sangue derramado ali foi uma como suave inundação, que embebendo pela terra vai vivificando, e dispondo para que a seu tempo a faça redundar em novos frutos. Assim se viu neste próprio terreno de Porto Seguro, aonde, ainda que com dilação de alguns anos, que fariam dez com pouca diferença, depois do martírio daqueles dois religiosos franciscanos portugueses, aportaram outros dois de nação italianos, e também filhos do Seráfico Patriarca. Foi o seu primeiro cuidado levantar outra igrejinha no mesmo lugar em que esteve a primeira, que o tempo, e o gentio haviam consumido, e com o próprio título do Seráfico Patriarca. Não custou tanto como aos primeiros esta obra, pois havia já ali mais concurso de portugueses, que a fama, ou ambição das riquezas da terra por todos os modos os levava a ela. Não nos consta porém o tempo, que ali assistiram; mas só que com grande exemplo, e edificação dos católicos, e aproveitamento daquele gentio.

16. Mas, ou porque não fosse tão grande o fruto, como esperavam, ou porque entendessem não eram vindos a partes tão remotas para cultivo de uma só aldeia, ou pequeno rebanho, como o do lugar do Porto Seguro, e tendo notícia que da outra parte de um rio, que da povoação ficava para a parte do sul, habitava multidão de gentio, aonde ainda não havia chegado o brado do Evangelho, determinaram passar àquela colheita. Chegaram às suas margens, e acharam ser bastantemente caudaloso; e na consideração, talvez, de que aonde é grande o fogo da caridade, nem as águas, por muitas, o podem extinguir, intentou vadear o seu profundo, e fogoso espírito do principal destes religiosos, e ficou submergido no seu pego;[130] porque também há águas, que, se por muitas não podem extinguir o lume da caridade, podem por mui altas apagar a luz da vida. Triste, e magoado, voltou o companheiro ao povo, dando-lhe a notícia do caso, e pedindo auxílio para tirar dali o defunto corpo. Concorreram muitos ao lugar, e achando já as correntes com menos águas, por estar a maré de todo vazia, viram ao cadáver, posto de joelhos, e com

---

[129] Novamente se equivocou Jaboatão com a data; pois os franciscanos italianos vieram ao Brasil por volta de 1549, segundo Vat (1952, p. 85-91). A confusão que vários autores causam, deixando de distinguir entre capuchos e capuchinhos, e referindo a presença de missionários capuchinhos no Brasil e particularmente em Porto Seguro, já desde o século XVI, é refutada pelo capuchinho Leite de Faria, que prova que os primeiros capuchinhos vieram ao Brasil (Maranhão), em 1612 (FARIA, 1961, p. 101).

[130] [Jaboatão] Aquae multae non potuerunt extinguere charitatem. Eccls. 8.6. Veni in altitudinem maris, et tempestas demersit me. Ps. 68.3. Quartos missionários.

as mãos levantadas ao céu, como dando-lhe as graças, de que também para aquela santa, e superior cidade subia a sua, à imitação de outras muitas almas, sobre inundações, e correntes de águas. Foi tirado delas o seu corpo, e com muita devoção, e piedade lhe deram sepultura na própria igreja, que havia erigido, ou renovado do Seráfico Patriarca, com tão grande opinião de bem-aventurado, e servo de Deus, como o mostrou com as muitas virtudes, com que os tinha edificado em vida, e como o certificava a portentosa postura do seu corpo depois da morte. O companheiro, que ficava só, e desconsolado, voltou para a sua Província. Qual fosse esta, nos não deixaram notícia certa os nossos escritores, e só dizem, que para memória deste caso se ficou chamando até hoje aquele, o rio do Frade.[131]

CAPÍTULO V

Vão a S. Vicente missionários da Ordem, e do que ali obraram.[132]

17. Cuidadosos desvelos dava ao Senhor esta sua vinha, e como sabia melhor o tempo em que lhe havia distribuir convenientes operários para o seu cultivo, dispôs assim, que passados alguns anos (depois destes segundos, de quem acabamos de falar), que seriam oito, neste, em que agora estamos de 1523,[133] foram ter a S. Vicente dois religiosos da Família Seráfica, e portugueses. E parecia razão, fosse esta capitania a segunda colheita destes operários franciscanos, pois era também a segunda, que depois da de Porto Seguro habitaram portugueses, porque dizem foi esta de S. Vicente das primeiras que positivamente se mandaram fundar, e teve donatário, como em seu lugar se disse. Nela fizeram os novos missionários a sua habitação. Não alcançamos o tempo, que ali assistiram, mas só, que com vida exemplar, e muito aproveitamento espiritual do gentio da terra. Era este mais domável, e obrava nele com melhor efeito a doutrina dos novos pregadores, e vendo a estes do lugar tão bem-dispostos, e aproveitados, e porque não ficassem os mais, por distantes, excluídos deste espiritual bem, sabendo que para a parte do sertão, além de um rio, que por ali corria não mui longe da povoação, habitavam muitos daqueles bárbaros, quis passar àquela colheita um religioso destes. Atravessou o

[131] Tratam do mesmo assunto Anchieta (1931, p. 312 e 340) e Leite (1956, p. 15 e 164).

[132] [Jaboatão] Quartos missionários.

[133] Cf. Aditamento IX no início de OSNB II, *1525*, em vez de *1523*.

rio, que ainda que abundante de águas se passava a pé, e de vau, e antes que tomasse a outra margem, foi morto às flechadas pelo gentio, que ali o esperava, servindo-lhe de feia, e insaciável sepultura o ventre daqueles inumanos racionais, e tirando só por fruto deste seu ardente zelo fartar-lhes o brutal apetite com as suas carnes, tingir aquelas correntes com o seu sangue, e dar-lhes por memória deste caso o nome, que também conserva, como o outro de Porto Seguro, de rio do Frade.[134]

CAPÍTULO VI

Averiguam-se para maior clareza desta história algumas dúvidas, que podem ocorrer sobre o que nos capítulos passados deixamos dito destes religiosos missionários, e não concorda com o que se acha deles nos mais escritores.[135]

18. É a verdade alma da história, e é a clareza a vida desta alma, e é certo que virá a ser alma sem vida, história, ainda que com verdade, sem clareza. Dizem os escritores da Ordem comumente, que estes religiosos foram seis, e que vieram todos juntos, mandados pelo rei D. Manuel, logo na primeira ocasião, que, depois de descoberto o Brasil por Pedro Álvares Cabral, enviara as suas armadas à investigação, e descobrimento das suas costas, e que todos seis foram ter a Porto Seguro, e ali lhes sucedera o que fica referido, sendo os mais destes de nação italianos. Outros escrevem, que não vieram juntos, mas divididos, dois na primeira armada, depois de descoberta a terra, e estes eram portugueses; e dois na segunda, e estes italianos; e por esta conta vêm a concluir, que foram só quatro, fazendo também duas missões das que os mais haviam feito uma só.

19. Nós porém dissemos, que sendo seis aqueles religiosos, foram três as missões, e que esta terceira fora em S. Vicente, e que ali acabara um daqueles religiosos, como o de Porto Seguro, ao passar de outro rio, mas com diferente morte, porque não afogado acaso, mas morto nele pelo gentio. Assim consta este segundo sucesso de uns manuscritos antigos, que se acham no arquivo desta Província, onde, falando destes missionários, diz o que fica escrito destes de S. Vicente, o que nós aqui também seguimos, por acharmos

---

134 Vários historiadores contestam a veracidade do caso acima (VAT, 1952, p. 91s.), sem negarem a catequese franciscana em São Vicente.

135 O capítulo VI não resiste à argumentação de Vat (1952, p. 21-103).

para isto um mui grande, e notório fundamento nos roteiros, e mapas gerais destas costas, nos quais poderá ver o curioso, que deles entender, que assim junto a S. Vicente, como em Porto Seguro, se acham notados estes dois rios, com o mesmo nome do *Rio do Frade*, e melhor que todos no mapa particular das costas do Brasil, lavrado em Amsterdã nas tábuas de Porto Seguro, e S. Vicente: e como o de Porto Seguro lhe foi posto, como concordam todos, pelo caso de se afogar nele aquele religioso, a mesma razão corre, para que fosse a causa de se chamar também *Rio do Frade* o de S. Vicente, pela morte do outro, que nele aconteceu.

20. Dizem mais, os que escrevem, que aqueles foram seis, e enviados todos pelo rei D. Manuel, que eram a maior parte deles italianos; ao que nós, pelo que dissemos, e diremos ainda, em pronto a serem de outra nação, e mandados pelo dito rei, não assentimos, e a razão do fundamento, é a que já deu a isto mesmo o autor do Hagiológio Lusitano, falando destes próprios missionários, no comento do dia dezenove de junho, em que padeceram martírio os de Porto Seguro, por estes termos: *Não é crível, que mandasse el-Rei D. Manuel ao Brasil na primeira missão religiosos estrangeiros, quando tinha tantos naturais, pois em seu tempo se dividiram os Observantes, por serem muitos, em duas Províncias.* Com este bem fundado discurso, concluímos que os religiosos estrangeiros, que naqueles princípios passaram à missão do Brasil, não foram mais que dois, como o escrevemos no Cap. IV, e estes não mandados pelo rei D. Manuel, mas da maneira, que agora diremos.

21. É sem dúvida, que tendo a posse da Coroa de Castela Carlos I, que depois do ano de 1519 foi declarado Imperador da Alemanha, e reconhecido por Carlos V, saiu fugitivo do nosso para aquele reino um piloto português, chamado João Dias Golís, ou Solís, como dizem alguns, e que em Castela persuadira a alguns mercadores lhe dessem duas naus, que ele as traria à Província de Santa Cruz do Brasil, e as carregaria do pau vermelho, e outros haveres da terra; o que conseguiu, e, com efeito, no ano de 1515 foi com elas ao Porto Seguro, de donde voltou com o seu negócio no de 1517. Disto foi noticiado o rei de Portugal, e se queixou ao de Castela, e foram castigados os cúmplices daquela armação, e sendo isto assim, mais congruência tem, que nestas duas naus passassem a Porto Seguro os tais religiosos, sendo estrangeiros, italianos, ou espanhóis, do que de Portugal. Este é o discurso mais provável, que formamos sobre o transporte destes missionários estrangeiros a Porto Seguro. Dos portugueses diremos agora o que alcançamos dos primeiros.

22. Os escritores da Ordem só dizem, que no ano de 1503, enviara o rei D. Manuel ao Brasil estes missionários, mas não declaram na conduta

de quem. Os de fora escrevem, que só duas esquadras mandara ao Brasil o sobredito rei em todo o tempo do seu governo, a primeira com Américo Vespúcio, a segunda com Gonçalo Coelho; mas nenhum dos que vimos declara o ano em que saíram do reino estes exploradores, menos o ilustríssimo Osório, que no seu livro de *Rebus Emmanuelis Regis,*[136] diz, que no ano de 1502 fora o em que saiu Gonçalo Coelho. Mas há, sem dúvida, nisto sua equivocação, e mui evidente, pela razão, e fundamento seguinte. Deste mesmo capitão falam outros muitos, e sem assignarem o ano, em que saiu do Reino a esta empresa, concordam todos, que quando se recolheu do Brasil, com as notícias, que de cá levava, achara já sentado no trono ao rei D. João III por morte de seu pai, o rei D. Manuel, que falecera a 13 de dezembro de 1521; e assim, recolhendo-se ao reino Gonçalo Coelho, como afirmam todos, no princípio do reinado de D. João III, havendo saído dali, como tem o ilustríssimo Osório, em 1502, vão neste entremeio vinte anos, ou mais, e não é para se crer andasse este capitão tantos anos pelas costas do Brasil, quando escrevem os mais, que sendo mandado pelo dito rei D. Manuel, se recolhera em tempo de D. João III, tendo gasto nesta diligência não muitos anos,[137] mas muitos meses, como se diz; e assim se deve supor foi equivocação dizer, que saíra Gonçalo Coelho do reino naquele ano de 1502. Antes bem podemos assentar, que esta esquadra, de que neste ano fala o referido autor, é aquela em que foi conduzido ao Brasil Américo Vespúcio, de quem afirmam todos fora enviado pelo rei D. Manuel, logo que recebera as notícias mandadas pelo Cabral do novo descobrimento da terra do Brasil, e este logo podia ser até o princípio do ano de 1503, que a todos estes vagares poderiam dar lugar os empenhos deste monarca com a conquista da Índia, que lhe levava os cuidados, e requeria dispêndios; daqui se pode tomar também um grande fundamento, para se dizer, que aquela esquadra, em que diz o ilustríssimo Osório viera Gonçalo Coelho, era sem dúvida esta do Américo, pois o mesmo está incitando a que assim se diga; porque escreve, que depois de recebida pelo monarca a notícia do Cabral em 1500, logo no de 1502 mandara a Gonçalo Coelho, sem fazer memória de Américo Vespúcio, que dizem todos, sem controvérsia, fora o primeiro, que enviou o rei, depois do Cabral, e não o Coelho, como supõe este autor; donde se segue, que assim como se equivocou com o capitão da primeira, se podia enganar também com o ano dela, sendo o de 1503 o que ele afirma de 1502. E assim, sendo mandados, como dizem as Crônicas da Ordem, aqueles primeiros religiosos pelo rei d. Manuel a esta missão no ano de 1503, e não podendo vir ao

136 [Jaboatão] Lib. 2. p. 84.

137 [Jaboatão] Mariz, Dialog. 5. p. 40 [nota ed.: MARIZ, 1594].

Brasil até o dito ano outra esquadra, mais que a referida do Vespúcio, é sem dúvida serem conduzidos nela aqueles missionários.

23. Outro fundamento se oferece também para assentarmos, que só nesta armada podiam vir estes missionários, e vem a ser, porque é sem dúvida, que antes dela, menos dois portugueses degredados, que em Porto Seguro deixou o Cabral com o gentio, não tinham ido aquele lugar outros alguns, nem navio de mercador, ou pessoa particular, que lá os pudesse conduzir; e é certo que estes missionários ali assistiram com portugueses, e não tão poucos, que não fizessem oposição ao gentio, como consta do que fica dito na morte dos primeiros missionários, e sendo tantos, que já lhes davam temor, só podiam ter ido ali mandados pelo rei, e em esquadras suas; estas não foram outras até o ano de 1503, mais que as de Américo Vespúcio. Certo fica, que nesta armada foram sem dúvida os tais missionários.

24. Quando haja porém outra escritura, pela qual evidentemente conste, que Américo Vespúcio foi ao Brasil antes do ano de 1503, sempre estamos na opinião, de que em sua companhia foram conduzidos aqueles religiosos, não obstante dizerem os escritores da Ordem, que no sobredito ano; porque bem poderá ser que o tal ano de 1503, ou fosse posto por equivocação, e falta de verdadeira notícia, ou que seja não o em que eles saíram do reino, mas o em que chegaram ao Brasil; porque como aquele cosmógrafo Américo ia demarcar portos, e alturas, bem podia partir de Lisboa em 1501, ou em 1502, ir correndo as dilatadas costas do Brasil, até o rio da Prata, como é certo que foi, e na volta, que faria em 1503, chegar a Porto Seguro, e largar ali então os tais missionários, trazendo-os consigo todo este tempo pela necessidade que teria deles; e assim se verifica o que dizem os nossos, que em 1503, foram a Porto Seguro aqueles missionários, e também fica provável que esta viagem a fizeram em companhia de Américo Vespúcio, visto não haver, como fica notado, desde o Cabral em 1500 até 1503 outra esquadra, mais que a deste capitão, que fosse ao Brasil, e esta é a melhor, e mais acomodada passagem, que podemos achar do reino para o Brasil a estes seus primeiros missionários portugueses. Dos segundos italianos, ou espanhóis, já dissemos também o como, e com quem passaram, segue-se agora os terceiros. Dos apontamentos do arquivo desta Província, de que tiramos a notícia de haverem ido a S. Vicente estes missionários, como neste mesmo capítulo fica notado, e do fim que ali tiveram, consta também, foram em companhia do primeiro donatário Martim Afonso de Sousa, quando foi fundar esta capitania, e nem antes o podiam fazer; porque é certo, que os primeiros portugueses, que ali aportaram, foram os que conduziu consigo este capitão; e por isso assentamos aportaram

em S. Vicente os tais religiosos no ano de 1525, que foi o mesmo em que lá chegou o seu donatário, e com isto temos satisfeito, no melhor modo que pode o nosso discurso, as dúvidas, que no princípio deste mesmo capítulo ficam apontadas.

CAPÍTULO VII

Como aportaram na Bahia religiosos do Seráfico Instituto, e do que aí obraram.[138]

25. Mui cuidadosa é a Divina Providência na repartição dos seus benefícios. Já para as capitanias de Porto Seguro, e S. Vicente havia mandado mensageiros do Evangelho, nas monções passadas, e nesta agora destinou também outros para o distrito, e Bahia de Todos os Santos. Foram estes o P. Fr. Diogo de Borba, que ia por Prelado da nova Custódia de S. Tomé da Índia Oriental, com outros companheiros mais, na conduta de Martim Afonso de Sousa, mandado nesta mesma ocasião pelo rei D. João III por capitão-mor do mar da Índia no ano de 1534, e tomaram por arribada o porto da Bahia, e o que pareceu contrariedade do tempo foi disposição do céu, que quis trazer com estes religiosos aos seus moradores um mui grande, e necessário bem; porque no tempo, que ali assistiram, cuidaram em todo ele no aumento da fé, catequizando ao gentio da terra, já mais humanos, e domáveis com as persuasões, e exemplos de Diogo Álvares Caramuru, e sua consorte, a devota Catarina Álvares, batizando a muitos deles, entre os quais receberam este primeiro sacramento de suas mãos muitos filhos, e filhas, assim naturais, como legítimos, que de sua própria mulher, e de diversas índias, filhas dos principais da terra, tinha o sobredito Vianez Diogo Álvares. Aqui foram também os mesmos religiosos, os que receberam como párocos os primeiros noivos, e contraentes, que, conforme a Igreja Romana Católica, celebraram na Bahia o sacramento do matrimônio, e foram Afonso Rodrigues, natural de Óbidos, homem nobre, como fica dito, e Paulo Dias Adorno, este com Filipa Álvares, e aquele com Madalena Álvares, filhas naturais de Diogo Álvares Caramuru, aos quais receberam aqueles religiosos na igreja de Nossa Senhora da Graça, templo que havia edificado a esta Senhora o mesmo Caramuru, e pelo milagre, que fica dito, e a primeira igreja, que houve em Vila Velha, que naquele tempo

138 [Jaboatão] Quintos missionários.

era só pequena povoação, ou aldeia, em que habitava o celebrado Caramuru com a sua família, e alguns poucos portugueses, que ali haviam ido parar, de outras partes. Não nos declaram os que dão estas notícias o tempo, que aqui se detiveram os tais religiosos, mas, que continuando a sua viagem para a Índia, quando foi tempo, deixaram a todos aqueles habitadores mui saudosos com a sua ausência, edificados com o seu exemplo, e sentidos com a sua falta; pois lhes não ficavam na terra outros médicos espirituais a quem pudessem recorrer em suas precisas necessidades de suas almas.[139]

26. Como em alguns autores se acha que o santo P. Francisco Xavier fora para a Índia em companhia de Martim Afonso de Sousa, e eu já li em um roteiro destas costas do Brasil, do qual me não ocorre quem era o seu autor, e este escreve, falando da arribada deste capitão à Bahia, que os padres da Companhia, que levava consigo, batizaram, e casaram os sobreditos filhos, e filhas de Diogo Álvares Caramuru, julguei ser preciso tirar a dúvida, ou erro deste autor, e advertir aos mais, que o lerem também, que Martim Afonso de Sousa navegou para a Índia duas vezes; a primeira, por capitão-mor daqueles mares no referido ano de 1534, e levava então aos religiosos menores, de quem falamos, e arribou à Bahia, como fica dito; a segunda vez, que foi à Índia, ia por vice-rei daquele Estado, e esta viagem a fez no ano de 1541, e nesta ocasião é que levava aos padres Jesuítas, e a sua arribada que também a fez nesta viagem não foi à Bahia, mas sim a Moçambique, como se pode ver, uma, e outra, nos que escrevem as histórias da Índia, e os grandes feitos deste capitão, e vice-rei daquela conquista. Também se faz preciso advertir aqui aos leitores, que o erro do roteiro referido acima, em que diz que os religiosos, que levava consigo Martim Afonso de Sousa, quando arribou à Bahia, eram da Sagrada Companhia, nasceu todo da equivocação, ou corrente, ou advertida, com que falando destes a sua Crônica diz assim:[140] *Trazia consigo religiosos, os quais entre as coisas do serviço de Deus, que aqui fizeram, foi batizar na mesma igreja os filhos, e as filhas destes dois devotos da Senhora.* E quem ler esta passagem facilmente poderá entender, que estes religiosos eram seus, o que o autor devia evitar acrescentando à palavra *religiosos, a de Menores, ou Franciscanos*; por não deixar equívoca aos leitores a sua inteligência.

---

[139] Contesta Vat (1952, p. 44-51) que tenha havido um custódio de São Tomé, por nome Fr. Diogo de Borba, como também consta que a demora dos franciscanos em Salvador foi de pouco tempo, não dando margem à prolongada catequese (WILLEKE, 1974a, p. 26).

[140] [Jaboatão] Vasconcel. lib. I. fol, 41 nº 41 [nota ed.: VASCONCELOS, 1663].

CAPÍTULO VIII

Vão a S. Vicente outros missionários franciscanos.[141]

27. De algumas naus de Espanha, que no ano de 1538 navegaram para o rio da Prata, e naufragaram nas costas do Brasil, livres do seu estrago com as pessoas, foram aportar no rio dos Patos, que corre pelo distrito da capitania de S. Vicente, e entra no mar em altura de 28 graus, o P. Fr. Bernardo de Armesta, com quatro companheiros mais, todos espanhóis, e da Seráfica Família, ainda que não consta de que Província eram. Ali acharam três castelhanos, que por outros semelhantes acontecimentos do mar haviam ido ter à mesma paragem. Sabiam estes já muito bem a língua da terra, porque habitavam com os naturais dela haviam já três anos. A estes tomaram por companheiros, guias, e línguas, e dando princípio à sua pregação, com muito fruto, e aproveitamento do gentio, que eram de nação Carijós, gente mui mansa, e a mais domável de toda a do Brasil, convertendo, e batizando a muitos, por toda aquela capitania até Piraguai, e rio da Prata, para onde faziam de Espanha a sua viagem. Estes são aqueles padres missionários, de quem diz a Crônica da Companhia,[142] falando dos seus religiosos, que no ano de 1549, em que chegaram à Bahia, mandaram logo a S. Vicente: *Foram*, diz, *especialmente acudir aos índios, sendo muitos destes cristãos, batizados por religiosos do Patriarca S. Francisco castelhanos, que por sucessos de viagem tinham estado com eles na paragem, que chamam dos Patos.* O mesmo repete outra vez: e *em especial os cristãos* (índios) *que tinham doutrinado, e batizado os religiosos de S. Francisco castelhanos.*[143]

---

141 [Jaboatão] Sextos missionários.

142 [Jaboatão] Vasconcel. lib. I. nº 58 [nota ed.: VASCONCELOS, 1663].

143 Chamava-se *Mbyaçá* a missão fundada em S. Catarina por Fr. Bernardo de Armenta, OFM, e Fr. Alonso Lebron, OFM, enquanto toda a região missionada por eles figurava como *Província de Jesus*. Aqui Jaboatão poderia ter citado mais uma primazia dos franciscanos, ou seja, a da escola missionária que se menciona pela primeira vez em *Mbyaçá* (CIVEZZA, 1895, p. 730; LEITE, 1956, p. 148; VAT, 1952, p. 52-84; WILLEKE, 1974a, p. 27s.).

CAPÍTULO IX

Vai a Olinda de Pernambuco um religioso Menor, e do que ali obrou.[144]

28. Em a vila de Olinda, ou Murim de Pernambuco, assistiu muitos anos um religioso Menor, de quem nos não deixaram notícias individuais os daqueles tempos, nem de que Província era, nem como ali veio ter; mas só que fora o instituidor de uma capelinha de S. Roque no lugar em que hoje está fundado o mosteiro do Patriarca S. Bento, e que nela dera princípio a uma irmandade de Terceiros da Ordem da Penitência, que foi a primeira, que houve no Brasil, donde muitos daqueles moradores vestiram o seu hábito, faziam os exercícios, e mais obrigações desta Venerável Ordem, a qual por ausência sua ficara administrando o vigário de S. Pedro Mártir, por estar no distrito desta paróquia a tal capelinha, que pela sua muita antiguidade mostrava ter a fundação logo nos princípios, ou pouco depois, que foi povoada a vila de Olinda, sendo este religioso também dos primeiros, que ali foram, ou logo em companhia do seu donatário, ou alguns anos depois.

29. Estes são todos os religiosos Menores, de que temos notícia passaram ao Brasil no dilatado curso de cinquenta anos, antes que a estas conquistas viessem outros alguns missionários de qualquer Ordem, e por isso lhes damos o distintivo de primeiros operários evangélicos ao seu gentio, e só segundos, se dermos crédito à constante tradição dos mesmos naturais, que de uns a outros, como de escritura, de que só usavam, se foi transferindo, que o primeiro fora o Sagrado Apóstolo S. Tomé, do qual consta nas histórias, e se acham em várias partes da América muitos sinais da sua vinda a este mundo, e deixados os que já se acham escritos, assim da parte que ocupam os espanhóis como da que habitam os portugueses, de Cruzes, fontes, pegadas, ou rastros de pés humanos, impressos em pedras, e atribuídas, ou venerados com o nome deste santo apóstolo das Índias, diremos aqui o que também vimos, e notamos.

30. No lugar que chamam de Gorjaú de Baixo, pelo rio, que o rega, e é fazenda de engenho de fazer açúcar, distrito da freguesia de Santo Amaro de Jaboatão, sete léguas distante do Recife de Pernambuco para o sertão, em umas espaçosas lajes de pedra à sua margem, e sobre as quais corre por largo espaço, e é passagem comum dos seus moradores, quando de verão leva menos corrente, está gravada uma estampa de pé humano, e é o esquerdo, e tão

144 [Jaboatão] Sétimos missionários.

admiravelmente impresso, que à maneira de sinete em líquida cera, entrando com violência pela pedra, fez avultar para fora as fímbrias da pegada, arregoar a pedra, e dividir os dedos, ficando todo o circuito do pé a modo que se levanta mais alto, que a mesma pedra sobre que está impressa a pegada, que representa ser como de menino de cinco anos, com pouca diferença, que nós vimos muitas vezes em outro tempo, e ainda no estado presente o tornamos a ver, e admirar com maior reflexão da que pedia aquela primeira idade, e era fama do vulgo ser aquela pegada de S. Tomé, ou de um menino, que andava em sua companhia, e seria talvez o seu anjo da guarda. Escrevemos o que vimos, e ouvimos.[145]

31. Do que dos nossos até aqui fica dito se vê a razão que temos para lhes darmos a espiritual primazia da conquista do Brasil. E de tal sorte, e com tanta propriedade lhes compete esta, que não recusou escrever um douto, e grave autor,[146] que *Assim como disse Tertuliano, que com o sangue dos primitivos mártires fora fundada a Igreja universal, assim também,* (acrescenta ele), *se pode dizer que com o sangue dos franciscanos foi fundada a Igreja particular do Estado do Brasil,* e não só no Brasil, mas também nas outras conquistas dos reis portugueses foram os religiosos Menores sempre os primeiros; porque, passando desta para a da Índia o P. Fr. Henrique de Coimbra com os mais, de quem já falamos, foram também os primeiros, que acenderam a tocha da fé, e semearam o grão do Evangelho nas terras do Oriente, discorrendo pelo seu vasto império, e rubricando-o alguns deles com a tinta do seu sangue. No arquipélago de Malaca foram também os frades Menores as primeiras trombetas da pregação, como também nas ilhas de Macaça, Molucas, e em outras muitas o fizeram, favorecidos do capitão sempre grande, Afonso Galvão, o qual fez mui esclarecidas as suas vitórias, não só com a fortaleza do seu braço, mas com o ardor do zelo católico com que conduzia consigo os nossos religiosos, para converterem ao grêmio da Igreja aos que ele rendia ao império dos monarcas portugueses, como o fizeram a inumeráveis almas, e se em alguma parte, como no Japão, foram os segundos na cultura da vinha do Senhor, não consentiu o seu apostólico zelo, que se não fizessem primeiros em derramar o sangue, e sacrificar as vidas, onde o P. Fr. Pedro Batista, com cinco religiosos mais, e vinte e dois Irmãos Terceiros foram os primeiros mártires, e já declarados pela Santa Igreja, naquele dilatado império, fecundo jardim de outros

[145] A passagem de São Tomé pelo Brasil (Bahia, Pernambuco e alhures) não tem fundamento histórico. Frei Vicente do Salvador baseia a lenda na mitologia indígena, cuja figura central Sumé foi substituída por Tomé (SALVADOR, 2010, p. 140).

[146] [Jaboatão] Agiol. Lusit. t. 3. f. 449 [nota ed.: CARDOSO, 1666].

muitos encarnados lírios, que foram brotando depois daqueles. Esta primazia a mostraram também os religiosos Menores nas Índias Ocidentais, e da outra parte desta América, aonde o Padre Fr. João de Marchena, português de nação, e filho da Santa Província da Andaluzia em Castela, indo em companhia de Cristóvão Colombo com outros religiosos mais foram os primeiros, naquelas grandes partes deste novo Mundo acenderam a luz do Evangelho contra as trevas do gentilismo.[147]

CAPÍTULO X

Vai ter à capitania do Espírito Santo o servo de Deus, Fr. Pedro de Palácios; sua vida penitente, e exemplar no Monte da Penha.

32. Até agora mostramos nos capítulos passados os religiosos Menores, que a estas conquistas do Brasil chegaram,[148] antes que a ela viessem missionários de outras Ordens, por espaço de cinquenta anos; nos seguintes daremos notícia dos que se foram continuando por tempo de trinta e seis mais, desde o de 1549, em que no Brasil aportaram os primeiros missionários Jesuítas, até o de 1585, em que os nossos fundaram em Olinda o seu primeiro Convento, e assim como o Senhor da vinha universal desde o princípio da sua Igreja dispôs sempre, que os operários para a sua cultura não entrassem a ela todos juntos, mas uns após dos outros, cada um às suas determinadas horas, uns logo de manhã, outros à hora da tércia, e assim os mais, como lhes prescreve a ordem o primeiro Evangelista;[149] esta mesma guardou nesta sua, certamente muito escolhida vinha, ou conquista do Brasil. À hora de prima, e tão, *primo mane*, como ao romper do dia, e na mesma hora em que descobriu a luz do céu a terra do Brasil, lhe mandou logo Deus os primeiros trabalhadores a esta vinha, o Padre Fr. Henrique de Coimbra, e seus companheiros, como fica outras vezes repetido, no ano de 1500; e assim se foram continuando outros mais da mesma profissão, por este espaçoso terreno, no dilatado espaço de quarenta e nove para cinquenta anos, ou até à hora da tércia, que é às nove do dia, em que quis mandar para ela a segunda Ordem

[147] Tanto a construção da capela de São Roque em Olinda como a passagem de um franciscano por aquela cidade em 1538 são contestadas por Vat (1952, p. 104s.).

[148] [Jaboatão] 1558.

[149] [Jaboatão] Mat, 20, v. I, et seq.

de operários, os RR.PP. Jesuítas, no ano de 1549, e nem porque viessem estes algum tempo mais tarde, trabalharam menos, antes como êmulos dos que bem trabalharam, ou como invejosos dos que sabem lucrar mais almas para o céu, tanto trabalharam, como os primeiros; porque, sem dúvida, a estas duas famílias, Jesuíta, e Franciscana, e aos seus oficiosos operários, deve a vinha do Brasil o seu espiritual cultivo, aumento, e estabilidade, pois o fizeram naqueles primitivos tempos, quando nelas só haviam espinhos, e abrolhos, perigos, e dificuldades. Muito depois destes, e como à hora de sexta, que é do meio-dia para a uma, chegaram os religiosos Carmelitas Observantes no ano de 1580, e mais tarde ainda, como à hora de Noa, que é de uma para as três da tarde, os do grande Patriarca S. Bento, no de 1581, e por isso, já a tempo de menos trabalho, tanto pelo seu grave Instituto, como por estar já o terreno quase preparado. E ainda muito mais tarde, porque como à undécima hora, que é quase ao concluir do dia, os RR. PP. de S. Filipe Néri, que, como últimos, já acharam o trabalho vencido, e a vinha preparada, e só disposta para colher o fruto, igual, ou superabundante aos mais trabalhadores.

33. Em o número dos nossos, com os quais começamos agora, depois que ao Brasil chegaram os PP. Jesuítas, tem o primeiro lugar um religioso Menor, por nome Fr. Pedro de Palácios, ou do Rio Seco, por ser natural de Medina do Rio Seco, junto a Salamanca. Dos títulos da sua ascendência, não achamos outro mais autêntico que o do seu apelido de *Palácios*, por trazer do nobre solar desta família a sua origem, e por ela, espanhol por nascimento, e no estado de religioso, leigo por profissão. Esta havia feito na Província de S. José de Reformados em Castela, de donde se passou para a da Arrábida em Portugal, que naquele tempo começava a florescer com assombro dos humanos discursos, e inveja de espíritos seráficos. Era um destes o de Fr. Pedro de Palácios, e tanto o arrebatou o solitário daquela serra, mui acomodada ao elevado dos seus voos, que para ela quis mudar a sua habitação. Nesta se incorporou, sendo já de idade provecta, à instância da rainha D. Catarina, e a rogos do Doutor Paulo de Palácios, seu pregador, e esmoler, parente mui chegado de Fr. Pedro, e bem poderia ser que fossem irmãos, como o está persuadindo a confrontação dos nomes de Pedro, e Paulo, e identidade dos cognomes de Palácios. Passado já para a Arrábida, e tendo servido no Hospital Real de Lisboa de enfermeiro alguns anos, assistindo aos doentes com grande amor, e caridade, havida licença do padre Custódio da Arrábida, Fr. Damião da Torre, passou ao Brasil. Em uns autos, que no ano de 1640 mandou o custódio Fr. Manuel de Santa Maria trasladar dos que em pública forma foram tirados em o ano de 1616, à instância do Custódio Fr. Vicente do Salvador, e se guardam no arquivo do convento da Vitória, capitania do Espírito Santo, temos uma

certidão jurada do irmão Fr. Simão da Apresentação, na qual atesta tivera em seu poder um cartapácio, que fora do uso de Fr. Pedro de Palácios, no qual entre outros assentos da sua letra, se achava um que dizia ser filho da Província de S. José, e incorporado na da Arrábida.[150]

34. Como o espírito deste servo de Deus era tão arrebatado, querendo sempre subir de mais a mais, deu outro voo, e foi ele tão prolongado, que, da Serra da Arrábida em Portugal, passou à Penha do Espírito Santo no Brasil. Era nos princípios, em que se dava calor às conquistas destas partes do novo Mundo, e assim como a fama, ou fome das suas riquezas arrastava a muitos dos que as servem a passar a elas, o zelo da salvação das almas dos seus naturais movia aos servos do Senhor ao mesmo trânsito. Aqueles, a esquadrinhar as entranhas da terra para lhe arrancarem o ouro, a prata, e outros temporais haveres; estes, a abalar corações frios, para lhes introduzirem o fogo da caridade, e amor a Deus; àqueles incitava-os o interesse próprio; a estes o bem alheio. Este trazia agora, como a outros, a Fr. Pedro de Palácios. Da sua passagem do Reino para o Brasil só achamos escrito fora no ano de 1558, e que sendo o navio que o transportava acometido na viagem de uma rija, e furiosa tormenta, nos últimos apertos, recorrendo os navegantes a Fr. Pedro, pelo bom conceito que já haviam formado da sua virtude, e tomando-lhe o manto, o lançaram ao mar, e foi o mesmo estender-se sobre as águas, que abaixarem logo a soberba das suas empoladas ondas, ausentarem-se os ventos, que as moviam contrários, e soprando outros mais favoráveis, tomaram porto com feliz viagem no de Vila Velha, capitania do Espírito Santo. Com os mais desembarcou também Fr. Pedro de Palácios, e cada um cuidou de si, sem darem acordo do servo de Deus. Era o lugar de poucos vizinhos, e procurando depois os companheiros por todo ele a Fr. Pedro, nem o achavam, e nem quem dele desse notícia; e como o seu bom trato, e suave conversação, com o exemplar da vida, lhes tivesse já no coração granjeado afetos, e na vontade, desejos de o ver, entraram em maior cuidado pela sua falta. Esta se divulgou logo pelos moradores da vila, e uns, e outros se deram à pressa de o buscar; e depois de feitas debalde algumas diligências, lhes veio ao pensamento ao terceiro dia, já temerosos de algum acaso, de subirem a um alto morro, e serrania de penedos, que ali ao pé da vila se levanta sobre um empinado monte, e no mais alto dele, como simples pomba, que, para se segurar do caçador, vai fazer o ninho nas

[150] Ligando o ideal de ermitão ao de missionário, Fr. Pedro Palácios parece ter sido mandado por Fr. Pedro de Alcântara, figurando como primeiro ermitão do Brasil. Tratam deste servo de Deus: Ilha (1975, p. 55-61); Röwer; Setaro, (1965, p. 12-28); Salvador (2010, p. 134); Vat (1952, p. 157); Willeke (1970a).

aberturas da pedra, chamada pela voz do seu destino, acharam a Fr. Pedro em uma das daquela penha mui descansado, qual alma solitária a quem o Divino Esposo chama com voz interior para nas concavidades da Penha fazer a sua perpétua morada. Saudaram-no admirados, perguntando-lhe todos: o que é isto Padre Fr. Pedro?, e ele os recebeu alegre, dizendo-lhes: Já amigos achei o que buscava. E, ou fosse com eles para a vila naquela ocasião, ou se deixasse ali ficar, este inculto, e solitário monte escolheu Fr. Pedro para a sua habitação.

35. Começa esta admirada montanha a levantar-se moderadamente em pouca distância junto ao cais da primeira vila do Espírito Santo, chamada já naquele tempo Vila Velha, pela nova, que depois se levantou na ilha, e se chama da Vitória, pela causa, que já fica referida em seu lugar, e depois de ir crescendo, e estendendo-se para o alto por uma ladeira de bastante distância, no colo desta se levanta o que chamam Penha, ou Morro, que forma um como pavilhão, ou coruchéu daquela montanha. Neste colo, ou fim da ladeira, e princípio da Penha, em uma gruta, que ali se formava, deu ordem Fr. Pedro a lavrar uma capelinha com o título do Seráfico Patriarca S. Francisco, com seu altar, e neste, com a imagem do santo, colocou também uma mui devotada Senhora da Pena. Este foi o título, com que primeiramente foi venerada nesta capelinha do santo padre a imagem da Senhora, e este logrou em vida do seu instituidor, e já colocada na outra ermida, que depois desta levantou no mais alto do Morro, ou Penha, e este mesmo de Senhora da Pena conservou muitos anos, ainda depois da morte do seu devoto servo Fr. Pedro. Porque nos autos autênticos, de que já falamos, das testemunhas, que juraram neles, e tirados no ano de 1616 à instância do custódio Fr. Vicente do Salvador, e à ordem do administrador, o r. Mateus da Costa Aborim, e pelo vigário Gonçalo Vaz Pinto, este mesmo título da Pena se dá neles à imagem da Senhora, tanto pelo tabelião, que os aprovou, como pelas testemunhas, que neles juraram. Com este mesmo título de Pena era venerada a imagem da Senhora, quando no ano de 1589 foram os nossos religiosos tomar posse da capelinha por ordem do administrador, o R. Bartolomeu Simões Pereira, achando-se eles ali já neste ano para a fundação do convento da Vila da Vitória. E porque não ficasse dúvida, não só que este foi o título que teve a Senhora ali naquela sua imagem desde o princípio, mas também que esta Pena, que inculca o título, não é a com que se escreve, como querem dar a entender os que nas mãos da imagem da Senhora põem por timbre, ou divisa uma pena, mas que era Pena, que significa dor, angústia, e tormento, como o que espiritualmente sentiu a Senhora em sua alma, por isso o P. Custódio Fr. Manuel de Santa Maria, que no ano de 1640 trasladou de sua mão, e própria letra aquele instrumento, em toda a sua escritura, e nas vezes, que fala em o nome Pena, como título da Senhora,

sendo em português, sempre o escreve com o ditongo de oe, latino, para tirar a equivocação, que de uma, e outra Pena se poderia originar. Este mesmo título, finalmente, conservava ainda a imagem da Senhora no ano de 1650, como consta do Cartório desta Província no título da fundação do seu conventinho, que neste mesmo ano teve princípio com o de Senhora da Pena, que o tempo, que tudo muda, com pouca corrupção, e muita propriedade pela do lugar em que está, transferiu de Pena para Penha, como hoje é conhecido.

36. Concluída com brevidade a capelinha do Seráfico Patriarca, tanto pela pequenez da sua fábrica, como pela concorrência dos devotos do servo de Deus, entrou na diligência de fabricar outra para a Senhora da Pena, no cume da Serra, e sobre aquela altíssima Rocha, ou Penedo, que serve de coroa àquele monte. Tudo conseguiu, com ajuda dos devotos, e especialmente de Melquior de Azevedo, homem rico, e muito particular afeto de Fr. Pedro. Nem podia deixar de ter nesta obra muitos coadjutores, porque o servo de Deus era o primeiro, que, pegando nas pedras, às suas costas as conduzia por aquele áspero, e alto monte, enquanto durou a obra, que completa, colocou nela a imagem da Senhora, com singular júbilo da sua alma, e grande consolação de todo o povo. Assim o depõem todas as testemunhas do seu processo, umas, que o viram, outras, que o ajudaram. Um destes foi André Gomes, que sendo moço acompanhava o servo do Senhor, quando fazia pelas ruas da Vila a sua doutrina, e depõe que seus dois irmãos, Amador Gomes, e Braz Pires, ajudaram a Fr. Pedro a fazer a obra da capelinha da Senhora da Pena; e assim atestam as mais, que nos ditos autos juraram, e concordam todas sem discrepar, que o servo de Deus, Fr. Pedro de Palácios, fora o fundador das duas capelinhas primeiras daquele monte, a de S. Francisco no colo da ladeira, e a de N. Senhora da Pena sobre a Penha alta, que nele descansa, e assim fica tirado também o engano de alguns, que cuidaram, e ainda escreveram, que quando ali chegou Fr. Pedro, já havia aquela capelinha, da qual pelo zelo do servo de Deus lhe fizera a entrega dela o seu fundador, ou os que por este administravam.

37. Todo o referido se confirma por indubitável pela escritura da doação, que da dita capelinha da Pena, ou Penha, fez D. Luísa Grinalda, viúva de Vasco Fernandes Coutinho, segundo donatário da capitania do Espírito Santo, a qual senhora, como sua Governadora, e proprietária, com a Câmera, e povo da Vila, fez a tal doação aos nossos religiosos, quando, chamados pelo mesmo povo, e senhorio, chegaram à Vila da Vitória para fundarem convento ali; passada esta escritura em pública forma a seis de Dezembro de mil quinhentos noventa e um, na qual se expressa, se dava aos religiosos Menores a administração da capelinha de N. Senhora da Pena. *Por respeito* (são palavras

formais da própria escritura), *de a haver fundado um religioso de sua Ordem chamado Fr. Pedro, que ali viveu com licença de seus Prelados muitos anos, com muito exemplo de vida, e edificação do povo, e aí acabou virtuosa, e santamente, e foi sepultado em uma ermida, e capela, que a esse tempo tinha feito.* Tirada parece fica toda a dúvida de quem foi o fundador desta capelinha da Senhora da Penha do Espírito Santo.

CAPÍTULO XI

Dos exercícios do servo de Deus, Fr. Pedro de Palácios, no Monte da Senhora da Penha.

38. É a solidão o suave descanso das almas devotas, a melhor oficina dos seus espirituais aproveitamentos, e a forja ardente em que mais se apuram no amor divino. E porque este, para ser perfeito, assim como se deve exercer com Deus se há de juntamente exercitar com o próximo; porque nestes dois eixos, ou bases se funda toda a lei, e preceitos do mesmo Senhor, este foi também o termo do seu servo Fr. Pedro de Palácios. Dos exercícios espirituais, e particulares deste bom religioso na solidão, e retiro daquele monte não temos individual notícia, mas, se havemos estar por aquele aforismo certo de que os sentimentos da alma se explicam, ou dão a conhecer pelos sentidos corporais, ou exteriores, e o que tem o coração manifesta a boca, do que pregava, e persuadia Fr. Pedro àquele povo, e do mortificado, e penitente do seu corpo, bem se deixa ver, que os seus exercícios contínuos eram oração, jejuns, disciplinas, e mortificações, não só porque isso inculcava o exterior da pessoa, mas porque este era o repetido tema das suas práticas, e doutrinas.

39. Todos os domingos, dias santos, e festas maiores da igreja, saía do retiro da sua Penha, e indo ter à residência dos Padres Jesuítas na Vila da Vitória, ali se confessava com o Padre Braz Lourenço, primeiro que achou, e com os mais, que se lhe foram seguindo, com atos de verdadeiro penitente, comungava com afetos de consumado justo, ouvia missa com devoção, e daí se retirava para o seu domicílio. Nestes mesmos, pela tarde, e nos mais, por muitas vezes, o seu exercício era pregar ao povo pelas ruas, doutrinar os meninos nos mistérios da fé, e persuadir a todos a que jejuassem, se confessassem, e fizessem penitência de suas culpas, para alcançarem de Deus o perdão delas; e este era o tema comum, e assunto geral de toda a sua doutrina, e práticas, assim públicas como particulares. Para elas se vestia de sobrepeliz, com uma

cruz nas mãos, e acompanhado dos meninos do lugar, e da Vila, assim Velha como da Vitória, corria todas as suas ruas, com um tão entranhável como conhecido zelo do bem das almas. Outras vezes, quando pedia a necessidade, saía a pedir esmola, e tendo aquela que julgava precisa para os dias em que se havia ocupar em outros exercícios, e não podia tornar à Vila, ou para acudir com elas a necessidade de outros pobres, não aceitava mais nada, ainda que para isso fosse importunado. Quando saía do seu monte para a Vila, desembarcando no porto dela, o primeiro caminho que seguia era o da igreja Matriz, a adorar o Santíssimo Sacramento, o que fazia com a boca em terra, por grande espaço, e uma dilatada, e devota oração, a qual acabada ia direito à casa do pároco, e posto de joelhos, lhe beijava a mão, tomava a bênção, e pedia licença para continuar com o seu exercício: ou de pedir esmola, ou fazer a sua doutrina. Se lhe era preciso pernoitar na Vila, o fazia em casa de algum devoto, e mais continuadamente na do Capitão Melquior de Azevedo, muito seu particular, e afetuoso, e a quem o servo de Deus amava muito. Este devoto homem o ajudou com particular cuidado, e esmolas nas obras das suas capelinhas, e já quando Fr. Pedro se achou mais envelhecido, lhe deu um negrinho, seu escravo, para assistir com ele no retiro do Monte. Para passar a noite lhe mandava o seu devoto fazer cama, como a hóspede, mas ele a aceitava só por obséquio seu, e não para descanso do corpo; porque, quando já recolhidos todos, e feitos os seus costumados exercícios, se deitava no chão, pondo à cabeceira algum tronco, ou pedra, ou outra qualquer dureza, que se lhe oferecia à mão. Esta mesma era a sua cama na ermida de S. Francisco do Monte, aonde de ordinário assistia ao pé do altar do santo; sobre uma tábua áspera passava os breves intervalos da noite, que lhe restavam da oração, e mais exercícios, com uma pedra dura por cabeceira. Por companheiros mudos, mas fiéis da sua solidão, conservou por todo o tempo, que ali viveu, um gato, e um cachorrinho, e quando saía aos seus exercícios de esmola, ou doutrina, tantos dias determinava estar ausente, quantos montinhos de farinha lhes deixava ali, e falando com eles, lhes dizia, apontando-lhes os montinhos da farinha: irmão gato (assim o tratava, e mais ao companheiro), eu hei de estar tantos dias fora, aqui ficam estas rações para vós outros ambos; uma para cada dia, e esta última a haveis de comer depois que eu aqui chegar; e assim o faziam; e assim o depôs a testemunha André Gomes, que sendo rapaz, acompanhava ao servo de Deus nas saídas, que fazia à doutrina das Missões, e aldeias, dizendo, que vindo muitas vezes de fora com ele, completos os dias, achavam ainda a última ração, e na mesma forma em que ficara, a qual, com a sua chegada, chegando-se também a ela os dois companheiros, então a comiam.

40. Estas viagens do servo de Deus, em as quais se detinha aqueles dias, eram comumente para as aldeias dos gentios, que habitavam por aqueles arredores das Vilas do Espírito Santo, que depois de tantas, e tão continuadas guerras, e destroços, como ficam referidos alguns na sua fundação, viviam já em paz por este tempo com os portugueses, mas ainda não agregados ao grêmio da Igreja, e a estes se terminavam as visitas do servo de Deus, Fr. Pedro. Ali se detinha entre eles alguns dias, catequizando a uns, batizando a outros, em especial aos meninos, e crianças, e fazendo em todos admiráveis frutos de conversão; e este era um dos maiores empregos do seu abrasado, e apostólico zelo. Ele foi o primeiro pregador, e anunciador do Santo Evangelho, que tiveram os gentios desta capitania, na qual ele só por muitos anos foi o maior instrumento da conversão de muitos, não só para a Igreja, também para a mais fixa, e verdadeira amizade com os portugueses; porque, suposto que já quando no ano de 1558 chegou ao Espírito Santo Fr. Pedro, tinham nesta Vila uma residência os PP. Jesuítas desde o ano de 1551, e nela, religiosos de assistência, havendo alguns sete anos, ainda não haviam até este tempo dado princípio à conversão do gentio. Não é discurso este da nossa vontade, é expressão de duas testemunhas, que assim o expõem com esta explicação no instrumento jurídico, que já dissemos se tirou na mesma Vila. É a primeira, Amador de Freitas, Capitão da Aldeia de Reretiba, e morador em Vila Velha, de idade de sessenta e nove anos: – *Disse que conhecera ao P. Fr. Pedro, religioso leigo, da Ordem de S. Francisco, haverá cinquenta anos, nesta capitania, o qual era tido de todos por varão santo, e de muito exemplar vida, andando pelas aldeias desta capitania, aonde ainda então não residiam Padres da Companhia, e batizava, e doutrinava aos índios, ensinando outrossim a doutrina cristã pelas ruas, etc.* A segunda é Nuno Rodrigues, morador na Vila do Espírito Santo, homem de idade de cento e dois anos, e adverte a leitura do tal instrumento, que tendo toda esta idade, estava em seu juízo perfeito, e andava ainda pelas ruas por seus pés, e bem-disposto, indo todos os dias ouvir missa, e tratando com quem lhe convinha: – *Disse, que conheceu aqui na Vila do Espírito Santo ao P. Fr. Pedro, religioso leigo da Ordem de S. Francisco, haverá cinquenta anos, ao qual tratou particularmente, e lhe disse que era castelhano de nação, natural de Medina do Rio Seco, perto de Salamanca, e o viu ordinariamente andar pelas ruas, ensinando a doutrina cristã aos meninos, e a todos, e o mesmo ia fazer pelas aldeias dos índios, aonde ainda não residiam religiosos da Companhia, senão aqui na Vila, e lá nas ditas aldeias batizava aos índios, que se convertiam à fé católica, e era mui zeloso da salvação das almas.* Este é o dito destas duas testemunhas, acaso expressado por elas, e muito a propósito para justificar, que se Fr. Pedro não foi o primeiro religioso, que chegou à capitania do Espírito Santo, porque

antes dele chegaram outros; foi o primeiro pregador, e anunciador do Santo Evangelho, que deu o conhecimento da fé, e luz da verdade católica ao gentio da terra; porque não perdessem os filhos de Francisco esta primazia nas conquistas do Brasil, ainda quando não são os primeiros, que a elas chegam.

41. Não só os índios das aldeias, e moradores das Vilas do Espírito Santo, e Vitória participavam da saudável doutrina do servo de Deus; também saía a comunicar este espiritual pasto aos colonos católicos de outros lugares, e povoações vizinhas. A uma, chamada o Engenho de Tocoari, visitava muitas vezes, e queixando-se-lhe os moradores de padecerem continuadamente o achaque de febres, e sezões, pela umidade, e intemperança do sítio, de que perigavam uns, e outros ficavam com os ruins efeitos, que este impertinente mal, a que chama vulgarmente maleitas, costuma deixar, e das quais morriam muitas crianças, lhes dizia Fr. Pedro, com a sua santa singeleza, e graça divina de dizer: Quereis que o mal fuja do lugar, fazei aqui uma capelinha de S. Francisco, que há de o santo alcançar de Deus, e permitir o Senhor, que este inimigo não possa tornar aqui, nem vos há de perseguir. Isto lhes dizia algumas vezes o servo de Deus, e eles assim o vieram a experimentar; porque feita com brevidade a capelinha do santo patriarca, desde então até o presente, nenhum mais enfermou daquele achaque.

42. Em certa monção, chegou ao Porto do Espírito Santo um navio de Lisboa, e topando-se o servo de Deus com Gomes de Ávila, que ali morava, lhe perguntou se tivera boas novas do reino (era este homem de lá natural), e dizendo-lhe que sim, acrescentou Fr. Pedro, e que feito há de umas velas, que sua mãe manda para Nossa Senhora? Ao que o homem respondeu, não sabia de tal; e Fr. Pedro lhe tornou, que sua mãe mandara do reino umas velas para a Senhora da Pena; e assim era, porque ele as entregou depois; e adverte este mesmo, como testemunha, que o não havia dito a alguém; para que com as mais graças, e dons da sua alma mostrasse lhe tinha Deus comunicado também o conhecimento do passado, e ainda a previsão do futuro no que se segue.

CAPÍTULO XII

Do santo fim, e fama gloriosa do servo de Deus, Fr. Pedro de Palácios; e trasladação dos seus ossos.

43. Com estas, e outras obras admiráveis do seu espírito, com o exemplar da sua vida, e a grande caridade para com os próximos era o servo de Deus, Fr. Pedro, tido por todos que o conheciam, e tratavam, por varão de Deus, homem santo e, como tal, querido, e venerado daquele povo com muito singular, e reverente estimação; e tudo isto lhe quis confirmar o mesmo Senhor, concedendo ao seu fiel servo o conhecimento antecipado da sua morte. Alguns dias antes, saindo ele do retiro do monte à Vila, ao despedir-se de alguns seus devotos mais particulares, perguntando-lhe estes quando havia tornar, lhes respondeu que lhe parecia não tornar mais ali. E porque eles mostraram entender que falava assim com inteligência de ser chegado o tempo da sua morte, lhes tornou dizendo, que ele havia pedido a Deus, que o não matasse enquanto não fizesse a festa da Senhora da Pena; e assim aconteceu, porque, fazendo-se na segunda-feira a festa da Senhora, na quarta desceu do monte à Vila o negrinho, que com ele assistia, com a notícia de que o P. era falecido.[151]

44. Concorreu para o Monte em numerosa multidão o povo da Vila, e acharam o seu cadáver de joelhos, encostado ao altar da capelinha de S. Francisco, sua comum habitação, com as mãos levantadas ao céu, como quem orava, e para onde podemos crer voara sua alma, e junto a ele o animalzinho gato, seu fiel companheiro: com lágrimas, e suspiros, e um geral sentimento de todos, depois de lhe beijarem enternecidos os pés, lhes deram sepultura no alpendre, ou copiarzinho da ermida da Senhora da Pena, junto ao portal que entra para ela, aos dois de maio do ano de mil quinhentos e setenta.

45. Por morte do servo de Deus, Fr. Pedro, conforme consta da escritura já referida da doação da dita capela aos religiosos Menores, ficaram com a administração dela os donatários da terra, e para o cuidado, e culto os Irmãos

---

[151] A festa de N. Senhora da Penha é celebrada no santuário de Vila Velha, na segunda-feira depois da Pascoela, dia antigamente dedicado aos Sete Prazeres de Maria Santíssima. Esta vem a ser a invocação litúrgica que, desde o tempo de Fr. Pedro Palácios, se festeja em Vila Velha, segundo atesta Fr. Antônio de Piedade, dizendo que Fr. Pedro Palácios "todos os anos celebrava a festa da Senhora, com grandes júbilos, na segunda-feira depois da *Dominga in Albis*, dia consagrado pela Igreja aos seus prazeres" (WILLEKE, 1977a, p. 35-37).

da sua Confraria, sendo o principal destes um Nicolau Afonso, homem rico, e particular devoto de Fr. Pedro, a quem sendo ainda vivo o servo de Deus havia rogado com instância tomasse a seu cargo a Capelinha da Senhora para a melhorar de fábrica, e acrescentar de obra; e este mesmo devoto, depois da morte de Fr. Pedro, não se esquecendo do que lhe havia pedido ele, fez de novo a Capelinha da Senhora na forma em que estava, quando se entregou aos nossos religiosos. Assim o depõem algumas das testemunhas do referido sumário da sua vida. Esta reforma da Capelinha se fez no mesmo lugar da primeira, sem mudança mais que na perfeição da obra.

46. Passados trinta e nove anos (1609), sendo Prelado maior desta Custódia, segunda vez, o Irmão Fr. Leonardo de Jesus, como zeloso de que a memória do servo de Deus, Fr. Pedro, ficasse mais viva no coração dos seus devotos, e confiado em que sem dúvida o Senhor para a conservar firme nos vindouros não deixaria de o mostrar com os novos prodígios na trasladação dos seus ossos, ordenou ao Guardião do Convento da Vila da Vitória Fr. Antônio da Estrela, fosse à Ermida da Senhora da Pena, e dela os trasladasse para o dito Convento. Aos dezoito de fevereiro de mil seiscentos e nove, o Guardião com alguns religiosos mais passaram da Vitória para a Penha, e aberta a sepultura do servo de Deus, dela foram tiradas as suas relíquias: os ossos limpos, e a calvaria com os seus miolos inteiros, e secos, sem corrupção alguma, um pedaço do cordão, e outros do hábito.

47. Uma memória que vimos, tirada do arquivo de Santo Antônio de Lisboa, escreve, que no cuidado de se fechar esta sepultura se gastaram três dias, diligência sem dúvida escusada; porque a mesma diz, como assim é, que o corpo da Capelinha está todo em rocha viva; e só no alpendre, ao entrar da porta principal da mesma Capelinha, havia uma gruta a modo de sepultura,[152] que ao fazer da Capela se encheu de terra, e nesta é que foi metido o seu corpo, para ele sem dúvida guardada pela Providência desde o princípio; pois naquele coruchéu, ou Penha superior, onde está fundada a dita Capela, por ser, como fica dito, toda em pedra viva, não havia mais terra que esta, com que se encheu aquela gruta, ou cova; e assim era impertinência buscá-la em outra parte. Também tinha pouco que esquadrinhar esta sepultura, pois era tão patente; e não havendo ainda quarenta anos completos da morte do servo de Deus, e muitas pessoas vivas, que assistiram ao seu enterro, e a fama dos seus prodígios, que a não podiam ter muito oculta, sendo ali continuamente buscado para as suas necessidades pelos de fora, e da Vila. Outro registro ha-

152 [Jaboatão] Hist. Seraf., t. 4, p. 48, nº 91 [nota ed.: SOLEDADE; ESPERANÇA, 1656].

via mais notório para se não duvidar onde jazia o corpo do servo de Deus, e era a campa, ou pedra, que sobre ela estava assentada, e com a inscrição, que logo veremos. O certo é, que na diligência de se achar a sua sepultura, se não pôs cuidado algum. Maior o devia haver em se executar aquele ato com mais cautela; mas, ou fosse beneplácito do Senhor, para maior crédito do ser servo, e confirmação da sua santa opinião, e boa fama, ou porque se não cuidasse no seu resguardo, o concurso do povo foi igual à sua devoção; porque se achou o monte ocupado de toda a sorte de gente sem distinção de pessoas. De todos foram veneradas, com lágrimas de devoção, e júbilos da alma, as defuntas relíquias, não como despojos tristes da morte em comum, mas como insígnias gloriosas da imortalidade, e bem-aventurança nos justos.

48. Entre tantos alvoroços de prazer, e alegria, não deixou de haver algum dissabor, ou desconsolação espiritual naquele povo da Vila Velha do Espírito Santo, que com lágrimas, e razão rogavam aos religiosos os não quisessem absolutamente privar de um tal tesouro, do qual por tantos anos estavam de posse, e de que para o lograrem tinham da sua parte o beneplácito de Deus, que de tão longe trouxera à sua terra aquele bem, o serviço, e honra da Senhora, em que ele tanto se havia esmerado em sua vida, e com assistência do seu corpo ali seria continuado com o mesmo afeto de todos, e à vontade do servo de Deus, que nele quis escolher o descanso para o seu corpo.

49. A estas arrazoadas queixas do devoto povo satisfez facilmente o Prelado, com o discurso de que o primeiro intento dos religiosos não era privá-los daquele bem, e consolação, era sim pretenderem dar àqueles venerandos ossos mais decente jazigo, e tê-los em sua companhia, não só como a despojos comuns de Irmão, mas para a decência, e culto devido aos merecimentos do servo do Senhor, o que tudo se conseguia melhor no Convento da Vila da Vitória, onde, como era maior, e mais frequente o concurso do povo, também seria mais pública, e contínua a veneração das suas relíquias, das quais deixaria ali também algumas, para desafogo, e objeto da sua piedade, do que não consta, se assim como se prometeu fora executado. Com isto se deram por satisfeitos, e com novos alvoroços de devoção se fez aquele ato de transferir os ossos do servo de Deus do Monte da Penha para o Convento da Vitória, sendo levados em procissão solene aos ombros dos principais do povo, com um numeroso concurso de ambas as Vilas, entre muitas luzes, e cânticos sagrados, e recolhidos em um túmulo de pedra lavrada na Capela do Seráfico Doutor S. Boaventura, deixando para memória de que a sepultura da Penha fora jazigo primeiro do corpo de Fr. Pedro de Palácios, sobre ela a

mesma campa de pedra, que antes tinha, e que já apontamos com a seguinte inscrição:

Sepultura do santo Fr. Pedro Palácios, natural do Rio Seco em Castela, fundador desta ermida, que assim na vida, como depois da morte, floresceu com milagres. Faleceu na era de 1570.

50. Assim como não quis o Senhor que a trasladação dos ossos do seu servo se fizesse com o silêncio que se devia, assim permitiu que ao toque deles se renovasse na terra a fama dos merecimentos, que lograva no céu. Achava-se gravemente enfermo de febres contínuas o Irmão Corista, Fr. João dos Anjos, em o mesmo Convento da Vila da Vitória, e tendo tomado alguns remédios sem efeito, lhe agravavam mais o achaque; e indo naquele mesmo dia o Guardião aonde estava o enfermo, e levando um dos ossos do servo de Deus, lhe lançou ao pescoço, advertindo-lhe, que se encomendasse com fé viva a Deus na proteção do seu servo, e que esperasse ter melhora, a qual o enfermo logo conseguiu. Com a fama deste prodígio concorreram logo outros vários a pedir relíquias dos ossos, que sendo-lhes dadas, sararam todos. Na mesma ocasião Duarte de Albuquerque de uma enfermidade grave, que se não explica no processo; e nos dias seguintes, João Gonçalves, a mulher de Lourenço Afonso, e uma menina sua, e Gomes Fernandes, todos estes, e outros mais, por depoimentos seus próprios, e de várias testemunhas, sendo uma destas Fr. João da Assunção, que depõem o milagre do religioso enfermo, sendo ele nesta ocasião o Presidente do convento da Vitória, e presenciou o caso. Todos estes e outros semelhantes constam por depoimento das testemunhas referidas no alegado instrumento, sendo três destes o mesmo Lourenço Afonso, Gomes Fernandes, e Fr. João da Assunção, o qual, além da milagrosa saúde do religioso enfermo no Convento da Vitória, depõe que achando-se depois assistente no do Rio de Janeiro, indo em um dia visitar a Gaspar da Cunha, que se achava enfermo gravemente de febres na cidade em casa de Baltazar de Serás, e pedindo o enfermo ao dito padre algumas relíquias do servo de Deus, Fr. Pedro, que ouvia dizer obrava com elas muitos prodígios, e lançando-lhe uma ao pescoço, que era dos seus ossos, incontinente ficou livre o enfermo daquele mal. De outros semelhantes dizem as mesmas testemunhas ouviram falar obravam os ossos do servo de Deus, sarando com aplicação deles muitas pessoas de várias enfermidades, e especialmente de febres, e sezões, de que o servo do Senhor, naquela capitania, é particular advogado, tomando dos seus ossos algumas relíquias desfeitas em água, ou trazendo-as ao pescoço. Com estes prodígios, e maravilhas, quis confirmar o Senhor os merecimentos do seu servo, pelos quais não só nos certificamos da bem-aventurança da sua alma no céu, mas

também a de o podermos venerar na terra entre os varões santos, como a um deles; porque é certo que os milagres, e prodígios nos servos de Deus, se a não fazem, mostram neles a sua santidade. A esta podemos por conclusão ajuntar o grande testemunho de outro servo do mesmo Senhor, o seu grande operário nesta mesma vinha do Brasil, o venerável padre José de Anchieta, da Sagrada Companhia de Jesus, que em uma carta sua escrita no ano de 1572, e se guarda em Coimbra no Cartório do seu Colégio, diz estas palavras, falando de Fr. Pedro de Palácios.[153] *Varão Evangélico, que viveu, e morreu santamente.*

CAPÍTULO XIII

De outros missionários seráficos, que por estes tempos vieram ter à Bahia, S. Paulo, e Pernambuco, e do que obraram nestes lugares.

51. Sem nos assignarem tempo, nem como, nos dizem algumas notícias viera ter à cidade da Bahia um religioso da Seráfica Família. Foi tão bem aceito do seu povo, e lhe serviu de tanto aproveitamento para as suas almas, e utilidade espiritual de todos, que reconhecidos a este benefício, e em gratificação dele, e do amor, que lhes tinha, querendo perpetuar naquela cidade a sua companhia, o ajudaram a edificar uma capelinha em honra do seu Seráfico Patriarca, em que viveu, e assistiu, o tempo, que com eles tratou, de que não há certeza também; mas que nela lhes administrava os sacramentos da Igreja, nele buscavam a sua espiritual consolação, e dali saía, depois de lhes pregar as verdades católicas, a visitar os enfermos, a comunicar-lhes outros bens, e alívios para as suas almas, e conforto de outras tribulações desta vida. Não achamos deste religioso mais individual notícia, e só que vindo depois os nossos fundar Convento a esta cidade,[154] rejeitando o sítio que lhes davam, chamado o Monte Calvário, onde hoje está o dos Religiosos Observantes de Nossa Senhora do Carmo, fizeram eleição do lugar, e Capelinha de S. Francisco, residência primeira deste apostólico missionário (o qual diz o Cartório desta Província no título da Casa da Bahia, era o tal religioso de nação espa-

153 [Jaboatão] Agiol. Lusit. t. I, p. 439, lit. g. no comment. a 18 de Fever [nota ed.: CARDOSO, 1666].

154 [Jaboatão] Gonzag. De orig. Ser. Relig., p. 4, p. 1362 [nota ed.: GONZAGA, 1587].

nhol), aqui deram princípio à sua fundação, com o mesmo título do Seráfico Patriarca, que é o próprio lugar, onde ao presente está o Convento.[155]

52. Outros dois religiosos Menores vieram por estes tempos, salvos de um naufrágio, tomar terra na ilha que por este sucesso chamam dos Frades, no recôncavo da mesma Bahia, sete léguas à parte do Norte, onde, com outros portugueses, foram comidos pelo gentio da terra.

53. Na volta que fazia o General Diogo de Flores Baldés do Estreito de Magalhães (1583), aonde fora com armada por ordem de Filipe I em Portugal, tomando o porto de S. Vicente três, ou quatro religiosos castelhanos, que consigo trazia, saltaram em terra, e supondo teria o General ali detença larga, arrebatados de veemente impulso, e fortaleza de espírito, com desejos de se empregarem na conversão do gentilismo, deixando os lugares vizinhos a S. Vicente, e subindo as fragosas Serranias da Piratininga, buscaram a Vila de S. Paulo, hoje cidade populosa, e capital de toda a Província de S. Vicente, e Santos, e a pouca distância da sua povoação, na Ermida da Senhora da Luz, às margens do Rio Guaré fizeram pausa das compridas jornadas que traziam, e deram princípio à sua missão, que este era o destino, que os trazia da Europa a estas partes. Aqui, para onde os guiou maior providência, cumpriram a vontade do altíssimo, exercitando-se na conversão dos naturais índios, e outras obras de caridade com os seus habitadores no decurso de dois anos, que ali assistiram.

54. A um destes, de profissão leigo, e no zelo apostólico, chamado Fr. Diogo, de vida exemplar, e santa simplicidade, quis dar o céu aqui mesmo, o que negou aos outros. Era o seu comum exercício, com a refeição espiritual, que comunicava a todos, tirar também as esmolas para sustentar-se a si, e aos companheiros. Neste trabalho lhe sobreveio o encontro de certo homem, que sendo na milícia soldado raso, era por blasfemo ministro do inferno, perjuro à Lei de Cristo, e público difamador do estado eclesiástico, com escândalo notável do povo, e ofensa grave de Deus. Acaso se achou Fr. Diogo a um ato destes, andando na petição das suas esmolas, ou porque chegasse já em ocasião que o homem estava neste mau, e contínuo exercício, ou porque o tal o buscasse de propósito, pelo ver religioso de boa fama, e conhecida virtude, inveja que comumente causa nos maus o exemplo dos bons. Como um destes, e zeloso da fama do próximo, da veneração, que se deve ao estado eclesiástico, e muito mais daquela alma tão perdida, com palavras humildes, mas profundas, com admoestação severa, mas amorosa, advertiu ao blasfemo o mal que

[155] VAT, 1952, p. 136.

fazia, pedindo-lhe da parte de Deus, que o não ofendesse tão gravemente, que tivesse emenda daquele enorme defeito, e não quisesse ver executado em si um exemplar, e rigoroso castigo da poderosa mão de Deus, como o haviam experimentado outros por semelhante culpa. Mas aquele perdido homem, cheio de um furor infernal, mais aceso em ira de vingança, não só continuou na prática do seu erro, também ameaçou com a morte temporal ao que da eterna o pretendia livrar.

55. Seguem os vícios na oposição, às virtudes; e assim como estas vão umas atrás das outras, até subirem o justo ao maior cume da perfeição; assim aqueles, uns arrastam aos outros, até porem ao pecador no último despenhadeiro da maldade. Era o homem, sobre blasfemo, facinoroso, e um agregado de abominações; e estas o levaram ao último precipício, que teve de mais agravante o ser mui considerado. Porque ao outro dia recolheu-se Fr. Diogo para a sua Estância da Ermida da Senhora da Luz, com a esmola, que havia tirado, à margem de um regato, que entre ela, e a povoação corre, lhe saiu ao encontro o perverso soldado, e depois de afrontar ao bom religioso com muitas injúrias, e opróbrios, que ele ouviu alegre, e com os joelhos em terra, e as mãos levantadas ao céu, lhe pedia perdão, de que se desse por agravado do que lhe havia dito para o seu bem, com repetidos golpes, e mortais feridas lhe tirou a vida.[156]

56. Causou no povo particular sentimento a sua morte, tanto pelo desastre dela, como pelo amor que tinham àquele religioso. Seu corpo foi conduzido pelo R.P. Prepósito da Sagrada Companhia, com grande concurso de toda a Vila, e no seu Colégio com todas as honras foi sepultado. Além do que supomos deu o Senhor à sua ditosa alma no céu, pelo particular zelo com que defendeu a sua honra, e dos seus, quis também mostrar na terra, por virtude do seu corpo, o prêmio dos seus merecimentos; porque certa mulher da mesma Vila, tendo já desesperado dos remédios humanos para um fluxo de sangue, que havia muitos anos a molestava mortalmente, recorreu aos divinos, por meio do servo do Senhor, Fr. Diogo: e indo à igreja do Colégio, sentando-se com grande confiança sobre a sua sepultura, se levantou do lugar sã, e livre de fatal moléstia, acrescentando-se com este prodígio a opinião, e boa fama da santidade, e virtude daquele religioso, que sem dúvida estará rubricado com o seu inocente sangue em o número dos mártires do Senhor. De todo o referido tirou um sumário autêntico o M.R.P. Provincial de Nossa Senhora do Carmo, Fr. Jerônimo, do qual nos não dá mais conhecimento quem escreveu

156 Frei Diogo de Guiso, OFM, não era irmão e sim sacerdote (VAT, 1952, p. 152; ILHA, 1975, p. 73s.; SALVADOR, 2010, p. 128).

esta notícia, nem tampouco do ano em que aconteceu a morte deste religioso, nem o em que se tirou aquele processo, e adonde se guarda, ou porque via, e como lhe veio a notícia dele.

57. Pelos anos de mil quinhentos setenta e sete, estando de assistência na Ilha da Madeira o P. Fr. Álvaro da Purificação da Regular Observância de Portugal, e sendo chamado ao reino pelo seu Provincial o R.P. Fr. Diogo de Gerais, por impulso de ventos contrários foi ter ao porto de Pernambuco, e Vila de Olinda. Era pregador dos famosos de seu tempo, e esta prerrogativa, com o seu grande espírito, e zelo da salvação das almas, conciliou de tal sorte a vontade daquele povo, que não podendo consentir se ausentasse deles, lhe rogavam quisessem ficar em sua companhia, e aceitar para a sua religião fundar ali convento, para o que lhe oferecia já, ou mostrava desejo disso, uma devota mulher, chamada Maria da Rosa, a Igrejinha, e Casa da Senhora das Neves, que havia fundado com intentos de a dar aos religiosos Seráficos, quando ali chegassem, como depois o fez aos nossos Padres Reformados. Não podia o P. Fr. Álvaro por si só fazer aquela aceitação, e assim a propôs aos seus Prelados, dos quais não só teve repulsa a sua proposta, mas juntamente preceito para que voltasse à sua Província; o que executou, deixando com bom exemplo da sua vida, sobre edificados mui saudosos aqueles moradores.[157]

CAPÍTULO XIV

Dá-se princípio ao breve resumo do que mais obraram os religiosos Menores nas partes do Brasil desde o ano de 1585 até o presente.[158]

58. Assim foram continuando nesta espiritual conquista os Frades Menores até que no ano de 1585, deixando já de ser luzes errantes neste novo Orbe, se fizeram nele estrelas fixas, com a posse, e fundação do seu primeiro convento em a Vila de Olinda, e dilatando-se daqui para o norte deste a capi-

---

[157] Maria da Rosa prestara aos jesuítas de Olinda bons serviços de catequista e intérprete nas confissões dos índios (Anais da Biblioteca Nacional, 1936, p. 9s.; VAT, 1952, p. 112-123), até que o primeiro bispo da Bahia proibiu o emprego de intérpretes nas confissões (LEITE, 1961, p. 424s.). Outros autores que tratam das missões esporádicas de 1500 a 1583: Holzapfel (1909); Romag (1940); Willeke (1974a, p. 19-32).

[158] Jaboatão continua, desde logo, a atividade missionária dos Franciscanos, em vez de introduzir o leitor na fase mais importante das missões franciscanas, iniciada com a fundação da custódia de Santo Antônio do Brasil em 1584.

tania até a do Rio de Janeiro ao Sul, fundaram nesta distância, que compreende mais de trezentas léguas de costa, vinte e dois conventos no decurso de setenta e cinco anos, desde o de 1585 em que se fundou o primeiro em Olinda, até o de 1660 no qual se lhe pôs o fim com o da Alagoa, que foi o último, além de muitas Missões, ou Doutrinas pelos lugares mais remotos, e desertos dos sertões, dos quais, depois de separada a do Rio de Janeiro desta Província, ainda conserva treze delas, distando alguma pelo Rio de S. Francisco acima, cem, duzentas, e trezentas léguas, com as quais fundações se foi continuando com o espiritual cultivo desta conquista, com o fruto, e aproveitamento de tanta multidão de almas, assim dos mesmos católicos, como de inumeráveis gentios, convertidos à fé, aldeados, e imbuídos nos dogmas da igreja, e conservados nela à custa de fadigas, trabalhos, e ainda perseguições, não só dos bárbaros, em que alguns dos religiosos perderam a vida, como fica referido, também com detrimento da reputação, e crédito, aborto da inveja de pessoas, que pelo seu estado não estavam menos obrigadas a fazer boa sociedade ao cultivo desta seara que à conservação recíproca, e religiosa união, para o seu maior, e espiritual aumento, sem atenção, ou só respeito ao temporal, de que os Frades Menores, por sua profissão, não têm cuidado, e só como o mostraram sempre, da conservação, e aproveitamento espiritual do bárbaro gentio. Destas contradições lhes sobrevieram logo algumas ao segundo, e terceiro ano da fundação de Olinda, cresceram com excesso nos seguintes na da Paraíba, e se aumentaram em grande maneira mais adiante na de S. Paulo. Das que houve em Olinda tocaremos em seu lugar por serem de menos escrita, e ficarem lá mais correntes. Das outras, como mais difusas, e de maior vulto, e nos não embaraçarem depois o fio da história, as pomos neste lugar. E porque não pareça que escrevemos com pena apaixonada, ou encarecida, iremos trasladando, adonde for necessário, o que por outras achamos escrito enquanto ao muito que trabalharam, e padeceram os religiosos Menores, sobre a doutrina dos gentios naqueles primeiros tempos, nos seguintes relatórios, feitos por religiosos contemporâneos a eles, e que presenciaram o que escrevem.

RELATÓRIO I

Do que passaram os Religiosos Menores na Paraíba sobre as doutrinas dos índios.[159]

59. Primeiramente, depois que Fr. Melquior de Santa Catarina veio a estas partes do Brasil, entendendo o muito fruto que os religiosos nelas fariam, e grande serviço a Deus Nosso Senhor, assim pela falta, que cá havia deles, como também pela particular devoção que havia provado com a continuação de alguns anos, que haviam passado, insistindo em a petição, a qual como viessem cumprida, pretenderam ficassem os religiosos em a terra, para cujo efeito os ajudaram com suas esmolas para se fazer casa. O que Fr. Melquior vendo, como digo, enviou a Fr. Francisco de S. Boaventura ao reino (1587) a pedir religiosos para novas povoações, e como os religiosos que trouxe o dito Fr. Melquior eram poucos, só pretendeu as duas principais do Estado, que eram a Bahia, e Pernambuco. Sem embargo, que todas as mais pediam com muita instância religiosos, a que se satisfazia com esperanças dos que viessem. Neste meio-tempo (1588) chegou Fr. Antônio de Campo-Maior com mais cinco religiosos. Eram já recebidos alguns noviços, e feito Profissão, pelo que se via cópia para poderem prover outras partes. Principiava-se neste tempo uma povoação em a Paraíba, terra del-Rei, à qual, por recado de Filipe I, se haviam mandado religiosos, (1589) assim para morarem em a cidade com os brancos,[160] como também para doutrinarem os índios, e os instruírem em a santa fé. E posto que já os PP. da Companhia tinham igreja em uma aldeia do Braço de Peixe,[161] todavia, ficavam cinco, que nunca os ditos padres quiseram aceitar; as quais, tanto que viram os nossos religiosos, de suas próprias vontades, sem os ninguém constranger, pediram, queriam, que nós os doutrinássemos, declarando, que posto que ao presente, pela continuação das guerras, que entre mãos traziam, eles se não podiam logo fazer cristãos, que lhes doutrinassem seus filhos, que eles pelo tempo fariam o que os religiosos quisessem; e isto, porque o nosso modo lhes parecia muito acomodado ao que pregávamos, dizíamos, e pretendíamos; convém a saber salvar almas,

---

[159] Sem respeitar a ordem cronológica das fundações missionárias franciscanas, o autor começa com as da Paraíba, às quais precedeu a catequese nas aldeias vizinhas a Olinda e nas de Igarassu a saber, Itapissuma, Itamaracá e Ponta de Pedras (ILHA, 1975, p. 116-142).

[160] [Jaboatão] Frei Melquior.

[161] Braço do Peixe era também chamada Piragibe, atual Ilha do Bispo.

nem fazermos caso das coisas da terra. Abalaram-se os índios doutrinados pelos Padres da Companhia, e pediam-nos também os quiséssemos doutrinar; o que não quiseram os nossos frades aceitar, antes lhes disseram, tinham bons pastores; mas que a outros, que não tinham doutrina, eles aceitariam: e fazendo logo igrejas, os começaram a doutrinar com muito aplauso, assim dos mesmos índios, como também dos brancos, que sumamente se alegravam com isso, por então se terem por seguros; porque até àquela hora estavam mui receosos de os ditos índios se irem para os sertões, e os deixarem em poder dos seus inimigos, e com isto ficaram seguros, e entregando os principais os filhos aos religiosos para a certeza do que diziam. (1590). Era tão grande a alegria dos índios, que quando os religiosos iam de umas aldeias para outras, muito longe os saíam a receber com danças, assim homens, como mulheres, varrendo os caminhos por onde eles haviam passar, pondo-se de joelhos para lhes tomarem a bênção, chamando-lhes pela sua linguagem *Padzu* que quer dizer, pai, ou pais. Em o primeiro ajuntamento que fizeram, (1590) todos os principais em terreiro, tratando, que pois eles, como já tinham dito, não podiam corresponder com as obrigações da Igreja, que já tinham, entregassem seus filhos aos padres, para o que mandaram chamar ao Guardião Fr. Antônio de Campo-Maior, e depois de darem muitos agradecimentos, e mostras com palavras de alegria, que recebiam, se desculparam de logo não desistirem de seus ritos; mas, que daquela hora por diante lhes haviam por entregues seus filhos, pedindo lhos ensinassem, e castigassem, como faziam aos filhos dos brancos. Continuou-se neste exercício dois anos (1593), não se fazendo força, mais que aos moços, fazendo doutrina pública pela manhã (dita primeiro missa muito cedo), e à noite. Afeiçoaram-se tanto os filhos aos frades, que em nenhuma maneira se apartavam deles, e tanto, que quando, em razão de doutrinarem as outras aldeias distantes, os religiosos se abalavam da casa, que tinham em as fronteiras, todos se iam após eles; e juntamente com isto incitavam aos pais, até que os obrigavam a juntamente com eles irem à doutrina, em forma que em menos de seis meses, não ficava velho, homem, ou mulher, que todos os dias não fossem à doutrina. Logo começaram alguns a pedir o batismo, a que se não deferiu, por algumas razões. A primeira das quais foi, para com mais desejo, e ânsia o pretenderem; a segunda, porque ainda havia pouco tempo que tinham comido carne humana. Assim os foram entretendo dois anos, em cujo tempo mais crescia o fervor, não obstante que neste meio-tempo nenhum índio morreu, que não fosse cristão batizado *in extremis*, cujas mortes não menos causavam de alegria em os ministros dos sacramentos, que inveja; do que resultavam grandes louvores, que todos davam a Deus Nosso Senhor, vendo-se mais isto em os brancos, que conheciam a soberba arrogância de muitos principais, os quais, vivendo em sua gentilidade, tinham senhoreado muitas povoações de seus inimigos, pondo a ferro, e fogo todo o gênero de gente contrária, e por derradeiro em a hora da morte tanto arrependimento, pedindo a Deus perdão, e juntamente o batismo, passavam desta vida; não usando já em seus enterramentos de suas costumadas brutalidades. Era tanta a fé, que tinham em os religiosos, que à hora de sua morte lhes encomendavam suas mulheres, e filhos, para que eles os casassem, encomendando-lhes, nada fizessem sem seu parecer, e mandado. Não parava isto aqui, senão que ainda em suas contendas se punham em as mãos dos padres; e quando um muito apertado, e afrontado se via com outro, dizia: eu o direi aos padres; tinha tanta força este ameaço, que logo a parte contrária desistia do seu intento. Tinha-se isto em muito; porque naturalmente os índios são vingativos, e muito contra o seu humor podem sofrer algumas afrontas, especialmente o adultério que sobretudo sofrem muito mal; e até isto não castigavam, antes se satisfaziam com a repreensão, e castigo, que lhes davam os padres, sem depois se falar nisso, sendo cousa, sobre que de antes se matavam, e comiam. Com estas, e com outras muitas mostras, os religiosos se animavam muito, e ocupavam em doutrinar os índios como digo, não fazendo mais cristãos, que os moços até a idade de vinte anos, nestes dois anos. E como o diabo sofre mal semelhantes obras, maiormente quando vê tanto ganho a Deus, e perda sua, usando de suas obras, e invenções, interrompeu o fio, ordenando, que entre os índios que doutrinavam os padres da Companhia,[162] e os nossos, houvesse divisão, de maneira que cada qual das cabeças pretendia adquirir à sua parte mais gente, do que resultou inquietação nos religiosos, donde procedeu que o governador da Paraíba, Frutuoso Barbosa, pretendendo atalhar alguma dissensão, avisou a Sua Majestade, ao que el-Rei respondeu com a forma seguinte.

Por quanto por Frutuoso Barbosa fui avisado, que entre os religiosos de S. Francisco, enviados a essas partes por meu mandado, e os padres da Companhia, havia diferenças, do que resultava escândalo entre os novos cristãos, vos mando, que tirada inquirição, e achando que os padres de São Francisco são os culpados, os concertareis, em forma, que não haja matéria de escândalo; e se os padres da Companhia, os despedireis, para nunca mais tornarem a morar a essa Capitania, e os ditos religiosos de S. Francisco doutrinarão todo o gentio, o que favorecereis em tudo o que vos for possível, etc.

Esta é a forma da carta sobre este particular; mas há-se de advertir, que já eram passados quatro anos (1593); e posto que estas contendas duravam,

[162] LEITE, 1956, p. 505.

não havia falta nenhuma em a doutrina, antes ia em muito crescimento, e já havia a maior parte dos índios cristãos, dos grandes. Logo que o capitão Feliciano Coelho de Carvalho despediu os Padres da Companhia (1593), os nossos religiosos aceitaram as aldeias dos Padres, e Fr. Melquior, Prelado, que ainda então era, proveu as ditas aldeias, e os religiosos correram com suas obrigações, como em as primeiras, e logo todos os índios ficaram muito quietos, e sem nenhum alboroto. Estavam ainda muitos índios por fazer cristãos, os quais com muita instância apertavam os religiosos os batizassem, e os religiosos o faziam a uns primeiros que aos outros, conforme a disposição, e aparelho que neles se via; de modo que em dois anos seguintes, depois da entrega das aldeias dos Padres, assim nelas, como nas nossas, não ficaram cinquenta, que não fossem cristãos, sendo mais de duas mil almas. Crescia juntamente o número dos cristãos, a devoção em os moços, criados com os nossos de pequenos, que já homens sustentavam o peso, e governo das aldeias, mandando quietar os pais velhos; e como eles já tinham muito uso de nossa companhia, em toda a maneira aborreciam os ritos antigos, tanto, que, sendo eles filhos, pediam fossem os pais castigados, quando se achavam compreendidos em algum erro gentílico, tendo tanta obediência, que, se por festa se juntavam a beber, por não se embebedarem os religiosos lhes mandavam não bebessem mais, logo se abstinham, sem mais ir por diante. Alguma vez se acertava, que os tomavam em tempo, que o vinho tinha já mais força neles que a razão, e não faziam caso do recado dos religiosos, os filhos quase afrontados, se iam, e repreendendo-os, lhes quebravam as vasilhas, derramando-lhes o vinho, e se algum se soltavam em palavras, o traziam ao tronco; onde, sem outro castigo, estavam uma noite, com que ficavam tão corrigidos, que pretendia, o que uma vez lá ia, não ir outra, e sentiam muito este castigo, não por ser rigoroso, senão pela afronta, que padeciam. Era isto tanto freio para eles, que se evitavam, por este respeito, muitos pecados, em que como fracos caíam, aceitando em satisfação o castigo de muito boa vontade, e sem intervir outro gênero de prisão; os religiosos diziam a um índio, que cometia qualquer erro, fizeste tal coisa, vai-te ao tronco, aceitava-o sem mais recusar. Aos moços se castigava com uma dúzia de palmatoadas, sem por isso nunca haver escândalo entre eles, antes depois de recebido o castigo, se deitavam aos pés dos religiosos, pedindo perdão da culpa.[163] Em os mancebos, como digo, se via claramente o fruto, que se fazia; porque em as confissões eram mui contínuos, e em ouvir missa, e pregações, e apertavam as línguas lhes pregassem, e eles de noite em

163 Sobre os castigos a serem aplicados entre os índios havia, desde 1607, um regulamento Aprovado pelo Capítulo provincial de Lisboa (WILLEKE, 1974a, p. 77-78).

suas casas aos pais recitavam os sermões declarando-lhes mais devagar o que lhes convinha saber.[164] Tinham os religiosos repartidos pelas casas moços, que ajuntando todos os a eles encomendados, lhes ensinavam a doutrina, e diziam coisas de Deus, que eles já muito bem sabiam. Costumavam também os índios cantar muitas cantigas brutais, e gentílicas; e como, eles naturalmente sejam afeiçoados à música, algumas vezes de noite cantavam as ditas cantigas, ao que os religiosos acudindo, lhes compuseram algumas devotas, que eles cantavam. De modo, que em suas casas, quem pelas ruas lhes passava de noite, não ouvia dizer senão doutrina, ou cantar aquelas cantigas. Também costumavam, quando iam à guerra, levar certas divisas, que o seu feiticeiro lhes dava, e com isto iam mui seguros; e posto que muitas vezes lhes sucedesse mal, o feiticeiro lhes dava tal sentido que nunca ficava ele em descrédito. Mas os religiosos lhes mandaram, que a divisa fosse o sinal da cruz, pintada em suas rodelas; o que eles fizeram. Sucedeu, que as primeiras vezes, que isto fizeram, estavam sobre uma aldeia de inimigos uma madrugada, duas horas ante manhã, e cuidando ser mais longe, se anteciparam de maneira que, cuidando não chegassem à aldeia, do lugar onde partiram, senão pela manhã, eles se acharam mais cedo duas horas. Corriam perigo se se deixassem estar, e fossem sentidos, pelo que determinaram dar a batalha, como fizeram, ainda que mui arriscados, por ser muito escuro. Mas N. Senhor, que já como a filhos os guiava, lhes mostrou uma estrela, que alumiando o circuito, lhes parecia ser lua, e com ser tempo, que a não havia, no flagrante não advertiram; mas depois de feito o negócio, em que mataram, e cativaram todos, sem lhes escapar nenhum, e se tornou a escurecer, advertiram na mercê, que N. Senhor lhes fez, e daqui ficaram certificados da cruz, de maneira, que sempre dali em diante não faziam jornada, sem a levarem esculpida em as rodelas, aonde de antes pintavam mil superstições. Cresciam as coisas da fé, e doutrina em estes seis anos, que atrás digo (1589 até 1595), em esta forma, e de vantagem, porque não pode a pena, nem a língua explicar obras de Deus, pois que nem o juízo as compreende. Só direi que era em forma, que os religiosos se admiravam, repreendendo muitos brancos, e dando-lhes com eles em rosto. Sofriam isto mal muitos mamelucos, que são filhos de negros, e mulatos, que como as índias, como parentes seus, queriam morar com eles, a voltas disso, inquietavam as índias, amancebando-se com elas, e pretendendo tirá-las a seus maridos. Repreendiam os religiosos estes pecados, e outros públicos com muito rigor, assim pela ofensa de Deus, como também pela ruim doutrina, que com isto

[164] Sobre a posterior inconstância dos índios nas práticas religiosas fala Frei Vicente do Salvador como testemunha ocular (SALVADOR, 2010, p. 378).

davam aos novos cristãos. Sofriam mal os mamelucos estas repreensões, donde veio, que começaram a semear cizânias entre os religiosos, e o Capitão (de 1590 por diante). E posto que os Prelados ao princípio pretenderam atalhar isto, com tirarem das doutrinas, ou aldeias, os religiosos, que ao Capitão não contentavam, não foi bastante; porque a mesma ocasião tinha um, que ia de novo, que o outro que vinha, que era repreender os vícios, e tanto, quanto mais repreendia, era mais mexericado; e quanto mais mexericado, mais odiado; de sorte que vinha a fazer-se de muitos atos hábito, e o dito Capitão Feliciano Coelho de Carvalho, capital inimigo do hábito de N.P. São Francisco, sem que para remédio disso fossem bastantes nenhumas justificações da parte dos religiosos. Era tanto, que as pregações, que eles faziam em a igreja pública, para extirpação dos erros, e vícios dos índios, os ditos mamelucos as convertiam a seu modo, a fim de inimizar ao dito Capitão com os religiosos. Desejava-se tanto a paz, que para atalhar a um maior mal, se escolheu o menor, e foi, que mandou o Prelado se não fizessem pregações. Não bastou nada, porque já o diabo tinha botado a âncora, e bem aferrada nos corações, que de sua mão tinha, e ouso dizer isto, pois os tais estavam da sua mão, pois tais obras faziam. Continuou dois anos este martírio (de 1596 até 1598), tão pesado para os religiosos, mas adoçava-se, com que a doutrina ia por diante, e cada vez mais, e já as povoações dos índios pareciam de moradores brancos: e com serem costumados, e de seu natural andarem nus, já nenhum dos mancebos andava senão vestido, e todos cobertos. Ateou-se neste meio-tempo este fogo de maneira que, já descoberto, e sem nenhum véu, o dito Capitão se apregoou por inimigo descoberto dos religiosos, fazendo, debaixo de uma queixa universal de todos, muitas em particular, sem nenhum resguardo da honra do hábito de N.P.S. Francisco, aprovando-as com os que foram causa de tão grande ruína. De maneira que chegou a estado, que não somente se satisfez com os danos particulares dos religiosos, mas ainda subiu a mais, e foi, que aos índios, fez uma prática, que mais adiante se escreverá. (Cuja lição, quem com olhos desinteressados, e fora de paixão ouvir, claramente, sem ter necessidade de outro nenhum meio, entenderá ser cega, e doutrina prejudicial. Que digo prejudicial! Diretamente contra a Lei, e doutrina que os religiosos tinham pregado até aquela hora, quebrando com isto o tronco, por afrontar os religiosos, e os desacreditar com os índios, mandando-lhes pregar liberdades, do que resultou a caída, que se verá adiante). Posto que durante os ditos dois anos, fazendo praça pública com as falsidades, pelos já ditos inventadas, todos eles sofriam. E como aos religiosos o sofrer afrontas é merecer, e ajuntar a uma muitas coroas, não trato delas em particular, só concluo, com que em a tal perseguição se consolavam com se lhes representar o permitia Nosso Senhor, e tomava a ele o Capitão por instrumento para abater alguma jactância, que os tais religiosos podiam tomar por em seus tempos as coisas florescerem, e serem tão venerados da gente da terra, que tão pouco tempo havia não conheciam outro Deus, que o supérfluo comer, e beber, pondo sua felicidade em matar muitos, ter muitos nomes, ter maiores talhas de vinho, e embebedar-se mais. E sofriam digo, enquanto não chegou mais que às suas pessoas; mas logo que o dito Capitão pregou liberdades tão próprias à nossa natureza, pretenderam os ditos religiosos acudir de longe, vendo já a ruína, e queda que se seguia. E porque é já tempo que digamos o meio, que o diabo tomou para contrariar uma tão exemplar doutrina em a nova cristandade, é a que se segue. Satisfaziam-se os índios, com que as suas demandas, e contendas os religiosos lhas concertassem, como acima digo, que bastava dizer um; *Eu direi aos padres*, para cessar; e quando alguma hora ia por diante, chegando à presença dos religiosos, ouvidas, e dadas suas razões estavam pelo que lhes diziam os religiosos; e com isto se satisfaziam muito. Fundava o Capitão Feliciano Coelho seu ódio em que os religiosos lhe usurpavam a jurisdição do seu governo, sentenciando, o que não somente não era verdade, mas ainda se não sonhava; porque as tais contendas, eram verbais, a que os religiosos acudiam, apaziguando, como medianeiros, e conselheiros de paz, e com isto bastava: donde se segue, que é escusado demandas, onde há paz; o que o dito Capitão não queria admitir, nem foi bastante nenhuma razão, para deixar de prosseguir seu intento. Muitas vezes ameaçou aos religiosos, lhes havia quebrar os troncos, castigo de malfeitores; para serem certificados os índios, de que os religiosos os não podiam castigar, e eles fizessem suas vontades. Fê-lo em tempo, (1597) que os índios da Capitania de Pernambuco, e muitos da Bahia estavam juntos para dar guerra aos Potiguares, ajuntando para isso seus apaniguados, e um dia, sendo os religiosos fora, de assuada entraram na aldeia de Santo Agostinho, e quebraram o tronco, ajuntando logo todos os índios, e ele dito Capitão lhes mandou fazer a prática, que acima apontamos: *Que informado de como os religiosos os castigavam, e compeliam com castigos a ser cristãos, ele, por fazer o que el-Rei lhe mandava, quebrara aquele tronco, para que não houvesse castigo, nem queria dali em diante os religiosos castigassem mais nenhum índio, e que dali avante não fosse nenhum cristão, senão muito da sua vontade, e que para os casamentos não tinham necessidade de mais, que de se casarem eles entre si, e depois irem aos padres os recebessem, e que não casassem senão por sua vontade: e que os religiosos os não podiam obrigar a casar em nenhuma maneira; e os que quisessem ir ver a Deus, e doutrina, fossem, e os que não quisessem, não fossem: e que se por isso os frades os quisessem castigar, que se acolhessem a ele dito Capitão; e mais que não consentisse, que alguém os castigasse, que não havia para que ser tão sujeitos aos padres, e que já eram cristãos como eles, e mais, que o seu vigário não tinha cuidado de saber deles, e sobretudo, que fizessem seus potes muito grandes, como antigamente, para fazerem suas festas, e que se os frades lhos mandassem quebrar, ele dito Capitão acudiria a satisfazer seus agravos.* E como o Prelado visse se desbaratava totalmente a messe, e doutrina com tanto trabalho posta naquele estado, apresentou o Breve em favor da doutrina concedido, o que ele aceitou para responder: e como por uma pessoa lhe fosse declarado, ele se retratou em ásperas palavras, mandando em as mais aldeias fazer a mesma fala, com palavras paleadas. Houve entre os mancebos, e velhos divisão, porque os velhos, como fossem dar-lhes liberdades, e tornarem a seus ritos, em que tanto tempo tinham vivido, aceitaram; os mancebos, conhecendo sua perda, com muitas lágrimas pediam aos religiosos remédio, o qual eles esperavam de Deus, porque em a terra o não tinham; porque o dito Capitão, confirmando seu feito, disse que no Brasil não havia quem lhe tomasse conta, e que el-Rei estava em Madri, e Deus em o céu. Ratificou bem isto, com que mandando o Governador do Estado D. Francisco de Sousa duas provisões, para que os religiosos fossem admitidos à sua posse, ele nunca as quis cumprir, antes se jactava de ter feito um grande serviço a el-Rei. Com todas estas quebras continuaram os religiosos sustentando o trabalho com só os mancebos por espaço de um ano (1597), que os velhos logo se puseram a monte, usando de seus ritos, e costumes; e como viam que os religiosos não os podiam castigar, foram cada vez para pior, e após de si levando seus filhos, que posto que devagar, todavia pode mais neles a carne, e o sangue; e assim ficaram todos uns, em um andar, com suas superstições, como quando antigamente viviam em o sertão, amancebados com sete, e oito mulheres das portas a dentro, não indo nunca à igreja, nem domingo, nem dia santo, nem se confessando pela Quaresma, fazendo-o de antes todos os jubileus; assim que de alto caíram, tanto, que com muita razão digo, hoje os tomaram os religiosos antes gentios, que tais cristãos; porque os erros então eram de ignorância, gentilidade, e hoje de malícia, e heresia. O que visto, e público, o dito Capitão se contenta muito, e satisfaz, dizendo, que são soldados, e que para soldados não há mister ser santos. Sendo muitos certos, que naquele próspero estado, todas as coisas lhes sucediam mui prosperamente, e hoje ao contrário. Então, muito obedientes a Deus, à igreja, e a el-Rei, e hoje perdida a da igreja, a tem também perdido a el-Rei, em modo, que nada fazem senão o que lhes vem a bem. Viu-se isto muito claro na volta da guerra, que o Capitão foi dar em este ano de 1598, ao qual os índios deixaram, e se vieram; e posto que o Capitão os mandava esperar, eles se retiraram, sem ter dever com isso, o que dantes não faziam, antes se punham em a retaguarda, trazendo os brancos diante. Enfim, que, perdida a obediência, perderam o medo, e vergonha, e com isso a caridade para com os brancos cristãos. E assim perseveram com tanta dor, e lástima dos religiosos, quanto é a lembrança do muito que floresceram; e tanto mais é para sentir, quanto se vê serem favorecidos por cristãos, e haver a quem lhe pareça bem, que uma cristandade, que el-Rei, e o papa tanto encomendam, e favorecem, se perca assim à mingua. E porque estas coisas mais se explicam com lágrimas, que com palavras, acho por acertado correr a cortina, deixando a que elas por si se divulguem, abrindo-a porém em as lástimas, misérias, afrontas, e vexações dos religiosos. Não tratando das mínguas, e necessidades corporais, que essas chegaram a estado, que o que aos turcos, e mouros não é defesa, em os cristãos na Paraíba é tido por sacrilégio. Os turcos patentemente dão suas esmolas aos religiosos. Os cristãos na Paraíba não as dão senão à meia-noite, por matos, e caminhos, que não sejam de ninguém vistos; e se nas ruas veem os religiosos, os que não são da parcialidade, e bando contrário, fogem; porque em o ponto que se entende algum morador comunica, trata, ou visita os religiosos, logo são perseguidos, e vexados até os porem em o último. Assim que para um morador falar a um religioso dos que não são do bando contrário, há de ser de noite. Não trato nisto, que tudo sofrem, como bons religiosos. Mas, o que mais sentem é, que umas vezes são ameaçados de traidores; outras por levantados; assim que se alguma causa de mal acontece na terra, a culpa a eles se refuta; e aqueles, que dantes serviam de medianeiros da paz, refúgio de desconsolados, hoje são causa de discórdia, e desconsolações; e isto enquanto a particular devoção a algum incita a mostrar a sua, logo é desconsolado, inimizado, corrido, afrontado. De modo que este é o fim dos muitos trabalhos, que os religiosos passaram na nova povoação, e cristandade, não sendo eles os derradeiros nos perigos, antes os primeiros. O que tudo haviam por bem empregado, seguindo-se o grande fruto das almas, que era o proveito, e interesse, que de tudo tinham. Pelo que com muita razão choram os religiosos, não escândalos que hajam dado, nem pecados que hajam cometido, que, pela bondade de Nosso Senhor, nenhum índio se queixa de religioso algum, nem morador, senão aquela parcialidade de mamelucos, ajuntando-se-lhes outros, os quais às escondidas confessam, que por viverem são constrangidos a dizerem, e perseguirem aos religiosos. Não choram, digo, senão algum castigo de Nosso Senhor, e o mais, que é, a cegueira grande de que não há ainda conhecer tão grande mal, que Nosso Senhor remedeie por sua misericórdia, para que tantas almas se não percam.

E para que melhor se entenda o fundamento da prática que fez o Capitão Feliciano Coelho, e como convertiam a seu modo toda a doutrina, advirta-se, que mandou quebrar o tronco, porque não queria que os religiosos castigassem índios, nem índias. O castigo das índias, que como de mamelucos fossem inquietas, e os maridos as quisessem matar, os religiosos acudiam, e as mandavam prender, durante o tempo da cólera dos maridos, a qual passada, admoestada a índia, a faziam amiga com seu marido, e ficavam em paz. Caía alguma vez em sujeito que não se satisfazia o índio com isto, e era necessário deixar-lhe dar alguns açoites, com que se evitavam outros danos. Sofriam mal os mamelucos, fossem castigadas por seu respeito, e daqui procedeu secundariamente, que os que quisessem ser cristãos o fossem, e os que não, não, acrescentando, que alguns fazíamos cristãos por força, e medo; o que não era assim. Sucedeu que alguns índios catecúmenos faziam algumas cerimônias, às quais também inquietavam alguns índios cristãos, aos quais os religiosos castigavam, e emendados dos erros, os faziam cristãos, depois de castigados: donde procedeu dizer, faziam aos índios cristãos por força. Também diziam, compeliam os religiosos aos índios, com castigos a vir à missa, e doutrina, com os castigar, sendo remissos, o que era verdade; porque gente nova, era necessário vigiar sobre ela, para que não descaíssem logo os princípios; sendo certo, que ainda em os nossos brancos, os curas, e vigários têm cuidado de perguntar pelos que faltam, e apenas os negligentes, o que nós não fazíamos; sendo que se um era mui rebelde, se castigava com o tronco um dia: e isto é o que diz os faziam vir à igreja por força. Enquanto a dizer os religiosos os castigavam por força, foi, que algumas vezes, alguns que se queriam fazer cristãos, deixavam as mulheres, querendo escolher outra, que não era a primeira, que também se queria fazer cristã,[165] e os religiosos os não queriam admitir ao batismo, senão casando com a primeira, que lhe pertencia por direito, visto também se queria casar. Também alguns índios, que tinham obrigação em o foro da consciência, e juntamente se provava, a algumas índias, aos quais os religiosos obrigavam a recebê-las, e casar com elas. E quanto aos potes, e vinho, que lhes mandou fazer, é diretamente contra a cristandade; porque em isso consistem todas as cerimônias gentílicas dos índios. Daí procede muito ódio, e desejo de vingança; em as bebidas se casam com suas sobrinhas, filhas de irmãos, que em sua gentilidade são suas mulheres por direito, como hoje fazem; e assim as demais liberdades, de que procedeu a soltura, e largueza, em que hoje vivem, que já todos desamparam a igreja, nem vêm à missa, nem à doutrina.

60. Tudo o que no sobredito relatório se contém, como nele fica às margens notado, passou na cidade da Paraíba por espaço de nove anos, desde o de 1589, que ali chegaram os nossos religiosos, até o de 1598, em que se conclui a sua narração, a que se deve todo o crédito, pois é escrita por reli-

[165] SALVADOR, 2010, p. 101.

gioso, que, pelo que mostram os termos com que se explica, presenciou o que diz, e escreve, pois o faz por frases de presente, como pode notar o leitor, especialmente, quando referindo a falta de obediência no gentio ao mesmo Capitão, que dava a causa ao seu desconcerto, diz assim: *como se viu neste ano de 1598*, donde se colhe também, que neste mesmo ano foi feito o sobrescrito relatório, que todo pertence ao fruto, que fizeram naquele gentio os religiosos Menores, e o que disso também tiraram, que foram perseguições injustas. No seguinte, que agora transladamos, se verá o mais de trabalhos, e serviços a el-Rei, à República, e povoadores da nova cidade da mesma Paraíba.

RELATÓRIO II

Dos sucessos, e encontros com os inimigos Potiguares em que se acharam os Religiosos de S. Francisco na Paraíba, trabalhos, e do mais que obraram em serviço del-Rei, e daquela conquista, desde o tempo de Frutuoso Barbosa seu Capitão, até o de Feliciano Coelho de Carvalho, seus Governadores.

61. Primeiramente depois de aceitas (em 1589) as aldeias, *scilicet*, a do Almaga, e Praia, que distavam uma légua da cidade, e meia avante uma da outra, e em as fronteiras, três léguas da cidade, três, *scilicet*, a do Assento do Pássaro, que agora se chama de D. Francisco, a do Joane, e Mangue; os religiosos postos pela obediência do P. Fr. Melquior de Santa Catarina, Comissário, que então era do Reverendíssimo Geral Fr. Francisco Gonzaga, doutrinavam as acima ditas cinco aldeias, que até aquela hora não tinham notícia alguma da Fé, e lhes pregaram o Evangelho de Cristo, com muito aplauso dos índios, e moradores brancos. E como o bem da capitania consistia em a conservação das fronteiras, o padre Fr. Melquior mandou se fizesse igreja em as fronteiras, como logo se fez, aonde residiram sempre religiosos, que doutrinavam as ditas aldeias, assistindo, e visitando as duas, que por serem pequenas, e incapazes de sustentar religiosos, ficaram sujeitas às visitas dos religiosos moradores, os quais continuaram em forma que bastantemente eram providas de doutrina; e assim administravam os sacramentos aos soldados do presídio, vizinho das ditas aldeias, e igreja, e assim aos moradores dos dois engenhos, e escravaria deles, os quais engenhos se fizeram à sombra dos índios doutrinados, sem a qual ajuda deles era impossível fazer-se, como bem se prova das demais fazendas, que pelo decurso do tempo se fizeram, para as quais os ditos religiosos deram a ajuda necessária, como se provará em seus lugares, com os

moradores, e senhores das ditas fazendas. E correndo, como digo, os religiosos com a obrigação de ensinar, tendo passado um ano, pouco mais, ou menos, (em 1590) pareceu bem ao Capitão Frutuoso Barbosa passar um forte, que estava na Ilha da Gamboa, do tempo de João Tavares, Capitão que fora da Paraíba, (em 1578, ou 1579) para o Cabedelo, barra do rio, e entrada das naus, e navegação da dita cidade, para o que se concertou com o Braço de Peixe, que estava sujeito à doutrina dos RR.PP. da Companhia, pagando-lhe seu trabalho. E tendo o dito Forte sarrado, lhe faltava um forro do mesmo modo do Forte, assim em altura, como em grandura, e mais um terraplano, para jogar a artilharia, para o que o Capitão Frutuoso Barbosa falou ao P. Fr. Antônio do Campo-Maior, Guardião, que então era na Paraíba, (em 1590) mandasse os seus índios lho fizessem, vista a necessidade do Forte, e ser a chave da terra, e guarda dela, e visto não haver fazenda del-Rei para se lhe satisfazer; e logo o dito Padre Guardião mandou ao seu língua incitasse os índios a se fazer o dito Forte, como logo fez, e para em tudo corresponder com a obrigação do bem comum, aumento da terra, serviço grande de Deus, e del-Rei, o mesmo Padre Guardião, com o seu língua, se foi assistir no dito Forte, acompanhando ao Capitão Frutuoso Barbosa até se acabar, dizendo missa aos índios, e soldados que ali estavam, e disto pode testemunhar Pedro Coelho de Sousa, Capitão que então era da Galé del-Rei, e Vereador na cidade, e João Antônio Pamplona, Juiz, e Sebastião de Araújo, também Juiz, e Gaspar Manuel Machado, Vereador, e Antônio Anes, Procurador do Conselho. O que acabado, decorrendo o tempo avante seis meses, ordenaram, o Capitão, que então era da Vila de Olinda, Filipe Cavalcanti, e os Oficiais da Câmera, mandar João Tavares, Capitão que fora da Paraíba, fazer guerra ao gentio Potiguar (1590) com cento e tantos soldados, à custa dos moradores da dita Vila, e tendo já o dito Capitão partido, e andado uma jornada, adoeceu, e morreu, em cujo lugar o Capitão Filipe Cavalcanti elegeu Pero Lopes Lobo, Capitão da Ilha de Itamaracá por Capitão, e o mandou em lugar do dito João Tavares, e chegando à Paraíba o dito Pero Lopes, pediu ao Padre Guardião religiosos para o acompanharem, para consolação dos soldados, que sem eles não queriam ir, e o dito P. Guardião lhos deu, que foram: Fr. Antônio da Cruz, P. Confessor, e Fr. Gaspar, os quais acompanharam o Arraial até tornarem, exercendo sempre seus ofícios de confessar, e animar, como bem se provará pelos que lá se acharam, sc.:[166] Capitão, e soldados. E acabada esta guerra, ordenou o Capitão Frutuoso Barbosa passar um Forte a Inhobi, sobre a Várzea, para à sombra dele se fazerem engenhos, ao que o Capitão... Pero de la Cueva, Capi-

[166] Abreviação de *scilicet* = a saber.

tão de Infantaria, e Presídio das Fronteiras, não quis dar ajuda, por dizer, não tinha ordem del-Rei: o que vendo o Capitão Frutuoso Barbosa, pediu ao Padre Guardião (Fr. Antônio de Campo-Maior em 1591) o acompanhasse, e ajudasse, o que ele fez, assistindo com o seu língua, e gentio, até se acabar o dito Forte, como bem se provará pelo Capitão, que era do Forte, Pedro Coelho de Sousa, João Antônio, juiz, e Baltazar de Macedo, língua, Antônio Lopes Brandão, senhor de uma das fazendas situadas à sombra do dito Forte, sem por isso os índios levarem estipêndio algum, mais que serem incitados pelos ditos religiosos. O que acabado, correndo o tempo, vindo Antônio Coelho de Aguiar tomar informação sobre os negócios da Paraíba, lhe pareceu bem dar guerra ao gentio Potiguar, para o que pediu aos Padres da Companhia o acompanhassem, ao que eles recusaram, dizendo, lhes mandava o seu Prelado não fossem a nenhuma guerra, e logo pediu ao P. Fr. Melquior, vista a necessidade, o provesse de companheiros para a jornada convenientes (1591), o que ele fez, e mandou a Fr. Baltazar de Santo Antônio, e a Fr. Manuel de Portalegre, o que eles fizeram, acompanhando-os todo o tempo durante a guerra. E despedido já o dito Antônio Coelho da Paraíba, os inimigos em vingança, deram em o Forte do Cabedelo, e matando a maior parte da gente, queimaram o Forte; ao que pretendeu acudir o Capitão, que já era neste tempo (1591) André de Albuquerque, pediu juntamente ao PP. da Companhia, e aos nossos de S. Francisco, incitassem os índios a fazerem o Forte, que concertando-se entre si, os dos Padres concertaram fizessem uns a metade, e outros, a outra metade, o que se fez, assistindo sempre os nossos Padres em companhia dos índios, e Capitão até se acabar, sem por isso se levar nenhum estipêndio; e nesta conjunção caiu o Forte de Inhobi, arruinando-se os muros, por causa do pouco cuidado, que houve para se resguardar, o que os ditos nossos índios das Fronteiras, incitados pelos nossos Padres, e mandado do Capitão Antônio de Albuquerque, tornaram a fazer, sem por isso levarem satisfação, ao que se acharam presentes, até se acabar o dito Forte, os religiosos, que lhes ensinavam a doutrina, que, posto que nestes lugares, e ocupados, não lhes faltavam, como que se estivessem na aldeia, e igreja, do que tudo pode testemunhar o dito Capitão André de Albuquerque. E logo Duarte Gomes da Silveira, senhorio de outro engenho na mesma Várzea de Inhobi, pediu aos religiosos o acompanhassem com o gentio oito dias até fazer uma casa forte para se recolher, por ser terra perigosa, o que eles religiosos fizeram até se recolher, como se provará por seu testemunho. Estavam já os inimigos por este tempo com grande ânimo contra os nossos, e tanto, que às fontes vinham matar a gente, que ia buscar água, e era tanto o aperto, que em a cidade os religiosos moradores dela não ousavam ir à horta, por se acharem muitas vezes espias nela: e visto o perigo provável, poucas esperanças de remédio tão cedo, os religiosos determinaram recolher-se para as Fronteiras, onde havia mais segurança, ao que os Oficiais da Câmera acudiram, com requerimento, tal que não fizessem, porque se despejava a cidade, visto ali não estavam por outro respeito: o que eles vendo, se deixaram estar com todo este risco até que o Capitão Feliciano Coelho chegou (1591 no fim), o qual logo ordenou pôr as aldeias por partes acomodadas para a defesa da terra, para o que ajuntou os índios principais, e os Padres da Companhia, que doutrinavam os índios do Braço, e aos nossos de S. Francisco, que doutrinavam as demais aldeias, e propondo o Capitão a sua prática, da divisão das aldeias, os Padres recusaram, e assim os seus índios, ao que acudiu o P. Fr. Antônio de Campo-Maior, e disse que visto a necessidade, que Sua Mercê partisse as aldeias da Fronteira (que já neste tempo estavam em uma) para onde lhe parecesse bem, e que os religiosos estavam prestes para acompanharem os índios, a eles encomendados; e o Capitão respondeu, dizendo que as aldeias da Fronteira estavam bem, e se não escusavam onde estavam, e que contudo, para guarda da nova fazenda de Duarte Gomes, era necessário uma aldeota, a qual logo se tirou, e na qual os religiosos acudiam à doutrina a tempos necessários; e logo o dito Capitão ordenou mudar a aldeia, e igreja mais avante meia légua, por assim parecer bem aos moradores da terra, e os religiosos acompanharam ao dito Capitão todo o tempo (de 1591 por diante) durante a muda, e feitura da cerca, que os índios fizeram para seu aposento, incitando-os de dia, e de noite sem haver falta da parte dos religiosos, nem índios da sua administração. E acabada a muda, o Capitão se passou (em 1592) além dos rios da Paraíba, e Iguaraguaig a cercar a aldeia do Braço, passada por sua ordem, contra vontade dos PP. da Companhia, em cujo meio-tempo (1593), o Capitão por mandado de S. Majestade despediu os Padres da Companhia, entregando as aldeias aos nossos Frades, o que eles aceitaram por mandado de Sua Majestade. E indo os religiosos para começarem a igreja em a nova aldeia de Iguaraguaig, e estando ajuntando a gente, para lhes ensinarem a doutrina, os inimigos subitamente deram sobre eles, e pondo-se os índios em fugida, o religioso língua, e seu companheiro os recolheram para um Forte, onde estava o Capitão recolhido, sem sair fora, e as derradeiras pessoas, que se recolheram, foram os religiosos, já mui afrontados das frechadas, que milagrosamente escaparam, e recolhidos, durante a briga, os religiosos animavam os poucos índios, que, vista a grande força dos inimigos, por três vezes cometeram fugir, e desamparar o Capitão, com treze soldados, ao que os ditos religiosos acudiram, tendo-os sempre a que não fugissem, por onde não somente se defenderam, mas antes com socorro dos índios da Fronteira, mandados de outros religiosos da mesma Ordem, os puseram em fugida, e mataram muita soma de índios, de que resultou grande ânimo aos nossos, e medo nos inimigos, e logo ordenou o Capitão Feliciano Coelho dar guerra aos Potiguares, para o que pediu ao Padre Fr. Antônio da Ilha, Prelado, que neste tempo era, (de 1593 para 1594) o acompanhassem em a guerra com o seu companheiro, e língua; o que ele fez até o dito Capitão tornar, chegando até à lagoa, uma jornada atrás do rio Grande, de cuja volta, por ordem, e provisão do Governador-Geral, D. Francisco de Sousa, veio à Vila de Olinda o dito Capitão Feliciano Coelho a fazer gente para a guerra do sertão de Cupaguaó (em 1594 no princípio), e pediu ao Padre Fr. Melquior de Santa Catarina, que lhe desse religiosos, a saber: confessor para os soldados brancos, e língua, que corresse com os índios, o que ele fez, mandando o Padre Fr. Antônio de Campo-Maior, e seu companheiro, os quais fazendo seu ofício, em nada houve falta de sua parte, e tanto, que ao tempo de abalroar uma cerca, em que estavam recolhidos três mil e quinhentos índios de peleja, e cinquenta soldados franceses, ele dito Capitão Feliciano Coelho se recolheu em um reparo, que se fez para a bagagem, com a gente de cavalo sem sair dele, mandando ao religioso língua fizesse chegar o gentio ajudar os brancos, que abalroados na cerca por falta de ordem da parte do dito Feliciano Coelho, não entravam a cerca, caindo muitos mortos, e feridos sem remédio, por não terem paveses, nem foices, nem machados, para romperem a cerca: o que vendo o dito religioso língua, logo admoestando os índios principais, os mandou acudissem aos brancos, e juntamente com eles, acudindo os franceses, e mais inimigos, feriram duzentos e tantos índios da companhia do dito religioso, e mataram alguns: o que vendo, e o pouco remédio que havia para entrar a cerca, por não haver foice, nem machado, com que cortar um pau, se retiraram os demais índios, e brancos, com trezentos e setenta índios, e brancos feridos, e nove mortos ao pé da cerca, que os inimigos recolheram, e comeram em a noite seguinte; e ficando toda a gente destroçada, o padre língua se chegou ao Capitão, que estava em o reparo, e lhe disse, que remédio dava a se pôr cobro na gente, que visto o destroço determinavam fugir; ao que respondeu o Capitão, que ele por então não sabia o remédio, que poderia ter, e que ele visse o que era necessário; e conforme a isso provesse, visto os índios não corriam com outro, senão com ele; e logo o religioso, pretendeu recolher dentro os feridos, e fazer se curassem; e pelo desbarate não se tratou ter outro encontro, antes se procurava a não fugida dos índios, para o que o religioso língua ajuntando os principais, toda a noite lhes esteve pregando, quão necessário era acompanharem o Capitão del-Rei, e ajudarem-no, e morrendo com ele; com a qual admoestação, eles se quietaram, e não fugiram, antes incitados pelo religioso língua, em a madrugada fizeram uma cerca mui forte, abarbada com a do inimigo, onde a gente estava segura; o que vendo os inimigos, e que não obstara o desbarate para deixarem de se regular com eles, se puseram em fugida: o que vendo o religioso, que andava dando ordem a se acabar de reparar a cerca, bradou saíssem, e cometessem a cerca; o que se não fez por se cuidar seria manha dos inimigos, e o dito religioso cometendo a cerca, foi o primeiro que entrou, com o Capitão Manaya, e obra de cento e cinquenta índios, que saltaram a cerca por respeito do religioso, que viam fora, e seguindo-o, entraram após ele em a cerca, e levando o restante dos inimigos, que saíam, e os franceses diante, foram matando neles por espaço de meia légua, sem escaparem dos franceses mais que seis, ao que o Capitão não acudiu, nem deu ordem alguma, senão a que o religioso língua acaso deu, e logo os índios se quiseram recolher para suas casas, o que, a rogo do Capitão, os religiosos não consentiram, antes acompanharam o Capitão todo o tempo que andou na guerra, e por falta do mantimento, e muitos feridos, e doentes, os índios se recolheram sem dar conta ao Capitão, nem aos religiosos, pelo que o Capitão se recolheu, vindo sempre os religiosos em sua companhia, e se recolheram em suas aldeias, nas quais havia igrejas, e doutrina continuamente, fazendo cristãos, e ensinando os moços a ler, e escrever, ajudar a missa, e mais coisas necessárias ao homem cristão, pelo que em breve tempo se converteram à fé toda a gente, e viviam em toda a guarda da Lei de Deus, e bons costumes, no que davam grande exemplo aos moradores, e religiosos. Em meio deste tempo os inimigos Potiguares, vendo-se vexados dos nossos índios cristãos, que como a tais Nosso Senhor os animava, e dava forças sobrenaturais, e tão claramente visto, que os mesmos índios confessavam, não temerem os inimigos, ainda que eram muitos, só pela grande constância que tinham em Deus, e em a cruz de Cristo, a qual eles traziam por divisa em as rodelas para se diferençarem dos inimigos, que assim afrontados do que passavam, determinaram dar na Aldeia da Fronteira, da Invocação de S. Francisco, da qual era principal D. Francisco, Assento do Pássaro,[167] e dando nela subitamente, sem serem sentidos, os índios cristãos se puseram em defesa; e como os inimigos fossem muitos, se recolheram em a igreja com os padres, os quais recolheram a gente que puderam, e com eles dentro da igreja, e casa, aposento dos mesmos religiosos, se defenderam até que os inimigos queimaram a igreja, de maneira que já não havia mais que uma pequena casinha, que defendiam os índios, até que chegaram outros religiosos da aldeia de Santo Agostinho, com o gentio cristão, morador da mesma aldeia, que vinham acudir aos religiosos, os quais, como os inimigos fossem muitos, não puderam romper por eles, antes matando-lhes os inimigos

[167] Assento do Pássaro, pelos índios chamados Guiragibe.

alguns índios da sua companhia, os puseram em desbarate, de maneira que botaram os religiosos, que com eles vinham, pelos matos sós, onde andaram grande parte do dia, e milagrosamente escaparam. Já neste tempo o Capitão Feliciano Coelho estava perto, mas não chegava, e assim os religiosos estavam arriscados, na forma que digo, porque já ardia a cozinha, e varanda dos religiosos, e neste tempo acudiu um índio morador da aldeia, que se achava fora ao tempo da entrada dos inimigos, e tomando um soldado pela mão, o meteu por meio dos inimigos dentro na casa dos religiosos, que já ardia, e os índios, que se achavam dentro, e a defenderam, já desesperados a queriam largar, com a entrada do qual soldado, os inimigos se foram afastando, e ajuntando-se os nossos índios, deram S. Tiago nos inimigos, e os puseram em desbarate; e posto que o Capitão estava perto, não acudiu, nem deu ordem alguma para aquela defesa, saindo donde estava para isso, e tendo tempo, não chegou. Estes são os trabalhos brevemente resumidos, encontros, e sucessos com as doutrinas dos gentios da Paraíba, em que se acharam os religiosos Menores desde o ano de 1589 em que chegaram à Paraíba, até o de 1599 para seiscentos, em que se terminaram as perseguições do Governador, e Capitão Feliciano Coelho, que ficam referidas no antecedente Relatório, e tiveram a princípio, depois do que neste vai resumido.[168]

CAPÍTULO XV

Continua-se a matéria do Capítulo passado.

62. E porque até este tempo não haviam chegado missionários alguns à capitania do Maranhão, logo que os Prelados maiores se acharam no ano de 1600 com cinco conventos formais, e muitas aldeias, e doutrinas pelos interiores da terra, e crescido número de religiosos, cuidaram também em acudir com operários evangélicos às mais remotas, e distintas. Para o Maranhão foram destinados dois, um sacerdote pregador, de quem nos não declaram o nome, e o Irmão Fr. Francisco do Rosário, leigo de estado, que escolheu, não por ignorante das letras humanas, porque era bastantemente douto nelas; mas por discrição, e humildade do seu espírito, e como tal colheu para o céu, em alguns anos que cultivou aquele gentilismo, um copioso fruto. De tudo dare-

[168] ILHA, 1975, p. 130-142.

mos mais extensa notícia,[169] quando escrevermos a sua vida. À mesma Província do Maranhão foram alguns anos depois no de 1615, o Venerável Padre Fr. Cosme de S. Damião, e o servo de Deus Fr. Manuel da Piedade, nomeados pelos Superiores para Capelães espirituais de um corpo de exército, que por um áspero, e prolongado sertão de muitas léguas, e terra quase ínvia, que à força de prodígios lhes dava passagem, foi lançar daquele Estado os franceses intrusos; assistiram às batalhas, e por dois anos que ali se demoraram, entre trabalhos, necessidades, e perigos, obraram conversões admiráveis, assim no gentio da terra, como de hereges calvinistas, e luteranos franceses, dos que na ilha ficaram prisioneiros.[170]

63. E porque o Grão-Pará, como parte tão principal do Brasil, e uma das suas capitanias, ainda que das últimas que foi povoada, não ficasse por isso destituída do bem espiritual que participaram as mais, de que os seus primeiros operários Evangélicos, fossem os Frades Menores, logo no ano de 1617, e segundo da fundação desta capitania, foram mandados ali como fica escrito em seu lugar,[171] quatro Religiosos Menores da Província de Santo Antônio de Portugal, que lá deram princípio a um Recolhimento, que com a divisão daquele Estado do Maranhão, e Pará deste do Brasil, por el-Rei Filipe, o I neste reino, ficaram também separados desta Custódia, e sujeitos à Província de Santo Antônio. E ainda quando já feita esta divisão por ordem do segundo Filipe, mandaram os Prelados da Província fundar Custódia no Pará, no ano de 1624, vindo o Padre Fr. Cristóvão de Lisboa por primeiro Custódio, e tomando o porto de Pernambuco, desta nossa Custódia levou cinco religiosos, três sacerdotes, e dois leigos, para completar o número dos que lhe eram necessários para aquela fundação.[172]

---

169 A ida de Fr. Francisco do Rosário ao Maranhão em 1600 é confirmada por Fr. Sebastião do Espírito Santo (CARDOSO, 1666, p. 508; WILLEKE, 1974a, p. 135s.).

170 Frei Cosme de S. Damião e Fr. Manuel de Piedade seguiram em 1614 (ILHA, 1975, p. 17-19; SALVADOR, 2010, p. 440).

171 [Jaboatão] Preamb. p. 126.

172 Frei Cristóvão de Lisboa trouxera de Lisboa dez confrades missionários, recebendo em Olinda os seguintes franciscanos da Custódia Brasileira de Santo Antônio: Fr. Antônio do Calvário, Fr. Manuel Batista, Fr. João da Cruz, sacerdotes, e os irmãos Fr. Junípero e Fr. Domingos, carpinteiro e oleiro respectivamente, aos quais costuma ser acrescentado Fr. Francisco do Rosário (WILLEKE, 1977a, p. 69). Sobre a vida deste importante personagem franciscano na história do período e a atividade missionária franciscana no Estado do Maranhão, ver a pesquisa de Maria Adelina Amorim (AMORIM, 2005; 2012).

64. Aqui nos suspende os voos a pena, e os passos a prosseguir adiante o vigoroso eco de uma saudosa voz, que atendia com reflexão, parece soar contra o que deixamos proferido no introito deste capítulo, em serem os Religiosos Menores os primeiros pregadores do Evangelho ao gentio do Maranhão. Deixa-se perceber este oposto eco nas vozes saudosas do Padre Vieira, onde na sua primeira voz, histórica, falando dos seus RR.PP. Francisco Pinto, e Luís Figueira, mandados pelos seus superiores de Pernambuco a pregar ao gentio, diz à fol. 5, estas palavras: *Sendo eles os primeiros pregadores da Fé, e ainda os primeiros portugueses, que do Brasil passaram às terras do Maranhão*: o que é sem dúvida oposto ao que deixamos dito. Mas se bem refletimos, das mesmas vozes do autor, e logo no princípio, em que elas começam a fazer som, se percebe a sua contrariedade, ou oposição pelas nossas; porque afirma, que rebelando-se outra vez, do ano de 1605 por diante, de Pernambuco até o Ceará o gentio daquelas costas, e sertões, foram destinados para os pacificar, à ordem dos seus Prelados, os ditos Padres, e à instância do Governador do Estado Diogo Botelho. Este completou o seu governo no ano de 1607, e assim neste mesmo, ou no outro antecedente de 1606, deviam ser despachados aqueles missionários: e já desde o de 1600, dissemos nós, foram ter ao Maranhão Religiosos Menores. Deixam mais expressadas aquelas vozes, que partindo os tais padres com intentos de irem ao Maranhão, chegaram à Serra da Ibiapaba, e dali não passaram; porque, achando no seu terreno, e distrito boa messe, se ocuparam no seu cultivo, tirando por fruto dele o Padre Francisco Pinto a morte, que lhe deu o gentio; e o companheiro, o voltar outra vez para Pernambuco, e não pode tornar ao Maranhão, se não pelos anos de 1623 conclui a mesma voz; e como poderiam pregar nas terras do Maranhão os que não chegaram a passar a Serra da Ibiapaba? Esta Serra, como sabem os noticiosos das Costas do Brasil,[173] e confessa a mesma voz, está situada na altura da barra do Rio Camuci, vinte e cinco léguas ao sertão, distante da Fortaleza do Ceará para o norte sessenta léguas, e mais de cento e trinta diz a mesma, e outras dizem ainda mais distante do Maranhão, e só por milagre nunca visto poderiam ser ouvidas as vozes dos pregadores da Ibiapaba pelo gentio do Maranhão.

65. O certo é, que os RR. Missionários Jesuítas não chegaram ao Maranhão, e Pará senão, como diz a mesma voz no § IV, do ano 1623 por diante, publicando ela mesma, aqui, que até aquele tempo se não ouvia no Maranhão a voz dos seus pregadores, senão só na Ibiapaba, aos gentios daquela Serra, primícias da missão do Maranhão, e por esta mesma se percebe, que quando

173 [Jaboatão] Pág. 33. §. VIII.

chegaram ao Maranhão, já haviam pregado ali há muito os Religiosos Menores; pois a mesma confessa acharam lá gentios cristãos. Porque, quando não fosse o gentio cristão reduzido à fé, e doutrina, pela do Irmão Fr. Francisco do Rosário, de quem deixamos dito foi o primeiro que ali aportou, por lhe não assignarmos ano determinado do referido de 1600 por diante, certamente consta, como já dissemos, que no de 1615, ou de 1614, como afirmam outros, no Maranhão, e na mesma cidade hoje, e Ilha de S. Luís, ali pregaram por dois anos contínuos os dois padres, Fr. Cosme de S. Damião, e Fr. Manuel da Piedade; e já antes destes, o tinham feito na mesma Ilha, dois religiosos Capuchinhos, e franceses, como na Estância da Fundação desta capitania fica escrito, e ali fundaram hospício, e porque estes, posto que Religiosos Menores não eram portugueses, ainda que missionários, só ficam sendo primeiros missionários, e portugueses, que fossem ao Maranhão do Brasil, ou o Irmão Fr. Francisco do Rosário de 1600 por diante, ou em 1615 o Venerável Padre Fr. Cosme de S. Damião, e seu companheiro.[174]

66. Tomada por interpresa a cidade da Bahia no ano seguinte de 1624, pelos holandeses a primeira vez, e retirados os moradores com os religiosos do convento para o lugar do Rio Vermelho, uma légua de distância donde levantaram arraial à ordem do Ilustríssimo Bispo, D. Marcos Teixeira, que tomara o mando pela prisão, e falta do Governador Diogo de Mendonça Furtado, em poder do inimigo, em um dos encontros, e assaltos que houve com eles, depois de estarem senhores da cidade, e foi ordenado por um religioso menor chamado Fr. Francisco de Santo André, com tanto acerto o dispôs, e pelejou nele com tal esforço, e tão destro Capitão, que entre os militares adquiriu nesta, e em outras ocasiões o renome de Fr. Francisco Valente, saindo daquele encontro, para crédito deste, com uma bala na cabeça, e cortado o dedo polegar da mão esquerda, assistindo assim este, como os mais religiosos, a todos os combates, e pelejas, que houve neste cerco, e durou por um ano, assim às confissões, como ao mais que lhes era possível para a restauração daquela praça, capital de todo o Brasil, que viram conseguida ao primeiro de maio do seguinte ano de 1625.[175].

67. Passados cinco anos, no de 1630, e havendo quarenta e cinco desde a fundação primeira do Convento de Olinda, achando-se já com muitos avanços espirituais na conquista do Brasil os Religiosos Menores, com a

---

[174] Cf. Faria (1961), que trata dos Capuchinhos franceses no Maranhão, e Fr. Vicente do Salvador (SALVADOR, 2010, p. 440s.).

[175] Frei Vicente do Salvador descreve os horrores da invasão holandesa como testemunha ocular, dedicando ao assunto mais de 150 páginas (SALVADOR, 2010, p. 474s.).

ereção de dez conventos nos principais lugares, e muitas aldeias pelos sertões, de que se colhiam para o céu copiosos frutos, quando o inimigo comum do bem das almas, intrometeu nela, com a entrada dos holandeses na Província de Pernambuco, a mais forte, e vigorosa cizânia, que, se não sufocou de todo esta nova sementeira, a deixou tão apoucada, e submergida, que pouco lhe faltou para a ver totalmente seca, e mais que mortificada, quase morta, achando-se os seus operários em novos, e contínuos desassossegos, e trabalhos; desapossados dos conventos, uns presos, outros desterrados, mortos alguns, e perseguidos todos, no decurso de vinte e quatro anos, em que foram os holandeses dominantes no Brasil, desde o Rio Grande do Norte até Sergipe del-Rei ao sul não lhes ficando, neste distrito todo, convento, de que se não apossassem, fazendo deles estrebarias de animais, quartéis de soldados, e estalagem dos seus Cabos, despojando-os de tudo o que achavam, e se não podia ocultar, roubando o precioso das alfaias, e ornamentos das igrejas, profanando o sagrado dos altares, e ultrajando o venerando das imagens, com mágoa inexplicável da alma, irremediável sentimento, e dor fatal do coração, em verem não só contrastada, mas quase perdida esta espiritual conquista, plantada, e conseguida por tantos anos, e à custa de tão repetidos desvelos.

68. Postos assim nesta inexplicável consternação, não afrouxaram por isso no primitivo fervor dos seus agigantados espíritos; antes agora, que viam o campo do Evangelho tão feiamente embaraçado com os mortíferos abrolhos, que produziram os fomentos de uns tais inimigos, que para serem maiores, tinham demais o ódio dos hereges, misturado com a perfídia do gentio rebelde, criavam novos espíritos, se não para a defesa dos corpos, para alento das almas, repartidos pelos Prelados por todos os presídios dos portugueses, e no principal do Arraial, onde residia, em Oratório, que se havia levantado, o Guardião do Recife, e dali saíam para a administração dos sacramentos pelas estâncias, assistência, e conforto espiritual nos assaltos, baterias, e avançadas, que se davam, e recebiam dos inimigos, nas quais, e em todas as partes, se achavam sempre para os artigos de morte, confessando, e dando consolo aos que perdiam a vida, ou se achavam nesse perigo, e em que alguns a perderam também para prêmio talvez do seu grande zelo, e caridade.

69. Com estas duas apostólicas virtudes, foram estes trabalhadores da vinha do novo Orbe continuando até a sua total restauração; os quais, em todas as batalhas, e na miraculosa das Tabocas, que foi a primeira campal, e nas duas últimas dos Guararapes, como também na entrega de Pernambuco, não obstante, que nem o autor do Castrioto Lusitano na entrega de Pernambuco, e com ele o do valoroso Lucideno na das Tabocas, se lembraram destes nossos

irmãos, como o não fizeram em outras ocasiões semelhantes, não se esquecendo nunca dos seus; pois, sem defraudar a glória própria, podiam não ocultar o crédito alheio, e nem isto feito, era suficiente desvio a embaraçar na Corte os requerimentos, do que cada um dos seus merecia por prêmio condigno do que haviam servido ao rei nesta empresa; porque o zelo apostólico dos Frades Menores sempre atendeu mais para o bem espiritual das almas, do que para o interesse particular das próprias pessoas, e por isso obraram os nossos sempre sem atenção a outro respeito mais que o de servir a Deus, e aproveitar ao próximo; e suposto certa esta verdade, e máxima católica, e porque o muito que padeceram, e obraram os Religiosos Menores em todo o tempo do duro cativeiro de Pernambuco debaixo do pesado jugo dos holandeses, não fique, como até agora, também por descuido, e negligência dos nossos, reservado só para os que cá vivemos dentro, e chegue, ainda que tarde, à notícia de todos, pomos aqui, no seguinte Relatório, uma breve lista, ou epílogo, e resumo das suas mais notáveis operações, em todo o tempo do domínio holandês, na Província do Brasil.

RELATÓRIO III

Dos trabalhos, perseguições, desterros, mortes, e outros acasos, que sobrevieram aos Frades Menores da Custódia do Brasil, e do que eles também obraram em todo o tempo, que foi tiranizada pelos hereges holandeses a capitania de Pernambuco, e suas confinantes.

70. Cinco anos se iam completando, que saíra destroçado, e vencido da capital da Bahia o pérfido holandês, quando, com outro semelhante projeto, no de mil e seiscentos e trinta, se fez senhor da Província de Pernambuco. Foi a vila de Olinda, como cabeça desta rica Província, aonde se deu o primeiro golpe da furiosa ambição destes inimigos. De Olinda passou o holandês a tomar posse da povoação do Recife, depois que no dia seguinte de dezassete de fevereiro lhe puseram fogo os mesmos portugueses, vista a impossibilidade de ser defendida, ficando prisioneiros na entrega das fortalezas três religiosos, dois na de terra, e um na do mar.

71. Em 4 de março se deu princípio ao Arraial dos portugueses, e nele erigiram um Oratório os Religiosos Menores, no qual se recolheram os que haviam largado o Convento de Olinda, e daqui se repartiram para assistir

pelas mais Estâncias. Para este mesmo Oratório se passaram também os religiosos moradores do Convento do Recife, do qual fizeram logo os inimigos o seu principal quartel (1631), e presidiu naquela ilha, que pelo convento se chama de Santo Antônio, e eles lhe deram o nome de Fortaleza de Arnesto pelo Príncipe de Orange.

72. Do Convento de Igarassu, quando foram dar saque a esta vila, em o primeiro de maio do ano de 1632, tiraram presos a todos os seus religiosos, e assim os levaram a Itamaracá, e os lançaram na ilha, menos um velho, e muito enfermo, que, ajudado da violência, e mau tratamento dos hereges, faleceu nesta jornada, e o Irmão Fr. Boaventura, sacerdote, que levando-o para o Recife, dali o mandaram lançar em uma das Ilhas Terceiras.

73. Queimada a Vila de Olinda da noite para amanhecer o dia 23 de novembro do sobredito ano, e retirados os inimigos para o Recife, foi a primeira vítima dos Frades Menores da Custódia do Brasil, sacrificada a Deus nos altares da fé pela perfídia dos holandeses, logo no seguinte mês de dezembro, em onze,[176] o P.M. Fr. Manuel da Piedade, o qual, no piedoso exercício de acudir, e confessar os moribundos, com uma imagem de Cristo nas mãos, transpassado com uma alabarda pelos peitos, foi posto em o número dos mortos, no último assalto que deu o holandês aos nossos, que defendiam o Forte do Cabedelo na Paraíba na primeira vez que intentou aquela empresa, reservando Deus a este seu grande operário de outros semelhantes perigos, em que se tinha achado, assim nesta guerra em Pernambuco, como na do Maranhão, para que agora com duplicados méritos lhe aumentasse o mesmo Senhor o prêmio do seu grande zelo, e caridade.

74. Em uma assaltada que do Recife deram os inimigos ao convento de Olinda no seguinte ano de 1633, achando nele ao seu Guardião, Fr. Francisco da Esperança, e o Irmão leigo, Fr. Pedro Auzança, a este com um tiro de arcabuz, e muitas feridas de alabardas tiravam a vida, pelo acharem na capela da igreja em oração, e ao Prelado levaram preso para as cadeias do Recife, e delas o mandaram degredado para Holanda. Dali passou a Portugal, e tornando ao Brasil, outra vez foi preso juntamente com os mais no mesmo convento de Olinda, e mandado lançar com eles nas Índias de Castela, e lá pôs o fim ao curso da vida.

---

[176] Frei Manuel da Piedade morreu em 1631, não, porém, no ano de 1632, como dá a entender a versão do autor (RUTTEN, 1957, manuscrito sem indicação de páginas.).

75. Em nove de junho de 1635, se rendeu ao inimigo o Arraial do Bom Jesus de Parnamirim, e foi o venerável Padre Fr. Luís da Anunciação um dos religiosos, que entraram em o número dos prisioneiros.

76. Neste mesmo ano se fez a retirada do povo de Pernambuco para a Alagoa do Sul, dando-se princípio a esta triste, e lamentável transmigração aos três de julho, e nesta entraram também muitos dos religiosos, que andavam despojados, e fora dos conventos, e todos os que ainda habitavam o de Sirinhaém, com o seu venerável Custódio, Fr. Cosme de S. Damião, e em Porto Calvo se achou na batalha, que deu o General Matias de Albuquerque ao Coronel Picard, holandês, em que este ficou vencido, e entregue aos nossos o mameluco infiel, Domingos Fernandes Calabar, que se havia passado aos inimigos com grande dano dos portugueses, e com assistência deste padre, e disposto por ele mostrou acabar arrependido, e levar como castigo justo dos seus insultos, e no mesmo lugar de seu nascimento a morte de forca em 22 deste mesmo mês, e ano.

77. No ano de 1636, o venerável Custódio Fr. Cosme de S. Damião, saindo da Alagoa para visitar os conventos de Ipojuca, Igarassu, e Paraíba, aonde residiam ainda alguns religiosos, começando esta jornada em companhia do General de Espanha, D. Luís de Roxas que, com o socorro de Castela, e Portugal havia desembarcado na barra de Jeraguá, se achou na batalha, que em Porto Calvo deu o holandês Sigismundo a D. Luís, que nela, com lástima, e sentimento grande daquele aflito povo, perdeu a vida a impulso aleivoso de uma bala, quando a vitória,[177] que levou o inimigo, com a sua morte, tendo-lhe pressagiado antes este infausto sucesso o venerável padre Fr. Cosme, que também ficou prisioneiro nesta derrota, com o seu secretário, Fr. João Batista, e o Irmão sacerdote, Fr. Manuel das Neves, que todos foram remetidos ao Recife, de donde, depois de estarem algum tempo presos, separados uns dos outros, foram degredados para várias partes, sendo a do servo de Deus, Fr. Cosme, a da Serra Leoa na costa de África, a qual em nove meses de viagem nunca puderam tomar os do seu navio. Voltaram a Pernambuco, e o venerável padre, à sua prisão. Dela o tiraram a pouco tempo, e o mandaram lançar nas partes da Bahia os mesmos inimigos.

78. Também foram presos no ano de 1639 doze religiosos, que se haviam recolhido ao convento de Olinda, os de Igarassu, e Paraíba, com todos os mais, que puderam haver, faziam o número de trinta e sete, os quais despi-

---

[177] Cf. Aditamento IX no início de OSNB II: *quando aclamava a vitória*, em vez de *quando a vitória*.

dos, e maltratados com injúrias, fomes, sedes, e outras semelhantes vexações, os mandaram lançar pelas Índias de Castela, dos quais nenhum tornou a esta Custódia, e por lá faleceram, uns em desterro por terras estranhas, ou lançados ao mar pelos holandeses com pedras ao pescoço; tomando por ocasião destas impiedades, ou tiranias, haver remetido o padre Fr. João da Cruz, Guardião do convento de Igarassu, à Bahia um Irmão leigo, Fr. Junípero, sem passaporte dos Senhores do conselho; e como esta notícia se divulgasse com a volta de Fr. Junípero da Bahia, foi preso, ele, e o dito Guardião, e postos a tratos, confessando a verdade, e apresentando as cartas, que todas eram dos religiosos, e não continham particular algum contra os Estados, ainda os sentenciaram à forca, da qual os livrou o Conde Maurício, por particulares súplicas, que lhe foram feitas, ficando presos à ordem do Conselho, comutando-lhes a pena de morte em a de degredo, que se executou como os mais que acima ficam nomeados.

79. No ano de 1643 foi à capitania do Espírito Santo uma armada holandesa do porto de Pernambuco, e com pouca resistência o tomaram em a vila da Vitória (e era esta a segunda entrada, que naquela praça faziam estes inimigos, porque a primeira a haviam executado quase vinte anos antes, no de 1624, quando dominavam intrusos, e apoderados da cidade da Bahia, de donde então, como agora de Pernambuco, foram dar sobre a vila da Vitória) achava-se no convento, que ali tinha esta Custódia, um Religioso Menor, por nome Fr. Gerardo dos Santos, que depois foi Comissário-Provincial, quando já separada esta da Província; era moço, e sujeito acompanhado de disposição, e valor, e este, junto com o Vigário da Vila, Francisco Gonçalves Rios, tomaram à sua conta a defesa da praça. Ordenaram a alguns mancebos, e a outros poucos moradores mais animosos, que armassem uma emboscada, e ele com o Vigário mandaram pôr duas peças de artilharia, que acaso ali havia sem carretas, nas entradas de duas ruas principais, e por onde necessariamente havia passar o inimigo, cobertas com ramos, e tanto que eles por ali encaminharam, e a tempo conveniente, deu fogo o Vigário a uma das peças, e Fr. Gerardo a outra, com tão boa pontaria, e sucesso, que fizeram um grande estrago no holandês; e saindo a tempo os da emboscada, deram sobre eles, com tanto ímpeto, e esforço, que retirando-se o inimigo para as suas naus desordenadamente, foram matando neles até se recolherem todos, ficando mortos alguns quatrocentos, a vila livre, e Fr. Gerardo com uma bala em uma perna, de que sempre viveu queixoso, e uma ferida de chuço, ou alabarda, na cabeça, sem

que este religioso, ou algum dos mais, com tão vivas, e autênticas certidões, intentassem na Corte requerimento algum.[178]

80. Outra vez tornaram estes inimigos ao Espírito Santo, tomaram terra no seu porto de Vila Velha, e começando a fortificar-se aqui, foram forçados a largar o posto, a toda a pressa, porque se lhes representou, viam descer do monte de Nossa Senhora da Penha, que fica sobranceiro ao porto da Vila, (e lhes parecia a eles um formoso, e forte castelo) muita gente de pé, e cavalo, todos de armas luzentes, e bem preparadas, não havendo lá pessoa alguma; porque até a imagem da Senhora haviam os religiosos retirado para o convento da Vitória, e só se via a sua Capelinha no mais empinado da Penha, que a Senhora, para guarda sua, quis que parecesse aos inimigos castelo armado de fortes muralhas, e cercado de um bem-disposto, e ordenado esquadrão, para defender a sua casa, e atemorizar aqueles hereges, seus inimigos, que na desordem com que se recolheram às suas naus, sendo acometidos de poucos moradores, ainda deixaram alguns quarenta mortos, por despojo do seu atrevimento. E porque esta vitória foi conseguida a vinte e dois de setembro, dia assinalado dos invictos mártires tebanos, S. Maurício, e seus companheiros, padroeiros da Vila Velha do Espírito Santo, tiveram por sem dúvida os seus moradores foram os que armaram, como tão experimentados guerreiros, aquele lustroso, e forte esquadrão ao pé do castelo, e ermida da Senhora da Penha; depois desta Senhora, ficaram também reconhecendo dever aos santos mártires aquela vitória, e assim na mesma igreja da Penha, dedicaram capela, e altar aos gloriosos mártires, aos quais ficaram servindo dali em diante em uma devota confraria.

81. Procurando o Governador do Estado Antônio Teles da Silva socorrer aos de Pernambuco, que no ano de 1645 haviam dado princípio, em 19 de junho, à empresa da liberdade, mandou logo por mar dezassete companhias de infantaria a Tamandaré, com as quais foram também cinco religiosos desta Custódia, tendo já mandado por terra desde o ano passado, com dois cabos mais, a Antônio Dias Cardoso, Henrique Dias, e D. Antônio Filipe Camarão, e a todos estes acompanharam religiosos. Também despachou mais quatro companhias em socorro de Pedro Gomes ao Rio de S. Francisco, e os acompanharam Fr. João do Deserto, Fr. Sebastião dos Mártires, Fr. Masseu, e outro religioso mais; e ficando estes com Pedro Gomes naquele presídio, vencido em batalha o holandês, os outros dois acompanharam os soldados até Pernambuco.

[178] RÖWER; SETARO, 1965, p. 63-66.

82. Na batalha das Tabocas, em 3 de agosto deste mesmo ano, se achou o Irmão Fr. Luís da Visitação, por sobrenome, e mais conhecido por Fr. Luís dos Arraiais, pela continuada assistência que sempre fez em todos os dos portugueses, e referia depois os particulares sucessos assim de ânimo, e esforço dos nossos, como prodígios do poder divino, que se não puderam ocultar, nem aos olhos dos hereges inimigos, nem ao conhecimento dos católicos vencedores naquela por tantos títulos miraculosa vitória.[179]

83. No de 1647 foi ocupada pelo General holandês Sigismundo parte da Ilha de Itaparica, e sitiada pelo inimigo a sua fronteira, com boa fortaleza, quatro redutos, e outros reparos para defender-se, e ofender. Contra estes fizeram os nossos arraial no sítio da Vera Cruz, fronteiro ao inimigo, para lhe impedirem o poder entranhar-se pelo corpo da Ilha; e em um assalto, que inconsideradamente se mandou dar à sua fortaleza, depois de o deixarem fortificar-se muitos meses, no qual tiveram os portugueses um dos mais infelizes sucessos de toda aquela guerra, nele se acharam também os Religiosos Menores, e um destes, por nome Fr. Domingos o ruivo, retirou às costas, do pé da muralha, ao Mestre de Campo, o Rebelinho, onde o matou o holandês, morte a mais sentida pelo valor, e falta deste grande cabo.

84. Depois de levantada a campanha, e entregue o governo de Pernambuco ao Mestre de Campo, General Francisco Barreto, em 1648, não houve assalto, choque, marcha, ou peleja em que os Religiosos Menores se não achassem, indo ao Rio Grande por várias vezes com o Camarão, Henrique Dias, João Barbosa Pinto, e Antônio Dias Cardoso. A todos estes acompanharam Religiosos Menores, por serem pedidos ao General pela devoção dos cabos, e porque outros religiosos, e sacerdotes seculares se não acomodavam a estas jornadas, sem ajuda de custo, cavalos, e comboio para as suas pessoas, fato, e provimento de que os nossos frades por pobres não cuidavam.

85. Nas duas memoráveis batalhas dos Guararapes, neste mesmo ano, a ambas se acharam o Padre Fr. Simão das Chagas, que depois foi Provincial, Fr. Luís dos Arraiais, Fr. Gonçalo da Conceição, e Fr. Gaspar de S. Lourenço. Nos assaltos de Itapessima, e Itamaracá, ali se acharam os nossos Religiosos nos ataques das forças do Rego, da Asseca, das Cinco Pontas, e em todas as mais ocasiões semelhantes, e por todo o tempo que durou o assédio do Recife, que foram nove anos; nas suas estâncias continuamente assistiram Religiosos

[179] A 12 de junho de 1645, os holandeses deram ordem de prisão contra o mesmo Fr. Luís da Visitação, que então se achava em Ipojuca, onde a 17 do mesmo mês, se dariam as primícias da insurreição pernambucana vitoriosa (NIEUHOF, 1942, p. 121 e 152).

Menores, especialmente Fr. Luís dos Arraiais, e Fr. Gonçalo da Conceição, por todo o tempo que se foi seguindo de 1648 até o último da liberdade.

86. No fim de 1653, o último do domínio holandês em Pernambuco, saindo deste porto uma nau inimiga à pilhagem pelas costas da Bahia até o Espírito Santo, guiados por um mau português, e pior cristão, saltando desta em terra uma escolta de holandeses ao monte da Penha, levados das informações que lhes havia dado o tal homem de ter a casa da Senhora muito ouro, prata, e outras peças preciosas. Dava-se neste tempo princípio ao conventinho, que ali tem esta Província, e estava por agente das obras, e com título de seu Prelado, o Irmão Fr. Francisco da Madre de Deus, chamado, o Enfermeiro das Contas Brancas, de quem, e das suas virtudes daremos maior notícia em seu lugar. Achava-se na igrejinha em oração, e com a porta aberta, ou cerrada, por não haver ainda então outra por onde se entrasse, e era alta noite, quando a viu ocupada de soldados, e armas. Sem se assustar continuou na sua oração, e os hereges, sem fazerem caso dele, no saque dos ornamentos, alfaias, e tudo o mais que viram lhes podia servir, menos um anel de ouro que tinha a Senhora, que lho não puderam sacar, nem ainda fazendo diligência por lhe quebrar o dedo; aqui acudiu Fr. Francisco, e rogava com lágrimas não quisessem ultrajar a imagem da Senhora. Desistiram da empresa do anel, ou já por temor, ou por compaixão, e querendo despir-lhe o manto de seda, o mesmo religioso com suas mãos lho tirou, e lhes fez a entrega dele. Menos atenção mereceram as lágrimas do bom religioso com o perverso português, e guia infiel dos pérfidos hereges, ao qual não pôde persuadir o não tirar dos braços da Senhora o seu Menino, dizendo ao religioso, que o levava para o Recife, para brincar com outro, que lá tinha, e assim se foram, levando presos alguns religiosos mais, que ali se achavam, e soltaram outra vez ao embarcar-se, menos oito escravos, que serviam nas obras do convento, que levaram consigo para o Recife; dizendo o português a Fr. Francisco, que o deixavam a ele para acabar aquela obra, que estava muito bonita; ao que respondeu o religioso, como em paga desta caridade, que lhe faziam, que cedo pagariam com o mais, o que agora executavam, e assim aconteceu; porque, indo dali estes hereges, e piratas a Cabo Frio, e saltando alguns em terra na Bahia Formosa a recolher uns gados, que por ali pastavam, dando sobre eles o gentio, que o guardava, foram mortos muitos; e os que escaparam, em Pernambuco acharam o último castigo com a entrega desta praça, que logo se seguiu em vinte e sete de janeiro de 1654.

87. Nesta, para prêmio condigno do católico zelo dos Frades Menores da Província do Brasil, já que não pretendiam outro, permitiu o céu que um filho do santo Patriarca, e seu Custódio, neste tempo, o Padre Fr. Daniel

de S. Francisco, fosse o que na entrega do Recife, e total restauração de Pernambuco, tivesse a glória de ser o primeiro entre os mais, que nesta conjunção entrasse, e ao ombro do seu General, naquela praça, a tomar, como o fazia ele pelo temporal, a posse desta espiritual conquista, em a qual por todos os princípios, tiveram sempre nela o primeiro lugar os Religiosos Menores. E porque se não julgue o que neste relatório se escreve só por dito, mas fique também confirmado com testemunho de fora, ajuntamos aqui várias certidões do Governador do Estado, Generais, e Mestres de Campo, Cabos, e Oficiais Maiores daquela guerra, as quais se acham autênticas em um instrumento reduzido a pública forma pelo Tabelião Manuel da Silva, de treze de agosto de 1648, na cidade da Bahia. Nelas vão expressadas algumas coisas mais do que se contém no relatório acima, que sendo tirado de vários papéis, e manuscritos desta Custódia, nele vão individuadas também outras muitas, que nas Certidões se tocam em comum.

CERTIDÃO I

88. Matias de Albuquerque, do Conselho Supremo de Guerra de Sua Majestade, Superintendente da destas capitanias do norte do Estado do Brasil etc., certifico, que, vindo no mês de fevereiro do ano de 1630 sobre o porto, e vila desta capitania de Pernambuco uma mui poderosa armada holandesa, o Padre Custódio de S. Francisco[180] que então era, com muitos religiosos de sua Ordem, acudiram à praia, às trincheiras, e baluartes a confessar, e animar os soldados, e gente da terra, para que sustentassem as ditas trincheiras, e baluartes, onde assistiram até de todo serem rendidos. E vindo nós para o Recife, vieram também muitos religiosos da dita Ordem, alguns dos quais foram assistir no forte do mar a confessar, e no da terra fizeram o mesmo ofício, até de todo serem rendidos; e fazendo eu arraial no sítio de Paranamirim, para nele formar uma fortificação, como formei, em que me defendesse, e ofendesse ao inimigo, os ditos religiosos se retiraram para o dito sítio, e dentro no forte fizeram um Oratório, no qual sempre assistiram de seis religiosos para cima, dizendo no dito Oratório missa, e administrando os sacramentos da confissão, e sagrada comunhão, e fazendo sermões, quando era necessário, com muita pontualidade, e sem nisto faltarem um ponto; e 3 anos contínuos os ditos religiosos foram dizer missa às estâncias dos Afogados, Salinas, e todas as mais,

180 [Jaboatão] Frei Antônio dos Anjos.

e nelas administrando os sobreditos sacramentos com a mesma pontualidade, e diligência; e em todos os rebates, e assaltos que tivemos com os inimigos se acharam presentes os ditos religiosos, em companhia dos nossos soldados, animando aos sãos, e confessando aos feridos com muito grandes trabalhos, e riscos, e assistiram no dito Oratório, e arraial, fazendo o mesmo ofício dentro, e fora dele, até nove dias do mês de junho próximo passado, em que o dito arraial se entregou, e com ele, seus ornamentos, livraria, e alfaias, que deviam importar muito; e dando o inimigo holandês o primeiro dia do mês de maio do ano de 1632 inopinadamente na vila de Igarassu, na qual os ditos religiosos têm um convento, lhes levaram todos os ornamentos, livros, e alfaias, e dois religiosos cativos, no que receberam mui grande perda. Consta-me assim mais, que indo o inimigo holandês pelo mês de novembro do dito ano de trinta e dois com grande força sobre a barra da Paraíba, alguns religiosos da dita Ordem se foram meter no forte do Cabedelo da dita barra para confessar, e animar aos soldados, e foi morto pelos holandeses o Padre Fr. Manuel da Piedade, pregador; e vindo no mês de maio do ano passado de 1634 o dito inimigo holandês sobre a barra de Nazaré, à qual eu pessoalmente acudi, vieram dois religiosos em minha companhia do dito Oratório de Paranamirim, e do convento de Ipojuca acudiram outros, e todos se acharam presentes no encontro, que com o dito inimigo tive, fazendo cada qual o seu ofício com a mesma pontualidade, e diligência; e um ano, que assisti na força de Nazaré, me assistiram sempre dois religiosos, e às vezes mais, do dito hábito, e feito no dito Nazaré um Oratório, o Padre Custódio, que hoje é,[181] se foi a morar nele com alguns religiosos, pra que não houvesse falta na administração dos sacramentos, sermões, serviço de Deus, e de Sua Majestade; e vindo nós para socorrer o arraial, e Nazaré à vila de Sirinhaém, o dito Custódio com alguns religiosos se vieram também para a dita vila de Sirinhaém, deixando no Oratório de Nazaré quatro religiosos, que assistiram, até que a dita força se rendeu, onde também perderam seus ornamentos, livros, e o mais que tinham; e vindo o inimigo holandês em onze de abril deste presente ano, com grande poder para me desalojar da dita vila de Sirinhaém, eu lhe saí ao encontro, e foi Deus servido que o desbaratamos; em minha companhia saiu também o Padre Custódio a fazer o costumado ofício de exortar, e confessar aos soldados, com seis, ou oito religiosos de sua Ordem, e vindo eu ora a dar no forte que o inimigo tem no Porto Calvo, e foi Deus servido o rendesse, em minha companhia se acharam quatro religiosos da sobredita Ordem, e fizeram o mesmo com muita inteireza, e caridade; e finalmente, vindo nós esperar a armada do

181 [Jaboatão] Era o V. Padre Fr. Cosme de S. Damião.

socorro a esta Alagoa do Sul, veio o sobredito Padre Custódio, Fr. Cosme de S. Damião, com trinta religiosos da sua Ordem, e atualmente faz um Oratório para dele acudir às necessidades que se oferecerem, de maneira que na vila, Recife, e no Arraial, em todas as estâncias, no Cabo de Santo Agostinho, em Sirinhaém, no Porto Calvo, e ora nestas Alagoas, sempre assistiram os religiosos Capuchos desta Custódia, confessando, pregando, dizendo missa, e exortando a todos, sendo de grande importância sua presença, achando-se de dia, e de noite, em quantas ocasiões, rebates, emboscadas, encontros, cercos, e assaltos houve, com tanto perigo, como os mais arriscados soldados; e o mesmo sei que fizeram em Itamaracá, e na Paraíba, e que quase tudo o que possuíam seus conventos, se lhes tomou pelos inimigos, queimando-lhes a casa principal da Vila, e ficando-lhes em seu poder, e desbaratadas as mais casas do Recife, Igarassu, Sirinhaém, e os mais Oratórios do Arraial, e do Cabo; e de uma, e outra parte lhes levaram presos, e cativos por muitas vezes os inimigos alguns religiosos; e na tomada do Arraial, e do Cabo, os Prelados, e os mais religiosos que ali havia, levaram os inimigos, e os mandaram para onde quiseram; e sendo os religiosos desta Custódia tão pobríssimos, e havendo-lhes levado o que tinham em suas casas, e o com que celebravam, e exerciam o culto divino, a uns mortos, e a outros cativos em serviço de Deus, e de Sua Majestade, sempre assistiram, e perseveraram, e atualmente o estão fazendo; pelos quais serviços, e perdas será justíssimo satisfazer-lhes Sua Majestade estes merecimentos, com lhes mandar, com a recuperação destas praças, demais da ordinária de todas suas casas, que se lhes dê com efeito, com que perfaçam em seus conventos o que lhes falta para poderem assistir neles, e continuar o exercício dos ofícios divinos, e o culto sagrado. E porque tudo assim passa na verdade, o juro pelo hábito de Cristo, de que sou professo. Dada nesta Alagoa do sul em Pernambuco, sob meu sinal, e sinete de minhas armas, aos vinte de agosto de mil seiscentos trinta e cinco anos. E eu, Pedro de Oscos y Turen, a fiz escrever, e subscrevi no dia, e ano.

Matias de Albuquerque

CERTIDÃO II

89. D. Juan Vincencio San-Filice, Conde de Banolo, General de la Artilleria y Cavalleria, del Consejo Collateral de Nápoles, Loco-teniente del Marquez de Velada, Governador General de la guerra de Pernambuco etc. Certifico, que mandando-me Su Magestad a Pernambuco para socorro y res-

tauración de aquella Capitania, llegué al Arrayal de Paranamirim, una legua distante de la Villa de Marim, en el ano de mil seiscientos y treinta e uno, en el cual hallé un Oratorio de los Religiosos de San Francisco de esta Custodia del Brasil, que ellos allí hicieron para asistir en todas las obras de caridad, como celosos de la Religión, que profesan, y del servicio de Su Majestad, en el cual Oratorio estuvieron siempre de seis Religiosos para cima, administrando los Sacramentos de la confesión y Comunión, diciendo Misas y predicando y por más de tres años continuos fueron decir Misa a las Estancias de las Salinas y Afogados y a todas las demás, y en todos los asaltos y rebates que tuvimos, se hallaran los dichos Religiosos con los nuestros soldados, confesando a los heridos y animando a los sanos, con mucho trabajo y riesgo suyo, y en el dicho Arrayal y Oratorio estuvieron haciendo el mismo Oficio y dentro y fuera de él hasta nueve días del mes de Junio de mil seiscientos treinta y cinco, en que el Holandés le rindió, adonde perdieron sus ornamentos, alfayas [*sic*] y librería y cautivaron algunos Religiosos, que desterraron del Brasil; y fue informado, que yendo el dicho enemigo por el mes de Noviembre del dicho año con gran fuerza sobre la Paraíba, algunos Religiosos del dicho hábito asistieron en el Fuerte de la dicha barra para animar y confesar los soldados y entonces fue muerto por los Holandeses el Padre Fray Manuel de la Piedad, Maestro de Teología y Religioso de mucha autoridad; y que en un asalto, que el enemigo dio en la dicha Ciudad, cautivó algunos Religiosos, que después tuvo en prisiones estrechas y a uno de ellos envió para Holanda; y que en otro asalto, que el dicho Holandés dio en la Villa de Olinda, después que ellos la hubieron quemado, mató otro Religioso del dicho hábito, llamado Fr. Pedro, y a su compañero llevaron preso y enviaron a Flandes; y viniendo en el mes de Marzo del año de 1634 el dicho Holandés sobre Nazareth, supe que vinieron dos Religiosos del dicho Arrayal de Paranamirim y otros del Convento de Ipojuca, que se hallaron en el encuentro, que los nuestros tuvieron con el enemigo, haciendo todos su oficio; después del cual el Padre Custodio se fue a vivir en él con algunos Religiosos, haciendo allí Oratorio para continuar con la administración de los Sacramentos, como continuaron hasta que la dicha Fuerza se rendió, adonde también perdieron sus ornamentos, libros y lo más que tenían y cautivaron y desterraron los Religiosos, que allí se quedaron con los soldados; y viniendo el enemigo Holandés en once de Abril del año de 1635 con gran poder sobre la Villa de Sirinhaém, estoy informado, que allí se halló el dicho Padre Custodio con ocho Religiosos de su Orden, haciendo lo acostumbrado de exhortar y confesar a los soldados: y que viendo los nuestros a dar en el Fuerte, que el enemigo tenía en el Puerto Calvo, que Dios fue servido rindiésemos, se hallaron también allí cuatro Religiosos de la sobredicha Orden e hicieron lo mismo con mucha entereza y cuidado; y viniendo nosotros a esperar la Armada del socorro a la Alagoa del Sul, vino el dicho Padre Custodio con treinta Religiosos y en la dicha Alagoa hizo un Recogimiento, para de allí acudir a las necesidades, que se ofreciesen. Llegando pues el socorro del General D. Luiz de Roxas, en su misma compañía partió el Padre Custodio con su compañero, exhortando los soldados, animándolos y confesándolos, y llegados al Puerto Calvo, con la rota, que hubo de los nuestros y muerte del dicho General, fui yo a socorrer la dicha Plaça, quedando con el cargo del dicho D. Luiz de Roxas, en la qual ocasión me acompañaron Religiosos de la dicha Orden, asistiendo en dicho Puerto Calvo en su Oratorio a todo lo conveniente y necesario; y viniendo el Conde Nassau con seis mil hombres a los cuarteles y Fortalezas del mismo Puerto Calvo, los dichos Religiosos asistieron en la batalla, confesando y curando los vivos y amortajando los muertos, por todo el tiempo que duró la pelea, y no habiendo confesor, que quisiese quedar en la fortaleza con la Infantería, los dichos Religiosos se ofrecieron; y de efecto, quedó uno con los dichos soldados; que con ellos, después de rendida la Fortaleza, le enviaron los Holandeses para las Indias y los demás me acompañaron y a todo el ejército por caminos fragosos, e inhabitables hasta que tornamos a la Alagoa del Sul, adonde estuvimos algunos pocos días con la asistencia de los dichos Religiosos; y partiendo nosotros de allí para el Penedo y Rio de San Francisco y de ahí a Sergipe y a la Torre, en todos estos puestos los dichos Religiosos asistieron en el Ejército, haciendo su debida obligación; y teniendo yo noticia que el mismo Conde Nassau venía en persona a esta Ciudad de la Bahía con treinta y ocho velas y con mucha fuerza, antes de su llegada me viene a socorrer la dicha Plaza y en todo el tiempo, que el dicho Conde Nassau nos tuvo en cerco, por mar y tierra, los dichos Religiosos asistieron siempre con mucha satisfacción y cuidado en todos los puestos y ocasiones necesarias, confesando y exhortando nuestros soldados, además de que algunos Religiosos con sus propias manos y con sirvientes de la dicha Orden, asistieron en el trabajo de las plataformas y trincheras, que yo mandé se hiciesen, en que los dichos Religiosos se aventajaron mucho, no solo a los Religiosos de las demás Ordenes, más aún a muchos seglares, mui cuidados del servicio de Dios y de Su Majestad, hasta que el dicho Conde Nassau confuso y con grande perdida de su ejército, gloria nuestra y afrenta suya, levantó el dicho cerco y se retiró a Pernambuco, de suerte que en todo el proceso de guerra tan prolija, en la Villa de Marim, Recife, Paraíba, Cabo de San Agostin, Sirinhaém, Puerto Calvo y en esta Ciudad, asistieron los Religiosos Capuchos de esta Custodia, confesando y exhortando de día y de noche en todas las ocasiones, rebates, emboscadas y asaltos que hubo, con mucho riesgo de sus personas: por lo que será justísimo, que Su Majestad etc. Y porque todo pasa en la verdad, lo juro por el hábito de Santiago, de que soy profeso. Dada en la Ciudad de la Bahía en 2 de Agosto de 1638.

D. Juan Vincencio San Filice,
Conde de Banolo

CERTIDÃO III

90. Os Mestres de Campo, e Governadores da Guerra de Pernambuco etc. Certificamos, em como em todo o tempo que houve guerra nesta capitania de Pernambuco, e na que de presente mais viva temos, os Religiosos Capuchos desta Custódia de Santo Antônio deste Estado do Brasil, acompanharam sempre em todas as ocasiões, e cercos à Infantaria, e Exército, como no cerco da Força de Paranamirim, e no de Nazaré, e na Paraíba, sendo Matias de Albuquerque, Governador da guerra, acudindo sempre os religiosos aos assaltos; e em uma batalha que houve junto ao Cabedelo com os flamengos, foi morto por eles um religioso grave, e pregador, por nome Fr. Manuel da Piedade, e outro frade leigo em a Vila de Marim em um assalto, que o inimigo ali deu; e depois de tomada, e possuída toda a campanha do flamengo, ficaram em quatro conventos quase de quarenta religiosos, com seus Prelados em seu poder para exortar aos católicos, que ficaram entre eles fé, e obediência católica romana, os quais todos pelos ditos hereges foram desterrados com muito descômodo em navios para as terras mais agrestes das Índias, aonde muitos morreram, e outros ficaram lá, de modo que ficando este povo mui sentido, da ausência dos Religiosos Capuchos, mandaram da Bahia seus Prelados alguns poucos com passaportes para que a messe da fé de todo em todo se não perdesse por falta de obreiros, e assim pregavam, e confessavam, e administravam os sacramentos a todos. Depois do levantamento, e intento da liberdade, vieram seis, ou oito religiosos dos mesmos da Bahia, assim por mar como por terra, que sempre acompanharam a Infantaria, e assistiram também no Rio de S. Francisco, com o Mestre de Campo Francisco Rebelo, todo o tempo que ali esteve, achando-se em a vitória, que ali os nossos tiveram; na Paraíba também em esta ocasião assistiram 4 religiosos com o seu Prelado no Arraial de Santo André, e cidade, acudindo a uma, e outra parte, por estar a capitania falta de sacerdotes clérigos nem havia outros religiosos, acudindo com muito cuidado aos doentes, e mortos, que houve em aquele tempo, na peste que houve, de que morreram dentro em três, ou quatro meses mais de seiscentas pessoas

e, na retirada da dita capitania, vieram os ditos religiosos acompanhando os afligidos moradores até esta vargem, aonde o dito seu Prelado, Fr. Jácome da Purificação, fazendo um Recolhimento, assistiu sempre com três, ou quatro sacerdotes, confessando, e administrando os sacramentos assim neste Arraial como também muitas vezes nas estâncias. Acompanhou um a Infantaria na jornada tão importante que foi ao Rio Grande, e na bateria que pusemos ao Recife; e nas mais partes, ou conventos, em que os ditos Religiosos Capuchos estão nesta capitania, aonde há Infantaria, acodem com boa vontade a administrar os sacramentos aos soldados; e ultimamente se acharam os ditos religiosos na insigne vitória, e sucesso, que Nosso Senhor nos deu contra o flamengo, em vinte e três deste mês de abril, véspera de Nossa Senhora dos Prazeres, em os Montes dos Guararapes, em que lhe matamos quase de mil homens, e ferimos muitos, exortando nesta ocasião aos soldados; pelo que merece esta Custódia que Sua majestade lhe faça favor. Em vinte e nove de abril do dito ano de 1648.

André Vidal de Negreiros.
João Fernandes Vieira.

CERTIDÃO IV

91. Lopo Curado Garro, Governador da capitania da Paraíba em todo o tempo, que se fez guerra ao inimigo holandês pela liberdade divina, e também na retirada, e ultimamente em esta Vila de Olinda, aonde ainda assisto com o mesmo cargo, de Cabo, e Governador das companhias da dita capitania retirados: Certifico, que em todo o tempo que durou a guerra na dita capitania da Paraíba, os Religiosos de S. Francisco, de que era Prelado o Padre Fr. Jácome da Purificação, pregador, tendo sua casa dentro da Força de Santo André, para que dali acudissem a confessar a Infantaria, como de efeito o fizeram, com grande zelo, edificação, e consolação de todos os que assistiam na guerra, e mais moradores, e principalmente em o tempo da peste, de que morreram em três, ou quatro meses, mais de quinhentas pessoas, acudindo eles de noite, e de dia, assim pelas fazendas como dentro do Arraial, a administrar os sacramentos; por quanto no dito Arraial de Santo André não havia, nem assistiam outros sacerdotes, nem religiosos, senão eles, que pudessem dizer missa, e confessar, e assim em este maior trabalho, e guerra de tão agudas doenças, eles ordenaram algumas solenes procissões, em que todos descalços pedimos auxílio, e misericórdia ao céu, confortando a todos com seus ser-

mões, e depois que parte do exército se foi aposentar à cidade, eles se foram para o seu convento, e reparando não deixavam, ainda que não eram mais que quatro religiosos, de acudir ao Arraial de Santo André a dizer missa, e confessar a gente que ali havia. Ultimamente, dividindo-se a gente da capitania em a retirada em dois troços, para melhor se poder comboiar, os ditos religiosos também se dividiram para acompanhar aos ditos afligidos retirados em seus trabalhos até esta capitania de Pernambuco, aonde também assistem com a Infantaria, dois em o Arraial do Bom Jesus, acompanhando a Infantaria em todos os rebates, e ocasiões que se oferecem com o inimigo holandês, e dois mais em esta estância, e quartel da Vila de Olinda, aonde também com muito zelo, e consolação nossa fazem também sua obrigação, o que tudo passa na verdade pelo juramento dos Santos Evangelhos. E por me ser pedida a presente, a mandei passar, assinada por mim, e selada com o sinete de minhas armas, aos 18 de maio de 1647.

Lopo Curado Garro.

CERTIDÃO V

92. Francisco Gomes Muniz, Cavaleiro Fidalgo da Casa del-Rei, um dos três Governadores, que assistimos na guerra que fizemos na capitania da Paraíba: Certifico, que tudo o conteúdo na Certidão atrás, do Governador Lopo Curado Garro, passa na verdade, do que eu dou mais certa fé, por assistir seis meses no Arraial de Santo André, e outros seis na cidade, para a fortificar, em que o R. Padre fez tudo o que na Certidão consta, como virtuoso religioso que é, e pouco diz em satisfação de sua virtude, e bom zelo, e assim o juro aos Santos Evangelhos. Cabo de Santo Agostinho, 31 de maio de 1647, e me assino de meu sinal, e selo de minhas Armas.

Francisco Gomes Muniz.

CERTIDÃO VI

93. Antônio Teles da Silva, do Conselho de Guerra de Sua Majestade, Governador, e Capitão General de mar, e terra deste Estado do Brasil: Certifico, que os RR.PP. Capuchos deste Estado do Brasil, em todas as ocasiões, que se ofereceram, assim por mar como por terra, em que foram necessários religiosos seus, os deram com muito gosto, e em tudo o mais que se lhes ordenou

da parte de Sua Majestade o fizeram com grande zelo de seu Real serviço; e por me ser pedida a presente, a mandei passar, e selar com o sinete de minhas Armas. Bahia, dez de dezembro de 1647.

Antônio Teles da Silva.

94. Isto é o que em as memórias dos conventos, e seus arquivos achamos acerca dos religiosos desta Custódia do Brasil, em o tempo que a capitania de Pernambuco foi tiranizada pelo intruso, e herege holandês; e se os nossos, assim como experimentaram estes, e outros semelhantes trabalhos, os souberam escrever todos, sem dúvida nos deixaram notícias de outras muitas mais, que padeceram naqueles calamitosos tempos. E ainda depois da sua restauração, três para quatro anos, no de 1658, saindo da capitania, e Vila do Espírito Santo o Custódio atual, Fr. Pantaleão Batista, com alguns religiosos mais em uma embarcação pequena para a cidade da Bahia, foram acometidos logo ao sair por um navio holandês, que andava à pilhagem por aquela costa, e tendo modo de escapar em uma canoa, ou batel, o Custódio, os mais com o piloto, e alguns portugueses ficaram prisioneiros. A três destes religiosos foram lançar na Bahia da Traição, acima da Paraíba, e a um, chamado Fr. Rafael de S. Boaventura, já mui velho, e com as pernas podridas de chagas, por lhe tomarem asco, e se enfastiarem da sua enfermidade, com uma pedra atada ao pescoço, o lançaram de noite ao mar; e com este acaso damos também fim à breve lista do que obraram os Frades Menores no tempo do holandês; vamos agora a concluir com o que mais se foi seguindo até o presente.

CAPÍTULO XVI

Do que mais obraram os Religiosos Menores desta Província, desde a Restauração de Pernambuco até o presente.

95. Achando-se em todas as ocasiões do serviço de Deus, e dos reis os Religiosos Menores do Brasil sempre prontos, e sem repugnância, como fica exposto, assim o foram continuando ainda depois da restauração, nas entradas, e guerras que ordenavam os Governadores contra o gentio rebelde, e bravo do Rio Grande, e Açu; para as quais pediam religiosos, e lhes eram dados, como consta de algumas certidões dos Cabos, com quem acompanharam os tais religiosos.

CERTIDÃO I

96. Manuel de Abreu Soares, Capitão Maior da Guerra, e Conquista do Açu, por Sua Majestade etc. Certifico, que mandando-me o Capitão Maior, Pascoal Gonçalves de Carvalho, à ribeira do Açu com cento e vinte homens, ordenança, como índios do Camarão, a fazer guerra ao gentio bárbaro, infiel, foi em minha companhia o R.P. Fr. Manuel de Santa Rosa, Religioso do Patriarca S. Francisco da Província do Brasil, e todos incorporados marchamos para a dita ribeira, onde habitava o gentio delinquente das mortes, que lá tinha feito aos moradores daquela ribeira. Chegando a ela, fiz logo meu arraial para segurança da gente que levava a meu cargo, carregando madeiras dos matos às costas, e o mesmo religioso não faltava neste exercício por nos dar exemplo. E acabado o arraial, tratei de franquear a ribeira por todos aqueles sítios, e lugares, achando tudo queimado, e destruído, ajuntando a ossada daqueles corpos, que o gentio infiel tinha morto atraiçoadamente, e sem piedade; e o R. Padre com tanto zelo os ajudou a carregar para o arraial, donde lhes demos sepultura, dizendo-lhes missas pelas almas desinteressadamente; e feita esta obra de misericórdia, mandei descobrir campo para a parte do Rio Salgado, onde se achou trilha de gentio brabo, que tinha ido buscar sal às salinas, e com aviso dos descobridores, marchei para lá com oitenta homens; pondo-me na trilha, a seguimos de dia, e de noite por ásperas serras, e dentro em três dias me pus junto aos seus ranchos, sem ser sentido, onde habitavam com o seu mulherio; ao romper da manhã lhes dei um repentino assalto, fazendo neles grandes matanças, queimando-lhes os ranchos, e mais despojos. Vendo eu a pouca gente que levava, e que o sítio não era capaz de me defender, me retirei duas léguas para trás, buscando lugar acomodado para a peleja, que poderia haver, e para tomarmos alguma refeição que até ali não a tínhamos feito, e descansar a gente. Mal tinha provido sentinelas, quando o gentio que escapou, veio com grande ímpeto a reconhecer o nosso poder; tivemos novamente travada peleja, havendo da sua parte quantidade de mortos, e feridos, onde me feriram também três homens, dos quais morreram dois depois de confessados, havendo-se o dito religioso com grande ânimo defendendo o ímpeto do infiel gentio daquela parte, onde estava. Vendo-se o gentio derrotado, se retirou para o seu valhacouto do Carrasco, e eu me fui retirando para o meu arraial, onde assisti passante de quatro meses, até que me mandou mudar o Capitão Maior. Com que acho o dito P. de grande merecimento etc. Passa o referido na verdade, de que lhe dei esta, jurada aos Santos Evangelhos,

assinada, e selada com o sinete de minhas Armas. Arraial, em 13 de junho de 1687.

+ Manuel de Abreu Soares.

CERTIDÃO II

97. Manuel da Silva Vieira, Sargento Maior de toda ordenança da capitania do Rio Grande por Sua Majestade etc. Certifico, que mandando-me o Capitão Maior Pascoal Gonçalves de Carvalho, com quatorze homens, e doze índios à ribeira do Açu, a render o Capitão Maior, Manuel de Abreu Soares, que estava fazendo guerra aos bárbaros Tapuias, me acompanhou o R.P. Fr. Francisco dos Anjos, Religioso do Patriarca S. Francisco, por tempo de cinco meses, que na dita ribeira assisti, passando todo o tempo sem socorro, assim de gente como de farinhas, e a carne sem ela a comíamos com muita miséria, e oprimidos da necessidade se retiraram os quatorze homens, ficando só, e seu filho o dito Capitão Maior, Manuel de Abreu, e o R.P, nos metemos em uma casa forte, pouco mais de uma légua do arraial que tinha feito o dito Capitão Maior, Manuel de Abreu Soares, por o não poder guarnecer sem gente, me pôs cerco o bárbaro gentio, desde o romper da manhã até à noite, donde me mataram quatro índios, que iam a descobrir o fogo, que tinha posto o gentio do arraial, que estava despejado; e indo a retirar os mortos, me acompanhou o R.P. até os darmos à terra, e lhes disse missa pelas almas, sem interesse nenhum mais que do serviço de Deus, e da Sua Majestade, e me retirei com muito risco de vida, e me acompanhou sempre o dito religioso, com muito exemplo, e virtude, não faltando aos sacramentos. Passa o referido na verdade pelo juramento dos Santos Evangelhos, e lhe dei esta por mim assinada, e selada com o sinete de minhas Armas. Cidade do Natal, 28 de janeiro de 1687.

+ Manuel da Silva Vieira.

CERTIDÃO III

98. Manuel de Abreu Soares, Capitão Maior da Guerra, e Conquista do Açu por Sua Majestade etc. Certifico, que marchando da cidade do Rio Grande para a Ribeira do Açu em sete de maio de 1687 com a tropa, que a meu cargo trazia, por ordem do Capitão-Geral, para fazer guerra ao gentio bárbaro infiel, que se havia levantado, e morto os moradores da dita Ribeira,

e destruído imensa quantidade de gados, e cavalgaduras, em que receberam as rendas de Sua Majestade grande perda, levei em minha companhia ao R.P. Fr. Francisco dos Anjos, Religioso do Patriarca S. Francisco, de quem sou muito devoto, e chegando à dita Ribeira com grande invernada, achando o rio de monte a monte, tendo encontro com o bárbaro gentio em que lhe fiz algum dano, havendo também da nossa parte alguns mortos, e feridos, me acompanhou sempre o dito religioso, assim a confessar os feridos como a enterrar os mortos, sem nenhum interesse mais que o do serviço de Deus, e de Sua Majestade; e fazendo arraial no sítio do Olho de Água, assistiu comigo, com grande exemplo de virtude, e acompanhando as tropas que mandava franquear a Ribeira, não faltando aos sacramentos, e exercícios espirituais; e melhorando de posto, indo fazer outro arraial no sítio do Poço Verde, distante cinco léguas do outro, me acompanhou o dito padre, não faltando à obrigação do estado religioso; e marchando eu para as Piranhas, a incorporar-me com o governador paulista, e com o Coronel Antônio de Albuquerque, foi o dito padre em minha companhia, acudindo aos enfermos com os sacramentos; e pondo-nos em marcha todos incorporados, seguimos as trilhas do gentio bárbaro com vinte e cinco dias de viagem, por ásperas, serras, e travessias, faltando-nos os mantimentos, nos sustentávamos com várias raízes, e frutas agrestes, e quando as achávamos, dizia o dito religioso, déssemos graças a Deus, pois no-las dava; passando largas travessias sem água, com grande ânimo, e zelo nos acompanhava o dito padre, por serviço de Deus, e de Sua Majestade, exortando os soldados a que se animassem nos trabalhos; e obrigados de tanta necessidade nos foi forçoso buscar a capitania do Ceará por nos acharmos mais perto dela, do que dos nossos arraiais. E fornecidos de mantimentos, me vim recolhendo para o meu arraial, franqueando a campanha, e gastando no decurso desta entrada três meses, e nas mais, sete, e em todo tempo, que foram dez meses, me acompanhou sempre o dito padre, Fr. Francisco dos Anjos, fazendo sempre sua assistência em minha companhia, com muito exemplo, e virtude do serviço de Deus, e de Sua Majestade. Passa o referido na verdade, pelo juramento dos Santos Evangelhos, de que passei esta por mim assinada, e selada com o sinete de minhas Armas, neste Arraial de Santa Margarida do Açu, em 9 de fevereiro de 1688.

+ *Manuel de Abreu Soares.*

99. Assim foram também nomeados para acompanharem o exército, que no ano de 1695 mandou de Pernambuco o seu Governador, Caetano de Melo de Castro, à expugnação dos Palmares de negros levantados, que ia por sessenta anos estavam fortificados neste lugar em uma serrania, entre a Vila de

Alagoa, e a Povoação de Porto Calvo, para onde se haviam retirado muitos, desde o tempo do holandês, fugidos a seus senhores, aos quais depois se foram agradando outros mais, assim cativos como forros, crioulos, mulatos, e facinorosos, causando notáveis danos, e insultos de roubos, mortes, e outros excessos escandalosos desde o rio de S. Francisco até os confins de Pernambuco, e foram vencidos com grande resistência, mortos, e presos, e arrasada aquela tão forte como abominável colônia, assistindo a toda esta arriscada empresa Religiosos Menores.

100. E já no ano de 1679, por ordem do Governador de Pernambuco Aires da Cunha de Castro, havia ido a esta mesma empresa com uma tropa de soldados o Capitão de Infantaria, João de Freitas da Cunha, levando para ela da Aldeia da Alagoa, onde foi fazer alto, e tomar gentio para guia, e guerra, ao P. Fr. Francisco dos Anjos, missionário da dita Aldeia, que os seguiu com grande trabalho de jornadas, por brenhas, matos, serras, e águas, ainda que sem efeito; porque só descobriram um mocambo, e situação já deserta, havendo-se os negros acolhidos para este dos Palmares, por mais retirado, e forte.[182]

101. Nos levantes que houveram em Pernambuco, o primeiro no ano de 1709, em que o povo de fora, por motivos que nos não tocam averiguar, entrou amotinado, violenta, e desordenadamente a Vila do Recife, soltou os presos da cadeia, e cometeu outros absurdos, que costuma em semelhantes, e pouco considerados ímpetos como este; foram grande causa para a composição, e ajuste de ambas as partes os religiosos, e Prelados dos dois conventos do Recife, e Olinda. E muito mais concorreram para este mesmo efeito, no segundo levante do ano seguinte de 1710, pelos fins de junho, e durou alguns quatro para cinco meses, tendo os de fora em apertado cerco aos da Vila, cometendo-se por uns, e outros todo o gênero de hostilidades, e estragos, que se podem considerar nos assédios dos maiores, e mais declarados inimigos; porque além das necessidades, fomes, e perigos a que se acharam neste largo tempo com os da Vila, os religiosos moradores do seu convento tiveram estes uma boa parte na composição, e ajuste das pazes, e concórdia, que no fim, com a chegada do novo Governador Félix José Machado, se efetuaram; e tanto, que certificado de tudo por outras vias, o Senhor Rei D. João V se dignou mandar escrever ao Padre Guardião do convento do Recife uma carta, em que lhe gratificava o muito zelo, que com os seus religiosos mostrara na participa-

---

[182] Em 1680, o 1º bispo de Olinda, Dom Estêvão de Figueiredo, refere à Santa Sé que em Una e Alagoa a catequese dos índios aldeados está entregue aos franciscanos. AAV, *Congregatio Concilii* – 1680, com data de 6 de agosto de 1680 (WILLEKE, 1974a, p. 83).

ção, e concórdia daquele povo. Foi escrita em oito de junho do seguinte ano de 1711, e se acha registrada no livro 2 de cartas do serviço de Sua Majestade, que serviu na Secretaria do Conselho Ultramarino, à fol. 330. À fol. 180 vers. do liv. 3 que serviu na dita Secretaria, está registrada outra carta para o nosso Provincial do Brasil, na qual lhe agradece o mesmo Monarca o zelo, e amor com que os seus religiosos se aplicavam à salvação das almas do gentio, particularmente dos negros, que vêm de Angola, e lhe ordenava continuassem em tão santo, e louvável exercício. Foi escrita em 27 de abril de 1719.[183]

102. E é sem dúvida, que em todas estas graças, e outras maiores mereciam aos seus Reis, e Príncipes os Frades Menores da Província do Brasil, pelo que nele têm obrado no seu serviço, e dos seus povos, e isto só com os olhos em Deus, sem esperar, nem ainda pretender dos Monarcas prêmio algum. O que não padeceram em si, e obraram em bem do povo no grande contágio das bexigas do ano de 1666, assim em Pernambuco, como na Bahia, na assistência dos enfermos próprios, e de fora, sem temor da violência do achaque! O mesmo passou por eles com o outro, ainda mais violento, dos chamados, males, ou bicha, do ano de 1686. O que não experimentaram de necessidades nas grandes secas, e fomes, especialmente na dos anos de 1720 por diante, em uma geral nas partes de Pernambuco, desde a Paraíba até o Cabo de Santo Agostinho, e com tanto excesso naquele, e em Goiana, que o mais do povo de ambas desertou, buscando o distrito de Sirinhaém, em que pela amenidade, e frescura do terreno, era só donde se achava alguma pouca farinha, e esta em tanta carestia, que chegou a quatro mil réis, e mais, o alqueire, morrendo pelos caminhos à fome, e pelos matos muitas mulheres, meninos, e gente mais fraca, dos que saíram da Paraíba, e Goiana, sem que destes extremos se livrassem os religiosos, por não haver para onde se recorresse pelo comum sustento, tanto para si, como para os pobres, que frequentavam as portarias, sendo para eles isto o que mais sentiam, não ter para acudir a todos quanto desejavam, e de tudo só de Deus procuravam o prêmio.

[183] Parte das certidões conserva-se no Arquivo Provincial Franciscano do Recife.

ORBE SERÁFICO, NOVO BRASÍLICO, CRÔNICA DOS FRADES MENORES DA PROVÍNCIA DE SANTO ANTÔNIO DO BRASIL.

LIVRO I

Mostra-se como, e por quem foram pedidos os Frades Menores, Reformados para Fundadores da Custódia do Brasil, sua viagem para esta Província, fundação do seu primeiro convento em a Vila de Marim, graças, que lhes concedem os Monarcas de Espanha, e Reis de Portugal, em que entra com particular memória o ilustre herói Jorge de Albuquerque Coelho.

CAPÍTULO I

São pedidos os Frades Menores para fundadores de uma Custódia na Província do Brasil, e por quem.

103. Contava o mundo 5588 anos da sua criação, gloriava-se o gênero humano, de que haviam já 1584 que fora venturosamente remido; governava a nau de S. Pedro, Igreja de Deus o Santíssimo Padre, e Pontífice Sumo, Gregório XIII; ocupava o trono de Portugal Filipe I, neste Reino, e segundo das Espanhas; moderava a Religião Seráfica o Reverendíssimo Frei Francisco Gonzaga, Ministro-Geral de toda a Ordem, quando ela numerava também de sua antiguidade 545, havendo já cinquenta e quatro que estava povoada a capitania de Pernambuco, da Província do Brasil, na América Meridional; quando na Corte de Lisboa foram despachados os primeiros fundadores da Custódia do Brasil, de Religiosos Menores da mais estreita, e Regular Observância, a rogos do Ilustre Capitão Jorge de Albuquerque Coelho, filho do grande Duarte Coelho Pereira, Senhor Donatário da Capitania de Pernambuco. Fora-lhe dada esta pelo rei D. João III, em satisfação do que na Índia obrara em benefício da Coroa. No ano de 1530 a veio fundar, como fica dito. Por morte deste grande herói a herdou seu filho Duarte de Albuquerque Coelho,

que, por falecer sem herdeiros, passou a seu irmão, Jorge de Albuquerque Coelho, de quem falamos. Na infeliz conquista da África se achou com o rei D. Sebastião, e ali ofereceu a este Monarca, para se pôr em salvo daquela batalha, o mesmo cavalo, que para divertimento na Corte, outras vezes lho fazia negado; ficando ali este herói magnânimo a pé, e com muitas feridas prisioneiro, de donde tornando ao reino, se achava neste tempo mui satisfeito com os aumentos da sua capitania de Pernambuco, já mui florente em lucros, e crescida em povo; só naqueles princípios sentia ela a grande falta de Ministros Evangélicos, tanto para bem dos infiéis naturais, como dos católicos moradores.

104. Atendendo a isto o ilustre herói Jorge de Albuquerque Coelho, a quem, como a senhor proprietário, tocava mais o sentir, e dar remédio a este inconveniente, movido de zelo, piedade, e devoção; de zelo da propagação da fé aos gentios, mui faltos de obreiros evangélicos naqueles tempos; de piedade para com os habitadores católicos, carecidos em grande maneira de padres de espírito para a refeição da almas, e devoção para com os filhos do Seráfico Patriarca, entrou a solicitar o seu grande, e dilatado ânimo com ânsia, e conseguiu com felicidade do Reverendíssimo Padre Gonzaga, Ministro-Geral de toda a Ordem, que neste tempo se achava de assistência na Corte de Lisboa, os Religiosos Menores, Reformados, para fundadores de uma Custódia no Brasil. Consentiu de boa vontade o nosso Reverendíssimo a tão piedosa súplica, como a coisa que entendia ser mui concernente ao serviço de Deus, como era muito conforme com o seu bom ânimo, e religioso parecer, mandando passar as letras para a ereção de nova Custódia, que são as seguintes.[184]

105. Fr. Francisco Gonzaga Ministro-Geral da Seráfica Religião de nosso Padre S. Francisco. Ao muito amado em Cristo Fr. Melquior de Santa Catarina da mesma Ordem, pregador, e confessor, filho da Província de Santo Antônio do Reino de Portugal, saúde, e paz em o Senhor. Como sabemos que somos obrigados a todos com vínculo de caridade, e principalmente àqueles, cuja salvação está mais arriscada; e reconhecemos a V.R. por varão insigne em virtude, maduro em experiência, e dotado de zelo de salvar almas, tivemos por boa eleição, que mandássemos a V.R. à Província do Brasil, que pela maior parte está habitada de idólatras, e gentios, ajuntando a isto a propagação do culto divino, que desde o nosso princípio nos está muito encomendada, e

[184] Nenhum dos dez grupos missionários franciscanos, que antes de 1585 aportaram no Brasil, conseguiu estabelecer definitivamente a Ordem Seráfica, neste país, nem surtiu resultados duradouros, razão por que Fr. Francisco Gonzaga de bom grado mandou os fundadores da custódia de Santo Antônio para Pernambuco, no intuito de garantir o futuro da Ordem neste novo Orbe Seráfico Brasílico.

o urgente mandado do Sereníssimo Católico Rei das Espanhas Filipe II, e a instantíssima petição dos fiéis cristãos de Pernambuco, da Província do Brasil, e de seu Governador, o valoroso Capitão Jorge de Albuquerque Coelho: pela qual razão, com o teor das presentes letras instituímos, e elegemos a V.R. em Custódio, e nosso legítimo Comissário: *cum plenitudine potestatis in utroque foro*, quanto lhe parecer a V.R. que é necessário, e que possa levantar conventos, e receber noviços à Ordem, de que se deva ter boa esperança; e lhe assignamos por companheiro ao venerando Padre Fr. Francisco de S. Boaventura, da mesma Província de Santo Antônio, e que possa levar consigo outros quatro frades provados em Religião, e virtude, até que todos façam o número de seis. E além destes, lhe concedemos que possa ajuntar outros seis das outras Províncias. Aos quais todos mandamos em virtude da santa obediência, e sob pena de excomunhão maior, *Latae sententiae*, e outras penas por nós arbitradas, que em todas as coisas, que não são contrárias à sua salvação, e nossa Regra, com muita humildade lhe obedeçam. E queremos que, se acontecer que V.R. morra, lhes suceda no ofício de Custódio, e Comissário o dito Padre Fr. Francisco de S. Boaventura. E determinamos, que esta Custódia, por nós novamente ereta, se chame daqui por diante de Santo Antônio, e seja sujeita à dita Província de Santo Antônio de Portugal. Além disto, para que todas as coisas se façam com ordem, e se ocorra a todas as dificuldades, que pelo tempo aconteceram, queremos, e determinamos, que o Ministro-Provincial, que de presente é, e pelo tempo for, tenha diligente cuidado desta Custódia, e com todas as forças a favoreça, e finalmente a proveja em os Capítulos Provinciais oportunamente de Custódio idôneo, e suficiente. E mandamos sob pena de excomunhão maior, *Ipso facto incurrenda*, que nem o dito Ministro, nem outro qualquer súdito nosso presuma ir, *Directe, vel indirecte*, contra esta nossa Patente, nem interpretá-la, ou declará-la de outro modo do que soa.[185] E nas mesmas penas incorra todo aquele, que intentar impedir a execução dela. E para que tudo o ordenado por nós tenha o seu devido efeito, e não careça de prêmio, mandamos a V.R. por santa obediência em virtude do Espírito Santo, que em tudo o guarde, e faça guardar segundo a perfeição, e obrigação de nossa Regra. E poderá receber, e reter quaisquer frades, que a ele forem de outras Províncias, contanto que lhe possam servir, e distribuí-los pelos conventos, e lugares, onde lhe forem necessários. Dada em o nosso Convento de S. Fran-

[185] Tendo encontrado entre os franciscanos capitulares da Província de Santo Antônio de Lisboa pouca disposição para a fundação da custódia brasileira, o Ministro-Geral Fr. Francisco Gonzaga ameaçou com a pena da excomunhão a quem tentasse contrariar de qualquer modo a instalação da nova custódia em Pernambuco (WILLEKE, 1974a, p. 34).

cisco de Lisboa, sob nosso sinal, e selo maior do nosso Ofício, aos 13 dias do mês de março de 1584.[186]

106. O que se apetece com ânsia, com cuidado se deve executar, quando conseguido; e o mais eficaz modo de obviar obstáculos, que o possam divertir, ou ao menos motivar embaraços, deve ser a presteza com que se busquem os meios conducentes para o seu fim. Para o da ereção da nova Custódia do Brasil não deixou de conhecer o seu nobre agente muitos, e fortes desvios em algumas pessoas, que os podiam causar, como o dá a entender a sua súplica feita à Majestade Católica. Por esta razão, e por não dar tempo a que tomasse mais vulto o corpo desta repugnância, recorreu, logo que alcançou a Patente de Sua Reverendíssima, e com ela, ao Católico Monarca, assim para conseguir o seu real beneplácito, como para merecer o seu grande patrocínio, na forma seguinte:

107. Diz Jorge de Albuquerque Coelho, Capitão, e Governador da Capitania de Pernambuco nas partes do Brasil, que ele, pelo muito desejo que tem de se aumentar nas ditas partes a nossa Santa Fé Católica, impetrou do Reverendíssimo Padre-Geral da Ordem do Bem-aventurado Padre S. Francisco, uma Patente, e comissão para deste Reino irem religiosos da Província de Santo Antônio às ditas partes fundar Mosteiros da dita Ordem, e Província, e que ficassem súditos ao Ministro da dita Província deste Reino, de que V. Majestade mostrou ser servido, e havê-lo por bem, como o Padre-Geral declara na Patente, e comissão, que se oferece; e porque se receia que alguns religiosos da mesma Ordem, ou Ministro-Provincial dela, ou alguns outros religiosos de quaisquer Ordens queiram pôr algum estorvo, ou impedimento a esta tão santa obra por alguns respeitos particulares: Pede à V. Majestade que, havendo respeito ao que dito é, e o ser notório o fruto que nas almas se há de fazer com o efeito desta santa obra, seja servido de mandar passar provisão com graves penas contra toda a pessoa, de qualquer qualidade que seja, que quiser impedir o efeito da dita Patente, para, com favor de Vossa Majestade, se efeituar, e se aumentar a religião cristã, e culto divino nas ditas partes, com que el-Rei D. João III, que está em glória, as mandou povoar.

E.R.M.

108. Aqui estavam pedindo algumas cláusulas desta súplica, com que se pede à Majestade Católica o seu real patrocínio contra as dissimuladas oposições, que se faziam ao intento da fundação da nova Custódia do Brasil,

[186] GONZAGA (1587, p. 1359s.), sendo o original em latim (WILLEKE, 1963, p. 105).

alguma reflexão judiciosa; porque elas por si mesmo estão incitando o discurso a uma religiosa queixa, e católico sentimento; mas não pretendemos lançar agora toda a carga desta justificada censura sobre ombros alheios, pois conhecemos ser influxo particular do comum inimigo esta contradição, que como astuto, e sagaz, na forja dos juízos humanos sabe infundir máximas perniciosas, para desvanecer progressos espirituais, como os que aqui antevia subsequentes, tanto ao fruto das almas do gentilismo do Brasil, como dos católicos destas partes, tão faltos uns, e outras de quem os guiasse no caminho da verdade, e lhes desse luz nas trevas da ignorância. Mas como a obra era toda de Deus, o mesmo Senhor, que a introduziu no ânimo daquele herói, sempre digno de eterna memória, a facilitou também no efeito; pois tudo se venceu com suavidade, pela ordem, e Alvará seguinte do Católico Monarca.

109. Eu el-Rei faço saber a vós, meu Governador das partes do Brasil, e às Justiças, Oficiais, e pessoas das ditas partes, a quem o conhecimento pertencer, da Capitania de Pernambuco, que Eu hei por bem, e me praz, e vos mando que deis toda ajuda, e favor que cumprir, e for necessário aos Padres da Ordem de S. Francisco, de que nesta petição atrás escrita de Jorge de Albuquerque Coelho, Capitão, e Governador da Capitania de Pernambuco, se faz menção, para conseguir o efeito nela declarado, conforme a Patente, que os ditos Padres levam do Padre-Geral da sua Ordem, que a vós com este Alvará será apresentado; o que assim cumprireis sem dúvida, nem embargo algum, que a isto seja posto, por ser coisa tanto do serviço de Deus Nosso Senhor, e meu. E hei por bem, que este Alvará valha, e tenha força, como carta feita em meu Nome, sem embargo da Ordenação do liv. 2, tit. 20 que dispõe o contrário. Francisco Nunes de Paiva o fez em Lisboa aos 29 de maio de 1584 anos.

110. Com este Alvará do Rei Católico, e Patente do Reverendíssimo Padre-Geral, recorreu este Prelado, e também o piedoso Jorge de Albuquerque à Sé Apostólica, solicitando do Santíssimo Padre Sixto V a confirmação de ambos. Sua Bula poremos quando chegarmos ao tempo em que na Cúria foi passada.

CAPÍTULO II

Dos religiosos nomeados para a fundação da nova Custódia do Brasil, seus nomes, quantos, e de que Províncias eram.

111. Da santa Província de N.P.S. Francisco da Regular Observância em Portugal, havia dezesseis anos se tinha separado a Província de Santo Antônio de Reformados, ou Capuchos, como vulgarmente se diz. Foi ereta em Província por Bula do Santo Padre Pio V, e à instância do Cardeal Infante D. Henrique, que então governava o Reino pela menoridade de seu sobrinho, o rei D. Sebastião, e sendo Ministro-Geral de toda a Ordem o Reverendíssimo Fr. Luís Puteo da Província de Bonônia, mui afeiçoado aos aumentos das reformas. No ano de 1568 se fez a divisão, como consta do Breve do Santíssimo Padre, que começa: *Sacrae Religionis sinceritas*, passado a 8 de agosto deste mesmo ano, e terceiro do seu pontificado, havendo só três anos que, depois de vários contratempos, gozava com sossego o título de Custódia, que, por diligências do mesmo Cardeal Governador, lhe foi dado no Capítulo Provincial dos Padres Observantes, celebrado no Convento de N.P.S. Francisco de Lisboa, no ano de 1565. Desta reforma da Província de Santo Antônio de Portugal, foram escolhidos, e nomeados os religiosos fundadores da Custódia do Brasil. Eram estes o P. Fr. Melquior de Santa Catarina, e Fr. Francisco de S. Boaventura, nomeados na Patente de Sua Reverendíssima; Frei Francisco dos Santos, Fr. Afonso de Santa Maria, e Fr. Manuel da Cruz, sacerdotes, e Fr. Antônio dos Mártires, corista, todos da reforma da Província de Santo Antônio; Fr. Antônio da Ilha, sacerdote da santa Província da Piedade, e Fr. Francisco da Cruz, religioso leigo, e recoleto da Província de Portugal.[187] E sendo estes os fundadores, e escolhidos de uma tal Província, que ainda estava tanto no seu princípio, e primitivo rigor, e quando a reforma, e perfeição religiosa florescia no seu maior auge, bastantemente encarecido fica, quais seriam os frutos de religião, e santidade de todos os seus filhos, e muito especiais os dos escolhidos fundadores. Dos nomeados pelo Reverendíssimo Padre-Geral, claramente o consta da sua Patente, pois nela lhes dá o antidistintivo de Venerandos Padres, termos poucas, ou raras vezes usados em semelhantes escritos, e muito menos em vida dos próprios sujeitos, e em letras a eles dirigidas, e por um Prelado maior, e de tanta autoridade, como devem saber os versados nas histórias da Ordem era o Reverendíssimo Padre Gonzaga, bem conhecido em letras,

---

[187] Jaboatão equivocou-se com o número dos franciscanos fundadores da custódia, apontando oito, ao passo que Fr. Francisco Gonzaga afirma terem sido sete. Argumenta Vat (1952, p. 169) que Fr. Francisco da Cruz chegou com a segunda turma missionária.

virtude, e prudência, e muito mais se advertirmos, não fala aqui este douto, e vigilante Prelado por informação só, também por experiência, pois assistia neste tempo em Portugal, tinha visitado pessoalmente as suas Províncias, e conventos, visto, e praticado aos melhores sujeitos delas; e esta é a mais alta qualificação da virtude, e capacidade dos dois primeiros padres fundadores; e dos mais companheiros também é concludente prova serem religiosos de especiais virtudes, pois foram escolhidos pelo Padre Custódio Fr. Melquior, que devia ter deles, como de irmãos, e filhos da mesma Província, o melhor conhecimento.

112. Também não é glória pequena para a nossa Custódia do Brasil ser ela um formoso, e florente ramo de tão pomposa, e frutífera árvore, como é a santa Província de Santo Antônio de Portugal, e que fossem tão venerandos, e veneráveis padres os seus fundadores. E suposto se acha hoje este ramo separado daquela árvore, nem a árvore perdeu por isto o seu ornato, e formosura, e nem o ramo desmereceu o ser garfo de tal tronco; nem tão pouco se deve ela desgostar, ou descomprazer; porque às vezes assim é necessário esgalhar a árvore, e transplantar o ramo, tanto para maior crescimento do ramo, como para robustar melhor a árvore, e também para que assim se possam multiplicar os frutos, e haver mais abundância deles; pois é certo que, ou sejam estes da árvore, ou do ramo, tudo é fruto da própria espécie, e tudo redunda em abono do mesmo tronco; porque, passando de umas a outras árvores, sempre foram créditos para os pais as glórias de seus filhos. De filha da santa, e Reformada Província de Santo Antônio de Portugal, se jacta muito, e sempre se deve glóriar também desta honra esta Província do Brasil; pois a virtude, a sabedoria, e a perfeição religiosa com que sempre floresceu, dela a trouxe, dela a herdou, e a ela a deve. Nem quisemos, ainda que tínhamos exemplar em outra muito mais moderna, e posterior a esta nossa, inventando novas linhas de genealogia, afetar com a de Santo Antônio, donde saímos, graus de irmandade que sempre acarretam consigo invejas, oposições, e precedências, só por não rejeitarmos os da filiação, que respeitam a maternidade, e respiram sempre amor, carinhos, e afagos.

CAPÍTULO III

Partem os Padres Fundadores de Lisboa, vão por derrota a Cabo Verde, e alguns sucessos mais desta viagem até chegarem a Pernambuco.

113. Com todos estes socorros dos principais eclesiásticos, e seculares, Alvará Régio, e Patente do Nosso Reverendíssimo, e com os que para a viagem lhes administrou a próprias expensas o seu nobre protetor, saíram do porto de Lisboa no primeiro de janeiro do ano de 1585 os padres fundadores. Navegaram alguns dias com ventos favoráveis até a altura da Ilha da Palma na costa da África. Aqui lhes sobreveio uma tão forte, e horrível tempestade, que, soprando furiosa por três dias contínuos, se julgavam já no último perigo, quando recorrendo, temerosos, e aflitos, todos os navegantes ao Padre Fr. Melquior, e seus companheiros, os acharam na sua câmera, arrasados em lágrimas, prostrados diante de uma imagem de Cristo Crucificado, e de sua Mãe Santíssima. Com esta lastimosa comitiva, começou o Padre Fr. Melquior a recitar a ladainha da Senhora, com a devoção, e espírito que pedia a necessidade, e ao repetir no fim dela aquele especioso, e primeiro verso do seu hino: *Ave Maris Stella*, a influxos da Divina Estrela do Mar, Maria, repentinamente serenou o ar, aclarou o céu, e cessou a tempestade. Agradeceram todos à Senhora o benefício, deram a Deus as graças, e o reconhecimento aos religiosos e, em especial, ao Padre Frei Melquior,[188] por quem entendiam lhes participara o céu tanto benefício.

114. Pelo Grande destroço, que a passada tormenta causou em tudo, lhes foi forçado irem de arribada a Cabo Verde. Em terra acharam outra, e muito mais para temer do que a que haviam experimentado sobre as águas. Laborava agora em toda ela um daqueles mortais contágios, que ali costumam assaltar muitas vezes os seus moradores. E assim como nos perigos do mar foram estes religiosos toda a esperança dos navegantes, também em terra vieram a ser o refúgio, remédio, e consolação de todo aquele povo. Assistiam aos enfermos, confessavam aos moribundos, ajudavam aos agonizantes, e acudiam aos necessitados, pedindo a uns para dar a outros; porque era nesta ocasião, para agravar mais o mal, grande a penúria da terra, por falta dos mantimentos ordinários; porque, comumente, quando dá Deus um castigo, sempre vem acompanhado de outro; e esta era a maior ânsia dos nobres religiosos, não acharem suficientes esmolas para tanta necessidade. Não deixou contudo de assistir o céu a esta falta com a sua ordinária providência, para crédito da ca-

188 [Jaboatão] Ano 1585.

ridade, e desengano de avarentos. Havia um grande, e mui rico ali, era dignidade daquela Sé, e dos mais abastados, e opulentos do lugar; com este travou uma boa amizade o Padre Fr. Melquior; conheceu-lhe o gênio, e desejando o remédio para aquele seu insaciável achaque, em todas as práticas que com ele tinha, sempre encarecia os grandes bens, que se adquiriam pela virtude da esmola; e tal sorte se acendeu em uma ocasião no zelo ardente desta virtude o seu abrasado espírito, à vista da tibieza, e insensibilidade daquele coração frio, que arrebatado de superior impulso, levantando-se em pé, e pegando-lhe da mão, lhe disse assim: Senhor Cônego, faça bem para si enquanto pode, que poderá ser que muito cedo queira, e não possa. Ficou o homem com este abalo tão outro do que era, que pedindo aos pés do padre o perdão do seu descuido, e rendendo-lhe as graças pelo conselho, logo ali ofereceu à ordem sua uma boa quantidade, para que a mandasse repartir pelos pobres, e advertido, para que, consumida aquela, recorresse por mais; e assim se foram remindo entre tanta miséria muitas necessidades. Só as do Padre Frei Melquior iam em crescimento; porque tocou também o contágio a gente do mar, e foi preciso trazê-los os religiosos para as casas em que habitavam, para que fossem melhor tratados com a sua assistência; e com isto cresceram os cuidados do piedoso padre, e o maior foi enfermarem também do próprio mal quatro religiosos da sua companhia, e como se lhe diminuíram estes, cresceu o trabalho. Nele o ajudou muito o Padre, Fr. Francisco de S. Boaventura, êmulo em tudo do zeloso espírito do venerável padre. Também foi grande imitador seu o Irmão Corista, Fr. Antônio dos Mártires, que sendo moço, e robusto, acudia a todos os doentes com suma diligência, e a este chamava o Padre Custódio o seu enfermeiro-mor. Também se notou, que nenhum dos enfermos, que se recolheram às casas em que assistiam os religiosos, perigou de morte, e mui poucos daqueles a quem particularmente visitava por fora o Padre Fr. Melquior, pela diligência do qual conheceu aquele povo se remediaram nele tantas misérias, entendendo também, que pela sua intervenção cessara de todo aquele contágio.

115. Convalescidos os religiosos com a mais gente do mar, tendo-se gasto nisto mês e meio, continuaram todos a sua viagem com novos alentos. Mas como o céu também sabe suas traças para apurar mais, e mais os que são seus, e servem ao Senhor fielmente, chegados que foram à altura da linha, e entraram no Signo de Cancro, começaram a ser mordidos muitos dos passageiros daquele indômito achaque a que chama os mareantes, mal de Loanda, por ser oriundo daquele país, e dominante naquela altura a sua costa, aos que navegam mais chegados a ela do que convém, e por isso são avançados aqui comumente deste voraz contágio. Um dos que experimentaram a força deste cancerado mal, foi o Padre Fr. Melquior, com uma fortuna porém, que

ele padecia a dor do achaque, e eram os companheiros os que mais sentiam a sua moléstia. Mas como Deus nunca falta com o melhor alívio na maior consternação, se agora viam prostradas as forças do Padre Fr. Melquior, conheceram logo renascido no Padre Fr. Francisco de S. Boaventura, e no irmão enfermeiro-mor, Fr. Antônio dos Mártires, o espírito do venerável Padre, com o qual fortalecidos estes dois religiosos, eles foram os que neste enfadonho, e mortal conflito sustentaram o campo, e resistiram ao inimigo; e quanto mais viam aos valentes fugir medrosos dos enfermos, mais se chegavam a eles estes dois caritativos serafins, que, como médicos angélicos, não só aliviavam com o tato das suas mãos as ulcerosas chagas dos doentes, também serviam de toques, que chegavam até às almas. Lavavam-lhes as roupas, faziam-lhes o comer, e temperavam com o sal da discrição, e bom conselho aqueles dois espíritos: o da vida do corpo com o sustento, e bom trato; e o da alma com o do exemplo, e caridade. Assim foi perdurando o mal, até que saindo do distrito daquele malévolo signo, e entrando as virações suaves, e ventos largos, aliviaram de todo as queixas, navegaram com sossego, e chegaram com uma próspera viagem ao desejado porto de Pernambuco.

CAPÍTULO IV

Chegam a Pernambuco os Padres Fundadores: como foram recebidos, e adonde assistiram até tomarem posse do seu convento.

116. Corria já com doze dias o mês de abril, quando tomaram porto em Pernambuco os padres fundadores. Foram buscados ao desembarque, e recebidos na Vila de Marim, assim chamada ainda naquele tempo, com grande alvoroço, e alegria de todo o povo, e muito em particular dos parentes de Jorge de Albuquerque, pois sabiam serem pedidos, e enviados a diligências suas, e a eles remetidos; e assim foram tratados com muito especial cuidado,[189] e carinho de Filipe Cavalcanti, e sua consorte D. Catarina de Albuquerque, prima que era do famoso Jorge. Em casa destes senhores assistiram os primeiros dias enquanto se lhes preparava lugar conveniente para a sua habitação. Junto às da Santa Misericórdia da Vila,[190] lhes preparavam casas, e suposto lhes faltava

[189] [Jaboatão] Ano 1585.

[190] Ainda existe a capela da Santa Casa de Misericórdia, servindo à comunidade das Beneditinas da Academia de Santa Gertrudes.

nelas tudo o que era preciso para a vida regular, não deixavam por isso de a observar no que lhes era possível. Levantaram nelas Oratório, diziam missa, e celebravam os ofícios divinos, ainda que com menos cômodo, com muita perfeição; guardavam a formalidade do coro, tinham oração, disciplina, e todos os mais atos interiores, e públicos de toda a religião, com tal asseio, modéstia, e devoção, e se portavam em todas as suas ações, assim dentro como fora, que começaram desde logo a levar as atenções, e arrebatar os afetos geralmente de todos, que já eram tratados com respeito, e veneração, buscados como a mestre, e admirados como a mensageiros do céu, e uns anjos mandados à sua terra, para alívio das suas misérias, e remédio de suas almas. Atraídos assim os moradores de Olinda do bom cheiro, que respiravam estas novas flores do jardim seráfico transplantadas da Europa para o Brasil, crescia de tal sorte o concurso, e ajuntamento no pequeno Oratório, e pobre casinha, uns por devoção, e outros por necessidade, que já foi preciso ao Padre Custódio acudir a desviar o demasiado comércio, e comunicação menos necessária, que se ia introduzindo entre seculares, e religiosos, traça, que ordinariamente costuma intrometer o demônio para divertir as operações do espírito, e embaraçar o sossego das almas. E porque não passasse aqui a devoção a divertimento, e o fervor a tibieza, buscou o Padre Custódio os meios necessários, e tudo venceu o seu vigilante zelo, e especial prudência, sem ofensa da caridade nos súditos, nem escândalo da devoção no povo; e assim com a primitiva paz, e quietação, se foi conservando a espiritual harmonia dentro, e fora, com grande aproveitamento destes, e boa opinião daqueles.

117. Um dos atos de virtude, em que mais se esmeraram aqueles religiosos neste Oratório, foi o da caridade com os pobres enfermos do vizinho Hospital da Santa Misericórdia. Para ali corriam todos, com uma santa porfia de quem havia ser o primeiro naquele piedoso exercício. Para evitar neles esta santa emulação, ordenou o Padre Custódio horas determinadas em que fossem todos em Comunidade, e assim se executou para o diante, acabada a Oração da hora de Prima, e às três da tarde rezadas as Vésperas, ministrando todos nestes tempos, a uns o que lhes era preciso para o tratamento dos corpos, a outros o que necessitavam para bem das almas. Por estas, e outras semelhantes obras eram venerados do povo, estimados dos grandes, e todos se alegravam, dando-se os parabéns de verem na sua terra a uns tais homens, que mais cuidado lhes davam as necessidades alheias, do que a sua própria conveniência.

118. Não se compraziam menos os religiosos com a gente da terra, pois a achavam benigna, afável, caritativa, e devota; pelo que, uns, e outros hóspedes se davam por satisfeitos. Neste Oratório recebeu o Padre Custódio,

e lançou o hábito, para frade leigo, ao Irmão Frei Gaspar de Santo Antônio,[191] que pelo decurso do tempo mostrou muito bem ser filho primogênito do espírito do venerável padre que o gerou para a Religião, e primícias bem logradas da nova Custódia do Brasil, como em seu lugar veremos. Cinco meses assistiram os religiosos neste Oratório, que foi para eles neste tempo todo domicílio de pobres, casa de oração, e morada de espíritos seráficos, que tais pareciam a todos os daquele povo, de quem se faziam admirados pelas suas obras, e eles mui satisfeitos da sua companhia.

CAPÍTULO V

Da Capela de Nossa Senhora das Neves, da qual fez doação aos Padres Fundadores a devota benfeitora Maria da Rosa.

119. Entre os mais cuidados que ocuparam o decurso dos padres fundadores neste Oratório, não devia ser o de menor importância o de melhorar de sítio para o convento formal, que se havia erigir; e suposto não achamos que o seu nobre agente Jorge de Albuquerque lhes fizesse doação de terra para ele, tampouco nos queremos persuadir, que o deixasse de fazer; porque quem com tanto empenho, e caridade os havia procurado, e mandava para um país, de que era senhor, e donatário, não é de crer que nele lhe não assignasse lugar para a sua habitação, pois não vinham a ele de visita, e por algum determinado tempo, mas muito de assento, para nele levantar casas, e fundar Custódia. E talvez, que o não se tocar este ponto, seria, porque, como acharam de outra parte quem lhes desse Igreja, e casas já feitas, e terra bastante para tudo o mais que lhes fosse necessário, não lhes foi mister valerem-se da graça do seu benfeitor.

120. Já fica dito, que vindo ter acaso pelos anos passados de 1577 o Padre Fr. Álvaro da Purificação à Vila de Olinda, pelos grandes desejos que tinham os seus moradores de enobrecer a sua nova povoação com uma casa de religiosos seráficos, lha ofereciam fazer, sendo a principal neste empenho uma devota mulher, chamada Maria da Rosa, que o brindava com uma, a que neste tempo dava princípio, ou andava traçando para a oferecer, como fazia, aos

[191] Frei Gaspar de S. Antônio faleceu no convento de Santo Antônio de Ipojuca, em 1635. Uma pequena lousa sepulcral lembra aos romeiros de Santo Cristo este "filho primogênito" da Custódia.

Frades de S. Francisco, que aquele Padre não aceitou por lhe faltar para isso o beneplácito da sua Província. Era Maria da Rosa, Irmã Terceira de N.P.S. Francisco,[192] que tomara o hábito da Penitência desta Venerável Ordem na Capelinha de S. Roque, como fica dito. Era viúva honesta, exemplar, e rica, e fora casada com Pedro Leitão. Morto este, por particular devoção que tinha à Mãe de Deus, e não haver herdeiros forçados aos seus bens, edificou em terras próprias uma Capela à Rainha dos Anjos, debaixo do seu especioso título de Senhora das Neves, com intento de levantar à sombra desta Mãe de Piedade, e dos homens, um Recolhimento para si,[193] e outras devotas mulheres, quando não houvesse efeito o particular voto seu de fazer doação de tudo aos Frades Menores, como ela mesmo declara em sua escritura. E suposto que nela se não diz expressamente os termos em que estava o tal Recolhimento, quando dele fez entrega aos Padres Fundadores, é sem dúvida, que já a este tempo lhe havia dado princípio, e o tinha em tal forma de corredor, casas, e agasalhos, que nele se puderam acomodar todos os religiosos, que já quando ali entraram eram nove, e necessitavam de outras tantas celas, ou aposentos, além dos que eram precisos para refeitório, cozinha, e outras mais oficinas, que se não podiam escusar a uma Comunidade. Nem devemos supor que por conta dos tais padres corresse a fábrica do Recolhimento, antes de entrarem nele; porque nem achamos disso clareza alguma, nem se haviam meter nesse empenho, sem terem a posse de tudo por escritura, e esta foi passada seis, ou sete dias antes de saírem das casas em que assistiam junto à Misericórdia para a da Senhora das Neves, e seu Recolhimento, que tudo entendemos vai incluso nos termos da mesma escritura, tocantes à Igreja, casa, ou Recolhimento.

121. Deste, com a sua igreja da Senhora das Neves, e toda a mais terra necessária para a cerca fez oferta aos padres fundadores, para os quais o seu espírito, como pressagioso já do seu princípio, mostrou o que traçava; porque sendo também rogada para esta graça, por certos religiosos de outra Ordem, a negou humilde com a escusa de que o fabricava para os filhos do seu Patriarca S. Francisco, quando àquela terra viessem fundar convento.

122. Agora que já a ela eram chegados, se executou a sua palavra, ou porque voluntariamente fizesse ela esta oferta, ou porque noticiosos os padres do seu desejo, fossem eles os que o solicitassem, conseguiram a graça,

---

192 Maria da Rosa pertenceu à Ordem Terceira Franciscana Regular, segundo se conclui da argumentação de Vat (1952, p. 104-123), que mostra ser a Ordem Terceira Secular de data muito mais recente.

193 [Jaboatão] Ano 1585.

satisfazendo ela também liberal, o que havia prometido devota, pela presente escritura.

123. *Saibam quantos este público instrumento de doação virem, que no ano do nascimento de N. Senhor Jesus Cristo de mil quinhentos e oitenta e cinco, aos vinte sete dias do mês de setembro, nesta Vila de Olinda, de que é Capitão, e Governador o senhor Jorge de Albuquerque Coelho, por el-Rei nosso senhor, na igreja de N. Senhora das Neves desta dita Vila, estando aí a senhora Maria da Rosa D. viúva, mulher que foi de Pedro Leitão, que esteja em glória, moradora nesta vila, logo por esta foi dito, e disse em presença de mim público Tabelião, ao diante nomeado, e das testemunhas, ao diante escritas, que tanto que o Senhor lhes levara para si seu marido, e filha, que esteja em glória, logo ela determinara, e prometera de fazer uma casa da invocação de N. Senhora das Neves, e dar aos frades da Ordem de S. Francisco para Mosteiro da dita Ordem, pela muita devoção que ela tinha, para nela perpetuamente o Senhor ser servido, e louvado; e nisto, depois de cumprir com suas obrigações, mostrar o que o Senhor lhe dera; e com esta intenção, e devoção a tinha feita, e posta nos termos em que ora estava; e que por vezes tinha escrito ao reino, aos PP. Provinciais da dita Ordem, mandando-lha a oferecer, e pedindo-lhes, quisessem mandar religiosos para a povoarem, e acabarem, o que até agora não teve efeito; e que ora vendo ela nesta terra o Padre Frei Melquior de Santa Catarina, e seus companheiros com provisão de Sua Majestade, e Patente do Padre Fr. Francisco Gonzaga, Ministro-Geral de toda a Ordem do P.S. Francisco, em que o faz Custódio, e seu Comissário, para em todas estas partes do Brasil poder tomar Mosteiros, e fundar sua Sagrada Religião; ela, dita Maria da Rosa, dava muitas graças a N. Senhora por lhe mostrar coisa que tanto desejava; pelo que, ela de seu próprio moto, e livre vontade, e sem constrangimento, nem induzimento de pessoa alguma, dava, e doava à dita Ordem de hoje para todo sempre a dita casa assim como está, igreja com todos seus ornamentos, e com todos os mais, prata, chãos, e terras, que estão junto com a dita igreja, assim cerca como os que estão fora dela, em que está a Olaria até o salgado, para se poderem meter na cerca, assim, e da maneira que os ela tem, e possui, com suas entradas, e saídas; e logo disse, que renunciava, e traspassava todo o direito, que nos ditos bens tinha, em a dita Ordem de S. Francisco, ou em quem conforme o direito, e as declarações, que os Papas têm feito sobre a Regra dos Frades Menores, devia, para que a Ordem, conforme o Direito, e seguras consciências, ditos frades possam gozar da dita casa, e ordenar dela, como das mais casas, e mosteiros da dita Ordem, e assim, e da maneira que dito é, e outorgou, e mandou ser feito este público instrumento de doação, e que desta nota lhe sejam dados os traslados, que pedidos forem. E logo, eu Tabelião, como pessoa aceitante, e estipulante, aceitei esta escritura, assim, e da maneira que nela se contém, em nome dos presentes, e ausentes, a quem con-*

vém, e deve convir; estando presente Lúcio Martins, Procurador do número desta Vila, que assinou pela senhora Maria da Rosa, por não saber assinar, e Gaspar Nunes Leitão sobrinho da dita senhora, e Antônio Nunes, alfaiate, e Antônio de Valadares, todos moradores, e estantes nesta Vila, e eu Jorge Gonçalves Tabelião do público Judicial, e notas etc. O mais desta escritura são termos comuns.

CAPÍTULO VI

Passam os Fundadores para a nova Casa da Senhora das Neves: descreve-se o lugar, e Vila de Marim, e cidade de Olinda.

124. Está situada ao nascente sobre uma elevada eminência, e alto monte, que levantando-se em umas partes mais, em outras menos, forma planícies, mostra quebradas, e deixa empinados; donde veio dizer um douto escritor, na sua descrição,[194] estava fundada a cidade de Olinda sobre cinco montes, não sendo na realidade mais que um, de que nascem os outros, ou como filhos, a quem ele sustenta a seus lados, ou como peanhas, sobre que descansa, como capitel, e coroa dos mais; tão aprazível à vista, e agradável aos olhos, que o alegre, e delicioso da sua perspectiva lhe granjeou o peregrino, e especioso nome de Olinda, que a admiração gostosa do seu primeiro descobridor, e a lisonjeira afabilidade de seus companheiros lhes apropriou, quando, com a vista deste empinado, verde, e frondoso monte, exclamou, dizendo: *Oh que linda situação para uma vila!, e* daquela interjeição admirativa, e do lindo que lhe pareceu para uma povoação o lugar lhe deram o nome de Olinda à vila que ali fundaram; unindo-se só aqui, sem violência a lisonja com a verdade, e podendo-se também dizer, que falou a verdade, e acertou a lisonja; e foi sem dúvida a vez primeira que acertou. Em oito graus escassos da Equinocial para o sul tem o seu assento, com mais de meia légua de diâmetro, e duas grandes de circunferência, e distante cinco do Cabo de Santo Agostinho. Tão alegremente vistosa a sua eminência, que dela para o nascente se descobrem as águas do mar até o mais alto dos horizontes com o espraiado de suas costas, dilatando-se estas até onde alcança a vista, tanto ao leste, como norte, e sul. Para este lhe fica em distância de uma légua a aprazível vila do Recife, para a qual se chega, e faz caminho, ou por uma língua de areia de vinte até trinta braças de largo, ou por embarcações de canoas pelo Rio Beberibe abaixo, que

194 [Jaboatão] Brito Freire. Nova Lusitan [nota ed.: FREIRE; BERAIN, 1675].

metendo em meio esta língua, corre a parelhas com o mar, por toda aquela légua, e tão desenfadado aos que por ele navegam, que, ou se deleitam com o brando sussurro das águas do mar, que continuamente lhe vai batendo nas costas com a sua pancada, ou se recreiam com o delicioso da terra, e salgado das Salinas, e Boavista, ornada de sítios, casarias, hortas, e arvoredos. Pela quadra, que lhe fica entre o poente, e norte, vai continuando, como garganta, e corpo restante, de quem é cabeça o monte alto da cidade, uma cordilheira de serranias, não mui altas, mas tão prolongadas, que repartidas pela terra a dentro, vão cercando ao longo a sua redondeza, depois que para o meio-dia, e sul, deixam umas espaçosas campinas, ou vargens de quatro, cinco, até seis léguas, habitadas de multidão de vizinhos, grandes engenhos de açúcar, fábricas de olarias, e diversas lavouras, que de mais perto dão para a cidade, e principalmente Recife, o gostoso refresco de todo o gênero de hortaliça, e fruta.

125. Do último cabeço do monte, que para a parte do sul cai sobre a costa do mar, e onde fica assentado o Mosteiro de S. Bento, entre este, e o Palácio dos Governadores, deixando a rua Direita, se desce por outra pela ladeira abaixo que vai cair em pouca distância sobre a falada Ponte do Varadouro, que lhe fica ao poente. Serve esta de dar passagem aos que entram, e saem da cidade, e recôncavos da terra, como Salinas, Vargem, Matas de S. Lourenço, Tracunhaém, e mais sertões. Fica esta sobre as correntes do rio Beberibe, que tendo a sua nascença algumas léguas pela terra a dentro à parte do noroeste, e vindo buscar, como os mais, o seu sepulcro no mesmo berço em que nasceu, no mar, para o Oriente, por achar para ali o impedimento dos montes, que vão correndo da cidade, lavando-lhe os pés do seu, desde o que chamam fornos de cal, e olarias, volta buscando o sul, e correndo para este da sobredita ponte do Varadouro, pela distância de uma légua, como fica dito, emparelhado com a costa do mar vai fenecer no porto do Recife; vindo assim a ficar todo o monte da cidade, pelo poente, cercado das águas doces do Beberibe, e pelo nascente, das salgadas do mar; começando para o sul entre as águas que caem do Varadouro, e as que correm do mar pela costa em pouco mais de cinquenta braças de salgado, e areias o pé da língua, que tendo as raízes na quebrada do monte, e muros de S. Bento, sai para o Recife, e vai levantar na sua ponta aquela povoação, e acabando para o norte o circuito, e monte da cidade, em mais de uma légua de distância desde as olarias donde o busca o Beberibe pelo meio-dia até a costa do mar nascente.

126. É a ponte do Varadouro da cidade de Olinda, e foi sempre um bom divertimento de seus moradores, e mais colonos de outras partes, servindo também, assim aos da cidade como do Recife, de grandes conveniências.

A estes, como também a todos os mareantes, por mandarem tomar de mais perto as águas de beber, que lhes faltam ali, e as iam buscar algumas quatro léguas pelo outro rio Capibaribe acima ao Engenho dos Apepucos. Aos da cidade, e seus vizinhos pela abundância de pescados de bom gosto, e pouco custo, que cria, e dá o rio em um grande lagamar que forma, quando represas as suas águas. Só causam estas tal, ou qual descômodo aos que têm sítios à sua margem, por lhes tomar algumas baixas mais frescas para as suas lavouras, e hortaliças, de que se segue, como de todas as coisas deste mundo, que ainda quando agradam a muitos, desgostam a outros, sendo por paixões particulares os mesmos do Recife os que mais se enfastiam destas águas, ao mesmo tempo que têm nelas a maior conveniência; e assim sobre a conservação desta ponte, ou aberta em arcos, para que corra o rio livre, como querem os de baixo, ainda que se não aproveitem das suas águas, porque correm assim de mistura com as salgadas, ou posta em represa, como sempre pretendem os da cidade; tem havido suas contendas, de que há resultado correr o rio umas vezes livre, e outras ficar preso. Ao presente se acha nesta forma, desde os anos de 1744, em que sendo Juiz de Fora de Pernambuco o doutor João de Sousa de Menezes, à diligência, e cuidado seu, instância dos vereadores de Olinda, e concorrência do povo, se fez a sua nova ponte de pedra lavrada, com vinte e três aquedutos, parte destes em sangradouros de três palmos de largo, e mais altos para despedirem as águas nas enchentes do rio, e a outra parte em bicas, ou canos da mesma pedra, e mais baixos que os sangradouros alguma coisa, de sorte que nunca a maré, por mais alta que seja, lhes possa chegar, e fique conveniente a poder-se das canoas tomar a água, que por eles sai; donde, com singularidade raras vezes vista, estando os de baixo sobre as salgadas águas em suas canoas, e batéis, tomam da mesma corrente as doces, que lhe caem de cima, e admirando-se, sem milagre de alguma poética metamorfose, dividirem-se as águas de uma mesma corrente em doces para uma parte, e salgadas para a outra. Por cima do seu lajedo de 328 palmos de comprido, que é todo de pedra lavrada, tem uma bastante casa de 74 palmos de comprido, e 27 de largo, formada sobre arcos, cinco por cada lado, com seus assentos da mesma pedra, em que descansam os que passam, se divertem os que passeiam, e os que vão tomar seus banhos, ou por necessidade, ou regalo. Depois da ponte, que começa logo no fim da rua dita, que desce de Palácio, corre na mesma largura de 27 palmos um aterrado por distância de dois mil quarenta e sete palmos até o adro da igreja dos padres Terêsios, que ficam da outra parte para o poente, e serve de muro às águas do lagamar, que formam as represadas do rio, e de caminho aos passageiros, por ser aquele restante de terra alagadiça, que se cobre de águas na enchente da maré. Esta é a tosca, mas verdadeira descrição desta ponte de Olinda, e rio Beberibe; e se acaso houver algum passageiro, ou crítico por paixão, ou enfastiado por gênio, que não goste da sua passagem neste papel, sem muitos rogos, lhe concedemos, que em chegando aqui ao seu princípio, a tome de um salto, e se intrometa na cidade, aonde nós também agora tornamos a entrar.

127. Foi fundada por Duarte Coelho de Albuquerque no ano de 1530, como já se disse, e no de 1537 levantada em vila pelo mesmo rei D. João III, que lhe havia feito a mercê desta capitania, e no decurso de cem anos, desde o de 1530 da sua fundação até o de 1630, em que foi tomada, e destruída depois pelos holandeses, chegou a tanta opulência de riquezas, e grandeza de edifícios, que só de ruas passeavam os seus colonos setenta e duas principais. E suposto se acha hoje bastantemente reedificada, ainda os que discorrem por ela, ou se desviam para qualquer do seu alto, baixas, e quebradas, só topam com ruínas dos seus antigos edifícios, e pedras, que servem de escândalo fatal à vista, e de mágoa terníssima à memória, que por força lhe há de ocorrer, que o nome de Olinda, que lhe deram, assim como foi presságio feliz da sua futura grandeza, foi também anúncio triste da sua vindoura fatalidade, em que só com a breve, e ligeira mudança de uma letra se havia tornar Holanda a que era Olinda; destino fatal, e que acompanha de ordinário as coisas grandes, que com o seu mesmo crescimento acrescentam, e acarretam a sua própria ruína. Depois desta, e da sua total restauração em 1654, no de 1676 o pacífico monarca D. Pedro II a elevou a Catedral, condecorando-a com o primeiro bispo, D. Estêvão Brioso de Figueiredo, clérigo, por Bula do Santíssimo Padre Inocêncio XI, que começa: *Ad Sacram Beati Petri Sedem*, de 22 de novembro de 1676, no primeiro ano do seu pontificado, e por esta mesma bula confirma o Santo Padre a honra de cidade, a que, com a nomeação do seu primeiro bispo, a elevava o mesmo Príncipe Regente; o que tudo logrou o seu efeito em Olinda no seguinte ano de 1677; porque neste mesmo ano, por Certidão autêntica, que tiramos pelo escrivão da sua Câmera, consta que se acham nela escrituras passadas no princípio dele, em que se nomeia Vila, e outras para o fim, em que já se intitula de cidade.

128. Dão-lhe ainda hoje glorioso lustre, mais que à sua grandeza, à sua devoção, as muitas igrejas, e grandes templos, que mais a enobrecem; porque além de oito menos principais, que são: a da Senhora de Guadalupe dos homens pardos, S. João de Soldados, Rosário dos Pretos, Amparo dos Músicos, e moradores desta rua, S. Sebastião da Câmera, e Vereadores, S. Pedro Mártir Freguesia, a do Apóstolo do mesmo nome, de Clérigos, e a Senhora do Monte, Hospício de S. Bento, e Santuário milagroso; também conta outros oito de

maior nome; e é o primeiro a sua Sé Episcopal, templo bastantemente avultado ao antigo de cinco naves, três das quais se sustentam sobre duas ordens de boas colunas de pedra inteira; a Santa Casa de Misericórdia, Igreja Colegiada, com Hospital para pobres; a de Nossa Senhora da Conceição, Recolhimento de mulheres convertidas; o Mosteiro do Príncipe dos Patriarcas, o Convento do Carmo Observante, o de Santa Teresa; o Colégio dos Padres Jesuítas; e a Casa de N. Senhora das Neves, principal objeto, que nos veio encaminhando a toda esta digressão, dilatada, mas necessária.

129. É ao presente uma das boas que tem a Província, e foi sempre mui mimosa, e apetecida dos padres, e ainda hoje não perdeu de todo esta regalia, suposto que a fortuna, como a Esaú lhe tirou o morgado, e deixou de ser cabeça da Província, que logrou por muitos anos, transferindo os padres do governo, não sei se com a mesma razão que Isaac para Jacó, de Olinda para Bahia, a Casa Capitular. Está hoje todo de novo, e é já o segundo, que no mesmo lugar do primeiro se levantou, e em tudo avantajado. Tem o seu assento ao descer do alto do monte, e principal fronteira para o nascente, e sobre o mar, em um meio raso, que forma a ladeira, abaixo do Colégio dos Padres Jesuítas um tiro de mosquete, e quase dois da Sé Episcopal, que está no princípio do plano do mesmo monte, e rua principal para a Misericórdia, donde acaba esta primeira planície, e cabeço mais alto de toda a cidade, ficando-lhe o muro, e cerca pela quebrada abaixo, até o salgado, que medeia entre o muro, e a pancada do mar, só com a distância de um combro de areia de algumas cinquenta braças entre ambos. É o sítio, ainda que retirado, mui vistoso, participando mais do espaçoso do mar, que é o principal objeto da sua vista, e mui pouco da cidade, por lhe ficar esta para o meio-dia, e a maior parte dela encoberta com o empinado, que vai formando o monte em circuito, desde a Sé quase ao noroeste até S. Bento ao sul, que, como muralha oposta, tira ao nosso a mais vista da cidade, que cai toda para o poente, por lhe ficar para o nascente o da Senhora das Neves, de que falamos.

130. Para este, assim, e na forma em que o tinha fabricado a sua fundadora, se passaram das casas, em que até então assistiram junto à Misericórdia os nossos religiosos, no dia quatro de outubro, solenidade festiva do Seráfico N.P.S. Francisco, do já referido ano de 1585. Junto um, e outro povo, o clero com o seu Reverendo Vigário-Geral, o secular com o Senado, e Câmera, e mais nobreza em numeroso concurso na Santa Casa de Misericórdia, daí saíram em uma bem composta, e ordenada procissão, a que presidia, com o Governador da terra, o Vigário-Geral, e Padre Custódio, entoado o festivo Cântico do *Te Deum Laudamus*, até o Convento, pela rua Direita, que toda estava ornada de

arcos triunfais, e verdes palmas, anunciadoras felizes das muitas vitórias, que estes novos conquistadores haviam alcançar do comum inimigo. Recolhidos à igreja, depois de uma breve, e devota oração, e de outras eclesiásticas cerimônias, costumadas nestes atos, fez o reverendo Vigário-Geral um largo, e douto discurso, em que ponderou, discreto, e com elegância, o austero, penitente, e exemplar da vida religiosa, dando parabéns a todo aquele povo de ter chegado o ditoso tempo de lograrem a apetecida companhia de uns tais sujeitos, que serviriam ao gentilismo de conversão para a fé, e aos católicos de exemplo para o aproveitamento, e de uma grande glória para Deus; e que nas suas orações achariam todos outros Moisés, e Aarão para aplacar as iras do Senhor contra os homens, reduzindo a estes a seu amor, e serviço; e assim se concluiu, com um universal aplauso do povo, a ação deste dia.[195]

131. Logo no outro cuidou o Padre Custódio em dar providência ao governo econômico do convento. Fez-se toda a instância com o Padre Fr. Francisco de S. Boaventura, que vinha em segundo lugar para Custódio, na falta do primeiro,[196] para que, com a fortaleza do seu reformado espírito, pobreza religiosa, e observância regular, de que era enriquecido, e devia ter o primeiro Prelado de uma Família, que aqui vinha ter a sua infância, e se nesta lhe faltassem os documentos essenciais para a perfeição do estado, mui atrasada ficaria a disciplina regular para os vindouros; pela qual razão, queria o Padre Custódio fosse este religioso o primeiro Prelado da nova Família; mas nada se pode acabar com ele para este efeito; porque logo determinou com outros companheiros mais, que escolheu do seu mesmo espírito, sair à pregação, e doutrina dos índios, em que obrou admiráveis conversões; em seu lugar aceitou o de Guardião, e Prelado da Casa, o Irmão Fr. Francisco dos Santos, sujeito também de prudência, zelo, e atividade para obras, e por sua traça se ordenou a formalidade material da casa, enquanto aos agasalhos, oficinas, e o mais necessário, e preciso para o governo econômico, e regular.[197]

---

[195] ILHA, 1975, p. 21.

[196] Cf. Ilha (1975, p. 22-27) e Cardoso (1666, p. 311-313), citando como fonte Fr. Vicente do Salvador: Crônica da Custódia do Brasil (manuscrito de 1618), da qual se salvaram alguns fragmentos.

[197] WILLEKE, 1967a.

CAPÍTULO VII

Do mais que obraram os Fundadores depois que entraram em o novo convento.

132. Mui satisfeitos, e espiritualmente gozosos se achavam todos eles com a posse de nova habitação, e particularmente pelo grande consolo de terem por casa sua a daquela Mãe de piedade, que, com singular cuidado, é especial protetora dos Frades Menores; pois desde a primeira casa, que teve a Ordem Seráfica no pequeno Vale da Porciúncula, os tomou esta Senhora tanto debaixo do seu amparo, como o tem mostrado o mesmo tempo, e a experiência; e não o duvidavam menos agora, em que, por primícias das suas espirituais felicidades, era a pequena casa, e igrejinha da Senhora das Neves a primeira da nova Custódia. E como se achavam já em casa própria, e desafogados de alguns inconvenientes da estreiteza do primeiro domicílio, se aplicaram também com maior fervor de espírito, e sossego da alma às pensões do coro, oração, e outras mais domésticas, e interiores com tão indispensável assistência, sendo tão poucos, como se fosse em um convento de grande número, fazendo assim certo, que o espírito, e não a quantidade, é que faz a religião, e sustenta a Reforma. Nem estas precisas ocupações de dentro lhes impediam as caritativas de fora, acudindo às visitas do hospital público, e de outros enfermos particulares, e pobres, e a muitas necessidades daquele povo, que tão satisfeito se dava com estes seus solícitos,[198] e amantes benfeitores.

133. A fama voadora destes benefícios para com os próximos, e das próprias virtudes, e exemplares procedimentos, formando as suas costumadas asas, já era clarim, que por todas as partes as fazia públicas, e já era reclamo, que convidava a inumeráveis almas, assim dos católicos como dos gentios, a buscar neles o seu remédio, e espiritual alívio, comunicando-lhes as suas aflições para o consolo, as suas dificuldades para o conselho, e seus males para a cura das almas, de que se escolhiam já grandes, e sazonados frutos, assim nos confessionários como nos púlpitos, especialmente com as pregações do Padre Custódio, e de Fr. Francisco de S. Boaventura, que eram suas vozes em um, e outro lugar, as deste nos confessionários, e as daquele nos púlpitos, como dois trovões de superior esfera do Evangelho, que assim moviam com o estrondoso do eco como alumiavam com as luzes do exemplo. Também iam já abalando muitos filhos dos moradores da vila, e de algumas pessoas de mais distinção a pedir o santo hábito, e abraçar o Seráfico Instituto, atraídos do suave cheiro, que já por toda a terra respirava fragrantes flores da Seráfica Reforma.

198 [Jaboatão] Ano 1586.

134. Já neste tempo era entrado o ano de 1586, e os religiosos também em novos cuidados; porque era forçoso receber a Ordem alguns noviços, tanto para ministério da casa, como para dar satisfação aos desejos do povo, e não havia ainda domicílio particular para este efeito. Também se devia fabricar na cerca uma casa suficiente, na qual se criassem dentro os filhos dos índios, convertidos, como em seminário, para que, bem instruídos primeiro nos rudimentos da santa fé, fossem depois pregadores de seus mesmos naturais; porque é certo atrativo das vontades a semelhança da natureza, e a propriedade das línguas; e ambas estas casas se concluíram com brevidade, e perfeição com as esmolas dos fiéis devotos, e agência do Prelado, que, como tão zeloso da santa pobreza, em nada excederam estas obras ao preciso do seu mister, nem ao regular do nosso instituto.[199]

135. Outro cuidado sobreveio depois aos pobres religiosos, que tanto era mais para sentido quanto tocava na parte mais viva da alma, que é a opinião, e boa fama. Viu o demônio a muita que haviam granjeado aqueles padres com o seu exemplar modo de vida, que deixamos referido, e como pecado de se ver ir despojando de muitos sequazes da sua infernal milícia; porque os pecadores emendavam os erros passados, e os gentios se convertiam à fé católica, crescia a sementeira do Evangelho, plantada por estes vigilantes operários no campo da Igreja, e que os celeiros desta se enchiam à pressa de redundantes frutos, entrou a semear uma forte, e vigorosa cizânia, que, se não extinguiu, não deixou de sufocar, enquanto de todo se não extirpou, uma boa parte da espiritual colheita. Incitou o ânimo ambicioso de alguns dos moradores da terra, para que nos tirassem do seminário, que tínhamos erigido para recolhimento dos novos convertidos, os filhos dos índios, que ali ensinávamos, e os levassem para suas casas, e que, fazendo-os Deus livres, se serviam deles, como de escravos, contra as leis civis, e da natureza, decretos pontifícios, e ordens reais, o que usavam comumente todos, e abuso, em que se tem trabalhado muito em toda a América para se arrancar, e ainda o não está de todo; e para darem a esta antiga paixão nova cor, ajuntavam aos religiosos calúnias, imposturas, e ditérios fabricados pela sua malícia, e alheios da boa intenção daqueles padres, que contrapondo o sofrimento à calúnia, e o desapego das temporalidades ao bem comum daquele gentilismo, o mesmo tempo foi mostrando, que os não admitiam à sua companhia com aquele pretexto com que os solicitavam para si os caluniadores; e assim se foi desvanecendo aquela ruidosa tempestade, e a serenou de todo a tolerância em uns, e o desengano em outros.

[199] O primeiro noviço (clérigo) foi Fr. Bernardino das Neves.

136. Era neste seminário o principal cuidado dos religiosos, depois de bem instruídos nos princípios da fé aqueles índios, ensiná-los a ler, e escrever para melhor inteligência sua, e a poderem ensinar também aos parentes, e paisanos.[200] E porque esta gente é naturalmente inclinada à música, em que passavam a vida em cantos, e bailes a seu modo rústico, lhes buscaram mestres, que os ensinassem a cantar, a tanger os instrumentos, que na Igreja católica se usam, que foi de grande importância para a conversão de muitos, e para os obrigar a descer das suas aldeias, e sertões vizinhos, e trazerem seus filhos para aprenderem o mesmo; porque é gente esta também amiga de saber, ouvir, e perguntar, dóceis para serem governados, e fáceis para a crença, ainda que mudáveis, vários, e inconstantes, principalmente os que se convertiam à fé, depois de imbuídos nos seus falsos dogmas, e erros gentílicos, que na opinião dos doutos não passam neles a idólatras, porque não adoram a divindade alguma particular, que tenham por Deus, e só reconhecem a uma excelência superior, a que chamam *Tupão*, que é o mesmo que Deus Grande, mas sem lhe tributarem culto, ou adoração alguma; e só se deixam enganar dos falsos agouros dos seus feiticeiros; e por isso se admiravam muito de ver, e entrar em as nossas igrejas, e tinham grande consolação com a das imagens dos santos, especialmente com as de Cristo, e sua Santíssima Mãe. À desta Senhora, com o título das Neves, que era de pintura em painel, grave, e devota, com o seu Bendito Menino em os braços, e singular padroeira do convento, tinham, e mostravam particular devoção, e reverência. A visitar este devoto retábulo acudiam os índios em grande concurso, e para aumentar este, e o culto, e veneração da Senhora, ordenaram uma devota Confraria, ou Irmandade, e faziam muito apreço, e estimação de que os assentassem nela, e a serviam mui prontos, e obsequiosos, ornando o seu altar, e retábulo de flores, e outros enfeites, que permitia a sua rude discrição, e natural pobreza, e mostravam a sua muita vontade, e grande afeto.

137. Para tudo tinham bastante, e exemplar incentivo no que viam aqueles religiosos seus mestres, e diretores. Eram contínuos nas funções do coro; gostavam os índios de os ouvir cantar os divinos louvores, e com poucas lições entoavam juntamente com os religiosos as missas solenes, ladainhas, e outras semelhantes funções sagradas, e logo houve entre eles muitos, e mui destros no canto do órgão, e um, chamado Francisco, era bastantemente contrapontista, e punham as letras à solfa em a nossa língua, que aprendiam com

[200] O termo "Seminário" não significa casa de formação para vocações religiosas ou sacerdotais; pois, destinava-se tão somente à formação de catequistas auxiliares e, quiçá, intérpretes.

facilidade, e também na sua, convertendo nesta muitas das suas gentílicas cantilenas em encômios divinos, e era certamente muito para dar graças a Deus ver em tão pouco tempo a um indiozinho com destra harmonia entoar louvores ao Senhor na sua bárbara linguagem, que sendo suave aos ouvidos, só Deus se sabia entender com ela, e só ele a podia entender.

138. A Irmandade de Nossa Senhora das Neves, que, já dissemos, levantou a reverente devoção destes índios convertidos, foi com particular providência, para visitar, e servir aos seus enfermos, e dar sepultura aos seus defuntos; e no dia em que a Igreja faz a geral comemoração por todos costumavam ofertar suas primícias, carregados dos frutos, que colhiam das suas lavouras. Estimaram muito a notícia deste dia; porque são mui amantes dos seus defuntos, e deles bem lembrados, e davam a entender pelo seu rude, e tosco estilo, que folgavam de ser católicos, porque os que guardam a lei de Cristo são tão cuidadosos dos que partem desta vida; e por isso no dia de Finados se ajuntavam na igreja em maior concurso, como também em a noite solene do nascimento de Cristo, à missa que chamam do Galo, Domingo de Ramos, e em toda a Semana Santa, em que faziam muitas, e grandes penitências, jejuando, vigiando, e levando às costas nas procissões pedras, e troncos de extraordinário peso, como se costuma nestes santos dias.[201]

139. Tinham singular honra a de que os admitissem à Sagrada Mesa da Eucaristia, e para esta se preparavam com terníssima devoção, e sobre todos dois velhos principais, chamados Antônio, e João, que parece os tinha Deus particularmente destinado para pregadores daquele gentilismo; porque, depois de bem-doutrinados, os admitiram os religiosos a que catequizassem, e doutrinassem aos mais, o que eles faziam com tanto zelo, e fervor, que foram inumeráveis os que se reduziram, tanto pela veemente força das suas razões como pelo grande respeito, que como a mais velhos, e principais lhes tinham todos, e bem mereciam estes dois índios outra maior demonstração, e mais larga memória, pelo muito que trabalharam, ajudando aqueles religiosos na laboriosa conquista dos seus naturais, se os mesmos, que nos dão deles esta sucinta notícia, a deixaram de todo completa.

140. No dia em que comungavam, de nenhuma maneira, ou por grande necessidade que houvesse, usavam das suas comuns viandas, e potagens gentílicas, e só comiam alguma ave, se a colhiam à flecha, ou em laço; e quando esta lhes faltava, guardavam um abstinente jejum, mostrando esta suma

[201] A popularidade do dia dos Finados demonstra que os índios assimilaram o culto aos antepassados, tão comum a todas as tribos (SALVADOR, 2010, p. 378).

veneração ao Corpo Sacramentado do Senhor, que haviam recebido em suas almas. Assim mesmo era grande a estimação que faziam daquelas mulheres, as quais os padres aprovavam por capazes da Sagrada Comunhão. Eram também mui curiosos, e inclinados a ouvir as práticas, e pregações que os padres lhes faziam, especialmente na sua língua, que com facilidade aprenderam os PP. Custódio, Fr. Francisco de S. Boaventura, Fr. Francisco dos Santos, e Fr. Antônio da Ilha; porque é o seu idioma mui amplo, e capaz para se lhe formarem nele elegantes, e bem fundados discursos, com vários preâmbulos, e retóricas figuras.

141. De tudo o que fica dito colhiam aqueles padres umas bem fundadas esperanças da total conversão deste gentilismo; pois ainda os que viviam apartados do comércio dos católicos pelos sertões mais vizinhos à costa do mar, se iam facilmente domesticando com as continuadas pregações do Padre Fr. Francisco de S. Boaventura, e seus companheiros, que, com incansável zelo das suas almas, trabalhavam em reduzi-los ao grêmio da Igreja pela pregação do Evangelho, como com efeito o irá mostrando o decurso dos anos.

142. Neste, em que agora estamos, (1586) e já pelos fins de novembro, ouvidas benignamente pelo Santo Padre Sixto V as humildes súplicas do devoto, e piedoso Jorge de Albuquerque, acompanhadas com a Patente do Reverendíssimo Padre-Geral, e Alvará do Rei Católico, foi passada na Cúria Romana a Bula da Instituição, ereção, e confirmação da nova Custódia de Santo Antônio do Brasil, e remetida a sua execução, para lhe fazer dar cumprimento, ao Doutor Vigário-Geral do Arcebispado de Lisboa, Oficial da Cúria, que aceitou, e deu à execução, como consta de um transunto autêntico, tirado do próprio original, e se guarda no Arquivo do convento de Olinda na forma seguinte.

143. Diz o Custódio de S. Francisco, que a ele é necessário o traslado de um processo, discernido sobre a instituição, e ereção desta Custódia do Brasil, por vigor do Breve de Sua Santidade, incorporado no dito processo, que oferece. Pede a V.S. lho mande dar, e corroborar com seu sinal, e selo, para que faça fé, onde quer que for apresentado.

E.R.M.
Passe do que constar. Olinda, 12 de setembro de 1609.
O Bispo.

144. O Doutor João de Lucena Homem, Vigário-Geral nesta cidade, e Arcebispado de Lisboa pelo Ilustríssimo, e Reverendíssimo Senhor D. Miguel de Castro, por mercê de Deus, e da Santa Igreja de Roma, Metropolitano

Arcebispado da dita cidade, e Arcebispo etc. Juiz Comissário Apostólico, e Executor da causa da concessão, confirmação, e determinação abaixo declarada. A todas as pessoas eclesiásticas, e seculares, de qualquer qualidade, e condição, que sejam, Clérigos de missa, e de Ordens sacras, Notários Apostólicos, Tabeliães, Escrivães da capitania de Pernambuco das partes do Brasil, e de outras quaisquer capitanias do Bispado dela, a que esta minha, e mais verdadeiramente Apostólica Carta de Sentença de confirmação, concessão, determinação, e execução virem, saúde, e paz em Jesus Cristo Nosso Senhor. Faço saber, como por parte do senhor Jorge de Albuquerque Coelho, Governador da capitania de Pernambuco nas ditas partes, me foi apresentada uma Bula Apostólica de confirmação, e aprovação da ereção, e instituição da Custódia dos Frades Menores da Ordem de S. Francisco da Observância, que o Reverendíssimo Padre Fr. Francisco Gonzaga, Ministro-Geral instituiu, e erigiu na dita capitania a seu requerimento, e instância, que me vinha dirigida, e cometida *insolidum*. A qual, por ser sã, inteira, e não falsificada, nem viciada, nem em parte alguma de si suspeita, antes verdadeira, e carente de vício, e suspeição, escrita em pergaminho, e expedida; *Sub plumbo in forma Justitiae*, segundo que todo dela, *prima facie*, parecia, com a reverência, que aos mandados Apostólicos se deve, a tomei em minhas mãos, e a beijei, e pus sobre minha cabeça, e como filho obediente aos mandamentos de Sua Santidade, e às comissões, e delegações, a requerimento do dito impetrante, a aceitei, e pronunciando-me por Juiz comissário Apostólico, e executor dela, prometi de dar em tudo o seu devido efeito, segundo seu teor, e forma, cujo traslado *de verbo ad verbum* é o seguinte:

145. Sixtus Episcopus, servus servorum Dei, dilecto filio, Officiali Ulyssiponensi, salutem et Apostolicam benedictionem. Piis Fidelium votis, quae tum Religionis propagationem, tum Divini cultus augmentum respiciunt, prout debitum Pastoralis officii exigit, libenter annuimus; et utilia, quae propterea facta fuisse dicuntur, ut firma perpetuo, et illibata permaneant, etiam libenter, cum a nobis petitur, mandamus Apostolico munime roborari: Exhibita siquidem nobis nuper pro parte dilectorum filiorum Francisci Gonzagae, Ministri Generalis Ordinis Fratrum Minorum de Observantia nuncupatorum, ac Georgii de Albuquerque, Gubernatoris Capitaneatus de Pernambuco in partibus de Brasil, petitio continebat, quo alias clarae memoriae Joannes Tertius Portugalliae Rex, quodam Duartem Coelho Pereira ipsius Georgii genitorem, ejusque haeredes, et descendentes, in perpetuum de ipso Capitaneatu se ad sexaginta leucas mensurae illarum partium extendente investivit, ut ipse Duartes Capitaneatum hujusmodi de manibus Infidelium eriperet et in suam ditionem redigeret; quod postmodum magnis cum labo-

ribus, variisque vitae suae discriminibus, nullo sibi ad hoc suffragante Regni Portugaliae auxilio, sed sola Dei Omnipotentis ope effecit: Unde dictus Capitaneatus in spiritualibus, et temporalibus, plurimum florere, et splendescere caepit; cujus feliciori progressui praedictus Georgius omni pietate, et charitate intendens, et ad fidem Catholicam inibi ad Divini Nominis Laudem propagandum, opem, et operationem suam adhibens; et ad hoc dilectos filios dicti Ordinis Fratres, tum propter laudabilem eorum vivendi modum, tum etiam singularem ad Verbi Dei praedicationis munus obeundum pietatem plurimum saluti animarum Incolarum partium illarum, profuturos fore confidens, unam inibi eorumdem Fratrum Custodiam sub invocatione Sancti Antonii per praedictum Franciscum Ministrum Generalem erigi curavit. Eam sic erectam dictus Franciscus Provinciae ejusdem Sancti Antonii in Regno Portugalliae perpetuo subjecit, et supposuit; ad quam nonnullos dilectos ejusdem Ordinis Professores, vita, et eruditione Commendabiles destinavit, facultatem illis tribuendo domos construendi, et in eis Novicios recipiendi, et alias prout in patentibus literis dicti Francisci plenius dicitur contineri; cum autem sicut eadem petitio subjungebat Incolae illarum partium eorumdem Religiosorum sic de novo destinatorum adventu maximam consolationem recipientes eorum opera magnopere aedificati fuerint. Provincia vero de Brasil valde lata, seu etiam populorum multitudine benedicente Domino, abundans existat; ipseque Capitaneatus amplam habeat jurisdictionem, multa populorum loca continentem, quae indies augetur multitudine incolarum, qui maiori numero Religiosorum ad eos in viam rectam dirigendos, et christianam doctrinam adocendos maxime Gentilium conversionem indigeat; dictusque Georgius Gubernator ad praemissa peragenda magnas subierit expensas; ideo tam Franciscus Generalis, quam Georgius Gubernator praedicti, nobis humiliter supplicari fecerunt, quatenus erectionem, et institutionem Custodiae, ac literas hujusmodi, et in eis contenta quaecumque perpetuo confirmare, et approbare, ipsorumque Incolarum spirituali consolationi, ac alias in praemissis opportune providere de benignitate dignaremur. Nos igitur, qui Religionis propagationem, et Divini cultus augmentum nostris potissimum temporibus sinceris exoptamus affectibus, ipsosque Franciscum Generalem, et Georgium Gubernatorem praedictos, et eorum quemlibet a quibus Exommunicationis, Suspensionis, et Interdicti, alusque Ecclesiasticis sententiis, censuris, et poenis, a jure, vel ab homine, quavis occasione, vel causa latis, si quibus quomodolibet innodati existunt, ad effectum praesentium duntaxat consequendum, harum serie absolventes, et absolutos fore censentes, necnon literarum praedictarum, ac inde secutorum quorumcumque tenores praesentibus pro expressis habentes, hujusmodi supplicationibus inclinati discretioni tuae per

Apostolica scripta mandamus, quatenus erectionem, et institutionem, literasque hujusmodi, et in eis contenta quaecumque perpetuo confirmare, et approbare, illisque plenarie, et inviolabilis firmitatis robur adjicere, ac omnes, et singulos, tam juris, quam facti, ac solemnitatum defectus, si qui intervenerint, in eisdem supplere, authoritate nostra procures, et insuper Custodiam praedictam eidem Provinciae Sancti Antonii, ita quod etiam ipsius Custodiae Custos pro tempore existens, per seipsum, vel per personas idoneas ad id ab eo deputatas ad Capitula Provincialia dictae Provinciae conferre, et in Capitulum hujusmodi votum, maxime pro rebus publicam utilitatem, et commodum dictae Custodiae concernentibus habere, ac tam ex dicta Sancti Antonii, quam ex alia quacumque Provincia ejusdem Ordinis Fratres, qui in dicta Custodia utiles sibi fore videbuntur, assumere, et secum ducere valeant, dicta authoritate perpetuo subjicere, et supponere: quoque qui ex Fratribus ejusdem Custodiae ad praedicationis munus obeundum, et Sacramentales Christi fidelium confessiones audiendum habiles, praedicare, et confessiones hujusmodi audire: Qui vero in Presbyteratus Ordine constituti fuerint baptismi, et matrimonii, necnon quaecumque alia Sacramenta Ecclesiastica ministrare: Ecclesias quoque, et in eis altaria in locis Christi fidelium noviter ad Christi fidem conversorum erigere, et in eis sacrum Officium celebrare, ac Oratoria, et Eremitoria eidem Custodiae pro tempore concedenda regere, et administrare. Praeterea singularum domorum ejusdem Ordinis pro tempore canonice erectarum Ministri, et Fratres in sic erecta Custodia, etiam pro tempore existentes omnibus, et singulis privilegiis, praerogativis, libertatibus, immunitatibus, exemptionibus, indultis, indulgentiis, et aliis gratiis, tam spiritualibus, quam temporalibus, quibus aliarum domorum ejusdem Ordinis quarumcumque Provinciarum, et Custodiarum Ministri, et Fratres in dictis partibus de Brasil, et Regno de Perú existentes utuntur, potiuntur, et gaudent, ac uti, potiri, et gaudere possunt, et poterunt quomodolibet in futurum libere, et licite valeant, dicta authoritate concedas pariter, et indulgeas. Decernens ipsos, seu eorum aliquem a loci Ordinario, seu alia quacumque persona super praemissis impediri, molestari, inquietari, vel perturbari minime posse: irritum quoque, et inane, si secus super his, a quoquam, quavis authoritate scienter, vel ignoranter contigerit attentari. Non obstante, quatenus opus sit, felicis recordationis Bonifacii Papae VIII, praedecessoris nostri Bulla, in qua, inter alia, cavetur expresse, ne cujusvis Ordinis Mendicantium Professores nova loca ad inhabitandum de novo recipere, seu recepta mutare praesumant absque Sedis Apostolicae licentia speciali de hujusmodi prohibitione expressam mentionem faciente, ac alias Apostolicis, necnon in universalibus, Provincialibusque, et Synodalibus Conciliis editis generalibus, vel specialibus Constitutionibus, et Ordinationibus, necnon dicti Ordinis Fratum Minorum de Observantia nuncupatorum, et quatenus illius domorum juramento, confirmatione Apostolica, vel quavis firmitate alia roboratis, statutis, et consuetudinibus, privilegiis quoque, indultis, et literis Apostolicis, etiam eidem Ordini, et domibus, a dilectis filiis, illorumque superioribus, et personis sub quibuscumque tenoribus, et formis, etiam motu proprio, ac alias in contrarium quomodolibet concessis, confirmatis, et innovatis. Quibus omnibus, etiamsi de illis, eorumque totis tenoribus, specialis, specifica, expressa, et individua, non autem per clausulas generales idem importantes, mentio, seu quaevis alia expressio habenda, aut aliqua alia exquaesita forma ad hoc servanda foret, illis alias in suo robore permansuris, hac vice dumtaxat specialiter, et expresse derogamus, caeterisque contrariis quibuscumque. Datum Romae apud Sanctum Patrum, Anno Incarnationis dominicae millesimo quingentesimo octogesimo sexto, quinto Kalendas Decembris, Pontificatus nostri anno secundo.[202]

Alexander Xemenes.

Aceitada, como dito é, por parte dos ditos Reverendíssimos Padres Fr. Francisco Gonzaga, Ministro-Geral da dita Ordem de S. Francisco, e Jorge de Albuquerque Coelho, Capitão, e Governador da dita capitania de Pernambuco, impetrantes, me foi enviado dizer por sua Petição, que o Papa nosso senhor houvera por bem, pelos respeitos na dita Bula declarados, de, à sua instância, e requerimento, mandar-lhes passar a dita Bula a mim, *Insolidum* dirigida, e cometida, para que eu por Apostólica autoridade confirmasse, e aprovasse em seu nome perpetuamente a ereção, e instituição da dita Custódia dos Frades Menores, ereta, e instituída na dita capitania de Pernambuco nas ditas partes do Brasil, e a Patente para isso passada pelo Reverendíssimo Padre-Geral, e a submetesse, e sujeitasse à Província de Santo Antônio de Portugal deste reino, de tal maneira, que o Custódio, que por tempo fosse da dita Custódia, pudesse por si mesmo, ou por pessoas para isso por ele deputadas, vir aos Capítulos Provinciais da dita Província, e nos ditos Capítulos ter voto, e tomar da dita Província, ou de qualquer outra da dita Ordem, os frades que lhes parecerem proveitosos na dita Custódia, e levá-los consigo; e assim lhes concedesse, e outorgasse pela dita autoridade, que os frades, que fossem capazes para pregar, pudessem pregar, e os que fossem para ouvir confissões, con-

[202] O Papa franciscano Xisto V governou a Igreja de 1585-1590. Os privilégios, tanto papais como reais, foram impugnados pela cúria diocesana da Bahia, razão por que os franciscanos deixaram de assumir a catequese na Bahia, até 1689. Acresciam também "algumas dúvidas, que sobre isto, entre os nossos, e religiosos de outra família se iam movendo." (OSNB I, 147).

fessassem, e os que fossem sacerdotes pudessem batizar, e administrar o sacramento do matrimônio, e os mais sacramentos eclesiásticos, e erigir igrejas nas povoações dos fiéis cristãos, novamente convertidos, e nas ditas igrejas levantar altares, e dizer neles missa, e ter neles administração, e governo dos Oratórios, e ermidas, que por tempo lhes concederem; e que os Ministros, e frades da dita Custódia, e de qualquer outra parte, que nela por tempo estiverem, possam usar, e gozar de todos os privilégios, prerrogativas, liberdades, isenções, indulgências, e de outras graças espirituais, e temporais, de que usam, e gozam os Ministros, e frades de quaisquer casas da dita Ordem, de quaisquer Províncias, e Custódias, assistentes nas ditas partes do Brasil, e no reino do Peru; e que não devem nas ditas casas ser molestados, inquietados, e perturbados pelo Ordinário do lugar, ou por outra pessoa alguma, segundo o que tudo mais largamente é conteúdo na dita Bula, que eu tinha aceitado; e portanto me requeriam, mandasse passar minha carta de sentença da dita confirmação, aprovação, e suprimento, submissão, e concessão, indulto, determinação, e defensão, mandando-lhes em tudo cumprir a dita Bula, e dá-la à sua devida execução, segundo, o que era tudo mais largamente conteúdo em a sua petição, com a qual me foi outrossim apresentado o traslado em pública forma da Patente do dito Reverendíssimo Padre-Geral da ereção da dita Custódia; e assim de um Alvará del-Rei nosso senhor passado em favor dela para o Governador, e Justiças das ditas partes do Brasil, e principalmente da dita capitania de Pernambuco, darem todo o favor, e ajuda, que fosse necessária para conseguir-se o efeito da dita Patente, por ser coisa de tamanho serviço de Nosso Senhor; e sendo-me tudo apresentado juntamente com a dita Bula, em cumprimento dela mandei passar a presente; por teor da qual, pela autoridade Apostólica a mim *concedida*, cometida pelo Santíssimo Padre Sixto Papa V, nosso senhor, ora na igreja Presidente, aprovo, e confirmo perpetuamente a ereção, e instituição da dita Custódia, e dita Patente, e letras do dito Padre-Geral da dita Ordem de S. Francisco, e todas as coisas nelas conteúdas, e lhes dou vigor de firmeza inviolável, e para o dito efeito, supro, e hei por supridos todos, e cada um dos defeitos, assim de Direito como de feito, e de solenidades, que nisso intervieram por qualquer via; e pela mesma autoridade, sujeito, submeto, e suponho à dita Província de Santo Antônio, de tal maneira, que o Custódio dela, que por tempo for, possa vir pessoalmente aos Capítulos Provinciais da dita Província, ou mandar a eles em seu nome as pessoas idôneas, que para isso nomear, e deputar; e que assim ele dito Custódio, como as ditas pessoas por ele deputadas tenham voto nos ditos Capítulos em todas as ações que neles tratarem, especialmente nas coisas tocantes, e concernentes à pública utilidade, e proveito da dita Custódia; e possa o dito custódio por si, ou pelas ditas pessoas deputadas, tomar da dita Província, ou de outra qualquer da dita Ordem, quaisquer frades que quiser, e lhe parecer serem proveitosos para viver na dita Custódia, e fazer fruto nela, sem lhe poder ser contradito, nem estorvado por Prelado algum de qualquer autoridade, e jurisdição que seja; e concedo, outrossim, e outorgo, pela mesma apostólica autoridade, que os frades da dita custódia, que forem hábeis, e idôneos para pregar, e tiverem para isso ciência, e suficiência competente, possam pregar livre, e licitamente; e os que forem idôneos para ouvir confissões, possam confessar, e os que forem sacerdotes possam batizar, e administrar aos fiéis cristãos os sacramentos do matrimônio, e os mais sacramentos eclesiásticos nas povoações, e lugares dos novamente convertidos; e possam também levantar neles altares, e igrejas, e dizer nelas missa, e reger, e administrar quaisquer Oratórios, e ermidas, que por tempo forem concedidos à mesma Província; e assim mais concedo, e outorgo, pela mesma Apostólica autoridade, que os Ministros, e frades de cada uma das casas da dita Ordem, que forem por tempo, canonicamente eretas na dita Custódia, e nela por tempo estiverem, possam, livre, e licitamente, usar, e gozar *pariformiter* de todos, e cada um dos privilégios, prerrogativas, liberdades, imunidades, isenções, indultos, indulgências, e outras graças, assim espirituais como temporais, de que usam, e gozam, e podem, ou puderem ao diante usar, e gozar, por qualquer via os Ministros, e frades das outras casas das ditas Ordens de quaisquer Províncias, e Custódias das ditas partes do Brasil, e do reino do Peru; e determino pela mesma autoridade, que não devem, nem podem por coisa alguma das acima ditas, ou que a elas tocar, e delas nascer, e depender, o dito Custódio, Guardiães, religiosos, e mais pessoas da dita Custódia, que hoje são, e ao diante forem, serem por via alguma molestados, inquietados, ou perturbados pelo Ordinário do lugar, ou por outra qualquer pessoa eclesiástica, ou secular, antes ser írrito, vão, nulo, e de nenhum vigor, e efeito tudo o que de outra maneira contra o teor, e forma das Letras de Sua Santidade for atentado, ciente, ou ignorantemente por qualquer autoridade que seja; e para que todas as ditas coisas se cumpram, e guardem inviolavelmente *et perpetuis futuris temporibus* permaneçam firmes, e os mandados de Sua Santidade hajam seu devido efeito; Vós, sobreditos Notários, Tabeliães, e mais pessoas acima ditas, notificareis esta Carta ao M. Ilustríssimo, e Reverendíssimo Senhor Bispo das outras partes do Brasil, e ao seu Provisor, Vigário-Geral, e mais oficiais, e pessoas do dito bispado, que vos requerido for, assim eclesiásticas como Seculares de qualquer qualidade, grau, ordem, e condição que sejam, e ofício, e jurisdição usem, cujos nomes, e cognomes, títulos, dignidades, e ofícios, hei aqui de presente por suficientemente expressos, para que do dia da dita notificação a três dias peremptórios

primeiros seguintes, que lhes dou, e assigno a eles, e a cada um deles, um dia por cada termo, e canônica admoestação repartidamente, cumpram, e guardem em tudo a dita Bula, e tudo o nela conteúdo, e não contradigam, nem impeçam que se dê a ela a sua total execução em todo, e por todo; e deixem ao dito Custódio, e religiosos da dita Custódia de Pernambuco usar, e gozar, quieta, e pacificamente das graças, liberdades, isenções, indulgências, indultos, e mais concessões espirituais, e temporais, que lhes são concedidas pela dita Bula; nem os avexem, molestem, perturbem per si, ou por outrem, direta, ou indiretamente, tácita, ou expressamente, *quovis quaesito colore vel ingenio*. Aliás a todos, e a cada um que o contrário fizerem, e aos ditos contraditores, molestadores, e perturbadores, derem ajuda, conselho, ou favor, por qualquer via que seja, passado o dito termo dos ditos três dias, ponho em suas pessoas, e de cada um pena de excomunhão maior, *Latae sententiae*, e o cito, e chamo nestes presentes escritos para agravação, e reagravação dos mais procedimentos executivos de direito necessários até invocação da ajuda do braço secular; e as mesmas penas hei por postas nestes mesmos escritos aos muito Reverendíssimos Padres Gerais, Ministros, Guardiães, e quaisquer outros Prelados, assim da dita Ordem de S. Francisco, como de qualquer outra, que contradisser, impedir, ou embargar, por qualquer via, o efeito das ditas Letras e, sendo requeridos, não desistirem dentro do dito termo de todo o impedimento, ou embargo, que por eles, ou por sua via for posto neste caso, e de todas as mais moléstias, que ao dito Padre Custódio da dita Custódia do Brasil, e seus Comissários, e Procuradores, lhes forem feitas sobre o cumprimento da dita Bula, e execução dela. Porém das ditas censuras não entendo, nem é minha intenção compreender ao dito Reverendíssimo Bispo do Brasil, antes deferindo a esta parte a sua dignidade Pontifical, requeiro, da parte da Santa Sé Apostólica, a Sua Senhoria Reverendíssima, e peço da minha parte por mercê e, *quatenus opus sit*, lhe admoesto, e mando, sob pena de interdito do ingresso da igreja, que dentro no mesmo termo dos ditos três dias, se não intrometa, por qualquer via que seja, a contradizer, e perturbar as Letras Apostólicas acima ditas, da confirmação da dita Custódia, e tudo o mais nelas conteúdo: aliás fazendo o contrário, (que de Sua Senhoria Reverendíssima se não crê, nem espera) passado o dito termo, o hei por incorrido na pena do dito interdito; pela dita autoridade Apostólica, lhe mando outrossim, sob pena de suspensão *a regimine et administratione*, que dentro em outro termo de outros três dias que de novo lhe assigno: *modo et forma praemissis*, desista logo, e com efeito de toda a contradição, moléstia, e vexação, e obedeça às ditas Letras, como se nelas contém; em a qual pena de suspensão o hei por incorrido, *ipso facto*, passados os outros três dias segundos; e em caso, que Sua Senhoria não queira obedecer ao que dito é, (como de direito é obrigado) lhe mando, *et eadem authoritate*, sob a dita pena de excomunhão maior, *latae sententiae*, que dentro do termo de outros três dias, que lhe assigno, no modo, e forma acima ditos, cumpra, e guarde as ditas Letras, e este nosso processo como nele se contém; aliás, sendo passados, o hei por incorrido na dita pena de excomunhão, e o cito, e chamo pelo teor das presentes para a execução dos mais procedimentos executivos, que de direito forem necessários; e porque, em razão de minha residência nesta Corte, não posso pessoalmente assistir à execução dos ditos procedimentos, pelo teor da presente, *eadem Apostolica authoritate*, no melhor modo, e forma que posso, e devo, cometo minhas vezes aos RR. Senhores Deão, Arcediago, Tesoureiro, Chantre, e mestre-escola, e a quaisquer outras dignidades, e Cônegos da Sé da Catedral do Salvador das partes do Brasil; e assim aos RR. PP. abades dos Mosteiros da Ordem de S. Bento, e S. Bernardo, Priores Conventuais da Ordem do Carmo, de S. Domingos, e de qualquer outra religião aprovada, e a cada um deles, para que sendo requeridos por parte do dito Custódio, ou religiosos da dita Custódia, aceitem, e cada um aceite a dita execução, e procedam, e cada um proceda, *servatis servandis*, contra os ditos contraditores, molestadores, e perturbadores, com os mais procedimentos, que lhes parecer, até que com efeito obedeçam, e mereçam haver benefício de absolvição, a qual outro se lhes cometo, que o possam fazer, *pariter judicato* somente; porém pela dita comissão, não entendo prejudicar em alguma coisa a minha jurisdição a qual sempre reservo sem prejuízo da dita comissão: e das diligências, que Vós sobreditos, e cada um neste caso fizerdes, me fareis certos por vossos instrumentos, ou certidões, em modo que façam fé, para com isso se administrar justiça. Cumpri-o assim. Dada em Lisboa, sob meu sinal, e selo, aos vinte quatro de março. Tomé da Cruz, Notário Apostólico, e Escrivão da dita Conservadoria o fez escrever, e subscreveu, ano do nascimento de Nosso Senhor Jesus Cristo de mil quinhentos oitenta e sete. João de Lucena Homem. *Thomae Sanctae Crucis.* Ao sinal, e selo + *Gratis.* Tomaz. O qual traslado do processo discernido, e Breve nele incluso da Instituição, e Ereção da Custódia deste Estado da Ordem dos Religiosos de S. Francisco *sub invocatione Sancti Antonii do Brasil*, eu, Domingos da Silva *apostolica authoritate* Notário Apostólico aprovado, em virtude do despacho de Vossa Ilustríssima, e Reverendíssimo Senhor D. Constantino Barradas, Bispo deste dito Estado, fiz trasladar do próprio processo, discerni do original, bem, e fielmente, sem causa, que dúvida faça, mude, ou diminua o entendimento, e com o dito original conferi este transunto, e com ele concorda, e vai assinado por o dito Senhor Bispo, e corroborado com o selo de sua Pontifical dignidade, em Olinda, pridie Idus Septembris, anno Dni. MDCIX. E com meu sinal raso consueto:

Constantinus, Episcopus Brasiliensis. Selo +
Domingos da Silveira.

146. Quatro meses haviam corrido de vinte sete de novembro, em que se passou na Cúria Romana o Breve da Confirmação da nova Custódia, acima referida, até vinte e quatro de março, em que na Conservadoria de Lisboa, como nele ordenava Sua Santidade, foi sentenciada a sua execução, havendo já quase ano e meio, que estavam em Olinda os Padres Fundadores de posse do seu primeiro convento. Mas nem esta posse, nem as Letras Apostólicas, com a sentença executorial do Juiz da Cúria, foi bastante a poder conseguir à nova Custódia a aceitação da Província, pelas costumadas oposições, que semelhantes empresas trazem de ordinário contra si, que nesta, só puderam dilatar, mas não impedir-lhe o seu efeito, que mais adiante se veio a conseguir.

147. Neste ano, em que agora estamos no princípio, sendo o Padre Fr. Melquior convidado pela Câmera da Bahia, e principais pessoas da cidade, e pelo bispo daquela diocese, que se achava então em Olinda de visita, para fazer a aceitação da oferta de fundar também ali alguma casa, se partiu com dois religiosos mais, e em companhia do próprio bispo, D. Antônio Barreiros, para aquela cidade. E como para efeito da nova fundação, e outras, que se iam oferecendo, necessitavam também de mais obreiros, da Bahia despachou o Padre Custódio para o Reino ao Padre Frei Francisco de S. Boaventura, sobre este particular, e outros mais pertencentes às doutrinas dos gentios, para a resolução de algumas dúvidas, que sobre isto, entre os nossos, e religiosos de outra família se iam movendo.

148. Feita a aceitação da Bahia, como em seu lugar se dirá, voltou para Olinda o Padre Custódio, onde o achamos pelo mês de abril do seguinte ano de 1588, e havendo já no princípio deste, chegado da Província à Custódia o Padre Fr. Antônio de Campo Maior, com cinco companheiros mais, com o socorro destes novos, e desejados operários, tomou o Padre Custódio pelo mês de junho jornada para a povoação de Igarassu, a fazer aceitação da casa que ali lhe ofereciam os moradores, e Câmera daquela vila; e deixando nela por Prelado, e agente das obras do convento ao Padre Fr. Antônio de Campo Maior, voltou para Olinda outra vez, aonde se deteve até o fim deste sobredito ano.

149. Neste mesmo havia já chegado a Lisboa o Padre Frei Francisco de S. Boaventura, da Bahia, donde partira pelos fins do ano passado; e foi bem recebido dos Padres da Província, e também do Cardeal Alberto, que nesta

conjunção governava o Reino por seu tio Filipe, o primeiro em Portugal, o qual, informado da sua capacidade, zelo, e prudência, enquanto se efetuavam os negócios a que ia com a Província, pelo bom conceito que dele havia formado, o mandou no seguinte ano à Ilha da Madeira, com comissão sua, e plenário poder para visitar, e reprimir certas discórdias, e controvérsias graves, que entre mosteiros de freiras, havia tempos, lhes perturbava a paz, com grande prejuízo de sua espiritual quietação; o que ele com a sua presença curou com mansidão, compôs com prudência, e com o seu exemplar proceder, deixando edificado aquele povo, que de outro visitador havia ficado em grande modo desgostoso, e mal-satisfeito, de que recebeu o Cardeal muito prazer, e lho agradeceu com demonstrações de afeto, e oferecimentos de Príncipe.

150. Enquanto na Corte cuidava o Padre Fr. Francisco de S. Boaventura em dar satisfação aos mandados do rei, e aos negócios com a Província, não se descuidava na Custódia o Padre Fr. Melquior no aumento dela; e assim, sendo convidado pelo Governador, e Capitão da Paraíba, e mais povo, e Câmera, com repetidas cartas, e súplicas, para que, como na Bahia, e Igarassu, quisesse também ir, ou mandar religiosos para fundarem casa naquela cidade, para ela partiu no princípio deste ano de 1589, levando consigo alguns religiosos. Foram recebidos com especiais demonstrações de gosto, e agrado de todo aquele povo, e feita a aceitação da casa, como a seu tempo se dirá, a fez também logo de cinco aldeias de gentio, que voluntariamente se lhe vieram oferecer, como já se disse em outro lugar.[203] Nestas piedosas ações do serviço de Deus, e bem comum de tantas almas se deteve naquela cidade até o princípio do seguinte ano, deixando não só satisfeitos, mas saudosos, assim os cristãos moradores da cidade como os gentios pacíficos, voltou para Olinda e, chegando à povoação de Goiana, doze léguas distante da Paraíba, e outras tantas de Olinda, e fazendo ali pousada, o buscaram os principais moradores do lugar, e lhe representaram o grande serviço, que faria a Deus, e também àqueles habitadores, se mandassem alguns religiosos para a conversão, e doutrina de uma grande aldeia de gentio, que ali demorava; para que reduzida à fé, e incorporada na Igreja, como já mais doméstica, e em paz com os cristãos, os ajudassem a defender-se melhor de outros muitos rebeldes, e selvagens, que por aqueles lugares arredores, e circunvizinhos habitavam em muita quantidade, e embaraçavam em grande maneira o aumento, e progresso daquela capitania com contínuos assaltos, roubos, e insultos; que sem a redução desta aldeia, como principal, e mais poderosa, era mui difícil aos moradores o seu aumento, e conservação.

203 [Jaboatão] Relat. 2., liv. Antep.

151. Era este da conversão do gentio o principal emprego do zelo, e caridade do Padre Custódio, e assim, com boa vontade, e agradáveis razões, satisfez às justas súplicas do necessitado povo, com promessa certa de serem servidos; e chegando a Olinda, logo no princípio do ano seguinte de 1590 despachou religiosos para aquela empresa, que como era aceita a Deus, não teve obstáculo, que embaraçasse de alguma sorte o seu desejado efeito, e o surtiu sem dúvida muito bom pelo abundante fruto, que se colheu para o céu pelo tempo adiante nesta doutrina, na qual agora levantaram os religiosos igreja com o título do Príncipe dos Anjos S. Miguel, e a administraram muitos anos.

152. Neste, em que ainda estamos, e já pelos fins dele, se achavam na Corte de Lisboa, como se disse, de volta das Ilhas o Padre Fr. Francisco de S. Boaventura, ao mesmo tempo que também chegava àquela Corte o Reverendíssimo Fr. Francisco Tolosa, Ministro-Geral de toda a Ordem, eleito em Roma no ano de 1587. E assim iam concorrendo com suave harmonia os meios preordenados para o fim, e estabilidade da nova Custódia do Brasil, querendo mostrar o céu o quanto era esta do seu agrado, com a que tanto havia de ser do seu serviço, e utilidade dos próximos, e especialmente do bárbaro gentilismo destas conquistas. Vinha Sua Reverendíssima ao Reino para assistir aos Capítulos das Províncias Menores dos seus Regulares, e havendo a de Santo Antônio de Portugal determinado o seu para a festa de Santa Luzia deste ano de 1589, nele propôs Sua Reverendíssima, e obrigou, (assim o escreve a memória da mesma Província, sinal indubitável da sua repugnância) aos Padres dela, aceitassem a dita Custódia, como fizeram, dando execução ao Breve de Sua Santidade, e Sentença do Ministro da Cúria; havendo-se bem informado primeiro o Padre-Geral de Fr. Francisco de S. Boaventura, e de alguns papéis autênticos das Câmeras, e principais pessoas, dos progressos espirituais dos seus fundadores, e mais religiosos, o quanto eram de proveito aos povoadores católicos, e muito necessários à conversão do gentio, concorrendo para esta aceitação da Custódia do Brasil com particular auxílio, o novo Provincial, Fr. Pedro da Piedade, que muito a favoreceu sempre.

153. Para esta se fez também no mesmo Capítulo eleição de novo Prelado no Padre Fr. Cristóvão da Conceição que, fazendo renúncia do cargo, por causas que lhe foram aceitas, foi convidado para ele pelo Reverendíssimo o Padre Fr. Francisco de S. Boaventura; mas este o não aceitou, tanto pela sua muita humildade, como em razão de que se não cuidasse fora ele ao Reino a negociar para si a tal Prelazia, e não a tratar do bem comum da nova Custódia, acrescentando, estava esta ainda nos seus princípios, e que para o seu crescimento, e perfeição, necessitava muito de que o Padre Fr. Melquior de Santa

Catarina, que a havia criado, a sustentasse, e dirigisse ainda com a sua doutrina, cuidado, bom exemplo, e calor espiritual; e que só aceitava tornar para ela, e ajudá-lo naquela empresa, para a qual fora destinado desde o princípio por companheiro; e assim ficou continuando no ofício de Custódio o mesmo Padre Fr. Melquior, e o foi por quatro anos mais, e em todos com muito trabalho seu, exemplo dos povos, bem das almas, e aumento da Custódia, para a qual voltou no princípio do ano seguinte de mil quinhentos noventa o Padre Fr. Francisco de S. Boaventura, trazendo consigo doze religiosos mais, alguns da Província de Santo Antônio, e outros de várias Províncias, tirados todos de própria vontade, e em virtude do breve de Sua Santidade, já referido para ereção desta Custódia, que para isso concedia autoridade aos seus fundadores. Com todos estes chegou a Pernambuco, e com socorro tão necessário criaram novos espíritos aqueles religiosos, e em particular o Padre Custódio; porque iam crescendo as novas fundações, e faltavam operários proporcionados para elas; porque já a este tempo eram aceitas as casas da Paraíba, e Vitória, esperando por esta monção para as prover de Prelados, e fundadores, como o fez nomeando para a da Paraíba neste mesmo ano de 1590 a Fr. Antônio de Campo Maior, com outros mais para súditos dos que haviam vindo; e para a da Vitória, a Fr. Antônio dos Mártires, com mais companheiros neste próprio ano, pelo fim dele, havendo já mandado ali no ano antecedente dois religiosos sobre esta pretensão. A estes que agora iam fundar ao Espírito Santo, ou Vitória, lhes ordenou fossem antes à cidade do Rio de Janeiro, donde também era convidado o Padre Custódio para outra fundação, para com seu aviso se poder determinar, e por este motivo, quando chegaram ao Espírito Santo, era já em princípios do ano seguinte de 1591. Neste se achou o Padre Custódio em Olinda gravemente molestado de uma enfermidade de olhos, ajudada das asperezas, e longes dos caminhos, viagens de mar, naufrágios de embarcações, mau tratamento da sua pessoa, e pouco reparo para ela, que o impediram ir pessoalmente, como desejava, e apeteciam os moradores do Espírito Santo, a fazer por si a aceitação daquela casa. Para a da Bahia fez jornada no seguinte de 1592, onde o achamos pelo mês de dezembro, e já em Olinda outra vez no princípio de 1593, e aqui entre os fins de maio, e princípios de junho do outro ano de 1594 lhe chegou o sucessor no Padre Fr. Leonardo de Jesus, e se retirou para a Província o Padre Fr. Melquior de Santa Catarina, com nove anos completos, e pouco mais de um mês de Prelado atual da Custódia do Brasil, onde com o seu cuidado, zelo, e bom exemplo a deixou fundada, com 5 casas formais, dezoito aldeias, ou doutrinas de gentios, a todos saudosos, e edificados, e ele, cheio de merecimentos, crédito, e glória de seu primeiro, e santo fundador, como mais largamente o veremos a seu tempo, pois a muito nos temos apartado, por assim o pedir a ordem do mesmo tempo, do convento de Olinda, e é preciso entrarmos por ele a dentro, e concluirmos com o mais, que ainda lhe pertence.[204]

CAPÍTULO VIII

Descreve-se o interior do convento, e Igreja da Senhora das Neves, como ao presente está.

154. Como titular, e padroeira, que é, desta casa, tem o seu assento a Senhora das Neves no altar maior da sua igreja à parte do Evangelho. Foi na fundação primeira a sua imagem de painel, tão devoto como antigo, e na mesma forma em que se achou na sua capelinha; mas hoje é de vulto mui peregrina pela perfeição, e igualmente venerada pelo liberal dos benefícios com que acode aos que a ela chegam devotos, e buscam, necessitados o seu patrocínio, oficiosos ao seu altar, que da parte da Epístola lhe dá a mão direita o Seráfico Patriarca, e nos dois colaterais o tem, como é uso nosso, à parte do Evangelho a adorada imagem da mesma Senhora no atrativo mistério da sua Puríssima Conceição, e da outra parte, o nosso tão amante como amado português Santo Antônio.

155. A capela, que chamamos Capítulo em os nossos claustros, é neste uma das muito perfeitas, e devotas, que tem hoje esta Província, e só se lhe acha o de ser mais pequena do que devia, pois a deixou quem traçou o convento novo na mesma forma em que estava no antigo. Acha-se forrada toda, assim no teto como paredes, com bons painéis de molduras douradas, e de perfeita pintura, correspondente a alguns passos da fuga para o Egito, e Desterro da Senhora, objeto compassivo, a quem é consagrada esta capela, nas três peregrinas imagens dos que o executaram: *Jesus, Maria, e José*, todas de perfeitíssima escultura, e terníssima devoção.[205]

156. Com uma muito particular, e grande afeto se ajuntam os religiosos nesta capelinha todos os sábados ao tocar das Ave-Marias, e ali se entoa

[204] Entrementes, o governo colonial proibira a fundação de outros conventos, sendo esta a razão por que no Rio de Janeiro não se procedeu à construção do convento, apesar da oferta de um terreno para tal fim.

[205] A capela do Capítulo conserva até o presente o seu aspecto originário, remontando, como única sala primitiva do convento, a 1577.

por eles, com a melhor suavidade que se pode, a *Salve Rainha* com seu verso, e oração, que diz um sacerdote, revestido de sobrepeliz, e capa, depois de incensado o altar, e sagradas imagens; ação devota, a que assistem também alguns dos seculares mais piedosos, e mui particulares afetos a esta Senhora. Nesta capela, como padroeiros seus, debaixo da campa de mármore bem lavrado das suas Armas, tem sepultura para si, e seus herdeiros Dona Arcângela da Silveira, viúva do Capitão Francisco do Rego Barros, por Escritura de nove de maio de 1656 com a pensão fora duzentos mil reis, que deu de esmola, de paramentar perpetuamente o dito Capítulo, mandado trasladar para ele os ossos do dito seu marido, e os de seu pai dela, por serem já falecidos quando se concertou a data desta sepultura. Esta mesma se havia dado muito antes a Lopo Soares, marido de Dona Adriana Pessoa, da qual fez desistência João Pessoa Baracho, seu herdeiro, por uma Escritura de 19 de março do mesmo ano de 1656, porquanto os holandeses, na tomada de Olinda, queimaram as casas, que diz a tal Escritura, valiam quatro mil cruzados, e rendiam para o dito Capítulo, e juntamente porque o referido João Pessoa Baracho não tinha herdeiros forçados, e acrescenta ele na sua Escritura, fazia esta desistência, não por falta de brios, mas de posses, por ficar destruído pelos holandeses. Era este homem sobrinho de Dona Adriana Pessoa, e morava na Vila de Igarassu quando fez a desistência desta sepultura, que, transferida para os novos padroeiros, tem escrito em campa de mármore com brasão de Armas este letreiro:

Sepultura do Cap. Francisco do Rego Barros, e de sua mulher Dona Arcângela da Silveira, e de seus filhos, e herdeiros.

Outra campa também de mármore com Armas, e Brasão, está no meio do Cruzeiro da igreja ao pé do arco da capela-mor com a inscrição seguinte:

Sepultura de David de Albuquerque Saraiva, e de sua mulher, e filhos. 1693.

Assim destas, como de outras muitas, que havia pelo corpo da igreja, e claustro, não damos mais notícia, de que mostrarem ter título, que em pequena, e branda pedra o longo tempo lhes gastou escrita, e consumiu os herdeiros, e por isso com a nova reedificação do convento, e igreja, deslocados quase todos do seu corpo, e claustro.

157. Houve também na capela-mor um carneiro, ou sepultura, que foi depósito do corpo de D. Filipe de Moura, Governador, e Capitão-Mor de Pernambuco pelos anos de 1594, até 1600, e havia casado em Olinda desde o de 1572, com pouca diferença, como em outro lugar diremos. Consta fosse sepultado neste carneiro da capela da nossa igreja, de um pedaço de livro an-

tigo de óbitos, rubricado por letra, e firma do R. Manuel Ferreira Nunes, Vigário, que então era da Igreja Matriz do Salvador de Olinda, que depois ficou sendo a sua Sé Catedral, quando se erigiu este Bispado, passando a chantre da mesma o sobredito pároco, que escreveu este assento, com o dia, e era, em que faleceu, que foi a 28 de junho de 1618, e sepultado no seu carneiro do convento.

158. De D. Filipe de Moura, passou a posse deste carneiro a Manuel de Moura Rolim, seu parente, e senhor, que era do engenho, que chamam do Salgado para a parte do Cabo de Santo Agostinho, e nele foi sepultado, como consta do padrão do convento, que corresponde a este carneiro, e diz assim, sem declarar o dia, e ano:

Depósito de Manuel de Moura Rolim.

159. Estava fabricado este monumento, ou sepultura, na mesma parede da capela-mor da parte do Evangelho, que corresponde à porta, que sai da dita capela para a Via-Sacra do convento. Pelos anos de 1714, com a reedificação, e nova fábrica da capela, no lugar deste carneiro, se abriu porta, que sai para a Via-Sacra dos Terceiros, por fazer correspondência a outra, e o carneiro foi constituído sobre a mesma porta com o escudo figurado à face da parede, significativo do Brasão, e Armas dos Mouras, e Rolins, à instância, dizem os daquele tempo, dos seus descendentes, e possuidores, que requereram do seu direito aos Prelados da Província. Mas até este se veio a demolir no ano de 1751, por ser preciso rasgar nesta mesma parte uma janela, ou tribuna, para maior claridade da capela, e com a clareza de que todas as vezes, que o requererem os possuidores, dar-se-lhes outro em qualquer parte, que o pedirem; suposto que da inscrição do antigo se colhe, pertencia só a Manuel de Moura Rolim, e que nele acabava, e porque também nenhum dos seus descendentes de então para cá pretendeu nele ser sepultado.[206]

---

[206] De todas as sepulturas antigas restam apenas a da capela do capítulo mencionada em OSNB I, 156, e a de Fr. José de S. Antônio, que está no claustro.

CAPÍTULO IX

De algumas graças, e isenções, concedidas à Casa de Olinda pelos Monarcas de Espanha, e Reis Portugueses.

160. Aparecer, e pedir, são os dois violentos móveis, com que melhor se abalam as vontades, e corações humanos para qualquer benefício, ou favor. Do pedir o ensinou a Piedade Divina a seus discípulos, dizendo-lhes, pedissem para receber; e quem não aparece esquece, diz a sentença vulgar. Este foi todo o motivo, porque sendo os nossos Monarcas tão amplos, como Príncipes, e portugueses, não foram mui largas para com esta Província as suas reais mãos; porque sem dúvida os nossos nem apareceram, nem pediram; ou talvez, porque a muita distância lhes serviu de obstáculo, assim como sucede com o sol dispensador das luzes, que sempre participam mais dos seus influxos aqueles vegetantes, ainda ínfimos, que mais se lhe chegam. Tudo confessamos.

161. Por Provisão do rei Filipe I em Portugal, e a requerimento do Padre Custódio Fr. Melquior, estando ainda em Lisboa, mandou o católico monarca dar ao convento de Olinda, para oficiarem as funções da igreja, uma pipa de vinho, duas arrobas de cera lavrada, um quarto de azeite, e outro de farinha, pago tudo na alfândega de Pernambuco, passada em 12 de outubro de 1584.

162. Por outra Provisão sua de 29 de abril de 1620 se estendeu esta graça a três conventos mais: ao de Recife, Ipojuca, e Rio de Janeiro. E por uma ordem do Provedor da Fazenda da Bahia de 24 de novembro de 1640 achamos mandou este Ministro se pagassem a dinheiro de contado em quantia de noventa mil réis estas ordinárias; porquanto diz nela que os reis católicos nas suas Provisões mandavam pagar a dinheiro pelos contratadores estas ordinárias, que depois o Governador do Estado, Francisco Barreto, ordenou se pagasse a metade em dinheiro, e a outra parte em açúcar, do que se seguia serem os conventos mal satisfeitos, porque lhes davam os açúcares de menos estimação, e valia pelos preços taxados, e às vezes em outras várias drogas de pouco valor, e serventia, e por subido custo, pelo que ordenava se pagasse a dinheiro toda a quantia dos noventa mil réis.

163. Governando depois o reino de Portugal a Rainha da Grã-Bretanha em ausência da Corte do Senhor Rei D. Pedro I, mandou esta senhora dar livres dos subsídios seis pipas de vinho aos conventos de Olinda, e Recife, como no ano de 1675 por assento da Câmera de Olinda se havia representado a el-Rei, e que agora o confirmava por Provisão sua de 13 de agosto de 1704.

164. Quando no ano de 1717 se arbitrou nas caixas de açúcar o novo imposto de pagar um cruzado de cada arroba, mandou o Governador de Pernambuco, Manuel de Sousa Tavares, ficassem isentas deste tributo as caixas das esmolas de todos os conventos da capitania de Pernambuco, graça, que se estendeu depois aos da Província toda, e confirmada por Decreto Real do senhor rei D. João V, de 24 de janeiro de 1718, pelo qual se mandam também dar livres dos direitos da décima aos conventos desta Província, tudo o que mandam vir do Reino para seu provimento.

165. D. Lourenço de Almeida, sendo Governador de Pernambuco, e mui afeto ao nosso santo português, lhe mandou assentar praça de Tenente da Fortaleza da Barra, da invocação do mesmo santo, e foi confirmada por Carta do senhor rei D. João V de 30 de abril de 1717. Tinha até então o santo a praça de soldado.

CAPÍTULO X

Faz memória do ilustre herói Jorge de Albuquerque Coelho, senhor, e donatário de Pernambuco.

166. É o agradecimento a mais nobre, e cabal pensão de um benefício; nem faz tanto, quem o retribui com outro igual, e ainda maior, como satisfaz o que só reconhece a dívida, e confessa a obrigação; antes é esta a paga mais generosa, que pode ter um benefício; porque, assim como não reconhecer a graça recebida é o maior mal, que se pode dizer de um ingrato; assim por contraposição, o confessar o benefício é tudo, quanto de bem se deve esperar de um agradecido. Não se pode negar ser muito do agrado de Deus, e do seu santo serviço a introdução, e aumento do estado religioso em toda a redondeza do mundo, como mui conducente para o maior culto, e honra do mesmo Senhor, prosperidade da sua Igreja, bem espiritual dos seus povos, e para exemplar, e incentivo neles, de bons, e santos costumes. Por este motivo, cuidaram sempre os nossos monarcas, como católicos, e portugueses, em as suas novas conquistas, ao mesmo tempo que despachavam para elas exércitos militares, e capitães esforçados para descobrir terras, e dominar gentes, mandar também conquistadores de almas, e pessoas religiosas; porque reconduzissem para o grêmio da Igreja, aos que eles sujeitavam ao seu império. E suposto que ao Brasil não haviam faltado com estes socorros, e em particular dos Frades Menores, como estes até o presente só iam a ele de passagem, conforme fica

mostrado; considerando nesta falta, o zeloso, e católico Jorge de Albuquerque Coelho, senhor, e donatário de Pernambuco, alcançou, como já disse, licença do Ministro-Geral da Ordem, Decreto do rei, e confirmação Pontifícia para passarem os religiosos de Santo Antônio da Província de Portugal à sua capitania de Pernambuco, e fundarem convento na capital de Olinda, e naquelas povoações, e vilas, que achassem eles capazes para outros, e fossem admitidos, de que se seguiu, andados os tempos, povoar-se, não só a capitania de Pernambuco, mas todo o Estado do Brasil, de muitos conventos, e haver nele hoje duas dilatadas Províncias de Frades Menores, uma nas partes de Pernambuco, e Bahia, e outra nas do Rio de Janeiro, com notório fruto de toda a sua cristandade, propagação da fé aos gentios, e aumento da santa Igreja.

167. Nem se satisfez só o piedoso zelo, e católico desejo, que tinha este ilustre herói do bem espiritual dos seus povos, com fazer neles permanentes os Religiosos Menores; também à instância sua passaram a Pernambuco da Bahia os Padres Jesuítas, os de Nossa Senhora do Carmo, e os do Patriarca S. Bento, como de uma escritura, feita a estes por ele, consta tudo, e nós transcreveremos em seu lugar. Pelo que, deixando à parte o que toca a esta, e às mais religiosas, e sagradas famílias da gratificação, e reconhecimento, que cada um deve ao devoto zelo, e grandeza de ânimo deste herói digno de toda a memória, em obséquio do que lhe está obrigada esta nossa, e visto não ter ela paga justa, e equivalente a tanto benefício, não quer faltar com o que pode, que é fazer nesta crônica uma particular, e breve memória sua, dando-lhe entre todos os que entram nela o primeiro lugar, condigno ao seu merecimento, e devido à nossa obrigação.

168. Em a vila de Olinda, capital de Pernambuco da Província do Brasil, e nova Lusitânia, nasceu para crédito da pátria, e lustre dos seus naturais, o ilustre herói Jorge de Albuquerque Coelho a vinte e três de abril de 1539, filho segundo entre os varões de Duarte Coelho Pereira, e de Dona Brites de Albuquerque. Contava os quatorze anos de idade, quando faleceu no de 1554, a sete de agosto, seu pai, e primeiro donatário de Pernambuco, achando-se a este tempo na Corte de Lisboa Jorge de Albuquerque com seu irmão, Duarte Coelho de Albuquerque, herdeiro, e proprietário da capitania. Desta ficou por regente sua mãe, e sucedeu nela o que geralmente se experimentou em todas as mais que, por opressões, e violências executadas contra o gentio, se levantou este, unindo-se os mansos com os bravos, e pondo em tanta consternação, e aperto aos habitadores de fora, que, destruídas muitas das povoações, engenhos, e fazendas, até os mesmos colonos das vilas de Olinda, e Recife, não ousavam sair dela muitas léguas, que não fossem salteados do Tapuia inimigo.

169. Chegou a notícia desta desordem à rainha regente, Dona Catarina, no ano de 1559, que ainda governava o Reino pelo Neto Menino e rei, D. Sebastião, e cuidadosa em lhe acudir com o remédio, ordenou a Duarte Coelho de Albuquerque, herdeiro, e sucessor da capitania, passasse a ela. Por rogos seus, e beneplácito da mesma rainha, conduziu consigo a seu irmão Jorge de Albuquerque, mancebo de esforço, e ânimo, e que já nos primeiros anos havia dado alguns indícios de gênio para as armas, e empresas contra o gentio, como criado entre elas. Chegaram a Pernambuco no seguinte ano de 1560, quando contava os vinte de idade Jorge de Albuquerque. Por voto de seu irmão Duarte Coelho, aceitou a empresa da conquista do gentio, constituído Capitão, e General da guerra, que no mesmo ano se começou, dando-lhe princípio com o dito seu irmão pelo rio S. Francisco, descobrindo muita parte dele pelo sertão a dentro, de donde recolhido Duarte Coelho para Olinda, continuou Jorge de Albuquerque a conquista do gentio até Pernambuco, com os trabalhos, perigos, e o mais, que em sua particular estância fica referido, gastando quase cinco anos nesta arriscada empresa, e contínua guerra. Nela deixou destruídas as principais aldeias dos gentios Caetés, e alguns Potiguares, que já a este tempo ocupavam a maior parte da capitania, mortos muitos, afugentados os mais, e outros reduzidos à paz, e os moradores, pacíficos, e sossegados.

170. Posta nestes termos a capitania toda, e querendo Jorge de Albuquerque voltar para a Corte a tomar descanso dos passados trabalhos, se embarcou no porto de Olinda, em a nau nova, Santo Antônio, e a dezesseis de março de 1565 deram à vela com vento favorável. Mas tornando-se contrário a pouca distância, e concorrendo a maré, que começava a vazar, levaram a nau de través sobre os baixos, que demoram ao entrar da barra, entre a antiga de Olinda, e a do Recife ao presente, e chamam os baixos da cidade, salva a gente com risco, e tirada a nau com trabalho, depois de aliviada da carga, e cortados os mastros, havendo resistido por forte, e nova quatro marés contínuas, aos golpes do mar, e toques das pedras, a tornaram ao porto para se refazer, e a 29 de junho do mesmo ano se pôs outra vez em viagem, e nela Jorge de Albuquerque, contra a opinião, e conselho de muitas pessoas prudentes, e experimentadas, que lhe advertiam se não tornasse a embarcar em nau, que, com princípios tão infaustos, estava prometendo semelhantes fins. Mas vencendo o ânimo ao discurso, no da viagem experimentou no mar evidências, o que em terra foram só vaticínios; porque desde 29 de junho, que saíram segunda vez do porto, até quatro de outubro, que aportaram em Cascais, menos os seis primeiros dias de bonança, toda a mais viagem foi um continuado naufrágio, sendo (por lhes não faltar contraste algum, dos que costumam sobrevir aos que se entregam à violenta inconstância do elemento das águas, como aqui)

a destroçada nau, no meio da sua derrota, interpresa de corsários franceses, que além de estar ela já tão maltratada, que por isso não a levaram consigo os piratas, a deixaram roubada de tudo, sem mantimento algum, e sem água; porque um violento mar lhe havia desarcado todas as pipas, sem mastros, sem velas, até sem leme, sustentado-se algumas quarenta pessoas, desde 17 de setembro até quatro de outubro, com as relíquias de três cocos secos, que se repartiam cada dia por todos os da nau, com alguns já mortos à fome, e sede, e os mais quase acabando à necessidade, miséria, e trabalho, com água aberta, desde o sexto dia de viagem até à vista do Cabo da Roca, donde, levados das correntes, iam dar à costa, se lhes não acudira uma caravela portuguesa, que dando-lhes cabo, a levou a encalhar no porto de Cascais.

171. Qual fosse o estado, em que a este tempo se achavam já os miseráveis naufragantes, se deixa à consideração do piedoso leitor, e se manifesta com evidência do que aconteceu a Jorge de Albuquerque, quando já desembarcado, e indo logo dali em romaria a Nossa Senhora da Luz com outros passageiros, e topando-se com D. Jerônimo de Moura, seu primo, que, noticioso de como haviam chegado, o vinha buscar o não conheceu, falando com ele de cara a cara, e havendo um só ano, que se haviam apartado em Pernambuco, criados ambos, e mui amigos, e foi necessário a Jorge de Albuquerque para o certificar de todo que ele era o mesmo, mostrar-lhe sinais mais particulares, concluindo assim, quando com lágrimas se abraçaram: *Aqui podeis ver, e julgar o trabalho que passei.* A seu tempo faremos, sobre outras circunstâncias mais notáveis deste naufrágio, algum juízo em crédito do ânimo varonil, e piedade cristã deste herói, sempre digno de maiores expressões.

172. Do reino tornou ao Brasil Jorge de Albuquerque a governar a capitania por mandado de seu irmão, que no ano de 1572 havia voltado de Olinda para a Corte, deixando nela por Procuradora, e Governadora a sua mãe, enquanto do Reino mandava a Jorge de Albuquerque. Não achamos ao certo em que ano fosse, mas consta por assento, que no ano de 1576 a cinco de março se embarcou outra vez de Olinda para o Reino, deixando em Pernambuco por seu lugar-tenente, e Governador a seu tio Jerônimo de Albuquerque, irmão de sua mãe.

173. Dois anos, e alguns meses iam correndo, que na Corte gozava Jorge de Albuquerque, entre os aplausos de herói, as estimações de grande, quando se lhe ofereceu acompanhar ao rei D. Sebastião na infausta jornada de África, por enfermeiro-mor do seu exército; e na batalha de Alcácer lhe aconteceu, entre os alfanjes, e lanças dos Mouros, o que a uma forte, e levantada torre, quando combatida de abrasadores raios, que como ali acham mais

resistência, nela causam maior estrago; e assim, depois de dar o cavalo em que montava ao seu rei para nele segurar a pessoa, ficou quase mortal, lançado por terra, com muitas, e penetrantes feridas, prisioneiro, cativo, e resgatado, com outros feitos mais do seu esforço, e grandeza de ânimo, e dignos de se eternizarem nos pregões da fama. Ouçamos alguns deles, assim como voaram nas penas dos escritores daquele tempo, e os repetem as de alguns modernos.

174. *Jorge de Albuquerque Coelho, fidalgo esforçado, e Governador, que foi de Pernambuco, comprou na cidade de Évora um cavalo ruço, e era coisa tão boa, que por isso foi mui gavado a el-Rei, o qual o desejou muito, e para o poder alcançar se fizeram grandes diligências, sem lhe dar a entender quem o pretendia, primeiro por corretores, com ordem para que lhe dessem quanto dinheiro ele pedisse; ao que não deferindo, se deu ordem a fidalgos, que lhe dissessem, como el-Rei gavava, e desejava o seu cavalo, parecendo-lhe, que visto bastasse para lho oferecer; porém, não bastando isso, lhe mandou el-Rei rogar pelos mesmos, que lho vendesse; ao que, dando também suas escusas, foi tal o desejo del-Rei, crescendo mais ao passo da repulsa, que de cara a cara lhe disse que lho vendesse; ao que Jorge de Albuquerque respondeu:* Senhor, não quero vender a V. Alteza o meu cavalo. V. alteza é rei poderoso, e pode mandar vir do cabo do mundo quantos cavalos quiser, e eu, Senhor, quero este para vos servir com ele, e poderá ser que vos tenhais por mais bem servido em outra ocasião, do que se agora vô-lo desse: *E dizem, que quando o comprara, tivera revelação em sonhos:* que com aquele cavalo havia de acudir a el-Rei em ocasião de muita necessidade. E *podia isto ser certo; porque este fidalgo foi pessoa muito virtuosa, e há quem lhe dá o título de Santo; e quando não fosse assim, o sucesso seguinte fez parecer a profecia verdadeira.*

175. *Porque acompanhando Jorge de Albuquerque a el-Rei nesta passagem em que entendeu se verificaria o sonho, sendo já a batalha desbaratada, o encontrou el-Rei todo crivado de feridas, com um tiro por uma virilha, e uma seta pelo peito, com quatro cutiladas, e outras muitas feridas na cabeça, nos braços, e nas pernas, e assim ainda teve alento para perguntar a el-Rei, que vinha só:* Em que estado se achava? *El-Rei lhe respondeu:* Eu bom estou, mas este meu cavalo já não pode dar passada; *porque vinha ferido de morte. Disse então o Albuquerque:* Senhor, o meu cavalo ainda está muito bom para Vossa Alteza se servir dele, e se salvar. *Ao que el-Rei tornou:* Ora dai-mo Jorge de Albuquerque. *Disse ele:* Senhor sim, que para esta hora estimo tê-lo guardado, para que vos salveis nele. Salve-se V. Alteza, pois já não há remédio, nem que fazer. Pois apeai-vos, *disse el-Rei; e o Albuquerque respondeu;* Senhor, mandai-me apear por aqueles soldados; porque eu não posso. El-Rei *ouvindo isto, já não queria o cavalo pelo*

miserável estado em que via o dono; porém instado por ele, e Rui Gil Magro, que então chegou ali, e lhe disse, quanto mais importava a vida do príncipe, que a de um, e muitos vassalos, conveio. E foi logo tirado da sela ao colo, e em o largando para ajudar a subir a el-Rei, caiu de costas por se não poder ter em pé, e el-Rei, que, de um pulo saltou no cavalo novo, olhando para ele magoado de o ver estirado em terra, lhe disse: Quanto me pesa Jorge de Albuquerque de vos ver dessa maneira. E *ele com ânimo forte, lhe respondeu:* Senhor, salve-se V. Alteza, que é o que mais importa, que eu contente morro aqui por serviço de Deus, e vosso. *E partindo dali el-Rei, o viu ir fora da batalha até desaparecer da vista.*

176. *E dali do chão aonde ficara Jorge de Albuquerque de costas, pisado dos que passavam, o puseram os mesmos soldados, que o desceram do cavalo, em uma carreta, ajudando-os Francisco Álvares, Irmão Coadjutor da Companhia de Jesus, que acertou de passar então por ali, por não acabar a vida pisado dos que andavam discorrendo pelo campo, e aqui padeceu grandes tormentos com as pernas penduradas, mas com tão grande valor, que nunca largou a espada da mão, e passando alguns Mouros de pé, e cavalo, lhe atiravam muitos tiros de escopetas, e lanças de arremesso, que quis Deus nenhuma lhe acertasse, até que passou um renegado, e o levou, e curou; o qual voltou depois resgatado a este Reino, ainda que sempre aleijado, e com muletas.*

177. Até aqui o que tirado da miscelânea de vária história de Miguel Leitão de Andrade,[207] que se achou na batalha de Alcácer, escreve o moderno cronista del-Rei D. Sebastião, ao que acrescentamos o que diz o autor da Biblioteca Lusitana, falando de Jorge de Albuquerque: *Igual, ou maior valentia ostentou em África, à com que tinha admirado a América, pois sendo nomeado por el-Rei D. Sebastião enfermeiro-mor do exército, com que passou no ano de 1578 ao campo de Alcácer, depois de ter recebido sete penetrantes feridas nas partes mais nobres do corpo, se encontrou com el-Rei, a tempo que estava reduzido à última ruína o nosso exército, e pedindo-lhe este o seu cavalo, prontamente lho deu para nele salvar a vida de tão fatal calamidade. Atropelado o Albuquerque pela cavalaria, foi conduzido do campo, quase agonizante, em um carro até à cidade de Fez, onde, para ser curado das feridas, lhe tiraram vinte ossos, de cuja violenta operação, que durou o largo espaço de sete meses, tolerou com heroica paciência horríveis dores, de que se seguiu andar quatro meses sobre duas muletas, e no fim deles deixar uma em 23 de abril de 1582, pendente do altar de Nossa Senhora da Luz, para memória do benefício, que da sua maternal clemência recebera. Casou duas vezes: a primeira em 18 de dezembro de 1583 com Dona Maria de Menezes,*

207 [Jaboatão] Baião 1. 5. c. 35. p. 699 [nota ed.: BAIÃO, 1737].

sua prima, filha de D. Pedro da Cunha, e de Dona Ana de Menezes, de quem teve uma única filha. Por morte de sua mulher, sucedida a 12 de maio de 1585, passou a segundas bodas a 25 de novembro de 1587, com Dona Ana de Menezes, filha de D. Álvaro Coutinho, filho de D. Francisco Coutinho, Conde de Redondo, e vice-rei da Índia, e de Dona Brites da Silva, de quem teve a Dona Brites de Albuquerque, Duarte de Albuquerque Coelho, Marquês de Basto, herdeiro de Pernambuco, Matias de Albuquerque, e Paulo de Albuquerque Coelho.

178. Até aqui, o que de escritores antigos, e modernos, de que temos notícia, pudemos colher da vida, e ações deste preclaro, e famoso herói, suposto não achamos em algum, o ano em que pusesse termo, e passasse desta mortal vida, e caduca, para a eterna, e perdurável. Mas temos certeza, que no ano de 1596 era vivo, por um papel judicial, que começa assim:

"Pedro Homem de Castro, fidalgo da Casa del-Rei nosso Senhor, Capitão, e Governador Loco-tenente nesta capitania de Pernambuco da nova Lusitânia, nesta vila de Olinda, partes do Brasil, pelo muito Ilustre Senhor Jorge de Albuquerque Coelho, meu tio, Capitão, e Governador nesta dita capitania por el-Rei nosso senhor, etc."

Mas ainda, que da sua morte não tenhamos individual certeza, nos não tira este acidente a boa confiança, que seria em paz na presença do Senhor, pois por honra sua, aumento da Igreja, e Estado Religioso, propagação da fé, e serviço do rei, trabalhou como católico, e esforçado em toda a vida, arriscando-a por isso tantas vezes, e fazendo-se por tudo muito credor da opinião de virtuoso, e santo, conforme ao que dele fica escrito por outra pena. Por onde se lhe não pode negar ser um dos grandes homens, e sujeito de muita distinção entre os maiores da natureza, e graça, pois aquela o ornou de uma condição liberal, gênio piedoso, coração forte, varão constante e, sobretudo, nas ações magnânimo. A graça o preveniu também com aquelas três virtudes, que são fundamento, e base do bom cristão, e verdadeiro católico: fé, esperança, e caridade; todas se farão evidentes a quem com maduro juízo refletir com advertência em as mais notáveis ações da sua vida.

179. Foi naturalmente benigno, liberal, piedoso, e magnânimo; unindo estes dons pessoais por aquela parte, que fazem harmonia com a caridade, enquanto diz ordem aos próximos, e mostrando-o em muitas, e várias ações; já nos cinco anos que gastou na Campanha de Pernambuco, e conquista dos índios levantados, sustentando à sua custa, além dos muitos escravos, e familiares seus, a todos os que naquele exército o acompanhavam; repartindo igualmente por uns, e outros tudo quanto era despojo de guerra, assim de índios cativos, como de toda a mais presa; que suposto não fossem coisas de

valor, não deixavam de ser para a ocasião de alguma substância, sem reservar nada para si, de interesse, refresco, ou regalo.

180. Melhor o experimentaram ainda os que depois de concluída a guerra do gentio, se embarcaram com ele do Brasil para o Reino, na prolongada, e lamentável derrota da sua viagem, antepondo em toda ela ao bem comum dos necessitados companheiros a comodidade da própria pessoa, repartindo por suas mãos o pouco, ou quase nada que havia de sustento, e ficava sempre menos provido, sendo ele o primeiro, e o que mais trabalhava, o que era para tudo, e cuidava de todos. Varão constante, e de coração forte, não só no agigantado do ânimo, e robustez do corpo, com que pode sustentar tanta carga de moléstias, sem afrouxar, antes servindo de alento aos mais, quando já de todo desmaiados; mas também na constância de varão com que soube resistir aos desejos de um rei, negando-lhe de cara a cara aquele cavalo, que ele lhe pedia com apetite de moço, e seria para outros gostosa lisonja o mais leve aceno da sua vontade.

181. Da sua grande fé, não deram menos testemunhos as suas ações. Feita já presa dos corsários franceses a destroçada nau, em que naufragante, ficou também prisioneiro, e o tinham por noite, e dia sempre com guardas, o convidava a jantar consigo o Capitão pirata, dando-lhe por honra, e obséquio o primeiro lugar. Um dia lhe rogou este, ou fosse lisonja, ou por escárnio, benzesse a mesa ao modo português; e fazendo sobre ela o sinal da cruz, se indignaram grandemente contra ele alguns dos convidados, e o levaram muito a mal, e com tais razões, que entendeu Jorge de Albuquerque serem luteranos. Abrasado então em viva fé, lhes respondeu, que aquele

"Era o sinal do verdadeiro cristão, e filho da Igreja, que por ele se distinguia dos que o não eram, que nele esperava sair sempre vencedor de seus inimigos, e que com ele se havia armar uma, e muitas vezes"; e fazendo segunda vez o mesmo sinal sobre si, remeteram contra ele alguns daqueles luteranos, e sem dúvida correra perigo a sua vida, a não meter-se em meio o Capitão, e dois franceses nobres, que ali vinham.

182. Tanto foi sem dúvida do agrado do Senhor este vivo zelo de sua fé por meio da santa cruz, como sinal que é do verdadeiro cristão, que com a mesma cruz, e alguns prodígios obrados com ela, o fez evidente. No dia 12 de setembro, depois de terem os franceses feito a presa da nau, sobrevindo-lhe a terrível tormenta, que os pôs no último desbarato, mandou Jorge de Albuquerque lançar no mar, atado a uma corda, segura pelas duas pontas à popa da nau, um relicário de ouro que trazia consigo, e nele um pedaço do *Lignum Crucis*, seguro na mesma corda por um cordão forte, e de retrós verde, de que

pendia por uma argola a cruz do relicário. Passada a tormenta, ao terceiro dia, mandou Jorge de Albuquerque alar a corda, e tirada com dificuldade, por se haver embaraçado com outras, ao mesmo tempo, que a lançaram em cima do convés, caiu o relicário sobre a tolda, envolto em um pouco de algodão, solta a cruz da argola, e esta do cordão de seda, ficando ele amarrado na mesma corda, da sorte que o haviam posto. *O como isto fosse,* diz o autor desta relação, *Nosso Senhor o sabe.* E este foi o primeiro prodígio. O segundo foi, continua a mesma relação:

"Fazendo os nossos grandes extremos de alegria por tamanho milagre, os franceses, que estavam em a nau, se ajuntaram muitos a ver o de que os nossos folgavam tanto; e beijando todos os nossos as relíquias com muita devoção diante dos franceses, parece que permitiu Nosso Senhor que não as vissem eles; porque por sem dúvida tenho, que se as viram as tomaram, por terem ouro, de que eles são cobiçosos. E não somente as não viram então, mas nem em outros dias, que Jorge de Albuquerque as trouxe consigo; porque apalpando-o muitas vezes, por ver se trazia alguma coisa escondida, nunca lhas acharam; pelo que se devem dar muitos louvores a Nosso Senhor por este milagre, e pelos mais que fez por nós outros, que neste naufrágio nos achamos. Não deixamos de notar, entre os que éramos, que por ventura quis Nosso Senhor fazer-nos esta mercê pelo Lenho da Santa Cruz, e pelo sinal dela, que Jorge de Albuquerque fez na mesa dos franceses, pelo qual sinal, que fez, o quiseram matar, ou lançar ao mar. Parece que permitiu Nosso Senhor que esta Cruz com o Santo Lenho, e Relíquias, que nela estavam, se não perdessem, e tornassem à mão do dito Jorge de Albuquerque, visto oferecer-se à morte por amor deste santo sinal da Cruz, de que sempre em toda a viagem se mostrou muito devoto, e nos dizia algumas vezes, que desde menino o fora sempre muito, e que lhe vinha esta devoção por herança; porque em todos os quatro Escudos de Armas, que lhe pertenciam por parte de dois avós, donde descende, todos tinham cruz, como são as Armas dos Albuquerques, Coelhos, de que ele descende, Pereiras, e Bulhões."

183. Com estes indícios certos da sua muita fé, ajuntava outros de grande confiança em Deus, e com que atado ao mesmo Senhor, quanto eram maiores os trabalhos em que se via, então se achava mais seguro para escapar deles em virtude da bondade, e poder divino, certo de que os que nele confiam com aquela esperança verdadeira, que é virtude, não se confundem nos maiores perigos. Nos grandes, em que em sua vida se achou, como foram os da fatal batalha de Alcácer em África, e os do lamentável naufrágio nos mares do Brasil, nunca lhe faltou esta virtude, e por ela, ou com ela se livrou de

todos. Sobre as tragadoras ondas foi só a esperança em Deus a âncora firme, que lhe ficou para segurar o porto que desejava. Entre as lanças, e alfanjes dos Mouros, foi a confiança no Senhor, se não escudo impenetrável para lhe desviar os golpes, mezinha eficaz, que lhe curou as feridas, e deu saúde. E em quem era tão firme a esperança, e tão viva a fé, não podia deixar de ser muito grande a caridade enquanto é amor de Deus, que pelo que diz respeito aos próximos, já fica visto aonde chegou. Do que lhe aconteceu assim nas batalhas da terra como nas tormentas do mar, bastantemente mostrou o céu nele o excelente destas virtudes, e com o que nestas ocasiões obrava, e dizia Jorge de Albuquerque, o dava ele muito bem a conhecer. Ouçamos primeiro o que sobre isto diz o relator do seu naufrágio;[208] porque nas águas deste, ainda quando mais turvadas, temos um claro espelho, em que tudo isto se viu a melhor luz: o temor de Deus, que se funda no seu amor; porque é certo que quem mais o ama, mais o teme: a sua esperança firme, e a viva fé. Diz assim o autor:

"Jorge de Albuquerque sobre todos estes trabalhos, a que ajudava irmãmente, tinha mais o consolar, e animar a seus companheiros, que tão quebrantados andavam das forças corporais, e do espírito, e já não tinha com que os consolar, senão com lhes trazer à memória a sagrada morte, e paixão de Nosso Senhor Jesus Cristo, e o muito que por nós padeceu, para que com esta lembrança se lhes fizessem mais leves os trabalhos em que estavam, e lhes persuadia, que pois estavam esperando pela derradeira hora, sem poder ser ajudados de remédio algum humano, senão o da misericórdia de Nosso Senhor, que se encomendassem a ele, para que por sua piedade dispusesse deles aquilo que mais cumpria ao seu serviço, e salvação de suas almas. Além de todas estas coisas, que atrás digo, dizia, que tinha tanta confiança, e fé na misericórdia de Nosso Senhor, que nos afirmava, como se o tivera por certo, que nos havia Nosso Senhor de livrar daquele perigo, e havíamos de ver a terra, como se a víramos, ou tivéramos nau que nos pudesse trazer a ela. "*E continua assim mais adiante:* "Mas, se vos lembrardes do que tendes nesta viagem passado, e não vos esquecerdes daquele terrível vulcão, que nos deu, e dos mares, que nos cobriram, e de quantas vezes esta nau ficou amadornada, e morta debaixo da água, e que todos vos destes por mortos, vendo tudo, que parecia ser conjurado contra vossas vidas, a água, ventos, relâmpagos, até o nosso mastro, que nos queria alagar: se nada disto vos esquece, vereis claro, quanta razão tendes para confiar na grandeza da misericórdia de Nosso Senhor, e terdes fé firme nele, que vos há de salvar; porque, quem de tantos trabalhos nos livrou até agora, muito certo deveis de ter, que vos há de livrar dos que vos sobrevierem;

208 [Jaboatão] Hist. Tragic. Marit. t. p. 40, etc. [nota ed.: BRITO, 1736].

e que sabeis se são estes trabalhos, com que quer provar vossa fé, mimos de Nosso Senhor? Eu certo como se o visse, espero que ele nos há de levar a terra para que a gente saiba este milagre, que conosco usa; porque não fique isto sem ser sabido, e a gente, a cuja notícia vier este nosso naufrágio, dê sempre louvores a Nosso Senhor, e glorifique, e exalte com graças seu santo nome; e mais, que vos não há de levar a qualquer terra, senão à cidade de Lisboa, aonde possamos contar coisas tão novas como estas; e não é necessário, para irmos seguros, e confiados de isto ser assim, mais que fé em Nosso Senhor; pois Ele diz em um dos Evangelhos, que quem tiver fé fundada em pureza de coração, tamanha, como um grão de mostarda, fará mudar, e traspassar um monte de uma parte para outra; portanto, irmãos meus, postos neste estado de fé, e confiança neste Senhor, esperemos que neste pedaço de pau nos livrará do profundo abismo do mar."

Estas coisas, *continua mais adiante o autor, e* outras como estas, que "ele (Jorge de Albuquerque) dizia, melhor do que eu o sei relatar, vinha dizendo à sua piedosa companhia, com que todos nós muito nos consolávamos, e muito mais com o ver a ele andar tão ledo, e com rosto tão prazenteiro, que parecia não ser ele aquele que padecia os trabalhos, e fomes, que perseguiam a todos, e sempre andava consolando a quem lhe parecia que mais fraco estava, sem dar a entender que sentia o perigo em que vínhamos; mas ninguém o entendia melhor do que ele, porque algumas vezes de noite o achamos em lugar apartado, com muitas lágrimas, e exclamações a Nosso Senhor, pedindo-lhe tivesse por bem de nos salvar, e de dia a todos animava, e consolava, etc."

E mais adiante diz:

"Vendo Jorge de Albuquerque tamanho espanto na gente, *(foi isto na ocasião em que de todo ficou a destroçada nau também sem leme para o governo)* foi cercado de grandíssima tristeza, e dor; pôs-se assim muito triste a cuidar que meio teria para consolar seus companheiros, e subitamente se levantou tão rijo, e ledo, como se saíra de alguma festa, e começou a chamar a todos, cada um por seu nome, e tirando de um livro de rezar seu, que escondera dos franceses, duas folhas, em uma delas estava Nosso Senhor Jesus Crucificado, e em outra a imagem de Nossa Senhora, as quais pôs pregadas ao pé do mastro, que todos vissem, e chamando-os a todos, lhes disse em alta voz: Ora pois, companheiros, não haja quem enfraqueça, nem desmaie; ponhamos os olhos naquelas imagens, com cuja vista nos podemos alegrar, e consolar, conhecendo, que quem tanto padeceu por nós, pois é todo misericordioso, e piedosíssimo, nos salvará deste temeroso perigo, e nos levará a salvamento; e mais, tendo nós por advogada, e intercessora a Sacratíssima Virgem Maria Nossa

Senhora, Rainha dos Anjos, por cuja intercessão, rogos, e merecimentos, eu espero, e confio, que nos havemos de ver fora de tamanho perigo; e torno-vos a dizer, que não havemos de ir a qualquer terra, senão que, pela intercessão da Virgem Nossa Senhora, havemos de ir ter a Lisboa, para que nossa chegada em salvo faça notórios os milagres que por nós obrou."

184. E é sem dúvida, que foram muitos, e notáveis, ou um continuado milagre, o que com estes naufragantes em toda a sua derrota obrou a inescrutável Providência do Senhor, como consta do que se contém na relação, e aqui fica apontado, e o confirma o último, com o qual também teve fim o lastimoso deste espetáculo, que foi de dois até quatro de outubro, achando-se a destroncada nau entre as Berlengas, e Roca de Cintra à vista da Casa da Senhora da Pena, como anúncio de que o verem-se livres das grandes, e inconsoláveis, que haviam até ali padecido, tudo se devia à piedade da Senhora, que para os navegantes foi sempre estrela propícia, e que para logro desta felicidade concorreu muito a grande fé, esperança, caridade, ou temor, e amor de Deus do ilustre herói Jorge de Albuquerque, que na maior desconfiança do livramento, então lhes segurava mais a desejada terra, e porto certo da salvação.

185. E se estas virtudes no homem cristão são todo o fundamento com que da prática delas dá a conhecer o que tem de perfeito, e santo, com razão os que escreveram deste herói o chegaram a colocar alguns na classe dos varões justos, e servos de Deus, ou santos, conforme o avalia um destes. E isto é o que dele achamos escrito com pena alheia. Mas porque à nossa mão veio ter uma escritura, ou assento de doação, feita por sua própria letra, e sinal aos religiosos do Patriarca S. Bento, quando à instância sua passaram a Pernambuco, capitania do seu domínio, a fundar mosteiros, trasladamos aqui os exórdios desta, porque deles constará melhor em resumo tudo o que por extenso fica dito, como por testemunho próprio, e de sujeito, que não admite suspeita em pontos de verdade, ainda que sejam em abono seu. Diz assim.

JESUS MARIA

186. "Em louvor da Santíssima Trindade, Deus Padre, Deus Filho, Deus Espírito Santo, três Pessoas, um só Deus, e da Gloriosa, Sagrada, e escolhida Virgem Maria Nossa Senhora, e do bem aventurado S. Bento, e dos mais Anjos, e Santos, e Santas da glória do Paraíso; e para mais acrescentamento do Estado da Santa Igreja Católica, e do Culto Divino, e bem da salvação das almas dos próximos; e por desejar de fazer a Deus Nosso Senhor

os mais serviços que puder, tratei com M.R.P. Fr. Francisco Gonzaga, Geral de toda a Ordem de S. Francisco, que pois eu era tão devoto do bem aventurado santo, me fizesse mercê dos frades da dita Ordem, para irem à minha capitania fazer mosteiros, em que de contínuo se servisse, e louvasse a Deus, assim como se fazia neste Reino de Portugal, e que eu os favoreceria, e ajudaria em tudo o que pudesse, como até agora tenho feito; o que me concedeu com mandar Frades Capuchos da Província de Santo Antônio deste Reino de Portugal; e pela devoção, que também tenho ao bem aventurado S. Bento, tratei deste mesmo negócio com o M.R.P. Fr. Gonçalo de Moraes, Geral da Ordem de S. Bento destes Reinos de Portugal, quisesse mandar frades da dita Ordem à minha capitania de Pernambuco, para nela fazerem os mais mosteiros que puderem, porque os favoreceria, e ajudaria em tudo o que pudesse, da maneira que ao diante irá declarado. E por a dita capitania nos ter custado tanto a meu pai, e a meu irmão, que Deus tem, e a mim em ajudar a ganhar, e a conquistar, pretendo, e desejo muito, que em coisas que tão caro nos tem custado, se encha, e povoe de mosteiros de religiosos, e religiosas, para que de contínuo sirvam, e louvem a Deus; e para que estes meus desejos hajam o efeito que pretendo, tenho feito aos ditos frades de S. Bento as promessas que nesta doação se verão: Considerando eu Jorge de Albuquerque Coelho, terceiro Capitão, e Governador da capitania de Pernambuco da nova Lusitânia nas partes do Brasil, por el-Rei nosso senhor nas muitas, e mui grandes mercês que me Deus tem feito, assim em me livrar de muitos, e mui grandes naufrágios que passei no mar, como das guerras, e trabalhos que passei na conquista da dita minha capitania de Pernambuco, e em outras partes; e assim em me livrar da batalha, que el-Rei D. Sebastião deu em África aos Mouros inimigos da fé, ficando estirado no campo em que se deu a batalha, onde escapei milagrosamente, com ficar tão destroncado de muitas, e mortais feridas, que na dita batalha me deram, que foram causa de andar perto de quatorze anos sobre duas muletas, ou encostado em dois criados; e por entender as muitas, e mui grandes mercês que me Nosso Senhor tem feito em me livrar de tantos perigos, e trabalhos, me pareceu razão, que em louvor de tantas mercês, quantas me Nosso Senhor tem feito, tenho obrigação para fazer a Deus os mais serviços, que puder em favorecer, e ajudar aos religiosos, e religiosas para que vão fazer muitos mosteiros à dita minha capitania de Pernambuco, como já com ajuda de Nosso Senhor estão feitos alguns mosteiros, assim de frades de S. Francisco Capuchos da Província de Santo Antônio deste reino de Portugal, e um Colégio dos Padres da Companhia de Jesus, e Frades da Ordem de Nossa Senhora do Monte do Carmo; e agora pela devoção que tenho ao bem aventurado S. Bento, faço o que posso, para que os frades da sua Ordem vão fazer muitos mosteiros à dita minha capitania; e para que melhor o possam fazer, tenho dito ao Padre-Geral da Ordem, etc."

O mais que contém esta Escritura são os concertos, pactos, e pensões com que lhes doava as terras aonde os ditos religiosos quisessem fundar os seus mosteiros, e tudo concluía assim:

"E para que os moradores, e povoadores da minha capitania de Pernambuco tenham entendido com quanto gosto folgo de favorecer aos religiosos: e para com esta fazer lembrança ao herdeiro, e sucessor da minha capitania, a razão, e obrigação, que tem para ajudar a levar adiante estes bons desejos, acompanhados das obras, que por esta doação se verá. E desta doação lhe mandei passar três para irem por vias. Cumprindo-se uma, as outras não valerão nada. Luís Marreiros meu Escrivão a fez por meu mandado em Lisboa a seis de abril de mil quinhentos noventa e dois anos, no dia em que se faz a festa de Nossa Senhora da Esperança, e dos Prazeres, e da Encarnação, a qual assinei, e mandei selar com o selo de minhas Armas. Fica registrada no meu livro de lembrança a fol. 204."

Jorge de Albuquerque Coelho.

187. Quem com maduro, e discreto juízo fizer a devida reflexão nos termos expressivos desta Escritura, deles conhecerá com evidência o católico, piedoso, e santo zelo para as coisas de Deus, aumento da fé, e estado religioso deste grande, e ilustre herói, a quem, pelo que nesta parte lhe é devedora esta Província de Santo Antônio do Brasil, lhe não quis faltar nesta sua crônica com este devido obséquio, e grata remuneração.

LIVRO II

De algumas excelências da Casa de N. Senhora das Neves da vila de Marim, e cidade de Olinda, como também as desta Província, de que foi capital, e dos religiosos, que com vida exemplar, virtudes cristãs, e santo fim ilustraram esta casa, e de outros acontecimentos dignos de memória.

CAPÍTULO I

Excelência da casa de Olinda, e também as desta Província.

188. Para fortaleza, e formosura da sua nova, e estimada cidade de Sião, figura da superior, e celestial do empíreo, edificou o valente, e esforçado Davi aquela tão forte como bem lavrada Torre,[209] da qual disse o sábio na sua descrição, pendiam mil escudos, com que se ornavam ânimos varonis, e a defendiam espíritos vigorosos. Torre espiritual de Davi, porque casa dedicada a Maria, mística Torre, foi com muita propriedade esta de Olinda da Senhora das Neves, da qual, como escudos pendentes, que a qualquer aceno de suave viração se movem, foram os religiosos fundadores desta casa, e ainda os que pelo tempo se lhes foram seguindo; pois como pendentes escudos, e movidos a impulsos superiores, e que ela ia largando a todas as partes destas dilatadas conquistas do Brasil, assim como ornavam com as suas virtuosas, e exemplares ações, e Religião Seráfica, assim defendiam com as armas espirituais da sua ciência, e doutrina aos seus povos, e habitadores, e especialmente aos que mais necessitavam de socorro, como era o seu gentio. A estes defenderam, como fortes escudos das garras do inimigo comum, trazendo a milhares deles dos seus bárbaros erros para o conhecimento da verdade, e grêmio da Igreja. À Religião Seráfica graciosamente ornaram, compondo-a, aumentando-a, e dilatando-a com o espírito da sua fortaleza, e zelo, até lhe formarem um perfeito corpo de Província.

189. Para a boa composição, e guarda mais segura deste corpo, ou mais propriamente Fortaleza da Seráfica Sião, levantaram os seus operários, desde a cidade da Paraíba do Norte até a vila da Conceição de Itanhaém ao sul do Rio de Janeiro, vinte duas torres mais em outros tantos conventos, além de outras muitas atalaias em várias doutrinas do gentio, a que chamam Aldeias, ou Mis-

209 [Jaboatão] Cantic. 4, v. 4.

sões, de que nos não deixaram número certo os daqueles tempos, e só para encarecimento de que foram muitas, nos dizem que em os nove anos do primeiro Custódio Fr. Melquior se erigiram, e converteram pelo Religiosos Menores dezoito destas por aqueles distritos, e sertões circunvizinhos, aonde já havia conventos. De todos os desta Província assentamos aqui a sua lista pela ordem dos tempos com que se foram seguindo uns aos outros, e das Missões.

Num.	Títulos, Terras	Anos
1.	N. Senhora das Neves da cidade de Olinda	1585
2.	S. Francisco da cidade da Bahia	1587[210]
3.	Santo Antônio da vila de Igarassu	1588
4.	Santo Antônio da cidade da Paraíba	1590[211]
5.	S. Francisco da vila da Vitória	1591[212]
6.	Santo Antônio da cidade do Rio de Janeiro	1606[213]
7.	Santo Antônio da vila do Recife	1606[214]
8.	Santo Antônio do lugar de Ipojuca	1606[215]
9.	S. Francisco da vila de Sergipe do Conde	1629[216]
10.	S. Francisco da Vila Formosa de Sirinhaém	1630
11.	Santo Antônio da Vila de Santos	1639[217]
12.	S. Francisco, e S. Domingos da cidade de S. Paulo	1639[218]
13.	S. Boaventura de Casserebu	1649[219]
14.	Santo Antônio do lugar de Paraguaçu	1649
15.	Santo Antônio da vila do Cairu	1650
16.	S. Bernardino da Ilha Grande	1650[220]

210 LGBA.

211 LGPB.

212 RÖWER, 1957.

213 RÖWER, 1937.

214 MUELLER, 1956; PIO, 1939.

215 LGIP; WILLEKE, 1956.

216 *Livro dos Guardiães do Convento de Santo Antônio de Sergipe do Conde,* manuscrito conservado em fragmentos no Arquivo Provincial Franciscano do Recife.

217 RÖWER, 1957.

218 *Ibidem.*

219 *Ibidem.*

220 *Ibidem.*

17. N. Senhora da Penha no Espírito Santo .... 1650[221]
18. N. Senhora da Conceição da vila de Itanhaém .... 1655[222]
19. Bom Jesus da cidade de Sergipe del-Rei...................... 1658
20. N. Senhora do Amparo da vila de S. Sebastião .... 1659[223]
21. N. Senhora dos Anjos da vila do Penedo 1660
22. Santa Maria Madalena da vila da Alagoa 1660

MISSÕES

Num.	Títulos	Terras
1.	Almaga	Paraíba
2.	Praia	ibi.
3.	Assento do Pássaro	ibi.
4.	Joanne	ibi.
5.	Mangue	ibi.
6.	Braço do Peixe	ibi.
7.	Santo Agostinho	ibi.
8.	Assumpção	Paraíba
9.	Jacoca	ibi.
10.	S. Miguel	Goiana
11.	Ponta das Pedras	ibi.[223]
12.	Itapissuma	Igarassu
13.	Uma	Pernambuco
14.		Ibi.[224]

[221] WILLEKE, 1974b.

[222] RÖWER, 1957.

[223] *Ibidem.*

190. Com todos estes conventos se compôs, e formalizou a Província de Santo Antônio do Brasil desde o seu princípio de Custódia, indo-se seguindo uns aos outros, conforme a ordem, e carreira dos tempos; estas foram as partes, que formaram o seu corpo, ficando-lhe colo, e cabeça a casa de Olinda, e todos juntos uma formosa, e levantada torre, com tantos escudos de fortaleza, e honra quantos filhos de espírito, de virtude, e santidade, de ciência, e letras, de cargos, e dignidades tem gerado, e produzido de si.

191. Com estes filhos de sabedoria, e letras, para crédito seu, e da sua ciência, se tem armado quarenta Estudos inteiros de Filosofia, e Teologia, dos quais foram Mestres, e Lentes filhos, e alunos seus, menos o do primeiro curso, que foi da Província de Santo Antônio de Portugal, e o do segundo, que começando com Mestre, filho já da Custódia, foi continuando por outro da Província. E se ajuntarmos a estes os Leitores de Teologia, que, fora o de Prima, são comumente dois, ainda crescerá muito mais o número. A estes podemos ajuntar Pregadores famosos, e outros muitos letrados, e doutos, su-

---

[224] Enchendo a lacuna deixada por Jaboatão a respeito do Porto das Pedras, escreve Fr. Manuel da Ilha: "Quando já era Custódio desta Santa Custódia o Pe. Frei Leonardo de Jesus, sucessor do Pe. Frei Melquior de S. Catarina, cheio de zelo das almas e do progresso da Custódia, aceitou esta aldeia para instruir os indígenas em nossa santa fé. A aldeia chama-se Porto das Pedras; fica na Capitania de Pernambuco, a dez léguas da povoação de Igana, na parte meridional. A direção da aldeia foi confiada a Fr. Antônio de Campo Maior já então septuagenário. Enquanto viveu, foi sempre desejoso da salvação das almas, como se viu na Capitania da Paraíba, onde enfrentou ingentes fadigas para a conversão daqueles indígenas; restava-lhe, porém, adquirir mais merecimentos na idade avançada. Imediatamente inclinou a cabeça ao jugo da obediência e com a alma generosa que de Deus recebera pôs mãos à obra. Pondo no Senhor sua esperança e seus pensamentos, ele e seus companheiros dirigiram-se logo ao campo de trabalho, a fim de iluminar aquelas almas que viviam em trevas e conduzi-las ao verdadeiro conhecimento de Deus, juntamente com outros que aos poucos vinham da floresta. O santo ancião gastou alguns anos em tão santo empreendimento, durante os quais aquela terra começou a ser habitada por cristãos. Quando todos os gentios vizinhos já estavam bem instruídos na santa fé e na doutrina católica, assim que quaisquer ministros eclesiásticos podiam exercer para com eles o múnus pastoral, administrando-lhes todos os sacramentos e conservando-os na santa fé, entregaram-nos os Frades ao Ordinário para que deles cuidasse; assim ficaram livres os Religiosos para promover a conversão dos demais, que ainda não tinham o lume da fé etc." (ILHA, 1975, p. 93s.; WILLEKE, 1961a, p. 61-68).

[225] Enquanto Jaboatão afirma serem 18 as missões (OSNB I, 153), aqui enumera apenas 14, omitindo as do Porto das Pedras, Itamaracá, Olinda com 2-3 aldeias, e as 16-18 aldeias que o custódio, Fr. Antônio da Estrela, assumiu em 1603 (SALVADOR, 2010, p. 377s.; WILLEKE, 1974a, p. 75-76).

jeitos versados em várias matérias, e faculdades, expositivas, morais, místicas, históricas, e poéticas.

192. Com os de autoridade, se não honra menos esta Província; pois tem havido nela Prelados, assim locais como maiores, de muita virtude, capacidade, e prudência, unidas estas em alguns, com as boas letras, prendas merecedoras do seu emprego. Com os de virtude, e santidade, ainda se acha ela muito mais gloriosa, e tanto quanto, pode exceder a santidade, e virtude, às letras, e prelaturas. De tudo se tem mostrado mui abundante, e fértil esta Província, com tantos filhos sábios, virtuosos, e autorizados, com tantos escudos destes pendentes do seu colo, que já foi preciso deixar cair alguns fora de si, que, depois de lhe compor o próprio corpo, foram adornar também outros estranhos.

193. Desta saíram escudos de autoridade, Prelados, e Superiores para outras Províncias. Para a de Santo Antônio de Portugal, sua mãe, deu muito ainda nos seus princípios, pois apenas contava pouco mais de trinta anos de criação, um filho seu para Prelado de dois conventos, no P. Fr. Paulo de Santa Catarina, que depois veio aqui por seu Custódio. Para a mesma Província de Portugal, deu mais adiante para Visitador, e Presidente de um Capítulo ao Padre Custódio Fr. Sebastião do Espírito Santo, que retirado desta Custódia, onde fora seu Prelado maior, e Comissário-Geral, se achava naquela Província. Na mesma, por falecimento do seu Visitador-Geral, e comissão do Senhor Núncio de Portugal, Miguel Ângelo, Cardeal Conti, foi nomeado em seu lugar para concluir a visita de dois conventos que faltavam, e presidir no Capítulo de 1709 o P.M. Fr. Gonçalo de Santa Isabel, Ex-Leitor de Teologia, e Custódio atual desta Província, que a negócios dela se achava na Corte nesta ocasião.

194. Na dos Algarves de Religiosos Observantes, foi seu Visitador, e Presidente do Capítulo de 19 de agosto de 1747, o M.R.P. Pregador Fr. Inácio das Neves, procurador desta do Brasil na Corte de Lisboa, adonde ocupou este lugar por dezassete anos continuados, com zelo, crédito, e satisfação da Província, e suas dependências, o qual, como seu Custódio atual, indo votar no Capítulo Geral, celebrado em Roma no ano de 1750, saiu nele por Definidor-Geral, sendo o primeiro religioso filho desta Província, a quem se deu esta hora. Como se lhe ofereceu esta ocasião, cuidou com particular agência, em que se adiantassem as pretensões, e requerimentos, com que as Províncias Descalças de Espanha, de outros Capítulos Gerais passados, pretendiam ser admitidas em Tripartida na Procuradoria-Geral dos Descalços em Roma, com os Descalços de Espanha, e Reformados de França, as quais duas

nações haviam avocado a si alternativamente este lugar, e com efeito tendo a seu favor este Padre o M.R. P. M. Antônio Cabral da Companhia, que nesta conjunção exercia os poderes de Ministro do Reino de Portugal na Cúria, se conseguiu do Capítulo Geral o despacho outras vezes pretendido, e foi logo confirmado por Breve do Senhor Papa Bento XIV, de 30 de junho do dito ano de 1750, em observância do qual foi eleito em Agente para a Cúria o P. M. Fr. Francisco de Azurara, filho da santa Província da Soledade, por Patente do Reverendíssimo P.-Geral Fr. Pedro João de Molina, expedida a seis de março de 1751. Também concorreu muito com a sua instância, e diligência, para que sua Reverendíssima fosse servido criar de novo um Comissário de Corte em Lisboa para as Províncias Descalças de Portugal, e suas conquistas, com voz ativa, e passiva nos Capítulos Provinciais da sua, e mais regalias, na mesma forma que as logram os Comissários da Corte Observantes, e este lugar foi dado ao Padre Provincial de Santo Antônio de Portugal, que acabava, do qual tomou posse, e exerceu o P. Fr. Luís de Jesus. Já desde 15 de outubro, era o P. Fr. Inácio eleito Comissário do Santo Ofício em 1739, sendo também o primeiro religioso desta Província, de quem temos notícia alcançasse esta graça daquele Santo Tribunal.

195. Na mesma Província dos Algarves foi também seu Visitador, e Presidente do Capítulo de 1753, o R. P. Fr. Bonifácio de Santo Antônio, Comissário do Santo Ofício, Pro-Ministro em o Capítulo Geral de Roma do ano de 1750, e Procurador desta nossa Província do Brasil na Corte de Lisboa, e aí mesmo nomeado também para visitar, e presidir, como o fez, em o Capítulo da santa Província da Soledade do ano de 1755.

196. Desta do Brasil saíram também escudos de letras para fora dela. Para a da Observância de Portugal passou, sendo ainda corista, o Irmão Fr. Inácio da Graça, e continuando lá os estudos, foi Leitor de Teologia. Para a mesma dos RR. PP. Observantes passou também o Irmão Corista Fr. Francisco Xavier de Santa Teresa, tendo concluído o Curso de Artes no Convento da cidade de Olinda, e ao tempo que se havia continuar a Teologia, deixou este, e foi ter à Ilha da Madeira, da Custódia Observante de Portugal, onde indo-se ordenar de sacerdote, o mandaram outra vez para o seu convento daquela Ilha, para ler nele a Teologia, sem ter apostilado esta faculdade. Para a da Índia dos mesmos Padres Observantes passou também desta do Brasil o Irmão Sacerdote Fr. José do Nascimento Honorato, tendo concluído um Curso inteiro no convento do Recife, e foi Leitor de outro no Colégio de S. Boaventura ao pé de Goa. Para a da Conceição do Rio de Janeiro foi mandado, porque pedido por ela, depois de ter concluído na Bahia seis anos de

Leitura, o P. M. Fr. Francisco das Chagas, e lá foi Leitor outros seis anos. Da mesma foi pedido depois outro Lente, e lhe foi mandado o P. M. Fr. Antônio do Espírito Santo, e pedindo mais outro, lhe mandaram desta o P. M. Fr. José da Vitória, o Lamego.

197. Também para fora de si, e para várias partes do Reino, e outras mais remotas ainda deu esta Província, desde o princípio de Custódia, alguns escudos de santidade, e virtude, vivendo, e achando a morte a muitos de seus filhos em vários lugares, e conventos de fora, não porque houvesse lá necessidade do socorro do seu bom exemplo, mas porque, com o que lá praticavam, acreditassem a esta sua mãe, fortalecessem a sua opinião, e aumentassem a sua glória. Em Santo Antônio da Castanheira, da Província de Portugal, sendo ali Guardião, depois de Custódio do Brasil, faleceu o P. Fr. Paulo de Santa Catarina, pelos anos de 1620, religioso, tanto em súdito como em Prelado, de conhecida virtude, e vida exemplar. Com o mesmo exemplo, como seu irmão em carne, e espírito, viveu alguns anos, e jaz sepultado na Casa de N. Senhora do Amparo de Via-Longa Fr. Manuel da Conceição. Da mesma sorte viveu alguns anos depois de Custódio do Brasil, e faleceu em Santo Antônio de Lisboa o P. Fr. Antônio dos Anjos. No mesmo convento de Santo Antônio de Lisboa está sepultado o P. Fr. Simão de Santo Antônio, também Custódio do Brasil, de donde retirado para a Província, já cego, ali viveu pouco tempo; mas sempre religioso, de bom exemplo, vida ajustada, e santos costumes. No convento de S. Francisco de Moncorvo, viveu também, e morreu com boa fama o P. Pregador Fr. Boaventura de Santo Tomás. Fr. André Barbalho, Pregador, e Definidor desta Custódia, está sepultado em S. Francisco de Madri, onde viveu algum tempo com opinião de bom religioso. No convento de Menores da Ilha de Santa Marta das Índias Ocidentais, viveu alguns anos, e faleceu nele religioso, e penitente o P. Fr. Aleixo da Madre de Deus, segundo Ministro-Provincial desta do Brasil. Na Barbária, sem nos dizerem o lugar, faleceu cativo o Irmão Fr. Simão, frade leigo. Faleceu em Argel o Ir. Corista Fr. Antônio dos Mártires, que se não foi um deles na execução, não lhe faltariam, como piamente podemos crer, ocasiões de o merecer no afeto.

198. Outros muitos religiosos filhos desta Custódia, e Província saíram para fora dela por vários acasos, especialmente no tempo das guerras de Pernambuco com os holandeses, pelos quais foram presos, e desterrados muitos, como já se disse, e mandados lançar por várias ilhas, e portos das Índias de Castela, dos quais mui poucos tornaram à Custódia, e os mais faleceram fora dela por Províncias, e reinos estranhos, mas sem dúvida exemplares, e religiosos, como aqueles que haviam experimentado, e sofrido injúrias, afron-

tas, fomes, sedes, nudez, pancadas, golpes, e outros gêneros de atropelações, e desprezos, que esta gente cega costumava fazer em ódio da santa fé católica, e Igreja Romana, e particularmente aos seus Ministros, que como a tais a muitos destes religiosos, depois de todos aqueles gêneros de martírios, que lhes não devemos negar este merecimento, lançaram ao mar com pedras atadas aos pés, e pescoço, que, sendo mortos, e maltratados em ódio da militante Igreja, não deixaria de os receber como a filhos, e operários seus, e dar-lhes a triunfante no céu aquele prêmio, e coroa, que poderiam merecer. Doze, dos que entraram nesta sorte, eram habitadores do convento de Olinda, de que íamos falando, que, como esposa primogênita do Santo Patriarca, no Estado do Brasil, e como vide frutífera desta conquista, sempre se achou esta casa com muitos filhos do seu seráfico espírito a seus lados, e nunca faltaram ao redor da mesa do seu santo Instituto outros tantos servidores da sua regular observância que, crescendo como florentes olivas de virtude, a coroaram depois de verdes, e gloriosas palmas de santidade. E pois temos mostrado no melhor modo que pudemos, as que acabaram fora dos seus claustros, vejamos agora as que nele têm o seu descanso.

CAPÍTULO II

Descansam no convento de Olinda muitos religiosos de virtude, e santidade.

199. À Casa de N. Senhora das Neves da vila de Olinda, como cabeça da santa Província do Brasil, pagou sempre o Estado Religioso dela com muitas, e as melhores primícias das suas virtudes, pois desde o seu princípio houve nela sujeitos em todas avantajados, assim não fora tanto o descuido dos nossos em nos deixarem delas a necessária notícia. Nota é esta tão antiga como a mesma Província. Em uma memória sua, que se acha no cartório deste mesmo convento, e dos seus primeiros tempos, achamos já de então formada esta queixa, que trasladamos aqui, para que do sincero da sua escrita se conheça melhor, assim a razão da queixa, como da verdade do ponto, sobre que assenta. O ponto é, que neste convento de Olinda, assim como nos mais de toda a Província, e Custódia, houve sempre, e floresceram nele muitos religiosos de virtude, e santidade; e a razão da queixa é, que também houve muito descuido nos que cá ficavam de nos deixarem por escrito esta verdade. Tudo expressa a referida memória dizendo assim: *Muitos são os religiosos, dotados de grandes virtudes, e letras, que professaram, e moraram neste santo convento de N. Senhora*

das Neves, os quais têm ilustrado, e ornado esta nossa santa Província de Santo Antônio do Brasil, e alguns deles estão enterrados neste dito convento, morrendo com fama de santidade, e grande virtude, dos quais não escrevemos aqui suas vidas, porque os nossos antepassados se esqueceram de nos deixar delas memória; só temos por tradição, que são muitos os religiosos santos, e virtuosos, que descansam neste convento; até aqui o que diz a memória, e nós a faremos agora mais extensa de alguns, que ela aponta, e tiramos de outros assentos, que se acham no Arquivo da Província.

VIDA DO P. FR. MELQUIOR DE S. CATARINA,

Primeiro Custódio, e Fundador desta Província de Santo Antônio do Brasil.

CAPÍTULO III

Da Pátria, nascimento, e primeira criação deste venerando Padre.

200. Por todos os princípios devia ter o primeiro lugar entre os mortos, que descansam neste convento da Senhora das Neves de Olinda, aquele que em vivo foi o primeiro no cuidado de preparar para os mais este jazigo; e ainda que, como ao diante se dirá, não dorme nele o seu corpo, sempre a sua veneração merece ante todos a nossa memória. É verdade, que a que temos deste venerando Padre, nesta Província, de que ele foi fundador, enquanto Custódia, não deixa de padecer algumas confusões, especialmente enquanto aos dois pontos, ou termos da sua vida, que foram o de Oriente, e o do seu Ocaso; qual fosse o lugar da sua pátria, e nascimento, como também em que ano, e dia teve o seu fim. Este último tocaremos depois, agora vamos com o primeiro.

201. Não achamos em os traslados de algumas memórias, que cá temos, tirados do Arquivo de Santo Antônio de Lisboa, donde fosse natural o Padre Fr. Melquior, antes diz um destes as palavras seguintes: *Não temos notícia donde era natural este venerável Padre, sabemos sim, que era Definidor atual, quando foi eleito em Custódio*, e é de notar, não soubesse quem escreveu esta memória, donde fosse natural o P. Fr. Melquior, que era coisa mais antiga, e de fora, quando parece não acerta em dizer, que era Definidor atual, quando

foi eleito em Custódio do Brasil, o que é certamente equivocação; pois, a ser assim, não devia o Reverendíssimo Padre-Geral na sua Patente de Custódio calar este título, e dar-lhe somente o de Pregador, o que não podia ignorar, pois se achava Sua Reverendíssima a este tempo na Corte de Lisboa, e havia assistido ao Capítulo de Santo Antônio, onde sendo, como diz a memória, Definidor atual, havia ser eleito nele; o que achamos por certo é, que o Padre Frei Melquior foi Definidor na sua Província, mas foi depois de Custódio na do Brasil, que antes, só temos alguma inferência, fora Guardião a primeira vez; e se tanta incerteza há na Província dos cargos que nela ocupou dentro, como a não haverá dos seus princípios fora dela!

202. Em o catálogo dos Custódios, que vieram da Província do Brasil, se acha escrito assim: *O primeiro Custódio, que veio fundar esta Custódia, com título de Comissário, foi o Ir. Fr. Melquior de Santa Catarina, insigne Pregador, natural da cidade de Vizeu,* mas esta palavra *Vizeu*, está riscada na regra do assento, e acrescentando à margem por emenda, *De Rezende de Lamego*; e esta emenda está posta da letra do P.M. Fr. Daniel de S. Francisco, e o assento foi feito pelo Padre Fr. Manuel de Santa Maria, Custódios ambos, que foram do Brasil, o primeiro pelos anos de 1637, e o segundo pelos de 1653, dezesseis anos um antes que o outro. Não se me oferecia muita dúvida concordar com o primeiro assento, que faz ao P. Fr. Melquior natural de Vizeu, além de outras congruências, por ser o tal assento feito por um Padre Custódio, filho da mesma Província, donde o era também o Padre Fr. Melquior, e que foi religioso, em tempo em que o dito Padre vivia, e o pôde conhecer, a não estar notado por um tão douto, e noticioso sujeito, como foi o P. M. Fr. Daniel; e se o Padre Santa Maria não fora também natural de Vizeu, sem dúvida me acomodara ao seu partido; mas como não é a primeira vez, que os que escrevem, desejam colocar no seu país os melhores tesouros e, se são de santidade, muito melhor, fica-me o escrúpulo, de que não incorresse nesta religiosa ambição o Padre Santa Maria; e por isso cotado pelo Pr. M. Fr. Daniel. Mas, com tudo isto, muito menos me acomodo com a cota deste P. M. de que fosse o P. Fr. Melquior natural de Lamego, porque é sem dúvida, que o Padre Fr. Melquior, conforme a computação dos anos que viveu, que foram setenta, ou alguns mais, e faleceu no de 1618, devia ser o do seu nascimento no de 1546, ou ainda antes, e tomando o hábito de religioso de dezesseis anos com pouca diferença, como logo veremos, e no de 1562, neste ano também é certo que ainda o convento de S. Francisco de Lamego, onde devia tomar o hábito, por ser só o de Religiosos Franciscanos, que havia naquela cidade, estava na sujei-

ção dos Padres Claustrais,[226] porquanto no de 1568, por exclusão total destes Padres, entraram nele os Padres Observantes, e no de 1569 o largaram estes aos Padres Reformados, ou Capuchos, quando neste mesmo ano a sua Custódia foi levantada em Província; e consta, que o P. Fr. Melquior foi Religioso Capucho, ou Reformado, e já a este tempo era professo havia alguns anos e, assim parece, não podia ser natural de Lamego, porque, a ser assim, devia tomar o hábito no convento que havia na sua pátria, e ser Religioso Claustral, e não Capucho, ou Reformado; e por isto nos conformamos mais com o que sobre este ponto deixou apontado[227] o P. Fr. Tomás da Apresentação, como já notamos em outras partes. Pomos as suas palavras, porque ainda que a seguimos, não queremos fazer absolutamente nossa esta opinião; ainda que a julgamos mais conforme pela expressão de algumas particularidades com que a escreve, que o não faria sem aquelas circunstâncias que pedia a sua obrigação, deixando sempre a melhor indagação desta verdade para o Padre Cronista da sua Província, a quem, como a causa própria, e tanto de casa, lhe compete saber melhor o que nela passa: *Foi,* (diz a referida memória) *o P. Fr. Melquior de Santa Catarina natural da nobilíssima Vila de Ponte de Lima, seus progenitores foram os chefes da Casa de Britiandos, Casa tão nobremente fidalga, que se prezam de descender dela os maiores Títulos, e nobreza de Portugal.* Esta, diz, foi a pátria ilustre, este, o nobre solar do Venerando P. Fr. Melquior de Santa Catarina. Com este distintivo de *Venerando,* o trataremos, sempre que nele falarmos; pois, com ele o achamos notado nas Letras Patentes de Sua Reverendíssima, pelas quais o nomeia Fundador, e primeiro Custódio para o Brasil, e natural, como íamos dizendo do lugar de Britiandos.

203. É Britiandos hoje o que em outros tempos foi Britônia, cidade episcopal na Província do Minho, entre Viana, e Ponte de Lima, e há também entre os escritores suas dúvidas, se foi fundação de Bruto, Capitão Romano, e por isso, chamada por alguns Brutônia, ou se foi Britônia, como querem outros, por ser fundação dos Britões, ou Bretões, antigos povos da Bretanha, mas, ou por uns, ou por outros, todos a assentam por mui florente em tempo dos Romanos, e Godos. Depois de vários sucessos em que foi vencida, e vencedora, ultimamente ficou destruída pelo rei Almançor, depois da invasão dos Mouros pelas Espanhas, e de cidade episcopal, e florente, que era Britônia, ficou reduzida ao lugar a que agora chamam Britiandos, residência, e solar dos Senhores deste apelido naquele tempo. Destes descendia o P. Fr. Melquior, e neste lugar viu a primeira luz, nascendo pelos anos de 1546, como se deduz

226 [Jaboatão] Hist. Seraf. t. 3 fol. 487, nº 664 [nota ed.: SOLEDADE; ESPERANÇA, 1656].

227 [Jaboatão] Antiloq.

da memória que seguimos, sem lhe assignar o fausto dia do seu nascimento; porque lhe não faltasse para sujeito grande, e célebre em virtudes esta circunstância. Foram seus pais, Antônio Pereira de Vasconcelos, e Dona Catarina da Silva; e entre cinco filhos, que houveram, sendo este o terceiro, o fizeram distinguir dos mais, pela graça batismal, com o régio nome de Melquior, e não seria sem superior destino; porque tendo este príncipe do Oriente tanta estrela, que lhe alumiou a alma, e guiou os passos para achar, e ver a Deus nascido, o Padre Fr. Melquior foi outra, como nova estrela, destinada pelo céu para guiar pelos desertos do Brasil tantas almas à luz da fé, e conhecimento de Deus.

204. Seus pais, que, sobre o caráter de nobres se faziam mais conhecidos pelo ilustre das virtudes, souberam desde os primeiros passos da infância alentar com os mesmos espíritos esta nova planta, regando-a com as influências do bom exemplo, e santa doutrina, especialmente sua mãe, que era matrona em grande maneira espiritual, e devota; e assim criava a seus filhos, que não só os alimentava como mãe, também os doutrinava como mestra, e como a tal lhe ficou devendo este, melhor que os outros, duas vidas, uma comum, e da natureza, outra particular, e do espírito. Pelas muitas graças de uma, e outra, que com os anos foi descobrindo na boa índole deste filho, gênio dócil, inclinação santa, com uma presença agradável, e compostura cristã, de tal sorte que foi crescendo para com ele o seu amor, e afeto, que já sentia mover-se, como por uma oculta força de simpatia a querer-lhe sem violência, e a amá-lo com veneração; e era nela tal este cuidado, e tão conhecida esta diferença da sua inclinação para com ele, que os mais filhos, não sem emulação, o advertiam.

205. Entre as virtudes que mais se conheceram nesta nobre senhora, foi uma o sumo cuidado na educação de seus filhos, matéria mui importante para o aproveitamento destes; pois, como o Senhor revelou a Santa Gertrudes, a terceira parte do mundo se perde pela má criação que muitos pais dão a seus filhos, e por isso também muitas vezes castiga nos mesmos filhos, o Senhor, este pecado dos pais, reduplicando nestes a pena, que vem a sentir aqueles por culpa sua; assim como acrescenta nos que lhes deram boa doutrina, com a virtude dos filhos a glória dos pais. Muito soube merecer a Deus esta devota matrona, premiando-a o Senhor liberalmente; porque todos os seus filhos foram, além de esforçados capitães, de conhecida, virtude, especialmente este, que como a tal, um impulso superior parece que a governava, para que advertisse mais nele, de sorte, que raras vezes se achava sem este cuidado; e sendo cuidado a descansava: tanto pode o amor, que sabe fazer alívio da pensão. E parece que lhe tinha escrito o céu na alma com invisíveis caracteres, que seu filho Melquior nascera para obrar nele a Divina mão ações superiores. Ela

assim o discursava, e o menino o foi mostrando assim; porque logo o discurso foi desterrando as pensões da primeira idade, e dando luz para as operações, e eleição do alvedrio, conheceu nos empregos do filho as inclinações do espírito; porque, como douta mestra, tirava pelos efeitos as causas.

206. O primeiro, que do espírito deste filho tirou, ou reconheceu neste discípulo do seu espírito, foi a estimação notável que começou a fazer de tudo o que tocava ao culto, e veneração de Deus; o gosto, e cuidado com que se aplicava a tomar os preceitos da sua lei, e a praticar sem violência, o que por eles aprendia, o desvio das coisas mundanas, como divertimentos, jogos, e passeios, para os quais muitas vezes era convidado por outros da sua idade, achando-o estes sempre pronto, e ainda incitando ele aos mais, para a assistência das igrejas, e outras semelhantes. Ajudava a isto muito o cuidado de sua boa mãe, que aproveitando-se da inclinação do filho em tão tenra idade, ministrava-lhe empregos decentes, em que suavemente o fosse empenhando mais. Por sua própria pessoa lhe ensinou os rudimentos da fé, e como o tempo ia correndo, e o menino aproveitava com o tempo o bom ensino, e cuidado da mãe, ela o ia dispondo com outros exercícios de religião, e piedade cristã, como eram, rezar o Ofício Menor, com outras orações, e jaculatórias devotas, em obséquio, e veneração da piíssima mãe de misericórdia, Maria Santíssima, de quem foi o venerando Padre por toda a vida particular devoto, e recebeu favores especiais. Também o dispôs sua mãe, e mestra a ter oração mental, depois de o prevenir com outras vocais a vários santos, a assistir ao santo Sacrifício da Missa composto, e atento, a frequentar o sacramento da penitência, compungido, e temeroso, e ao da sagrada comunhão com pureza, e reverência. Tudo lhe advertia a devota mãe, como mestra, e o bom filho executava tudo com tanta perfeição, e agrado seu, que já lhe parecia a ela mais mestre do que discípulo.

207. Referia o Padre Fr. Melquior, nos últimos anos, que nesta Custódia assistiu, não sem uma grande ternura do seu coração, estes primeiros cuidados, e desvelos de sua mãe para com ele, e dizia com muita singeleza, e humildade estas palavras: *Nunca me esqueceu a doutrina de minha mãe em ordem ao aproveitamento de minha alma, porque era muito boa mãe, e eu lhe devia mais que todos os meus irmãos; porque, como eu era o pior, lhe custou mais ensinar-me para aproveitar, e certo, que o amor que me teve, e o cuidado maior da minha criação foi porque, como era santa, conhecia a minha necessidade.* Que entendia que é a humildade! Sempre acha razões para desprezar-se a si, e abater-se mais. O cuidado, que esta nobre mãe mostrava naquele tempo, como prêmio devido à virtude deste filho, reduzia este santo varão agora em atenção

da vida inculpável desta matrona. Teve em sua mãe tão boa mestra de espírito, não podia deixar de ser este filho tão bom discípulo.

208. Não o foi menos em aprender as primeiras letras, mostrando uma rara capacidade, para perceber, e exercitar os elementos desta arte, assim os de ler, e escrever com perfeição como nos conseguintes de contar, e todos os mais da Gramática, e Latinidade, sabendo unir com graça particular, e como mestre de diferentes escolas, a aplicação aos estudos sem perder o exercício das virtudes. Para maior incentivo destas quis o céu que achasse também mestre para o espírito no mesmo, que lhe buscaram seus pais para as letras. Foi este um sacerdote de vida composta, e ajustados costumes; e o discípulo Melquior, que logo o conheceu graduado nestas duas ciências tão distintas, em ambas o quis imitar como a mestre. Além de outros muitos atos de bom cristão, que via nele, reparou que, entrando na igreja, prostrado por terra, com muita humildade a beijava, e pareceu-lhe tão bem esta ação, que dali por diante, e enquanto viveu, inviolavelmente a observou. Como lhe andava sempre na espreita das ações virtuosas para o imitar, alcançou também, que a sua melhor cama era uma tábua, nua, e dura, sem outro algum adorno. Desejava o devoto menino outra semelhante, e teve ocasião descobrir uma muito ao seu intento, e foi esta uma manta mui áspera, e grosseira, e lançando-a sobre o leito, despido em corpo, se deitava nela por noite, escondendo-a de dia, para não ser sentido; e assim por algum tempo maltratou de tal sorte o tenro, e delicado corpo, que lhe ficou em chagas vivas, e se curaram depois com muito vagar, e não poucas dores.

209. Como se viu privado deste modo de mortificar o próprio corpo, ofereceu-lhe o discurso e, talvez o exemplo do mestre, outro mais oculto, e disfarçado, em um largo cilício de cadeias de agudas, e penetrantes pontas, com que cingiu o pequeno, e débil corpo, com grande dissimulação, e estranha paciência, deixando cevar o indômito ferro naquelas inocentes carnes, que primeiro souberam sentir a dor, que conhecer a culpa. Foram correndo os dias, e também o sangue, e por muito que o dissimulava a graça, não deixou de o fazer patente a natureza na mudança da cor do rosto, e enfraquecido das forças, no que advertindo o bom mestre, como experimentado, tirando-lhe a causa, cessou o efeito.

210. Como as virtudes andam sempre emanadas, e unidas entre si, que aquela alma, que se afeiçoa a uma, já fica disposta para abraçar a outra, e outra, e todas as mais, assim a deste menino, como lhe havia dado Deus uns braços tão largos ao seu espírito, quantas entendia ele eram virtudes, tantas abraçava logo, e assim, depois do de Deus teve muito lugar nele o amor do próximo.

Logo que os primeiros anos abriram as portas ao discurso, para as operações da vontade, começou a mostrar a muita que tinha à virtude da pobreza, tomando por costume o que era inclinação, repartir com outros meninos pobres parte do sustento que lhe era administrado, reservando para si só o preciso; e era o maior gosto, que achava, ainda no mais saboroso de qualquer vianda, entendendo já, sem dúvida, naquela inocente idade, que sempre a alma se alimenta melhor, com o que se sabe negar ao corpo; e este costume guardou por toda a vida. Algumas vezes lhe custaram não poucas lágrimas o ver sair de sua casa alguns pedintes não tão satisfeitos, como queriam, e ele desejava. Em outra ocasião pediu com grande instância à ama que o havia criado uma moeda de prata por empréstimo, e dizia-lhe, era para comprar uma coisa muito de seu gosto, e prometendo que lha havia pagar muito bem quando fosse grande. Deu-lhe a ama a moeda, e teve advertência de espreitar em que a gastava; e viu que ao outro dia a deu a uma pobre viúva, que com uns poucos de filhinhos costumava vir ali por alguma esmola; e ainda que nisto pôs o menino algum resguardo, não foi tanto que não fosse percebido pela ama, que dando parte desta santa travessura à sua mãe, a celebraram ambas, com certas premissas de maiores consequências no aproveitamento das mais virtudes, de quem é a caridade uma como base, e fundamento de todas, e de quem é objeto principal o mesmo Deus, quem já dos seus primeiros princípios tinha tão radicada no seu espírito a virtude da caridade.[228]

211. Assim avultava nele esta virtude, como ia crescendo nos anos, e já dos vivos passava aos mortos. Quando podia haver alguma esmola competente, ia à Matriz, e a dava a algum sacerdote para que dissesse missa pelas almas do purgatório, com a pensão de que ele a havia ajudar, e a ouvia com muita devoção, e ternura, encomendando a Deus especialmente as dos seus defuntos, e acabada a missa, se o sacerdote se olvidava rezar no fim o Responso das Almas, lho advertia, e rogava o fosse dizer, e lançar água-benta no lugar dos ossos comuns.

212. Como a devota mãe foi conhecendo no filho esta natural inclinação que tinha aos pobres, determinou pelo tempo adiante, que o socorro destes corresse por sua conta, e para isso lhe dava o que por eles se havia repartir, e o fazia com uma tal prudência, e equidade, que aos pedintes deixava satisfeitos, e admirados aos circunstantes, sendo já conhecido de todos por Pai da Caridade, e como a tal, a ele recorriam em as suas necessidades, para as quais não lhe bastando já as ordinárias de casa, sendo naturalmente humilde,

228 [Jaboatão] Joan. 4, 16, 18.

e vergonhoso, a caridade o tirava da sua esfera, pedindo para dar aos pobres o que para si não tinha necessidade de mendigar, e deu-lhe a natureza para isso tanta graça, que parece lhe minorava o merecimento para com os homens, quando para com Deus lhe acrescentava o prêmio.

213. Já por este tempo havia bastante o tinha vestido sua mãe por devoção com o hábito de S. Francisco, com grande alegria, e contentamento de seu filho, que vendo-se no corpo com a vestidura do Patriarca pobre, e penitente, também se revestiu o seu espírito de novos desejos de o imitar, e seguir nestas duas virtudes, que tanto se acomodavam ao seu gênio, e já havia mostrado nelas indícios de admiráveis progressos. E se não há dúvida, que os repetidos atos vestem ao sujeito de um certo hábito, que com dificuldade se vem a despir; neste menino parece se trocaram os termos, assim como foram diferentes os hábitos, e quanto vai dos humanos aos seráficos; porque com este de Francisco, que havia vestido, com ele se revestiu, como novo serafim, de repetidos atos de não parar no caminho da perfeição, e de não esfriar no exercício das virtudes, a que sentia dar-lhe calor, e influir suavidade o novo hábito. Com ele repetia os atos de fazer-se Religioso do Santo Patriarca, do qual, pela vestidura do corpo, já se tinha por filho do seu espírito; e assim arrebatado em uma ocasião de um mui vivo, e eficaz, pegou da pena, e escreveu estas palavras: *Eu indigno pecador, e servo vosso, Virgem Santíssima, faço voto de servir a vosso Bendito Filho em a Religião dos Menores, e vos peço a Vós, Senhora, sejais minha medianeira para conseguir estes meus intentos, em fé do qual ponho o meu sinal, e* assinado do seu nome, o colocou nas mãos da sagrada imagem da Senhora, venerada no Oratório da casa de seus pais. Com o seu hábito renovava já os atos de amor de Deus, já os da caridade dos próximos, e já os do desprezo de si mesmo, e de todas as mais virtudes, e especialmente a das suas mortificações, e penitências. Para estas se ofereceu logo no mesmo hábito uma nova arte de as praticar. Cingiram-lhe com ele um cordão tão perfeito como forte, porque era de cordel torcido, e delgado, e este, dizia ele depois, foi a joia de maior preço, e estimação que teve em sua vida, porque não só lhe compunha o corpo naquele tempo, também lhe servia de cilício disfarçado; porque de noite apertava com ele, e os seus nós, já os braços, já as pernas com tanta força que da mortificada cor de cinza, de que era, de puro sangue, que daquelas partes, tenras pela idade, fazia verter, se tingia de vivo nácar.

214. Nem lhe faltaram com este hábito repetidos atos de paciência, sofrimento, e resignação com a vontade de Deus, de seus pais, e mestres, e ainda de pessoas particulares, e diferentes. Ou fosse causado destes excessos das suas penitências, ou por ocasião de outros humores desconcertados, padeceu nes-

tes primeiros anos alguns achaques corporais, e o principal foi um gravíssimo tumor, ou inchação em uma perna, que já houve de ser preciso, para cura dele, rasgar-se-lhe a ferros aquela parte; e sendo esta tão violenta, que aos mesmos que lhe assistiam fazia horror, ele a sofreu com tal quietação, e sossego de ânimo, que, admirados mais da fortaleza do menino do que da carniceria do agente, não faltou pessoa compadecida, que na ocasião lhe advertiu, que deixasse a natureza formar alguma queixa, ou mostrar o seu sentimento, e dor, para que, quando se não suspendesse com esta demonstração a cura ao menino, se minorasse no ministro dela o rigor; mas ele respondeu com uma serenidade, e constância, não de menino fraco, mas de varão forte, *que era vontade de seus pais, e havia preceito para lhe obedecer no que era para bem da saúde, e não encontrava a lei de Deus.* Ainda não era bem aplacada esta tormenta, quando novo acidente, com efeito da sua violência, sobreveio ao paciente menino, em uma ardente febre, e tão continuada, que por alguns dias lhe não dava alívio mais que a intermitência de algumas poucas horas. Mas era para ver, ou mais para admirar, que quanto era maior o ardor da calentura, tanto se inflamava mais o seu espírito; porque, sem pedir socorros humanos para o refrigério, só recorria aos divinos, recitando algumas orações devotas, entoando a vozes outros cânticos da Mãe de Deus, e especialmente os de seu terço, convidando aos domésticos para que o ajudassem naquela música do céu, com a qual, desabafando os ardores do espírito, só refrigerava o ardente da febre; sendo, no mais aceso dela, orações devotas os seus ais; cânticos celestes os seus gemidos; todas as suas queixas, louvores divinos, e o destro compositor da sua música, a total conformação com a vontade de Deus.

215. Também com a de seu mestre lhe não faltaram ocasiões de multiplicar os atos de sua paciência com o novo hábito, em algumas contradições, que achava nele sobre as asperezas das suas penitências; não por que o douto mestre o quisesse absolutamente divertir delas, mas porque sabia, como experiente, que na vida mística, todo o excesso no seu princípio lhe serve de grande embaraço, e ainda de prejudiciais consequências à sua continuação; mas o menino, que não penetrava o juízo do mestre, só percebia a sua contradição; e alguma vez lhe disse, como queixoso: é possível, que ensinando-me meu mestre a prosseguir no séquito de todas as virtudes, só no das penitências me proíbe os passos, desejando eu tanto adiantar-me nelas. Mas o mestre o satisfez, dizendo-lhe, que o tempo seria o seu melhor diretor, e com ele aprenderia aquele modo de adiantar-se nelas, que ainda era conveniente não o poder praticar a sua idade.

216. Em outra ocasião, vendo-o o mesmo tratar familiarmente, e muito a miúdo com certas pessoas mais fingidas do que devotas, porque era naturalmente inclinado aos que lhe pareciam tais, e sendo pobres, muito melhor, e a estes comunicava com lhaneza, e eles o buscavam mais para o interesse das suas pessoas, e necessidades; e para acharem nele boa aceitação se fingiam devotos, e espirituais; o que notando seu mestre, lhe advertiu se desviasse daquela gente,[229] que vinham a ele mais a buscar socorro para o corpo, do que comunicar-lhe alguma virtude; o que ele ouviu resignado, e executou obediente.

217. Com os estranhos pouco devotos, e outros contemporâneos seus, e condiscípulos menos quietos, também lhe não faltaram com o seu hábito muitos atos de merecimento à sua paciência. Porque, vendo-o estes mais espiritual, e todo aplicado aos seus devotos exercícios, beijar a terra, retirar-se nos templos aos lugares mais apartados, fugir da comunicação, e companhia dos travessos, e menos sisudos, com outros exercícios espirituais, e ajustados, que se não conformavam com a idade, e gênio dos mais companheiros, e de algumas pessoas distraídas, uns se riam dele, outros o insultavam, e arguiam, dizendo-lhe que ainda era muito menino para tanto retiro, e santidade, que desse ao tempo o que era seu; mas ele tudo ouvia sem réplica, e ia continuando, como se o não ouvira, mas na sua consideração, sempre lhe deixava muito que sentir, tanto pela turbação interior, que davam ao seu espírito, como pela falta deste, com que conhecia aos seus motejadores. Ele mesmo o explicava depois, quando de idade provecta, e dizia, que houvera padecido muito quando principiante, e que como era simplesinho, o sentia muito; mas que, por providência de Deus, nunca o pudera divertir do que uma vez havia empreendido no seu serviço, e julgava ser agradável a este Senhor.

218. Como nesta alma inocente amanheceram tão cedo as luzes da graça para acertar no caminho das virtudes, indo aproveitando nelas ao passo que na carreira dos anos se ia adiantando a idade nos dias, também ia recebendo do céu algumas superiores ilustrações acompanhadas de particulares favores da mão do Altíssimo, ou já como prêmios das suas virtuosas, e exemplares ações, ou como fomento para o incitar mais no prosseguimento, e perseverança delas. Era notável a reverência, compostura, e atenção com que assistia ao sacrifício da missa, e sempre no mais retirado, onde o pudessem divertir os outros condiscípulos, quando era da classe destes, e já quando mais crescido, sempre ocupava aquele lugar, onde tivesse menos obstáculos a sua

---

229 [Jaboatão] Mat. 7, 15.

devoção; e esta remunerou o céu com a repetição deste singular favor. Muitas vezes se lhe representou ao levantar o sacerdote a hóstia santa, que a via cercada toda de brancas, e engraçadas flores, como as que eram colhidas no jardim da glória, e paraíso celeste; e da mesma sorte ao levantar o cálice lhe parecia ver nele uma cornucópia do céu de outras muitas flores vermelhas, e encarnadas, participando umas, e outras estes vários acidentes da cor daquelas sagradas espécies do vinho, e pão, transubstanciados em corpo, e sangue de Cristo; e às vezes lhe parecia ferver no cálice o mesmo sangue, com impulsos de querer derramar-se pelos seus lábios, e seria só para que visse com os olhos do corpo o que adorava com afetos da alma; e ainda que se alegrava interior, e espiritualmente com aquela vista, e sentia na mesma alma singulares gozos, não fazia contudo a sua idade muito mistério daqueles tão altos, e inescrutáveis, que ali oferecia a bondade de Deus mais à sua fé, que à sua inteligência.

219. Como estes louvores eram prêmios, que merecia pela pura intenção com que se desvelava em fazer tudo aquilo que era para cumprimento da Lei de Deus, observância dos seus preceitos, desejando fazer a sua santa vontade, e amá-Lo como criatura sua, e assim lhe acudia o Senhor com eles, como umas superiores luzes, que mais, e mais o iam ilustrando, e acendendo para prosseguir, e aproveitar nos seus santos exercícios. Nem lhe faltou para avançar muito nestes progressos de sua alma, e tomar para norte de todos a Maria Santíssima, de quem foi por toda a vida cordial afeto, e recebeu especiais favores ainda nestes primeiros anos. Logo neles, se costumou, por doutrina de sua boa mãe não só para rezar o rosário, e terço da Senhora, e trazer sempre consigo as suas contas, mas também se afeiçoou de tal sorte a este exercício, e devoção, que a todos queria ver ocupados nele; e vendo algum dos seus companheiros sem contas, lhes dava as suas, e ele, enquanto se lhe não ofereciam outras, as formava para seu uso de um cordãozinho com seus nós, e este mesmo chegou a dar algumas vezes; e indo isto por modo de queixa devota à sua mãe, tomando ela um rosário, o chamou à parte, e com dissimulada, e gostosa repreensão, lhe disse: toma filho este rosário, e há de ser com advertência, que o hás de ter, e guardar, como prenda minha. Recebeu ele as contas, e tanta teve com elas, que sem o apartar de si o conservava ainda, e dizia, que com ele nas mãos desejava o encontrasse a morte, como troféu da sua obediência, como testemunho da sua devoção, ou como prêmio ao seu merecimento.

220. Grande foi o deste menino já neste tempo com a piedosa Senhora, porque também foi mui extremado em a saber servir. Além dos cotidianos exercícios, e devotos, com que a venerava, já à noite ao recolher-se, já ao levantar-se da cama de manhã, muitas vezes entre dia, ou pelas tardes, recon-

duzindo a outros dos seus companheiros na idade, e devoção, carregados de flores, se ia com eles ao Oratório de casa, compunha ramalhetes, e adornava as suas imagens, e com particular cuidado a de S. Francisco, a quem, pelo seu hábito, já devia respeito de filho, a do menino Jesus, de quem foi também desde este tempo mui devoto, e com especialidade a de Maria Santíssima. Tudo lhe pagou a Senhora, conforme a boa tenção, com que a servia o inocente menino. Achava-se com seus pais, retirados da vila em uma casa de campo, como algumas vezes o faziam, e saindo uma tarde com outros meninos pelos contornos do sítio, tanto se foram apartando dele com a diversão, ou divertimento, que quando deram acordo de si, o não tiveram para acertar com o caminho, que haviam seguido, e entre algumas voltas, e bastante confusão, se acharam com duas estradas, sem saberem resolver por qual deviam tomar, que os levasse à casa. E vendo o menino Melquior o grande susto, e temor dos mais, porque se vinha chegando a noite, lhes disse com muito sossego, e quietação: o remédio que há, meus amigos, para sabermos qual destes dois caminhos havemos seguir, é rezarmos à Senhora uma Salve Rainha, e lançarmos por sorte esta cruzinha, que ali formou logo de dois pedaços de vergônteas secas, e donde ela cair, este há de ser o caminho para nossa casa. Assim o executaram, e seguindo a estrada, que lhes mostrou o sinal da cruz, a pouca distância andada, encontraram gente de casa, que, sentida a falta, e advertida a causa, já vinham em demanda dos que consideravam perdidos, mas bem achados à sombra da cruz, e às luzes de Maria.

221. Com estes especiais favores, que da piedade da Senhora, e da mão de Deus recebia o menino, e eram demonstrações do muito que à piedosa mãe, e seu amoroso Filho, lhes agradava a sua inocência, e santos exercícios, nele vinham a ser incentivos para novos propósitos, e maiores progressos, acrescentando a estes mais vivos ardores o seráfico hábito, que há dissemos havia vestido nos primeiros anos. Mas porque ia já passando os de menino, a que se concede o trazerem por devoção o santo hábito de religiosos, ainda que por esta razão o largou, não o despiu da sua vontade, antes tendo esta sempre de abraçar o Instituto Menor, agora, que largava o seu hábito das costas, tomava mais sobre si a vestidura desta tenção, e de não despedir dela nunca aquele hábito, com que tantos atos virtuosos havia exercitado; e agora é que se verificava bem no menino, que os atos repetidos, e virtuosos, também fazem um hábito, que com dificuldade se despe; e tanto se havia agradado o menino do hábito pela continuação, que não se dando por satisfeito de o abraçar ele só, outra vez, quando o permitisse a sua idade, tinha um grande desejo de que outros moços do seu tempo o fizessem também; e punha um grande cuidado, e desvelo em os acariciar, e mover para o mesmo fim; e era notável a graça, e

eficácia, que tinha para os persuadir, e animar a esta empresa. Já lhes encarecia a perfeição do estado religioso; o seu sossego, e quietação, pondo-lhes juntamente diante dos olhos os trabalhos, perigos, e enganos do mundo, e tudo isto com tanta discrição, suavidade, e evidência, que a muitos fazia logo do seu partido; e a estes comunicava dali por diante mais intimamente, mostrava-lhes maiores carícias, e servia-os com melhor ânimo em suas necessidades; e passou a tanto este trato, e comunicação espiritual, que assentou com eles, para que se distinguissem entre os mais nos públicos, e se conhecessem uns aos outros como soldados de nova milícia, trouxessem os que eram da sua vocação uma certa divisa; e se acaso sucedia que do número destes seus escolhidos se divertia algum a outro estado, ou mudava de parecer, o sentia em grande maneira; e ocasião houve em que se vestiu de luto, como lamentando ao que, por seguir o do mundo, se desviava do caminho seguro para melhor vida.

CAPÍTULO IV

Toma o hábito de Religioso Menor, seus progressos, e espirituais exercícios neste estado.

222. Havia chegado já com os dias ao fim dos quinze anos, e sabendo ser este o tempo competente para poder abraçar o estado Religioso, sem ter afrouxado o seu espírito no propósito da sua vocação, depois de repetidas, e instantes súplicas a Maria Santíssima, a quem havia desde o princípio elegido por medianeira deste negócio, diante de Deus, para que, sendo do agrado da Majestade Divina, assim como era vontade sua, lhe alcançasse do Senhor o despacho dela, o comunicou com sua mãe, rogando-lhe como a tal o ajudasse agora a pôr termo aos seus bons desejos, pois, como mestra, lhe havia dado as santas direções de sua alma; e lhe pedia o conseguisse também de seu pai. Eram ambos estes consortes mui piedosos, conheciam de largo tempo a índole, e inclinação do filho, tinham bastante experiência dos espirituais, e católicos empregos da sua infância, e o como eram obrigados a concorrer com ele para tão santo estado, e assim se partiram logo para a vila de Viana a tratar com os religiosos, e Prelado maior a sua aceitação à Ordem. Nem esta lhes custou muito, tanto pela autoridade, e nobreza dos pais, como pela virtude, e merecimentos do filho, de quem tinham os religiosos todos, além do conhecimento, boa informação.

223. A cinco de janeiro, véspera de um dia mui assinalado para o moço Melquior, porque da festividade dos Santos Reis Magos, do ano de 1562, com 16 de idade, lhe foi lançado o santo hábito, com gosto, e aplauso de todos. Com ele revestido de novos desejos de dar inteiro cumprimento à obrigação do estado de perfeito a que aspirava, tomaram mais altos voos os fervorosos afetos do seu espírito, buscando com incansável desvelo o que lhe parecia no caminho das virtudes o mais primoroso, com uma santa ambição de fazer seu este tesouro, e conseguiu com tanta sorte, que só em o nome parecia noviço, mas tão prático nos estilos regulares, tão habituado no austero, e mortificado da vida monástica, que, já quando principiante, podia ensinar como aproveitado; diferença, que vai dos que abraçam o estado Religioso movidos só dos interesses do seu espírito, aos que o tomam obrigados da necessidade de outros respeitos.

224. Amor, e temor santo foram os dois eixos, ou móveis, em que cuidadosamente se resolveu toda a máquina especial desta principiante alma, e a impulsos dos quais se governava o seu coração. O amor, que todo é atividades, o alentava para empreender as operações mais árduas da vida mística, apartando com o rigor das penitências os tropeços, ou embaraços, que nos princípios dela se experimentam; e apoucando com jejuns, e mortificações as forças da natureza, para que frutificasse a graça com a vitória das suas rebeldes paixões. O temor lhe propunha à vista os perigos da sua própria fragilidade; e todo aterrado com este conhecimento, se humilhava até o mais profundo do seu nada; e assim andavam em uma contínua batalha dentro do seu puro, e cândido coração estes dois nobres afetos de amor à bondade divina, e de temor da própria miséria. O amor como generoso, o animava, para que procurasse subir a todo o custo de mortificações ao cume da perfeição evangélica, e religiosa; o temor o encolhia, para que, desconfiado de si mesmo, pusesse só em Deus a sua confiança; e nesta continuada luta de encontrados afetos sobressaindo a chama do amor, se acendia mais o seu espírito, sem que por isso se apagasse nele a luz do temor, que o humilhava, vindo a lograr assim a felicidade de obrar fervoroso, e assegurar-se humilde. E como a unção íntima do Espírito Santo ia cevando cada vez mais, e mais a espiritual lâmpada desta inocente alma, e escolhida sua, já chegou a romper em chamas de vivo fogo, que servindo-lhes de asas a remontava a uma elevadíssima eminência de perfeição; porque não satisfeito já o seu amor com as mortificações comuns, e regulares do noviciado, (que em nossa Religião são muitas, e mui penosas) acrescentava, com licença de seu mestre, outras mais particulares, e extraordinárias.

225. Foi notável com esta, como sempre o é a Providência de Deus com aquelas criaturas, que destina para suas neste mundo, que nunca lhes falta com os meios proporcionados para aquele fim, que os criou do princípio. Deu-lhe no século para diretores primeiros da sua alma uma mãe, e um mestre de espírito mui elevados, e superiores, e não menos lhe deputou na Religião para o seu noviciado outro de maior esfera na palestra das virtudes. Era destro piloto, e quis com o prumo da discrição tomar o fundo ao seu espírito, e assim não perdoou a diligência alguma para se assegurar melhor da altura da sua bondade; e um dos meios mais conducentes que escolheu para fazer dele a devida experiência, foi divertir-lhe o rigor, e ainda o exercício das suas costumadas penitências, e mortificações reconhecendo, que em nenhuma coisa o podia conhecer melhor, do que na contradição da própria vontade. Era espiritual, e destro, e receoso de que em um moço, que em tão pouca idade se mostrava prático de exercícios, e operações da mística, poderiam estas haver feito assento, com algum particular apego, ou capricho em seu coração, não sendo poucas as vezes, que o amor próprio com a aparente, e vistosa capa de mortificação há sabido viciar, ou cobrir o formoso corpo da santa virtude.

226. Com estas ajuntava o mestre outras de muita consequência. Umas vezes o elevava com louvores, outras o provava com desprezos, averiguando com a pedra de toque da desestimação, e louvor da pessoa, se tinha propriedades na alma. Dizia-lhe muitas vezes palavras de sentimento, e repreendia-o com dissimulada severidade, condenando com erros o que só merecia louvor. Outras vezes lhe ordenava coisas ao parecer encontradas à prudência, que executadas pelo noviço com prontidão, o arguia depois por elas, como se lhas não determinara assim, e atribuindo-lhe como a defeitos da sua rudeza, ou como desacertos da sua capacidade, e talvez o castigava também, fazendo-lhe culpa, do que só era méritos da sua obediência, que tanto era mais, quanto tinha de mais cega. Também o provava, empregando-o nas ocupações mais vis, e humildes da Comunidade; mas nisto mesmo que lhe oferecia por mortificação, e desprezo, achava o noviço o maior alívio, e consolo; e vindo o mestre neste conhecimento, tratou de o mortificar por outro estilo. Em muitos dias o não ocupava em coisa alguma, como não fazendo caso do seu préstimo, e dando-lhe a entender era para a Religião de pouca serventia; e este foi para o humilde noviço maior combate, e o que mais fortemente assaltou a constância do seu propósito, na viva consideração, de que, pois seu santo mestre mudamente o advertia, era sem dúvida, porque havia alcançado a sua inabilidade, e insuficiência para o estado religioso; e nesta luta batalhou muitos dias o seu discurso, até que com o do tempo, e mudar o mestre desta em outras experiências, se foi serenando uma tempestade a mais desabrida, que no rijo

temporal do seu noviciado combateu o seu espírito, e que ele julgava era só a que podia contrastar o desejado fim da sua vocação.

227. Nesta forja ativa de mortificações exteriores o foi provando o experimentado mestre, até que descobriu por puro, e acrisolado todo o ouro das suas virtudes; porque sempre achou ao bom noviço obediente sem réplica, humilde sem repugnância, alegre sem desgosto, e sempre sereno sem turbação, com uma ágil, e pronta docilidade, que é o que com mais energia explica, e dá a conhecer a virtude não fingida, e que é filha do verdadeiro espírito.

228. Provado assim nestas águas de contradição o deste noviço, sem mais se deter seu mestre nestas impertinentes, mas usadas delicadezas, já lhe largou as rédeas, deixando-o correr livre, a impulsos da superior chama, que o alentava a todo gênero de mortificação, e penitências; mas sempre com um cuidado mui vigilante, de que o excesso nelas não viesse a embaraçar a sua continuação, ajustando o vigor do espírito às forças do corpo, para que não chegasse a tropeçar nos primeiros degraus do aproveitamento, antes de chegar ao último da perfeição. A deste noviço chegou a tanto, que não se contendo só na especulação, e experiências de seu mestre, já chegou à notícia, e conhecimento de todos os religiosos, que muito se compraziam com ele, por verem não saíam frustradas aquelas esperanças, que nele desde o princípio haviam fundado; e mais que todos se alegrava seu mestre, de ver tão bem logrados os seus desvelos, assim no que tocava ao essencial da vida mística, como ao prático da Religião, à observância dos seus costumes, e cerimônias, e especialmente ao silêncio, compostura, e gravidade da pessoa, que tanto edifica aos mais, e defende a própria alma. Na deste religioso ficaram tão impressos todos estes documentos, que o mestre lhe ensinava cuidadoso, e ele tomava advertido, que os conservou constante por toda a vida, trasladando-os assim da execução para a memória, que, vendo a menor transgressão deles, fora do que havia aprendido neste tempo, dizia logo: o contrário me ensinaram a mim; e notando os religiosos, que lhe lembrasse tão miudamente a mínima cerimônia, dizia: isto me ensinou meu mestre, que era muito santo, e bom, e não permita Deus que me esqueça em tempo algum o que dele aprendi quando noviço.

229. Já se chegava o mês de janeiro, em que a seis se completava o ano, e dia da sua aprovação; e ainda que a havia dado de si muito bastante para ser alistado sem contradição em a sagrada milícia, que tinha escolhido, não se lhe acabaram contudo os temores, e receios de o conseguir de todo, com a segurança da última matrícula; pois por incidente que nos não explica, quem aponta esta circunstância, foi preciso dilatar por alguns dias mais o ato da profissão, e com multiplicadas ânsias ao seu espírito, que por causa desta aci-

dental demora lhe oferecia impaciente, e desconfiado, as do seu pouco ardor, e não cabal merecimento para chegar ao logro dos seus desejos, que finalmente vieram a ter o apetecido fim aos quatorze do mesmo mês, dia dos mais assinalados pela Igreja para a nossa Ordem, e bem conhecido no mundo todo pelos grandes triunfos, que ela com as celebradas vitórias do seu Santíssimo Nome de Jesus viu conseguidas, com tanta glória sua, e emulação alheia a impulsos da devoção, e doutrina do grande, e alentado espírito dos Santos Bernardino de Sena, e João de Capistrano.

230. Vendo-se assim com aquela penitente vestidura, que lhe cobria o corpo de aspereza, e a alma de alegria, como sua já, e certa por herança, para a não despir jamais, continuou a aperfeiçoar com novos atos de singulares, e virtuosos exercícios, aquele hábito, que por tantas razões havia feito seu. Foi o primeiro efeito deste, entregar-se de todo o coração a Deus, e com a alma toda, pedindo-lhe que o ordenasse Sua Majestade dali em diante, de sorte que não tivesse ele jurisdição alguma em si, senão somente Deus nele. Com este ato tão heroico, e resignado deu princípio à sua vida espiritual no estado de professo, por onde costumam acabar os varões mais perfeitos, e santos, saindo assim de si mesmos, para que Deus entre neles. Depois deste, se seguiu o segundo, e foi tratar com muito cuidado da perfeita observância da sua Regra, e para isso, logo ao segundo dia depois de professo, pediu licença, e de sua mão escreveu a Regra de N.P.S. Francisco, e tudo o mais, quc tocava ao cumprimento dela, e esta lia muitas vezes, dizendo que tornava a ler o que havia capitulado com Deus, porque queria ter muito na lembrança o de que era devedor, e estar com isto mais pronto para o saber pagar. Enquanto viveu, trouxe sempre consigo esta escritura. Foi exatíssimo na sua guarda, e costumava dizer, que era coisa suavíssima para ele a guarda daquela Regra, e que nunca se achava mais contente, e satisfeito, que quando lhe mandavam fazer algumas das coisas que nela se continham. Eram palavras estas, filhas todas do seu apostólico espírito; pois é certo, que à natureza não pode parecer suave o que é áspero, e penoso para o corpo; porém, como o Autor de toda a vida disse que o seu jugo era suave, e a Regra Seráfica contém em si mesmo jugo, por ser toda Evangélica, como lhe havia parecer pesada aquela carga, que por sua vontade a quis tomar aos ombros, em seguimento do seu Santo Patriarca?

231. Daqui se seguia o terceiro ato, com que satisfazia, e aperfeiçoava as obrigações do hábito, e foi uma sujeição resignada, e uma atual disposição, com que se preveniu para obrar tudo quanto podia, e quando lhe mandavam, e permitiam, e com uma execução tão viva, e fervorosa, que o mesmo era ouvir a voz do que mandava, que pôr em praxe os seus preceitos. Nem hou-

ve nunca quem o ouvisse replicar a estas vozes, ou fossem dos Prelados, ou ainda dos particulares; porque, para obedecer, a todos reconhecia por Superiores, e daqui lhe resultava, o ser com especialidade amado de todos, porque a virtude, quanto mais humilde, é mais amável. Sentia muito, que lhe não mandassem fazer muitas coisas, porque ele só queria para si o peso de todas. Em tudo quanto podia aliviar aos mais Irmãos, o fazia, e muitas vezes, não tendo ofício, fazia o de todos. Como era de uma compleição fraquíssima, e em nada robusto, e só na valentia do espírito mui gigante, não havia perdido ainda seu mestre o cuidado de ir à mão ao seu fervor, aliviando-lhe em alguma coisa o trabalho, e dissimulando em outras, como quem faz mais pequena uma luz para que possa alumiar por mais tempo; e este cuidado do mestre sentiu sempre o discípulo com muito pesar do seu espírito, e sem sair do devido rendimento, se queixava humilde, rogando-lhe que o não eximisse de coisa alguma; porque não podia, sem confusão sua, ver estar ocupados seus companheiros, e ele, sendo o pior, estar ocioso; e este, como já tocamos, foi um dos fortes martírios que sentiu nestes primeiros anos, reservarem-no por falta de saúde, e forças de alguns trabalhos maiores, e comuns aos mais; mas esta mortificação, que a tomou sempre como dom particular da mão de Deus, por impulso superior da mesma mão, a supria ele em seu interior, e reparava este dano (que por dano da alma tinha o que não padecia o corpo) com três coisas: a primeira, reconhecer-se por menor, e inferior aos mais, pois o não deixavam obrar tanto como eles, e daqui resultava a grande estimação, que fazia dos mais, e o desprezo em que se tinha a si próprio; pois servindo seus companheiros para muito, ele para nada era bom; a segunda era uma vontade interna, com que espiritualmente se fazia pronto para exercer tudo quanto via executar os mais, ajudando-os dentro de si, em aquilo que eles atualmente operavam, e não se cansava mais o companheiro no exercício do trabalho em que se ocupava, do que Fr. Melquior na ansiosa vontade com que lhe assistia. Se os via varrer as imundícies do convento, e lhe não permitiam fazer o mesmo, lá se voltava a Deus, e lhe dizia com uma tenção mui pura: bem conheço, Senhor, que não mereço ser instrumento, com que esteja mais limpa a vossa casa, nem de tirar com minhas mãos o pó que pisam os vossos servos; mas eu cá dentro da morada da minha alma varro com o meu coração aquele pó, que tocam com os seus pés os vossos servos, e acarreto na vontade aquelas imundícies que limpam meus companheiros com suas mãos. A terceira, era cumprir total, e perfeitamente o que lhe era permitido, e deixavam que obrasse; porque já que não posso, discorria consigo, fazer tudo o que desejo, quero fazer tudo quanto posso; que não é bem negar o pouco que se pode, quando se não pode o muito que se deseja; e assim com estes três reparos tão esquisitos melhorava o seu espírito com aquilo mesmo, que não podiam as suas forças.

232. Sempre para ele foi o tempo aquela joia, que mais estimou; porque sabia que, perdido uma vez, jamais se pode achar, e assim cuidava muito em aproveitar todos os seus espaços, porque dele nem a mínima parte se perdesse. Logo de manhã, concluídas as pensões do coro, e outras de algum particular ofício semanário, se dava ao cuidado de ajudar as missas, com tanta devoção, e compostura interior de sua alma, como era notório a exterior, com que assistia a tão alto, e tremendo sacrifício. E perguntando-lhe certa pessoa secular, que nele mais reparava, que modo teria para ouvir também a missa devota, e devidamente, lhe respondeu, que ele para ensinar sabia pouco, e só lhe poderia dizer o que obrava: quando ouço missa, lhe disse, desejo quanto posso concorrer com o mesmo, que faz o ministro sagrado do altar em a união de todos os sacerdotes da igreja; e também me conformo no que posso com o intento, que Cristo teve quando o instituiu; e nesta consideração me ocupo, de sorte que faço muito por não atender a outra coisa, e sinto gravemente, que nesta ocasião me divirtam para algum grave negócio; porque nenhum o é tanto como ouvir missa com toda a atenção, e reverência. Ajudadas as mais que podia, se retirava ao exercício de outras ocupações honestas, e caseiras, ou à lição de alguns livros espirituais até a hora do refeitório, assegurando com isto, não ter em todo o dia hora, que não gastasse em o serviço de Deus, da Religião, e do próximo, nem a ação em que faltasse aos motivos devidos ao estado da perfeição, que professava. Tomava refeição com grande temperança, ou conforme a sua necessidade, e sempre com proveitosas meditações, dando mais alimento ao espírito no que deixava, do que ao corpo no que comia.

233. Eram as suas palavras já neste tempo (como sempre) poucas, e consideradas; ajustando-as à matéria com suma discrição. Nunca lhe ouviram alguma que fosse lançada em ofensa do próximo; porque aos presentes honrava, e defendia aos ausentes. As práticas, aonde soava algum perigo destes, costuma divertir; e às vezes dizia: falemos, Irmãos, de Deus, ou de nós mesmos, e deixemos aos que nos não ouvem, que a eles, e aos mortos tenho grande lástima, pois não podem responder por si; e de ordinário lhes carregamos a mão, porque se não podem defender. Só com uma criatura achava recreação a sua prática, e era o seu confessor; e fora deste, com algumas pessoas espirituais, a fim de comunicar com elas em matérias de espírito; mas dando sempre a entender o pouco que da sua praxe sabia, e mostrando só que desejava aprender.

234. O seu mais familiar trato foi sempre com Deus por meio da oração, e as suas particulares amizades com alguns santos mais especiais da sua

devoção, tendo o primeiro lugar depois da Rainha, e Senhora de todos, N.P.S. Francisco, S. Boaventura, e Santa Clara. Com estes comunicava seus negócios espirituais, à maneira que no mundo os tem umas com outras pessoas, e com enternecido amor ao seu anjo da guarda, de quem era devotíssimo, e lhe havia encomendado, que o espertasse a Matinas, e com particular recomendação lhe encarregava para as três da madrugada, quando se achava enfermo (porque padeceu alguns achaques nos primeiros anos), e assim lhe sucedia ordinariamente; porque naquelas horas achava o seu espírito o melhor repouso, como mais solitárias, e despreocupadas para a oração. E se alguma vez acontecia, por maior peso do sono, não acordar a estas horas, concebia contra si um tão santo pesar, e uma tão devota ira, que por todo o dia a dava a conhecer em alguns sentimentos exteriores. Dava-se golpes nos peitos, fazia prostrações, suspirava enternecidamente, como se lhe houvera sucedido algum mal; e dizia aos companheiros, logo que espertava: Irmãos, digo minha culpa, sabei que sou indigno do estado que tenho, desconhecido aos benefícios de Deus, e descortês ao meu Anjo da Guarda; tende entendido, que toda esta noite dormi, e que mereço uma grande penitência; e logo pedia licença a seu mestre para alguma particular mortificação naquele dia, querendo recuperar assim com o mérito da obediência aquele defeito da natureza. A esta ajuntava comumente outra, e era, que todo aquele tempo que havia dormido fora do costumado, reduzia a um silêncio de tal maneira exato que por nenhum caso proferia palavra, menos que fosse por respeito da obediência ao Prelado, ou mestre, e assim pagava a Deus de dia o que havia deixado de o servir de noite, privando-se por ele ainda daquele pouco tempo, que entre os religiosos se permite a honesta recreação; e com muita graça dizia aos companheiros, quando se dava a este silêncio: advirtam, que estou dormindo, nenhum me queira inquietar; e parece que com propriedade o podia dizer; porque se a morte dos justos se chama sono, também é certo dormem no Senhor, os que com ele velam na oração; e assim, dizia bem Frei Melquior, que vinha a dormir velando de dia o que de noite não tinha velado dormindo.

235. Desde a sua primeira idade se havia habituado a que todas as vezes, que espertava do sono se oferecia a Deus do íntimo da sua alma, pondo-se na sua presença com algumas jaculatórias devotas, e anagógicos atos de amor enternecido, e desta sorte, até que o sono o tornava a visitar; porque nem este pouco tempo queria perder, e havia feito nisto um hábito tal, que ordinariamente antes de espertar de todo se achava na boca com algumas santas palavras destas, como chamas que da ardente forja do seu abrasado coração arrojava aos lábios para desafogo do inflamado do seu espírito.

236. Da mesma sorte havia observado desde o princípio o não se deitar a dormir sem um rigoroso exame da sua consciência, tomando conta de si mui estreita, como se logo houvesse de morrer, (o que guardou enquanto viveu) e dizia depois nas suas práticas espirituais: eu, quando me deito, e quando comungo, sempre o faço, e desejo, quanto é da minha parte que seja, como se aquele sono fosse o da morte, e aquela comunhão o viático para a última jornada da vida.

237. Já contava com pouca diferença os vinte anos de bom religioso, quando foi feito Guardião de um convento da sua Província lugar a que o elevaram os conhecidos méritos da sua virtude, e encheu com as condições de perfeito Prelado, e nem porque se viu no de Superior, mudou de semblante a sua postura, antes porque agora estava feito alvo a que atiravam os olhos de todos, cuidou muito em que nem ainda os de mais longa vista pudessem fazer pontaria ao mínimo defeito, pois sabia que se estes nos súditos, ou não são notados como graves, ou só querem ser tidos quando muito por descuidos, nos Prelados sempre avultam com demasia, e passam de ordinário a capitais, fazendo-se mui notáveis, só por mui notados; e nesta consideração, entendendo que, se enquanto particular devia ser humilde, retirado, compassivo, afável, pobre, obediente, e regular por obrigação do estado, agora penetrava que o devia ser com maior rigor, em razão do cargo, e respeito do lugar; e assim entre os da sua Comunidade ele era o mais humilde, e retirado, o mais compassivo, e afável, o mais pobre, e obediente, e em todos os atos da Religião, o mais pronto, e regulado; porque tinha entendido, por doutrina do Divino Mestre, que os Prelados são postos nos cargos para exemplares de seus súditos, e que devem tomá-los como carga; porque mais para ministrar do que serem ministrados. Só algum emprego do cargo o divertia do retiro, e oração. O seu jejum foi de toda a semana, e só aos domingos, e dias santos o não fazia, mas sempre para ele, como tais, eram os de abstinência. O seu hábito o mais usado; a cama a mais pobre; sem outras alfaias a sua cela, que as da penitência, e mortificação. Com os enfermos era enfermo, e tão compassivo, que ele o vinha a ser mais que nenhum; pois o seu achaque era por contração, que traz consigo a enfermidade de todos.

238. Entre todas estas bênçãos de doçura, agrado, compaixão, e regularidade devida com que preveniu a liberal mão do Senhor a este seu fiel servo em todos os estados; no superior sobressaía ainda outra mais, e era uma notável firmeza, e constância na administração do seu cargo, de sorte, que desde logo conheceram os seus súditos nele uma total independência a toda a humana afeição, e que só o podia mover a mudar de sistema o que ele entendia

ser para maior perfeição da Regular Observância, crédito da Religião, honra, e glória de Deus; e assim se fez venerado dos súditos, amável dos Superiores, e por um dos perfeitos Prelados, e varões insignes entre os de virtude, e santidade da sua Província.

CAPÍTULO V

Elege o Reverendíssimo Padre-Geral ao Padre Frei Melquior para Fundador da Custódia de Santo Antônio do Brasil, passa a esta Província, e das suas grandes penitências, e espirituais exercícios nela.

239. Já desta nomeação do P. Fr. Melquior pelo Reverendíssimo Padre-Geral para Fundador da Custódia de Santo Antônio nestas partes do Brasil, sua viagem para elas, e o mais que obrou em ordem à ereção da primeira Casa da Senhora das Neves da Vila de Olinda, deixamos dito em seu lugar; e assim o não repetimos aqui, como o não fazemos também de todas aquelas ações, fadigas, e trabalhos, que tocam à fundação das outras quatro Casas, e mais doutrinas, e missões, que se foram seguindo pelos nove anos, que o dito Padre obteve o cargo de seu Custódio, e primeiro Fundador, porque destas se tem mostrado, e mostrará também em seus lugares; e assim só agora daremos notícia das suas penitências, e exercícios espirituais, com que ia suavizando os seus grandes, e incansáveis trabalhos.

240. Colocado, como fica dito, o venerando Padre Frei Melquior no alto candeeiro da Prelatura, como luz, que já não havia arder em si, e só para si, mas dar calor, e alumiar a tantas almas, e de tão diferentes estados, e como nova, e primeira devia ser mais atendida, e levar a si os olhos, e as atenções de todos; e que assim como a luz, para permanecer fixa, e sem desmaio, necessita de conservação, e aumento de óleo, de que se mantém, e de instrumentos para lhe apartar as fezes, que lhe podem embaraçar o luzir mais, assim o P. Fr. Melquior, quando constituído na eminência de Prelado maior, e primeiro Fundador de uma nova Custódia, donde pedia o lugar fosse atendido como astro de superior esfera, conhecia bem a obrigação, que tinha de encher com os acertos das suas ações os olhos de um povo inteiro, que no ajustado dos seus progressos fundavam o total conhecimento da sua capacidade, e o bom êxito da sua eleição para uma tão grande empresa; e também conhecia, que sem o socorro de outro Superior, e maior influxo, não podia desempenhar as obrigações do cargo, nem satisfazer a expectação das gentes; e no conhecimento

claro, de que era mui pequena a sua luz para encher tantos espaços, recorria continuamente por maior cabedal de resplendores à presença de Deus, todo humilde, e rendido por meio da santa oração. Para ela reservava todo aquele tempo, que lhe o não consumiam as distrações, e negócios do seu cargo, que não deixavam de ser muitos, e de grandes consequências em todos os nove anos desta ocupação, no cuidado de fundar cinco Conventos, em a comprida distância de duzentas léguas desde a cidade da Paraíba do Norte até à Bahia de Todos os Santos ao sul, em as quais se achava pessoalmente, como em seus lugares se diz, para a sua formal aceitação, e pôr-lhes Prelados, e operários religiosos de exemplo, e atividade, para as novas fundações, e em tempo em que os não havia ainda para o total serviço de uma só Casa regular, quanto mais para cinco, fora os que lhe eram necessários para as doutrinas, e missões dos gentios, nas quais ele também não faltava pessoalmente para a pregação, e ensino dos novos convertidos. Em todos estes trabalhos, e outros mais, que se não repetem por semelhantes, e em que o corpo, por alguns achaques da natureza, devia sentir, e padecer muito, e muito mais; porque ajudado do mau trato, e pouco reparo, o sabia ele fortalecer com o vigoroso do seu espírito, buscando-lhe novas forças na palestra das virtudes, assim como no exercício da luta adquirem os combatentes novos vigores para os ânimos, e consumada robustez para os corpos; ou seguindo a metáfora da luz, as penitências extraordinárias, as disciplinas rigorosas, os jejuns contínuos, e as costumadas abstinências, eram as sutis tesouras, e agudos instrumentos, com que, maltratando o corpo, lhe dessecava as fezes, para lhe não embaraçarem a luz de espírito, e a oração, o novo óleo com que o refazia para não desfalecer.

241. Eram os lugares determinados para a viva representação desta cena a Casa do Capítulo, e a igreja diante do altar maior, ou o da Senhora da Conceição, e por algum inconveniente, ou falta de saúde, supria a sua cela estes lugares, especialmente para a santa oração; e fora destes, trazia de tal sorte a voz muda, o semblante composto, e a consideração elevada, que bem mostrava ser para o seu espírito qualquer lugar sítio de oração.

242. Nesta era o seu principal ponto a Paixão de Cristo, discursada pelos Sagrados Passos da sua Via-Sacra. E para melhor preparar para ela o seu espírito, logo que se recolhia por noite à cela, sem dar passo algum, formando na vasta ideia da sua consideração esta lastimosa via, a costumava correr, ou recorrer pela memória com dulcíssima ternura de sua alma; e passando depois, quando se lhe não seguia algum penoso inconveniente, para a Capela-Mor da igreja, ali lhe dava repetido princípio, com os seus costumados passos; da Capela saía ao claustro, corria as suas quatro quadras, voltava à igreja,

e por último a ia completar ao coro aos pés do seu Santo Cristo, mostrando em todas as suas sagradas estações, na contemplação de cada um dos seus dolorosos mistérios, que nelas se representavam os íntimos afetos da sua alma, nos seus diversos efeitos, e sentimentos exteriores, já de lágrimas profusas, já de suspiros magoados, já de fortes bofetadas, rigorosos golpes, e de reverentes, e continuadas prostrações.

243. Para este santo, e penoso exercício, acompanhando com a larga meditação de cada um dos seus passos, tinha determinado particularmente o dia de sexta-feira, ocupando os mais em outras meditações, que na vida mística usam os contemplativos, e dados à prática da oração, em a qual não deixou de receber da mão do Altíssimo particulares favores, e especiais consolações, que a sua humildade reservou só para si, e mui poucos nos vieram à notícia por via de seus confessores, que também nisto andaram descuidados, e em seu lugar faremos menção.

244. Sendo tão contínua a sua oração, não o eram menos as suas mortificações, e penitências, com as quais procurava reprimir a rebeldia do corpo, para vivificar as forças do espírito. Para toda a oração era o seu preparo, além das mais disposições espirituais para dispor a alma, uma rigorosa disciplina para compor o corpo, e acomodá-lo ao lugar. Para isto ordenou por sua própria mão um cruel instrumento, que mais lhe convinha o nome de azorragues do que de disciplinas, e eram estas umas correias de couro cru, áspero, e grosso, engastadas por elas agudas, e penetrantes pontas de ferro, que rasgando-lhe cruelmente as carnes, deixavam não só o corpo, também a terra alagada no próprio sangue. Reconhecia-o por culpa da natureza, rebelde, e robusto, e era o seu cuidado reduzi-lo, pela fraqueza, às leis do espírito.

245. Também para comprimir as paixões da carne, inimigo da alma sempre declarado, e tanto mais temido quanto mais caseiro, e no terreno que pisava o venerando Padre, muito mais atrevido, pois a cara descoberta fazia as suas avançadas; porque, por força da ocupação, e necessidade do ministério, lhe era preciso muitas vezes andar entre o gentio, e visitá-lo pelas suas habitações para a conversão destes, e assento das suas doutrinas, ou missões, e esta gente, ou de um, ou de outro sexo, não usavam antes de convertidos de outras roupas mais que aquelas de que os vestiu a primeira natureza, descompostos totalmente todos, e ainda quando já convertidos, e aldeados, por pobreza, e necessidade, sempre mal compostos, assim homens, como mulheres; e era esta para o puro, e casto varão, uma contínua bateria, e uma guerra desfeita, e tão perigosa como necessária. Mas o esforçado atleta, como prático na milícia do céu, e à imitação dos que pelejam nas campanhas da terra, que, para evitar os

golpes do inimigo sabem forrar os corpos com escudos fortes, coletes tecidos, e saias de malha escolhidas, também quis prevenir o seu com semelhantes insígnias, e armá-lo com duplicados arneses, para divertir os golpes do seu fatal, e intrometido contrário. Os seus coletes eram dobrados cilícios, que lhe cobriam os braços, e abaixo destes até a cinta, e de que já usava desde que menino se alistou nesta milícia; e porque até este tempo lhe não foi necessário a saia de malha, por não serem os combatentes tão fortes, e arrojados, agora que os via mais atrevidos, e avançados, se resolveu a usar também dela; e certamente que só uma fortaleza como a deste venerando Padre podia aturar o áspero, e rigoroso da que ele escolheu. Entre as árvores mui celebradas, como mais peregrinas, e só naturais nesta costa do Brasil, e com particular abundância nas de Pernambuco, são os chamados coqueiros, de que já em outra parte demos alguma notícia, e hoje é comum a todos. Costumam estes dar o seu fruto, ou brotá-lo em cachos mui avultados, e vêm estes ao nascer envoltos, como em mantilhas, em uns panos de três para quatro palmos de comprido, e dois de largo, tecidos de ásperos, e fortes fios de crespa palha, ao modo de teias, e semelhantes na contextura aos que os mestres alfaiates chamam peneiros, e servem para armar as abas das casacas, que hoje se usam. Destes, achando-se o venerando Padre em uma daquelas primeiras doutrinas, ou aldeias que havia fundado, mandou por alguns índios subir às árvores, e colher uns poucos daqueles panos, e cozendo-os ele mesmo uns com outros, ordenou um modo de saiote, em forma de calções, justos, e apertados, que lhe tomavam desde a cintura até os joelhos, e com um júbilo mui grande do seu espírito, se armou com aquela saia de malha, que como estas eram tão unidas, e os seus fios tão fortes, não houve flecha gentia, que por mais aguda lhe chegasse ao corpo, nem incentivo libidinoso, que lhe assustasse a carne.

246. Ainda lhe restava o peito por armar; porque os cilícios, e coletes não podiam chegar a ele, e não achava na armeira da mística arnês determinado para a sua defesa; mas o seu espírito, como artífice engenhoso de novas máquinas, para subjugar a rebeldia do corpo, e resistir às suas desordenadas paixões, descobriu, e forjou um, tanto mais admirável como nunca praticado. Mandou fazer uma cruz de pau de um palmo de comprido, e três dedos de largo, e nela fez cravar trinta pontas de agudo, e penetrante ferro, e este instrumento assim lançava ao pescoço, umas vezes sobre as costas, outras para a parte de diante, mas sempre imediato, e unido à raiz da carne, como tomando a peito não ter hora, nem instante, em que não ajudasse ao seu Redentor a levar sobre os ombros o pesado jugo da sua cruz, figurando nas trinta pontas desta, os três cravos do Senhor; não porque quisesse na demasia do número exceder o mistério da figura, mas porque achava que, por cada um dos cravos

do Senhor, merecia ele reduplicar em infinidades de vezes, pelo número de dez, o seu sentimento.

247. Muitos tempos carregou o venerando padre esta cruz sem a largar um só instante, e parecendo-lhe ainda mui suave este jugo, fixou na mesma cruz sete pontas mais, em memória das sete dores, que na paixão, e morte do inocente Filho penetraram o coração, e alma da afligidíssima mãe. Em uma Sexta-Feira Maior vestiu esta nova gala, e se adereçou com esta peça mais; mas como as novas pontas eram mais crescidas que as primeiras, ao compasso do aumento do seu espírito, com o contato das suas punções, estremeceu, e temeu[230] todo o corpo, e foi tão excessivo este tremor, que vencido o espírito ao primeiro toque do sentimento, a fraqueza do corpo, se resolveu a temperar o agudo do tormento, diminuindo no ferro as pontas. Pegou em uma lima, e quando a ia assentar sobre a primeira para a rebater, de tal sorte se arrebatou o espírito na confusão da fraqueza do corpo, que levantando-se todo sobre si, fez que o mesmo instrumento, que era para diminuir o picante do ferro, serviu de lhe aguçar mais as pontas, e com resolução mais que de homem fraco, e como alentado gigante, fortalecido de superiores influxos, e como picado de novos estímulos, desterrado o medo, e tristeza da carne, e revestido de alegres, e fervorosas ânsias, tomou às costas a nova, e reforçada cruz, e saiu com ela em seguimento do Redentor até o mais alto do Calvário, imitando no que lhe era possível, e permitido, o sentimento da sua Paixão, e as dores da angustiada Senhora, em reverência de quem se havia sacrificado ao tormento desta cruz, que carregou, conforme a notícia que nos ficou, por todo o tempo que viveu neste mundo, e podemos conjeturar, que por toda a vida, com notável constância, e repetidas dores; pois a qualquer movimento repentino, e ainda aos advertidos, e necessários, assim como com eles se chegavam mais à carne as suas pontas, mais intensamente se lhe renovava o sentimento, que pelo tempo adiante quis moderar, escrevendo na mesma cruz por título o nome Santíssimo de Jesus; porque sabia que era este nome óleo suavíssimo para fomentar as tibiezas do espírito, e medicina saudável para curar as enfermidades do corpo. Só quando se achava prostrado dos seus ordinários achaques, e nas jornadas que fazia pelos caminhos, e mares, se aliviava desta carga; mas esta falta necessária, a que ele chamava grande negligência, satisfazia pronto com outras mortificações, repassando nelas pela memória todos aqueles tormentos, e angústias, que o Senhor sentiu na sua Paixão, e as dores, e penas de sua Santíssima Mãe na assistência dela.

---

230 *Tremeu?*

248. Tendo assim guarnecido desde o peito até os joelhos o corpo com estas armas defesas, ainda lhe faltava para os olhos, e face aquela outra, de que se valem os combatentes para cobrir o rosto, e guardar os olhos aos golpes contrários, e chamam eles viseira; mas o não ver, nem olhar para cara de mulher alguma, foi toda a armação do nosso forte mantenedor, para rebater os assaltos deste cruel, e fatal inimigo; e nisto pôs sempre o maior cuidado; porque sabia que não fechar os olhos do corpo para semelhantes objetos, é abrir as portas da alma a pensamentos lascivos. Destes se livrara o venerando Padre com cegar por advertência, para não cair por descuido.

CAPÍTULO VI

Continua o venerando Padre no exercício das suas mortificações ativas, e de algumas passivas deste mesmo tempo.

249. Pouco aproveitara ao Capitão guerreiro revestir o corpo de escolhidas armas para rebater os golpes do combatente contrário, se lhe faltasse o espírito de fortaleza, e a valentia de ânimo para lhe saber resistir; antes mais lhe serviria o ânimo só adornado de esforço, do que o corpo composto de todas as armas. Da mesma sorte o varão espiritual na batalha dos vícios, e com excelência contra o da carne. Nesta lhe serviu o jejum, e abstinência do mesmo, que no Capitão o ânimo, e fortaleza; e assim como este bem venceria por mais animoso, do que pelas muitas armas, assim o espiritual melhor triunfará por mui abstinente, do que por bem disciplinado. Boas são as disciplinas, as cruzes, e mortificações; mas sem a abstinência poderia ficar soldado sem ânimo, e combatente sem fortaleza o que sem o jejum quisesse só com disciplinas levar a vitória. Mas antes, se na escola da mística devemos tomar as sagradas lições, que nela nos dão os seus experimentados mestres, com o grande Basílio, as melhores armas, de que se pode revestir, o que na palestra das virtudes, contra os vícios, quiser militar seguro, e alcançar gloriosos triunfos, vem a ser, o jejum, e abstinência; porque nesta virtude só, e neste exercício santo tem o mantenedor cristão uma rica armeria de todos os arneses, e peças defensivas. O jejum é o melhor colete de cilícios, e a saia de malha mais impenetrável;

porque é o jejum para o corpo, diz o santo doutor,[231] o companheiro mais seguro. O jejum é o escudo de todo impenetrável aos golpes do inimigo; porque o jejum, continua o mesmo santo, para a alma a melhor custódia, e a guarda mais fiel. O jejum contém em si a força dos cilícios, e disciplinas, o valor das mortificações, e penalidades, a virtude da oração, e a eficácia de elevar a alma das coisas terrenas para a contemplação das celestes; porque é o jejum, conclui o santo doutor, uma como praça de todas as armas místicas; e quem o continua, nele tem o mais apurado exercício para sair destro combatente, e glorioso vencedor.

250. Foi o jejum do venerando Padre Fr. Melquior quase contínuo; porque ainda nos dias em que formalmente o não fazia, ou por preceito, ou devoção, sempre guardou uma perpétua, e rígida abstinência. Nunca comeu, depois de passados os anos primeiros da Religião, mais que uma só vez ao dia, e carne, muito contra a sua vontade; e só por obrigado de doença, ou entre os índios, de algumas caças, quando totalmente não havia outra coisa. O seu ordinário sustento eram legumes, e algumas frutas agrestes, de que abundam os matos do Brasil; e dos ordinários da Comunidade tão parcamente aquela só vez, que mais parecia substanciar-se por milagre da graça, do que sustentar-se por virtude da comida. Ainda foi maior a abstinência que guardou na ordinária bebida; porque era esta também uma só vez ao dia, e com tão apertada tacha, que mais servia para lhe atear o incêndio do que para lhe mitigar a sede, porque continuamente a padecia. Para isto escolheu um pequeno vaso, que guardava consigo, e por este bebia aquela só vez, e com tal regra, que por mais ativa que fosse a sua secura, a não sabia temperar entre dia, e noite, mais que com aquela só medida. Vinho o não tocou muitos anos, e depois de bem entrado neles, só pelas Páscoas, e por aquele pequeno vaso de água, com a qual ainda destemperava a limitada quantidade do vinho.

251. Têm as pessoas espirituais suas disposições, e ensaios, para celebrarem as solenidades maiores da Igreja, e seus santos, mas em tudo contrárias às com que ordinariamente se dispõem para elas os filhos do mundo; porque o que nestes são cuidados do corpo no ornato de novas librés, na demasia da mesa, nos divertimentos dos festins, e passeios; nos servos do Senhor, são penalidades, jejuns, oração, e recolhimento; porque com estas é que dispõem as suas almas para o verdadeiro culto que devem a Deus. Não repetimos todas as deste venerando Padre, por ocultas, e comuns aos mais, e só de uma por

231 [Jaboatão] Jejunium corporis socius securus. Animae optima custodia. Fortibus viris monimentum, et arma. Athletis, et certantibus exercitatio. Div. Basil. Mag. homil. de Jejun. ant. medium.

notória, e singular damos notícia. Havia chegado a véspera da solene festa do Patriarca Seráfico, e querendo este amante, e verdadeiro filho celebrá-la naquele ano com alguma demonstração de maior gosto, e júbilo de sua alma, preparou para isso o seu corpo com três penalidades demais, sobre as comuns. A primeira foi pôr-se depois das Matinas em pé, diante do altar do Santo Padre, nu, e despido da cintura para cima, e assim levou em oração uma hora, ou mais que permitiu o tempo, meditando no singular desapego com que o inocente mancebo Francisco, diante do Bispo de Assis, largou aos pés do importuno pai todas as suas roupas, ficando só com as precisas da honestidade. A segunda não comer por todo o seu oitavário mais que pão, e este em mui pouca quantidade. A terceira em privar-se absolutamente daquela limitada porção de vinho que costumava lançar por festas no pequeno vaso de água, que tomava uma só vez por dia; e assim chegou nos deste oitavário a tanta aflição, e angústia o seu espírito, pela fraqueza, e secura que padecia, e em que se abrasava, que a vozes pedia socorro ao céu do íntimo da sua alma, e chegou a tanto este excesso, que ressecando-se-lhe a língua, abriu em gretas, e lhe custou muitos meses de enfermidade.

252. Nem para alívio desta ardente, e continuada secura lhe quis aplicar outro refrigério mais que um, e bem notável, e era, que quando às oito horas da noite chegava o acólito pela sua porta, como é costume entre nós, lançar água-benta pelas celas dos religiosos, e rezarem pelas almas um Responsório, pegando no hissope para esta cerimônia, depois do asperges, que fazia por aquelas, também aplicava alguns sobre si, abrindo a boca disfarçadamente, para lhe caírem dentro pela língua algumas limitadas, e sutis pingas da água-benta, que só por sufrágio poderia aproveitar, para o tormento da secura, assim como por tal servia às almas para refrigério das suas penas; podendo conceder-lhe o céu, como a varão santo, e ambicioso demais padecer, a consolação notável de refrigerar a secura da língua com um pingo de água, que, para padecer mais, negou o mesmo céu ao rico avarento.

253. Sendo a cama ordinária dos religiosos desta Província a mais pobre, e desalinhada que a de nenhuma outra, como consta aos mesmos, que destas se agasalham em os nossos conventos, pois não constam mais que de um leito de tábuas duras, uma esteira de palha áspera, uma manta, e cobertor de lã, e um travesseiro do mesmo; ao venerando Padre Fr. Melquior ainda lhe parecia mui brando, e regalado este, e assim achando uma estreita, e nodosa tábua, desprezada por inútil, e aplicada já para alimento do fogo, a acarretou para a cela mui contente, e lançada a um canto, sobre este, que mais tinha propriedades de potro para atormentar que conveniências de leito para o des-

canso, tomava só por noite duas para reclinar o corpo, sempre mal acomodado, por qualquer parte, porque por todas o estavam despertando os trinta e sete cravos da cruz, as agudas pontas dos cilícios, e os ásperos fios dos seus calções, que de tal maneira o tiranizava cada um *de per si*, e às vezes todos juntos, que lhe era necessário, para tomar algum leve repouso, portar-se imóvel, com o tronco, e sem se menear; porque qualquer leve movimento lhe repetia um mui sensível, e doloroso martírio.

254. Não era menor o que lhe sobrevinha nas contínuas jornadas, e caminhos, discorrendo por várias partes de Pernambuco na doutrina, e conversão do gentio, fazendo estas viagens sempre de pé, e sem o necessário cômodo, e como estava gastado das penitências, e mal-humorado, inchavam-lhe os pés, e pernas, e por uma ocasião destas com tanto excesso que chegou a julgar-se por hidrópico. Tremiam-lhe as mãos, e ainda o corpo, e com este modo de padecer, passava com grande conformidade de ânimo, e alegria da pessoa, recolhido em uma pequena cela, onde o pouco cômodo, e reparo para tanta enfermidade, lhe servia, se para alívio do espírito, melhor para lhe renovar chagas, repetir dores, e multiplicar penas, que só no recurso de Deus, ou para Deus podiam achar termo.

255. Para crisol das suas penalidades ativas, com que querendo purificar mais o seu espírito, apurava o venerando Padre o seu enfraquecido corpo com larga mão, aplicava também o altíssimo com a da sua Providência suficiente matéria em outras passivas, que nunca lhe faltaram em tempo algum, não só movidas por algumas pessoas seculares sobre a defensão, e liberdade dos índios, como já tocamos, mas também por súditos seus, achando neles notáveis, e conhecidas repugnâncias em muitas operações do servo de Deus, sobre a reforma, e estabilidade do Estado Religioso; e algum houve tão pouco advertido, que como enfastiado, e mais repugnante, lhe tornou palavras ásperas, e pouco consideradas. Mas o santo Prelado as ouviu com semblante sereno, tolerou com constância de ânimo, e ofereceu ao Senhor com resignação de justo; e devendo, ou podendo castigar neles, como demasias da sem razão, e sobrados defeitos da santa obediência, as carregava sobre si como fraquezas do seu próximo; porque ele era o que prostrado aos pés de uns tais súditos lhes pedia o perdão daquelas inadvertências, com que lhes perturbava a paz interior de suas almas, deixando-os assim bem mortificados, e confusos com este modo eficaz de repreensão, e fazendo só seu o que podia ser merecimento alheio, se com outra pena fosse castigado.

256. Outras muitas trovoadas destas acometeram ao servo de Deus, que por idênticas, e semelhantes, não repetimos; e nem o Senhor o quis deixar

de provar também pela forte, e suave mão da sua Providência, já retraindo algumas consolações espirituais, interiores, e sensíveis, que comunicava à sua alma nas suas maiores tribulações, e angústias; e especialmente no exercício da oração, deixando-o nela quase desolado, e sem aqueles alívios, e afetos íntimos, e sossego da alma, que nela comumente experimentava, dispensando também com o inimigo comum o perturbasse nela, e inquietasse por muitas vezes, já com distrações impertinentes, já propondo-lhe certas dúvidas sobre particulares mistérios de nossa santa fé, já com fortes dificuldades acerca da sua salvação, com que se achava o servo de Deus com uma grande repugnância para os seus santos exercícios de oração, penitências, e outras mais, e ainda que não chegou a desfalecer, nem afrouxar um só ponto neles, contudo por muitos tempos padeceu um grande, e forte martírio nesta batalha, e por ver se na solidão achava mais repouso o seu espírito, se passou para uma aldeia a buscar no retiro das gentes o comércio mais fácil com o seu Criador. Ali se divertia com ensinar a doutrina aos índios, e em outras ocupações devotas, pintando algumas imagens dos santos, que repartia por eles, e até disto o quis privar por agora o céu; porque lhe sobreveio uma veemente dor de olhos, que mortificando-o por alguns dias sem alívio, foi forçado retirar-se outra vez ao convento.

CAPÍTULO VII

De algumas consolações, e favores espirituais com que acudiu o céu ao seu servo.

257. Todas as coisas têm seu tempo; e não sendo esta regra mui certa nas que se executam por disposição dos homens, porque as faz muitas vezes perverter, ou os afetos da vontade, que sempre erra, ou os defeitos do entendimento, que também se engana; é certíssima nas ordenações do céu, que governadas ao compasso da mão do altíssimo, sem defeito nem afeto, tudo sabe dar a seu tempo. De sorte que, pela ordem da sua Divina Sabedoria dá Deus gostos, e dá penalidades, e sabe dá-las aos seus tempos pela sua ordem, que é, depois do trabalho, dar a consolação; e esta é a diferença que há entre os dons de Deus, e os que dá o mundo, que nestes aos gostos se seguem as lágrimas, e nos do céu são estas o anúncio dos melhores gostos. Havia o Padre Fr. Melquior sulcado por muitos tempos um inquieto, e tempestuoso mar de contradições, já em tormentas desfeitas de calúnias, que com línguas mais abrasadoras que o mesmo fogo, fulminavam raios destruidores da interior paz,

e sossego da sua alma, já em aguaceiros contínuos de moléstias corporais, já em prolongadas vigias, em fomes, e sedes voluntárias, disciplinas rigorosas, já em calmarias do céu, e já finalmente em securas de espírito; mas em tanta tempestade sem desalojar o combatido, e constante baixel da sua alma o mínimo peso de tanta carga, caminhou sempre seguro nesta navegação; porque ferrado ao leme do conhecimento próprio, firme na âncora da confiança em Deus, e guiado pelo norte certo da sua santa oração; e assim era tempo, de que suspendendo o céu os encontrados ventos, e contínuos temporais de tantas contrariedades, mandasse suaves virações, acudindo ao seu servo com os seus espirituais consolos, para tranquilidade da sua alma, que são os mimos que este Senhor costuma dar aos seus escolhidos, depois que nestas águas de contradições os tem assim provados, disfarçando-os em místicos, e profundos ilapsos, que por meio da oração lhes sabe comunicar.

258. Retirado o venerando Padre da missão, por causa da moléstia dos olhos, para o convento, e seguindo-se logo a festividade do Seráfico Patriarca, que já fica referida, e convalescido da forte moléstia, que dela se lhe seguiu pelo rigoroso da sua abstinência, especialmente na que guardava em a bebida da água, não afrouxando no rigoroso preceito, que se havia posto de não tomar entre dia, e noite mais que a limitada porção, que já se disse, sendo a hora competente da sua oração, entrou na igreja, não pouco sequioso, e posto em altíssima contemplação, lhe foi representado aos olhos interiores da alma que via em um majestoso, e rico trono a Virgem Santíssima com o Bendito Filho nos braços, o qual tinha nas mãos aquele mesmo vaso por onde o seu servo costumava beber, cheio de um licor claro, e puro, que a ele lhe parecia água, e seria sem dúvida alguma ambrosia do céu, e tomando a Virgem Mãe o vaso da mão do Filho, o dava ao venerado Padre para que bebesse; e ele o aceitava com suma reverência, e humildade, e bebia abundantemente, com que de todo apagava o intenso ardor da sua sede. Admirado depois de favor tão soberano, e considerando a vileza do seu ser, todo encolhido, e humildemente respeitoso, queria agradecer com palavras tão grande benefício, mas não podia, porque o conhecimento do seu nada lhe embargava a voz, e o respeito das Majestades lhe turbava o discurso, e nesta interior aflição, lhe parecia, que a piedosa Senhora lhe falava assim: Com esta celestial bebida, que recebeste da minha mão, e te ofereceu meu Filho, e teu Senhor, te quer ele pagar o muito, que por seu amor tens padecido, e com que ela apagues também os intensos ardores da tua secura, assim do corpo como do espírito. E aqui tornando sobre si o Servo do Senhor, se achou não só aliviado da grande sede, em que continuamente se abrasava, também lhe ficou na boca com o gosto daquela celestial bebida, um suavíssimo cheiro, e admirável fragrância por muitos tempos. Por tão

superior, e prodigiosa consolação, derramando copiosas, e enternecidas lágrimas de agradecido, deu a Deus, e a Sua Santíssima Mãe humildes, e repetidas graças. Também desde logo começou a sentir interiormente, convertidas em suavidades, as passadas amarguras da sua alma, e o seu espírito mui dilatado recebeu novas, e superiores ilustrações.

CAPÍTULO VIII

Da virtude da Religião do venerando Padre Fr. Melquior.

259. É a virtude da Religião aquele rico incensário de ouro em o qual a alma devota, nos puros holocaustos que faz a Deus no altar da sua Divina presença, lhe oferece os preciosos aromas da oração, e mais virtudes abrasadas no fogo ardente do seu amor, e desatadas em os fragrantes fumos, e obséquios devidos ao seu sagrado culto. Neste luzio com admiráveis ascensões, e fulgentes resplendores de edificação, e exemplo, o venerando Padre Fr. Melquior. No contínuo exercício desta virtude da Religião, considerando a Deus como o Senhor Supremo de tudo o que tem ser, lhe oferecia em primeiro lugar o seu corpo com todos os sentidos, potências, e faculdades, sacrificando-o como hóstia viva nas aras da mortificação a golpes sanguinolentos de disciplinas, cilícios, jejuns, abstinências, e securas, com todas as mais penalidades corporais, que ficam referidas em a relação das suas penitências. A este mesmo fim de tributar todo o culto à Majestade Divina O adorava com repetidas genuflexões entre dia, e noite, beijando a terra por outras tantas vezes, e todas as que entrava na igreja a fazer oração, ou a outro qualquer fim; outras levantando os braços em cruz por largo tempo. Os olhos sempre os trazia baixos, e tão mortificados, que não apanhava com a vista deles mais que a breve, e demarcada distância, que podem alcançar, os que elevados a Deus, só olham para aquela terra, que hão de pisar, para não cair em algum tropeço; sem que desta baliza, que lhes havia posto, passassem adiante a avançar mais terreno, por muito que o repente, ou novidade lhe dessem rebate para algum peregrino, ou inadvertido reparo.

260. Sendo mui afetuoso no culto com que venerava a Cristo como Redentor em todos os sagrados mistérios, que como a tal lhe dizem respeito, era em alguns destes sumamente afetuoso, e enternecido, sendo o principal o do Nascimento deste Senhor, e quando o considerava como Menino. A sua Meditação o enternecia. Já o considerava Menino, já pobre, nu, e despido, já

chorando, e já rindo, e achava em tudo tanta suavidade o seu espírito, e uns sentimentos de amor tão vivos, que os não podia conter dentro em si por mais que procurasse ocultá-los. Tinha o venerando Padre uma pequena lâmina, em que muito ao natural estava retratado Deus Menino, e nascido em o presépio. Este foi sempre o seu fiel companheiro, porque o levava consigo para onde quer que fosse, venerando o seu Divino Objeto com viva fé, e ardente amor; porque aquele que ama o original, facilmente aplica o desvelo ao seu retrato. Com este amante Deus Menino comunicava os seus cuidados, a ele acudia como a seu conselheiro, e Mestre, e nele achou sempre remédio para os seus males, alívio nas suas tribulações, e luz para todos os seus acertos. Havia penetrado tanto suas piedosas entranhas esta devoção, e afeto ao seu Criador neste inocente, e amoroso estado, que em vendo qualquer menino, logo se lembrava dele, imitando nisto, como bom filho, ao nosso Seráfico Patriarca, que não podia ver que diante dele se matassem cordeiros, lembrando-se, que na mansidão daqueles, recebendo os golpes sem a queixa das vozes, se representava a inocência do Cordeiro de Deus, não se queixando nunca dos que lhe davam a morte. Crescia muito mais o seu compassivo afeto para aqueles meninos, que pelo nu, despido, ou desprezível, entendia serem pobres; porque estes, dizia ele, eram mais semelhantes, ou representavam melhor em si ao pobre Jesus Menino; e ouvindo chorar algum deles, se afligia em grande maneira o devoto, e contemplativo Padre, e dizia mui enternecido: *Valha-me Deus, para que fazem chorar esse anjinho?, e* lá dentro em si ficava como abstraído, e suspenso, refletindo, e discorrendo em sua alma: *Choraria assim o Menino Deus no Presépio? Mas, que fora vê-lo chorar, e derramar lágrimas por meus pecados!* Disse-lhe em uma ocasião destas seu companheiro: Vede, Padre, não vos deixeis arrebatar tanto destas criaturinhas, adverti, não vos roubem de todo o coração estes idolosinhos, e vos deixem a alma seca, e desolada. Não, respondeu o P. não espero eu isso pela graça deste mesmo Deus Menino; porque me sucede, ao que julgo, muito pelo contrário; porque a formosura, e inocência destas criaturinhas suas me ajuda muito para a lembrança do seu Criador, e cada um deles me parece que o representa, porque são imagens suas vivas, e como a tais as amo. Não vedes, acrescentava o contemplativo Padre, a pureza, e sinceridade destas almas! E quem não conhecerá também, que em estando o espírito de todo entregue a Deus, não pode fazer-se parcial das criaturas, antes lhe podem servir de matéria para melhorar-se no perfeito, os que no coração distraído só servem para o divertir!

261. Donde porém mais se elevavam os dilatados voos do seu alto, e devoto sentimento, sobre este amoroso estado de Deus Menino, era em a solene noite do seu nascimento. Para ele se preparava desde o dia de Todos os

Santos com mui piedosos, e devotos exercícios. Era o primeiro, fabricar em seu coração um espiritual, e humilde presépio; e para que o Menino Deus nascesse, ou renascesse nele com toda a devida, e necessária decência, o adornava de especiais virtudes, procurando por todo aquele tempo mortificar com alguma novidade mais seus sentidos, fazendo especiais atos de amor de Deus, e particulares jaculatórias àquele seu amante Senhor, que esperava ver nascido, e Menino. Era causa de grande edificação vê-lo assim tão enternecido, esperando com doces memórias a vinda do Salvador, e especialmente naqueles sete dias ante Vésperas da sua Natividade, tomando para pontos das meditações do seu ansioso espírito em cada dia uma das Antífonas chamadas de O', ou da Expectação, com as quais a Santa Igreja, saudosa, e firme na sua vinda, e à imitação dos Santos Profetas, e antigos Patriarcas, que impacientes com os vagares de tantos séculos de esperanças, já pediam aos céus rasgassem as densas cortinas das suas nuvens, para descer com mais presteza o desejado das gentes; já rogavam à terra abrisse suas entranhas, e brotasse delas o seu Salvador. Assim este devoto, e ansioso Padre, em cada uma daquelas saudosas Antífonas, e amorosos Cânticos da Igreja, achava novos incentivos para repetir ansioso as saudades de Deus Menino, que tão afetuoso, como cada um daqueles abrasados espíritos do Velho Testamento, suspirava com a santa Igreja pela sua repetida vinda; já como Sabedoria incriada, que saindo da boca do altíssimo, e introduzindo-se nas puríssimas entranhas de uma Virgem havia unir extremos tão distantes, como o Divino, e humano; já pela presença daquele Senhor, que como fogo que arde, e não abrasa, à semelhança da Sarça que viu Moisés, se havia atear em nossos corações; já pela posse daquela Raiz de Jessé, que havia brotar na terra, para sinal de que se lhe haviam humilhar, depois de nascida, todos os reis do mundo; já pela entrega daquela chave de Davi, que veio a nós para nos fechar as portas do inferno, e deixar-nos abertas as do céu; já pelo Oriente, e esplendor daquela eterna luz, que vem alumiar as trevas ao mundo todo; já pela vista, e presença daquele Supremo Rei, e Monarca desejado de todas as gentes, que com o Soberano Nome de Emanuel nos vem fazer certos de que Deus está conosco, que já chegou o logro da nossa esperança, que já nasce o nosso Salvador. Nestas, e em outras semelhantes meditações, e doces jaculatórias, que por cada um daqueles sete dias ia discorrendo se inflamava o seu espírito, e se abrasava o seu coração, que prorrompia em ardentes suspiros, e tão impetuosos, que os não podia conter dentro em si; e vendo-o seu companheiro em uma ocasião destas assim arrebatado daqueles amorosos sentimentos, lhe disse: Bom vai isso, Padre, bem tem bebido na adega do amor Divino; ao que ele respondeu, como envergonhado de ser sentido: Fazei-me caridade de calar, que a ocasião é fortíssima, e eu muito fraco. Em a noite de

Natal se ia para o coro mui antecipadamente, e ali, na viva consideração do Sumo Bem, e Divina Majestade de Deus Menino, que via já de mais perto vir apontando às janelas da sua alma, eram mais copiosas as suas lágrimas, e mais íntimos, e enternecidos os seus sentimentos, e por isso também mais sensíveis; e por uma vez que assistiam ali alguns religiosos, como arrebatado, e fora de si lhes disse: Ai irmãos, se vós soubésseis que lindo, e formoso está o Menino Deus! Aqui estou esperando a ver o que me manda; e desejando que a Virgem Mãe, já que não mereço me faça entrega dele por algum instante, me deixe dar-lhe sequer um ósculo de paz, e com ele a boa-vinda. E como tornando em si, continuava: Não vos espanteis, se não acerto no que digo; porque o gosto deste dia é superabundante a fazer sair de si o meu fraco juízo.

CAPÍTULO IX

Do reverente, e devoto culto de Religião do venerando Padre, em obséquio de Cristo no sacramento Santíssimo do Altar, e em outros Mistérios do mesmo Senhor.

262. Como são tão equivocados entre si o Mistério de Deus nascido, e o de Cristo Sacramentado, que se naquele veneramos obsequiosos a Deus em corpo, neste adoramos rendidos o Corpo de Deus, porque em ambos, humanado por amor dos homens; assim também, não foi menos excessivo no afeto, e ternura para com o suavíssimo Mistério de Cristo Sacramentado, como o do mesmo Senhor nascido, o venerando Padre Frei Melquior. Naquele o arrastavam as carícias de um Deus Menino, neste o levavam as suavidades de um Pão do Céu; lá as lágrimas de uma Inocência toda Divina; aqui os favores de um maná todo celeste, que para satisfazer os humanos desejos, já no deserto os havia buscado em estilo de lágrimas. Eram profusas, as que derramava o venerando Padre, posto na presença deste Sacramento do Senhor, aonde sempre se achava sua alma assistida de três especiais afetos, ou atos virtuosos, como efeitos do claro conhecimento de tão alta, e tremenda Majestade, a quem assistia, e vinham a ser: Temor, Amor, e Reverência. Esta a mostrava nas profundas, e repetidas prostrações com que o adorava publicamente ao entrar, e passar pela capela-mor, perante o seu altar, e sacrário; o amor o expressava quando exposto na mesma capela, já no coro, fazendo-lhe contínua assistência, e buscando, sempre que havia cômodo, a presença deste Senhor Sacramentado para o exercício da sua oração; porque a certeza, e consideração certa de estar

ali corporalmente Cristo Senhor N., dizia ele, o ajudava muito ao recolhimento interior, e composição da alma, e ainda para a externa compostura da sua pessoa. O seu santo temor, o declarava; porque sendo por estas duas razões, que ficam ditas, mui grande a ânsia que tinha em celebrar todos os dias o tremendo Sacrifício da Missa para saciar com aquele Divino bocado a espiritual fome de sua alma, muitas vezes se abstinha de o fazer, recolhendo-se dentro em si, e no profundo conhecimento do seu nada, com uma humildade suma, e temor reverencial, fundado no sentir da sua própria baixeza, e da altíssima perfeição, que conhecia ser necessária para fazer tão tremendo sacrifício, tratar com suas mãos, e receber em sua alma tanto, e tão inefável Sacramento, como o do Corpo Santíssimo de Cristo.

263. Mas como era tão eficaz a ânsia de refazer as forças da sua alma com aquele suavíssimo Pão dos Anjos, nestes dias, que se privava por humilde de celebrar o Sacrossanto Sacrifício da Missa, entretinha a sua reverente devoção com as espirituais comunhões, que fazia nas particulares, que ouvia, com uma fé mui viva, uma caridade perfeita, um notável, e conhecido aproveitamento; e ao tempo que o sacerdote fazia a fração da hóstia, falando interiormente consigo, dizia: Ó alma minha, já partem o pão celeste, chega, e pede também a tua parte, pois é para todos, chega. E quando o mesmo sacerdote o consumia, com ele, e com enternecidos colóquios, espiritualmente comungava; e o mesmo fazia na consumpção do sangue de Cristo, pondo os olhos no cálice, considerando nele um mar de sangue recolhido das rasgadas veias do Inocente Cordeiro nas breves margens daquela copa, ali se aplicava a beber como nas perenes fontes de seu Salvador. Perguntava-lhe seu companheiro, que era um religioso do espírito, que com ele comunicava sobre matérias místicas do seu aproveitamento, pedindo-lhe direções para este santo exercício, e como se devia preparar para ele; e respondia-lhe nestas breves, e singelas palavras: Eu quando chego àquela Sagrada Mesa, chego-me a ela, como pobre, e mendigo, manifestando a Deus a minha necessidade, e assim me disponho, e chego a recebê-lo com fé viva, e desejo eficaz de que entre em minha alma a fazê-la morada digna da sua divina, e humana Majestade.

264. É o Sacramento Santíssimo do Corpo de Cristo um abreviado mapa da sua paixão, pois para viva memória dela foi instituído, e deixado aos homens no mundo pelo mesmo Senhor, e para um, e outro foi extremado o culto de Religião, que resplandeceu no venerando Padre. Dos afetos, e suaves meditações, com que se oferecia, e exercitava na presença do Senhor Sacramentado, passava para os sentidos, e dolorosos da sua Paixão, acolhendo-se quase sempre do Sacramento Santíssimo do Corpo, para o das Chagas do

mesmo Corpo do Senhor; porque, sem sair da Capela-mor, como fazia no devoto exercício da sua Via-Sacra, e Passos da Paixão, ali diante do seu altar, e na presença deste Senhor Sacramentado, considerando-se em estado de peregrino, e pobre neste mundo, e formando das cinco Chagas cinco Templos, ou sagradas habitações, dispunha o seu espírito para a devota visita de cada um daqueles místicos santuários, onde ia buscar a Deus, e pedir-lhe o socorro, e esmola de particulares virtudes, com que pudesse substanciar, e enriquecer a sua pobre, e necessitada alma. Chegava com esta espiritual romagem ao Templo da Chaga do Pé esquerdo, e ali todo prostrado, humilde, e devoto pedia as três especiais virtudes, que dela podem tirar os místicos, e contemplativos, que são conhecimento próprio, humildade, e obediência. Desta saía para a do Pé direito, e da mesma sorte pedia as três virtudes, que lhe correspondem: mortificação, conformidade, e paciência. Daqui subia à da Mão esquerda, e pedia temor, fortaleza, e resignação; passava à da Mão direita, e pedia pureza, compaixão, e misericórdia; e assim carregado já de tantas, e tão preciosas joias de virtudes, e graças, chegava ao último Santuário da Chaga do Lado, e desejando fazer nele eterna morada, e tomar o último repouso o devoto peregrino, entrando com devotas saudações, amorosas jaculatórias, prostrações profundas, ânsias, suspiros, lágrimas, e afetos, pedia, todo submisso, e humilhado, como fundamento para as mais virtudes, a da Fé, Esperança, e Caridade, e pedindo licença primeiro, como nos mais, para entrar neste santo Templo, nele ficava como abstraído de todas as coisas deste mundo, e todo entregue só a Deus. Era este para o venerando Padre um dos seus mais devotos, e estimados exercícios, e de tal maneira se achava elevado nele, que muitas vezes não podia passar de um para outro Templo, e sair de uma para outra Chaga, e neste caso obedecia com toda a resignação à vontade do Senhor, detendo-se, e recebendo em cada um deles aquelas espirituais consolações, e místicos sentimentos, que lhe comunicava a liberalidade Divina, e pode sentir, mas não sabe explicar a fraqueza humana.

265. Assim resplandecia no venerando Padre o culto devido ao Senhor em seus Mistérios, e não se esmerava menos no que tocava aos seus Divinos Ofícios, observâncias dos seus preceitos, guarda das suas festas, e cerimônias santas da Igreja. Nenhuma lhe parecia menos necessária, uma vez que era ordenada para o seu Divino culto, e assim foi pontualíssimo em a sua observância. Com este religioso espírito de perfeição se preparava antecipadamente para qualquer ato do coro, ou altar que lhe tocava, ainda que fosse o de ler só uma lição, que o não fazia, sem o prever primeiro, por evitar no Divino Culto do Senhor o mínimo defeito. Quando pelas ocupações do seu cargo, sendo Prelado, ou por algum emprego da Obediência, enquanto súdito, não lhe era

possível rezar no coro com os mais o Divino Ofício, sempre o recitava, ou de joelhos, ou em pé, e nunca sentado, só quando lho não permitia a força de alguma enfermidade. Da pureza da alma, com que desejava celebrar o tremendo sacrifício da Missa, já fica notado no que dissemos, quando por este respeito se abstinha de a celebrar algumas vezes. Aos sacerdotes, ainda aos mais modernos, e de inferior graduação, sempre atendia com particular respeito. Os dias de Festa procurava santificar, acrescentando, como também se disse, aos seus costumados exercícios, e mortificações, outras mais particulares, com o santo fim de desagravar em parte as exorbitantes desordens, com que os mesmos fiéis, e filhos da Igreja, por descuidos da sua obrigação, os costumam profanar.

CAPÍTULO X

Do obsequioso culto do P. Fr. Melquior a Maria Santíssima.

266. Desde os seus primeiros anos se começou a mostrar este venerando Padre mui oficioso, e com todo o afeto, e vontade dedicado ao serviço, e culto desta Senhora, e depois com os anos chegou a tanto extremo a sua veneração, e obséquio a tudo o que lhe dizia respeito, que nada podia falar, sentir, ou meditar sobre os particulares mistérios da sua vida, que não fosse acompanhado com uma larga, e continuada profusão de lágrimas, e interiores afetos. É certo, dizia o venerando Padre, que ninguém pode chegar ao Pai senão pelo Filho, como diz o Evangelho, e eu sinto, que ninguém pode chegar ao Filho, senão pela Mãe. É a Virgem porta do céu, e como poderá entrar no céu, quem não entrar por esta porta? Para a ter patente a costumava ele visitar com repetidos golpes de várias devoções, entre as quais teve o primeiro lugar a da Sagrada coroa dos seus gozos, praticada em a nossa Religião, e ensinada nela pela mesma Senhora ao venturoso noviço, que a piedosa mãe coroava com tantas flores, quantas eram as saudações angélicas, que saíam da sua boca. Era suma a alegria, que lhe entrava, quando via alguma pessoa com o rosário na mão, e dizia para ela: Depois da cruz, não há melhores armas que estas para nos defendermos do inimigo comum; porque enfim são armas, ou prendas da Rainha dos Anjos. Do entranhável afeto, que tinha a esta Senhora lhe nasciam os intensos desejos, de que todos adoecessem desta devota, e amorosa paixão; e assim no púlpito, como no confessionário, e a todos quantos tratava persuadia a sua devoção. Quando doutrinava aos índios, repartia com eles rosários, rogando-lhes com carinho, e amor, que todos os dias o rezassem, e

para efeito de os haver, os aceitava de alguns amigos espirituais, e benfeitores, e também os repartia com os religiosos missionários para o mesmo efeito. Para os mesmos índios compôs também alguns cânticos espirituais na língua da terra, para que os estudassem, e com eles todos os dias saudassem a Senhora na sua imagem, que havia mandado colocar em cada uma das igrejas da sua doutrina.

267. Algumas burlas lhe armou o demônio para o divertir desta devoção. Achava-se em uma ocasião recolhido à casa da Enfermaria, pegando por noite nas suas contas, para aliviar com elas a carga da enfermidade, sentiu que lhe tiravam o rosário das mãos, e com o cuidado de o não achar, chamou pelo enfermeiro, que trouxesse luz, e buscando-o não apareceu, e então falando ao Irmão, lhe disse com um semblante mui alegre: Nem isto tampouco me há de turbar, mediante a graça divina, nem há de ser bastante a que me prive da minha devoção; fazei-me mercê do vosso rosário, que isto me faz o inimigo comum, para me inquietar; mas desta vez não há de fazer a sua, antes lhe darei maior pesar, dobrando hoje a minha reza; e ao outro dia se achou o rosário no Capítulo aos pés da Imagem da Senhora que nele se venera.

CAPÍTULO XI

Da virtude da Fé do venerando P. Fr. Melquior.

268. As três virtudes teologais, Fé, Esperança, e Caridade, que, como graças especiais do céu, são a sobrenatural formosura das almas, parece que à competência se empenharam a comunicar lustres à do venerando Padre Fr. Melquior; e sendo estas o fundamento de toda a perfeição cristã, a sua fé principalmente se transfundia por todas as operações da virtude da Religião do servo de Deus. Tudo aquilo, que não vemos é crédito da fé, e substância do que esperamos. Nesta foi sem dúvida, a esforços da graça, mui fortalecido, e vigoroso o espírito do venerando Padre desde os seus primeiros passos no caminho da virtude, e assim como crescia na perfeição desta, se ia aumentando nele aquela; porque é certo, que cobra forças a fé, com os repetidos atos de virtude, e Religião. Desta viva fé lhe nasciam os fervorosos desejos de derramar o sangue em testemunho da sua verdade, de que se seguia a grande veneração, que mostrava àqueles santos, que pela sua confissão deram as vidas, e logram na Igreja o título de mártires. Tanto se cativava desta virtude, que fazia fineza de crer sem ver, fechando os olhos do entendimento a tudo o mais que não

era obséquio seu; e assim dizia algumas vezes: Eu confesso, que mais seguro me acho quando padeço interior, ou exteriormente, sem esquadrinhar os seus *Porquês*, pois então caminho com mais fé, e sinto, nesta obscuridade de trevas, mais abundante luz. Daqui lhe nascia o grave respeito com que tratava os Mestres, e Teólogos. Era singular o apreço que fazia dos pregadores, especialmente dos que o faziam com espírito, e desengano; porque suposto, dizia, que todos o devem assim fazer, reparte Deus a uns mais graças para isso que a outros. Os que pregam com fervor, e espírito, pregam a Deus; os que o fazem por outro respeito, pregam-se a si; os que dizem a palavra de Deus com espírito, imprimem-na no coração; os que a pregam sem ele, deixam-na nos ouvidos; mais se obra em um sermão de proveito, do que em todos os de gosto; porque naquele pode-se render a vontade, neste só se entretém o entendimento; e por isso quando ouvia algum sermão mais fundado na vã retórica das palavras, do que no sólido, e substancial da doutrina, ainda que o não censurava com vozes, na demissão do aspecto mostrava o seu desgosto.

269. Era para o venerando Padre de grande consolo, quando saía, ou mandava aos seus religiosos pregar ao gentio, na consideração de que por este meio podia dilatar-se a fé entre tanta multidão de bárbara gente, e exporem-se também por ela os seus pregadores a um vivo, e dilatado martírio, que o faltar-lhe o sangue, e a morte, para ele parece lhe não tirava este merecimento; tanto aos que o desejavam como Ministros Evangélicos, como aos que fora deste desejo o padeciam sem dúvida, nos grandes perigos, trabalhos, e zelo da salvação de tantas, e tão necessitadas almas.

270. O zelo santo da fé em nenhuma coisa exemplariza melhor, que na sua defesa; e no sentimento vivo das contínuas perseguições que padece a Igreja Católica, e os seus fiéis. Era excessiva a dor, que sentia o venerando Padre, quando ouvia repetir, ou lhe ocorria à memória, o que em ódio na santa Igreja, e Fé Católica executava a herética perfídia dos seus inimigos, e assim se afligia tanto, como se vira presentes, blasfemar estes, e padecer aquela, e chorava com igual caridade o dano temporal de uns, e a perda eterna de outros. Quando ouvia semelhantes excessos, costumava pôr-se na presença de Deus, e derramando lágrimas, e sentimentos, fazia quanto era da sua parte por satisfazer com atos de piedade, o que com obras sacrílegas era ofendido o Senhor por seus inimigos.

CAPÍTULO XII

Da virtude da Esperança do venerando Padre.

271. É a Esperança, como virtude nas tempestades da vida, a âncora segura da alma cristã, medicina eficaz das nossas desconfianças, vínculo forte da graça, e prêmio inestimável da glória. Em grau heroico teve o venerando Padre Frei Melquior esta virtude, e nela se exercitava continuamente, repetindo com S. Boaventura estas palavras: Oh Esperança do Céu, que tanto confias, quanto alcanças! Em todos os seus projetos, e acontecimentos, e naqueles principalmente, que havia descobrir o tempo, levantando o coração a Deus, repetia com terníssimo afeto aquele verso do Rei Profeta: em vós Senhor, esperei, estou certo, e livre de toda a confusão, e sobressalto. Este foi sempre o forte escudo, com que rebatia continuamente os atrevidos afetos do comum inimigo nas tentações, que lhe oferecia, sugerindo-lhe tímidas desconfianças sobre a sua salvação, impossibilidades notórias de poder continuar na aspereza das suas penitências fundadas em a natural debilidade da natureza, e no vivo conhecimento da humana fragilidade, e do pouco que podia para as operações da graça, carregado com o peso das paixões humanas, e da natureza viciada. Mas o servo de Deus, posto diante do Senhor, lhe sabia dizer desde o íntimo da sua alma: *Ainda que miserável, e fraco, assim espero, Senhor, em Vós, que não serei confundido; porque me há de livrar a vossa proteção. Bem conheço, Deus, e Salvador meu, que as minhas culpas têm merecido muitas vezes o inferno; mas também sei, que a vossa piedade não quer a morte do pecador. Vede, Senhor, que por muitos títulos sou vosso: vós me criastes, vós estampastes em minha alma a vossa imagem, e me fizestes à vossa semelhança; vós me conservais o ser que me destes; vós me remistes do miserável cativeiro do demônio; vós me consagrastes para vós, não só em o batismo pela graça, mas também por ela no estado Religioso. Vós enfim me pusestes neste mundo para que vos servisse nele, e depois vos louvasse eternamente na Glória; e assim, Senhor, pois que por tantos títulos sou vosso, a vós vos toca o defender-me, e livrar-me, para que não digam meus inimigos que hão prevalecido contra mim; e por isso espero em vós o perdão do que vos hei ofendido; em vós espero a graça para não tornar a cair, em vós os auxílios para poder perseverar nela, e em vós espero a glória, para onde me criastes, movido só da vossa suma bondade, e infinita misericórdia.*

272. Com estes, e semelhantes atos de esperança firme, rebatia o Servo de Deus as fortes baterias do inimigo nas ocasiões referidas, e em especial em a obscura noite dos seus místicos desamparos, e espirituais securas da sua alma, trabalhando muito por lhe fazer palpáveis tão funestas sombras; mas o Servo

do Senhor, acastelado sempre em a fortaleza segura da esperança em Deus, desfez todos os ataques da sua diabólica astúcia. Com este mesmo certo, e delicado fio da esperança em Deus, tirou do intrincado labirinto da perdição a muitas almas, confortando aos que lhe comunicavam algum negócio árduo, e dificultoso, de que pendiam, em não o conseguir, danos, e riscos irreparáveis, assim no temporal como espiritual, e fortalecidos pelo Servo de Deus a fixar no Senhor com firme esperança o seu fim, o tiveram mui feliz. *Esperemos em Deus,* lhes dizia a todos: *porque assim conseguiremos o que esperamos, crendo firmemente, que tanto teremos de bom sucesso quanto tivermos de esperança em Deus.* E se era pessoa, a quem com mais confiança lhe podia manifestar os secretos do seu coração, lhe dizia com muita singeleza: *Eu me tenho achado muito bem com esta confiança; porque em todos os meus trabalhos, e dúvidas, assim as que pertenciam ao estado da minha alma, como a outros respeitos particulares, sempre me pus na presença de Deus, e com isto consegui o ajudar-me sempre. Confesso que algumas vezes via os remédios tão dificultosos, e tão escuras as dúvidas, que qualquer, que as tivera as julgara, medindo-as pelas regras naturais, impossíveis para se conseguirem; mas em todas estas tribulações, e entre tantas trevas, sempre me ficava um resquício de luz interior, e esperança certa, como um delgado fio, a que me pegava, e com que vinha a sair daquele labirinto do meu espírito, vendo conseguidos com felicidade os meus bons desejos, contra as maiores, e mais fortes oposições; porque o que firmemente espera em Deus, não se confunde.*

CAPÍTULO XIII

Da virtude da Caridade do Servo de Deus.

273. O mais nobre objeto das virtudes católicas, é a caridade, meio, e fim de toda a vida espiritual, e no que principalmente resplandece, é em conservar a alma em graça; porque, assim como é impossível subsistir a graça sem a caridade, vai a caridade cada hora dando aumento à graça. Esta excelente virtude lançou logo desde o princípio mui profundas raízes em o coração do venerando Padre Fr. Melquior, e primeiramente pelo que toca ao superior, e sobre eminente desta virtude, explicada pelos amorosos afetos, e admiráveis efeitos para com Deus. De sorte que, assim como à vista do sol parece que não luzem as estrelas, ainda que estão no céu, porque em a fogosa claridade daquele planeta maior ficam como absortas, e embebidas todas as mais luzes; assim, à vista da caridade do Padre Fr. Melquior, e do seu amor para com

Deus, parece não resplandecem as mais virtudes suas; porque no profundo golfo dos fervores da sua abrasada caridade para com o Senhor, se não desaparecem, se transfundem todos os luzimentos de cada uma delas. Tanto se ateava no seu coração a chama deste Divino fogo, que nunca se achava sem este amoroso afeto, devido a seu Criador, brotando continuamente daquela fogosa frágua incêndios de interiores, e espirituais sentimentos. Para desafogo deste seu entranhável afeto, ou como efeito da sua caridade, tinha por devoção, e o continuou por toda a vida, a repetir às horas do relógio estas jaculatórias, ou atos internos destas três principais virtudes, que tão radicadas as tinha em sua alma: *Deus, e Senhor meu, em Vós creio, a Vós amo, e em Vós espero.* Sem que disto o divertissem, nem ainda as ocupações mais sérias.

274. E porque os afetos sem obras não bastam a qualificar, ou dar a conhecer toda a valentia do amor, porque este nas obras é o que se conhece, com estas é que declarava o venerando Padre os seus afetos. Destes lhe resultava aquela elevada atenção a Deus para executar prontamente sua santíssima vontade, ainda em o mais mínimo ponto que fosse, ou entendesse era do seu agrado. Aquele cuidadoso desvelo de não obscurecer o cristal puro da Divina Lei, nem com o menor sopro, ou descuido da mais leve imperfeição; aquele estreitíssimo vínculo, com que atado pelos três votos essenciais da Religião, guardando ao pé da letra a santa Regra, se não soube nunca desatar do apertado nó, com que pela profissão dela ficou ligado; aquelas contínuas ânsias de padecer com Cristo crucificado, trasladando em seu corpo, e alma todas as suas dores, e penas; no corpo com cilício, e disciplinas, jejuns, vigílias, e todas as mais penalidades com que o quebrantava; na alma, com aflições, tristezas, e desamparos; aquele desejo de seu próprio desprezo; aquele alegre sofrimento em suas dores, achaques, moléstias, e de todos os mais trabalhos de sua vida; tudo isto, que foi senão um descoberto, e avultado pulso da ardentíssima febre de amor de Deus, e caridade Divina em que se abrasava?

275. Isto é considerando a caridade do Servo do Senhor por aquela linha que chamam visual, e se termina a Deus; que por aquela parte, que se liga, e vai rematar com o próximo, não se estendiam a menos os espaços da sua caridade, assim dentro como fora de si. Dentro de si, porque, logo que se entregou ao doce cativeiro do amor divino, firmou em seu coração estas altíssimas verdades: Que o amor de Deus devia resplandecer no amor do próximo, como no que se mostra a cópia se conhece o que se tem ao original; que todos seus próximos eram obra da divina mão, feita à sua imagem, e semelhança, rubricada com o seu sangue, e a quem dava todo o valor o grande preço de seus infinitos merecimentos; que quem diz, que ama a Deus, a quem não vê, e não

ama a seus irmãos, que são imagens a quem vê; esse se contraria a si mesmo, e mente em suas obras, no que confessa com as palavras. Como a altíssima impressão destas católicas, e importantes máximas, estendia aos próximos o seu amor, expressando-o heroicamente em a prática de tudo aquilo, que se ordenava ao bem de todos.

276. Exercitada deste modo a caridade do próximo dentro em si mesmo, a estendia também fora de si; e porque é a virtude da caridade tão admirável, liberal, e benéfica, que difundindo-se por todos, se comunica de Deus para as criaturas, das criaturas, umas para outras, e destas para o mesmo Deus. Neste exercício foi singularíssimo o venerando Padre, ajudando-o muito para ele, a natural inclinação, que era sumamente benigna, realçando esta mais com aqueles, que, como mais necessitados, maior afeto lhe levavam, que era o da salvação das almas, de que viu abundantes frutos. É verdade que muitos destes, ou os mais deles, ficaram ocultos aos olhos do mundo; porque como pertenciam ao interior do espírito, não se expunham a ser vistos; mas nem por isso devem perder o crédito, e estimação, como o não perdem as pedras preciosas produzidas ocultamente, e guardadas no centro da terra; e assim só referiremos algum particular, que por escrito achamos apontado, deixando outros, que ouvimos por tradição, e por não amontoarmos casos idênticos.

277. Perturbava o comum inimigo a certa pessoa secular a quem confessava, e dirigia o venerando Padre, molestando-a com interiores tentações, e aparentes desconfianças da sua salvação, e perda eterna, com tão veemente impulso, que em uma ocasião esteve a perigo de se lançar despenhada sobre o profundo pego de uma arrebatada corrente, e o executara sem dúvida, se ao tempo de o querer por obra, lhe não falara ao interior da alma uma voz, que se lhe figurou dizer: *Busca a Fr. Melquior, que te ajudará a livrar desse perigo,* e voltando sobre si, buscou o Padre, e com as suas direções se achou livre, e aproveitada.

278. Fazendo doutrina ao gentio doméstico de uma das missões, onde mais vezes costumava assistir, sobre a morte, e encarecendo a sorte dos que a merecem ter boa naquela hora, pelas suas obras, guardando a Lei de Deus, e seus mandamentos, o fez com tanto fervor de espírito, e com um tão santo zelo de caridade, de que fizesse fruto naquelas almas esta doutrina, que além de ser ouvido por esta vez com particular atenção de todos, depôs, e disse um índio dos que o ouviam, mais devoto, e espiritual, que viu se mudara o rosto do pregador em uma alegre luz, e vistosa claridade, e que por três vezes resplandeceu tanto, que lhe pareceu, encarecia ele, vira a cara do sol no rosto do Padre; e tão penetrado ficou o coração daquele índio com este raio de luz,

que indo de bem a melhor no caminho da virtude, deixou boas esperanças de que conseguiria por fruto da doutrina do Padre uma boa morte. Do que se segue também, que em nenhuma outra forma podia mostrar melhor o céu o ardente zelo da caridade do seu servo, do que nos resplendores ativos da luz do sol; porque assim como este para benefício do mundo por todo ele difunde a virtude dos seus raios, assim o verdadeiro caritativo, sem exceção de pessoas, se comunica a todos. O sol infundindo-se pelas entranhas da terra, o caritativo entranhando-se pelos corações do próximo.

279. E se o sol, penetrando a terra até o seu mais profundo centro, vai dar espíritos com o seu calor aos mais puros metais, para assim ficarem mais apurados, o P. Fr. Melquior, como luzeiro maior da caridade, até dentro ao Purgatório ia purificar com socorros espirituais as suas almas. Destas foi em grande maneira compadecido. *Estas,* dizia, *são os maiores, e melhores pobres: melhores, porque amigos de Deus; maiores, porque, sendo tão necessitados, nem por si, nem por outrem sabem pedir o seu remédio.* Era para elas tão particular o seu cuidado, que dia nenhum deixava de as socorrer com sufrágios, orações, indulgências, e exercícios penais, e especialmente dedicava para elas o dia de Segunda-Feira, aplicando-lhes com mais particularidade, quanto lhe era possível a este intento. Para o mesmo repartia também pelos devotos muitos rosários, cruzes, e verônicas, dizendo-lhes rezassem por elas pelas almas, aplicando pelas mesmas as graças, e indulgências, que pelos Sumos Pontífices eram concedidas por modo de sufrágio, prezando-se muito o venerando P. de ser um geral procurador das almas do purgatório, e permitindo o céu, como a tal o buscassem algumas para alívio das suas penas. Estando em oração por noite, ouviu que o chamavam pelo seu nome, e conhecendo a voz, que era de um religioso, que se achava em outro convento, lhe respondeu: que queres filho? Venho, Padre, (lhe tornou) a pedir-vos encomendeis a Deus a minha alma, assim como o fazeis a outras muitas. Ao outro dia disse o venerando Padre ao seu confessor: é morto Fr. Francisco, que assim se chamava o defunto, encomendemo-lo a Deus. Observou-se o dia, e daí a cinco chegou a nova do seu falecimento naquela mesma noite, no convento da Paraíba, em distância de trinta léguas da Casa de Olinda, onde se achava o venerando Padre.

CAPÍTULO XIV

Das virtudes morais do venerando P. Fr. Melquior.

280. São as virtudes uma rica, e formosa cadeia com que se prendem, e atam fortemente com Deus as almas perfeitas, seguindo-se na ordem com que cada uma forma a sua, e lhe põem os enlaces ou, como dizem, os elos, os de ouro primeiro, e depois os de prata; porque às virtudes teologais, como primeiras, se seguem as morais; aquelas, todas ouro por mais subidas, estas, como de prata, por mais sonoras; ao menos são de som mais corpulento ao sentir dos mundanos, que como rudes às inteligências do espírito, estimam as coisas, não pelo que são, mas pelo que foram; não pelo melhor valor que têm, mas pelo maior som que fazem. Porque mais soa sem dúvida aos ouvidos do mundo a paciência, mortificação, os jejuns, disciplinas, e outras semelhantes operações exteriores que produzem as virtudes morais, e se veem com os olhos, e percebem pelos ouvidos, do que os atos da fé, esperança, e caridade, que, como interiores, só os vê, e conhece Deus; e por isso, ainda que estas virtudes sejam como o ouro de mais peso, e valor, intrínseco, aquelas fazem como a prata maior som. Muito grande o fizeram sempre, e muito maior, que a sua fé, esperança, e caridade, que só Deus as via, e conhecia as suas virtudes morais, que praticava, e viam os homens. A paciência, a piedade, a mortificação, a abstinência, o silêncio, a humildade, a obediência, a nobreza, a castidade, o zelo, e perseverança.

281. A paciência; porque esta em ordem às criaturas é resignação, e a resignação a respeito de Deus é paciência; desta, de um, e outro modo deixamos dito o que basta pelo decurso de sua vida, e em todos os seus trabalhos, assim do corpo como do espírito. Da piedade; bem o mostrou para com todos, que como esta é irmã legítima da compaixão, e filhas ambas da caridade em ordem aos próximos, também dela fica dito muito. Da mortificação; nas penitências, açoites, cilícios, e outras mais penalidades, de que também se disse bastante. Da abstinência; nos jejuns, fomes, e sedes, que padecia continuamente. Do silêncio; porque não só o guardou inviolável naqueles tempos, pela Religião determinados, também tinha de mais horas escolhidas, e particularmente nas vigílias das solenidades maiores da Igreja. Por elogio desta virtude, costumava dizer aos religiosos em algumas práticas espirituais estas palavras, que bem podiam servir de máximas para toda a pessoa, que especialmente deseja aproveitar: *Se quisermos viver em soledade, ainda entre os homens, guardando com eles silêncio, a acharemos; porque, se a soledade é uma abstração de todas as coisas, esta se acha no silêncio, especialmente naquele que se pode guardar, ainda*

quando falam os mais. Daqui lhe nascia, que nas práticas comuns a que se não podia escusar, ainda que os ouvidos faziam o seu ofício, sempre se remetia ao silêncio; porque dizia: *Que o silêncio devia ter estas propriedades: havia ser humilde, cortês, recolhido, devoto, e mortificado; porque, que maior humildade, que calor, quando os outros falam! Que maior cortesia, que ouvir quando os mais discorrem! Que maior recolhimento, que viver dentro de si, fechando as portas às palavras! Que maior devoção, que ter o interior resignado, e o exterior composto! e que mortificação maior, que ter preso, e atado na boca este inquieto animal a que chamamos língua!* Com estas, e outras semelhantes razões, alentava aos religiosos à observância desta excelente virtude, confirmando-os juntamente nela com o seu exemplo.

282. Da humildade; foi raro exemplo desta a suma demissão, e o baixo conceito que formava de si em toda a matéria, e especialmente em pontos de virtude, afligindo-se interiormente, quando entendia que o tinham por bom, e perfeito, formavam dele esta opinião; sendo um dos maiores tormentos que lhe podiam dar o tratarem-no com alguma distinção, por este respeito, assim entre os mesmos religiosos, como seculares. Disto se queixava com grande mágoa algumas vezes a outros mais íntimos irmãos, e companheiros.

283. Da obediência; como esta virtude é o fundamento da vida religiosa, e perfeita, foi também a que mais fundas raízes lançou no coração, e alma do Servo de Deus, ajudando-o muito para a verdadeira execução dela, a brandura, e docilidade do seu gênio. Nunca achou nele resistência o preceito dos Superiores; porque à voz destes atendia sempre, como ordenada pela boca de Deus. Foi tão pontual em obedecer, e pronto em executar, que a quem não considerava as suas ações à luz do espírito, pareceriam excessos de capricho, o que só eram efeitos de obediente. Bem o mostrou sobretudo na prontidão, e conformidade, com que abraçou, e deu execução às ordens do Reverendíssimo P.-Geral para a jornada, e empresa do Brasil, exposto por ela a tantos inconvenientes, e dificuldades, como nela se lhe deviam representar, e lhe mostrou a experiência. Mas a tudo se sujeitou, e venceu com a fortaleza deste preceito, e como obediente cego. Depois da que tinha aos Prelados, foi singularíssimo na que devia aos seus confessores, e Padres espirituais. *O meu confessor,* dizia ele, é a guia que Deus me tem assignado nesta Vida, para me não perder no caminho da salvação; e assim, com lhe obedecer, asseguro a viagem. Foi necessário, por assim o julgar conveniente o seu confessor, já pelo excesso das suas penitências, como pela falta de saúde, pôr-lhe preceito, que não fizesse alguma fora das ordinárias da comunidade, sem sua licença, e foi nisto tão pontual, que nunca se atreveu a faltar a este preceito, e alguma vez

disse, que a parte principal da penitência, que queria fazer, era aquele pejo natural com que chegava ao seu confessor a pedir-lhe a licença para ela, e acrescentando: *Mas ainda assim, eu acho duas coisas mui seguras neste trabalho: a primeira, é, ser isto de mais merecimento; a segunda, que já sei o quanto posso fazer, sem exceder às minhas forças, nem defraudar a Religião; porque, com esta licença, não corre por minha conta a que devo ter com a minha pessoa.*

284. Da pobreza; não podia deixar de ser tão perfeito na sua Observância, quem logo dos seus princípios foi tão amante desta virtude, como a que é base fundamental da Religião Seráfica, e todo o seu patrimônio, e à qual o Santo Patriarca, e seu instituidor, chamava, por excelência, a sua Senhora Santa Pobreza.

285. Da castidade, ou pureza; na que guardou por toda a vida, assim na alma, como no corpo; pois diz uma memória dos primeiros Fundadores desta Custódia, falando do Padre Fr. Melquior, assim: *Tem-se por certo, que chegou este servo de Deus a tanta perfeição, que sempre conservou a graça do batismo.* Do zelo; do que teve da salvação das almas, e especialmente da conversão do gentio. Da perseverança finalmente; porque, sem afrouxar um ponto no caminho da virtude, indo sempre de uma para outra, e aperfeiçoando-se em todas, se fez consumado, e perfeito diante de Deus.

286. Nem lhe faltou por fim, e para a coroa de todas estas, e outras virtudes, de que Deus dotou com mão liberal a alma deste venerando Padre, aquela especial, a que chamam graça de previsão, ou dom de profecia sobre sucessos futuros, ou já acontecidos, e ocultos naturalmente à notícia dos homens. Tinha o servo de Deus em a vila de Olinda um particular devoto por nome Cristóvão Paes; pessoa das principais daquele país; e a quem o venerando Padre amava também muito, como a homem sincero, e de bom viver e, por isso lhe chamava comumente o Portugal Velho. Achava-se a mulher deste mui mal, e julgada pelos médicos com perigo, e enfermidade mortal. Com esta aflição se foi o homem ao convento buscar o P. Fr. Melquior, a comunicar-lhe a sua pena, e a pedir-lhe rogasse a Deus pela saúde da enferma. Prometeu-lhe o Padre de o fazer, ainda com a sua costumada humildade, e repugnância; e quando o homem esperava pela última hora de vida na doente, conforme aos sintomas do achaque, tornando a ver-se com o Padre ao outro dia, lhe segurou tivesse confiança em Deus, que sua mulher teria melhora brevemente; e assim foi, porque quando chegou à sua casa, já a achou com melhora na moléstia, e em poucos dias a teve perfeita.

287. Determinava o Capitão João Tavares, morador de Olinda, e pai do P. Fr. Manuel da Piedade, que mataram os holandeses na tomada do Forte

de Cabedelo, fazer, por ordem dos Governadores, uma entrada ao Sertão, contra o gentio Potiguar,[232] e indo este ao convento a tomar a bênção ao venerando Padre, como seu devoto que era, e a pedir-lhe o encomendasse a Deus para o bom fim da tal empresa, o Padre o recebeu com carinho, mas mostrando-se pouco satisfeito do seu intento, lhe disse: *Nunca me pareceu bem, Senhor Capitão, o empenho, com que me dizem procurastes esta conduta, Deus lhe dê nela muito da sua graça:* e despedido dele, disse ao seu confessor: muito me pesa da jornada deste Capitão; porque me quer parecer que, sem efeito algum nesta jornada, a não há de conseguir; e assim se verificou; porque, a poucos dias de partido, faleceu no caminho.

288. A outro tão esquecido da sua alma, que havia dezoito anos continuava em uma ocasião de pecado, e oculta, e se mostrava mui devoto do venerando Padre, com uma leve, e amorosa repreensão, que lhe fez, dando-lhe a entender nela, tinha conhecimento interior do seu mau estado, o moveu a lançá-la para sempre fora; e dizia depois este homem, que para se livrar de semelhantes perigos, bastava lembrar-se, que se havia ver na presença do Padre Custódio Fr. Melquior.

289. O sonoro eco de tão repetidas, e heroicas virtudes, de tal sorte ocupou, e encheu os ouvidos todos dos habitadores destas partes do Brasil, por onde discorria o venerando Padre, e principalmente os de Olinda, onde era maior a sua assistência, e comunicação, que pelo conhecimento prático, vida justificada, e fama constante de virtuoso, era vulgarmente chamado de todos, o Custódio Santo, o Santo Fr. Melquior. E sem dúvida, lhe não ficava ele devendo muito pelo obséquio, porque lhe davam o que de fato merecia.

CAPÍTULO XV

Retira-se o Padre Custódio, Frei Melquior, para a Província, onde faleceu com fama de santidade.

290. Nove anos se haviam completado desde doze de abril de 1585, que a Olinda chegara o Padre Custódio, Fr. Melquior, até os cinco de maio de 1594, em que lhe veio sucessor da Província. Para ela se retirou neste mesmo ano, e com a sua ausência da Custódia, que ficou bastantemente saudosa, e

232 [Jaboatão] Relator. 2, p. 45.

sentida pela falta de um tal sujeito a quem amava como pai, estimava como a seu mestre, e fundador, e venerava, como a exemplar, e virtuoso, pomos nós também aqui o fim, e termo à narração da sua vida, pela falta de notícias, que achamos dos seus progressos fora dela; e o que até aqui temos relatado consta das memórias, e apontamentos que fazia para ela o Padre Custódio, Fr. Tomás da Apresentação, e diz ele foram escritos pelo cuidado, e zelo do Padre Pregador, Fr. Rafael de S. Boaventura, de quem já falamos, e ainda o faremos mais adiante, filho desta Custódia, e viveu em tempo do Padre Fr. Melquior, e que tudo constou no que tocava às suas virtudes por testemunho dos Confessores, e Padres espirituais, e companheiros do venerando Custódio, e outros religiosos graves, e de autoridade, e nós assim o referimos, pondo-lhe só de casa o trabalho de o lançar ao nosso modo, e estilo.

291. Retirado para a Província, diz o Cartório desta Custódia, fora lá Definidor, e acabara a vida tão cheia de merecimentos como de anos, sem declarar o em que falecera, e como, para ser Definidor, o deviam fazer Guardião primeiro, por isso dissemos ao princípio exercitara lá, depois de Custódio do Brasil, um, e outro cargo. Em o caderno 22,[233] tirado do livro Viridário Antoniano, manuscrito da Província de Santo Antônio de Portugal, se diz assim do Padre Fr. Melquior: *Retirado para a Província, e vivendo nela o restante da vida, faleceu em Santo Antônio de Lisboa, sendo já quase decrépito, mas sempre com entendimento claro, no ano de 1615, e* acrescentava logo: *Este servo de Deus não foi posto no Catálogo dos Religiosos de virtude, que faleceram no sobredito convento, por não termos então notícia dele;* esta falta de notícia, supomos, se deve entender de quem escrevia aquele Viridário, e dele se passou sem dúvida ao P. M. Cronista da Província, que no Catálogo dos Religiosos de virtude, que descansam nos claustros de Santo Antônio de Lisboa, deixou fora deles ao venerando Padre Fr. Melquior, se é que o não guardava para outro lugar, e para quando tratasse da fundação desta Custódia. Nós achamos nela, em os manuscritos já referidos, que falecera dia do Evangelista S. Lucas, a 18 de outubro de 1610,[234] com setenta e dois anos de idade; e por este assento lhe fizemos a conta do seu nascimento, tomada de hábito, e profissão. E quando fosse o da sua morte no de 1615, e já decrépito, como diz o assento da Província, seria então necessário dar-lhe para isso mais dos 72 anos de idade, e o seu nascimento, e profissão, alguns anos antes dos que lhe assignamos; e assim ficará para o R. Padre Cronista da sua Província a averiguação deste ponto;

[233] [Jaboatão] Viridar. Anton. 1. 6, c. 14 [nota ed.: ÁNGELES, s.d.].

[234] Cf. Aditamento IX no início de OSNB II: *1618*, em vez de *1610*.

como também do mais que toca à sua vida, e fim dela nos vinte e um, ou vinte e quatro anos que lá sobreviveu retirado da Custódia.

292. Para crédito mais subido de tudo o que deixamos relatado da muita virtude, e santidade deste venerando Padre, trasladamos aqui umas palavras, que diz o tradutor destas notícias as achou escritas da letra própria do venerando Padre Fr. Cosme de S. Damião, de quem a seu tempo também se dirá, e poderão servir de glorioso Epitáfio à sepultura do venerando Padre, com quem imos a concluir: *Foi o V. Padre Fr. Melquior de Santa Catarina, primeiro Custódio, e fundador desta santa Custódia, um Varão esclarecido em toda a virtude; na paciência admirável, sofrendo afrontas, e calúnias, que contra a sua pessoa impunha gente solta, e desalmada, por não dar lugar às suas demasias em defesa dos índios; nunca aquelas foram bastantes para deixar de continuar em suas ordinárias ocupações, confessando, pregando, batizando, ensinando aos índios, e seus filhos com muito amor; nem deixava de fazer tudo o que devia para bem das almas de todos os mais fiéis. A piedade, e misericórdia cristã, de que este servo de Deus andava cheio, eram claros indícios da sua muita caridade; e por isso desejava converter à fé todos os índios do Brasil; e conhecendo os índios este amor, que todo o seu desejo era zelo do seu bem, todos o amavam, chamando-lhe Pai Grande, Abaré Guaçu, na sua língua; e lhe traziam seus filhos para os batizar, e ensinar a doutrina cristã, sendo causa sua evangélica vida, de muitos deixarem seus ritos gentílicos, e se converterem à nossa Fé Católica. Na penitência foi um pasmo; porque parece tinha o seu corpo de bronze para ela. No zelo da religião, nenhum se lhe adiantou; obrou finalmente tanto neste particular, que viu com seus olhos cinco Fundações, e dezoito Doutrinas. Na oração foi contínuo, e segundo a opinião de todos, e minha, tenho por certo piedosamente, que está gozando dos bens da glória, e que tem nela o prêmio devido ao seu merecimento.*[235]

[235] Documentos do Arquivo Provincial Franciscano do Recife, ora indicam como ano da morte de Fr. Melquior de S. Catarina o de 1615 (APFR, Arquivo Provincial Franciscano do Recife, fl. 43) ora o de 1618 (APFR, Arquivo Provincial Franciscano do Recife, 9); WILLEKE, 1977a, p. 40-50. Jaboatão trata de Fr. Melquior em OSNB Preâmbulo, 206, ao referir as atividades dos custódios.

CAPÍTULO XVI

Vida do Padre Fr. Francisco de S. Boaventura, segundo Fundador, e companheiro do Padre Frei Melquior para a Custódia do Brasil.

293. Dois astros de superior grandeza, duas luzes de mais alta esfera, ou para o repetirmos melhor, e com a mesma propriedade, e energia, como o faz o Cronista Sagrado, digamos com ele: duas luminárias grandes fez Deus a poucos dias, depois que tirou do nada para o ser, esta máquina universal do mundo todo; um foi o sol, e outra, a lua, ambas grandes por excelência; mas uma por superioridade maior, que é o sol; e outra a respeito seu menor, que é a lua. Não as colocou o Senhor nestas precedências, logo nos primeiros dias da criação do mundo, ainda que já então havia noite, e dia; no quarto lhes fez a entrega do governo, e os meteu de posse das presidências. Isto aconteceu no antigo mundo, quando lhe deu o ser o seu Supremo Artífice, e isto se viu neste nosso mundo novo, quando o mesmo Autor Divino o fez patente. Neste apareceu também logo entre as espessas trevas da gentilidade, que o ocupavam, e a obscura noite da sua cegueira a luz, e o dia da verdade católica, formada, e proferida pela boca dos filhos de Francisco, que como Ministros de Deus, fazendo as vezes deste Supremo Senhor, logo ali fizeram também separação de luz, e trevas do dia a noite, com a Divina palavra da sua pregação.

294. Não deu logo o Senhor nos primeiros tempos aos filhos de Francisco a presidência superior de alumiarem como tais este novo Orbe; mas quis que à proporção, e semelhança da própria luz, que espessa por todo o mundo o alumiava sem precedência, assim espalhados por este novo Orbe os Religiosos Menores, lhe fossem dando resplendores sem presidência, ou domínio, até que lhe chegou o tempo, como lá à luz o quarto dia, em que desta mesma, que viu o Brasil, quando apareceu, da Família Seráfica, lhe formou duas como luminárias grandes, uma maior, como o sol, para presidir ao dia, e alumiar aos seus religiosos súditos, como Primeiro Prelado seu, e Custódio do Brasil, o Padre Fr. Melquior de Santa Catarina; e outra menor, como a lua, para presidir à noite, que foi o P. Fr. Francisco de S. Boaventura, destinado particularmente pela Providência de Deus Missionário Apostólico do Brasil, e para alumiar na noite da sua cegueira ao seu gentilismo.

295. Foi o faustíssimo Oriente deste segundo luzeiro do Seráfico Orbe Brasílico, o célebre Promontório Sacro dos Antigos Lusitanos, ou o sagrado monte de Cíntia, assim denominado, por ter nele a lua, que eles chamavam com este nome, um famoso, e magnífico templo, onde a adoravam como deusa, e reconheciam por divindade; vindo assim a ter o seu berço aquele, que

como luz segunda, ou menor luminária, havia alumiar a escura noite do bárbaro gentio do Brasil, no mesmo lugar em que presidia a lua, planeta segundo, à cega gentilidade da antiga Lusitânia. Mas, porque nos não toque alguma impertinente crítica, sem atender à naturalidade da metáfora, permitida, e usada na história, por antigos, e modernos autores, para ornato deleitável da sua locução, e nos não censurem, de que queremos passar de Cronista a Mitológico, dizemos que foi a fértil, e saudável Vila de Cintra, cinco léguas distante de Lisboa, na Província da Estremadura do Reino de Portugal, a pátria ditosa do venerando Padre Fr. Francisco de S. Boaventura.

296. Está situada a Vila de Cintra ao pé da notável Serra do seu nome, que de entre uns frutíferos outeiros se levanta, e forma como uma ponta o mais ocidental promontório de Espanha, chamado dos Geógrafos antigos: *Promontorium Magnum, e* dos modernos navegantes, a *Roca de Cintra,* ou *Cabo da Roca.* Foi fundação dos Tórdulos, trezentos e oito anos antes da vinda de Cristo, que como adoravam a lua debaixo do nome de Cíntia, puseram à povoação que erigiram, o nome do Deus que adoravam, o qual, com a mudança dos tempos, se corrompeu em Cintra. O rei D. Afonso VI de Castela a ganhou aos Mouros, que a haviam conquistado dos seus habitadores na invasão de Espanha, nos mesmos Agarenos tornou a recair depois por rebelião; e foi recuperada outra vez pelo Conde D. Henrique; e tornando ao Senhorio dos Mouros, terceira vez a conquistou el-Rei D. Afonso Henriques. Das entranhas da sua Serra se extrai a estimada pedra branca, e preta, de que se fabricam para os templos os mais vistosos retábulos, e sendo duríssima por natureza, achou a arte engenho para a lavrar, tornando-a branda. Aqui tinham os reis portugueses uns magníficos, e deliciosos paços, onde, pela frescura, e amenidade do sítio, costumavam ir passar as calmas do estilo. Em uma das suas torres, mandou o rei D. Manuel, de gloriosa memória, para perpétua dos seus ilustres vassalos, pintar as armas de toda a nobreza do seu reino. Tem ao presente três conventos, e um deles de Religiosos Menores, e seis Freguesias, habitada de mais de... vizinhos, e muita nobreza.

297. Por uma destas famílias, dizem as referidas memórias, que seguimos, trazia a sua descendência o Padre Fr. Francisco, nascendo ali de pais nobres. Como criado aos peitos das suas cristãs virtudes, e ajudado de uma índole natural, dócil, e inclinada ao bem, deu logo nos primeiros anos indícios claros de santos, e religiosos progressos. Passados os da infância, e aprendidas na vila as primeiras letras, para continuar a latinidade o mandaram seus pais para a Corte de Lisboa, entregue ao cuidado de um tio seu, Religioso Menor do Instituto Observante, grave nos costumes, e de vida exemplar. Com

créditos de estudante, saiu das classes, mostrando nelas tanto de engenho, e aplicação, quanto era já conhecido por modesto, e virtuoso. Da comunicação, e trato, que havia contraído com os religiosos, e ajudado do natural devoto, e dado às coisas do espírito, lhe nasceu o desejo de os seguir também no regular da vida; e participando ao tio o seu propósito, achou nele ao princípio, como prudente, e experimentado, alguma repugnância, parecendo-lhe ligeireza de ânimo a sua resolução; mas tomando com vagar todo o fundo na sua constância, e achando ser vocação legítima, concordando com a vontade do sobrinho, resolveu (movido sem dúvida de outro impulso) não devia ser nas Casas da Observância, mas em alguma das Recoletas, das quais dali a alguns anos se formou a Reforma da Província de Santo Antônio de Portugal; mas não nos declaram qual fosse o Convento, em que tomou o hábito, e fez profissão, nem o dia, e ano dela; e só que, assim em noviço como depois de professo, fora sempre religioso perfeito, abstinente, de grande mortificação, e exercitado em penitências, e de altíssima contemplação; e que, para seguro norte da vida espiritual, tomara, desde logo que abraçou o Seráfico Instituto, por seu exemplar ao glorioso S. Bernardino de Sena, elegendo-o por seu particular advogado, e mestre, imitando-o em tudo aquilo que lhe permitia a graça, e pediam as forças do seu espírito, ajudadas dos impulsos da sua devoção; e que com tal fervor o havia conseguido, que parecia lhe herdara o esforço, sendo, à imitação sua, perseverante nos exercícios das virtudes, modesto no trato, grave no modo, nas palavras medido, composto nas ações, na pureza limpo, e no interior recolhido; amante de seus irmãos, amigo nas suas necessidades, mestre nas suas dúvidas, e que conforme cada um necessitava dele, assim o achava em todo o tempo, acompanhando a tudo isto o insaciável zelo da salvação das almas.

298. Com o novo estado de sacerdote, que a seu tempo lhe foi conferido, teve também campo mais largo, tanto para poder espalhar mais longe as fogosas inundações do seu espírito, como para serem mais livremente registrados os reverberantes raios da sua luz. O mostrador mais certo para se conhecer, se uma alma caminha adiantada no seu aproveitamento, é o pouco que se contenta das suas mesmas obras; o cuidado, o que põe para se melhorar no progresso das virtudes, parecendo-lhe que até ali tem avançado pouco em seu seguimento, é ter andado muito para chegar ao fim. Cada dia, que passa sem algum novo emprego do seu espírito, lhe parece uma eternidade, que perde no seu aproveitamento. Em cada estado, que mudam acham novas razões para maiores empresas. Como se tiveram sido poucos, e mal aceitos até este tempo, os seus espirituais exercícios: jejuns, disciplinas, cilícios, penitências, e outras várias penalidades, e mortificações, em que com tanto crédito seu, exemplo

dos religiosos, e ainda de seculares se havia exercitado nestes primeiros anos, daqui em diante, excedendo em tudo o comum, e ainda o singular, passou a admiração, e causava espanto; porque na prática destas virtudes foi excessivo.

299. A sua obediência foi a mais resignada, e só pendente da voz do Prelado. Esta foi a remora, que unicamente pode embargar os agigantados passos das suas grandes, e extraordinárias mortificações, e penitências; e fora dos Prelados, sempre teve padre, e diretor espiritual para o compasso das suas ações. Um destes foi o Padre Frei Antônio do Salvador, religioso de conhecidas virtudes, e muita experiência para dirigir almas, e grande mestre da mística, em alguns anos que morou com ele em um convento da sua Província.

300. A sua pobreza foi a mais necessitada; porque sempre usou de um só hábito, e este dos mais usados, e túnica só para o inverno, e algum houve, que até sem esta passou; porque, com licença do Prelado, que lhe havia dado uma para o rigor do frio daquele tempo, fez esmola dela a certo pobre, que encontrou na rua sem roupa alguma, que o abrigasse. Para suprir a falta desta, e reparar-se do frio, de um retalho de burel de uma só vara, e lho havia dado o Irmão roupeiro, fazendo-lhe uma abertura no meio, e lançado parte para diante, e outra para as costas, passou muito daquele inverno, enquanto o Prelado, advertindo a sua muita necessidade, lhe não deu outra; e sem dúvida, que o servo de Deus lhe perdoaria o cuidado, só pela ocasião que tinha de se ver melhor mortificado, e ter mais merecimento na sua esmola.

301. Entre outras muitas, e singulares virtudes, que resplandeceram no venerando Padre Fr. Francisco, e pelas quais se deu a conhecer por um dos mais perfeitos, e exemplares religiosos da sua Província, foi o zelo da salvação das almas. Este, além dos mais merecimentos da sua pessoa, moveu ao Reverendíssimo P. Gonzaga a nomeá-lo em segundo lugar para a nova Custódia, e Missão do Brasil, a tempo que se achava, ou tinha saído por Guardião do Convento do Monte de S. Francisco de Viana, eleito, como diz a Crônica da Conceição do Minho,[236] pelo Padre Provincial, Fr. Martinho de Guimarães, que o entrou a ser no mesmo ano de 1584, em que o Padre Fr. Francisco foi feito Guardião para aquela Casa.

---

236 [Jaboatão] Cron. da Prov. da Conceição. Tom. I, p. 536, 1. 3, cap. 6. nº 548 [nota ed.: MARIA JOSÉ, 1760].

CAPÍTULO XVII

É nomeado o venerando P. Fr. Francisco de S. Boaventura por segundo Fundador da Custódia do Brasil, e o que nela obrou até sua ditosa morte.

302. Já havia chegado o tempo em que a este Menor, e segundo luzeiro do novo Orbe Seráfico se lhe havia dar por ordem superior a presidência de alumiar a escura noite da gentilidade do Brasil; e por isso, tendo feito o primeiro movimento do seu Oriente para este Ocaso, e concluída a sua viagem do reino para Pernambuco, como em seu lugar se disse, e sendo-lhe oferecida a primeira Prelazia da Casa de Olinda, pelo Padre Custódio Fr. Melquior, como humilde a não aceitou, dando por escusa justificada, que o seu principal motivo, depois do preceito da santa obediência, que o trouxera ao Brasil em idade tão avançada, fora para empregar o resto da vida no bem das almas do seu gentilismo. Desembaraçado livremente das ligaduras fortes da Prelazia, em que com tantas ânsias se enlaçam muitos de boa vontade, e à custa de diligências, cuidou logo em se aplicar à doutrina dos índios, que acudiam aos nossos, atraídos do bom cheiro das flores da santidade, e exemplo daqueles primeiros Padres Fundadores. Eram estes gentios principalmente Tabajaras, Potiguares, e Caetés, ainda que destes menos, por ser nação pouco domável, muitos Potiguares, que já a este tempo haviam passado da Paraíba até Pernambuco, e alguns Tabajaras, em toda a parte gente mais humana, fáceis para a conversão, e sempre dos primeiros para a paz, e amizade com os portugueses, e a exemplo dos quais se moviam as outras nações; e suposto que todos estes, com pouca diferença, falavam a mesma língua, que era a geral de toda esta Costa, com tal diligência, e facilidade a aprendeu, e soube com tanta elegância, e em tão pouco tempo, que afirmavam todos parecia coisa sobrenatural, e que só por algum milagre podia ser, e parecia dom do altíssimo, comunicado a este seu evangélico ministro, porque até os mesmos gentios não deixavam de reparar na perfeição, e propriedade com que o servo de Deus lhes falava, e os entendia na sua linguagem, emendando-lhes algumas vezes suas frases, e nativas locuções, que, ignorantes da graça divina, se admiravam, e diziam que o Abaré, Francisco, era grande feiticeiro, entendendo (enquanto não imbuídos na fé católica) que de outra sorte era impossível falasse a sua língua, e emendasse as suas palavras. E como aqui andava a mão de Deus, eram inumeráveis as conversões, e grande o fruto que se começava a colher por algumas aldeias dos gentios mais vizinhos ao distrito de Olinda, por onde logo saiu a discorrer, e pregar; e ainda que com muito trabalho, e fadigas, com grande alegria do seu espírito, se dava por satisfeito com a docilidade, e

brandura, que achava no gentio, movido este também do bom exemplo dos Padres, e especialmente no desapego notável das coisas temporais que neles viam, conhecendo que só tratavam do seu bem espiritual, sem cuidado dos interesses do mundo, sendo este em os nossos religiosos o meio mais eficaz para trazerem a si, e para a Igreja esta gentilidade, que, ainda que tão bárbara, e rústica, não lhes faltava o discurso para o conhecimento desta virtude em os Frades Menores, e em que muito se acomodavam com o natural do mesmo gentio, também desapegados das riquezas, e bens da terra. Com esta, e outras especiais graças, e prerrogativas, que com o trato foram descobrindo em o venerando Padre, e passando de uns a outros, se fazia de todos muito amado, buscavam-no sem receio, tinham-no por pai, tratavam-no com respeito, e veneração, sujeitando-se sem repugnância ao grêmio da Igreja, amizade dos portugueses, e obediência do rei. Nem faltou o céu com outras Providências suas nestes princípios, para mover melhor, e com mais eficácia os ânimos desta gente, assim para abraçarem a fé com mais vontade, como para a paz, e boa concórdia com os cristãos; porque, movendo-se neste tempo guerra entre os domésticos, e bravos, e indo sobre estes um capitão português, e duvidoso do sucesso, por serem muitos os contrários, estando já à vista de uma inumerável multidão deles, adiantando-se o Padre Fr. Francisco, que fazia companhia aos índios católicos, e metendo-se por entre os bárbaros, com uma cruz arvorada nas mãos, e sendo ainda nos princípios que aprendia aquela língua, lhes falou nela com tanta clareza, e eficácia, que movidos superiormente das suas vozes, e razões, lhes lançaram os arcos, e as flechas aos pés, sujeitando-se à obediência do Padre, para receber a fé, e aceitando a amizade, e paz dos portugueses, que de outra sorte seria dificultosa o poder-se conseguir, pelos agravos antigos, e muita injustiça, que com esta gente se usava nestas conquistas, e de que se originavam quase sempre as rebeliões, guerras, e insultos, cometidos por eles em desafogo da sua vingança, afetada em grande maneira por estes bárbaros contra seus inimigos.

303. Dois anos, com pouca diferença, havia gasto o Padre Frei Francisco neste trabalho da conversão dos índios desde o meado de abril de 1585, até o outro de 1587, em que já o achamos na cidade da Bahia, para onde se havia embarcado no princípio deste mesmo ano com o Padre Custódio Fr. Melquior de Santa Catarina, em companhia do Ilustríssimo Bispo D. Antônio Barreiros, que de Pernambuco, onde havia ido no ano passado à visita de suas ovelhas, se retirava neste para a sua Catedral. Ia o Padre Custódio movido por este devoto Prelado, e a rogos do Governador, e Câmera da cidade, para fazer aceitação de fundar ali também uma Casa, como já tocamos, e se dirá mais em seu lugar. Da Bahia, aonde se deteve até o ano seguinte o Padre

Custódio despachou para o reino, neste mesmo de 1587, ao Padre Fr. Francisco de S. Boaventura, como também fica dito, com o mais que lá passou até à sua volta para a Custódia no de 1590. Neste mesmo, com a nomeação de novos Prelados, que se fez do mês de junho por diante; porque ainda a onze deste era Prelado de Olinda o Padre Fr. Francisco dos Santos por um termo de Profissão, que se acha feita por ele neste dia, entrou para lhe suceder o Padre Frei Francisco de S. Boaventura, sendo o primeiro que nele, como em Casa formalmente regular, teve o título de Guardião; pois o sobredito Padre Fr. Francisco dos Santos, que até ali o governou, era só nomeado Presidente *in Capite*, que assim se acha nos termos das Profissões do Convento, como nos mesmos se trata com o de Guardião o P. Fr. Francisco de S. Boaventura, que lhe sucedeu. E que aceitar este venerando Padre agora esta Prelazia, que antes havia recusado, fosse por ser compelido para ela pela obediência, parece não ter dúvida, pela razão seguinte. Quando da primeira vez se desembaraçou dessa carga, saindo do convento para uma das missões, ou doutrinas, a que se dava princípio, com seu companheiro Fr. Afonso de Santa Maria, praticando com ele sobre este ponto, lhe disse, com a sua costumada, e rara singeleza: *Ah filho, que me vi em um grande aperto; porque, se o Padre Custódio me fala na santa, O, eu não tinha outro remédio; mas, como ele é justo, e santo, e entendeu a minha resignação, compadeceu-se das minhas lágrimas, e do meu pouco talento, e assim me mandou, como vedes, muito consolado*: Tanto peso tinha para este servo de Deus o santo preceito da obediência, que só com a primeira letra sua se atrevia por reverência, causando-lhe assombro, e temor, ainda materialmente proferido o nome inteiro desta santa, e tremenda virtude; e assim devemos ter por infalível, que só a obediência o poderia obrigar agora a fazer aceitação daquela mesma Prelazia, que havia outra vez recusado. Não temos certeza do dia, e mês, em que tomou a posse dela; mas é sem dúvida, que foi de junho do referido ano de 1590 por diante; porque neste mesmo mês, a onze, ainda se achava no livro das Profissões daquele convento o termo de uma, feita pelo Padre Frei Francisco dos Santos, como primeiro Prelado da Casa, com o título de Presidente.

304. Aqui entramos agora em um notável embaraço, e certamente grande, sobre averiguar, por quanto tempo fosse Guardião de Olinda o Padre Frei Francisco de S. Boaventura. Uma notícia que achamos do Cartório da Província de Santo Antônio de Portugal, diz, que sendo o dito Padre Guardião atual de Olinda, falecera neste convento a 18 de maio de 1592, o que segue o Hagiológio Lusitano; porque o tirou da mesma notícia, o que sem dúvida não foi assim; pois é certo não faleceu neste dia, nem ainda naquele mês; porque no seguinte de junho deste mesmo ano de 1592, a 19, era vivo

ainda o P. Fr. Francisco, como se vê de um termo de Profissão naquele Convento, feita por ele, e da sua própria letra todo, neste dia, e ano sobredito. O Cartório do Convento de Olinda diz, que ele fora Guardião o resto do tempo do Custódio Fr. Melquior, que foi até oito de maio de 1594. E porque os termos destas Profissões eram os que melhor podiam assignar o caminho para sairmos destas dúvidas, até estes faltaram, porque do último do P. Fr. Francisco de S. Boaventura, como Guardião, de 19 de junho de 1592, até o último do Padre Custódio Fr. Melquior de 8 de maio de 1594, não há termo algum, porque também os dois anos deste intermeio não houveram Profissões no Convento de Olinda; e para crescer mais o embaraço, até neste último do Padre Custódio de 1594, se não acha assinado o Padre Guardião Fr. Francisco de S. Boaventura, como era costume fazerem-no também os Prelados locais, quando a Profissão era feita pelo Padre Custódio, declarando na Escritura que se fazia a tal Profissão nas mãos do Custódio, com assistência do Prelado da Casa, e se assinavam ambos; e nem neste se acha assinado também outro religioso algum com o título de Prelado Local, nem se faz nele menção de que o houvesse, circunstância sem dúvida evidente de que não havia outro, e que não achar-se assinado ali o Padre Fr. Francisco de S. Boaventura, como Guardião do Convento, não foi a causa o ser já falecido naquele ano, mas por outro qualquer motivo, ou de enfermidade, ou de haver ido a alguma das doutrinas, ou missões do seu distrito, onde muitas vezes o levava o zelo santo do seu gentio. É verdade, que este mesmo motivo, que apontamos de enfermidades, ou ausência do Padre Fr. Francisco, para se não achar assinado naquele termo, se pode dar para outro qualquer, que por sua morte lhe sucedesse no lugar; e assim, o que de tudo o fica dito se pode conjeturar, é, que assim como o assento da Província não concorda com o da Custódia em o dia, e mês da sua morte, assim pode também equivocar-se no ano, ainda que desde o de 1592, em que o dá por falecido, por diante se não ache dele mais notícia no convento de Olinda, nem em outro algum da Custódia. Nem nela em todo o tempo, que foi sujeita à Província, se fizeram livros de óbitos, que nos pudessem tirar desta, e outras semelhantes dúvidas. A nós certamente se nos oferecem algumas sobre o falecimento deste venerando Padre no referido ano de 1592, pelo assento da Província. Porque dizendo este, que falecera o Padre no tal ano, afirma que fazia nele os oitenta de idade, do que não duvidamos, porque também o nosso da Custódia concorda no mesmo; e para ele falecer de oitenta anos no de 1592, havia ter setenta e dois no de 1584, quando foi nomeado para companheiro do Padre Custódio; e quem se poderá persuadir, que o Reverendíssimo Padre-Geral nomeasse a um religioso de setenta e dois anos de idade para passar do Reino ao Brasil, a uma tão prolongada, e dificultosa empresa. Nem tampouco se pode fazer crível, que o Padre Fr. Martinho de Guimarães, que neste mesmo ano de 1584 foi eleito em Ministro-Provincial de Santo Antônio, no seu Capítulo do próprio ano, como escreve o Padre Cronista da Província da Conceição do Minho, fizesse Guardião de Santo Antônio do Monte de Viana ao Padre Fr. Francisco de S. Boaventura, pela conveniência de cuidar nas obras do mesmo Convento, a que neste ano se dava princípio, e houvesse de escolher para isso um religioso, que já nesse ano contava os setenta e dois de idade, pela conta do assento da Província, que o dá por falecido no de 1592, com oitenta anos, sendo Guardião atual do Convento de Olinda, o que sobretudo faz incoerente, e duvidoso aquele assento, que se elegesse Prelado Local a um religioso de quase oitenta anos, e já decrépito.

305. O Padre Frei Tomás da Apresentação nos apontamentos, que fazia para a vida deste venerando Padre, sem referir esta notícia da Província, diz que ele falecera a treze de dezembro dia de Santa Luzia, de quem afirma era especial devoto, no ano de 1605, e que todo o tempo, que vai desde que fora Guardião de Olinda, até o da sua morte, o gastara na Residência das Doutrinas, e Missões dos Gentios, especialmente na de Jacoca, cinco léguas da cidade da Paraíba, e que ali mesmo falecera, e fora sepultado; e que esta notícia a colhera por uma relação do religioso companheiro, que a tudo assistira; e porque não vimos esta relação, nem nos deixou escrito o nome deste religioso, só repetimos a sua notícia. É sem dúvida, que esta, enquanto diz que fora o ano do seu falecimento o de 1605, achamos ser a que concorda melhor com o que afirmam os assentos da Província, e Custódia, que tinha oitenta anos de idade quando faleceu. Porque assim vinha a ter sessenta anos com pouca diferença, quando, sendo Guardião de Viana em 1584, foi nomeado para vir ao Brasil, idade para isso ainda competente, e sessenta e cinco quando foi feito Prelado de Olinda em 1590.

306. Com toda esta incerteza do dia, e ano da morte deste venerando Padre, nos ficaram claras evidências das muitas, e singulares virtudes que praticou em sua vida; pois todas as memórias, que dele falam, assim as da Província, como da Custódia, o reconhecem por religioso de elevado espírito, contínuo na oração, em que algumas vezes foi notado como abstraído, e posto em êxtase; exercitado em penitências, jejuns, e mortificações, austero em sua pessoa, pobreza suma, obediência resignada, mortificado, recolhido, e observante em tudo da Santa Regra, e preceitos divinos, semblante pálido, e como aquele, que trazia sempre a alma abstraída das coisas terrenas, e ocupada toda na contemplação das celestes, e sobretudo zelosíssimo da salvação das almas, e

com especialidade das do gentio destas conquistas, em respeito dos quais aceitou a empresa de passar ao Brasil, sendo já de idade provecta, só pela ocasião, que havia ter de se empregar na conversão do seu gentilismo; por este tomou o trabalho de voltar ao Reino por mais obreiros, e sobre outros particulares pertencentes ao bem dos mesmos índios. No desapego das coisas temporais, e cargos da Ordem, foi em grande maneira singular, não só rejeitando a primeira Prelazia Local do Convento de Olinda, como também o lugar de Custódio, que se lhe oferecia no Capítulo da Província, em que se achou, quando do Brasil foi ao Reino, e valendo muito nesta ocasião a sua assistência nele para melhor efeito da aceitação da nova Custódia, e ficar continuando no mesmo cargo o Padre Fr. Melquior, mostrando juntamente nesta ocorrência, e em outros vários negócios, que lhe foram encarregados, a sua rara capacidade, e grande prudência, assim na Província como fora dela, e em particular na visita, que por ordem do Cardeal Alberto foi fazer à Ilha da Madeira, como já se disse em outro lugar. Foi finalmente o venerando Padre Fr. Francisco de S. Boaventura, diz a memória de sua Província, de mui claro entendimento, e posto que não tinha letras aquisitas, parece as tinha infusas, como se observou em muitas ocasiões, em que falava de Deus, e dos seus atributos divinos, como se fora um grande teólogo, e professara esta ciência. Com estes dons sobrenaturais da graça, notórias virtudes, vida penitente, ações exemplares, zelo das almas, caridade abrasada para com Deus, e os próximos, viveu venerado dos povos, e particularmente de todo o gentio, e acabou com sentimento universal, deixando de si uma constante fama de virtude, e santidade.[237]

CAPÍTULO XVIII

Do servo de Deus Fr. Antônio de Campomaior.

307. À presidência do sol, e lua na disposição, e ordem do mundo, se seguiu a das estrelas. Entre estas, há também umas maiores, e outras de menor grandeza. Nem esta circunstância quis o céu faltasse nos Filhos de Francisco, como luzes místicas, que havia destinado para alumiarem com os seus resplendores esta esfera do Brasil, como novo, e Seráfico Orbe. Dos religiosos que depois dos dois primeiros, e os principais de quem temos escrito, vieram

[237] Jaboatão refere-se a Fr. Francisco de S. Boaventura em OSNB II, 23-25; ILHA, 1975, p. 22-25.

a estas partes, depois que em Pernambuco se deu princípio à fundação desta Custódia, foi um o servo de Deus Frei Antônio de Campomaior. Maior sem dúvida entre todos aqueles astros, ou Religiosos Menores, que, como estrelas lusidadas, passaram daquele para este mundo. Não fez para cá a sua carreira,[238] como supõem alguma notícia em companhia do primeiro Custódio, Fr. Melquior; porque com este só a executaram aqueles sete que ficam referidos. Bem podia ser fosse aceita pelo dito Custódio a oferta, que ali se diz lhe fizera o Irmão Frei Antônio de Campomaior para a empresa da nova Custódia; mas fosse qualquer o motivo, ele o não pôs em efeito senão no ano de 1588, no princípio com cinco companheiros mais, que ficam nomeados em seu lugar, juntamente com o sobredito P. Fr. Antônio de Campomaior.

308. Deu-lhe o sobrenome esta notável Vila, sita na Comarca de Elvas da Província do Alentejo, donde era natural, e filho da santa Província dos Algarves da Regular Observância, onde havia professado, sem nos dizerem em que Convento seu, mas que fora sempre morador em as Casas da Recoleção da sua Província, e nela conhecido por religioso exemplar, virtuoso, recolhido, e mortificado; exatíssimo observante da santa obediência, de rara pobreza, e suma humildade, dado à oração, e a todos os atos, e exercícios de religião, que praticam os varões espirituais, e a que devem aspirar os perfeitos religiosos. Como um destes era venerado de todos o Padre Fr. Antônio de Campomaior, tanto dentro como fora da Ordem; porque, têm as virtudes a condição da luz, que nem esta pode ocultar a claridade dos seus raios, nem aquelas os luzimentos dos seus resplendores. Um dos que mais vivamente ardia no elevado espírito deste servo do Senhor, era o zelo santo da salvação das almas; e na consideração de que não podia ter matéria mais apta para o seu emprego do que na conversão do gentilismo das conquistas do Brasil, que neste tempo era empresa praticada entre os religiosos enviados à fundação da nova Custódia de Santo Antônio nestas partes, se ofereceu voluntariamente para passar a elas, em virtude das letras do Reverendíssimo Padre-Geral, que permitia aos Religiosos Menores daquelas Províncias pudessem ser admitidos para o mesmo efeito. No ano sobredito de 1588, logo no princípio, chegou a Olinda ao mesmo tempo que da Bahia voltava também o Padre Custódio, e com pouca demora se partiram ambos para a Vila de Igarassu, a fazer a aceitação de fundarem ali uma Casa, como o pedia a Câmera, e mais moradores, o que tudo concluído com muita brevidade, deixou nela por primeiro Prelado, e seu Fundador ao P. Fr. Antônio de Campomaior.

238 [Jaboatão] Viridar. Anton [nota ed.: ÁNGELES, s.d.].

309. Um mui dilatado se lhe ofereceu logo naquele país para emprego, e desafogo do seu avultado espírito, não só com o trabalho, e desvelo da nova fundação, mas com a doutrina, e conversão do gentio, principal objeto do seu cuidado, e que o trazia a estas partes tão remotas, e eram inumeráveis os que habitavam por aqueles lugares em muitas aldeias dos chamados Potiguares, que suposto viviam já neste tempo alguns em paz com os portugueses, não haviam contudo abraçado a fé, talvez por falta de pastores evangélicos, que os intrometessem no rebanho da Igreja; e ainda que o zeloso Prelado lhe não faltava em que se ocupar nas obras do novo recolhimento, que se traçava para a morada dos religiosos, Igreja, e o mais, nem por isso se divertia de aplicar os meios necessários para a doutrina, redução do desgarrado gentio, e viu bem logrados os seus desvelos em algumas aldeias destes, que abraçaram a fé a diligências suas, como foram os da Itapessima, Ponta das Pedras, e Tumaracá, do que se deixa bem ver o quanto nesta seara trabalhou este incansável operário, consumindo nesta tarefa todo o mais tempo que lhe restava da precisa obrigação do vigilante Prelado, e próprio Pastor de seus súditos, não lhes faltando também com o bom exemplo do coro, oração, e vida regular, e granjeando por tudo entre aqueles povos uma fama constante de Varão Apostólico, e santo religioso.

310. Nestes contínuos trabalhos, e de grandes dificuldades naqueles tempos se passaram dois anos com pouca diferença, desde junho de 1588, até o de 1590, que com a eleição de novos Prelados pelo Padre Custódio, Fr. Melquior, segunda vez eleito, ou confirmado, como fica dito, pela Província, o foi render naquela Casa de Igarassu o Irmão Fr. Bernardo da Anunciação, a quem chamavam o Crúzio, por haver sido primeiro religioso professo do grande Padre Santo Agostinho, em Santa Cruz de Coimbra, e já sacerdote, abraçar o Instituto Seráfico no Convento de Olinda, fazendo solene profissão nas mãos do Padre Custódio Fr. Melquior, em o último de novembro de 1588. Nesta mesma ocasião foi nomeado o Padre Fr. Antônio de Campomaior para primeiro Prelado, e Fundador da Casa da Paraíba, para a qual fez logo a sua jornada, e aonde se lhe havia preparado ao seu desejo uma mui dilatada, e fertilíssima messe, para larga, e copiosa colheita. Mas antes de entrarmos a ela, queremos advertir aos que lerem este ponto, e o quiserem cotejar pelo livro do Cartório desta Custódia, e o daquele Convento, que nele se não acha por seu primeiro Prelado ao Irmão Fr. Antônio de Campomaior, antes em seu lugar está o Irmão Fr. Francisco dos Santos. O que foi sem dúvida uma certa, e notória equivocação, e nasceu esta, de que quando no ano de 1590, pelo mês de junho, mandou o Padre Custódio Fr. Melquior ao Irmão Frei Antônio de Campomaior tomar posse, e dar princípio à fundação daquela Casa, da qual

o dito Custódio no ano antecedente havia feito aceitação, foi juntamente com Fr. Antônio de Campomaior o Irmão Fr. Francisco dos Santos, que acabava de Prelado do Convento de Olinda, para que, como experiente, e previsto na matéria, delineasse a planta, e dispusesse a obra; e este foi todo o engano que houve para que, em lugar do Padre Fr. Antônio de Campomaior, se assentasse por primeiro Prelado daquela Casa o Padre Fr. Francisco dos Santos, que só foi autor da obra, dando também ocasião a isto o mesmo tempo, porque aqueles livros, ou cartórios, assim o do Convento como o da Custódia, foram feitos pelo Padre Fr. Manuel de Santa Maria, que entrou no governo dela do ano de 1620 por diante, trinta anos da fundação da Casa da Paraíba; e na opinião vulgar (quando não houvesse outra razão mais chegada, que naturalmente o inclinasse a esta opinião) de que o Padre Frei Francisco dos Santos, o delineador daquela Casa, o assentou nela por seu primeiro Prelado, deixando de fora o P. Fr. Antônio de Campomaior, o que não fizera sem dúvida, se tivera advertência em ler os dois relatórios que deixamos trasladados em seu lugar, e era memória, que já corria no tempo em que foi Custódio, porque foram escritos por religiosos, que atualmente existiam, quando se tratava daquelas, nos quais se diz expressamente, que o Guardião da Paraíba, nos anos de 1590, e 1591, era o Irmão Fr. Antônio de Campomaior, e nem o podia ser nestes dois anos o Padre Fr. Francisco dos Santos, porquanto no mesmo ano de 1590 em que foi eleito para a Paraíba Fr. Antônio de Campomaior, foi também eleito para a Bahia Fr. Francisco dos Santos, demorando-se somente em Pernambuco aquele tempo que lhe foi preciso para chegar a ver o sítio, e delineação para a Casa, e Recolhimento da Paraíba. Nesta, ainda que não consta do seu Cartório, foi sem dúvida o seu primeiro Prelado o Padre Fr. Antônio de Campomaior; e bem lhe assenta o nome de primeiro Missionário, ou Apóstolo dos Menores, que com a sua doutrina, zelo, e trabalho, trouxe para Deus, à Igreja a maior parte do gentilismo da terra, habitadores, e circunvizinhos à nova cidade; pois em seu tempo consta do que fica dito em seu lugar,[239] se sujeitaram a abraçar a fé as cinco aldeias, que também aí ficam numeradas, que já guardavam alguma paz, e amizade com os portugueses, ainda que não obedeciam à Igreja até então; o que agora executaram alegres, a instâncias deste zeloso, e santo Prelado, que ao de Deus, e das almas ajuntava não com menos vontade, e cuidado, o que era do serviço do rei, e aumento daquela conquista. O quanto trabalhou com a sua pessoa, com os seus súditos, e com os índios das suas doutrinas por quatro vezes distintas nas fábricas dos fortes do Cabedelo, e Inhobi, por outra na de uma Casa forte para defesa de fazen-

[239] [Jaboatão] Relator. 1 et 2, p. 34, nº 58, p. 44, nº 60.

das, e engenhos das fronteiras, nas quais obras a diligências, e assistência sua trabalharam continuamente os índios das suas doutrinas sem estipêndio, ou paga alguma da fazenda del-Rei, ou Governador, e moradores, nem ainda para a sua sustentação.

311. A estes cuidados, e trabalhos de servir, e aproveitar àquele povo, e nova conquista, se seguiam outros de maiores consequências, em sustos, e perigos, que a cada hora os ameaçavam nas continuadas surtidas, e assaltos, que contra os povoadores portugueses, e gentio doméstico, e cristão, faziam os bravos, e bárbaros Potiguares, circunvizinhos às fronteiras, contra os quais se fabricavam todos aqueles reparos, para segurança das suas repentinas invasões; sendo-lhe também preciso, neste ano e meio que ali assistiu por Prelado, dar por duas vezes religiosos para acompanharem aos Capitães, e soldados portugueses, e índios domésticos, nas entradas, e guerras, que iam fazer aos inimigos, e rebeldes Potiguares, assignando-lhes para a primeira a Fr. Antônio da Cruz, e Fr. Gaspar das Chagas, e para a segunda, a Fr. Baltasar de Santo Antônio, e Fr. Manuel de Portalegre, que por faltarem estes, e serem ainda mui poucos os religiosos para tantas empresas, lhe era forçoso ao mesmo Prelado visitar as aldeias, fazer-lhes as doutrinas, dizer-lhes missa, e administrar-lhes os sacramentos, especialmente o do santo batismo aos meninos, e moços; e porque aos de maior idade, se dilatou, por algumas razões, que ficam apontadas no lugar citado, o dar-se-lhes este sacramento naqueles primeiros dois anos em que os nossos ali haviam entrado.

312. Com todas estas notáveis operações, filhas do seu apostólico zelo, espírito constante, e forte, tanto nos referidos trabalhos, como em outros mais particulares, originados pelo gentio do Braço de Peixe, doutrina da administração dos RR. Padres Jesuítas, já ali situados antes que os nossos lá chegassem, sobre pontos, que não referimos, e que deram muito grande turbação a uns, e outros pelo tempo adiante, e não pouco em que cuidar agora ao santo, e zeloso Prelado, concluindo quase dois anos na espiritual lavoura desta evangélica seara, sendo-lhe mandado para suceder nela o Irmão Fr. Manuel de Portalegre, que residia na mesma casa, e ele nomeado para a de Igarassu segunda vez, pela eleição de Prelados, que no princípio do ano de 1592 havia feito o Padre Custódio Fr. Melquior, se passou o Padre Frei Antônio da Paraíba para Olinda, onde o achamos certamente no primeiro de maio, assinado nos termos de duas Profissões feitas aí pelo P. Fr. Francisco de S. Boaventura, Prelado daquela Casa, de donde voltou para Igarassu no mesmo mês, a tomar posse do convento.

313. Do que nesta Casa obrou sendo seu Prelado desta vez, não achamos coisa particular; mas, do que fica dito da Paraíba, e da primeira nesta mesma, podemos inferir o que seria agora, tanto nas obrigações de Prelado para com os súditos, como na conversão, e doutrina do gentio, que era o principal emprego do seu apostólico espírito, e dos quais era já mui conhecido, e o receberam com particulares demonstrações de gosto, e alegria, como a seu primeiro, e antigo Pastor, e de quem haviam participado as primitivas luzes da verdade, e a diligências suas haviam abraçado a fé. Nestas ordinárias ocupações de Prelado dos seus, e Pastor do gentilismo, gastou outros dois anos, desde maio de 1592 até o de 1594, em que já o achamos outra vez recolhido ao convento de Olinda; para onde retirado, ainda que aqui lançou de parte a carga das Prelazias, não se quis contudo aliviar da pensão, e doutrina dos índios, e cuidado das suas almas, enquanto lho permitiram as forças naturais, até que já cansado dos anos, e cortado dos trabalhos, se deu de todo ao recolhimento interior do espírito, assistência do coro, oração, e mais exercícios, assim comuns como particulares da vida religiosa, à qual pôs o último termo, e fim no mesmo convento de Olinda, já velho, diz um assento desta Custódia, sem lhe assignar o dia, nem o ano; no de 1601 diz uma memória da Província fora o seu ditoso falecimento em idade mui avançada de oitenta anos, sem lhe declarar também o dia.

314. Foi o Padre Fr. Antônio de Campomaior, um religioso de mui distintas, e assinaladas virtudes, tendo nele o primeiro lugar o zelo santo de salvação das almas. A este fim se encaminhavam todas as suas práticas, que sendo bem aceitas, e ouvidas com atenção pelos devotos, e afetos às coisas de Deus, aos distraídos, e mundanos, serviram algumas vezes de enfado, e ainda escândalo, formando delas queixas, de que, mais que zelo, pareciam impertinências; e sendo advertido por alguns dos religiosos seus amigos, lhes respondeu: *Nada, Irmãos, me pesa com isso; porque eu falo a esses de Deus, para que eles me não falem do mundo; e assim se as minhas práticas lhes não forem a eles proveitosas, as suas queixas nunca me podem servir de prejuízo.*

315. Um dos principais pontos destas suas espirituais práticas, era persuadir, e encaminhar aos que achava dispostos, e as aceitavam, a trazerem sempre ocupado o entendimento na contemplação das coisas do céu por meio da virtude altíssima da oração, em que foi o servo de Deus mui exercitado, e prático, como, além do que fica dito, o expõem melhor, em pouca, e singela frase, um assento antigo da casa de Olinda. *Neste Convento está também sepultado um religioso nosso, chamado Fr. Antônio de Campomaior, mui grande servo de Deus; de tanta oração, e contemplação, que a todos animava a orar, e contem-*

plar; e tendo ensinado esta doutrina a uma menina de pouca idade, pondo-a ela em execução, muitas vezes lhe sucedia, cosendo em a sua almofada estar sempre com o sentido em Deus, e ficar em êxtase arrebatada. Em um instrumento de testemunhas, que mandou tirar o Custódio Fr. Gabriel do Espírito Santo, por ordem do Ministro-Geral Fr. João de Nápoles, no ano de 1648, para se remeter à Sua Reverendíssima, de todos os religiosos, que nesta Custódia houvessem florescido em virtude, e santidade, do qual foi Comissário Inquiridor o Padre Fr. Jácome da Purificação, que depois foi Provincial, primeiro deste nome, se acha o dito de Antônio Barbalho, pessoa nobre de Pernambuco, de idade de 76 anos, testemunha jurada na forma seguinte: *Também disse conhecera a Fr. Antônio de Campomaior, o qual era morto havia mais de quarenta anos, e em todo o tempo que o conheceu, que foram seis, ou sete anos, o teve todo o povo por varão de grande virtude, e penitência, e os mesmos religiosos o tiveram nesta opinião, e com a mesma sabe que morreu.* Com todos estes testemunhos de virtude, religião, zelo, e piedade, carregado de anos, e merecimentos, e recebido o Santíssimo Viático da última jornada da vida, com muita ternura, devoção, e conformidade, estando em seu perfeito juízo, e recitando com a Comunidade os Salmos Penitenciais, quando lhe foi dado o último sacramento, ou Extrema-Unção, entregou sua alma, como piamente cremos, nas mãos de Deus, no ano de 1601, e foi sepultado seu corpo no cemitério comum dos religiosos, na quadra do claustro, correspondente à igreja da Senhora das Neves, e Convento de Olinda.[240]

CAPÍTULO XIX

Do Irmão Fr. Antônio da Ilha, um dos seus companheiros dos Padres Fundadores.

316. À proporção do sol, e a lua, aos quais chamou o seu o seu divino autor duas luminárias grandes, ainda que uma maior a respeito da outra, descobriram também no céu os antigos astrônomos duas constelações, ou luzimento grande de estrelas, a que, com um só nome de *Ursa,* deram a conhecer por *Maior, e menor.* Com o nome de Antônio achamos também luziram neste nosso Novo Orbe duas estrelas, e só em o sobrenome com distinção de grandeza. Fr. Antônio de Campomaior, de quem até aqui falamos, e Fr. Antônio

240 OSNB II, 305-307; ILHA, 1975, p. 26-30; 46-50.

da Ilha, com o qual entramos agora. Àquele damos a maioria, não só pela ter na distinção do nome, também porque dele nos deixaram os nossos mais luzes das suas operações virtuosas; a este respectivamente o de Menor, pela pouca clareza, que achamos dos seus espirituais progressos. Deste só sabemos entrar com os mais em o catálogo, ou lista dos religiosos de conhecida virtude, e santidade, que da Província passaram para esta Custódia, e do Irmão Fr. Antônio da Ilha o diz expressamente o Cartório do Convento de Ipojuca, de quem foi seu Prelado primeiro, e Fundador: que *Fora Religioso mui exemplar, e dado a obras.* Era filho da santa Província da Piedade, que assim o declaram os assentos desta Custódia, e veio para ela em companhia do seu primeiro Comissário, e Prelado maior, e Fundador Fr. Melquior de Santa Catarina, e natural da Ilha da Madeira. Repetidas vezes o achamos Prelado nesta Custódia, sendo a primeira para a Casa da Bahia, e por ser Fundador por quase três anos, desde abril de 1587, até os fins de 1590, pelo Custódio Fr. Melquior, e por este mesmo nomeado no de 1592, no princípio para a Paraíba, onde assistiu até maio de 1594, que acabou o Custódio Fr. Melquior, e ficou continuando até o de 1597, que foi todo o tempo do Custódio Fr. Leonardo. Neste tempo lhe não faltaram ocasiões, em que mostrasse o grande zelo que tinha, assim da honra de Deus, como do bem comum, e que era dotado de um ânimo constante, e forte; porque entrando o ano de 1594, e neste, as injustas perseguições, que contra os nossos se levantaram naquela conquista, e das quais coube uma boa parte a este zeloso Prelado, e tendo crescido ao mais a que podiam, vieram a ter o fim alguns anos depois, que dali saiu, mostrou em tudo a constância, e fortaleza do seu grande, e alentado espírito, e santo zelo.

317. Com este determinando ao mesmo tempo o Capitão-Mor da Paraíba Feliciano Coelho de Carvalho fazer guerra ao gentio das partes do Rio Grande, que perturbavam com as suas costumadas invasões os progressos, e aumentos destas da Paraíba, e pedindo ao Padre Fr. Antônio da Ilha religiosos para o espiritual daquela empresa, este mesmo Prelado com o seu companheiro, e Língua do gentio cristã, se ofereceu, e o seguiu até o lugar da Alagoa, uma jornada antes de chegar ao Rio Grande com notáveis trabalhos, e descômodos de caminhos dilatados, sertões ásperos, e desertos, com perigos de vida nos encontros, e assaltos, que se ofereciam naquela entrada até voltarem depois de alguns meses, com repetidas moléstias, à cidade da Paraíba.

318. Desta passou para a Casa da Vitória na Capitania do Espírito Santo, onde foi também Prelado desde 1587, até 1602, todo o tempo do terceiro Custódio Fr. Braz de S. Jerônimo, alguns cinco anos; e ultimamente o foi de Ipojuca desde 1606, até 1614, por oito anos, que foi todo o tempo de

dois Custódios, Fr. Leonardo a segunda vez, e Fr. Francisco dos Santos, três anos de cada um, e quase dois de Fr. Antônio da Estrela, quando foi Comissário com vezes de Custódio; e sucedendo a este o P. Fr. Vicente do Salvador, com a nova forma de governo, que tomou a Custódia, para se celebrarem nela Capítulos, foi eleito o Padre Fr. Antônio da Ilha, que acabava de Guardião de Ipojuca, por um dos quatro Definidores daquela primeira Mesa, ficando como Vogal, por assistente, e morador da Casa Capitular de Olinda, onde, sem lhe assignar o dia, e ano, diz um assento do seu Cartório, falecera tão cheio de anos, porque já muito velho, adverte ele, como de merecimentos; pois serviu naqueles tempos primitivos de grande edificação para esta Custódia, assim no aumento das suas Casas, e obras, como para a reforma Regular, e perfeição Religiosa.[241]

CAPÍTULO XX

De outros Religiosos, que da Província passaram a esta Custódia nos seus princípios, e deixaram nela também fama de virtude e santidade.

319. Não deixa de ser muito digno de alguma reflexão o dispor Deus por sua altíssima Providência, que todos aqueles religiosos, que nos princípios passaram da Província de Santo Antônio para a fundação desta sua Custódia, especialmente os oito primeiros, e alguns dos que em segundo, e terceiro lugar se seguiram àqueles, fossem sujeitos de conhecida virtude, assim os que nomeavam os Prelados da mesma Província, como outros, que de algumas de fora se vinham oferecer para a mesma empresa, de que nos deixa uma certa confiança, e espiritual alegria de ser ela obra muito do agrado de Deus, bem dos seus fiéis, aproveitamento do gentilismo da terra, e crédito de toda a Seráfica Família, como o mesmo curso do tempo o tem mostrado.

320. Em uma lista, ou assento antigo dos religiosos de virtude, e santidade, que floresceram nesta Custódia, que já apontamos, e se guarda no Arquivo desta Província, achamos nela, como em tais, depois do Padre Custódio Fr. Melquior, e seu companheiro Fr. Francisco de S. Boaventura, a todos os

---

[241] LGBA, nº 1; LGPB, nº 3; LGIP, nº 1; RÖWER, 1957, p. 32. Ao ensejo das sessões da Inquisição da Paraíba, Fr. Antônio da Ilha assinou as "Ratificações do Santo Ofício" junto com Fr. Simão da Assunção, com data de 23 de janeiro de 1595 (ILHA, 1975, p. 46; WILLEKE, 1967a).

mais que com eles vieram na primeira ocasião, e outros muitos, que se foram seguindo. Mas isto, que certamente nos podia servir de um grande júbilo, nos deixou ao mesmo tempo em um sumo desconsolo; pois havendo pena para escrever esta memória, a não houve, (e nisto mostrou só o que tinha de pena) para referir algumas daquelas virtudes, em que diz haverem florescido os tais religiosos, e com tanto descuido, que menos de um, ou outro destes, dos mais até o lugar em que os achou a morte nos deixou oculto; nem nós o pudemos descobrir, pela falta que já notamos de livros em todo o tempo da sujeição da Custódia, e o que nesta parte podemos acrescentar dos tais religiosos, é aquele pouco que achamos pelos assentos dos Cartórios, e de alguns que foram Prelados, e assim o escrevemos na melhor forma que é possível, sendo o primeiro

321. Fr. Francisco dos Santos, de quem já dissemos o que fica escrito no lugar dos Custódios, entre os quais ocupou o sexto, e foi um dos bons Prelados que ela teve, e que muito cuidou no seu aumento, tanto no que tocava ao material das Casas, como à reforma dos costumes, e perfeição religiosa, pelo qual motivo foi repetidas vezes Prelado Local, e destinado para as suas primeiras fundações, e tem também o primeiro lugar entre os quatro, que depois do Padre Custódio Fr. Melquior, e seu companheiro Fr. Francisco de S. Boaventura, sabemos serem filhos da Província de Santo Antônio.

322. Fr. Afonso de Santa Maria, é o segundo destes quatro. Foi Prelado de Igarassu todo o tempo do Custódio Fr. Braz de S. Jerônimo, que foram seis anos com pouca diferença. O mais tempo que viveu, e não podemos concluir o quanto fosse, nem se faleceu na Custódia, ou voltou para a Província, como o fizeram alguns. Assim antes, como depois de Prelado o gastou no cultivo das aldeias, e doutrina dos índios, assim nas do distrito de Pernambuco, onde foi a sua maior assistência, como nas de Igarassu, Itamaracá, Goiana, e Paraíba, para o que tinha particular gênio, e propensão, e o movia o amor de Deus, e caridade do próximo, que mora, e domina na alma dos varões espirituais, e apostólicos. No instrumento já referido, diz a mesma testemunha, depois da atestação, que dá de Fr. Antônio de Campomaior, e outros mais o seguinte: *Nestes mesmos tempos floresceu em santidade, Fr. Afonso, sacerdote confessor, companheiro de Fr. Antônio de Campomaior, confessor, o qual também sabia, que fora de grande virtude, caridade, e exemplar vida, e no mesmo exemplo perseverou toda a sua vida.*[242]

323. Fr. Manuel da Cruz, é o terceiro destes, que sabemos serem filhos da Província, e virem com os primeiros Fundadores; e nem dele nos ficou ou-

[242] Frei Brás foi custódio de 1596-1602.

tra notícia mais que a referida de entrar no Catálogo sobredito dos religiosos de virtude, e santidade, e vermo-lo assinado em alguns termos de profissões na Casa de Olinda até os fins do ano de 1596, e que falecera depois no Convento de Igarassu já muito velho, diz um assento antigo daquela Casa, sem o dia, e ano da sua morte, que seria sem dúvida conforme a sua vida.

324. Fr. Antônio dos Mártires, é o quarto, que com os mais já nomeados, e os dois Padres Fundadores fazem o número dos seis primeiros, filhos todos da santa Província de Santo Antônio, e veio para esta Custódia, sendo ainda corista; dele diremos o mais, quando chegarmos à Casa da Vitória na Capitania do Espírito Santo, onde faleceu, sendo o primeiro Prelado, e seu Fundador, no ano de 1591.[243]

325. Fr. Francisco da Cruz, e Fr. Antônio da Ilha, são os dois, que completam o número dos oito primeiros religiosos, que foram mandados à fundação desta Custódia; os seis já nomeados, filhos todos da Província de Santo Antônio; estes dois, de outras Províncias: Fr. Antônio da Ilha da Piedade, e de quem já falamos, e Fr. Francisco da Cruz, religioso leigo, e Recoleto da Observância de Portugal. Deste não nos ficou também outra notícia mais que a sobredita de entrar, pelo religioso, e perfeito da sua vida, na mencionada lista dos que deixaram de si fama de santidade. E por esta falta de notícias, que deles nos deixaram os nossos, não lhes queremos negar aquela propriedade, ou analogia, que lhes pode competir também de estrelas deste Novo, e Seráfico Orbe, ainda que com a diferença, que pode haver entre estas, e aquelas duas, que já notamos, à semelhança da que vai no celeste globo, entre as mais luzidas, e de maior grandeza com outras mais pequenas, a que chamam os astrônomos, Estrelinhas nebulosas, não porque deixem de ter luzes, mas porque uma como nuvem se lhes opõe à vista, para lhes não chegarem a pesquisar toda a sua claridade, e grandeza. Nem de outra sorte acontece a estes religiosos, e a outros muitos, que pelos tempos se lhes foram seguindo, e foram todos uma numerosa multidão, que alumiando também, com o claro dos seus exemplos, obras, e virtudes, muitas destas partes da Custódia do Brasil, a espessa nuvem do tempo, engrossado com o basto, e feio descuido dos antigos, nos deixaram tão escassa luz dos seus santos progressos que apenas lhes podemos divisar um pequeno rasto de que luziram, sem mais certeza das distâncias, que ocuparam, e encheram, nem quantas, e quais fossem as virtudes, com que se adornaram a si, e edificaram aos mais.[244]

---

[243] RÖWER; SETARO, 1965, p. 35 e 38.

[244] Frei Francisco da Cruz não veio com a turma dos fundadores, cf. já exposto na nota 186.

CAPÍTULO XXI

De alguns religiosos mais, filhos da Província, que a esta Custódia vieram, e deixaram nela boa fama, e opinião de virtude.

326. Doze companheiros, senão apóstolos pelo nome, apóstolos pelo zelo, e ainda pelo número, trouxe consigo o venerando Padre Fr. Francisco de S. Boaventura, na segunda viagem que fez do Reino para o Brasil, e foram estes os terceiros, que passaram a esta Custódia. Que fossem doze o dizem as memórias da Província, sem expressar o nome de alguns, e fazendo nós diligência pelas da Custódia, só o de seis pudemos averiguar, Frei Antônio da Ínsua, Frei Antônio Boaventura, ou de S. Boaventura, Fr. João de S. Miguel, Fr. Jerônimo do Porto, Fr. Pedro da Cruz, e Fr. Baltazar de Santo Antônio. Destes três últimos não achamos outra notícia mais que vê-los assinados em alguns termos de profissões de Olinda, e Bahia; de Fr. Antônio da Ínsua diremos alguma coisa, quando entrarmos na Casa da Bahia, como também o faremos no Convento da Vitória de Fr. João de S. Miguel, e aqui só tem lugar Fr. Antônio de S. Boaventura, como o achamos nomeado em os assentos da Custódia, ou Fr. Antônio Boaventura, como se assinava ele. Foi Prelado da Casa de Olinda, e o terceiro, que ocupou aquele lugar, todo o tempo do segundo Custódio Fr. Leonardo de Jesus, desde junho de 1593, até o ano de 1596, e neste lugar, exerceu também o de Comissário dos Conventos daquela parte de Pernambuco, o tempo que fora dela se achava nas da Bahia o P. Custódio; e sem mais outra clareza das suas espirituais operações o achamos numerado na já referida lista dos religiosos de virtude. Que falecera na Casa de Olinda, onde sempre residiu, e já muito velho, diz um assento dela, sem dia, nem ano do seu trânsito, que julgamos por boa conjetura seria no de 1601, ou no outro seguinte; porque naquele, e no mês de junho, ainda o vemos assinado em um termo de profissões daquela Casa, e dali por diante o não achamos mais, sendo que nela, como se disse, foi sempre morador os anos que viveu nesta Custódia, e com ele damos fim aos religiosos da Província, de que se acha notícia faleceram neste Convento com fama de santidade.

CAPÍTULO XXII

Dos Religiosos, filhos desta Província, que nela desde o princípio de Custódia até o presente floresceram em virtude, e pertencem à Casa de Olinda.

327. Com o descobrimento do Novo Mundo alcançando com ele também os matemáticos mais céus, ou esferas celestes mais dilatadas, e a ele correspondentes, também deram vista de novas constelações, estrelas, e seus luzimentos, dando a estas o nome de austrais, pelas divisarem para a parte do meio-dia declinando para o sul; e outros ainda mais modernos descobriram mais algumas austrais, como aquelas para o sul, e outras setentrionais, por declinarem para o norte.

328. Até agora, seguindo nós a praxe dos antigos astrônomos, cuidamos só em contemplar, ou escrever as virtuosas operações, e espirituais luzimentos de alguns religiosos, que como estrelas orientais, e do primeiro mundo, foram filhos da santa Província de Portugal; agora, imitando também aos modernos, entramos no cuidado de medir os luzimentos daqueles astros, ou Religiosos Menores, que, como filhos desta Custódia, circularam os espaços novamente descobertos, desde o meio-dia para o sul, e norte deste novo, e Seráfico Orbe. E com tanta propriedade, ou analogia de estrelas deste novo mundo, que assim como aqueles contempladores das suas esferas descobriram primeiro doze constelações, todas austrais, porque do meio-dia para o sul; e os mais modernos, descobrindo outras doze mais, seis destas austrais, e só seis setentrionais, porque do meio-dia para o norte; assim veremos também que sendo muitos os religiosos filhos desta Custódia, que a ilustraram, como estrelas, com as luzes das suas virtudes, os mais deles os acharemos situados do meio-dia para o sul, isto é, de Olinda de Pernambuco, a que tratamos aqui por parte mais meridional, ou meio-dia do Brasil, até o Rio de Janeiro ao sul, repartidos pelos seus conventos, como estrelas em suas paralaxes, e muito poucos de Olinda para o norte, ou até a Paraíba; talvez, porque para esta parte lhes ficam só duas Casas, ou Conventos para colocação, e sítio destes religiosos astros, ficando-lhes de Olinda para o sul todos os mais.

329. Não pretendemos contudo fazer tão ajustada a metáfora, que assim como os matemáticos só descobriram em o novo mundo doze, e doze constelações por partes, ou vinte e quatro por junto, queiramos nós dizer, que outros tantos foram também os religiosos de virtude, ou luminosas estrelas deste Novo, e Seráfico Orbe; mas sim, que se o número doze vale tanto como uma universidade, que por isso em as doze portas do céu, e nas doze pedras do Racional do Sumo Sacerdote se significava a multidão dos escolhidos; ou

também porque, se doze, e doze são vinte e quatro, e neste número assentou o Evangelista no céu o de todos os bem-aventurados, nos vinte e quatro anciões, que colocou nos seus tronos; nestas vinte e quatro constelações unidas, ou nelas doze, e doze separadas, temos expressados, ou distintos, toda aquela multidão de Religiosos Menores, que, como estrelas deste Novo, e Seráfico Orbe, nos deixaram bastantes reflexos dos seus luzimentos, e claras vistas das suas virtudes, e exemplares ações, sendo o primeiro.

330. O Irmão Fr. Pedro, a quem, sem outro sobrenome achamos com o de Mialhadas, por ser natural deste lugar nas partes do Reino. Foi o primeiro, que tomou o hábito na Casa da Senhora das Neves de Olinda; e o segundo, que nela professou no ano de 1586; porque o primeiro, que nela fez profissão, foi o Irmão Fr. Gaspar de Santo Antônio, religioso leigo, que havia tomado o hábito, ainda antes que os Padres Fundadores entrassem em o novo Convento. Já contava alguns quarenta, ou mais anos de idade Frei Pedro, quando fez a sua profissão. Não só pelo seu estado, que foi de religioso leigo, mostrava ser humilde, mas foi nele pelo seu natural esta virtude tão praticada, e conhecida, que era tratado, assim de religiosos como seculares, por Fr. Pedrinho, como por carinhosa expressão do grande conceito que dele formavam, enquanto humilde, além de muitas outras prendas de virtuoso. O seu principal cuidado foi o de hortelão, exercício que, se não pode nunca acabar com ele o deixasse, ainda sendo já muito velho, achacoso, e quebrado. A isto atendendo os superiores, muitas vezes lhe mandavam por obediência não fosse mais à horta a trabalhar, ao que ele obedecia alegre com prontidão, e humildade; mas logo com a mesma tornava aos Prelados lhe levantassem aquele preceito, pedindo-lhes dispensa dele, e dizendo não tinha segura a sua consciência, o dia, e hora, que não trabalhava; e assim nos últimos anos, lhe mandaram fazer uma horta pegada ao convento, a qual ainda hoje permanece, a uma ilharga da cisterna, na qual com menos moléstia se pudesse exercitar, e nela se ocupava plantando flores, e outras hortaliças, tanto para o uso, e regalo dos religiosos, como para o serviço, e culto dos altares; e assim laborioso, humilde, e espiritualmente devoto, completou o curso da vida a 26 de abril de 1628, com mais de oitenta anos de idade.

331. Fr. Pedro de S. Boaventura, chamado vulgarmente o Auzança, e também dos primeiros, que professaram na Casa de Olinda. Foi natural do lugar de Mateus, termo de Vila Real, Arcebispado de Braga, carpinteiro por ofício, e leigo por profissão, que a fez a 16 de julho de 1589, com mais de trinta anos de idade, na Casa de Olinda. Foi religioso dotado de uma simplicidade santa, a que ajuntava uma vida angélica nos costumes, e incansável

no trabalho do seu ofício, no qual lhe não faltava em que se ocupar naqueles princípios, e o fazia com zelo, e cuidado, como também os mais da Comunidade, a que não faltava, sem que estes da obrigação de religioso o embaraçassem no das obras, e fábricas da Casa, e Convento. Nele, e nestas santas operações, e trabalhos, assim manuais como do espírito, jejuns, disciplinas, e oração, se ocupou pelo largo espaço de alguns quarenta e cinco anos, até o de 1634, em que depois de queimada a cidade de Olinda, no de 1631, pelos holandeses, e retirados estes para o Recife, indo ali em outra ocasião uma esquadrilha destes inimigos à mesma cidade, pela notícia, que tiveram de que assistiam no seu convento alguns religiosos nossos, e achando na Capela-Mor em oração ao santo velho, que já neste tempo contava alguns oitenta anos, a tiros de arcabuz, e golpes de partasanas, lhe tiraram cruéis, e tiranos, a vida no mesmo lugar, deixando ali o seu cadáver, a que os mais religiosos, assistentes no oratório do Arraial, ao outro dia deram sepultura no claustro do mesmo convento no qual assistia também.[245]

332. Fr. Francisco da Esperança, Prelado atual, que era da mesma Casa, e nela fazia morada com o Irmão Fr. Pedro, arrebatados ambos do amor, e devoção, que tinham àquele Santuário da Senhora das Neves, depois que os inimigos deixaram queimada, e destruída a cidade, se recolheram ao convento, onde assistiam, ocupados em santos exercícios, expostos às necessidades, e misérias do tempo, como em um solitário, e desamparado deserto, e oferecidos livremente aos perigos, e insultos dos contrários hereges, achando ali por prêmio deste seu entranhável afeto, naquele devoto, e saudoso lugar, o venerável leigo a coroa do martírio, como piamente podemos crer, e o bom Prelado, e fiel pastor, repetidos atos de a merecer nas prisões, cárceres, desterros, e penalidades, que se lhe seguiram; porque, deixando os inimigos o companheiro morto, a ele o tiraram preso, levaram à cadeia para o Recife, e o remeteram cativo, e desterrado para Olinda, de donde foi ter ao Reino, e veio a Pernambuco, e foi outra vez assistir ao seu convento de Olinda. Deste o tiraram segunda vez os mesmos holandeses, com mais onze religiosos, que nele assistiram, e outros, que apanharam dos mais conventos, e presos todos, despidos, e maltratados, no ano de 1639 os mandaram lançar desterrados pelas Índias Ocidentais de Espanha, dos quais o Padre Fr. Francisco da Esperança foi um, como outros muitos, que por lá acabou os dias, e pôs o termo à vida, sem saberem os que por cá ficaram, qual fosse o seu fim, que não duvidamos seria em grande serviço de Deus, como religioso que era de muitas, e singulares virtudes, especialmente na da oração, em que foi mui prático, e

245 OSNB I, 74.

contínuo; na de humildade, em que se excedia a si mesmo, pois sendo Prelado, lavava os pés aos seus súditos, fazia as cozinhas, e mais ofícios humildes do convento com tanta submissão, e cuidado, como qualquer corista, ou noviço. Por particular inclinação, e não ter tempo, que não fosse ocupado em alguma obra em bem do próximo, e serviço da religião, exercitava por curiosidade o ofício de imaginário, e o chegou a executar com tanta vantagem, que assim admirava a perfeição como a brevidade com que o fazia; e sobretudo a particular devoção, que infundiam nos corações de todas as imagens, que obrava; e sendo mui desembaraçado na fatura delas, ainda era maior o desapego em as repartir; porque sem interesse as dava, só pelo que entendia lucrar com a veneração, que por meio delas se daria aos santos que representavam, e de quem eram imagens. Muitas destas, diz uma memória antiga, se conservavam ainda naquele tempo, nos altares, e retábulos de alguns conventos desta Custódia da qual era filho, e havia professado no Convento de Olinda, pelos anos de 1600 até 1602, que pela falta de folhas do livro das Profissões daquele Convento, o não achamos nele, e só que fora seu Prelado do princípio do governo do Padre Frei Cosme de S. Damião, que entrou nele pelo meio do ano de 1633, a tempo, que já os holandeses estavam senhores da praça do Recife, e Olinda, e os Prelados, que para estes conventos se faziam, iam ter a sua residência, no Oratório do Arraial, de donde retirando-se o holandês de Olinda para o Recife, e ficando deserto aquele convento, o seu Prelado, com o Irmão leigo seu súdito Fr. Pedro Auzança, se recolheram a ele, e houveram o fim que fica referido.[246]

CAPÍTULO XXIII

Do venerável Padre Fr. Luís da Anunciação,
a quem chamavam vulgarmente o Santo.

333. Diferem as estrelas entre si na claridade, diz o apóstolo; porque é sem dúvida resplandecerem umas mais que as outras. Assim o notam nas celestes esferas, os que contemplam a cotidiana carreira destes luminosos astros. Guardada a analógica proporção com que temos apropriado aos Religiosos Menores desta Custódia, e Província do Brasil, o de estrelas místicas deste Novo, e Seráfico Orbe; do que fica dito dos que até aqui temos falado, bem

[246] OSNB I, 74 e 414.

se deixa ver no breve discurso de suas vidas a diferença que tiveram nos seus progressos, e espirituais operações, mostrando-se mais, e menos admiráveis um do que outros, ao menos conforme a vista, ou contemplação dos que lhes admiraram o curso, e nos deixaram escritas as suas virtudes; e porque estas são as luzes, e pelas quais se deixa ver, ou registrar a diferença, e grandeza de cada um dos que até aqui temos dito, foram sem dúvida de muita distinção, ou por mais admiráveis, ou por melhor notadas, ou talvez por menos distantes já à vista dos que as contemplaram as espirituais luzes, e virtuosas operações do Venerável Padre Fr. Luís da Anunciação de quem agora entramos a escrever; pois lhe granjearam entre todos os que o conheceram, e trataram, o singular aditamento de Fr. Luís o Santo.

334. Este é o primeiro religioso de virtude desta Custódia de quem achamos nos livros do Cartório de Olinda, e no da Bahia escritas as que praticou em sua vida, e lhe mereceram o nome de Santo, como também dele, e alguns mais, um instrumento de testemunhas, tiradas por mandado do Custódio Fr. João Batista, como já tocamos. Também se acha, como fica referido na estância quinta dos escritores desta Província, por um deles anônimo, ou sem nome expresso, discursada a vida deste venerável Padre, mui sucinta na relação das suas virtudes, mas bastantemente difusa na ponderação das que lhe escrevem, que toda é panegírica, e ornada, como ali notamos, de todo o gênero de erudição assim sagrada como profana, ainda que seu autor, por escrever como devoto, e não por obrigação, teve alguns descuidos em a narrativa dos fatos; porque supõe, que sabendo-se ser o Padre Frei Luís oriundo de Vila Real, houve ignorância do lugar determinado em que nascera, como também, quais fossem seus pais, e que fora morto pelos hereges holandeses em um encontro em o qual, como muitas vezes lhe sucedeu naquela Campanha, se achara, no que padeceu certamente equivocação, porque não viu como escritor particular o termo da sua profissão em o qual se declaram seus pais, pátria, e lugar do nascimento; nem o sumário de testemunhas, do qual consta onde, e como foi a sua morte, estando em tudo o mais, sobre elegante, e douta, ajustada com a verdade.

335. Em Vilar da Maçada, termo de Vila Real, jurisdição espiritual do Arcebispado de Braga, da Província de Trás os Montes, foi o nascimento do Padre Frei Luís da Anunciação. Foram seus pais Antônio Fernandes, e Beatriz Teixeira. Das qualidades do seu sangue nos não ficou outra genealogia, mais que aquela com que os enobreceram as ilustres virtudes deste filho. Do qual também não achamos outra notícia desde o seu nascimento até a sua profissão de Religioso Menor, mais que ser já sacerdote secular, quando em Olinda, a

dezoito de janeiro de 1602, a ratificou por ser nula a que havia feito. Da primeira não achamos o termo, nem nestes da sua ratificação se explica a causa desta nulidade; e só se diz nele, que a ratificara por ser nula a primeira, conforme ao *Motu proprio* do Santíssimo Padre Sixto V, sem apontar também qual fosse, em que ano, e por que motivo passara esta Bula. Contava a este tempo o Padre Fr. Luís trinta e cinco anos de idade.

336. Feito já religioso, e livre das distrações do século, que lhe deviam embaraçar o adiantamento das virtudes, a que aspirava o seu agigantado espírito, se aplicou a todas que nos claustros fazem perfeitos aos que neles se querem sepultar em vida, sendo em todas um exato exemplar, assim aos de fora, que os frequentavam, como aos de dentro, seus habitadores. A estes, porque em todos os atos da Comunidade o acharam sempre o mais pronto, e admiravam o melhor observador, e quanto mais humilde era o exercício, com mais vontade o abraçava, não só enquanto súdito por obrigação, ainda em Prelado para o exemplo; porque, nem a preeminência do lugar, nem a distinção da pessoa, bastavam a diverti-lo dos humildes empregos em que se ocupavam os religiosos modernos, pois sendo já mui velho, e grave, duas vezes Prelado, e outras duas Definidor, se exercitava nos ministérios comuns dos frades leigos, e coristas; a estes ajudava nos seus ofícios, e aliviava comumente da pensão de preparar os candeeiros para o coro, só para que se rezasse o Ofício Divino com toda a perfeição, e pontualidade. Nem sendo religioso desta graduação se esquecia por isso dos trabalhos da cozinha, e sem que estes o perturbassem como a Marta, assistiu como a Madalena ao sossego da oração, e presença de Deus. Esta foi a sua mais particular virtude, e este o seu mais continuado exercício; porque em todo o lugar, e a qualquer tempo o achavam absorto nela, já na igreja, já no coro, no claustro, no Capítulo, na cela, e até pelos corredores, nos quais de noite o encontravam muitas vezes de joelhos em cruz, com a cara para as paredes, e a boca pregada nelas.

337. Desta íntima comunicação com Deus, lhe resultava o intensíssimo amor do próximo. Foi o gentio o que mais experimentou nele este afeto, ou o seu efeito; porque, conhecendo os Prelados o seu apostólico zelo, e santo desejo de salvar almas, o aplicaram à doutrina dos índios, mostrando na brevidade, e desembaraço com que aprendeu a sua língua, que a do Espírito Santo falava nele, como apóstolo determinado para a conversão de uma boa parte desta gente. Por quatro anos contínuos assistiu na aldeia de Una no distrito de Pernambuco, com Fr. João da Assunção, sacerdote, por seu companheiro, e em outras mais. Foram inumeráveis os que reduziu à fé, cuidando deles não só como pastor espiritual de suas almas, ajudando-os também em suas

necessidades, e trabalhos, pelo que eles o reconheciam como a pai, e veneravam com um particular respeito; e neste trabalho, e assistência das doutrinas, e aldeias gastou uma boa parte do tempo que viveu religioso, até que já mais entrado em anos pelos de 1615, que o achamos recolhido ao Convento de Olinda. A boa fama sua, que já corria, e do gentio se passava aos moradores da Vila, de tal sorte com a sua comunicação cresceu entre eles, vendo pela experiência o que admiravam pelo que ouviam, que geralmente levava após si o afeto, e veneração de todos, exercitando-se o Venerável Padre com eles em tudo o que era caridade, assim no que tocava à saúde de suas almas, como ao benefício de muitas necessidades corporais, achando todos nele remédio, e consolação, ainda à custa de prodígios. Por tudo se fez tão aceito, e venerado daquele povo, que intentando os Prelados, como a súdito, e filho da obediência, passá-lo a outros conventos, não pode chegar à execução esta vontade; porque se acharam embaraçados com as suas súplicas, e lágrimas do povo, e de pessoas particulares, e devotas, a quem se não podia, nem devia faltar, principalmente não havendo coisa que encontrasse a Religião para se deferir a elas, que houveram por bem dispensar à súplica do povo, com a determinação dos Prelados, o qual pedia lhe não tirassem daquele Convento o Padre Fr. Luís; e assim sendo ocasião de o promover aos cargos da Ordem, no mesmo de Olinda ocupou o de Guardião por duas vezes, a primeira no tempo do Custódio Frei Vicente do Salvador, todo o seu tempo, que foram três anos, ficando por Definidor no Capítulo seguinte, e segunda vez Guardião do mesmo Convento da Congregação do Custódio Fr. Antônio de Braga, até o Capítulo, que se seguiu ano e meio, em que o tornaram a fazer Definidor, sendo Custódio Frei Antônio dos Anjos, o qual o foi até o princípio do ano de 1630, em que a 16 de fevereiro aconteceu a lamentada perda da Vila de Olinda, passando o seu católico senhorio a inimigos hereges. Entre os vários religiosos, que para assistir aos soldados nas trincheiras, e mais postos, foram repartidos pelo Padre Custódio, que então se achava no convento, foi um o Padre Definidor Fr. Luís da Anunciação, que nem o venerando da idade, nem o caráter da pessoa bastou a desviá-lo do perigoso deste emprego, que tanto se acomodava com o zeloso do seu espírito, e o ardente da sua caridade; e não quis o céu ficasse sem o seu devido prêmio, nem a caridade com que assistia aos perigos de morte, nem o zelo da salvação das suas almas; porque no mais apertado daquele fatal, e estrondoso conflito, sem temor da morte que via acometer aos mais, no trânsito de acudir a um, que agonizava, duas balas inimigas lhe bateram aos peitos, mais para lhe despertar o incêndio, que ardia nele, que para lhe abrirem porta, por donde saísse aquela abrasada alma, que sem temor próprio, e admiração de muitos circunstantes, que assim o depuseram depois, as viu caídas a seus pés, obrando no inflamado peito do servo de Deus o abalo daqueles pelouros, o que em uma fornalha acesa acontece, se lhe fazem tiro com algum pesado instrumento, que serve este de lhe acender mais as chamas, e atiçar os incêndios; porque, reconhecendo o Padre, no prodígio obrado em si, o poder da mão de Deus, e as misericórdias do seu amor, de tal sorte se inflamou com este no do próximo, que continuando naquele piedoso exercício, não teve acordo de si para se pôr em salvo, como o faziam todos, e se achou prisioneiro dos inimigos, com alguns poucos portugueses, e moradores da Vila, que não passaram de vinte, os que neste dia, com o Padre Fr. Luís ficaram presos, e cativos. Não nos consta o tempo que durou esta sua prisão, mas, como escrevem as memórias diárias desta guerra, que a poucos dias de tomada a Vila pelos inimigos, deixaram ir livres os que haviam aprisionado, com eles é sem dúvida sairia também o servo de Deus, pois o achamos logo a poucos tempos de assistência no Arraial do Bom Jesus de Paranamirim, que uma légua distante de Olinda, e o Recife, levantou o General Matias de Albuquerque, e onde os nossos religiosos retirados dos conventos de Olinda, e Recife, fabricaram Oratório, e assistiram alguns com os Prelados até a entrega do mesmo Arraial, e a sua destruição pelo holandês a 9 de junho de 1635.

338. Cinco anos, e dois meses foi todo o tempo, que à força de armas sustentaram os nossos esta Praça, e nela por todos eles fez também assistência o Padre Fr. Luís, ocupado no exercício de acudir aos assaltos, administrar os sacramentos, animar os soldados, ajudá-los em suas necessidades espirituais, e ainda em algumas temporais daquele miserável povo. Assim deste em comum, como em particular dos seus Cabos, e maiores, não só pela fama, que já havia grande das suas virtudes, como pelo que agora presencialmente viam do seu zelo, caridade, e outras exemplares ações, se fez em tanta maneira respeitado, e tido por um apostólico, e santo varão, que pondo o inimigo o último cerco a este Arraial, que durou por três meses, chegando os sitiados por falta de socorros a uma grande necessidade de mantimentos, e do principal, que era o do pão, ou farinha, que é o da terra; pelo grande conceito, que do servo de Deus haviam formado, ordenou o Governador André Marim se lhe entregasse o cuidado de repartir com a gente a pouca que havia, e foi entre eles voz, e prática comum, que depois se não experimentou falta alguma deste mantimento, afirmando os que recebiam as suas porções ordinárias, que se lhes aumentava, e crescia em as mochilas, e assim o depuseram depois muitos deles.

339. Entregue o Arraial aos inimigos, e a sua Fortaleza a partido de guerra, e feitos prisioneiros os que nele se achavam, em o número dos religiosos que ali residiam, entrou também o P. Luís, e era a segunda vez, que lhe

cabia esta sorte, ainda que não foi de tanto asar para ele, como para os mais; porque estes, dizem as já notadas Memórias Diárias,[247] foram desterrados pelos holandeses para as Índias de Castela. Mas é sem dúvida, que a esta pena, ainda que não alcançamos a causa, não ficou sujeito o Padre Frei Luís, porque sendo entregue o Arraial a nove de junho, como fica dito, do ano de 1635, neste mesmo ano, já pelos fins dele, achamos retirado ao dito Padre de Pernambuco para a Paraíba, e assistente em casa de Francisco Camelo Valcacer, senhor do Engenho dos Reis.

340. Este homem se havia retirado com outros senhores, e muito povo daquela capitania para Pernambuco no fim do ano de 1634, depois que a vinte e quatro de dezembro foi rendida pelos holandeses a cidade da Paraíba, e indo estes com o seu governador Antônio de Albuquerque buscar o General Matias de Albuquerque, que se achava situado para o Cabo de Santo Agostinho, chegando à povoação da Muribeca, na mesma ocasião, que ali chegava também o holandês Sigismundo em demanda de Matias de Albuquerque, desta povoação, que fica quatro léguas ao sul do Recife, entre este, e o dito Cabo, fez voltar outra vez o General Sigismundo para a Paraíba muitos dos seus moradores, entre os quais foi um Francisco Camelo, que com passaportes do holandês foi viver à sua fazenda já dita, aonde chegou no mês de fevereiro do ano seguinte de 1635. E sendo neste mesmo ano entregue, como já se disse, o nosso Arraial aos inimigos em Pernambuco, e com ele preso, e solto, o Padre Fr. Luís se retirou com alguns religiosos mais para a Paraíba, e lá se recolheram em casa de Francisco Camelo, como lugar mais seguro naquela conjunção.

341. Nesta assistiu com os mais religiosos, enquanto no mesmo engenho se fabricava uma casa com seu Oratório, para a qual se passaram aos onze meses, e neste viveu alguns quatro anos mais, até o de 1640, em que sem se lhe assignar o dia, e mês do seu falecimento, dizem alguns assentos da Custódia fora neste ano. Na mesma Capelinha do Oratório foi sepultado junto ao altar para a parte da Epístola, com grande concurso, sentimento, e veneração do povo vizinho, que ainda depois de morto, e estando o seu corpo na igreja, se chegavam devotos, e reverentes a beijar-lhe o hábito, e tomar-lhe a bênção. Dois anos e meio depois falecendo outro religioso naquele mesmo recolhimento, e abrindo-se a sua sepultura, para nela o enterrarem, várias pessoas do lugar, e algumas principais, que ali assistiram, à porfia lhe tiraram dos seus ossos algumas relíquias, e os levariam todos, se lhes não fosse impedido; e os

247 [Jaboatão] Pág. 174 e 192.

mais com a calvaria os ajuntou a uma parte da mesma sepultura Frei Ângelo do Nascimento, outro Religioso Menor, que aí se achava. Consta todo o referido do juramento deste dito religioso, como também de Francisco Camelo Valcacer, e sua mulher, Ana da Silveira Mourão, senhores do engenho, e lugar do Oratório, que se acharam presentes, assim a este ato como ao do enterro, e todo o mais tempo, que na sua casa, e Oratório, viveu com os mais o P. Fr. Luís.

342. Passados alguns anos depois de restaurada com Pernambuco a capitania da Paraíba, e restituídos os religiosos ao seu convento da cidade, para ele se recolheram também aqueles ossos, e se lhes deu lugar no claustro junto à porta, que entra para o cruzeiro da igreja com campa de pedra, e letreiro, que diz:

Sepultura do Servo de Deus Frei Luís da Anunciação.[248]

Contava, no ano em que faleceu, alguns setenta e cinco de idade, e quarenta de hábito com pouca diferença. Em todos mostrou ser sempre religioso mui perfeito, como verdadeiro filho de S. Francisco, e muito exercitado em todas as virtudes.

343. Além das que ficam já notadas, foi singular no liso, e singelo do ânimo acerca da consideração, e conceito, que formava de todo o próximo, não suspeitando nunca mal de algum, por mais desconcertadas que visse as suas ações, e lançando tudo à boa parte, de todos julgava bem. Ou por participação do céu, ou por particular valia, que mereceu com o santo português Antônio, foi outro como deparador de coisas perdidas, porque todos achavam as que lhes pertenciam, em se queixando, ou encomendando-as ao servo de Deus; nem lhe faltou o Senhor com o dom, ou graça de outras coisas, que naturalmente se não podiam saber, como se observou em alguns casos, sendo um deles o seguinte. Tratava-se com uma mui estreita, e espiritual correspondência o nosso Fr. Luís da Anunciação com o Padre Frei Luís Bolandos religioso castelhano da Província do Paraguai, e morador no Convento de N.P.S. Francisco de Buenos Aires; e estando para partir para este porto um navio, que se achava no de Pernambuco, ao piloto deste entregou Fr. Luís da Anunciação uma certa encomenda de devoção para o dito Fr. Luís Bolandos; e não fazendo viagem no tempo determinado a tal embarcação, se foi o nosso Fr. Luís ao piloto, e lhe pediu a sua encomenda, dizendo-lhe não ser já necessária a sua remessa; e daí a pouco tempo chegou outro navio de Buenos Aires,

---

[248] Já não existe a campa sepulcral (OSNB I, 75; OSNB II, 311 e 406). Em vez de Fr. Luís Bolandos, leia-se Bolanhos.

e nele teve cartas do P. Fr. Afonso de Bique, religioso também castelhano, em que lhe dava a notícia de ser falecido o Padre Fr. Luís Bolandos, e com ela lhe remetia uma relíquia sua, com a qual, assim no Rio de Janeiro como em outras partes, obrava Deus por ela alguns milagres. Tudo isto depôs em o seu juramento o Irmão Fr. Antônio da Purificação, que neste tempo morava no Convento do Recife, e donde do de Olinda viera a ele o Padre Fr. Luís a esta diligência. O mesmo testemunho deste caso dá também Fr. Vicente de Santa Maria, no tal tempo Presidente do Convento do Recife, o qual acrescenta, que a ele mesmo dissera o Padre Fr. Luís, não ser necessário mandar a sua encomenda para Buenos Aires, por ser já falecido Fr. Luís Bolandos. Neste dito instrumento jurado se acha o testemunho de Fr. André do Porto, que indo ele testemunha com o Fr. Luís da Anunciação à casa do Síndico de Pernambuco, e chegando a ela ao mesmo tempo em que caíra por uma escada abaixo uma menina, filha do dito Síndico, de que estava como morta, e oferecida assim pelos pais ao servo de Deus, fazendo sobre ela o sinal da cruz, no mesmo ponto se levantou sã, e sem dor, nem lesão alguma. Outra vez tornando ambos à mesma casa, acharam a própria menina mui atribulada com umas febres, e com o sinal da cruz que lhe lançou Fr. Luís, se levantou logo sã, e livre daquela moléstia; o que terceira vez aconteceu, tornando daí a tempos a repetir-lhe o mesmo achaque.

CAPÍTULO XXIV

Do Servo de Deus Fr. Manuel dos Anjos, ou do Porto.

344. Ainda que entre os religiosos que descansam neste Convento da Senhora das Neves de Olinda não tenha lugar o servo de Deus Fr. Manuel dos Anjos, de quem pela ordem do tempo do seu falecimento, se segue tratar, e nem o teve em outro algum da Província, e Custódia; porque não a terra, mas as águas lhe deram sepultura, como neste de Olinda viveu, e nasceu para a Religião, neste o devemos colocar, senão pelo dia do óbito, em que renasceu para o céu, pelo da Profissão com que começou a viver para Deus. Foi esta a oito de maio de 1594, e a última de três, que achamos fizera por sua pessoa no sobredito Convento de Olinda o Padre Custódio Fr. Melquior, e também no último mês do seu governo nesta Custódia, da qual foi filho o Padre Fr. Manuel dos Anjos, sendo natural da cidade do Porto. Deste passou para o de Pernambuco no Brasil, levado dos interesses dos bens caducos do mundo, de

que a poucos passos desenganado, trocou aqueles pelos seguros do céu, fazendo-se Religioso Menor, quando, sem outros cabedais adquiridos, contava só com vinte e três anos de idade. Dos seus progressos particulares, e espirituais do estado de Religioso, não achamos outros mais, que estar numerado na lista, que já outras vezes referimos dos religiosos filhos desta Custódia, que nela resplandeceram em virtude, e santidade, e que fora quatro vezes Guardião em diferentes conventos seus. A primeira, no Recife, três anos do Custódio Fr. Paulo de Santa Catarina; a segunda, no da Paraíba por outros três do Custódio Fr. Antônio de Braga, e saiu Definidor no seguinte Capítulo; a terceira, no de Olinda, depois de Definidor, do qual teve só o título, e não a posse; porque foi eleito seu Guardião no ano de 1630, no Capítulo que celebrou o Custódio Fr. Simão de Santo Antônio, que neste mesmo ano chegou a Pernambuco, a tempo que já os holandeses estavam senhores absolutos de Olinda, e Recife, e o Padre Guardião eleito para aquele Convento tomou a posse dele no Oratório do Arraial, onde o foi os três anos seguintes, até o Capítulo que no Convento de Ipojuca celebrou o Custódio Fr. Cosme de S. Damião em 1633, em que entrou a exercer este cargo, e do Arraial passou para Guardião de Ipojuca o P. Fr. Manuel dos Anjos, e o foi aqui até a nomeação dos novos Prelados, que fez o dito Custódio Fr. Cosme no ano de 1635, e de Ipojuca passando para Olinda com outros religiosos mais, que faziam com ele o número de doze, foram presos estes pelos holandeses, e os mais que puderam apanhar, e acharam pelos conventos de fora, e os mandaram lançar pelas Índias Ocidentais de Castela no ano de 1639. Ao P. Fr. Manuel dos Anjos largaram os inimigos na Ilha de Margarita, da qual passou para a de S. João, chamada também de Porto Rico, pelo principal, onde está situada a cidade deste mesmo nome. No relatório terceiro deixamos feita alguma memória dos trabalhos, ultrajes, mau tratamento, e outras semelhantes moléstias, que nestas viagens padeceram os tais religiosos pelos insolentes hereges, que tudo se pode reputar por uns cruéis martírios, pois executados por eles em ódio da Igreja em seus filhos, e ministros, dos quais era um dos melhores o P. Fr. Manuel dos Anjos.

345. Foi a sua assistência em Porto Rico por quase dois anos, e não temos individual certeza em casa de quem fosse esta; mas do que achamos escrito em uma memória da Província se colige fora em casa do Síndico do Convento dos Religiosos Menores daquela cidade, na qual a pouco tempo lhe sobreveio uma doença grave, contraída do mau tratamento dos inimigos naquela viagem, ajudada dos seus muitos anos. E como a enfermidade é a melhor pedra de toque, na qual se prova, e se conhece o valor, e quilates de toda a virtude, nesta mostrou o servo de Deus a muita de que o Senhor havia adornado a sua ditosa alma, na paciência, sofrimento, e conformidade com que se

portava nas dores, e moléstias que padecia, não sendo bastantes todos os seus acidentes a privá-lo do trato, e familiaridade com Deus, por meio da oração, e contemplação das coisas celestes; antes dava a conhecer, que aquelas penalidades do corpo, que levava tão conforme, lhe acrescentavam o merecimento, e dilatavam o espírito. Algumas vezes, estando só no aposento que lhe haviam dado, foi ouvido como quem conversava com muita ternura, e afeto; do que resultou em certas pessoas devotas, que o visitavam, e lhe assistiam, e já antes haviam formado dele bom conceito, ficarem mais confirmados na sua virtude, discorrendo que os santos, ou anjos do céu lhe assistiam, e o confortavam na sua enfermidade; pois tendo estas mesmas pessoas percebido as vozes da sua prática, entrando depois a falar-lhe, o achavam mui alegre, e satisfeito.

346. Para crédito maior desta grande opinião, que dele haviam formado comumente todos os que o conheciam, e tratavam, quis obrar o Senhor por meio do seu servo dois prodígios, em dois casos dignos de serem notados por milagrosos, na mesma casa em que assistia. Foi o primeiro em a própria senhora, e dona dela, a qual padecendo havia muitos anos um fluxo de sangue pela boca, sem achar alívio em muitos remédios que lhe havia aplicado a medicina, confiada na virtude, e merecimento do seu hóspede, lhe rogou alcançasse de Deus a cura para o seu achaque. Não se pode escusar à súplica, como obrigado, e piedoso, e para disfarçar a virtude, e merecimento próprio com a capa, ou da eficácia de algum remédio natural, ou do poder divino, rezando para a enferma um dos santos Evangelhos da Igreja, e dando-lhe a beber em água certos pós, que sem dúvida não tinham valor algum, ficou a mulher imediatamente sã, aliviada, e livre para o diante da sua enfermidade.

347. O segundo foi com um filho pequeno desta mesma senhora, que se achava gravemente molesto com uma quebradura nas virilhas, e também sem efeito em muitas curas que lhe haviam feito, e a mãe cheia de fé, pela que havia concebido do que em si experimentara, lhe ofereceu o filho, rogando-lhe com instância, se dignasse alcançar-lhe também de Deus o remédio para aquela moléstia; e não achando o Padre razões para a escusa, feita primeiro oração ao Senhor, e usando, como virtuoso, e modesto, da passada cautela com aplicar à parte ofendida um emplastro comum, ficou a criança inteiramente sã.

348. Com estas, e outras virtuosas operações do servo de Deus, assim cresceu naquele povo, e se divulgou a fama da sua virtude, que D. Fernando Cabrera, fidalgo castelhano, havendo de se embarcar de Porto Rico para Espanha, pediu ao Governador da cidade lhe desse aquele religioso para o levar em sua companhia, e o conseguiu com muito gosto, e consolação sua, e quis

o céu que, para prêmio da devoção deste fidalgo, e crédito da boa opinião, que do servo de Deus havia ele formado, lhe sobreviesse no mar uma furiosa, e desabrida tempestade, e que fosse o P. Fr. Manuel o único refúgio, depois de Deus, para se livrarem do seu perigo, e total perdição; porque rotas já as duas velas principais à violência dos ventos, e vendo se destroncava o navio aos golpes das ondas, considerando-se todos no último estrago, recorreram com lágrimas ao Padre, pondo na sua valia para com o Senhor a única esperança do seu livramento. Ele os animou a confiar em Deus, que pelos merecimentos do seu servo S. Francisco lhes acudiria em tanto aperto; e tirando do cordão que trazia cingido sobre o hábito, mandou que o segurassem ao costado do navio, e logo cessou a fúria dos ventos, e amainou a braveza da tormenta; e porque os mares se mostravam ainda mui inquietos, advertiu, firmassem o cordão, de sorte que corresse com a ponta à superfície das águas, e ao seu toque abaixaram de todo as levantadas ondas, serenou o mar, e ventos contrários, correndo os favoráveis, e amigos da viagem. Nesta afirmou algumas vezes o P. Fr. Manuel a D. Fernando, havia falecer antes que a completassem, e com tanta certeza, que parece dava a entender que o sabia por participação superior, e assim, agravando-se a enfermidade, contraída dos passados trabalhos do seu desterro, juntos com o maior, que era o dos muitos anos de idade, pois já neste contava setenta; a poucos dias depois de passada a tormenta do mar, lhe sobreveio a última da vida. No dia em que havia ter esta o seu termo, se preparou para ele com todos aqueles atos de religioso, e cristão, e outros muitos de amor de Deus, e espirituais colóquios com o Senhor, pedindo lhe lessem também algumas orações santas, e dispositivos para aquela hora, com as quais avivasse a sua fé, e fortalecesse para ela o seu espírito. E querendo-lhe dar algum conforto para o corpo, o não quis, afirmando que já lhe não era necessário, porque brevemente passaria sua alma à outra vida, onde esperava gostar da vista de Deus; e daí a pouco, com suave descanso, espirou, ficando o seu corpo tão composto, e bem assombrado que bem mostrava que o fora de uma alma, que estava gozando as delícias do paraíso. Foi grande em todos o sentimento da sua morte, e a muita fé, e grande opinião da sua virtude, que por todos os da nau foi constante, os obrigou a tomarem parte do seu hábito por relíquias. É o profundo do mar, e o seu pego a inconstante sepultura dos que sobre ele põe termo aos dias de vida, e aos pés dos seus corpos costumam os mareantes atar uma botija cheia de água, para que com mais brevidade os levem ao fundo. Nos do P. Fr. Manuel ataram uma grande piloreira, que levava três das outras comuns, e não só não foi bastante este maior peso para o levar ao fundo mais depressa, antes, como se já lhe quisera servir de peanha, o foi sustentando em pé sobre as águas com muita parte do corpo de fora, com admiração de todos os da embarcação, que o foram vendo assim, enquanto a vista o pode alcançar; e ainda os que subiam às gáveas, assim o admiraram até de todo lhes tirar a distância a faculdade de o poderem ver. Querendo sem dúvida mostrar a Providência de Deus neste tão admirado como nunca visto prodígio, subira direita aos céus, por virtude da graça, a alma daquele corpo, que contra a natureza do elemento das águas, sem ir ao fundo, se sustentava em pé sobre elas. Todo o referido consta de um auto de testemunhas, que se tirou na Ilha de Santiago, onde foi aportar esta embarcação, em o qual juram os mesmos mareantes, a 6 de abril de 1641, com todas as solenidades necessárias. Foi o seu feliz trânsito no mês de março deste mesmo ano.[249]

CAPÍTULO XXV

Do P. Fr. Paulo de Santa Catarina, oitavo Custódio do Brasil, e do segundo Provincial Fr. Aleixo da Madre de Deus.

349. Foi sempre a nobreza no homem um forte, e vigoroso estímulo para toda a virtude, assim como deu sempre a virtude mais esplendores à nobreza, pois se não pode negar no homem, que o mais forte estímulo para a virtude o tem ele no ilustre do sangue, e que a este lhe vem a servir de maior esmalte a virtude. Entre os que nos podem autorizar esta máxima, com o argumento maior do seu exemplo, foi um o Padre Fr. Paulo de Santa Catarina, a quem as suas virtudes, por ilustres, fizeram realçar muito mais a nobreza do seu nascimento. Foi natural de Olinda em Pernambuco, filho de D. Filipe de Moura, e de Dona Genebra Cavalcanti. De mui nobre, e ilustre geração, diz um assento desta Custódia. Por seu pai, sem dúvida; porque dos Mouras, tão ilustres como famosos nas Histórias de Castela, e Portugal; e não menos por parte materna de Filipe Cavalcanti, fidalgo florentino, e dos Albuquerques, tão celebrados no reino, e suas conquistas; pois era segundo neto de Jerônimo de Albuquerque, cunhado de Duarte Coelho Pereira, primeiro donatário, e senhor de Pernambuco, com a qual casou Jerônimo de Albuquerque sua irmã, Dona Brites de Albuquerque.

350. Pela mesma parte materna era D. Paulo, que assim se tratava no século, segundo neto de Dona Maria do Espírito Santo, Arco Verde, filha,

[249] LGPB, nº 13; LGIP, nº 12.

ou, como dizem as memórias que seguimos,[250] Princesa dos Tabajaras, gentio do mais alto, e principal de Pernambuco, e toda a costa do Brasil, como fica assentado em seu lugar.[251] Desta teve Jerônimo de Albuquerque, entre outros filhos, a Dona Catarina de Albuquerque, que casou com Filipe Cavalcanti, já referido, e destes nasceu Dona Genebra Cavalcanti, que foi esposa de D. Filipe de Moura, já nomeado, que foram os pais de D. Paulo de Moura de quem falamos.

351. Foi D. Paulo de Moura terceiro avô de Sebastião José de Carvalho e Melo, moço fidalgo da Casa Real, enviado à Corte de Inglaterra, Acadêmico Real, e Secretário de Estado do Fidelíssimo Rei D. José I; porque de D. Paulo Moura, e Dona Brites de Melo, sua prima, filha de João Gomes de Melo, o moço, e Dona Margarida de Albuquerque, irmã de Dona Genebra Cavalcanti, foi filha Dona Maria de Melo; e desta, e de Francisco de Mendonça Furtado, Alcaide-Mor de Mourão, Comendador de Vila Franca de Xira, e Governador de Mazagão, nasceu Dona Maior Luísa de Mendonça, que casou com João de Almada de Melo, Comissário-Geral da Cavalaria da Beira, Alcaide-Mor de Palmela, e Senhor do Morgado dos Olivais, e do Souto del-Rei, e destes foi filha Dona Teresa Luísa de Mendonça, casada com Manuel de Carvalho de Ataíde, moço fidalgo da Casa Real, Comendador da Ordem de Cristo, e Capitão de cavalos na guerra em que se disputava a sucessão de Espanha por Carlos III, que passou à do Império, do qual matrimônio nasceu o sobredito Secretário de Estado, Sebastião José de Carvalho e Melo, Conde de Oeiras.

352. Na florente idade dos vinte anos se desposou D. Paulo com Dona Maria de Melo, sua prima, que contava os mesmos com pouca diferença. Mas como o céu lhe tinha disposto outro estado em que melhor segurasse o da sua alma, deixando-lhe ver o fruto do primeiro em Dona Maria de Melo, sua filha, lhe tirou o estorvo, levando para si inesperadamente, a sua esposa. Este golpe, que o feriu sem dúvida na parte mais sensível do coração, lhe abriu os olhos da alma, efeito já experimentado por muitos em grandes dores, para que fazendo maior reflexão na inconstância, e brevidade com que passam, e se perdem os bens, e gostos do mundo, cuidasse em buscar outros mais firmes, e permanentes. E porque nestes tempos, como primitivos, eram celebrados os Religiosos Menores nestas partes pelo seu bom exemplo, doutrina, e santos costumes, a estes buscou para os acertos do seu espírito, mostrando

250 [Jaboatão] Theat. Geneal. Avo. 53, e 213 [nota ed.: ATAIDE, 1692].

251 [Jaboatão] Estanc. 13. Digres. 2.

na perseverança da súplica com que repetidas vezes aos pés do Fr. Custódio Fr. Leonardo de Jesus pedia o admitissem à sua companhia, lançando-lhe o santo hábito, o eficaz da sua vocação, que conhecida por legítima, foi aceito à Ordem, vestindo-lhe o hábito por suas mãos o Padre Custódio, véspera do Príncipe dos Anjos S. Miguel. No primeiro ano, que é o da aprovação, a deu de si tão cabal, que, satisfeitos os religiosos do que tinham visto nele, e confiados nas grandes esperanças, que dava de si, lhe fizeram a profissão em 29 de setembro de 1596 como já se disse na sua Estância de Custódio, em idade de vinte e um para vinte e dois anos.

353. E porque nos dois polos da abnegação própria de si, e na deixação do seu, e dos seus está a total prova da verdadeira vocação; tendo-a dado já uma vez Fr. Paulo tão notória como a de fugir ao mundo, e abraçar o estado religioso, não se dando ainda por satisfeito, e parecendo-lhe pouco tudo isto que havia deixado, porque o tinha muito perto da vista, nos parentes, amigos, e na mesma pátria; quis pôr-se de tudo isto também longe, pelos grandes embaraços, que neles, e pelos seus se podiam seguir aos seus progressos espirituais, e aproveitamento de sua alma; e assim, logo que se viu professo, pediu, e alcançou licença dos Prelados, e se passou para a Província, na qual incorporado, como diz um assento desta Custódia, o admitiram aos estudos, e foi um dos famosos pregadores do seu tempo. Algum se ocupou neste apostólico exercício, que o fazia com crédito, aplauso, e fruto, porque tanto persuadia com o sólido da doutrina, como com o bom exemplo da vida que sempre o deu, como religioso, e perfeito, fora aos seculares, e dentro a seus irmãos; e atendendo os Prelados aos seus merecimentos, e virtude, o admitiram, quando foi tempo, aos cargos da Ordem, que são os prêmios condignos, com que nela se deve satisfazer aos sujeitos beneméritos; e assim o fizeram Guardião da Casa de N. Senhora da Conceição de Cantanhede, e depois do de Santo Antônio da Merciana; e celebrando a Província o seu Capítulo de 14 de janeiro de 1617, em que elegeram Provincial ao Padre Fr. Leonardo de Jesus, que havia sido duas vezes Prelado Maior desta Custódia, e aceito, e lançado o hábito a Fr. Paulo de Santa Catarina, o nomearam também nele para Custódio do Brasil, para onde partiu, e chegou neste mesmo ano já para o fim. Fez Capítulo, e entrou a visitar a Custódia, cuidando dos súditos com exata vigilância, e religioso desvelo, mas dirigido tudo com prudência, mansidão, e acerto, donde vinha a ser o seu governo bem aceito dos de dentro, e com especial agrado dos de fora, porque com todos mostravam um natural agrado, e

uma tal espécie de urbanidade, e cortês atenção, que sem degenerar em nímia, ou afetada, sabia fazer-se respeitosa, e venerável.[252]

354. Não só cuidou no bem, e adiantamento espiritual dos súditos, também o fez no material dos conventos, e especialmente naquelas coisas, que respeitavam ao culto divino, de ornamentos, e outras semelhantes. Também mandou levantar as paredes da Capela-mor da Igreja da Senhora das Neves de Olinda, e fazer os retábulos dos altares, com todo o ornato, e melhor asseio, que permitiam aqueles tempos, para que Deus, e sua Mãe Santíssima também nestes exteriores cultos fossem venerados com aquela religiosa, e cristã decência, que, sem ofender a pobreza altíssima do nosso estado, deixasse satisfeita a devoção piedosa dos benfeitores. Concluído com acerto, prudência, e religião o seu governo, nem a pátria, nem as estimações o puderam persuadir a que ficasse na Custódia, e entre os seus, antes com estranha resolução se embarcou para o Reino, entregando-se resignado às contingências de tão incerta, e perigosa viagem. Chegou à Província, e querendo lá os PP. quando foi tempo premiar seus trabalhos, e justo merecimento, o elegeram Guardião do Convento de Santo Antônio da Castanheira, hoje Casa Capitular, e aí neste exercício, escreveu o Cartório da Custódia, sem lhe assignar o dia, nem o ano, pôs termo aos da vida, exemplar, e religioso, deixando a todos satisfeitos com a prática das suas virtuosas ações, e regulares acertos. Destes o puderam contar melhor, assim nos de Prelado Local, como súdito, as memórias da Província; nas da Custódia vemos, que o tem ela alistado em o número dos seus filhos de virtude, e boa fama. E suposto que só o conheceu nos dois, ou três anos primeiros de noviço, e corista, e nos três para quatro de seu Custódio, naqueles do princípio lhe serviu de admiração com o notável desapego das temporalidades do século, e abstração de parentes, e pátria, e ainda daqueles laços, ou correntes, que fortemente prendem, e impedem no coração humano as luzes do discurso, como prendas da alma, que são os filhos, e ele deixava uma apenas nascida; e naquela idade, em que está mais cega a razão para este conhecimento, como era a em que se achava de vinte anos. E quando constituído depois no lugar de Maior, e seu Custódio, a edificou também com o bom, e ajustado do seu proceder, prudente, modesto, austero, pobre, e humilde, amante de seus irmãos, pai de seus súditos, exemplar de religiosos, e ideia regular de Prelados perfeitos.

---

[252] Realizou-se o capítulo custodial de Fr. Paulo de S. Catarina, em setembro de 1617, de modo que ele deve ter chegado de Portugal pelo menos em meados do ano, para poder convocar os capitulares e preparar a reunião capitular (ANTT, Arquivo Nacional da Torre do Tombo, Santo Antônio dos Capuchos, maço 18, nº 43, Manuscrito dos estatutos do mesmo capítulo; OSNB I, 206, VIII).

355. Não escrevemos esta breve relação da vida do Padre Custódio Fr. Paulo de Santa Catarina, tanto pelos seus progressos, e fins, que julgaram alguns não passam da carreira comum de qualquer religiosa, e moderada virtude; só o fazemos pelo princípio, ou motivo da sua vocação, pois a julgamos digna de entrar entre as memoráveis. E pela mesma razão escrevemos também a do P. Fr. Aleixo da Madre de Deus, segundo Provincial do Brasil, não pelos princípios, e progressos que teve na Custódia, e de que já se fez menção na sua Estância, mas pelo fim que teve fora dela, que não deixa de ser digno de entrar nesta escrita. Pois é sem dúvida, que os juízos de Deus são admiráveis para com aqueles que têm determinado para seus, porque a cada um leva para si por seu caminho, e ainda aos que guia pelo mesmo, a uns põem em via logo no princípio, a muitos no meio, e a alguns só no fim, por aqueles, que sabe a sua Providência. Entre os destes últimos nos parece havermos encontrado com P. Fr. Aleixo.

356. No segundo lugar da Estância terceira dos Provinciais do Brasil já lhe demos o que nele lhe pertencia, e ali deixamos assentadas as suas operações, enquanto ao governo da Província até a sua segunda volta ao Reino, onde dizíamos, que depois desta não tornou mais ao Brasil; mas porque a nossa obrigação é escrever não só o que nos dizem os assentos dos Arquivos da Província, mas também o que ouvimos por tradição dos velhos, e antigos Padres dela, que é outro modo de Arquivo, a que se deve a mesma fé, e crédito; diremos agora, ou aditaremos ao já escrito, como certo, o que mais achamos, como verídico, e por tradição, e não de tantos séculos, que não fosse ouvido por nós a sujeito, que viu, conheceu, e tratou ao P. Fr. Aleixo. Na segunda jornada que fez ao Reino sobre as oposições de Fr. Sebastião do Espírito Santo, Comissário-Geral intruso, aceitou em Lisboa para noviço ao Irmão Fr. Gaspar de Santo Antônio, que mandado por ele para a Província a tomar o hábito, nela professou no Convento de Olinda a quatro de outubro de 1668 com vinte anos de idade, religioso, que conhecemos, e tratamos muitos anos no Convento da Bahia, desde o de 1717 por diante, e faleceu aí no de 1739 com 91 para 92 de idade, e foi Custódio nesta Província. Dizia este religioso, quando algumas vezes falava no P. Fr. Aleixo, que fora sujeito notável, e dotado de muitas prendas conducentes todas a um Prelado de distinção, sendo sobremaneira, astuto, previsto, e pronto para qualquer resolução, ainda repentina, e com facilidade conseguia o que intentava, e que el-Rei D. Afonso VI fizera dele grande conceito, e que também o tivera dele muito bom o Reverendíssimo Fr. Ildefonso Salizanes, Ministro-Geral de toda a Ordem. Acrescentava, que para em tudo ser pessoa notável, até nas últimas, e mais importantes resoluções da vida, mostrou que era grande, de coração forte, e ânimo violento;

porque se até uma certa violência é necessária para arrebatar o céu, para isto teve uma muito forte este Padre.

357. Concluídos na Cúria Romana, Corte de Madri, e Lisboa os negócios da Província, e todos a seu favor, porque nesta conjunção a requerimento seu, e dos Padres da Mesa da Definição, revogou o SS. P. Alexandre VII, o Breve, que havia alcançado Fr. Sebastião do Espírito Santo para Comissário-Geral, se embarcou Fr. Aleixo para o Brasil em uma nau, e tendo esta no mar encontro, e peleja com outra inimiga, o que resultou deste naval combate foi ir dar ao porto de México nas Índias de Espanha o P. Fr. Aleixo, não como religioso, mas transformado em secular, e que naquela Corte passeara as suas ruas, como grande Senhor em sua carruagem. Era Vice-Rei então daquele Estado um fidalgo castelhano, que em Madri tivera conhecimento com Frei Aleixo, quando os anos passados fora a Castela a negócios da Província com o Padre-Geral. Viram-se algumas vezes o Vice-Rei, e Frei Aleixo, e conhecendo este muito bem ao Vice-Rei, também o Vice-Rei se lembrava ter visto aquele homem, mas não o conhecia por aquele que agora tratava, porque lá se lhe representou sempre ser outro do que via; e se não da primeira, e segunda vez, veio enfim no conhecimento de quem era; e buscando ocasião de lhe falar, lhe disse assim, ou em termos semelhantes o Vice-Rei: *Que é isto Padre Provincial Fr. Aleixo? Que diferente traje é este em que agora o vejo nesta Corte, daquele hábito com que o alcancei na de Madri, e como se compadece bem esta pompa rica, e profana em México, com aquele estado pobre, e religioso de Castela!* Não pôde o Padre negar que era o mesmo; e esta voz do Vice-Rei foi um relâmpago de luz, abrindo-lhe os olhos da alma no mesmo tempo que as lágrimas, e o pejo lhe deixaram a face pálida, e os do corpo cegos, assim como aquela outra do céu cegou primeiro a Saulo, para lhe dar depois a melhor vista, tornado Paulo, e retirado por Ananias da casa de Judas Tarcense para a sua; assim o Padre Fr. Aleixo, buscando o Convento dos Religiosos Franciscanos da cidade de México, despido daqueles hábitos exteriores, e revestido no antigo, e Seráfico, se passou para a Ilha de Santa Marta, a outro Convento dos Menores, onde viveu alguns anos, compungido, penitente, e exemplar; e tanto, que fazendo a sua maior assistência em uma Capelinha, que ficava na cerca do convento, que escolhera para com mais sossego se aplicar aos exercícios espirituais, e com maior fervor, e desafogo praticar as suas penitências, ali se exercitava mais frequentemente em uma, que tanto tinha de mais extravagante, quanto era mais dura, insofrível, e áspera, e que só um ânimo violento, como era o seu, a poderia aturar; como era por grande espaço da noite, despido, e em um lugar da cerca, junto à sua Capelinha, em que entravam as águas da maré, expor o corpo assim, e oferecê-lo aos sutis, agudos, e penetrantes picos daquela praga

de mosquitos, que sendo por natureza a mais débil, e fraca, foi por arte a mais violenta, e insuportável para os egípcios, e a que só bastou, depois de outras de maior vulto, para vencer a um faraó endurecido, e a um povo obstinado. Com este, e outros semelhantes gêneros de martírios, mortificações, e penitências acabou os dias entre aqueles religiosos, e ficando sepultado seu corpo no seu convento, permitiria Deus voasse aos céus aquela alma, que no mais perigoso fim soube conhecer os erros da sua vontade, e castigá-los com a emenda, e penitência deles. Assim o relatava o Padre Fr. Gaspar, afirmando, que os haviam escrito assim os Padres daquele convento aos desta Província; e se confirma tudo com os assentos dos livros dos óbitos, nos quais se diz: *Faleceu o Padre Fr. Aleixo, Provincial em Santa Marta das Índias de Castela no ano de 1672, e no de 1673 chegou a notícia a esta Província.* E não podemos deixar de proferir algum sentimento, de que fazendo-se este breve assento, se não deixasse mais extensa notícia, ou ao menos, guardarem-se aquelas cartas, por nos não ficar só em tradição, e no gabinete da memória, que esquece, e acaba, o que nos Arquivos da Província se podia conservar perdurável nos seus caracteres, e escrituras.[253]

CAPÍTULO XXVI

Do Servo de Deus Fr. José de Santo Antônio, Religioso Leigo, chamado vulgarmente Fr. José o Santinho.

358. Foi natural de Ponte de Lima, e passou a Pernambuco pelos anos de 1625 com comissão, e trato de mercador, e na Vila de Olinda assistiu com este negócio até o de 1630, em que esta passou ao domínio do holandês, e perdidas com as dos mais as suas fazendas, e comissões pelo repentino, e apressado com que se retiraram da Vila todos os moradores, o fez ele também, deixando enterrado na mesma casa em que habitava algum dinheiro, que das já passadas mercadorias havia recolhido, ou pelo não poder conduzir seguramente consigo, ou supondo não ficaria o inimigo absoluto senhor da povoação. Mas fosse qualquer o motivo, vendo os holandeses possuidores, e dominantes de tudo, ele se retirou para a capitania do Espírito Santo, mos-

[253] OSNB Preâmbulo, 214; OSNB I, 197; APFR, Arquivo Provincial Franciscano do Recife, 9, fl. 172 refere o mesmo que Jaboatão, tendo talvez servido de fonte a este. Garcia (1944, p. 224) reproduz uma carta del-Rei sobre Fr. Aleixo, com data de 16 de junho de 1656.

trando já deste princípio, que, suposto deixava naquele campo, que assim se podia chamar Olinda naquele tempo, o seu tesouro, não ficava nele o coração, pois se apartava para onde o não podia ver, nem haver, sem dúvida, porque em outro melhor o tinha ele posto, que era no eterno, e perdurável da Celeste Pátria. Este achou na Vila da Vitória, porque, movido de superior impulso, o foi descobrir nos Claustros da Religião Seráfica, pedindo o hábito de S. Francisco no seu Convento, que nesta Vila tem os Frades Menores, e ainda então sujeita a esta Custódia do Brasil, pelos anos de 1633. Com poucos de professo, o passaram os Prelados para o Convento do Rio de Janeiro e, estando aqui, foi nomeado por um dos sete religiosos, companheiros do Irmão Frei Francisco dos Santos, Ex-Leitor de Teologia, que mandavam por primeiro Prelado, e fundador da Casa de S. Paulo, onde chegaram a cinco de janeiro de 1639; e este foi o primeiro teatro, que havia disposto Deus para fazer públicas ao mundo as muitas virtudes, e graças do seu servo. Foi nesta casa o seu contínuo exercício o de porteiro, por alguns vinte anos, que nela assistiu, e nesta ocupação soube ganhar para si tanto de merecimentos quanto pôde, e achou que despender com os próximos em benefícios, especialmente com os pobres, que às portas dos conventos costumam chegar por necessidade, e achavam nele o remédio para todas, além do alegre, e afável, com que os acomodava, ainda quando não tinha com que os satisfizesse à medida do seu desejo; não só com o pão, e sustento cotidiano, também com o pano, e roupas, para cobrir a nudez de alguns mais desamparados, pedindo a outros algodão, e panos deste gênero com que se costumava vestir naqueles princípios a gente da terra. A este propósito achamos escrito um caso, que não só mostra esta sua muita caridade com os pobres, também publica outra graça que mereceu do céu, em ser um certo deparador de coisas perdidas, com o conhecimento donde paravam. Certo morador de S. Paulo, havendo-lhe fugido um só escravo que tinha, se chegou ao porteiro, rogando-lhe fizesse recomendação a Deus para lhe aparecer, pois lhe fazia grande falta; e ele lhe disse por modo de graça: e quantas arrobas de algodão há de me mandar fiar para os meus pobres? E respondeu o homem, que não tinha escravas, por quem o pudesse mandar fiar; e ele lhe tornou, que bem podia mandar fiar até cinco. Assentiu o homem; e querendo repetir-lhe a súplica do seu preto, lhe disse o Irmão Fr. José: Pois se essa é toda a dúvida, vá aqui pela cerca do convento, e quando chegar lá junto à porta do carro, repare, que poderá ser que o ache aí. Partiu ele, e assim lhe aconteceu; e tornando logo à portaria com o mesmo escravo, lhe rendeu as graças pelo achado, e certificando-lhe, que não só mandaria fiar as cinco arrobas de algodão, senão quantas o Padre quisesse. Desta espécie diremos adiante outras mais, e tornemos à portaria, que ainda há lá que notar em prova da sua muita virtude, e santidade. Entre os pobres, que a ele concorriam pela cotidiana esmola, era conduzida uma menina pobre, e cega por nascimento. Era o servo de Deus naturalmente compadecido, e arrebatado um dia desta sua espiritual paixão, foi-se ao altar maior, e tirando uma rosa das que ele ali costumava pôr, e colhia de um canteiro, que para isto cultivava junto à portaria, aplicando-a aos olhos da pobre, e cega criatura, cobrou repentinamente a vista, com espanto, e admiração dos mais pobres, e circunstantes; e vindo depois o pai da menina render-lhe as graças pelo milagre, o mandou que as fosse dar ao Santíssimo Sacramento, que fora o Autor daquela obra, e o que lhe havia feito aquela graça.

359. Também teve uma mui especial para compor discórdias, e introduzir paz entre inimigos. Como tais se tratavam nos contornos de S. Paulo duas famílias, das que no lugar faziam maior vulto, causando-se uma a outra muitos estragos, e servindo aos vizinhos de grande escândalo. Meteram-se de permeio algumas pessoas das principais, e de autoridade para haverem de os compor, e nunca o puderam conseguir. Empenharam em o negócio o porteiro do convento, e alcançou a humildade de um Fr. Josezinho leigo, o que não pôde o respeito de muitos grandes, e senhores.

360. Com estas, e outras semelhantes obras praticadas em benefício do próximo, mostrava os seus merecimentos para com Deus pelas suas raras virtudes, de obediência, humildade, pobreza, oração, penitência, mortificações, e jejuns. A sua abstinência foi a mais austera; porque da carne, e ainda do peixe, só gostava do caldo com a farinha, em que às vezes acrescentava a água, por lhe não ficar tão saboroso, e até quando doente tomava só este, e a galinha rogava ao enfermeiro a desse a algum pobre mais necessitado. Assim cresceu de tal sorte a sua fama, que era buscado de todos para as suas necessidades, e já se lhe não sabia outro nome mais que o de Fr. José o Santinho.

361. Alguns desejos tinha de passar a Pernambuco, para ver se podia descobrir entre as ruínas de Olinda o lugar em que havia enterrado o dinheiro das comissões, para fazer entrega dele aos donos, ou a quem por eles lhe pertencesse. Mas por duas vezes que os Prelados lhe haviam dado esta licença, lhe não foi possível pô-la em execução, impedido pelo povo, que não queria consentir na sua ausência. Terceira vez o intentou mudar o primeiro Provincial Fr. Antônio dos Mártires, achando-se de visita em S. Paulo no ano de 1560; mas foi tal a comoção do povo, que grandes, e pequenos, com os Oficiais da Câmera, se foram ao convento ao Padre Provincial, rogando-lhe com lágrimas, e instâncias, lho não tirassem da sua companhia; e houve por bem o Prelado, com toda a discrição, e benevolência, concordar com eles, esperando por tem-

po mais conveniente para o poder executar com toda a cautela. Haviam-se passado três meses, quando houve notícia de que se achava no porto de Santos, distante doze léguas de S. Paulo, uma embarcação para o Rio de Janeiro, e tirada informação certa do dia em que havia partir, despediu ocultamente a Fr. José, com outro religioso por seu companheiro, para que fossem nela embarcar-se para aquela cidade, e passarem de lá para Pernambuco. Partiram de noite do convento, e quando chegaram à serra de Paranampiacaba, que fica sobranceira à barra de Santos, avistaram do alto do seu cume um navio feito à vela, e já muito metido aos mares; então disse o Irmão Frei José para o companheiro, que era Fr. Manuel do Rosário: lá vai a embarcação, em que havemos de ir; ao que respondeu o religioso: pois que imos buscar abaixo, senão temos embarcação? Tornemo-nos outra vez para S. Paulo; ao dito acudiu Fr. José: Irmão tenha fé, que nela, querendo Deus, havemos ir; e assim aconteceu; porque chegando ao convento de Santos, tomou a bênção ao Guardião, e saindo a despedir-se de algumas pessoas, seus particulares devotos, nesta diligência lhe deram notícia de que o navio, havendo voltado, ancorava na barra grande de Santos, e sem mais detença, metendo-se em uma canoa, se foi embarcar; e recebido ele, se fez o navio outra vez à vela. Embarcados eles, perguntou o companheiro ao Capitão, que motivo tivera para arribar ao porto; e respondeu, que outro nenhum mais, que a buscar a Fr. José. Divulgada em S. Paulo a notícia de que Fr. José partira para Santos a embarcar-se, desceram ao outro dia os Oficiais da Câmera, e muitos do povo com a tenção de lhe impedirem a viagem, e trazê-lo consigo; e foi notável o sentimento que os ocupou, quando chegados ali o não acharam; o mesmo quiseram fazer os de Santos, mas quando se ajuntaram no dia antes, e o quiseram executar, já o navio era fora da barra. Chegou ao Rio, e dali o passaram a Pernambuco, e foi assistir ao Convento de Olinda. Nesta casa foi o seu primeiro cuidado, e com a maior cautela que pôde, descobrir o lugar, porque casas não as havia, nas quais deixara enterrado o dinheiro das suas comissões; e feitas algumas diligências, sendo a última a busca do azougue, o conseguiu. Parte deste o distribuiu com os pobres, e era sem dúvida a que lhe tirava, e a outra a mandou entregar a seus donos. E como as suas virtudes eram as línguas, que pregavam a sua fama, e a espalhavam por toda a parte, a mesma que deixava em S. Paulo se divulgou logo por todo Pernambuco, confirmando-se aqui também os dois distintivos nomes, que de lá já trazia, de Fr. Josezinho, ou Fr. José o Santinho, que se no povo eram vozes significativas do grande afeto, e devoção que lhe tinham, nele ainda que diminutivas, eram no conceito umas perfeitas, e adequadas expressões da sua suma humildade, e muita virtude. Foram notáveis, e admirados nestas partes os casos em que a deu a conhecer. Todos o queriam em suas casas para ver os seus enfermos; porque, ou recuperavam a saúde, quando os visitava, ou do seu semblante, e palavras, pela experiência que foram fazendo, entendiam qual seria o fim, ou termo da sua doença; porque, se depois de ver, e tratar o enfermo, saía alegre, e lhes dizia, tivessem confiança em Deus, ficavam certos de que, ainda que a enfermidade fosse perigosa, não era a última; mas se o contrário viam nele, e que saía sentido, e os consolava dizendo-lhes, que sempre havia ser o que Deus quisesse, tratavam de lhe preparar o enterro, porque era certo ser a doença de morte.

362. O mesmo acontecia com os senhores, e Capitães de navios, que para segurarem a sua viagem, ou entenderem o bom, ou mau sucesso dela, lhe iam dar parte, e perguntar, se queria lhe trouxessem alguma encomenda para os altares, como esteiras, cheiros, e outras semelhantes, e se ele os encarregava de alguma, iam mui alegres, e davam por segura a viagem; mas se lhes não pedia nada, também não esperavam bom sucesso; porque a experiência lho tinha assim mostrado. O mesmo praticavam algumas pessoas particulares, que determinavam embarcar-se antes que o fizessem, se iam recomendar nas suas orações, e dar-lhe parte, que determinavam ir neste, ou naquele navio; e se ele aprovava a escolha, era segura a viagem, mas se entendiam da sua resposta alguma repugnância, desistiam da eleição, e buscavam outro, porque aquele tinha na derrota alguma desordem.

363. Vindo da cidade em uma ocasião ao Recife, como algumas vezes o fazia, visitou a certo homem seu devoto, o qual trazia um navio seu fora, e pela tardança desconfiava de algum mau sucesso; e queixando-se este ao irmão Fr. José, que se não lembrava dele, pois o seu navio não aparecia, lhe respondeu: não se enfade, que poderá ser que até tal dia esteja aqui. Era aquele um dia santo, e indo este homem muito cedo à missa, quando chegou à casa, e à varanda que olhava para a barra, por ela entrava o seu navio, e então lhe lembrou era o mesmo dia, que o servo de Deus lhe tinha assignado. Assim mostrava o Senhor as grandes graças, e dons com que acreditava a santidade, que o vulgo lhe atribuía, e com outros casos ainda de maior vulto. Passava com outro religioso por companheiro pelo lugar dos Guararapes, duas léguas do Recife para a parte do Cabo, e Ipojuca, e chegaram à noite a pedir agasalho em casa do senhor do engenho deste lugar; tinha ele um parente muito enfermo de uma perna, com ferida na canela, já podre, e corrosiva, de que lançava matérias, e alguns pedaços de ossos; e vendo Fr. José que o enfermo toda a noite passou em gemidos, e dores, levantou-se sobre a madrugada, e pedindo umas brasas, e panos, pondo-lhos quentes, e fomentando-lhe com eles a chaga, e consolando-o, lhe disse: tenha confiança em Deus, que agora há de sossegar.

E assim foi; porque o enfermo a pouco espaço pegou a dormir. Mas antes de amanhecer, despertando Frei José o companheiro, lhe disse: vamo-nos andando Irmão, porque está preparada uma grande tormenta contra mim; e puseram-se a caminho. Levantou-se o senhor de engenho a ver os hóspedes, e já os não achou; e reparando que o enfermo estava sossegado, e não dava os sinais costumados da sua moléstia, se chegou a ele, e espertando-o, saltou da cama com a perna sã, e perfeita, e só com uma vermelhidão, por sinal de que naquela parte havia posto as mãos o servo de Deus, e obrado a do Senhor com elas as suas maravilhas para crédito da sua santidade.

O R. Alexandre de Afonseca, Cônego na Sé de Olinda, que ainda hoje vive, refere, que ouvira muitas vezes repetir a seu Padrinho, Antônio Rodrigues da Costa, homem dos antigos de Pernambuco, morador do Recife, e de negócio, que indo este a Olinda a visitar a Fr. José, de quem era particular devoto, pelo mês de janeiro de 1686, tempo em que laborava na terra o fatal contágio, a que deram o nome de males, ao sair do convento se achou tocado deste achaque, de sorte que não podendo voltar para o Recife, ficou na cidade, em casa de um seu amigo, e indo ao outro dia visitá-lo o Irmão Fr. José, e achando-o mui atribulado, o consolava; mas ele mui desconfiado lhe replicava, que aonde todos perigavam do achaque, não podia ele escapar; porém o servo de Deus, dando-lhe sempre esperanças de saúde, tirando da manga um pedaço de pão, lho deu, e despediu-se. Comeu o enfermo do pão, e em poucas horas ficou de todo livre do mortal contágio.

364. Começou este pelo mês de novembro do ano de 1685, e teve, depois das determinações do céu, a sua origem de um barril de certas drogas comestíveis, que levou para Angola um navio de negócio, e por descuido, ou pouca necessidade de se aproveitarem delas, tornou em a mesma embarcação; e quando em Pernambuco o foram abrir, pela corrupção pestilencial que havia adquirido do inficionado, e primeiro ar que de si lançou, logo ali ficaram caídos, e a poucas horas faleceram os que o haviam destampado, e de tal sorte se comunicou nas duas povoações do Recife, e Santo Antônio, que só nestas até o mês de fevereiro do ano seguinte faleceram mais de setecentas pessoas. Entrava este mal com tremores, calenturas, e corrupção de entranhas, e em vinte e quatro horas, e pouco mais se completava a sua malignidade. Em o nosso convento do Recife desde vinte e seis de dezembro até trinta de janeiro faleceram, tocados do seu golpe, sete religiosos, e passando para Olinda, faleceram no convento de doze de janeiro até vinte e cinco do mesmo oito religiosos, sendo o último destes o Irmão Fr. José de Santo Antônio, que dispondo a Providência de Deus, pudesse o seu servo com um pedaço de pão,

aplicado a um enfermo deste mal, dar-lhe nele o seu contraveneno, permitiu agora o mesmo Senhor experimentasse em si aquele fatal efeito, que estaria talvez determinado para o seu devoto. Foi o seu falecimento a 25 de fevereiro deste mesmo ano de 1686, e ao outro dia se lhe fez o enterro com geral sentimento, mas não com aquele concurso do povo, que prometia a sua devoção, e afeto que lhe tinham, por estar a cidade quase despejada de gente, fugindo para fora dela, e dos seus infestados ares. E esta sem dúvida foi a causa, porque não achamos coisa particular, e de nota acontecida no seu trânsito, havendo obrado o Senhor pelo seu servo, e em sua vida as notáveis, que deixamos escritas, e o pudéramos fazer de outras muitas, que por ficarem só no aranzel da memória, as deixamos de repetir, pelas não acharmos escritas; descuido de que se não podem livrar os que em razão do lugar, e crédito da religião as deviam mandar reduzir a pública forma. Ainda em nossos dias alcançamos algumas pessoas daquele tempo, que conheceram, e conversaram ao servo de Deus, e eram pregoeiros das suas virtudes, ou milagres, na sua frase, sendo um destes Domingos Álvares Ferreira, natural do Reino, e morador no Recife de Pernambuco, pessoa de crédito, e verdade, o qual guardava como prenda, ou relíquia um hábito, que fora de uso de Fr. Josezinho, e falecendo este homem a quatro de junho de 1731, este lhe serviu de mortalha, como havia declarado em sua vida, que para isso o conservava havia mais de quarenta e cinco anos. Com alguns oitenta e seis completou os da vida, tão cheio de dias como de merecimentos, pelo que neles havia praticado,[254] assim no serviço de Deus, e da religião, como dos próximos, entre os quais adquiriu, e deixou uma constante opinião de virtude, e fama póstuma de santidade, escrita na memória dos séculos, e gravada nas poucas letras, que se veem abertas em uma pequena pedra, que serve de rótulo à sua sepultura em o claustro do convento junto à porta, que dele entra para o cruzeiro da igreja, e dizem assim:

Sepultura do Servo de Deus Fr. José de Santo Antônio.

1686 P.N.

[254] OSNB II, 475; APFR, Arquivo Provincial Franciscano do Recife, 9, fl. 185 indica ano da morte como sendo 1686.

CAPÍTULO XXVII

De outros Religiosos, que neste Convento faleceram com opinião de virtude, e deixaram boa fama.

365. Neste mesmo ano a doze de fevereiro, pôs termos aos da vida Fr. Domingos de S. Boaventura, sendo o primeiro a quem acometeu no convento de Olinda o contágio dos males, ou a bicha, como lhe chamava o vulgo pelo voraz, e apressado do seu golpe. Era religioso velho de boa opinião, e notória virtude; natural de Senhorim, termo de Vilar Seco na Província de Trás os Montes, Bispado de Miranda, e professo nesta Custódia no convento da Bahia, a 25 de abril de 1649, com 26 anos de idade.

366. A vinte e dois do mesmo mês, e do próprio contágio faleceu Frei Estêvão dos Mártires, também leigo, natural do Castelo de Vide, e havia professado no convento de Ipojuca em 22 de janeiro de 1660, com opinião, e fama de virtuoso, e deste se deve entender o que diz o escritor do seu estado, falando de Fr. Domingos de S. Boaventura, que falecera sendo enfermeiro de Olinda, porque ainda que em outro tempo tivesse no convento esta ocupação, não a exercia quando faleceu; porque de Fr. Estêvão dos Mártires o diz assim o assento do livro dos Óbitos de Olinda: *Faleceu neste Convento o Irmão Fr. Estêvão dos Mártires, Frade Leigo, e Enfermeiro, em 22 de fevereiro de 1686;* o que não diz o assento do óbito de Fr. Domingos de S. Boaventura, que sendo o seu falecimento dez dias antes, se fosse atual enfermeiro, se diria dele o que do outro se acrescenta.[255]

367. Fr. Crispim das Chagas, sacerdote confessor, filho desta Província pela profissão feita no convento de Ipojuca a 29 de agosto de 1660 aos dezoito anos de idade, e natural da Freguesia do Cabo em Pernambuco, foi um dos religiosos, que viveu com crédito, e acabou com opinião, deixando uma mui certa da sua eterna felicidade; pois mereceu ter conhecimento antecipado do dia, e hora da sua morte. Assim se escreve no assento do seu Óbito: *Faleceu neste Convento de N. Senhora das Neves o Irmão Fr. Crispim das Chagas, com sinais de verdadeiramente predestinado, disse aos Religiosos a hora da sua morte, e deixou a todos em grande edificação, e saudade, em 8 de janeiro de 1687.*

Fr. Miguel de S. Boaventura, Guardião.

E muito mais acreditada fica a boa opinião deste religioso pelo testemunho do seu Prelado, do qual, como em próprio lugar, se segue fazermos

[255] APFR, Arquivo Provincial Franciscano do Recife, 9, fl. 187.

também pública a sua fama, pois a deixou de religioso perfeito, e virtuoso. Era filho desta Custódia, e nela foi leitor de dois Cursos inteiros, e continuados, da Bahia, e outro de Filosofia, e Teologia no da Vila de Olinda, e aqui mesmo o fizeram Guardião, como se vê do termo acima, do qual tomando a posse a nove de setembro do ano passado de 1686, com quatro meses, e alguns dias mais, que foram a 25 de janeiro do seguinte ano de 1687, e aos 17 dias do falecimento de Fr. Crispim a 8, e havendo falecido também a 16 do dito o seu Presidente Fr. Daniel de S. Boaventura, a tempo que já se achava o dito Guardião, completou o governo, e os dias com créditos de sujeito douto, Prelado perfeito, e religioso de virtude.[256]

368. Aqui se nos oferece transplantar, entre tantas flores cândidas de santidade, uma de cor preta, mas mui clara nas virtudes, com que intrometendo-se no Jardim Seráfico do Brasil, assim como serviu de esmalte às demais, soube ilustrar-se a si, ou para o dizermos sem fugir da metáfora de estrelas apropriadas aos filhos de Francisco neste seu Novo Orbe, foi ele um a quem com mais analogia lhe coube o nome de estrelinha nebulosa, já pela pouca claridade que vemos das suas virtudes, e muito mais pela da sua cor preta, que de alguma sorte serviu de nuvem às suas boas obras, não em si, mas vistas pelos olhos do mundo, que sempre quer que a esta gente para o bem lhe sirva de sombras a sua cor. Foi este o Irmão Fr. Francisco de Santo Antônio, chamado vulgarmente, o Pretinho, por ser negro por natureza, e humilde por virtude. Era natural de Pernambuco, e não podemos concluir, se de pais já nascidos na terra, ou vindos de Angola, e Guiné, mas só que era crioulo, que assim chamam aos que nascem no país. Foi na sua mocidade soldado do Terço de Henrique Dias, e pelejou nas guerras de Pernambuco contra os holandeses. Restaurada a terra, e cansado da milícia do mundo, e com desengano claro do pouco que mereceram para com os reis da terra os seus trabalhos, e serviços, deixando o quartel, que lhe tocava no acampamento dos exércitos, onde tantas vezes havia posto a perigo a vida, e o corpo às balas, buscou nos claustros da Religião um quarto para descanso da alma, e segurança do espírito, e assim, depois de repetidas instâncias, súplicas, e provas, foi admitido para eles, e lhe lançaram o hábito para Irmão Donato.

369. Não consta dos anos que serviu ao convento nesta forma, mas é tradição, que fez nele uma vida em tudo religiosa, e mui serviçal nos ofícios interiores da casa, humilde, penitente, de muita abstinência, e sumamente caritativo, ajudando aos irmãos nos ofícios da cozinha, que tocavam a cada

[256] APFR, Arquivo Provincial Franciscano do Recife, 9, fl. 149.

um por semana, sendo ele o que fazia o de todos; e o mais tempo o gastava na igreja em oração, em a qual foi contínuo, e padeceu algumas inquietações visíveis do demônio. Muitas vezes, por alta noite, perceberam os religiosos algumas destas, na igreja, onde estava em oração, e querendo ver o que era, só entenderam estas vozes do Ir. Francisco de Santo Antônio, como quem dizia falando contra outros, que lhe contrariavam o seu bom desejo, *Não querem que eu seja Frade professo? pois hei de ser, querendo Deus, e* assim aconteceu; porque depois de muitos anos que viveu neste estado, pretendeu lhe vestissem o capelo, e admitissem à profissão. Mas vendo que os religiosos não satisfaziam aos seus desejos, se passou para o Reino, e achando lá quem o introduzisse com o piedoso Monarca D. Pedro II, atendendo aos seus desejos, especialmente aos da religião, e boas informações da sua vida no estado de Donato, o remeteu para a Província, ordenando aos Padres dela o admitissem à profissão, que veio a fazer no mesmo convento de Olinda a dois de agosto de 1689, quando já contava os oitenta anos de idade; e com seis mais, e vinte e quatro dias de religioso, vendo satisfeitos os seus desejos, e deixando a todos edificados, completou o dilatado curso da vida com opinião universal de virtude, e fama de santidade, a vinte e cinco de agosto de 1695.

370. Fr. Bernardo de Santa Clara é o último que neste convento de Olinda, entre os religiosos que o ilustraram com suas virtudes, e deixaram de si boa fama, tem o seu merecido lugar. Era filho desta Província, e nela Guardião por três vezes, e Definidor no Capítulo de 1707, e assim em Prelado como súdito, religioso exemplar, modesto, muito pobre, humilde, e em tudo observante perfeito da santa Regra, que havia professado em 11 de janeiro de 1673. Sobretudo resplandeceu nele uma paciência resignada, uma notória alegria, levando por muitos anos, até o fim da vida, que foi em idade muito avançada, a penosa carga de uma grande moléstia, que era ter as pernas dos joelhos para baixo mui grossas, em chaga viva, mas vermelha, sem corrupção, nem lançar matérias, mais que alguma umidade, e esta sem fétido, e nunca lhe quis aplicar remédio, nem por conselho de médico, ou mezinha caseira. Na cela em que morava, fora dos que serviam de mortificação ao corpo, e de incentivo ao espírito, não havia outro traste, nem modo de cama mais, que um pedaço de tábua tosca, e grossa, que servira de fundo de uma canoa pequena, da qual ainda conservava a forma, funda, ou côncava no meio, e para as beiras mais alta, e uma manta velha para cobertura; e neste leito assim passava os dias, e noites, e quase sempre sentado, recostando-se para a parte, e beira da tábua, que ficava unida à parede, por estar mais levantada, e lançando as pernas para fora pela de diante, que era mais rasa.

371. Neste estado chegou à Quinta-Feira Maior do ano de 1725, e neste dia de manhã disse ao Padre Guardião, queria receber o Santíssimo, não só por preceito anual da Igreja, mas como Viático necessário para a última jornada da outra vida; porque tinha entendido ser chegado o termo dos seus dias. Mas o Prelado, não julgando nele, pelo que via, nova causa para esta última diligência, tendo-a por impertinência da idade, concordou com ele fosse comungar à Igreja logo de manhã, com outros religiosos velhos, e convalescentes, e que ele por si lhe administraria a Sagrada Comunhão também como Viático; e assim por seus pés desceu à Capela, recebeu o Santíssimo Corpo do Senhor e, retirando-se para a cela, se foi dispondo com todos os mais atos católicos, e religiosos desta tremenda hora. Pediu ao Prelado um religioso para lhe assistir, e a este rogava recitasse o Ofício Divino em voz inteligível, porque já a este tempo se não achava com disposição corporal para o fazer por si, como sempre. Na Sexta de manhã, pediu o extremo Sacramento da Unção, e chegando às cinco para as seis da tarde, disse ao religioso, que lhe assistia, fosse dar parte ao Prelado, que com a Comunidade se achava no coro ao Ofício das Trevas, lhe mandasse um religioso, que apontou por seu nome, para lhe cantar o Evangelho do Mandato, porque era chegada a hora da partida. Deu-se aviso ao Prelado, saiu do coro com alguns religiosos mais, e o nomeado pelo agonizante lhe cantou o Evangelho, no fim do qual, tendo-o ouvido todo aplicado, e devoto, com o sossego, e quietação dos justos, o pôs também à vida mortal, e passou para a eterna, e perdurável na última hora do dia de Sexta-Feira da Paixão, que naquele ano de 1725 caiu a trinta de março, vestido no seu hábito, e túnica que nunca despiu, e tendo pedido aos religiosos, antes de se lhe cantar o Evangelho, o tirassem da cama, e pobre tábua em que jazia, e o lançassem sobre o despido pavimento da cela, por imitar neste desprezível ato, e último extremo de humildade, ao Santo Patriarca, como verdadeiro filho do seu espírito.

372. Havia-se colocado o cadáver na Capela do Capítulo, como é de costume, para dali se levar à igreja; mas divulgada pela cidade a sua morte, foi na manhã do sábado tanto o concurso, e inquietação do povo, que temendo-se alguma desordem, determinaram os religiosos dar-lhe ocultamente sepultura, sem o transferirem para a igreja, visto não ser possível fazer-se o enterro com as cerimônias usadas de corpo presente, pelo não permitir a circunstância do dia. O que entendido pelo povo, que ocupava até ali só a igreja, por se haver fechado a portaria, e grades, uns se arrojaram a saltar por cima delas para dentro da Capela, e outros de mais consideração, rogavam os não privassem da consolação de ver, e reverenciar o defunto cadáver. Por satisfazer a estes, e evitar no comum maior desacato, se transportou o corpo para a Capela, e com

assistência da Comunidade, não sem grande confusão, e alvoroço, atropelados uns dos outros seculares, chegaram todos a beijar-lhe os pés com outras semelhantes expressões da sua devoção. Acabado este piedoso ato, o tornaram a conduzir para o Claustro, e nele lhe deram sepultura na quadra, que serve de cemitério dos Frades, com bastantes mostras de sentimento em todos os do povo, que na devota ânsia com que tocavam o defunto corpo, e lhe tiravam por relíquias as do seu hábito, inculcavam o grande conceito que haviam formado da virtude, e santidade deste religioso.

373. Foi em extremo devoto do terníssimo mistério de Cristo nascido, e era suma a alegria, que o ocupava naqueles dias da sua festividade, e cuidou por muitos anos, até os últimos da vida, do culto, e asseio do presépio, que há neste convento, e adonde no oitavário desta solenidade costumam os religiosos entoar todos, depois das graças do refeitório ao jantar, o cântico do *Magnificat*, com Antífona, Verso, e Oração do Mistério, e ainda nos últimos anos, sendo já mui velho, e achacado das pernas, descia ao Claustro à assistência deste ato, com uma demonstração tal de prazer, e júbilo, que bem inculcava o interior, e espiritual da sua alma.

374. Todo o referido testificam muitos dos religiosos, que moraram com ele no Convento de Olinda, sendo ainda modernos naquele tempo, e assistiram à sua morte; e alguns dos antigos, que o conheceram, e trataram em tempos mais atrasados; e o Irmão Definidor Fr. Francisco de Santo Antônio Couto, que vive ainda no Convento de Olinda com mais de setenta anos de idade, natural da Freguesia de Santo Antônio do Cabo, testifica ser constante tradição naquelas partes, que morando o Irmão Fr. Bernardo de Santa Clara no convento de Sirinhaém, e sendo mandado às esmolas do Porto do Calvo, faltando-lhe um boi manso para ajustar a conta dos que lhe eram necessários para o carro, em que queria comboiar as farinhas, que havia tirado, o foi pedir a certo morador, que tinha muitos, mas pouca devoção, e lhe respondeu, que não havia boi, que lhe pudesse dar, mas que aquele (apontando para um novilho bravo, que nunca havia chegado ao jugo). Agradeceu-lhe o frade a esmola, e olhando para o preto, que o acompanhava, lhe disse: *Chama aquele boi, e vamos, que é tempo.* E o escravo lhe respondeu: Senhor Padre, aquele boi não é de carro, é novilho bravo, trate de ver onde há de achar boi manso. A isto tornou o religioso, *Se tu o não queres chamar, eu o chamarei; e* voltando-se para o novilho, entrou a dizer-lhe: *Vem cá boi, vem cá, vamos levar esta esmola para o Convento.* Obedeceu o novilho, como se fora de muitos anos manso, veio à presença do religioso, e foi em seu seguimento até ser metido no jugo, e junto com os mais conduziu a esmola, e o Padre tornou melhorado de condição o

animal a seu dono, pagando-lhe em benefícios o que havia recebido deste, mais que bruto, em securas; e mostrando nisto a poderosa mão de Deus, que, se pela culpa ficou rebelde ao homem todo o animal, e ainda o mui doméstico, e caseiro, pela graça se lhe chega a render até o mais feroz, e bravio.[257]

CAPÍTULO XXVIII

Das aldeias, Missões, ou Doutrinas pertencentes algum tempo à administração da Ordem, e de algumas Capelas de S. Francisco, e Santo Antônio, sitas no distrito de Olinda, e de vários casos dignos de nota, acontecidos desde aqueles tempos até o presente, que por algum princípio dizem respeito à Religião, seus Santos, e filhos.

375. Com o mesmo zelo, e fervor de espírito, com que os nossos primitivos Padres cuidaram em fundar conventos nas principais vilas, e lugares da conquista do Brasil, se aplicaram também a ordenar Missões, ou Doutrinas em algumas aldeias dos gentios, levantando nelas igrejas, e Recolhimentos, onde assistindo alguns, os catequizavam, batizando-os, e imbuindo-os nos mistérios da fé, lei de Deus, seus mandamentos, e da igreja, sendo isto o meio mais conducente para os reduzir à obediência dos reis, paz, e amizade dos povos, e moradores, que tudo conseguiu melhor naqueles princípios o seu efeito com a ereção destas Doutrinas. Muitas foram as que por aqueles primeiros tempos dos nossos fundadores, se formalizaram, especialmente nas capitanias de Pernambuco, e Paraíba. Dezoito destas, diz um assento, deixou ordenadas o primeiro Custódio Fr. Melquior em os nove anos do seu governo, suposto que em outro só achamos nomeadas quatorze, como se pode ver em o lugar citado.[258] Nove circunvizinhas à cidade da Paraíba, e as seis por Goiana, até Pernambuco. Todas estas administraram os Religiosos Menores, independentes dos Ordinários enquanto ao espiritual, e ainda dos Governadores em algumas temporalidades, por privilégios reais, Breves Pontifícios, desde os anos de 1586, até os de 1619, em que por causas particulares, violências dos que governavam, ambição dos principais, interesse dos párocos, e emulação de religiosos de outra família, de que se seguiam aos nossos, súditos, e Prela-

---

257 OSNB II, 281 e 338; LGPB, nº 43 e 47; APFR, Arquivo Provincial Franciscano do Recife, 9, fl. 328.

258 [Jaboatão] Pág. 126, nº 183.

dos, turbações, contendas, calúnias, e outros graves, e cotidianos incômodos, fazendo-se de tudo representação ao rei Filipe II em Portugal, por consenso, e ordem sua, foram os nossos desobrigados desta pesada carga, e tão contrária ao seu estado, e as tais aldeias, ou doutrinas, entregues a seus Ordinários, que como Pastores universais, e interessados cuidassem por obrigação comum das suas ovelhas. Mas foi tão violenta para os índios esta transmutação, pelo amor, que aos nossos tinham, como a seus pais de espírito, e particulares defensores da sua liberdade, (sobre que se fundavam todos os enfados dos grandes, e particulares, que os queriam para as suas conveniências, e serviços, como o mesmo gentio conhecia, e experimentava) que desamparadas muitas das Doutrinas, e aldeias, o determinaram fazer em todas. Avisado o rei destas inquietações, e por atalhar o último extermínio desta gente, e os danos espirituais, que se lhes seguiam, tornando aos seus antigos erros, e embaraçando assim os progressos, e adiantamentos da conquista, e suas povoações, quis tornassem os Religiosos Menores à administração das mesmas Doutrinas. Mas eles escusando-se com justas, e urgentes razões, que lhes foram aceitas, ficaram, como já estavam, na posse, e encargo de seus Ordinários.

376. Das Doutrinas, e Missões que levantaram logo naqueles princípios os nossos religiosos, no distrito da Paraíba, só temos individual certeza da que chamam Jacoca, quatro léguas ao sul da cidade, e estrada de Pernambuco, às margens do rio Garamame, ou Eiguaraguaig, na língua do gentio. Está hoje na administração dos RR. Padres de S. Bento, e não podemos averiguar, se foi esta passagem logo, que no ano de 1619, os nossos a deixaram, ou se foi depois destes possuída, e administrada pelos Ordinários, e destes passou então para aqueles Padres. Estamos como em alguma certeza de ser esta aquela, que deixamos numerada com as mais do título de N. Senhora da Assunção, para a qual ordenou o Padre Custódio Fr. Melquior se reduzissem, e ajuntassem as mais, que havia por aquela fronteira, não obstante estar hoje em poder dos seus administradores com o título da Conceição; pois ambos dizem respeito à mesma Senhora, que, sem variar de sujeito, não fazem as diversas, e voluntárias, ou devotas imposições, essencial diferença, e algum acidente, ou motivo de benefício participado da mesma Senhora, e sem desagrado seu os poderia mudar.

377. Juntas nesta as mais doutrinas, e aldeias da Paraíba na consideração de serem muitas, e os religiosos poucos para a sua assistência, se levantou nela igreja conveniente com o título de N. Senhora da Assunção, e um Recolhimento capaz de agasalhar cinco, ou seis religiosos, e assim se compôs no lugar, que acima deixamos conferido, ser o mesmo da Jacoca, uma boa

povoação, para onde concorreram muitos dos gentios das outras aldeias, e se fazia um grande fruto em suas almas, e por mostrar o Senhor quão agradável lhe era esta obra, o quis significar com os seguintes casos.[259]

378. Continuava-se a obra da Igreja com muito fervor dos índios, e zelo dos Padres, quando sobreveio nos da povoação, e Doutrina uma tão agravante enfermidade, à modo de esquinência, ou garrotilho, que privando-os logo da fala, em poucas horas tragavam a morte; e vieram a falecer tantos, que quase se despovoava a aldeia, assim pelos que morriam, como pelos que possuídos do medo por fugir ao mal, se ausentavam para os matos, não havendo já quem enterrasse os mortos, nem assistisse à obra. Vendo os religiosos tão grande desamparo, encomendando ao Senhor a causa em seus sacrifícios, e orações, ordenaram algumas procissões devotas, e de penitência, com suas práticas espirituais. Em uma destas, levado o pregador de superior impulso, e com inteira, e firme fé, prometeu àquela angustiada gente, da parte do mesmo Senhor, tornassem todos para suas casas a continuar a obra da igreja da Senhora, que ele confiado no patrocínio desta Mãe de piedade, lhes anunciava, que todos os que assim obrassem não seriam acometidos do mortal achaque. Deram inteiro crédito e, sem temor da morte voltaram à povoação, os que se achavam refugiados pelos escondidos das brenhas, e continuando no trabalho da igreja, lhes cumpriu o Senhor a promessa do seu ministro, permitindo que dali por diante não perigasse algum do violento achaque.

379. Pouco depois, deu nos meninos, e crianças do mesmo gentio, outra enfermidade também mortífera, de que escapavam mui poucos. Mas pela grande devoção, que ao santo hábito haviam tomado seus pais, deram em abrir coroas nas cabeças dos meninos, à imitação dos religiosos, e com tanta fé, e confiança, que permitiu o céu, para os deixar nela mais confirmados, que dali em diante não perigasse algum dos assim assinalados daquele mal. Daqui se originou o costume ordinário entre todos os destas gentes abrirem coroas nas cabeças dos filhinhos para que Deus os livre de perigos, e enfermidades.

380. Das de Olinda, Igarassu, e Goiana, que foram fundadas também naqueles princípios, e nos ficaram alguns de certeza, e mais evidentes, é a que ainda agora permanece na administração dos RR.PP. de N. Senhora do Carmo da Observância no distrito da Vila de Goiana. Esta, dissemos em outro lugar, mandou erigir o Padre Custódio Fr. Melquior de Santa Catarina depois do ano de 1590, quando na volta que fazia da Paraíba para Olinda, vindo

[259] Da missão de Assunção trata Ilha (1975, p. 79-81). Jaboatão confunde Assunção e Jacoca, sendo Assunção a atual Alhandra e Jacoca a atual paróquia do Conde.

pousar à povoação de Goiana, foi requerido com grande instância da maior parte daquele povo, mandasse alguns religiosos à conversão de um numeroso gentilismo, que às margens do rio, que por ali passa, e chamam também de Capibaribe, de abundantes águas, tinham uma grande, e forte aldeia. Ficava entre os dois extremos de Goiana, e Igarassu, e tem princípios nas suas cabeceiras o de Tracunhaém, onde chamam hoje o Engenho da aldeia, algumas duas léguas às margens daquele rio, que em outro tempo pertencia ao distrito de Santo Antônio do mesmo Tracunhaém, e hoje à Freguesia de Igarassu, o qual Engenho da Aldeia, e nesta habitava aquele gentio, e causava notável detrimento aos povoadores daqueles contornos, para o progresso das suas fazendas, e situações, salteando-os, e destruindo-lhes as fábricas, e lavouras; e também porque a amizade deste gentio, como mais poderoso, e em maior número, era aos povoadores mui conveniente; porque, tendo-os da sua parte, os ajudariam a defender-se de outros muitos, que habitavam aqueles terrenos circunvizinhos, e juntamente lhes serviriam para o trabalho das Fundações, e novas conquistas. Com este cuidado chegou o Padre Custódio a Olinda, e despachou logo alguns religiosos a esta empresa, os quais sendo bem aceitos do gentio, que acharam fáceis, e dispostos para formarem deles uma boa cristandade, se deu princípio a ela, fabricando igreja competente, que consagraram ao Príncipe dos Anjos S. Miguel, com seu modo de Recolhimento, e uma cerca forte de paus, e terra, para dos assaltos dos bárbaros, e inimigos se defenderem melhor, e com grande conveniência dos povoadores, pelas que se lhes foram seguindo da paz, e amizade dos desta Doutrina, e assim com o santo zelo, e cuidadoso desvelo destes religiosos, se formou aqui uma das boas, e frutuosas sementeiras destas gentílicas plantas até ali infrutíferas por falta de cultivo, mas agora mui férteis com o rego, e orvalho da santa Doutrina, e Lei Evangélica, confirmando também o céu com prodígios a fé, e devoção destes novos convertidos.

381. Foi picado dos venenosos dentes de uma cobra, das muitas, e peçonhentas que há no país, um índio dos principais da Doutrina, já batizado, mui amigo, e devoto dos Padres, seus diretores, e mais religiosos; e sentindo-se logo com agonias de morte, chamou à pressa um para se confessar; e estando neste ato, lhe sobreveio um mortal paroxismo, com que foi preciso ao confessor absolvê-lo a toda a pressa. Neste letargo esteve por muito tempo em presença do confessor, e mais circunstantes, esperando todos pelo último termo; e quando já o largavam por morto, o viram tornar em si, são, e sem dor alguma; pelo que, alegres os assistentes, tratavam de despedir-se. Mas ele os deteve, dizendo-lhes: *Esperai, Irmãos, que vos quero contar as maravilhas, que Deus obrou comigo: Sabei, que eu verdadeiramente passei desta para a outra vida,*

e pelas minhas grandes culpas fui arrebatado pelos demônios, e levado a uma torre mui alta, para me lançar dali aos infernos aonde vi arder chamas de fogo, e muitos animais ferozes, e terríveis, esperando para me tragarem; e indo os que me tinham preso para me lançarem no seu profundo, me acudiram três frades, dois com velas acesas nas mãos, e o principal, que era S. Francisco; porque o conheci pelas suas chagas, assim como está pintado em a nossa igreja, e vinha vestido de alva, amito, e estola branca; este me livrou das unhas dos demônios, dizendo em voz alta, este é meu filho; e logo eles fugindo, me largaram, e eu assim escapei daquelas infernais penas, e fui são das grandes dores, e certeza da morte, como vedes. De tudo, diz a relação, foi inquirido o índio por várias vezes, e por intervalo de dias, e confessa sempre o mesmo, sem mudança, ou variedade no caso; e por sua pessoa, verdade que tratava, repentina saúde, e vida ajustada, que continuou enquanto viveu, lhe foi dado crédito, e assim se escreveu esta notícia para glória do mesmo Senhor, exaltação da sua fé, e abono dos seus santos.[260]

382. Trinta anos com pouca diferença esteve na administração dos Prelados da Custódia esta doutrina, desde o de 1591, em que foi fundada, até o de 1619, quando com as mais se fez dela deixação aos Ordinários. Se destes passou logo a posse dos RR.PP. de N. Senhora do Carmo Observante, o não pudemos averiguar; mas temos certeza de que a muitos anos estão de posse de sua administração, e em seu poder tem tido várias mudanças. A primeira foi do lugar da sua fundação, que por isso se chama ainda hoje o Engenho da Aldeia, para o da Muribica antes do Rio Tapirema três léguas. Depois para o riacho, que chamam Biapicu, na Freguesia de S. Lourenço de Tojucupapo, daqui para o lugar da Aldeia Velha, por uma, que aqui tiveram também os nossos, e com a sua desistência, despejou também o gentio, na Freguesia de Itamaracá da parte da terra firme, e ultimamente para onde existe hoje na Freguesia de Tojucupapo, que fica entre os extremos de Igarassu, e Goiana da estrada destas para a costa do mar em o sítio, que chamam Ciri, do qual tomou o nome a aldeia, e por este agora conhecida, mas sempre consagrada ao glorioso Arcanjo S. Miguel, seu primeiro titular.

383. Pelos particulares benefícios, que ficam relatados, e participavam do Santo Patriarca nestas conquistas, assim os novos convertidos, como os mais católicos seus povoadores, e pelo zelo, e cuidado que experimentavam em seus filhos os Frades Menores, crescia nos povos o amor, e respeito aos filhos, e a devoção, e obséquio ao Pai; e este era o motivo, porque em reverência do Santo, e afeto aos religiosos os buscavam para a sua companhia os

---

[260] Ilha (1975, p. 79-81) atribui o caso à missão de São Miguel de Una ou Iguna.

donatários, e senhores das terras, ajudando-os com as suas esmolas para as fundações dos conventos; e os particulares edificando-lhes capelas, e ermidas nas suas fazendas. Muitas destas dedicadas ao Santo Patriarca, se acham por toda a Província do Brasil, das quais já se disse alguma coisa, e iremos dando no decurso desta história, e lugares competentes, o que mais lhes pertencer. A que se nos oferece agora no distrito de Olinda, é a que vemos situada às margens do rio Capibaribe, algumas quatro léguas da cidade, no engenho que chamam de S. Francisco da Vargem, título que lhe deu o seu fundador, André Vidal de Negreiros, um dos principais restauradores de Pernambuco. Este o deu em dote a um Jerônimo Cavalcanti, com quem casou uma sua filha bastarda. Destes passou por dívidas a Agostinho Ferreira nos tempos próximos passados, e a este comprou o engenho e fazenda o Coronel José Camelo Pessoa. Pela sua grande devoção ao Santo Patriarca lhe reedificou a Capela mui avantajada em fábrica, e é uma das mui perfeitas, e bem-ornadas que se acham por fora. Mandou vir do reino as imagens do Seráfico Padre, e Santo Antônio pelos anos de 1725, e Breve Pontifício, para que na dita capela pudessem os fiéis no dia dois de agosto ganhar as mesmas indulgências que se lucram na Casa da Porciúncula, e lhe foi concedida esta graça por dez anos; e para esta ação lhe mandavam religiosos confessores os Prelados do convento de Olinda. De presente tornou esta Capela, e engenho à posse dos herdeiros do sobredito Agostinho Ferreira, por causas que não tocam a este lugar. Assim na criação desta, como de outras mais, que pelo decurso desta história temos visto, e veremos ainda, foram consagradas ao Santo Patriarca, se deixa ver o amor, e devoção com que é venerado dos povos do Brasil.

384. Também o Santo Patriarca se não esquecia de lhes retribuir com favores, e graças este afeto, e culto, que sempre lhe mostraram. Muitos são os casos, que a este intento conta a tradição, que deixamos de repetir, e só o faremos de um mais notório em os nossos tempos. João Álvares do Couto, morador em a vila de Santo Antônio do Recife, dos antigos desta povoação, sujeito de bem, e verdade, que nós conhecemos, voltava da Paraíba, onde havia ido a negócio particular, e antes que chegasse a Goiana Grande algumas léguas, teve encontro neste caminho com um Religioso Franciscano, que se retirava das esmolas para o convento de Igarassu, por causa de moléstias, a que agravava mais o vir a pé, e quase sem poder dar passo. Compadecido o homem da necessidade que via, se apeou do cavalo em que montava, e, ainda que com repugnância da parte do Religioso, o fez pôr no cavalo, e o acompanhou até o Engenho de Bento Correia, nosso Irmão de confraternidade, no sobredito lugar de Goiana Grande, onde faziam pousada comum todos os religiosos. Aqui deixou o enfermo, e montado no seu cavalo passou à Vila de Goiana, que-

rendo albergar mais adiante, chegou à vargem, que dizem do Bujari, já noite. É a sua passagem perigosa sempre, e principalmente em tempo de inverno; porque quase meia légua se cobre toda de água, não só as campinas, mas três, ou quatro potentes,[261] que tem de estivas sobre um pântano mais fundo, que as vai repetindo, e só se atravessam todas estas águas por um estreito passo, que tem coberto das mesmas, e o desviar dele, é perder-se. Temeu o homem errar este carreiro, era preciso passar, e nesta perplexidade, viu diante de si um cavalo branco, que, como ensinando-lhe a passagem, se metia a caminho, e na consideração de que o animal era daqueles passos, e devia ser experimentado na travessia, não fez reparo em o seguir, encaminhando o seu, em que ia, pelos passos do que levava diante, e assim sem perigo algum se pôs em salvo da outra parte, e chegando ao último passo, indo a reparar no que lhe serviu de guia, o não viu mais, nem pôde determinar a que parte tomara, como também ao princípio donde lhe saíra; mas sempre ficou entendendo que o cavalo branco não viera ali por acaso, e àquelas horas, e assim o contava por favor de S. Francisco, e pela caridade com o seu filho, que sem dúvida necessitava dela nesta ocasião, sendo em outras proibido este desenfado aos seus.

CAPÍTULO XXIX

Continua-se a matéria do Capítulo passado, pelo que toca ao nosso português Santo Antônio.

385. Sendo entre todos os portugueses mui particular, e em extremo a afeta veneração, que se tem ao nosso Santo Antônio de Lisboa, passa a extremosa a que nestas partes do Brasil lhe mostram geralmente todos. Porque além das muitas igrejas paroquiais de que é titular, são inumeráveis as capelas, e ermidas consagradas ao seu nome, e fora destas, não há algumas das outras, que nos seus altares não coloque uma, e muitas imagens deste santo; não há casa, que o não venere no seu Oratório; e não satisfeita ainda com isto a comum devoção dos fiéis, cada um quer ter só para si o seu Santo Antônio. Foram os primeiros em Olinda os mesmos, que deram princípio à sua conquista, fundando logo uma no lugar em que hoje está situado o Convento de N. Senhora do Carmo Observante, em um meio alto, que se forma sobre a Marinha, entre o nosso, e o do Patriarca S. Bento, com pouca distância uns

[261] Cf. Aditamento IX no início de OSNB II: *pontes*, em vez de *potentes*.

dos outros. Não encontramos certeza de quem fora o fundador desta capela, e só que dela, e do seu sítio faziam doação aos nossos religiosos, que não aceitaram, por acharem na da Senhora das Neves melhores conveniências para o seu agasalho, e foi dada aos sobreditos Padres, e das suas memórias consta foi aceita com a pensão de colocarem no altar maior do convento, como hoje se vê, uma imagem do santo, e a solenizá-lo anualmente no seu dia com missa entoada, e a intitular-se *Convento de Santo Antônio do Carmo*, e como seu titular, tem comemoração no coro, nas festas em que têm lugar as mais.

386. Fora da cidade, e pelo seu distrito se acham outras muitas, mas nós só imos a fazer memória daquelas, em que achamos alguma especialidade digna de nota, e obrada pelo santo em bem comum, ou particular dos seus devotos; pois ele, ou por português, ou como Santo Antônio, se soube, e sabe sempre desempenhar com todos, não só nos grandes, e continuados benefícios, que lhes faz, mas com tanto empenho, que suposto não pode já como glorioso padecer em corpo, na sua imagem, e por amor dos seus tem sofrido injúrias, afrontas, golpes, e até derramado por eles, pelo crédito da sua fé, e pelos defender, aquele sangue, que em vida sempre lhe ferveu no coração para esse efeito. Das injúrias, irrisões, e golpes, que em uma imagem sua, tirada do castelo de Arguim, na costa de África, e lançada ao mar nas praias da Bahia, executaram calvinistas, e piratas franceses, o diremos em seu lugar. Do sangue derramado, o publicam outras duas nas guerras dos holandeses em Pernambuco, uma na igreja da Casa Forte, onde, a golpes destes desalmados, lançou sangue a imagem do santo; e o mesmo correu das cutiladas, que deram em outra, titular de uma capela, que se venera no Engenho Velho do Cabo, de que daremos notícia em seu lugar. Do prodígio acontecido na capela do mesmo santo, sita no engenho que chamam do Meio, na Freguesia da Vargem, suposto já o publicaram os que escreveram as guerras de Pernambuco com holandeses,[262] o repetiremos agora, como em seu lugar.

387. No maior cuidado em que se achava João Fernandes Vieira,[263] como autor da Aclamação da liberdade, sucedeu, que certo homem, ou sacristão, que tinha a seu cargo tratar da capela de Santo Antônio do seu engenho do Meio, deixando, como sempre, a porta fechada à noite, de manhã a achou aberta, e o mesmo se continuou nos dois dias seguintes, seguindo-se-lhe também com a repetição do sucesso vários discursos sobre o caso; e sem poder descobrir, postas as necessárias diligências, quem pudesse ser o autor, e não

262 [Jaboatão] Castriot. Lusit. p. 255, nº 67 [nota ed.: JESUS, 1679].

263 [Jaboatão] Valerot. Lucid., p. 179 [nota ed.: CALADO, 1668].

fiando só de si a vigia, convidou a outros mais, que aplicados todos à espreita, sem verem pessoa humana, se achou a porta aberta pela manhã, entendendo já era efeito de mão invisível, e que não carecia o caso de mistério. Deram parte a João Fernandes Vieira, e este por si mesmo, com outras pessoas mais, fechou a porta em a quinta noite, selando o lugar da chave com o seu sinete, e feitas as diligências de espreitar, se achou a porta, intato o selo, como nas outras, da mesma sorte aberta. Já o caso se não podia negar de prodígio, e todo se atribuía a Santo Antônio; e a ocorrência do tempo dava ocasião ao juízo, que dela se podia formar, e era, diziam uns, que o santo os avisava saíssem a campo abertamente, e que a públicas dessem princípio à empresa da liberdade; outros discursavam, que o santo a todos franqueava o seu auxílio, e que para o seu socorro o achariam sempre com a porta aberta; e alguns concluíam, que ele os ensinava a deixarem suas casas de par em par, e retirarem a parte segura as suas pessoas, móveis, e famílias. O segundo caso fez evidente esta conclusão.

388. Chegou a festa do santo, trinta dias depois, e tendo-se ornada a sua capela com todo o asseio para esta função, quando à véspera se começou a repicar o sino, estando muitas pessoas presentes na igreja tratando do ornato, e compostura dela, repentinamente, um modo de dossel, que haviam armado para o santo, se desarmou por si mesmo, e dobrado, como de propósito, ficou sobre o altar aos pés da sua imagem. Com admiração foi notado o prodígio, e dele ficaram entendendo todos, que o santo os avisava, que pelo mesmo modo ajuntassem o seu fato, e se pusessem em cobro. Assim se fez, e tratando cada um, dos que ainda se achavam em suas casas, sair delas, e acolher-se aos matos, escaparam das esquadras, que na mesma noite, para o dia do santo, avisado o holandês pelos traidores da comitiva de João Fernandes Vieira, mandou assaltar todo o contorno da Vargem sem efeito; porque João Fernandes Vieira, que era quem eles principalmente buscavam, e outros mais, já se não recolhiam de noite às suas casas, e vivendas, e nesta o executaram outros muitos, advertidos pelo caso da capela, e reconhecendo todos nele o aviso, e mercê, que deviam ao seu protetor, e amante português Santo Antônio.[264]

[264] Cf. Soares (1942), obra que se distingue pela abundante bibliografia antoniana dos vários países. PIO, 1939, p. 6-10; 1987, p. 27-34.

CAPÍTULO XXX

Princípios, e progressos da Venerável Ordem Terceira da Penitência na Vila de Olinda, e Casa da Senhora das Neves.[265]

389. Já em outra parte,[266] tratando dos vários Religiosos Menores, que antes dos nossos fundadores aportaram em diversos tempos pelas capitanias desta conquista, deixamos dito viera também um destes à Vila de Olinda, e que nela, com ajuda, e socorro de pessoas devotas, levantara uma capelinha ao Glorioso Peregrino, e grande caritativo S. Roque de Mompeler,[267] e nela, uma Congregação de Terceiros da Venerável Ordem da Penitência. O que agora devemos fazer é assignar o sítio desta capela, e apontar os fundamentos do que fica dito, e principalmente enquanto ao lugar em que existiu, porque averiguada a certeza deste, já não fica o mais tão dificultoso. Diz a tradição, que fora este o mesmo em que existe hoje o Mosteiro do Grande Patriarca S. Bento. É verdade, que nos seus Arquivos se não acha escritura, ou doação, que se fizesse aos PP. desta capelinha; porque dizem eles, que com a tomada da terra pelos holandeses, se perderam todos os papéis, e escrituras dos Mosteiros. Mas achamos memória entre os religiosos seus velhos, que afirmam ter ouvido a outros mais antigos, houve no lugar desta capelinha, acrescentando que estava fundada para aquela parte onde fica agora a torre da sua igreja, já mui chegada ao despenhadeiro, que cai sobre o Varadouro.

390. Outra razão se nos oferece de mais fundamento para que se não ache nas suas escrituras, ou doações a memória desta capela, e é porque os ditos Padres passaram a Pernambuco, como consta da doação, que lhes fez para isso o seu donatário Jorge de Albuquerque do ano de 1592 por diante; assistiram primeiro na igreja de S. João de Olinda, dali foram para Capelinha do Monte da mesma Vila, da qual lhes fez doação o Ilustríssimo Bispo D. Antônio Barreiros, achando-se em Pernambuco de visita; e não tendo eles no lugar do Monte as conveniências necessárias para Mosteiro, compraram a Gaspar Filgueira, e a sua mulher a olaria, e sítio, onde hoje existem, e nisto se passaram alguns anos, e nestes se havia também com o tempo abolido, e de todo destruído a fábrica ou, ao menos o exercício, e serventia da Capelinha de

---

[265] Vat (1952, p. 104-123), contesta a existência da Ordem Terceira Franciscana secular de Olinda no século XVI, como também a da capela de São Roque. Maria da Rosa pertenceu à Ordem III Regular.

[266] [Jaboatão] Pág. 28, nº 28, liv. Ant.

[267] Possivelmente Montpellier, cidade da França.

S. Roque; pois já desde o ano de 1585, ou 1586 a haviam desamparado, como logo se dirá, os Irmãos Terceiros, que a sustentavam, e por conta dos quais corria o seu tratamento; porque se haviam passado para o novo Convento da Senhora das Neves, levando consigo, e tudo o mais, a imagem do santo, como seu titular. Com outra demonstração mais evidente se confirma no lugar a existência desta Capela.

391. Pelos anos de 1736, ou 1737, sendo Bispo de Pernambuco o Ilustríssimo D. José Fialho, veio a seu juízo um legado de certo homem dos sertões, que na verba do seu testamento deixou declarado, pertencia à Capela de S. Roque, onde ele fora Terceiro de S. Francisco, a qual se via, diz a mesma verba, da Igreja do Salvador de Olinda. Duvidou o Bispo que capela seria esta, e porque a que hoje têm os Terceiros em o nosso Convento também se vê da Igreja da Sé, que é a mesma do Salvador, e é S. Roque o Titular dela, mandou se desse à Ordem Terceira o tal legado. Era Comissário neste tempo o Irmão pregador Fr. Bento da Apresentação, que certifica passou com ele, e a sua Mesa esta conferência, e a sua decisão. É mais de advertir, que este legado não podia ser de pessoa moderna, e dos tempos presentes, nem ainda do século passado; porque, a ser assim, fora escusada a declaração de que era para a Capela de S. Roque, que se via da Igreja do Salvador; porque bastava dizer, era para S. Roque da Capela dos Terceiros do Convento de S. Francisco. Era sem dúvida a deixa de sujeito antigo, e que antes do ano de 1585, em que os nossos religiosos fundaram Convento em Olinda, se havia retirado o tal homem para os sertões, e já falecido antes daquele ano; e por negligência dos herdeiros, que se foram seguindo uns a outros, (como muitas vezes sucede) veio a parar neste, que, ou por temor de Deus, ou obrigado dos confessores, e outros ministros, lhe veio a dar execução no tempo presente. Esta verba assim, é sem dúvida a Escritura mais autêntica, que podíamos achar, para boa certeza, ou clara evidência, não só de que houve naqueles princípios a tal Capela de S. Roque em que Olinda, mas também que a sua situação foi no mesmo lugar em que agora existe o Mosteiro de S. Bento; porque este é o que, sem oposição, que lhe sirva de obstáculo, se vê da Igreja do Salvador, hoje Sé de Olinda, por ficar esta na cabeça do Monte à parte do nascente, e aquele para a outra ponta, que faz ao sul, em frente um do outro, ficando entre ambos a baixa, que os deixa desimpedidos para a comunicação destas vistas.

392. Com esta clara evidência, de que houve Capela de S. Roque em Olinda no lugar que fica dito; pelas mesmas razões, e fundamentos, fica também mostrado, haver nela Congregação de Terceiros da Ordem da Penitência, onde tomavam hábitos, professavam, e faziam as suas funções, e mais exercí-

cios desta Venerável Ordem. Primeiro, por ser a tal Capela de S. Roque, Patrão especial da Ordem Terceira da Penitência. Segundo; porque era Terceiro o sujeito, que como seu filho, e aluno, lhe deixava o referido legado. Terceiro, e principal; porque, quando os nossos Padres Fundadores chegaram a Olinda, já acharam nela Irmãos Terceiros, especialmente mulheres, como logo diremos, e naturais da mesma Vila; e tudo isto, que é o que por último nos falta, não podia ter outro princípio, que não fosse por algum religioso, filho de S. Francisco.

393. Deste não achamos também notícia individual. Mas consta pela mesma tradição, e já fica referido em outro lugar, que logo nos princípios da fundação desta capitania, viera ter a Olinda um Frade Menor, que ali assistira alguns anos, e a diligências suas se levantara a Capela de S. Roque, e nela instituíra a Congregação de Terceiros, de que se fala; e que por ausência sua passou a administração a algum sacerdote secular, que ficara suprindo as suas vezes, ou mais certo ao Vigário de S. Pedro Mártir, Freguesia da Vila, no distrito da qual estava situada esta Capelinha. E por isso dizem, que, quando os nossos religiosos tomaram a posse, e se passaram para a nova Casa da Senhora das Neves, e quiseram avocar para ela os Irmãos Terceiros da Capelinha de S. Roque, se opusera a isso o sobredito Vigário de S. Pedro, intentando conservar a jurisdição, e posse, que, pelo tempo, e estar a Capela no distrito da sua paróquia, havia adquirido; e que os Terceiros correndo pleito perante o Vigário-Geral, e alcançando sentença a seu favor, quando se passaram para o nosso Convento, levaram consigo a imagem do santo, ficando desde então deserta a sua Capelinha. E daqui se seguem por último duas coisas, que servem de maior evidência a tudo o que fica dito; a primeira, que por isso se não acha nas doações do Mosteiro de S. Bento a expressão desta Capela, porque ao certo já não existia a este tempo, com formalidades de Capela, como deixada pelos Irmãos Terceiros seus administradores, e quando muito só com o material das paredes. A segunda, e é a que confirma por certo tudo o mais; porque este mesmo santo, como senhor que era da Capelinha, é o padroeiro da sua Ordem Terceira do convento de Olinda, e é nela o seu titular.

394. Até aqui temos falado, ainda que com tanta evidência, conforme a tradição, conjecturas, e pelo que se diz, ou dizem; agora ajuntaremos alguma coisa mais com que se possa fazer de todo evidente o que dizem, e conta a tradição. É certo conforme todas as memórias que se acham escritas nos Cartórios da Província, e especialmente nos da fundação do Convento de Olinda, tratar-se nelas por Irmã Terceira de S. Francisco, e professa na sua Ordem da Penitência Maria da Rosa, e o mesmo afirma o Padre Gonzaga,

Ministro-Geral que então era, e havia mandado para o Brasil os Padres Fundadores. Também é certo, que Dona Isabel de Albuquerque, e suas irmãs, D. Cosma, e D. Filipa, (filhas de Jerônimo de Albuquerque, cunhado de Duarte Coelho Pereira, primeiro donatário de Pernambuco, e de sua mulher, D. Filipa de Melo, as quais com Maria da Rosa passaram para o Recolhimento da Conceição), eram Terceiras professas na Ordem da Penitência. Consta isto de umas Escrituras autênticas feitas por elas no ano seguinte de 1586, e já assistentes a este tempo no sobredito Recolhimento da Conceição, com Maria da Rosa. Estas três últimas eram naturais de Olinda. Logo é evidente, que haviam professado a Ordem Terceira na mesma pátria; e alguns anos antes que os Padres Fundadores ali chegassem. Antes destes, não haviam na terra outros, nem parte onde o pudessem fazer; evidente fica, que só podia ser na referida Capelinha de S. Roque, por aquele sacerdote, que a administrava, e dirigia, ou fosse o Vigário de S. Pedro, ou outro qualquer, por delegação do primeiro religioso, seu instituidor. E isto é tudo o que da Capela de S. Roque, lugar em que existiu, seu primeiro instituidor, Irmandade de Terceiros que nela houve, até a sua transmutação com o santo para o nosso convento, pudemos descobrir.

395. Passados para o convento, como fica dito, também se não acha clareza em que ano deram princípio à sua Capela; para a que ao presente vemos, entra-se para ela por um espaçoso arco, de talha hoje, sendo o antigo de pedra, e fica no corpo da nossa igreja à parte do Evangelho com sacristia, casa de Exercícios, e outras mais, que servem de depósito aos andores, imagens, e paramentos, que compõe a sua procissão de cinza, que também não consta quando teve princípio, e a fazem com zelo, e bom asseio, como é particular, e cuidadoso empenho de todas as veneráveis Ordens Terceiras, logrando esta aqui, sobre as mais, a excelência, de que, sendo como elas em ordem a terceira, alcançou em Olinda, a primazia, ou prerrogativa de primeira nos progressos, e estabelecimentos, para honra de seus irmãos, crédito de toda a Família Seráfica, e glória do Santo Patriarca, como Pai de todas.

CAPÍTULO XXXI

Da Serva de Deus Maria da Rosa, nossa especial Benfeitora, e algumas pessoas Terceiras de boa fama.

396. Depois dos filhos primogênitos do Seráfico Patriarca, ou da sua primeira Ordem, deviam ter lugar os da Segunda, e Terceira. Destes últimos diremos alguma coisa, visto não poderem entrar aqui os da Segunda; porque, ainda a Providência Altíssima do celeste agricultor, não foi servida revestir com as fragrantes flores do Virginal Jardim de Santa Clara o fecundo terreno de Pernambuco. Dos frutos da Terceira Ordem, ou da Penitência, porque esta em Olinda, como fica exposto, teve seu princípio mui anterior à fundação do mesmo convento, muito pouco pudemos colher daqueles primeiros tempos, e muito menos ainda de então para cá, pois havendo 172 anos que os nossos entraram a lançar os primeiros alicerces da religião em a Casa de Olinda, não achamos nela monumento algum, de que pudéssemos tirar notícia certa dos Irmãos Terceiros desta venerável Ordem de virtude, e santidade; nem eles, sendo ali tão antigos, têm livro, ou assento, nem ainda dos princípios, e fundação da sua Capela, e o que aqui dizemos, o tiramos de papéis estranhos, e avulsos. Da mesma sorte não deixaram os nossos Padres daqueles tempos de andar, se não gravemente ingratos, ao menos com muitos excessos de escassez, em nos não deixarem mais extensas, e individuais notícias da devota Maria da Rosa, sua, e nossa tão particular, e grande benfeitora. Mas neste pouco, que disseram, escreveram certamente muito, pois a deixaram numerada entre os fiéis servidores do Senhor, por mulher devota, piedosa, de espírito pressagioso, e uma serva de Deus. Se não quisermos dizer, que o breve arrazoado da escritura, com que nos fez a doação da Casa da Senhora das Neves, de uma boa crônica da sua vida, é que no espírito com que a ditou, estava resumidamente inculcando as muitas virtudes de que se adornava.

397. Antes de passarmos adiante, devemos advertir, que dando o R. Cabido de Olinda, no ano de 1723, uma conta à Academia Real sobre várias notícias daquele Bispado, que lhe foram pedidas, uma delas é a seguinte: *Veio das partes de Portugal uma tão nobre como virtuosa matrona, chamada Maria da Rosa, a qual, querendo perpetuar na imortalidade, ou reduzir ao cofre do Divino Tesouro o cabedal, que na caduca vida possuía, resolveu-se a edificar um Mosteiro, com o título de N. Senhora das Neves, ação, porque se fez conhecida de todos sua virtude, e a que seguiram várias matronas nobres, naturais, comotas de tão devoto zelo, e santo exemplo; as quais com mão liberal concorreram para a sua edificação, e juntas com a dita Madre se recolheram nele; onde no hábito da Terceira Ordem*

do Seráfico Padre S. Francisco em que eram professas, viviam em forma religiosa, dando claros indícios, não só da esperança, que a todos deixavam de ser Convento de Religiosas professas, fim a que aspiravam seus intentos, mas também do aumento da glória, e honra de Deus, Nosso Senhor, pelos devotos exercícios em que se ocupavam. Depois de passados alguns anos, que se não individuam por falta de clareza, no de 1585, vieram os Capuchos a fundar uma Custódia por ordem do seu Geral Fr. Francisco Gonzaga, à instância do Capitão Jorge de Albuquerque Coelho, donatário naquele tempo desta capitania, aos quais religiosos a dita Maria da Rosa, a rogos do Senado, e povo, doou graciosamente o sítio, e tudo quanto nele havia fabricado, com terreno bastante para Convento dos ditos Capuchos, e se passou com suas companheiras a outro Recolhimento, que os Irmãos da Confraria de Nossa Senhora da Conceição lhes haviam feito, junto à sua igreja, à mesma imitação.

398. Esta notícia, (suposta por certa, como é a Escritura da doação, que fez aos nossos Religiosos Maria da Rosa) contém em si muitas incoerências. A primeira é, porque o tal Recolhimento da Senhora das Neves, de que fala a sobredita notícia, não consta da Escritura da sua doação; e quando muito dela só se pode colher havia alguma casa, como o ela expõe dizendo: *Dava, e doava a dita casa, assim como está, igreja com todos seus ornamentos;* e o que melhor se devia entender era, que esta casa foi a mesma igreja, como se explica, quando nela fala a primeira vez, e dizia: *Prometera fazer uma Casa da invocação de Nossa Senhora das Neves, e a dar aos Frades de S. Francisco, etc.* E mais abaixo torna a dizer: *E com esta intenção, e devoção a tinha feito, e posto nos termos em que ora estava.* E melhor se entende ser esta casa a mesma igreja pelos termos com que se explica o Tabelião, quando diz no exórdio da Escritura, *Na Igreja de Nossa Senhora das Neves de Olinda, estando aí a senhora Maria da Rosa, Dona viúva,* demonstração evidente de que não havia ali outra casa, mais que a igreja; porque a havê-la, não na igreja mas na casa, diria o Tabelião se fazia a Escritura, e diria mais, usando dos seus termos comuns, *Sendo aí em casas próprias; e* como se não expressam estes termos sempre usados, e só se faz menção da igreja, esta era sem dúvida a casa de que se fala na Escritura da sua doação.

399. Não obstante tudo isto, que atribuímos à incúria do Tabelião, ou talvez porque, havendo casa, quiseram por maior solenidade do ato, ou por devoção, fazer a Escritura na Igreja, e seguindo nós ao Padre Gonzaga, que foi o Ministro-Geral, que mandou a Pernambuco os Padres Fundadores, assistindo ele na Corte de Lisboa, e não podia deixar de ter a verdadeira informação de tudo, e como escreve que Maria da Rosa não só era Irmã Terceira,

mas vivia com outras da mesma profissão na mesma casa, que alguns anos antes havia fundado junto à Igreja da Senhora das Neves, segundo o que este douto Padre escreve como verdadeiro pelas razões alegadas, dissemos também, falando nesta casa em seu lugar, que quando os nossos ali entraram, estava já em tal forma, que nela se puderam agasalhar oito, ou nove religiosos. Mas esta casa assim, que nunca foi, nem era Recolhimento em forma, como supõem a notícia do Cabido, não foi também, como afirma a mesma, fabricada à custa, e despesas das outras senhoras, que com Maria da Rosa assistiam nela; porque, a ser assim, não seria feita a sua doação aos nossos em nome só de Maria da Rosa; pois não era ponto este de tão pouca consequência, que não dependesse de outra forma de Escritura, e se declarasse nela o consentimento, e vontade das mais, e se assinassem todas.

400. É também incoerente aquela notícia, enquanto diz, que a instâncias do Senado, e povo fizera Maria da Rosa a doação aos nossos Frades da Igreja, e casas, ou Recolhimento, havendo-o fundado para viver nele com as outras senhoras, porque da sua Escritura, e doação consta o contrário; pois diz nela, que logo que intentou fazer aquela casa da Senhora das Neves, foi para a dar aos Religiosos do Padre S. Francisco, como por vezes o havia intentado, escrevendo ao Reino sobre isto aos Padres Provinciais; e assim quando a Olinda chegaram os nossos, não era, nem foi necessário ser rogada, e constrangida por outros para isso; porque de sua própria, e livre vontade confessa na sua doação lho havia dado.

401. Diz mais a notícia, que viera das partes de Portugal para o Brasil Maria da Rosa. Sobre este ponto não se acha certeza alguma; porque nem nas memórias do nosso Convento da Senhora das Neves, nem nas da Conceição, à custa de diligências, se descobriu coisa alguma, e só o seu testamento o podia dizer; mas nem deste há notícia nas duas casas em que assistiu, e morreu, nem em Cartório algum. E assim deixando a Maria da Rosa no estado indiferente da sua naturalidade, o que ao certo consta é que tinha o de viúva, quando fez a doação aos nossos Padres, e havia sido casada com Pedro Leitão, de quem nos não ficou mais que o nome, pelo vermos escrito nas letras da sobredita doação; o que resta averiguar é, se o Recolhimento da Conceição, para onde passou Maria da Rosa com as mais, fora também fundação sua. Assim o querem dizer algumas memórias do nosso Convento, e suposto parece que nisto se encontram com a notícia do Cabido, é sem dúvida, que umas, e outras acertam, ainda que com diferença nas circunstâncias, como constará de um termo, que se acha no liv. I de Acórdãos da Santa Casa da Misericórdia, feito em 20 de março de 1666, à fol. 48, e 49, sendo Provedor o Governador de

Pernambuco, Jerônimo de Mendonça, que também era Juiz atual da Irmandade da Senhora da Conceição, e com os da sua Mesa, em nome de toda a Irmandade, doou este Recolhimento da Conceição à Santa Casa da Misericórdia, para que ela o possuísse, e administrasse, com toso os seus bens; são as palavras do termo as seguintes: *Tudo traspassavam a esta Santa Casa, assim, e da maneira que seus antecessores o haviam dado, e doado a Maria da Rosa, por escritura feita no ano de 1595.*[268] Neste de 1595, que a Irmandade da Conceição fez esta data a Maria da Rosa do seu Recolhimento, faziam dez anos, que havia ela passado para ali, e largado o das Neves aos nossos religiosos, como concordam todas as memórias. E daqui se segue, o que imos a dizer, e é: que quando Maria da Rosa entrou na Conceição, não havia ali Recolhimento alguma em forma, mais que algumas casas, que a Irmandade tinha pegadas à igreja para o serviço da mesma, ou romagem dos seus devotos; e que Maria da Rosa entrando ali com as mais senhoras por consentimento da Irmandade, deram ordem, (e seria com esta condição) à forma do Recolhimento a despesas suas, e por isso, tendo o perfeito, e completo, ao cabo dos dez anos, lhe traspassou a Irmandade, (que esta seria a cláusula, concordata) a posse, e administração dele; e assim pode concordar a notícia do Cabido com as nossas; estas dizendo que ela fizera o Recolhimento, porque em verdade o fez; e o Cabido, que fora a Irmandade, que lho havia dado; porque sem dúvida lhe deu esta casa em que se lhe recolhesse. E o fundamento todo da equivocação esteve, em que assim as nossas notícias como as do Cabido foram feitas, e escritas muitos anos depois; a do Cabido nos próximos de 1724, alguns 140 da passagem de Maria da Rosa da Casa das Neves para a da Conceição; e as nossas mais de cinquenta anos depois no de 1638, sendo Custódio Frei Manuel de Santa Maria, que foi o primeiro, como já se disse, que mandou fazer livro-Cartório para estas, e outras semelhantes; e assim houve tempo, e tempos, ao Cabido para equivocar Casa com Recolhimento, e aos nossos, Recolhimento feito antes, ou depois; vindo assim a concluir de tudo isto, que Maria da Rosa com as mais senhoras, a despesas suas, ou mais certo, ela só, levantaram o Recolhimento da Conceição, mas foi depois que entraram nas casas que lhes deu a Irmandade; porque, de outra sorte, se ela o não fizera a despesas suas, que razão podia haver para que a Irmandade lhe fizesse a doação dele; e isto depois de passados dez anos, que era o tempo em que o podia ter concluído? Que anos vivesse mais neste Recolhimento depois do referido de 1595, não o alcançamos, mas concordam todos os que nela falam, que ali completou o curso da vida, cheia de dias, e merecimentos, e na igreja dele jaz sepultado o seu corpo. No mesmo tiveram

[268] Cf. Aditamento IX no início de OSNB II: *1585* em vez de *1595*.

também jazigo com glorioso fim Dona Isabel, Dona Cosma, e Dona Luíza de Albuquerque, irmãs por natureza, hábito, profissão, e virtudes, e todas de boa fama; além de outras mais, de quem o tempo ocultou a notícia dos seus nomes, e serviu de túmulo à sua memória.

402. Depois de terem os nossos fundado Convento em a Vila de Olinda, floresceu pelos anos de 1654 por diante Dona Inês de Albuquerque, filha de Antônio de Sá Maia, e de sua mulher, Dona Catarina de Albuquerque. Era natural de Pernambuco, e professou a Regra da venerável Ordem Terceira no Convento de Olinda, vestindo-se de hábito descoberto, e fazendo uma vida mui exemplar, penitente, devota, dada à oração, e em grande maneira caritativa, herdando de seus ascendentes a nobreza com que fazia mais estimadas suas virtudes, e deixando por morte tão gloriosa fama, como foi constante a boa opinião, com que viveu.

403. O ano passado de 1756, faleceu no Colégio dos RR.PP. Jesuítas do Rio de Janeiro, de quem por mais de vinte anos havia abraçado o seu santo Instituto, o Padre Paulo Teixeira, natural da Vila de Igarassu em Pernambuco, de pais nobres, e Vigário, que foi na mesma paróquia da sua pátria alguns anos, sujeito, sobre douto, de conhecida virtude, e vida exemplar; e tanto, que aspirando a maior perfeição, e fugindo aos encargos de pároco, e cura de almas alheias, para segurar melhor a sua, buscou a companhia de outras também perfeitas, querendo antes ser ovelha apascentada a cuidados de outros do que pastor de próprios rebanhos. No estado sacerdotal, e antes de religioso, fez profissão de Terceiro na venerável Ordem da Penitência do Convento de Olinda, e como filho de S. Francisco, lhe não quisemos faltar com esta breve comemoração à sua memória, deixando os progressos da sua vida secular, eclesiástica, e especialmente religiosa, para quem mais pertencer. Ainda por alguns anos que no Convento de Igarassu estivemos de assistência, desde o de 1727, até trinta, podíamos dar algum testemunho do zelo com que satisfazia às obrigações de pároco, cuidava do pasto espiritual das ovelhas, e sobretudo no ornato, e asseio de sua igreja, culto divino, ofícios sagrados, e solenidades anuais, que no seu tempo chegaram a um mui lustroso auge, e perfeição, concordando todas estas coisas ordenadas para honra, e glória de Deus, com a compostura, honestidade, e recolhimento da sua pessoa, que, sem afetar as preeminências do cargo, sabia com o humilde, manso, e caritativo do sujeito, adquirir sem violência as estimações de pároco, e créditos de virtuoso.

CAPÍTULO XXXII

Vários prodígios, e milagres do glorioso S. Diogo de Alcalá, obrados por meio de uma imagem sua na igreja de N. Senhora do Amparo da cidade de Olinda, e do seu miraculoso, e notável princípio.

404. É Deus admirável nos seus santos, e há santos admiráveis certamente por Deus. Um destes foi sempre, e é, o glorioso, e bem-aventurado S. Diogo de Alcalá, Religioso Menor por profissão, Leigo no estado, admirável em todo o tempo nos prodígios, portentoso nas maravilhas, despenseiro dos poderes de Deus, temeroso aos demônios, benigno aos homens, estimado dos reis, e príncipes, e buscado de todos os fiéis, não só da cidade de Alcalá no Reino de Castela, mas geralmente de toda a Espanha; porque todos à vista do corpo deste glorioso santo, que permanece inteiro, e incorrupto, acham o remédio às suas necessidades; porque os cegos cobram vista, os mudos a fala, saram os paralíticos, fogem os demônios dos possessos, e finalmente das portas da morte saindo quase ressuscitados, acham comumente a vida os que perigam de qualquer enfermidade, e ainda alguns depois de mortos tornam a viver. Isto experimentam por aqueles Reinos todos os que buscam, e se chegam à presença do seu corpo, ou invocam com fé a este santo, e isto permitiu o céu vissem, e gozassem na cidade de Olinda os seus colonos não com o corpo do santo, mas com uma imagem sua, que ali se venera, e teve princípio na maneira seguinte.

405. No ano de 1747, achava-se gravemente enfermo o Doutor Luís de Fois Caminha de Medina, e já desenganado dos médicos, e cirurgiões, e vindo acaso dar à sua mão um livrinho da novena do glorioso S. Diogo, em que se escreve um resumo da sua vida, com os muitos, e grandes prodígios que tem obrado, movido de devoção, e com uma fé muito viva invocou o santo em sua ajuda, fazendo-lhe em casa a sua novena, e com voto de que, alcançando de Deus a saúde naquela enfermidade, lhe mandaria fazer uma imagem sua, e a colocaria em alguma igreja, para que com missa solene a festejassem todos os anos. Feita a promessa, e concluída a novena, se achou também livre, e perfeitamente são sem precisar de remédio algum. Restituído à saúde Luís de Fois, caiu enferma Dona Joana Isabel de Barros, sua irmã, e tão vigorosamente acometida do achaque, que por cinco meses se achou privada dos sentidos de ver, e ouvir, e mui poucas vezes falava, que mais parecia cadáver do que vivente, e levada do exemplo do irmão, e cheia também de verdadeira fé, encomendando-se ao santo, em três dias ficou livre de toda a moléstia. Vendo-se o homem tão obrigado às mercês do santo, não quis dilatar a satisfação da

promessa, e mandou logo fazer a sua imagem por Antônio Esplanger Aranha, morador na mesma cidade, que, não sendo imaginário por ofício, as obra com perfeição, de madeira incarne, estufo, e ainda de pincel, que para tudo tem regular arte, e ajustada ideia. Mas o santo, como querendo empenhar mais estes devotos no seu obséquio, ou talvez para lhes significar, que se não por meio do seu incorrupto corpo, como em Espanha, queria em Olinda se devessem os seus benefícios por participação da sua imagem, ainda esta estava como tronco na banca do artífice, recebendo os golpes para sair imagem, e poder subir aos altares, quando das migalhas, ou fragmentos destinados para o fogo quis a Providência de Deus fazer relíquias para maior demonstração do seu poder, e conhecimento claro dos grandes merecimentos do seu santo.

406. Haviam dezoito anos que a sobredita enferma, e já convalescida Dona Joana tinha um escravo, com quebradura mui deforme em uma virilha, sem achar remédio em muitos que lhe haviam aplicado; e fazendo nesta conjunção uma visita à casa do imaginário, com fé, e devoção, apanhou dos cavacos que saltavam da imagem, uns poucos, e naquela noite, lançando alguns sobre brasas, e dando com o seu exemplo calor à devoção, e fé do preto, fez com que tomasse sobre eles um defumadouro na parte ofendida, com tão boa sorte, que de manhã se achou com a quebradura recolhida, e perfeitamente são. Na mesma família se achava uma preta com um dos joelhos muito inchado por causa dos humores, e tomando outro defumadouro dos mesmos cavacos, em o breve espaço de vinte e quatro horas saltou da cama, havendo três meses que dela se não movia. Uma crioula do próprio imaginário, havia anos, tinha um lobinho sobre a capela de um olho, e deitando em água os cavacos da imagem, lavou com ela a parte ofendida, e ficou livre do achaque, e da violência de um cautério de fogo, e ferros, a que estava julgada. A um preto de Francisco Xavier da Costa, morador na cidade, havia acometido um forte ramo de ar estuporado que lhe pôs a boca a uma banda, tomando-lhe juntamente os mais poros vitais de que se achava imóvel, e dando-se-lhe um defumadouro dos mesmos cavacos, tornou a seu antigo ser, e movimento, e total saúde. O Reverendo Coadjutor da Sé de Olinda, José da Fonseca Marques, achava-se perigosamente ferido de um cancro no meio da língua, de que padecia insofríveis dores, causadas da moléstia, e operação de cirurgiões sem efeito. Movido do que ouviu, se recomendou ao santo, e tomando dos cavacos da sua imagem um por relíquia na boca, deitando-se para descansar à noite, se achou de manhã sem a moléstia nem lesão, ou sinal algum do cancerado, e mordaz achaque.

407. Com esta repetição de maravilhas, e prodígios se acabou das mãos do oficial a imagem do santo, e precedendo a sua novena na igreja de N. Senhora do Amparo, que foi a escolhida para a sua colocação, por ser a paróquia aonde é agregado o seu devoto, e agradecido benfeitor, e mora em casas fronteiras a ela, se fez a sua primeira festa a vinte e cinco de agosto, dia também especial para ele, por ser do santo do seu nome, Luís rei da França, com lustrosa, e plausível festividade, tanto em custo como em concurso, no seguinte ano de 1748 pregou a este solene, e sagrado ato o P. M. Fr. José da Conceição Gama, Religioso Menor, passante nos estudos de Olinda, com novidade correspondente ao objeto, e desempenho igual à expectação. Assim se tem continuado todos os anos até o presente com novena antes, e sermão no dia, por uma boa Irmandade, que se levantou, e pelo santo, também a repetição dos benefícios, e prodígios começados.

408. Achava-se cega de ambos os olhos uma menina filha de Laurentino Antônio Moreira de Carvalho, morador na Vila do Recife, homem de negócio, procedida a enfermidade de uma veemente carregação de defluxo, e tão mordaz, que não obedecia aos muitos, e vários remédios que lhe haviam aplicado as diligências dos médicos, e o cuidado dos pais. Movidos estes às vozes da fama, que se ia divulgando dos milagres, e prodígios do santo, em um dos anos seguintes vieram à cidade a fazer-lhe sua novena, e particulares votos, com a menina doente, e ao quinto dia estando na igreja, em presença da sua sagrada imagem, se achou repentinamente com vista perfeita, como de antes. Ao dia seguinte, querendo gratificar ao santo a mercê recebida, os pais, e avô da enferma Antônio Correia Pinto, que também se achava presente, mandaram cantar missa em ação de graças. A este tempo, assistindo na igreja numeroso concurso de povo, caiu do seu adro, que é bastantemente alto, por um paredão, ou muralha, que cai sobre a rua debaixo, um menino filho de Manuel da Fonseca Neves, morador na mesma cidade, e gritando este pelo santo ao despenhar-se, se achou em baixo, entre quantidade de pedra, e madeira, que ali estava para as obras de uma casa, sem lesão, ou ofensa alguma, levantando-se livre, e alegre como de antes. A Dona Maria dos Prazeres, moça donzela, filha de Domingos de Araújo Viana, morador na Vila de Santo Antônio do Recife, deu na boca um forte ar de paralisia, que lhe pôs de todo virada ao pescoço com enormidade deforme, e dores insofríveis; e de tudo se viu aliviada, e livre, ao mesmo tempo, que, invocando o santo, lhe aplicaram à parte ofendida um pouco de azeite da sua lâmpada. Um menino de seis anos, filho natural do Sargento-mor de Infantaria, Antônio José Vitoriano Borges, morador na mesma Vila do Recife, já desenganado dos médicos por hidrópico, fígados inchados, e febre contínua, sendo trazido à presença do santo, a

quem fizeram uma novena com outros votos particulares, logo no primeiro dia ficou livre da febre, e nos seguintes, totalmente são. Outra criança de cinco anos, filha do Capitão Luís dos Santos Pereira, morador no mesmo Recife, com o azeite da lâmpada do santo ficou livre do ar de espasmo, que lhe havia dado por causa de uma ferida na cabeça, depois que lhe não aproveitaram outros muitos remédios da arte, e curiosidade. Com a água em que lavaram as mãos da imagem do santo, depois de lançado a seus pés com súplicas, e rogos, um filho pequeno de João Calheiros, morador de Olinda, que havia nascido com os olhos cobertos de uma belida, ou névoa branca, que lhe cobria as meninas, e impedia a vista, lavando-os, em o breve espaço de quatro horas ficou com eles limpos, e vista perfeita. O mesmo aconteceu a um escravo do Padre Antônio da Serra, morador na cidade, que estava de todo cego, por achaque adventício, e lançado aos pés do santo, dizendo-lhe com a sua rude simplicidade, mas sem dúvida, do santo aceita, que deles se não havia levantar sem a vista que lhe pedia, a conseguiu de todo ao cabo de vinte e quatro horas. Matias Ferreira de Sousa, havia quarenta anos que padecia a moléstia de um cirro, e sempre com remédios aplicados sem efeito. Achava-se nos últimos paroxismos, quando lhe chegou a notícia dos contínuos milagres deste glorioso santo. A vozes bradou por ele, e dando-lhe uma pouca de água dos cavacos da sua imagem, que se havia distribuído, e guardado por várias pessoas devotas, daí a poucas horas começou a lançar pela via inferior a ruindade do mal, e dentro em vinte e quatro horas se viu livre de uma deforme inchação, que lhe ocupava muita parte do corpo, e ventre, e ficou absolutamente são de tão antigo, e mortal achaque. Muitas mulheres se têm livrado de partos perigosos, umas com crianças atravessadas, outras mortas nos ventres, invocando em seu socorro o patrocínio, e amparo do santo, e pondo sobre eles a cruz, que tem nas mãos. *São finalmente tantos,* (conclui a relação, que nos dá esta notícia) *os milagres que está fazendo o nosso prodigioso Senhor S. Diogo, cada dia, que a querê-los aqui relatar, ficaria mui difuso este papel. Muitos se acham pintados, e escritos em painéis, pelas paredes da igreja, como o veem, e podem dizer os que nela entram. Seja Deus sempre louvado nos seus santos.* Foi colocada a sua imagem no altar maior da sobredita igreja do Amparo à parte do Evangelho.

CAPÍTULO XXXIII

Da Capela do Mosteirinho de S. Francisco no distrito de Olinda.

409. Ao capítulo vinte e oito deste segundo livro, onde escrevemos das Capelas, que nos distritos de Olinda se acham consagradas ao santo Patriarca, pertencia esta de que agora tratamos, chamada do Mosteirinho de S. Francisco. Mas porque ao tempo que ali chegamos com esta escrita nos não eram enviadas as notícias necessárias que havíamos pedido sobre o seu princípio, e fundação, o que teve efeito ao tempo que estávamos pondo a conclusão ao Capítulo passado, fica, ao menos por este motivo, seu próprio o presente lugar, e teve a sua origem como o veremos agora.

410. Tomadas pelos holandeses a Vila de Olinda, e povoação do Recife, e desapossados os nossos religiosos dos dois conventos que tinham nestas praças, se recolheram alguns deles com os seus Prelados ao Arraial de Paranamirim, (que neste mesmo tempo se lhe dava princípio) onde, como já tocamos em outro lugar, levantaram Oratório, e assistiram nele todo o tempo que o presidiaram os nossos, que foi pelo espaço de alguns cinco anos. Neste Oratório residiram os dois Guardiães do Recife, e Olinda; este como agregado, porque o do Recife é o que exercia nele o ofício de próprio Prelado, com alguns súditos seus, e outros de Olinda; porque os mais se haviam espalhado pelos conventos de fora. Consta isto do mesmo Cartório do Convento do Recife, no Catálogo dos Guardiães, onde diz assim: *O duodécimo Guardião foi o Irmão Frei Antônio de S. Paulo, eleito no Capítulo do Irmão Fr. Cosme de S. Damião para o Arraial. O décimo terceiro foi o Irmão Fr. Domingos de S. Luís no tempo do sobredito Custódio no Arraial, que ficou em lugar da Casa do Recife.* E já antes destes dois tinha exercido neste Oratório do Arraial parte da sua Guardania do Recife, Fr. Luís da Anunciação, filho da Província de Portugal, que era o Prelado que existia naquele Convento, quando os holandeses se apossaram do Recife. Estes foram os Guardiães do Recife no Arraial, nos cinco anos da sua existência, que foi desde o de 1630 até o de 1635. Deste até o de 1654 da total restauração de Pernambuco, não houve mais Prelados para o Recife nem nos Capítulos se fazia nomeação deles para a tal casa; porque o convento estava em poder do inimigo feito fortaleza, como já se disse.

411. Para os Prelados do convento de Igarassu, não houve residência fora dele, mas no mesmo ficaram assistindo até o segundo ano da invasão dos holandeses, no de 1632 em o qual, dando ali os inimigos um assalto à povoação, o roubaram, tirando dele todos os religiosos, e ficou solitário até o ano de 1635, em que se elegeu Guardião para ele na Congregação do Custó-

dio Fr. Cosme de S. Damião. Foi este o Irmão Fr. Antônio de S. Paulo, que no Capítulo do sobredito Custódio fora feito Guardião do Recife, e residia no Arraial, de donde passou ao de Igarassu. No tempo do seu sucessor, Fr. João da Cruz em 1639 foi tirado este com os seus súditos, e presos com todos os que puderam haver os inimigos de Olinda, Ipojuca, e Sirinhaém, os mandaram desterrados para as Índias de Castela, e deste ano até o da Restauração, ficou o convento absolutamente deserto, e sem assistência de religiosos.

412. No Convento de Ipojuca assistiram os religiosos sempre, ainda que no tempo em que os holandeses estiveram absolutos senhores da Campanha, lhes tomaram o convento para quartel dos seus, mas deixaram-lhes a igreja livre para dizerem missa alguns poucos, que ali residiam em umas casas particulares na povoação, a que deram o título de Oratório, e foi aqui seu Prelado, por postulação dos mesmos frades que nele residiam, o Irmão Fr. Jácome da Purificação; mas restaurada a Campanha pelos Portugueses, se apossaram outra vez os religiosos do convento, e foram continuando até a restauração de toda a terra. No de Sirinhaém foram continuando os Guardiães até o ano de 1635, em o qual, ocupada a Campanha pelos inimigos, com a perda do Arraial, o seu Guardião se retirou para a Bahia com os mais religiosos, e ficou o convento deserto, até que os nossos se fizeram outra vez senhores da Campanha pelos anos de 1647, em que já lhe achamos Presidente *in Capite*, e no Capítulo de 1649 o primeiro Guardião.[269]

413. Na Paraíba foram continuando da mesma sorte os Guardiães até o ano de 1634, em que, tomada a cidade, desampararam os religiosos o convento, e com a maior parte dos moradores se retiraram a Pernambuco, e dali no seguinte ano os mais deles para a Bahia, mas alguns, que ficaram dispersos, neste mesmo ano de 1635, com a entrega da Fortaleza do Arraial, e com a retirada, que de Pernambuco mandou fazer o General Sigismundo a muitos dos principais moradores da Paraíba para as suas fazendas, e moradias, com estes se retiraram, como já dissemos, o Padre Fr. Luís da Anunciação,[270] com alguns mais para o Engenho de Francisco Camelo Valcacer, e aí levantaram Oratório, em o qual assistiram alguns oito, ou nove anos, e não achamos que neste Oratório houvesse Prelado até o ano de 1642, em que no Capítulo do Custódio Fr. Francisco das Neves se lhe pôs por Presidente *in Capite* a Fr. Francisco de S. Braz, e o governou até o ano de 1645, em o qual dando-se princípio à empresa da liberdade, levantaram os três Governadores da Paraíba, por ordem

---

269 LGIP, nº 13-17.

270 [Jaboatão] Hic., p. 201, nº 338 & 339.

de João Fernandes Vieira, e os outros Mestres de Campo, Arraial no engenho de Santo André, que era de Jorge Homem Pinto, e aqui os nossos religiosos, outro Oratório, deixando o do Engenho dos Reis de Francisco Camelo por alguma distância, e este de Santo André mais chegado à cidade, para o qual se passaram logo os religiosos, e foi o seu primeiro Prelado, e Presidente *in Capite*, Fr. Jácome da Purificação, eleito na Congregação do mesmo Custódio Fr. Francisco das Neves; esta nomeação de Presidente *in Capite* no sobredito Padre foi feita para o Oratório do Engenho de Francisco Camelo, dito dos Reis, mas como a este mesmo tempo se levantou o novo Arraial de Santo André, pela razão apontada, para este se passaram os religiosos com o seu Prelado. Aqui assistiram até o seguinte ano de 1646, em que os Governadores da liberdade mandaram retirar a todos os moradores da Paraíba para os contornos da Vargem em Pernambuco, e à sombra do novo Arraial, ou reedificação do primeiro do Bom Jesus, que aí levantaram. Aos moradores acompanhou o Padre Fr. Jácome com os seus religiosos até o sobredito Arraial, e nele deu ordem a outro Recolhimento, e Oratório,[271] obrando em benefício do povo, o que se pode ver nas duas certidões dos Mestres de Campo, e Governadores da Paraíba, no lugar citado. Não consta, que para este Oratório do novo Arraial se nomeasse Prelado, como também para o Oratório de Santo André, e Convento da Paraíba, até o ano de 1654 da Restauração total da terra.[272]

414. A mesma sorte, que tiveram estes conventos, coube, e primeiro que os mais, ao de Olinda, como cabeça de todos, e alvo da fúria, e ódio dos inimigos hereges. E suposto que este é o objeto principal do presente capítulo, foi contudo precisa esta digressão, para melhor inteligência do que se há de dizer. Tomada por interpresa dos inimigos a cidade de Olinda, no mesmo dia largaram o convento todos os religiosos, e com o seu Prelado Fr. Manuel da Piedade, que depois mataram os mesmos holandeses na entrada da Paraíba, e o Custódio Fr. Antônio dos Anjos, se passaram para o do Recife e, largado também este a poucos dias, se acolheram os mais dos religiosos aos conventos de fora, ficando no Arraial os dois Prelados de Olinda, e Recife, como fica dito, com alguns dos seus súditos, dando também nele princípio a um Oratório, e Recolhimento, com particular residência do Guardião do Recife. Neste Arraial, sem operações de Prelado, assistiu o Guardião Fr. Manuel da Piedade todo o ano de 1630, e no princípio do seguinte, que foi o primeiro do Custódio Fr. Simão de Santo Antônio, saiu eleito no seu Capítulo para Guardião de Olinda Fr. Manuel dos Anjos, e continuou por três no mesmo

271 [Jaboatão] Liv. Antep., p. 63, nº 89 e p. 64, nº 90.

272 LGPB, nº 16-18.

convento, no miserável estado em que se achava roubado, sem povo, e queimada a cidade toda, e só com alguns poucos religiosos, que por mais devotos, de maior espírito, e fortaleza de ânimo se não queriam, nem podiam apartar da Casa, e sombra da Senhora das Neves. A este Prelado sucedeu o Irmão Fr. Francisco da Esperança, no Capítulo do Custódio Fr. Cosme de S. Damião, no ano de 1633, pelos fins, e continuando com o mesmo espírito, e fortaleza a residência do convento, sem o temor dos inimigos, que dando no convento uma assaltada no ano de 1634, e achando nele ao Guardião, e ao Irmão leigo Fr. Francisco Auzanca, a este mataram na Capela-mor, onde estava em oração, e ao seu Prelado tiraram preso, e degradaram, como em outro lugar fica dito.[273] Mas não obstantes todos estes perigos, e perseguições, alguns dos religiosos, que se achavam espalhados por aqueles distritos, se foram agregando outra vez ao convento, e como nesta conjunção, (era já no seguinte ano de 1636), se achavam sem Prelado maior, por ser preso, e desterrado pelos holandeses o Padre Custódio Frei Cosme de S. Damião, elegeram aqueles religiosos para Prelado do Convento ao Irmão Fr. Jerônimo de Santa Catarina, e assim por esta forma na desolada cidade, e convento despido, assistiram estes religiosos até o ano de 1639, em que dele outra vez tiraram presos doze os holandeses, e com outros mais que alcançaram por fora, os mandaram desterrados a todos para as Índias de Castela; e desde este sobredito ano até o de 1654 da Restauração da terra, ficou absolutamente despovoado o Convento de Olinda.

415. Não puderam os hereges haver às mãos quantos religiosos vagavam os distritos de Pernambuco, e assim alguns destes se foram refugiar do holandês, por ser lugar mais retirado de Olinda, em uma fazenda de Bernardo Gonçalves Lobo, doze léguas ao sertão da cidade, às margens do rio Capibaribe, Freguesia de N. Senhora da Luz. Este homem, que era grande devoto do Santo Patriarca, lhes deu um lugar separado em suas terras, fazendo-lhes doação do que lhes fosse necessário delas para levantarem um hospício com sua capela; e assim o puseram em execução, e o efetuaram com sua igrejinha, consagrada a S. Francisco N. Padre, ficando por este motivo intitulando-se o lugar, e a capela, *Mosteirinho.* Nele habitaram estes religiosos, e outros mais, que se lhe foram agregando, sem Prelados que lhes fossem postos pelos superiores, até a total Restauração de Pernambuco, em que entrando os religiosos a habitar de novo o Convento de Olinda, e Casa da Senhora das Neves, se recolheram também para ela os que assistiam no Mosteirinho de S. Francisco, ficando outra vez de posse da Capela o seu benfeitor, ou herdeiros seus; e só conservando até o presente o título de Mosteirinho, perdida com o tempo à

273 [Jaboatão] Liv. Antep. p. 53, nº 73.

memória, e princípios de sua fundação, e origem. Mas sempre pelo título, e nome conservada entre os nossos alguma tradição, e memória vaga, de que fora em outro tempo pertencente aos Frades Menores desta Custódia, ao menos como Missão, ou Doutrina de Gentio, que, dirigida por eles, fora largada com as mais aos seus Ordinários. Neste decurso se passou até o ano atrasado de 1756, em que fazendo Missão por aqueles distritos o P. M. Fr. Antônio de Santa Maria Taripe, chegando a este lugar ao mesmo efeito, lhe rogaram os administradores desta Capela, fizesse com os Prelados da Ordem mandassem tomar posse da administração da Capela; porque, dizem eles, é própria da religião, e pertence ao Convento de Olinda, onde era morador, e assistente o sobredito Religioso Missionário. Pouco depois vieram ao convento com a mesma proposta ao Padre Definidor Fr. Ludovico da Purificação, e de ambos tiveram em resposta, pertencer a solução ao Padre Provincial, que na ocasião se achava nas partes da Bahia. Chegou este a Pernambuco pelos fins do ano em que estamos de 1757, e não esquecidos os administradores do seu intento, repetiram a mesma diligência por um Procurador da Irmandade da Capela, com o seguinte memorial:

"Com o favor de Deus, Nosso Senhor, que tenhamos efeito no que pretendemos para bem de nossas almas. Fazemos saber a Vossas Paternidades, eu, como Procurador mais antigo, o Capitão Marcos de Oliveira Góis, e os mais irmãos que servimos nesta Capela do Mosteirinho do Senhor S. Francisco, sita na ribeira do Capibaribe, Freguesia de N. Senhora da Luz, fundada pelos religiosos de S. Francisco no tempo da guerra em suas terras, que deu Bernardo Gonçalves Lobo, a qual doação se acha nos Cartórios de Igarassu, que nós todos de boa vontade damos a Capela a Vossas Paternidades, pois foram fundadores dela; e assim desejamos, com bom sucesso, tomassem Vossas Paternidades a dita Capela; e como determinamos festejar em outubro, bom era, sendo que tenha efeito, que a festa já fosse feita por Vossas Paternidades. É o que posso dizer, o mais informará o Procurador."

E esta é também toda a notícia, que pudemos alcançar desta Capela, faltando-nos para a individual, e maior certeza de tudo a escritura apontada da doação, que dela foi feita aos nossos, que a brevidade do tempo, e continuada moléstia de quem nos participa esta notícia, não deu lugar a concluir com ela. Por notícia do mesmo Procurador, tem a Capela três altares. Pertence o maior a N.P.S. Francisco; os dois, é dedicado um à Senhora do Rosário, o outro ao Arcanjo S. Miguel. Têm todos imagens de vulto, e são as mesmas, que neles foram colocadas pelos nossos religiosos, quando a administravam; e as quais afirmam os Procuradores, que no desamparo da Capela ocultou a piedade dos portugueses, que ficaram no cativeiro, e depois da Restauração foram colocadas nos altares. Também afirmam, que logo que os nossos religiosos ficaram desapossados do Convento de Olinda, e se passaram para o Arraial alguns, foram outros dar princípio a este Oratório do Mosteirinho, e que nele assistiram todo o tempo, que existiu o dito Arraial, e algum ainda depois, e enquanto o holandês não foi absoluto dominante de toda a Campanha; mas tanto que eles penetraram o interior da terra, então desertaram também os nossos religiosos o seu Mosteirinho. Com esta notícia não concorda a que ao princípio deste número deixamos escrita; e a razão, em que para isso nos fundamos foi: porque a estar este Mosteirinho fundado logo no princípio, que os nossos se acolheram ao Arraial pela perda dos conventos de Olinda, e Recife, assim como para suprir as vezes da Casa do Recife levantaram Oratório no Arraial, e se nomeavam para ele Prelados, muito melhor o deviam fazer no Mosteirinho de S. Francisco, para o Guardião de Olinda, pois pertencia ao seu distrito, e se lhe dava princípio ao mesmo tempo. E se isso não foi assim, pois constando dos Cartórios dos mesmos conventos, dos Prelados, que se nomeavam para os Oratórios, que supriam as suas vezes, como no do Arraial para o do Recife, não se acha nenhum para o de Olinda no Mosteirinho, parece certo, enquanto existiu o Arraial, não se deu princípio a este Mosteirinho. Nem dele se acha memória em Cartório, ou assento algum desta Custódia, e só em um memorial feito pelo Provincial Fr. Domingos do Loreto, pelos anos de 1687, mais de cinquenta depois da entrega do Arraial aos inimigos, para se apresentar a el-Rei, falando nas Doutrinas, que em alguns tempos administraram os nossos religiosos, põe em o número delas este Mosteirinho na mata do Brasil, fazendo-o, conforme a tradição, aldeia de gentio. Destas dúvidas, que todas se fundam, e nascem da antiguidade dos tempos, e descuido dos nossos, só nos podia desembaraçar a escritura da doação, que dele dizem se fez aos tais religiosos, e Convento de Olinda; e ainda esperamos por ela.

416. Visto falarmos aqui na destruição destes conventos, causada pelos holandeses, como esta lhe sobreveio juntamente com a da Vila de Olinda, pois por concomitância entraram eles no seu comum estrago, nos pareceu determo-nos um pouco em a sua narração, explicando algumas coisas mais notáveis deste destroço, e ruína; o que deixamos de fazer em outros lugares, por não divertirmos o fio da história com estas digressões. Apossados da Vila de Olinda os holandeses no dia 16 de fevereiro de 1630, nela residiram até o dia 23 de novembro do seguinte ano de 1631, em que posto fogo a toda a Vila, se passaram a fortificar de todo na povoação do Recife, na qual já residiam desde três de março do ano passado. Neste incêndio, diz o autor do Castrioto

Lusitano,[274] *Ardeu em breve espaço aquela povoação tão celebrada pelo comércio, como enobrecida pelos edifícios, sem que de todo se isentasse das chamas, mais que uma casa térrea, que reservou a sorte para a memória da perda,* e não declara se com os edifícios da Vila entraram também os conventos, que pode haver alguma dúvida; pois todos eles estavam plantados em sítios, com os quais se não comunicavam, e uniam as ruas, e casarias da Vila; pois esta, para se consumir toda, bastava aplicar-lhe o fogo em algumas partes principais; porque com o ímpeto da sua voracidade se iriam comunicando as chamas de umas às outras; e aos conventos, e igrejas era necessário opor-lhes o fogo determinadamente em cada um deles. Com o que escreve este autor, concorda o que se acha expressamente em o das Memórias Diárias. Nestas diz o seu Relatório, que é o próprio donatário, estas palabras.[275] *Dejaron puesto fuego a toda la Villa de Olinda, cabeza de aquella Plaza, que alomenos tenía más de dos mil y quinientos vecinos, con cuatro Conventos de Religiosos, uno de San Benito, otro de Recoletos de San Francisco, del Carmen otro y un Colegio de Jesuitas, dos Parochias, la Casa de la Misericordia y la de la Concepción de mujeres recogidas, sin las Hermitas. Lo que no puede decirse sin grande y devido sentimiento, es que también dejaron en las llamas todas Iglesias, Conventos y las Santas Imagenes deshechas.* Com esta memória concorda também o que na sua certidão afirma o General Matias de Albuquerque, quando falando dos estragos, e perdas que aos nossos religiosos causaram os inimigos, diz assim: *E queimando-lhes a casa principal da Vila.*

417. Mas suposto que esta certidão, e memórias se devem ter pelas mais certas, pois os seus autores escrevem de vista, Matias de Albuquerque, por se achar presente, como General, e Duarte de Albuquerque Coelho, donatário, porque ainda que chegou a Pernambuco depois, pôde ver com os olhos o que escreveu, ainda se lhe podem por algumas contradições. Primeira: porque os conventos, como dissemos, ficavam todos sobre si, em lugares separados da continuação das ruas, e edifícios da Vila, dentro dos seus muros, e cercas, cada um, e assim não poderia chegar a eles a voracidade do incêndio, por mais ativa, e violenta que fosse. Mas a isto se responderá, que assim como o inimigo pôs fogo à Vila por várias partes, assim o poria também aos conventos, e igrejas, e a estas, com melhor vontade, como herege. Mas isto não consta, e parece ser o mais certo, que às igrejas, e seus conventos se não pôs determinadamente o fogo; ou quando assim o fizessem, não causou este nos conventos total ruína; nem ainda mui notável, e isto pela razão seguinte, que é a segunda, que apontamos, e parece evidente: porque ficando, como relatam

274 [Jaboatão] Liv. 3, p. 65, nº 28.

275 [Jaboatão] Memor. Diárias, p. 4 [nota ed.: COELHO, 1654].

as sobreditas memórias, a Casa das Neves queimada, pelas nossas consta, que depois deste incêndio ficaram ainda residindo nela por repetidas vezes alguns Prelados com súditos, e não tão poucos, que no ano de 1539 não achassem nela os inimigos doze religiosos, que com outros de fora mandaram degradados, os quais no convento deviam ocupar outras tantas celas, não tendo a casa naquele tempo ainda muitas mais, pois era o primitivo; nem se pode dizer o havia já reformado, pois não tinham com que em uma Vila deserta de moradores, e arrasada de todo. Além de que, nem as memórias do mesmo convento, falando repetidas vezes nos acasos destes tempos, tocam, ou se lembram deste incêndio. Reforça-se mais a razão; porque é certo, que restaurada a terra, e dado princípio à reedificação da Vila de Olinda, por se achar a igreja do Salvador, que era a Matriz, e paróquia principal, primeira, e mais antiga, em estado que se não podiam fazer nela as funções sagradas, e se gastaram na sua reedificação mais de treze mil cruzados, como consta de alguns papéis autênticos da Câmera, e durou quatorze anos o seu reparo, como se diz em um pedaço de livro antigo, que se acha na mesma igreja do Salvador, hoje Sé de Olinda, feito pelo seu Vigário: *Em 6 de outubro de 1669, com o favor de Deus se disse a primeira missa na Matriz do Salvador depois de destruída pelo inimigo.* Em todos estes quatorze anos serviu de Matriz, e fez as vezes de Paróquia a igreja de S. João, administrada pela Irmandade do Terço militar da Vila; e se esta igreja não entrou no incêndio comum, pois ficou capaz de que logo se pudessem servir dela para sua Paróquia os novos povoadores, estando esta, ainda que no fim da Vila, mais unida, e comunicável com as ruas, e edifícios dela, e sem reparos de cercas, e muros, como o tinham os conventos, como podia chegar o incêndio aos conventos mais desviados das suas chamas, não tendo estas vigor para alcançar a que lhe ficava mais vizinha! E se o incêndio das igrejas, e conventos foi aplicado, como se diz, determinadamente pelos inimigos, como hereges, porque o não executaram nesta como nas mais? Também se poderá dizer, que como esta era de menos vulto, e fábrica, foi mais fácil o seu reparo, para a serventia da Paróquia; o que se não podia executar com a do Salvador, pela sua grande, e notável ruína; pois esta foi uma das que serviu de principal fortaleza dos inimigos, no tempo, que ocuparam a Vila. Também lhes serviram do mesmo o colégio dos Padres Jesuítas, a Santa Casa da Misericórdia, e o Recolhimento da Conceição, que eram as quatro fortalezas que defendiam o alto, e principal da Vila, e deles, o mais corpo da povoação, servindo também os outros conventos como de baluartes, redutos, quartéis de soldados, praças de armas, moradias de cabos, e estalagens de hereges, e inimigos da honra, e culto de Deus, causando neles mais estragos, e maiores ruínas estas indecentes serventias do que a que lhe sobreveio pelas chamas do fogo, que julgamos não tocou nos conventos, pelas razões, que ficam apontadas; e a última, que parece faz de todo evidentes as que já referimos, é: porque o fogo, o seu principal efeito é queimar, e consumir tudo o que é obra de madeira, assim a dos tetos, como do interior das casas, seus corredores, soalhados, e tudo o mais; estes se mostra não tiveram ruína alguma em o nosso convento de Olinda; porque, a ser assim, não se recolheriam a ele logo depois da queima da Vila, e por várias vezes, não só um, e dois religiosos, mas muitos, como fica dito; logo, parece que não houve nele dano de fogo, ou ao menos incêndio voraz, que causasse ruína notável, e assim se deve discorrer dos mais, e com maior razão, em o de nossa Senhora do Carmo, que, mais que todos os outros está situado em lugar tão distante das ruas da Vila, e hoje cidade, como é notório a quem o vê. Mas é sem dúvida, que ainda que o fogo lhes não chegasse, como discorremos, ou lhes não causasse o dano, e ruína que escrevem aquelas memórias, e os mais que disto tratam, talvez para encarecerem assim o geral estrago, que houve em tudo, sempre ficaram gravemente danificados; e que não custou menos a todos os religiosos a restauração dos seus conventos, e igrejas, do que ao mais povo o da sua Vila; pois lhes era necessário, em tempos tão calamitosos, e empobrecidos, refazer as casas no material dos edifícios, e de paramentos, e ornatos para o culto divino, uso, e serviço das Comunidades.

418. Também por ocorrência de falarmos nesta igreja de S. João, queremos advertir, que esta tal nunca foi Paróquia, ou igreja colada, como ainda hoje cuidam alguns, e só serviu de Matriz, como fica dito, enquanto a do Salvador se restaurava, e refazia das ruínas do holandês, nem naquele tempo havia em Olinda mais Paróquias que esta do Salvador, primitiva, e ereta logo no princípio da fundação por Duarte Coelho Pereira, como já em seu lugar se disse,[276] e a de S. Pedro Mártir; e tudo se colhe de alguns assentos do sobredito livro antigo, feitos pelo já nomeado Vigário do Salvador. Diz assim em um: *Em dois de agosto do ano de 1605, crismou na Matriz do Salvador o Senhor Bispo do Brasil D. Constantino Barradas.* Em outro diz: *Em 16 de novembro de 1609, crismou na Matriz do Salvador o Senhor Bispo D. Constantino Barradas.* E está assinado em ambos estes termos, e no que já referimos da Restauração desta igreja: *O Vigário Nunes; e* chamava-se ele: *Manuel Ferreira Nunes; e* foi o primeiro Chantre, quando esta mesma igreja do Salvador passou a Catedral, e Sé de Olinda. Este próprio foi o Vigário, que residiu na igreja de S. João, enquanto se reparava a do Salvador; e é de notar, que nos sobreditos termos, quando fala na igreja do Salvador, sempre a declara por Matriz, dizendo: *Nesta Matriz do Salvador; e* quando na de S. João, só diz: *Nesta igreja de S. João*;

276 [Jaboatão] Preamb., p. 140, nº 126.

porque esta nunca foi Matriz colada, e só fez as vezes de Paróquia, suprindo a do Salvador.

CAPÍTULO XXXIV

De um caso pelas circunstâncias miraculoso, com o qual se conclui o que pertence à Casa da Senhora das Neves de Olinda.

419. Em a Estância primeira dos Custódios fica dito, como pelos anos de 1714 se deu princípio à fábrica, e reforma do novo convento, e Casa da Senhora das Neves, e agora concluiremos com o que lá faltou. Acabaram-se de todo as duas quadras, ou corredores, que olham para o nascente, e sul, ficando a do poente, que corre sobre a portaria, na sua primitiva antiguidade. Assim se conservou até o ano de 1753, sem haver a última resolução para o efeito pelas dificuldades, que se ofereciam acerca da sua formatura sobre acomodar-se neste corredor a portaria, enfermaria, cozinha, e outra casa mais necessária, que depois de vários discursos, e opiniões, se lhe deu princípio naquele ano, sendo Guardião o Irmão Pregador Fr. João de Jesus Maria. Correram as obras até o de 1755, em que, passando da Bahia donde acabava de Definidor o Padre Pregador Frei Ludovico da Purificação para morador daquele convento, no qual, sendo o Guardião antecedente, havia dado princípio a ajuntar o material de pedra, e madeiras para a dita obra, pela agência, e zelo, que tem para estas, e outras operações, se lhe encarregou o cuidado de assistir com os trabalhadores de uma pedreira, de que se tirava o material desta espécie para a obra, e no qual exercício lhe aconteceu o caso seguinte, que repetimos, conforme a sua própria relação, que com outras mais pertencentes a esta escrita, e averiguadas com a sua exata diligência, nos remeteu, e diz assim:

420. "Em vinte e dois de fevereiro deste ano de 1757, despachei da pedreira sita na Freguesia de Maraguape, das nove para as dez horas do dia, dois carros para este convento, carregados cada um com duas pedras de canteria. Carretava um destes duas pedras com nove palmos de comprido cada uma, palmo e meio de largo, e um palmo de grosso. Sobre as pedras deste carro montei eu. Passei o rio Paratibe, chamado na pancada do mar, Rio Doce. Depois, tomaram os carros a estrada da Santa por ser caminho mais breve para esta cidade. A poucos passos do caminho, caía sobre ele uma rebolada de mato; para livrar-me de alguma ofensa, que este me podia fazer, debrucei o meio corpo para diante, deixando as costas para as injúrias que me podia

causar. No ponto em que entrou o carro a passar este mato, tomou o rodeiro da parte esquerda, em um raizame, um tal salto, que me arrojou para o rodeiro da parte direita. No cuidado de escapar do precipício, lancei mão a um fueiro da parte direita, e em lugar dele peguei do rodeiro da mesma parte, que com o seu rodar me levou ao chão, fazendo-me cair de costas com o rosto para o céu. Neste conflito tive a fortuna de invocar em meu favor os Santíssimos Nomes de Jesus, e Maria, e o carreiro, que governava o carro pela parte de traz, ao tempo chamou pela Virgem Nossa Senhora dos Prazeres, e acudindo incontinente a ver se podia arrastar-me, já o não pode fazer por me achar preso do carro. Passou com efeito o rodeiro por cima da coxa da perna esquerda, quatro dedos distante das virilhas. Passado ele, mandei pelo mesmo carreiro descobrir a perna para ver os estragos em que podia ficar; e respondeu-me, que do joelho para baixo não havia novidade alguma, pequena, nem grande. Disse-lhe então que corresse as roupas até às virilhas, e visse o que descobria do joelho para cima; disse-me, que estava a perna tão inteira, e perfeita do joelho para cima, como estava dele para baixo. Para registrar com meus olhos esta, que já me parecia uma grande maravilha, disse aos carreiros, que me levantassem. Feita esta diligência, tudo quanto vi na perna foi motivo para minha confusão, e espanto; porque joguei com ela, vi que não estava quebrada, nem nela tinha dor alguma. Para melhor tomar conhecimento da maravilha, que já considerava, disse aos mesmos carreiros, me levantassem em pé. O que feito, acompanhado deles, dei alguns passos, e somente senti, pelo lugar em que passou o rodeiro, uma como amarradura, que me embaraçava os passos."

421. "Por muito acordado que seja o entendimento, não pode gozar de sossego em semelhante ocasião sem assistência do céu; e não duvido que o mesmo céu neste caso estivesse todo de minha parte; porque feitas estas diligências, que tenho dito, foi Deus servido me lembrassem logo as palavras da Escritura, com que o rei de Babilônia perguntou a Daniel, lançado no lago: 'Tu conheces, que o Deus a quem serves te podia livrar das garras dos leões?' Estas palavras, segundo o que alcanço, postas no meu entendimento naquela ocasião, deixaram-me tão conforme com a vontade de Deus, que logo disse: Bendito sejais, Senhor, que assim castigais os meus pecados! Quando, Senhor, vos mereci este grande benefício? Feita esta pequena demonstração do meu agradecimento, ajudado dos carreiros, montei outra vez sobre as mesmas pedras, e por mercê de Deus cheguei ao meio-dia a este convento. Acudiram incontinente a ver-me, o Padre Fr. João Pecador, religioso do Patriarca S. Bento, e o cirurgião Simão Lopes. Mandaram ambos, que me sangrassem no pé direito, continuando ao mesmo tempo com panos de vinho, no cuidado de

desfazer a inflamação. Chegaram as sangrias a oito; as fomentações do vinho continuaram até seis de março; em sete, o cirurgião Simão Lopes, que continua na assistência, usou de um emplastro, para ver o que descobria o tumor, que perseverava no lugar em que passou o rodeiro, estando a mais perna por toda a parte totalmente desinchada. Posto o emplastro, no mesmo dia da uma até às duas horas padeci em todo o corpo um grande tremor; dadas as duas horas, entrei em uma febre que perseverou até às nove da noite. Estas febres, e tremores continuados por quatro dias, fizeram com que o cirurgião assentasse, em que o tumor criava matéria. Arrancou o emplastro, dada uma lancetada na parte, evacuou uma grande cópia de sangue pisado. São passados quatro dias desta cisura, e já com melhoras nos sintomas. Este tumor se descobriu, alguns dias depois que abaixou uma grande inflamação, que sobreveio à perna desde as virilhas até o joelho, e logo no mesmo dia do caso, porque quando cheguei ao convento já estava nesta forma."

422. "O Padre Fr. João Pecador, quando me visitou no conflito, logo me disse, entendesse tinha recebido da mão de Deus uma singular mercê. O cirurgião Simão Lopes afirma, que sem favor do céu não podia acontecer o caso pelas circunstâncias. O doutor médico João Luís da Serra, diz que apartar-me o rodeiro do carro a perna do corpo, era efeito natural, e o sair eu do conflito da sorte que saí, só o poder de Deus o podia fazer. Nem obsta também a inflamação da perna, e mais circunstâncias expressadas para diminuir o crédito do milagre; porque, como diz Santo Agostinho, os milagres também têm suas línguas, para que sejam entendidos; e não ficando este sinal, ou língua do milagre, seria eu o primeiro, que atribuísse a livrança do perigo a diligências minhas, e quando eu confessasse a verdade do prodígio, não faltaria talvez quem dissesse, que por estar em Maranguape, fazia, ou publicava milagres. Para o que eu sempre reconheço, e hei de confessar, a recebi no caso referido, fui lembrado dos Santíssimos Nomes, que já referi, dizendo: Jesus, Maria, sede comigo; e ao mesmo tempo, bradou também o carreiro: Virgem Nossa Senhora dos Prazeres. Mas, olhando eu para Nossa Senhora das Neves depois, a quem atualmente servia, não posso o negar também foi a Senhora das Neves minha particular defensora."

423. Com este reconhecimento à Senhora das Neves, além de outras ações de graças, que pelo benefício recebido mandaram fazer os Prelados dos Conventos de fora, o de Olinda logo no mesmo dia, à Senhora das Neves, entoando com a Comunidade na Capela a sua Antífona, e Oração; e o mesmo Padre já convalescido oficiando a missa solene, que por última gratificação

pública, mandou entoar o novo Prelado do mesmo Convento de Olinda, em a festa do Nome Santíssimo de Maria, e à honra da Senhora das Neves.

424. E com esta ação obsequiosa pomos também aqui termo à primeira parte da Crônica da Província de Santo Antônio do Brasil, por querermos dar princípio à segunda, pelo Convento da cidade da Bahia; porque suposto que segundo também em ordem aos que se foram seguindo, logra demais hoje a preeminência de primeira da Província, e Casa Capitular, e assim lhe toca por segundo da Província a segunda parte da sua Crônica; e nesta, pela regalia o lugar primeiro; que se o autor de todas as coisas não determinar outra, esperamos pôr-lhe o fim com a mesma brevidade, que permitiu tivesse esta, e queira Ele seja tudo para maior glória sua, e dos que nele, sem presunção de merecimento, esperam sempre, e confiam.

FIM.

ADITAMENTO A ESTA PRIMEIRA PARTE

CAPÍTULO XXXV

Patente original do Reverendíssimo Frei Francisco Gonzaga, para virem ao Brasil os Religiosos Menores a fundar conventos.

425. Quando tratamos da primeira Casa de Olinda, em que os nossos puseram os fundamentos a esta Custódia do Brasil, trasladamos a Patente de Sua Reverendíssima em o idioma português, por não privarmos ao comum dos leitores da sua inteligência. Para os particulares, que a quiserem ver no seu original, a transcrevemos aqui, como o traz o mesmo Gonzaga.[277]

"Fr. Franciscus Gonzaga Generalis Seraphicae Religionis Franciscanae Minister: Praedilecto in Christo, ac venerando Patri, Fratri Melchiori a Sancta Catharina, ejusdem Ordinis, sed Provinciae Sancti Antonii in Portugalia, confessori, et Praedicatori, salutem in domino. Cum ex charitatis vinculo omnibus, praecipue vero iis, quorum salus periclitatur, astricti nascamur, teque virum virtute insignem, experientia maturum, atque salvandarum animarum zelo praeditum noverimus; consultum fore duximus, si te ad Brasilem, Patriam ab idolatris maiori ex parte inhabitatam destinaremus. Accedit et his Divini cultus propagatio, qui nobis a teneris unguiculis commendatissimus est: Et urgens Serenissimi Catholicique Philippi, ejus nominis secundus, Hispaniarum Regis mandatum; et instantissima Christi Fidelium Pernambucum. Brasiliis Provinciam inhabitantium, atque eorum Praefecti videlicet militis Georgii Albuquerqui (de quo supra) petitio. Quamobrem, tenore praesentium, te in Custodem, atque legitimum nostrum Commissarium, cum potestatis plenitudine in utroque foro instituimus, quatenus illis in partibus, in quibus tibi necessum fore videbitur, et Conventus erigere, et Novitios bonae spectationis fratres ad Ordinem recipere possis. Praeterea Venerandum Patrem Fratrem Franciscum a Sancto Bonaventura, praefatae Sancti Antonii Provinciae alumnum, tibi in socium assignamus; damusque ut alios quatuor Fratres Religione probatos, quatenus omnes simul senarium numerum perficiatis, tecum assumere possis; Insuper et concedimus, ut alios sex, ex aliis Provinciis assumendos, illis adjungere valeas. Quibus denique omnibus in vir-

277 [Jaboatão] Quart. Part. de Orig. Seraf. Relig. p. 1360 [nota ed.: GONZAGA, 1587].

tute sanctae Obedientiae, et sub excommunicationis maioris Latae sententiae poenis nostro arbitrio inferendis, praecipimus, ut tibi in omnibus his, quae nec eorum saluti, nec communi Regulae adversa fuerint, humiliter pareant, obediantque: volentes nihilominus, ut, si forte, fortuna te ex hac vita migrare contigerit, tibi praefatus Pater Frater Franciscus a Sancto Bonaventura in hujusmodi Custodiatus, atque Commissariatus munere succedat: Insuper, et statuentes, ut hujusmodi Custodia de novo a me erecta nomine sancti Antonii de Brasile in posterum appelletur, subjectaque sit Provinciae Sancti Antonii, de qua supra. Praeterea, ut omnia ordinate fiant, omnibusque difficultatibus in tempore occurratur, volumus, et statuimus, ut is Minister, qui ad praefatae Sancti Antonii Provinciae clavum in praesentiarum sedet, vel in posterum sederit, sedulam, deligentemque. Neophytae hujus Custodiae curam habeat, illique pro viribus faveat; ac tandem Provincialibus in commitiis idoneo de Custode oportune provideat. Inhibentes interim, ne praefatus Minister, neve alius, quicumque ille fuerit, dummodo nobis subjaceat, idque sub excommunicationis maioris poena ipso facto incurrenda, his nostris patentibus literis directe, vel indirecte contrahere, vel eas alio modo, quam sonant, interpretari, vel exponi praesumant. Iisdem omnino poenis subjaceat, quicumque earumdem literarum executionem impedire attentaverit. Caeterum, ut quod a nobis consultum cautum est, id effectum sortiatur, utque mercede non careat, tibi ad salutaris obedientiae meritum, atque in Spiritus Sancti praecipimus, quatenus his notris ex tempore obedias, easque juxta Regulae nostrae nitorem, et exigentiam executioni mandare satagas. Poteris tamen quoscumque Fratres nostros ad te divertentes ex quacumque Provincia illi fuerint, dummodo tibi usui esse possint, recipere, eosque retinere, atque per loca distribuere. Datis Olyssipionensi in nostro Sancti Francisci Conventu 13 mensis Martii anno Domini 1584.

CAPÍTULO XXXVI

Faz memória de dois Religiosos mais de virtude, e boa fama.

426. Já em outro lugar[278] demos notícia do Irmão Fr. Bernardino das Neves, com a brevidade que ali se requeria, deixando para o seu próprio o que mais lhe pertencia, e porque nem lá o pudemos fazer, agora o continuamos.

278 [Jaboatão] Relat. 3.d

Foi o Irmão Bernardino das Neves natural da Vila de Olinda em Pernambuco, filho do Capitão João Tavares, primeiro conquistador, e povoador do norte,[279] como fica dito, e de Constância Dias sua mulher, e Irmão carnal de Fr. Manuel da Piedade, de quem já falamos alguma vez, e ainda o faremos em outro lugar. Professou no mesmo convento de Olinda a 28 de janeiro de 1588, e é o primeiro religioso, de quem achamos desta ação no livro das que se fizeram naquele convento, e foi também o primeiro, que para sacerdote tomou o hábito, e aceitou o Padre Custódio Fr. Melquior, e segundo em a filiação da Custódia; pois, como já se disse em outra parte, o primeiro, ou primogênito foi o Irmão leigo Frei Gaspar de Santo Antônio. Chamava-se em secular Sebastião Tavares, e, deixando este nome, na profissão tomou o de Fr. Bernardino de Santa Maria, em obséquio da Senhora titular do convento, e só no ato, e termo da profissão o achamos assim assinado, usando dali por diante do das Neves em lugar do de Santa Maria, como mais próprio, e expressivo da devoção cordial, com que se havia consagrado a esta Senhora em a sua Casa; e assim o vemos notado à margem do mesmo termo da profissão. Foi feita esta dez anos antes que a de seu irmão Fr. Manuel da Piedade, e ainda em vida de seu pai, que já na deste era falecido.

427. O curso da sua vida foi todo uma contínua, e perigosa palestra, em a qual, sem dar tréguas ao corpo, mostrou bem a fortaleza do espírito; pois logo que professou o sagrado Instituto, conhecendo o Padre Custódio, e mais Prelados, além do gênio propenso para as coisas de Deus, o zelo, que tinha da conversão do gentio, e a grande inteligência da linguagem destes, como nascido na terra, e comunicação com esta gente, e ser já homem de idade perfeita, bom entendimento, prudência, e capacidade para qualquer emprego, o mandaram ordenar de sacerdote, e instituíram pregador em virtude do Breve Apostólico de Sua Santidade, e Letras do Reverendíssimo Padre-Geral, passadas aos Padres Fundadores, no qual Breve, atendendo-se à falta de Ministros do Evangelho naqueles princípios nestas conquistas, se lhes concedia pudessem eleger para este ministério, e também para o de confessores, aqueles sujeitos que fossem idôneos; e conhecendo-se ser um destes o Irmão Fr. Bernardino, o nomeou, e instituiu pregador o Padre Custódio. Neste emprego foi notório o grande fruto, que fez naquele gentilismo, concorrendo para o bom efeito da sua conversão em muitos, e abraçarem com mais facilidade a doutrina que lhes pregava, além do espírito, e fervor com que lha propunha, a clareza, e propriedade das frases com que lhes falava no seu próprio, e natural

[279] Cf. Aditamento IX no início de OSNB II: *e povoador da Paraíba do norte*, em vez de *e povoador do norte*.

idioma, e linguagem. Por esta causa foi a sua comum residência pelas aldeias, e Doutrinas dos índios, especialmente para as que de novo se erigiram, servindo aos que as iam criar, a uns de língua, a outros de companheiro, quando mais moderno, e pelo tempo adiante de seu Missionário, e Reitor. Por estas boas partes se veio pela comunicação, e trato a fazer o mais venerado, e obedecido desta gente toda, e tanto, que para as empresas de maior dificuldade o escolhiam sempre os Prelados, e ele as concluía com felicidade, e acerto. Uma destas, e de que achamos notícia mais individual, foi a que já deixamos referida na fundação da capitania do Rio Grande, e cidade do Natal, em que para ajuste das pazes, e amizade entre o gentio, e portugueses, teve a maior parte, depois de largas controvérsias, e inquietações de dois anos, que ali assistiu, mandado a esta empresa por língua, e pela grande reverência, e conceito, que sabiam os governadores, e Prelados lhe tinham, e guardavam todos os naturais da terra, especialmente os Tabajaras de Pernambuco, e Potiguares da Paraíba, e Rio Grande. Daqui, concluída com o bom efeito que se esperava esta expedição, se retirou para a Casa de Olinda, onde o achamos assistente pelos anos de 1603, e assinado em dois termos de profissões feitas neste ano naquele convento, e é a última notícia certa que dele encontramos, com a do seu falecimento nesta Casa, mas sem clareza do dia, e ano, em que acontecera, que julgamos com fundamento, seria antes do ano de 1639, e entre este, e o de 1603, porque daquele por diante já achamos livros de óbitos nesta Custódia, e deles não consta o deste religioso, evidência certa de que aconteceu antes do referido ano de 1639. Mas esta falta com outra mais extensa, e individual notícia dos seus espirituais progressos, ainda que nos abreviam a escrita, não lhe diminuem a fama, e boa opinião que deixou de si, adquirida nos anos em que viveu.[280]

428. No ano de 1676, a dezoito de maio, primeira oitava da Festa do Espírito Santo, entregou o seu ao Criador o Irmão Fr. Luís da Visitação. Era filho desta Província, e professo na Casa de Olinda. Deste religioso deixamos já feita alguma memória no Relatório terceiro desta Crônica, com o distintivo de Fr. Luís dos Arraiais, pela contínua assistência que fez em os dos nossos portugueses nas guerras de Pernambuco contra os hereges de Holanda. Do dia, e ano da sua profissão não consta por assento, pela falta, que já outras vezes notamos do livro das profissões daquele convento; como também da sua naturalidade, e especiais progressos da vida religiosa, no que toca ao espiritual dela, nos não ficou outra clareza mais, que o seguinte assento, que no que relata mostra ser de religioso, que o conheceu, e tratou, e diz assim: "Do Irmão

---

280 SALVADOR, 2010, p. 352s., 360, 440.

Fr. Luís da Visitação chamado dos Arraiais: Era natural da cidade de Lisboa, e parente mui chegado de um Fr. João de Ceita, que compôs os livros chamados Ceitas. Este religioso foi dotado de graça particular de agradar a todos. Foi Prelado no Convento da Alagoa, e andando a Vila em dois bandos, armados de parte a parte, algumas pessoas particulares lhe foram pedir pelo amor de Deus, que com suas palavras os fosse pôr em paz, que se esperava haver grandes mortes; ele me chamou por companheiro, e tais foram suas palavras, e com tanto espírito, que ficaram concertados, e amigos todos. Nos Arraiais onde andou nunca buscou comodidade própria para sua pessoa; mas andando nas ocasiões da guerra para acudir às confissões, como me disseram alguns soldados com os quais falei; e foi muito estimado dos Generais. Depois de velho ficou cego, e encontrando-me com ele, me disse com muita humildade, que aquilo era favor que o céu lhe fizera. Foi muito pobre, não tinha mais que um hábito, e túnica, e em tudo o mais era verdadeiro filho de N.P.S. Francisco."

429. Antes que fosse Prelado da Casa da Alagoa, e foi o segundo que teve aquela Casa, o havia sido no Convento da Paraíba no Capítulo do primeiro Provincial Fr. Antônio dos Mártires, até a sua Congregação, e no do segundo Provincial Fr. Aleixo, foi nomeado então para o Oratório da Alagoa Presidente *in Capite,* com voto em Capítulo, tirado na Congregação intrusa de Fr. Gerardo dos Santos, e outra vez resposto naquele que celebrou Fr. Aleixo no ano de 1665, a 8 de agosto, e pela enfermidade dos olhos que lhe sobreveio, se retirou para o Convento de Olinda, onde com a boa opinião de virtude, que adquiriu em vida, o achou a morte.[281]

CAPÍTULO XXXVII

Do Breve de Sua Santidade pelo qual foi esta Província do Brasil ereta, e confirmada a sua separação da de Santo Antônio de Portugal, e de que se faz menção na Estância primeira dos Ministros Provinciais.

430. Porquanto na referida Estância do Preâmbulo, em que se trata dos Ministros Provinciais, apontamos o Breve do Santíssimo Padre Alexandre VII, pelo qual esta Custódia do Brasil foi ereta em Província, e neste mesmo se faz menção das Letras Patentes do Reverendíssimo Padre-Geral Fr. João de Nápoles, com as quais antecedentemente se isentava esta mesma Cus-

[281] OSNB I, 82-85; LGPB, nº 21; APFR, Arquivo Provincial Franciscano do Recife, 28.

tódia de sujeição da Província de Portugal,[282] havido o beneplácito da Sé Apostólica, e este se acha conferido neste mesmo Breve, como nas suas Estâncias só os apontamos, por guardarmos esta diligência para seu próprio lugar, quando na continuação desta história chegássemos a este tempo; contudo, como poderá haver quem deseje antecipadamente esta notícia, trasladamos aqui por fim este Breve da total separação, e independência, ou ereção desta Custódia em Província, e é o que se segue.

ALEXANDER PP. VII
Ad perpetuam rei memoriam.

431. *Ex Commissi Nobis Divinitus Pastoralis Officii debito ad ea propensis studiis jugiter intendimus, per quae Regularium Personarum, quae relicto saeculo Dei obsequiis sub suavi arctioris Religionis jugo sese manciparunt, statui, et felici directioni consulitur, ut secundum Ordinum suorum Instituta gratum Altissimo impendentes famulatum prosperioribus indies in via domini proficiant incrementis. Nuper siquidem nomine dilectorum filiorum Fratrum Custodiae Brasiliae Ordinis Fratrum Minorum Sancti Francisci de Observantia Reformatorum Nuncupatorum Nobis expositum fuit, quod alias postquam die XIV Augusti MDCXLVII quo tempore quondam Joannes de Napoli dicti Ordinis Minister Generalis erat, ad ejusdem Joannis instantiam, Custodia praedicta a Provincia Sancti Antonii Regni Portugaliae ejusden Ordinis longissimo maritimi itineris, quo Custodia hujusmodi a Regno praedicto distat, aliisque incommodis ocurrendi ergo per quasdam literas Apostolicas in simili forma Brevis expeditas, separata, et subinde intra breve tempus aliquot conventibus aucta fuerat, in Capitulo Generali memorati Ordinis de anno MDCLI, in hac alma urbe celebrato, stabilitum fuit, ut Custodia hujusmodi, reservato tamen hujus Sanctae Sedis beneplacito, in novam Provinciam dicti Ordinis erigeretur; sed id propter nunnullas oppositines, seu objectiones ad effectum deduci hactenus non potuit; quinimo a quadam privata persona aliae literae in forma Brevis similiter expeditae super reunione ejusdem Custodiae cum Provincia praedicta ab eadem sede impetratae fuerunt: Cum autem, sicut eadem expositio subjungebat, oppositiones, seu objectiones praedictae jam cessent, et Fratres dictae Provinciae Sancti Antonii Capitulariter congregati, juri, quod supra Custodia praedicta praetendere poterant, renuntiaverint, Conventusque ejusdem Custodiae, qui post ingressum haerecticorum in Brasiliam extincti fuisse praetendebantur, illis inde egressis septendecim numero, qui numerum conventuum nonnullarum Provinciarum Ordinis praedicti excedit, restitu-*

[282] OSNB Preâmbulo, 210 (XVII) e 211. Em 1647, a custódia de Santo Antônio ficara independente da Província-Mãe de Lisboa.

ti fuerint: Cumque si dicta Custodia in novam Provinciam juxta consensum ei rei a praedicto Capitulo Generali, ut praestitum, id nemini praejudicium, sede maximam prospero conventuum ipsius Custodiae gubernio utilitatem sit allatu-rum. Nobis propterea dicti Exponentes humiliter supplicari fecerunt, ut, sibi in praemissis opportune providere, et un infra indulgere de benignitate Apostolica dignaremur. Nos igitur specilalem eisdem Exponentibus gratum facere volentes, et eorum singulares personas a quibusvis excommunicationis, suspensionis, et interdicti, aliisque Ecclesiasticis sententiis, censuris, et poenis, a jure, vel ab homine, quavis occasione, et causa latis, si quibus, quommodolibet, innodatae existunt, ad effectum praesentinum duntaxat consequendum, harum serie absolventes, et absolutas fore censentes hujusmodi supplicationibus inclinati, Custodiam Brasiliae hujusmodi, ejusque Conventus a dicta Provincia Sancti Antonii Regni predicti Authoritate Apostolica, tenore praesentium perpetuo separamus, et dismembramus, ac ipsam Custodiam, et ejus Conventus praedictos, sic separatos, et dismembratos in novam Provinciam Ordinis praedicti cum omnibus, et singulis praeminentiis, praerogativis, indultis, privilegiis, et gratis quibus aliae ejusdem Ordinis Provinciae frui, et gaudere solent, et possunt, ac debent, Authoritate Apostolica, et tenore praedictis itidem perpetuo erigimus, et instituimus. Decernentes easdem praesentes literas semper firmas, validas, et efficaces existere, et fore, suosque plenarios, et integros effectus sortiri, et obtinere, ac irrictum, et inane, si secus, super his, a quoquam, quavis authoritate, scienter, vel ignoranter contigerit attentari; non obstantibus praemissis, ac Constitutionibus, et Ordinationibus Apostolicis, necnon, quatenus opus sit, Ordinis Provinciae, Custodiae, et Conventuum hujusmodi, aliisque quibusvis, etiam juramento, confirmatione Apostolica, vel quavis firmitate alia roboratis, statutis, et consuetudinibus, privilegiis quoque, indultis, et literis Apostolicis in contrarium praemissorum, quomodolibet consessis, confirmatis, et innovatis. Quibus omnibus, et singulis illorum tenores praesentibus pro plene, et sufficienter expressis, et ad verbum insertis habentes, illis alias in suo robore permansuris ad praemissarum effectum hac vice duntaxat specialiter, et expresse derogamus, Caeterisque contrariis quibuscumque. Datum Romae apud Sanctam Mariam Maiorem sub annulo Piscatoris die XXIV. Augusti MDCLVII, Pontificatus nostri tertio. Sumptum ex minuta originali Brevium secretorum Sanctissimi domini nostri Alexandri Papae septimi collatum concordat. G. Gualterius.

Quod quidem Breve Ego Joannes Quaresma publicus authoritate apostolica Notarius approbatus juxta formam Sacri Concilii Tridentini, commorans in hac Civitate Ulyssiponae, ex proprio originali jussi transferri, et cum eo, cui me refero, concordat, quod mihi repraesentatum fuit a Fratre Philippo Divi Jacobi, et iterum illud tulit, et hic assignavit, et cum officiali infra scripto communivi; ideoque hic meo solito tabellionato signo, quo in talibus utor, solemniter subscripti. Ulyssipone die decima quarta mensis Jannuarii millesimo sexcentesimo quinquagesimo octavo, rogatus, et requisitus. – Collationatum fuit per me Notarium Apostolicum – Joannem Quaresma; – Et per me Notarium Apostolicum – Thomaz de Amora *Fr. Philippus Divi Jacobi.*

Lugar + do Selo.

Índice das coisas mais notáveis da Crônica

O primeiro número é o da página, o segundo do parágrafo.[283]

A

283 A paginação corresponde à edição de 1761. Para esta presente edição, consultar os índices no final desta edição.

B

C

D

E

F

G

H

I

J

L

M

N

O

P

R

S

T

V

Índice das coisas mais notáveis do Preâmbulo desta Primeira Parte

O primeiro número é o da página, o segundo do parágrafo.[284]

A

[284] Este índice faz parte da edição de 1761 e não consta na edição de 1858 do IHGB. A paginação corresponde à edição de 1761. Para esta edição, levar em conta a numeração dos parágrafos, que permanece inalterada.

B

C

D

E

F

- Fernão de Sá. Vai ao Espírito Santo contra o Gentio, vence a eles na primeira batalha; é morto por eles na segunda, p. 46. n. 64.

G

H

I [J]

L

M

N

O

P

R

S

T

V

- Vitória. Vila nova da Capitania do Espírito Santo, assim chamada por uma milagrosa, que pelo favor da Senhora alcançaram uns poucos de moradores de multidão dos Gentios, pág. 47. n. 65.
- Vitória. Outra milagrosa na Capitania dos Ilhéus, p. 54. n. 72.

Advertência

Não obstante deixarmos escrita nesta Primeira Parte a vida do Servo de Deus Frei Luiz da Anunciação, nos pareceu acertado trasladar aqui o Discurso, de que já se fez menção, sobre a vida do mesmo Padre, por algumas razões particulares, e a principal, por não privarmos, por tão pouco, ao seu Autor daquela glória, que por ele se lhe deve, que menos algum descuido, em que já notamos caiu, acerca da Pátria, e morte do Servo de Deus, por não ver as memórias dos Arquivos da Custódia, e Província, e seguir só as da tradição, é digno por este seu Panegírico, de que se ornasse com outros muitos a sua fama, e se tirasse do túmulo do esquecimento, para as Aras da posteridade.[285]

[285] Na edição de 1761, esta advertência está antes do *Index das coisas mais notáveis*; pareceu mais lógico aos editores colocá-la como introdução ao panegírico, o que de fato é"; a edição de 1858 omite o discurso panegírico, mas contém a seguinte advertência: "Posto que tenha sido impressa esta primeira Parte sem observação alguma; todavia o Instituto não aceita como exatos todos os pontos históricos nela contidos; a respeito dos quais fará oportunamente as suas anotações. Da Redação".

Discurso Panegírico sobre a vida do Padre Fr. Luiz da Anunciação[286]

Por um Religioso Anônimo, Filho desta Província.

Com os nomes costuma Deus definir os Santos, e devem convir eles com a propriedade dos sujeitos.[287] Havia de ser o glorioso S. Pedro pedra fundamental do militante edifício, e definiu-o o Senhor, com o nome de Pedra.[288] Riu-se Sara, quando o celeste Paraninfo disse, que a sua esterilidade havia ser fecunda, e chamou-lhe seu filho Isaac, que se interpreta Riso.[289] A Açucena de Nazareth, a Primogênita de Anna Santa, a Mãe de Deus, havia de ser Mãe insondável de todas as virtudes, e puseram-lhe seus Pais por nome Maria.[290] E seu Filho Divino, como havia de salvar ao gênero humano, chamou-se JESUS.[291]

Convém a todo o indivíduo o ter nome, e convém-lhe ilustrá-lo com ações, ou filhas de Marte na campanha, ou de Minerva na aula, ou de virtude na vida, que elas são, e devem ser as mais louváveis ações.

Plínio aconselha aos pais de famílias, ponham a seus filhos nomes formosos,[292] isto é, nomes de sujeitos heroicos, e fujam de lhes porém nomes de homens malévolos, indignos de os pronunciar a língua, incapazes de os recontar a memória, ou pelo que cometeram atrevidos, ou pelo que deixaram de fazer covardes.

---

286 Este discurso panegírico, presente na edição de 1761, é omitido na edição do IHGB.

287 [Jaboatão] D. Thom. 3. p. q. 37. artic. 2.

288 [Jaboatão] *Et super hanc petram aedificabo Ecclesia meam.* Matth. c. 16. v. 18.

289 [Jaboatão] *Isaac, id est, risus.* Sylv. Aleg. Verbo Isaac f. 585.

290 [Jaboatão] *Congregationes que aquarum appellavit Maria.* Gen. c. 1. v. 10. Div. Damasc. de Nat. Virg. orat. I.

291 [Jaboatão] *Nomem ejus Jesus, ipse enim salvum faciet populum a peccatis eorum.* Matth. c. 1. v. 21.

292 [Jaboatão] *Nomina pueris pulchra sunt imponenda.* Plin. apud Senec. Polion. verbo *Nomina.*

No universo da Cristandade, são inumeráveis os homens conhecidos com o nome de Pedro, e desde S. Pedro até o presente tempo, não se conhecerá com facilidade quem a seu filho pusesse por nome Judas.

Antes que este descrédito dos viventes vendesse a seu Mestre tão aleivosamente, houve conhecidos, e exemplares sujeitos chamados Judas, como confia das Divinas Letras,[293] cujos nomes foram incentivos para a execução das proezas; mas depois que Judas vendeu a Cristo, nenhum elegeu tal nome.

Disse Alexandre Macedônio a um Soldado, que assim se chamava: ou obrar como Alexandre, ou mudar de nome,[294] ou ilustrá-lo com ações, ou não o aniquilar com covardias; porque importa muito ao crédito de Alexandre, ilustrar este nome.

É o homem um edifício vivente; são os pés a base, em que se estriba; as pernas as colunas, em que se levanta; os insensíveis ossos, o vigamento, sobre que se forma; a carne, emulação da neve, a parede, porque se dilata a cabeça, que sobre as mais partes domina, é o teto, em que o edifício remata; os olhos, pelo rasgado, são as janelas; a boca, ou aberta para as calúnias, ou fechada para os louvores, é a porta; a alma, que anima esse metafórico corpo, é o precioso recheio, com que o edifício interiormente se adorna; vê-se a memória nos quadros, a vontade nos espelhos, e o entendimento nos livros; o coração, donde emana a vida, é o senhor da casa, ou edifício, donde tudo emana, c o nome é o frontispício,[295] e importa muito tenha formoso o frontispício, o palácio, ou edifício humano.

Pediu Filipe I, Rei de França uma de duas filhas, que tinha Afonso II, Rei de Castela, para Esposa do Delfim. Assim o propôs o Embaixador Francês; e o Monarca espanhol, ofereceu a primeira, assim na idade, como na formosura, chamada D. Urraca. Soou mal o nome nos ouvidos do Ministro, e perguntou como se chamava a segunda, e foi-lhe respondido, que D. Blanca; pois, essa Senhora, é a que há de ser a Rainha de França; porque, ainda que seja segunda, e menos formosa, antes a queremos com o nome de Blanca, que não a primeira, e mais bela chamada Urraca.[296] Foi Mãe del-Rei

293 [Jaboatão] *Quis ascendet ante nos contra Chananaeum, et erit Dux belli? Dixit, que Dominus: Judas ascendet.* Judic. c. 1. v. 1., & 2. *Et surrexit Judas. Et dilatavit gloria populo suo.* Macab. c. 3. v. 1.

294 [Jaboatão] *Aut nomen Alexandri muta, aut gerere, ut Alexandru* [nota ed.: Nota ed.: Alexandro] *decet.* Engelg. in Panth. Coel. 5. 2.

295 [Jaboatão] *Nomen in frontibus eorum.* Apoc. c. 22. v. 4.

296 [Jaboatão] *Engelg. Refert Gogoy* I. p. f. 177.

S. Luiz que um nome tão formoso, e significativo, não podia deixar de produzir um Rei tão Santo.

Cuidadosa desta verdade se mostrou a Onipotência, dispondo na infância do nosso Servo de Deus, se chamasse Luiz, que, conforme a interpretação de Cláudio Rotta, vale o mesmo, que Sol;[297] e Fr. Luiz o fez verissímil; porque com os raios de suas virtudes, na esfera do Brasil, principalmente com maior intenção de resplandores em Pernambuco, e na Paraíba, donde mais que com o nome de Sol, ou de Fr. Luiz, foi conhecido com a antonomásia, ou pronome de Santo. Assim era chamado, Fr. Luiz da Anunciação, o Santo.

Quis o mundo separar os homens invictos, daqueles que menos o foram, e para assim o fazer, inventou nomes, títulos, brasões, e epítetos, por donde fossem conhecidos, não só nos séculos presentes a eles, mas nos futuros, e a toda a posteridade.

Em Grécia, ou pelo valor, ou pela liberalidade, conheceu o mundo a Alexandre, com o pronome de Magno: um dos nove da fama, se conhece com o mesmo título Carlos Rei de França: Em Roma Júlio César foi o primeiro, a quem se deu o brasão de Imperador: Em Castela, conhecemos um Afonso por Casto, outro por Sábio: E no Reino de Portugal, se acha um D. Manoel, conhecido por feliz, e um D. João o IV por seu Restaurador.

A Igreja alumiada pelo Espírito Santo, não seguindo os passos do mundo, mas os documentos do Céu, dando a cada um o que merece, nos declara os heróis da Santidade, e da Sabedoria, com os mesmos apelidos, um Basílio, um Gregório, um Alberto, Magnos. A S. Jerônimo dá o título de Doutor Máximo; a Santo Agostinho, o brasão de Luz da Igreja; a Santo Tomás, o Epíteto de Sol da Teologia; a S. Bernardo, pela doçura do estilo, intitula o Melífluo; e ao P. João Duns Escoto, não Santo, mas grande Servo de Deus, o apelido de Sutil, ganhado, e adquirido na defensa da Puríssima Conceição de Maria Santíssima na Aula Parisiense.[298]

---

297 [Jaboatão] *Ludovicus qua si lucem donans.* Claud. Rot. Vit. Sanct.

298 [Jaboatão] *Bacon. in 4. dist. 2. q. 4. art. 3.*

Nas Divinas letras, conhecemos a Salomão por Sábio;[299] a Jó por Paciente;[300] a Elias por Zeloso;[301] a Abraão por Obediente;[302] a José por Casto;[303] a Sansão por Forte;[304] e a David por Timorato.[305]

Com estes Epítetos se manifestaram em o mundo, por Providência de Deus, assim os heróis das letras humanas, como os exemplares das Divinas; e com o Epíteto de Santo, com este Brasão, e Título, foi conhecido muito antes de sair do mundo o P. Fr. Luiz da Anunciação.

E na verdade definirão a vida deste exemplar Servo do Senhor as vozes, que Santo o apelidaram, antes que a Igreja o declarasse por tal; tão Religiosa, e espiritual foi ela, que não merecia outro nome.

Nas bodas do Cordeiro Divino com a sua Esposa, diz o Evangelista Águia, que ela desprezando os brocados mais preciosos, e as telas mais finas, só elegera para gala um corte de alvo linho;[306] porque nele se significa a justificação, e santidade, acrescenta o mesmo Evangelista historiador dos Divinos Desponsórios.[307]

E é notável a razão, porque a de ser o linho símbolo significativo da santidade. É o linho desprezado, é pisado, quando o lançam na terra; nascido, é arrancado com violência, e com igual tirania o metem em frios tanques de água, ou expõem às furiosas correntes de agitados rios; ali o carregam de pedras insensíveis, duras, e pesadas, ali o mortificam com golpes, e o maltratam, passando-o por agudos dentes de ferro, com outros muitos martírios, que padece, para chegar ao alvo, ou a ser alvo, e branco, cor, que significa a candidez da santidade, e pureza da justificação.[308]

E quem, como o P. Fr. Luiz da Anunciação, padeceu como linho, para lograr de Santo, com o nome, a excelência. Ele foi enterrado em vida na dura, e áspera teia de um hábito de burel; ele foi desprezado enquanto viveu; ele foi

---

299 [Jaboatão] *Dedi tibi cor sapiens. 3.* Reg. cap. 3. v. 12.

300 [Jaboatão] *Fortitudo tua, patientia tua.* Job c. 4. v. 6.

301 [Jaboatão] *Zelo zelatus sunt.* 1Reg. c. 19. v. 10.

302 [Jaboatão] *Quia obedisti voci meae.* Gen. c. 22. v. 18.

303 [Jaboatão] *Ille recusabat stuprum.* Gen. c. 39. v. 10.

304 [Jaboatão] *Maxima fortitudo.* Judic. c. 16. v. 6.

305 [Jaboatão] *Tibi soli peccavi.* Psal. 50. v. 6.

306 [Jaboatão] *Byssino splendenti, et candido.* c. 19. v. 8.

307 [Jaboatão] *Byssinum enim justificationes sunt Sanctorum.* Ib.

308 [Jaboatão] *Sylv. Alleg.* Verb. Albus.

desconhecido, porque não penetrado bem o mineral de suas virtudes; ele foi arrancado à violência dos inimigos da Fé, quando os holandeses o levaram prisioneiro por duas vezes; ele em seus calabouços experimentou os agudos dentes, mais que de ferro, na crueldade, com que o trataram; ele suportou as pedras mais duras, curando na ocasião da guerra tão miseráveis enfermidades, tantas feridas, e dores aos Soldados do Católico exército; ele exercitou as melhores águas, batizando a inumeráveis índios; ele sofreu os maiores golpes, se não no corpo, no espírito, quando obrigando-o a ser Prelado, conheceu o que era ser súdito.

Finalmente, depois que no tear deste mundo se urdiu a teia da sua virtude, tecida com excelentes, e santas obras, em um conflito de guerra, lhe cortou a morte o fio à vida; e da mesma boca, que abriu a terra para o sepultar, saiu a voz de seus prodígios, acreditando o nome, que já em vida lograva de Santo.

Oh grande nome achado, e estabelecido na Hierarquia mais relevante! Isaías diz, que os Anjos não davam a Deus outro título no Cântico, com que o veneravam, senão o de Santo, multiplicadas vezes.[309] O anjo, anunciando à Senhora a Encarnação do Verbo, disse-lhe que o seu nome havia ser o de Santo;[310] e a terceira Pessoa da Trindade Santíssima, se intitula Espírito Santo.

Oh grande favor, o que alcançou Fr. Luiz, (não faço equiparação, ou semelhança) permitindo o Céu fosse intitulado o Santo! Mas, se este nome somente logram os amados de Deus, como ensina S. Paulo;[311] quem por amor de Deus padeceu tanto, como não lograria este nome!

Dos homens heroicos toda a terra é pátria; porque eles se fazem dignos de os querer por filhos toda a terra. Fr. Luiz nasceu em Portugal no termo de Vila Real, mas como o termo desta Vila seja, se não soube o lugar do seu nascimento; e isto, que à superfície da consideração parece descuido de seus contemporâneos, foi o maior cuidado da Providência, para fazer ao nosso Servo de Deus mais conhecido.

Como havia mostrar o Céu, que todo o termo de Vila Real fora pátria de Fr. Luiz, senão dissimulando-se o lugar onde nascera? Diga-se que teve por pátria todo o termo daquela Vila, assim como se diz que tem o Sol todo o Oriente por pátria, e o Fênix a Arábia toda por berço.

---

309 [Jaboatão] *Sanctus, Sanctus, Sanctus.* Isai. c. 6. v. 23.

310 [Jaboatão] *Et quod nascetur ex te Sanctum vocabitur.* Luc. c. 1. v. 35.

311 [Jaboatão] *Dilectis Dei, vocatis Sanctis.* Ad Roman. c. 1. v. 7.

Para pátria do Fênix das luzes, uma esfera tão ampla, para pátria do Sol da república das aves, uma província tão dilatada; e para pátria de outro Sol no luzimento de suas obras, não uma Vila, ou uma Cidade; mas vinte e três Povoações, que tantas tem o termo de Vila Real.[312]

Que gloriosamente contenderam todas as Vilas do Reino de Portugal sobre ser seu filho Fr. Luiz da Anunciação; mais desta contenda permitida as tirou o Céu, dizendo que só é patrício da Bem-aventurança, aquele que tão pouco quis da terra, que nem lugar, em que nascesse, se lhe conheceu nela.

Sobre o corpo de Homero, generosamente ambiciosas contenderam sete Cidades;[313] cada uma o queria legitimar por filho, e na dúvida de todas, veio a ficar Homero patrício de todo o mundo. A natureza lhe deu para berço limitada pátria; a sabedoria lhe deu por pátria toda a terra.

Tanto conduz para a boa reputação uma pátria ilustre, que ouvindo Natanael os milagres, com que Cristo favorecia o mundo, os duvidou dizendo: como pode obrar prodígios tão raros, o que nasceu em uma Cidade de espaços tão curtos?[314] um filho de Nazaré pode fazer tais maravilhas? Parecendo-lhe que da pátria vinha o valor para as ações, e a virtude para os milagres.

Deste, (no juízo dos homens) descrédito, livrou o Céu a Fr. Luiz, dando-lhe por pátria todo um termo: o nascimento o fez natural de uma Vila; a virtude de tantas; basta, e sobeja a menor casa, para nascer o maior indivíduo; e para pátria deste Servo de Deus, preveniu, na dúvida daquelas povoações, todo um termo por pátria.

Vedou Deus aos filhos de Israel, o saberem donde fora sepultado seu Capitão, e Legislador Moisés;[315] a verdadeira causa, só Deus a sabe; o que eu agora ajuízo, e, vendo a virtude daquele grande Profeta, que quis o mesmo Senhor, que Moisés tivesse toda a Palestina por sepultura, quando permitiu se ocultasse aos Israelitas o lugar, em que fora enterrado.

E é fundada a razão nos vários pareceres, e juízos, que os homens fazem nas coisas certas, quanto mais nas que tem tão grande dúvida. Isto suposto, dirão uns, que Moisés fora sepultado para a parte Oriental; outros diriam, que para a Ocidental parte estava o seu sepulcro; estes porfiariam, que para o Setentrião; e aqueles diriam, que para o Meio-dia: e na neutralidade de tantos

---

312 [Jaboatão] *Duarte Nunes de Leão na Descrição do Reino de Portugal* fol. 5.

313 [Jaboatão] *Alciat. Embl.* 4. *Valer. Max.* lib. 9. cap. 12.

314 [Jaboatão] *A Nazareth potest aliquid boni esse?* Joan. c. 1. v. 46.

315 [Jaboatão] *Non cognovit homo sepulchrum ejus usque in praesentem diem.* Deuter. c. 34. v. 6.

pareceres, parece que granjeou Moisés um mundo por mausoléu, e toda a terra por sepultura.

É verdade, que foi Moisés enterrado no Vale de Moab;[316] mas é certo, que nenhum dos Israelitas soube do lugar em [que] foi enterrado.

Do sepulcro passemos ao berço, assim como do berço se passa para o sepulcro, e acharemos, que assim como aos Portugueses na Europa, como aos Pernambucanos no Brasil, vedou Deus o lugar donde nasceu Fr. Luiz até o presente tempo, para que este Servo seu tivesse todo o termo de Vila Real por pátria.

Uns diriam, que este ardente zelador da honra de Deus, fora de Mejão Frio; outros pronunciariam, que aquele, que com as suas virtudes era a tristeza do Inferno, nascera em Monte Alegre; qual o faria de Penaguião, vendo ser ele a glória do Estandarte de Cristo; e qual de Canaveses, vendo a constância, com que resistiu aos ventos das perseguições: e na neutralidade de todos, permitiu o Céu que por este modo lhe fosse pátria todo aquele termo.

Sem pátria individual, mas com todo aquele termo por pátria, temos ao nosso Fr. Luiz; e cuidando eu que este fora o maior descuido, que tiveram os que em sua vida o não inquiriram; acho que já era Sacerdote, quando tomou de meu Padre S. Francisco o hábito; porém nenhuma notícia, de quem foram seus pais, ou qual a sua genealogia que não podia deixar de ser ilustremente bem-nascido, quem renasceu para o Céu tão ilustremente

Sem virtude, diz Eurípides que não há nobreza: porque os malévolos não podem ser ilustres, ainda que sejam Reis.[317] São Jerônimo acrescenta, ser só nobre o que é somente virtuoso na presença de Deus.[318] E eu infiro da virtude de Fr. Luiz uma qualidade tão grande, que chegou da terra até o Céu.

Enfim Sacerdote sem pai, sem mãe, e sem parentes, era o Servo de Deus assistente em Pernambuco; e quando assim o contemplo, me parece um vivo retrato de Melquisedeque Sacerdote, do qual diz S. Paulo não tivera pai, nem mãe, nem genealogia.[319]

---

316 [Jaboatão] *Ut supra.*

317 [Jaboatão] *Nulla nobilitas inter malos est, sed inter bonos tantum Viros* Eurip. lib. 2.

318 [Jaboatão] *Summa apud Dei nobilitas, clarum esse virtutibus.* D. Hier. Ep. 4. ad. Coel.

319 [Jaboatão] *Sine patre, sine matre, sine genealogia.* Ad. Heb. c. 7. v. 3.

De Cristo foi Melquisedeque a alegoria mais ajustada; porque o Senhor foi Sacerdote;[320] e enquanto homem, não teve Pai; nem Mãe enquanto Deus. E de Melquisedeque foi alegoria Fr. Luiz, também Sacerdote, sem mãe, nem pai.

Pareceu-me descuido de seus contemporâneos, não inquirirem a ascendência, ou sequer o nome dos pais, de quem procedera Fr. Luiz; mas acho que foi ordem do Céu, ou disposição do mesmo Servo de Deus, calar os nomes de seus pais; porque como estes dizem ordem ao ser natural, Fr. Luiz pôs os olhos em Deus, que diz respeito ao ser da graça: dissimulou o ser da natureza pelo ser da virtude; e mal se lembraria para a ostentação da nobreza dos pais da terra, aquele que só amava com todo o cuidado o Pai do Céu.

Tudo esquece, e tudo deixa, quem com verdadeiro afeto ama a Deus.[321] Dos companheiros de Ulisses conta Homero, que gostando dos pomos lotófagos, se esqueceram das riquezas, e juntamente das pátrias;[322] e quem se sustenta do amor Divino, tudo esquece: é um lotófago suavíssimo, que arrebata as potências, e suspende os sentidos. Bem-aventurado muitas vezes, quem por este motivo esquece de tudo o da terra, mas que sejam os princípios do ser natural, pondo todo o cuidado em guardar a palavra Divina.

Em uma ocasião tirando o Senhor do corpo de um Energúmeno o demônio, que o atormentava, uma mulher humilde,[323] mas devota, sem recear o perigo, a que se expunha de louvar beneméritos diante de invejosos, levantou os brados, e louvou a Mãe do Senhor, pela figura Sinédoque, nomeando somente a parte, para que por ela se conhecesse o todo naquelas palavras: Bem-aventurado o ventre donde andaste.[324] E cuidando os presentes da resposta, diz o Evangelista, que o Senhor lhes dissera: Antes não, Bem-aventurado o que ouve a palavra de Deus, e a guarda.[325]

Assim o fez Fr. Luiz; mas, porque se conhecesse nele a prerrogativa de bom filho, tomou a meu Padre S. Francisco por Pai, e a sua Venerável Regra por Mãe, e deixando o século, pelo caminho da penitência, armado com o cordão, e hábito Santo do Serafim em carne, chegou ao porto da glória pelo rumo da Religião.

---

320 [Jaboatão] *Tu es Sacerdos in aeternum.* Psalm. 109. v. 4.

321 [Jaboatão] *Ecce nos reliquimus omnia.* Math. c. 19. v. 27.

322 [Jaboatão] *In Oblivione Patriae.* Alciat. Embl. 114.

323 [Jaboatão] *Quaedam mulier.* Luc. c. 2. v. 27.

324 [Jaboatão] *Beatus venter qui te portavit.* Ib.

325 [Jaboatão] *Dixit: quinimo beati, qui audiunt verbum Dei, et custodiunt illud.* Ib.

Tomou o hábito em Pernambuco, clausurando as luzes da sua virtude naquele estreito burel, e quando assim o contemplo, me está lembrando, que viu o Evangelista amado, no seu Apocalipse, o Sol com hábito de penitência.[326]

Nesse prodigioso enigma, nos diz S. João, que as maiores luzes estão sujeitas às penitências maiores, e que não estorva a gala dos resplandores o uso dos cilícios, antes para grandes luzes se cortam as mortificações grandes.

A virtude, que no mundo racional é o Sol, que a ilustra, sempre apetece as penitências; diga-o a pedra de Jerônimo, a disciplina de Francisco, as lágrimas de Pedro, o deserto de Antão, o silêncio de Bruno, as mortificações de Teresa, o jejum da Egipcíaca, e a abstinência de Catarina.

Frei Luiz, com os olhos da consideração, olhou para a esfera da santidade, e nela viu esses Sóis cobertos de penitências, para lhes seguir os passos buscou a Religião, de quem o mesmo Sol tomou o hábito.

Nela pois com uma devoção muito acendrada, e com uma humildade suma, passou o primeiro ano do noviciado; deixou a liberdade do século pelo rigor da clausura, os passatempos da vida pelos apertos da Religião, querendo mais ser mandado nela, que mandar no mundo.

Professou; e quem dirá a alegria, e contentamento, com que Fr. Luiz se consagrou em perpétuo Servo de JESUS Cristo, prometendo, e guardando na Observância da sua Clausura, obediência, pobreza, e castidade.

Obedeceu com tal excesso aos preceitos de seus Superiores, que ignorava as tardanças, e não conheceu os vagares. Oferecia os olhos, e os ouvidos, estes para perceber, e aqueles para advertir. Oferecia as mãos a toda a obra, ainda da que fosse a mais grosseira, e pesada; e com espontâneos afetos, nunca poupou os passos, ainda nos mais ásperos caminhos.

Guardou verdadeira pobreza, deixando pelo amor de Deus tudo, sem por isso esperar prêmio, ou galardão. Deixou as riquezas aos ambiciosos Midas; as fortunas aos insaciáveis Alexandres, e as honras aos desvanecidos Camilos.

Ultimamente, guardou tão grande castidade, que se tem por tradição, não quebrara o voto, que a Deus fizera; antes fora um exemplar de perfeita pureza aos que o conheciam.

---

326 [Jaboatão] *Sol factus est niger tanquam saccus cilicinus.* Apoc. c. 6. v. 12.

Não se pode esconder o fogo no Mongibello,[327] por mais que a neve se condense para ocultá-lo; a fragrância nunca fica exausta, por mais que se esconda a caçoula.

Já Religioso, quis mostrar Fr. Luiz o Etna em que ardia do amor Divino, o qual lhe acendia o coração, respirando em fragrâncias virtuosas, e tratando da conversão das almas, se por desgraça nascidas no cativeiro do pecado, por diligências do nosso Fr. Luiz, restauradas para o logro do Céu.

Não sofre dilações o amor verdadeiro, não sem muito cuidado o pintam com asas para ostentar os voos. Com asas disse Malaquias viera o Sol de Justiça; porque, como vinha a salvação com ele, não bastavam passos, ainda que fossem de Gigante;[328] foram precisos acelerados voos.[329]

O nosso Servo de Deus inflamado em seu amor, pediu licença aos Prelados para ir à conversão, e batismo dos índios: e porque estes melhor entendessem a Doutrina Católica, com grandíssimo trabalho aprendeu primeiro o seu bárbaro, e grosseiro idioma.

Quis Santo Agostinho aprender a língua Grega, e chegando na segunda declinação, ao nome *Ophis*, que significa a serpente, disse com galantaria: *Ophis me terruit*, a serpente me meteu medo, e não passou a Águia Africana daquele ponto.

Ora se um homem como Santo Agostinho, com um talento tão singular, com um engenho tão vasto, em uma língua, de que há tanta notícia, tantos comentos, tantos vocabulários, e tantos Mestres, para se aprender, receou estudá-la, que trabalho, e que fadiga não padeceria o nosso Fr. Luiz, sem vocabulários, sem livros, e sem Mestres, para se explicar com uma Nação bárbara, rude, e avessa a todo o discurso.

Porém o fervor das suas salvações, e o amor de Deus, lhe facilitou estas dificuldades, parecendo-lhe pouco o muito, que em aprender aquele idioma fizera.

Haviam de ir pregar, e batizar os Sagrados Apóstolos por todo o mundo às Nações, de que ele estava povoado: e porque estas eram tão várias nas seitas que seguiam, como nas línguas, em que falavam; desceu o Espírito Santo em línguas de fogo a infundir-lhes ciência, e graça, ficando com a postila do Di-

---

327 Outro nome para indicar o Monte Etna.

328 [Jaboatão] *Exultavit ut gigas.* Os. 18. v. 6.

329 [Jaboatão] *Et sanitas pennis e jus.* Malac. c. 4. v. 2.

vino Mestre aptos em todas as faculdades, e correntes na inteligência de todos os idiomas.[330]

Frei Luiz, sem a expressão deste favor, mas sem dúvida a influxos Divinos, aprendeu a linguagem do bárbaro Gentio, e às vozes da sua pregação, mediante a graça Superior, se batizaram inumeráveis almas, que já o demônio contava por suas.

Mas o restaurador daqueles venturosos povos, com a eficácia da sua doutrina, fez que as manchas do pecado, lavadas na água do Batismo, ficassem luzes da Fé; e os que eram sequazes de Lúcifer, ficassem por causa deste Sacramento herdeiros de JESUS Cristo.

Em S. Pedro deu Cristo a seus Sucessores as chaves do Reino do Céu.[331] A Fr. Luiz, do modo que se pode entender, parece que também lhe deu a chave do tesouro da sua Igreja; porque poucos foram os Sacramentos, que ele não administrasse em todas aquelas povoações a seus moradores, e vizinhos, fruto que resultava em honra, e glória de Deus, com tão grande frequência, que só no Sacramento do Batismo foram os fiéis a milhares.

Correu a fama de suas virtudes, e vendo-o benemérito os Prelados da Custódia o admitiram aos cargos da Ordem, chamando-o, e obrigando-o a isso.

Entre as muitas coisas, que a vida deste Servo de Deus tem dignas de nota, e admiração, foi esta uma: ser Fr. Luiz benemérito, e ser chamado. Ordinariamente no mundo, os que têm talento para os ofícios, são os que andam ociosos, e ainda lhes faz o mundo muita mercê; porque os entendidos sempre foram degradados. Contudo a grande virtude de Fr. Luiz abstraiu então este costume, observando em todo o tempo, e deixando as Aldeias, e seus moradores, apesar de muitas lágrimas, como filho da Obediência, obedeceu para ser obedecido.

Notou Fr. Luiz nas Divinas letras, que o Sol obedecera às vozes de Josué;[332] a terra aos preceitos de Moisés;[333] o mar ao Império de S. Pedro;[334] o

330 [Jaboatão] *Audivimus eos loquentes nostris linguis.* Act. c. 2. v. 2.

331 [Jaboatão] *Tibi dabo claves Regni Coelorum.* Matth. c. 16. v. 19.

332 [Jaboatão] *Stetit itaque Sol in medio Coeli.* Jos. c. 10. v. 13.

333 [Jaboatão] *Ut aperiens terra os suum deglutiat eos.* Num. c. 16. v. 30.

334 [Jaboatão] *Descendens Petrus de navicula ambulabat super aquas.* Matth. c. 14. v. 29.

ar, a neve, e as pedras, aos preceitos de Samuel;[335] o fogo às vozes de Elias,[336] e as aves aos brados, e bênçãos de meu Padre S. Francisco;[337] e observando preceitos, foi Fr. Luiz, obedecendo a seus maiores, ave ligeira, fogo abrasado, pedra firme, neve pura, mar insondável, terra frutuosa, e Sol luzido.

Guardião, Prelado, e Definidor o viram os Conventos de Pernambuco, e o experimentaram seus Religiosos, benigno, afável, e caritativo. Aos Seculares tratava com o mesmo afeto, sendo recebidos com muito agrado, brandura, e cortesia: não tendo para uns boa cara, e mostrando-a adversa a outros, a todos tratava com a mesma afabilidade, porque a todos queria meter no coração; e com este amor agradava muito a Deus, e aos homens.

Ao mundo diz S. João que veio o Filho do Altíssimo a dar-nos exemplo,[338] e tão expresso o deixou neste particular, que diz S. Lucas, historiando a Infância de Cristo Senhor nosso, que ele tivera tal graça, tal agrado, e tal carinho, que não só fora amado de seu Eterno Pai;[339] mas até nas duras, ásperas, e ingratas condições dos homens achou graça.[340]

O agrado, que se adquire com boas, e santas obras, tem por prêmio a vida de Deus, por quem se executam; e o agrado, que se obra, e se mostra ao próximo, tem por remuneração, a boa fama, a opinião, e o crédito, entre os mesmos homens, cujo preço é muito para estimado.

A opinião nos Superiores, explicou Jeremias, que era como a cor ótima;[341] Cristo diz, que como a luz;[342] S. Paulo, como a fragrância.[343] Muito importa esta luz acesa, esta fragrância conservá-la, e não perder a cor da opinião, ainda que somente seja corada: importa, diz o Vaso da eleição, que o Superior, o Ministro, e o que governa, logre opinião, e adquira boa fama.[344]

---

335 [Jaboatão] *Et clamavit Samuel ad Dominum, et dedit Dominus voces, et pluvias in illa die.* I Reg. c. 12. v. 18.

336 [Jaboatão] *Descendit ignis de Coelo, et devoravit eum.* 4 Reg. c. 1. v. 10.

337 [Jaboatão] *Chron. Ordin.*

338 [Jaboatão] *Exemplum enim dedi vobis.* Joan. c. 13. v. 15.

339 [Jaboatão] *Tu es Filius meus dilectus.* Luc. c. 3. v. 22.

340 [Jaboatão] *Et gratia apud Deum, et homines.* Luc. c. 1. v. 52.

341 [Jaboatão] *Mutatus est color Optimus.* Jerem. Thren. c. 4. v. 1. D. Hier. ut sup.

342 [Jaboatão] *Sic luceat lux vestra coram hominibus, ut videant opera vestra.* Matth. c. 5. v. 16.

343 [Jaboatão] *Christi bonus odor sumus.* 2. Corint. c. 2. v. 15.

344 [Jaboatão] *Oportet autem testimonum bonum ab eis, qui foris sunt.* I Timot. c. 3. v. 7.

O Superior, que, com o pouco agrado, se inculca intratável, expõe-se à calúnia de desconhecido: o que se mostra soberbo, padece a nota de indouto: o que se publica altivo, dirão que não é honrado: o que for severo, falta ao caritativo: e o que não adquiriu agrado, opinião, e boa fama, mais que Pai de seus súditos, passa a verdugo de Religiosos.

E como Fr. Luiz tanto amou a reputação do que dele se podia dizer, porque nada se dissesse, sem faltar à justiça, usava de piedade: sem ofender o grêmio comum, favorecia ao súdito particular: era pai, e não deixava de ser Juiz: enfim amava a seus Religiosos, e castigava seus defeitos: e nem por lhos conhecer, deixava sempre de os amar; aos bons, para aumento de suas virtudes; aos menos bons, para emenda de suas vidas.

Corriam os anos do Senhor de 1630, quando a 16 de Fevereiro, sessenta velas Holandesas invadiram a Praça de Pernambuco, com tanta sede, tirania, e ódio aos moradores daquela Província, como o que costuma ter a herética pravidade à Católica Religião Romana.

O herege João Ziscas, acérrimo perseguidor dos Bispos, e Católicos de Boêmia, contra quem alcançou muitas vitórias, no último transe de sua vida, querendo despedir a alma, ordenou que o seu corpo fosse esfolado, e que a carne seria deitada às aves, para seu sustento, e da pele se faria um tambor, o qual seria tocado nas batalhas, que houvesse contra os Católicos, para os amedrontar.[345] Inferindo, que assim como um rebanho de ovelhas, em ouvindo tocar na pele de um lobo morto, todo se atemoriza, e acobarda; assim o rebanho da Igreja, ouvindo o som que havia fazer a pele daquele cruel lobo, se atemorizasse, para não conseguir vencimento. Tal é o ódio herético, que ainda além da sepultura espalha o seu veneno.

Saltou o Ministro infernal, o Holandês em terra, e qual será a pena, que renove tão grande lástima? Qual será a voz, que relate o que a impiedade de tão danados ânimos executou nas vidas, nas honras, nas fazendas, e até nas sacrossantas Imagens, reverenciadas com devotos cultos dos Católicos? Quando o estrago profanou o Sagrado, que seria dos homens? Quando padeceu o respeito Divino, que seria do trato mundano?

O pecado atrai o castigo, como a pedra íman ao ferro. As mãos de Cristo bem nosso significavam a justiça, e a Misericórdia.[346] Estando no Calvário

345 [Jaboatão] *Vel post mortem formidolosus.* Alciat. Embl. 170.

346 [Jaboatão] *Manu dextera Deus misericordiam impartitur. Sinistra vero punit male merentes lege severissima.* Sylv. Alleg. v. Manusc.

já sobre a Cruz, pregaram os algozes a mão direita; e querendo fazer o mesmo à esquerda, que significava a Justiça, por não chegar ao furo, que tinham feito para o cravo, puxaram pelo braço com cordas.

A mesma culpa, os mesmos agressores, à força estão, puxando pelo braço, que severamente os há de castigar. Os delitos, e culpas daquele Povo puxaram sem dúvida pelo flagelo Holandês, o qual puniu suas relaxações, não perdoando, nem a mesma inocência, que em calamidades semelhantes, também se castiga como culpa.

Saquearam as casas insaciáveis das riquezas alheias; os palácios foram metidos a saque, os templos invadidos sem respeito, e os Conventos roubados de todo o precioso, com que se ornavam os Altares. Neles cessaram os Sacrifícios, os Hinos, as Orações, e os Cânticos; e até nos corações ceifou a lembrança de Deus; porque absortos com o estrago só viviam para o sentimento, e não para o culto.

Correram rios de sangue pela assolada terra, e as fontes só o foram de lágrimas por muitos anos; os homens, que escaparam do rigor da espada, tiveram por seguro dar a vida ao pé de qualquer mata. As donzelas, cujo recato não as permitia chegar a uma janela, se achavam chorando a sua desgraça a um penedo, menos duro que o cruel inimigo. Os velhos, que arrimavam os anos sobre um báculo, primeiro que com a morte, toparam com a insolência. Os gritos, os gemidos, as queixas, as trombetas, os tambores, os mosquetes, e artilharia, fizeram a Pernambuco um retrato de Babel no confuso, e de Jerusalém no assolado.

Considerando Jó o mais terrível lugar do mundo o Inferno, e vendo as penas de fogo, as cadeias de ferro, os precipícios dos mais altos montes, os tanques congelados, os áspides, as serpentes, os basiliscos, as visões medonhas, as fantasmas terríveis, os aspectos formidáveis, e outros muitos tormentos, que naquele lugar padecem os condenados a ele, só fez menção da desordem, que ali considerada via.[347]

Em Pernambuco, nem pai olhava para filho, nem irmão para irmã. As mulheres, sem ordem, povoavam as estradas, e seus maridos, por acudirem aos assaltos, não cuidavam dos seus decoros. Via-se o fogo no sítio mais rico, na roça mais conhecida, e não lhe valiam as línguas, com que procurava socorro. Os Sacerdotes, e Religiosos consagrados a Deus, vagavam como mundanos desgarrados, e as suas vozes, que no choro cantam a paz, só choravam a cruel

347 [Jaboatão] *Ubi nullus ordo.* Job c. 10. v. 22.

guerra. Em tamanha desordem, quem não dirá que foi Pernambuco um miserável inferno?

Entre a presa rica, que estes inimigos da Fé, e da humanidade recolheram, foi Fr. Luiz a joia de maior estima; pois diz Salomão: todo o ouro em comparação de um Servo de Deus, como o nosso, é uma pouca de areia, que o vento leva.[348]

Verdade seja, que não conhecerão eles a pedra preciosa de sua virtude, oculta no burel tosco daquele pobre hábito: mas este os incitaria a maiores crueldades, pelo grande ódio, que todo o herege tem às coisas consagradas a Deus.

Prisioneiro, mas confiante na Fé; atado, mas livre o alvedrio para amar a Deus; sem liberdade, mas muito absoluto no fervor e zelo Católico, se achou com sessenta anos de idade o nosso Fr. Luiz da Anunciação.

Via os tormentos no seu cativeiro, e não lhe enfraqueciam o ânimo, açoutes, fomes, algemas, grilhões, mortes, nem ameaços; resignava-se em Deus, e sentindo, como humano, as aflições do cárcere, parecia insensível pela paciência, com que as suportava: como Cristo era o objeto dos seus incêndios, por isso os tormentos avaliava por gostos.

Viu-se S. Paulo algemado em um calabouço, carregado de ferros, padecendo fomes, sedes, e agonias, sem mais luz, que a da Fé, e só com a esperança em Deus, e dizia, que aquela era a sua glória, e o seu regalo;[349] não porque assim o fosse, mas porque padecia por amor de Cristo, alvo de seus afetos; e quem por este amor padece, os tormentos lhe são alívio, e as aflições regalo.

Quem fez das setas de Sebastião favores, senão o amor, com que expôs o peito às setas? Quem fez das pedras de Estevão, pedras preciosas, com que enriqueceu a coroa de seu martírio, senão o amor, com que sofreu as pedradas? Quem fez do espinheiro rosal, senão o amor de um S. Bento, quando se arrojou ao espinheiro? Quem fez do dardo de fogo raio luzido, senão o peito de Teresa, quando recebeu o golpe; e quem do veneno fez triaga, senão o amor de um Antônio, quando golfou o veneno?

---

348 [Jaboatão] *Omne aurum in comparatione illius arena est exigua.* Sap. c. 7. v. 9.

349 [Jaboatão] *Exceptis vinculis his.* Act. c. 26. v. 29. *Ut habitet in me virtus Christi.* 2 Corinth. c. 12. v. 9.

O amor já fez a neve quente, o fogo frio, a terra leve, o vento pesado, os espinhos flores, e os tormentos agradáveis; pois diz S. Bernardo, o que na verdade é fel amargoso, faz o amor mel doce.[350]

Do fogo sai o ouro com quilates mais subidos, e das perseguições, calúnias, e cativeiros, renascem os Servos de Deus com aspectos mais acendrados.

Lá se via S. Pedro em Jerusalém, metido em um cárcere, algemado com duas cadeias, dormindo, para ficar mais seguro, entre dois guardas, quando um Ministro do Céu, tirando as cadeias, pôs o Santo fora, e então o conheceu por Anjo, quando experimentou o benefício;[351] não falta o Céu com o socorro, a quem o busca no aperto.

Não foi Anjo, o que livrou do cativeiro ao nosso Fr. Luiz; porque por meios humanos se viu resgatado, estimando a soltura, por não ver o que todos os instantes chorava naquele miserável cativeiro, teatro de crueldades, de blasfêmias, e de insolências, executadas pelos inimigos da Fé nos Católicos prisioneiros.

O General Matias de Albuquerque, vendo em liberdade a Fr. Luiz, e reconhecendo a sua virtude, experiência, e trabalho, (que são os que melhor ensinam, e donde se toma o fundo aos talentos) puxou por ele para o exército; e o nosso Servo de Deus, como se em toda a vida fora soldado, assistiu ao militar exercício, sem faltar ao Religioso.

Nas Vésperas da Paixão de Cristo, disse ele a seus Discípulos, que vendessem as túnicas, e comprassem espadas;[352] Quantas vezes nas mãos de Fr. Luiz se viu a espada desembainhada contra os inimigos da Fé, e a túnica feita arnês, mais seguro que os de aço, para rebater as balas, e para entrar nas batalhas!

De todas, que foram muitas, foi no seu tempo a mais porfiada, a que houve no forte Real de Paranamirim, assim pelo estrago, que fez a morte nas vidas, como pelo miserável aperto em que pôs a fome aos soldados daquele presídio, tendo-se por satisfeito, o que achava um rato, ou outro animalejo para manter a vida.

Setecentas eram as praças, e a todas com fervoroso espírito animava Fr. Luiz, consolando a uns, e pedindo a outros, se não deixassem levar da exaspe-

---

350 [Jaboatão] *Amor, fel, quod est amarum, id mel facit.* D. Bernar.

351 [Jaboatão] *Nunc scio vere, quia misit Dominus Angelum suum et eripuit me.* Act. c. 12. v. 11.

352 [Jaboatão] *Qui non habet, vendat tunicam suam et emat gladium.* Luc. c. 22. v. 36.

ração, que a calamidade do tempo ocasionava, e que Deus, olhando com os olhos da sua Misericórdia para a aflição católica, castigaria a soberba herética.

O exemplo em semelhantes conflitos é o que melhor persuade aos atribulados. Dava-o de tal sorte o Servo de Deus, que todos animados o buscavam, como a outro Davi, a quem seguiam Esquadras de perseguidos, de aflitos, e dos vexados da fortuna.[353]

Na abundância é fácil a repartição dos mantimentos; então todos procuram o ofício de despenseiro, porque dá para todos. Não opressão, e calamidade, só se dá ele cargo aos virtuosos.

Vendo o General a extrema miséria, e o lastimoso estado da terra, e que se do pouco mantimento, que havia, se fizesse despenseiro outro qualquer homem, apenas bastaria para ele, elegeu a Fr. Luiz para repartir uma pouca de farinha. Oh prodígio! Afirmaram muitas pessoas, que a pouca quantidade, tocada das suas mãos, se multiplicava, abrangendo, e chegando a todos.

Quis Elias edificar um altar em um fosso grande, e seco, chamou a seu discípulo Eliseu, e disse-lhe, que sobre as suas mãos vazasse uma pouca de água; fê-lo assim Eliseu, e vazando doze cântaros encheu o fosso, cujo vão era de duzentos côvados.[354]

Bastou água tão pouca para encher tão grande lugar, porque tocou nas mãos de um Ministro tão Santo como Elias. E nas mãos de Fr. Luiz, pouca farinha bastou para sustentar setecentos soldados. Nas mãos dos Ministros de Deus o pouco cresce a encher lugares vazios, nas mãos dos Ministros do demônio o muito se torna em pouco.

Lembra-me que disse o povo Hebreu ao Sacerdote Aarão, que lhe desse Deus para adorar. Aarão, ou por medo, ou por lhe atalhar a tentação, lhe pediu as joias, as arracadas, e as gargantilhas; o que o povo logo fez: e sendo tão grande a quantidade de ouro, que os Hebreus ofereceram, por serem muitas as mulheres, que havia naquele povo, notam alguns dos Autores,[355] que só a cabeça do Bezerro fora moldada, e que da oficina nada mais saíra.

---

353 [Jaboatão] *Omnes, qui erant amaro animo, et factus eorum Princeps.* ISam. c. 22. v. 2.

354 [Jaboatão] *Et fossa aquaeductus repleta est.* 1Reg. c. 18. v. 35.

355 [Jaboatão] *Hebreos non integrum constasse sed, tantum vituli caput existimarut.* Tertul. Aug. Hier. Amb. & alii cit. à Menochio, de Rep. Hab. liv. 4. q. 13.

A razão, diz o Cardeal Caetano, porque entrando tanto ouro na oficina, só saiu uma cabeça, foi, porque passou por mãos de maus Ministros;[356] que o muito tornam em pouco.

Nas mãos daquele Ministro de Deus, tão pouco chegou a abranger a tantos; nas mãos daqueles Ministros do demônio com tanto se fez tão pouco.

Ultimamente, chegou um conflito, que também foi para Fr. Luiz o último. E como ele animava aos soldados, assim com as vozes, como com o exemplo, achando ter bem empregada a vida, que em serviço de Deus acabava, defendendo a fé, a Religião, e a pátria; em um assalto foi morto, indo lograr sua alma do prêmio, que o Senhor, por quem morrera, lhe tinha prometido.[357] Seu corpo foi enterrado pelos Religiosos na Cidade da Paraíba.

Lá dizia Milebeo na ausência, que Títero de Roma fizera, que os Pinheiros, por quem entende os Poderosos, e Grandes; as fontes, em que se significam os entendidos, e as árvores, imagens dos humildes, todos, ainda que desiguais no estado, estiveram conformes no sentimento.[358]

A ausência eterna de Fr. Luiz foi chorada em Pernambuco, de todo o estado, e todo o sexo; porque para todos tinha sido de grande utilidade a sua presença.

Foi a morte uma pregoeira da vida, ou na observância da sua Ordem, ou nas Missões da sua pregação, ou na constância do seu cativeiro, ou nos conflitos da guerra, ou na última batalha, lutando com a própria morte. Apagou-se aquela luz, e apenas a insensível pedra fechou a boca à venturosa cova, quando a fama abriu novas bocas, publicando por todas aquelas partes de Pernambuco a vida, que na clausura da sua Religião fazia, a qual lhe adquiriu, com as mais, o nome de Fr. Luiz o Santo.

Nele se viu a observância da Regra em sumo auge, não quebrantando o menor preceito. A pobreza foi grande, a obediência rara, e na modéstia, e pejo, pudera dar, e ser exemplo.

Na sua boca nunca se ouviu murmuração do próximo, antes defendia as ausências, não só como Religioso, mas como honrado, e bem-nascido; que tudo é, quem acredita o ausente, o seu amigo, e ainda o seu inimigo. Se o Di-

---

356 [Jaboatão] *Et Caet. hic.*

357 [Jaboatão] *Venite benedicti Patris mei possidete paratum vobis regnum.* Matth. c. 25. v. 34.

358 [Jaboatão] *Tyterus hinc aberat, ipsaeque Tytere, pinus, Ipsae te fontes, ipsa haec arbusta vocabant.* Virg.

vino Mestre aconselha que façamos bem ainda àqueles, que nos fizerem mal;[359] como não devemos dizer bem de todos?

Ultimamente, coroou a sua vida a grandíssima Oração, que sempre tivera, achando-o quase em todo o tempo pelos dormitórios em cruz, falando palavras, que se percebiam, talvez arrimado às paredes, com a boca nelas em alta contemplação.

É a Oração, aquela fita que ata em Deus as iras;[360] aquele favo, que lhe suaviza os castigos,[361] aquela música, que lhe lisonjeia os agrados;[362] com esta fita, com este favo, e com esta música, buscou Fr. Luiz a Deus devoto, e permanente; que não é formoso o dia por mostrar luzidas as auroras, se não permanecer com os resplandores até a tarde.

O Servo de Deus Fr. Luiz da Anunciação luziu na madrugada, no meio-dia, e na tarde; porque sempre abraçou, seguiu, e amou a joia inestimável das virtudes, para que, a seu exemplo, seja imitado dos futuros, e presentes, assim como foi visto com admiração dos passados.

[Fim do Volume II da *Primeira Parte* da edição do IHGB, publicado em 1858.]

[Fim da primeira parte do OSNB]

---

359 [Jaboatão] *Benefacite his, qui oderunt vos.* Luc. c. 6. v. 27.

360 [Jaboatão] *Vitta coccinea labia tua.* Cantic. c. 4. v. 3.

361 [Jaboatão] *Favus destillans labia tua.* Ib. v. 11.

362 [Jaboatão] *Vox enim tua dulcis.* Cant. c. 2. v. 14.

BIBLIOGRAFIA UTILIZADA POR FR. JABOATÃO NAS SUAS NOTAS

O critério utilizado foi, quando possível, identificar uma versão anterior e mais próxima a 1761, ano da edição da primeira parte.

AMOR DE DEOS, Martinho do. **Escola de Penitencia, caminho de perfeição, estrada segura para a vida eterna**. Chronica da Santa Provincia de S. Antonio da regular, e estreita observância da Ordem do Seráfico Patriarca S. Francisco, no Instituto Capucho neste Reyno de Portugal. Lisboa Ocidental: Officina dos Herdeiros Antonio Pedrozo Galram, 1740.

ÁNGELES, Luis de los. **Viridario de Portugal**.

ATAIDE, Manuel de Carvalho de. **Theatro genealogico, que contem as arvores de costados das principaes familias do reyno de Portugal, & suas conquistas**. Napoles: Novelo de Bonis, 1692. v. 1.

BAIÃO, José Pereira. **Portugal Cuidadozo, e lastimado com a vida, e perda do Senhor Rey D. Sebastiaõ, o dezejado de saudoza memoria**. Historia Chronologica de suas acçoens, e sucessos desta Monarquia em seu tempo; suas jornadas a Africa, batalha, perda, circustancias e Consequencias notaveis della, dividido em sinco livros. Lisboa: Antonio de Souza da Sylva, 1737.

BARROS, André de. **Vida do Apostolico Padre Antonio Vieyra da Companhia de Jesus, chamado por antonomasia o Grande**: acclamado no mundo por Principe dos Oradores Evangelicos, Prégador Incomparavel dos Augustissimos Reys de Portugal. Lisboa: Nova Officina Sylviana, 1746.

BARROS, João de. **Primeira Década da Ásia, dos feitos que os Portugueses fizeram no descobrimento dos mares e terras do Oriente**. Lisboa: Germão Galherde, 1552.

BELEM, Jeronymo de. **Chronica Serafica da Santa Provincia dos Algarves**: da Regular Observancia do Nosso Serafico Padre S. Francisco. Lisboa: Mosteiro de S. Vicente de Fora, 1758. v. 4.

BERREDO, Bernardo Pereira de. **Annaes historicos do estado do Maranhao em que se da' noticia do seu descobrimento e tudo o mais que nelle ten succedido desde o anno em que foy descuberto até o de 1718**. Lisboa: Officina de Francisco Luiz Ameno, 1749.

BLUTEAU, Rafael. **Vocabulario portuguez e latino, aulico, anatomico, architectonico, bellico, botanico, brasilico, comico, critico, chimico, dogmatico, dialectico, dendrologico, ecclesiastico, etymologico, economico, florifero, forense, fructifero...** autorizado com exemplos dos melhores escritores portugueses, e latinos. Coimbra: Collegio das Artes da Companhia de Jesus, 1712.

BRITO, Bernardo Gomes de. **História trágico-marítima, em que se escrevem chronologicamente os naufragios que tiveram as naus de Portugal, depois que se poz em exercício a Navegação da Índia**. Lisboa Ocidental: Officina da Congregação do Oratório, 1736.

CALADO, Manuel. **O valeroso Lucideno e triunfo da liberdade na Restauracao de Pernambuco**. Lisboa: D. Carneiro, 1668.

CARDOSO, Jorge. **Agiologio lusitano dos sanctos, e varoens illustres em virtude do Reino de Portugal, e suas conquistas**. Lisboa: Craesbeekiana, 1666. v. 3.

COELHO, Duarte de Albuquerque. **Memorias diarias de la guerra del Brasil por discurso de nueve años, empeçando desde el de M.DC.XXX**. Madrid: Diego Diaz de la Carrera, 1654.

CORDEIRO, Antonio. **Historia Insulana das Ilhas a Portugal sugeytas no Oceano Occidental**. Lisboa Ocidental: Officina de Antonio Pedrozo Galram, 1717.

CORREA, Juan Antonio. **Pérdida, y restauración de la Baia de Todos los Santos**. Madrid: Ioseph Fernandez de Buendia, 1670.

COUTO, Diogo do. **Decadas da Asia, que tratam dos Mares que descobriram, Armadas, que desbarataraõ, Exercitos, que venceraõ, e das acçoens heroicas, e façanhas bellicas, que obraraõ os Portuguezes. nas Conquistas do Oriente**. Lisboa Ocidental: Officina de Domingos Gonsalves, 1736.

FREIRE, Francisco de Brito; BERAIN, Jean. **Nova Lusitania, historia da guerra brasilica**: a purissima alma e saudosa memoria do serenissimo principe dom Theodosio principe de Portugal, e principe do Brasil. Lisboa: Officina de Joam Galram, 1675.

GIUSTINIANI, Francisco. **El Atlas abreviado o el Nuevo compendio de la geografía universal**. Leon de Francia: Jaime Certa, 1739.

GÓIS, Damião de. **Chronica do Serenissimo Senhor Rei D. Emanuel**. Lisboa: Francisco Correa, 1566-1567. 4 v. em 1 t.

GONZAGA, Francesco. **De origine seraphicae religionis franciscanae**, eiusque progressibus, de regularis observantiae institutione, forma, administratione ac legibus, admirabilique eius propagatione. Roma: Dominici Basae, 1587.

JESUS, Raphael de. **Castrioto Lusitano**, Parte I, entrepresa, e restauraçao de Pernambuco, & das capitanias confinantes, varios e bellicos successos entre Portuguezes e Belgas, acontecidos pello discurso de vinte e quatro annos... Lisboa: Impressão de Antonio Craesbeeck de Mello, 1679.

MACHADO, Diôgo Barbosa. **Memorias para a historia de Portugal**: que comprehendem o governo delrey D. Sebastiaõ, unico em o nome, e decimo sexto entre os monarchas Portuguezes: do anno de 1554 até o anno de 1561. Lisboa: Officina de Joseph Antonio da Sylva, 1736. v. 1.

MARIA JOSÉ, Pedro de Jesus. **Chronica da Santa, e Real Provincia da Immaculada Conceição de Portugal** (Tomo I, segunda impressão). Lisboa: Officina de Miguel Manescal da Costa, 1760.

MARIZ, Pedro de. **Diálogos de vária história**. Coimbra: Officina de Antonio de Mariz, 1594.

MASCARDUS, Josephus. **Conclusiones probationum omnium quibusvis in utroque foro versantibus, practicabiles, utiles, necessarios in quatuor volumina distinctos hisce canonicos, civiles, feudales, criminales, alioeque materioe per Ampliationes, limitationes, intelligentiasque, ordine alphabetico, distinctos**. Francofvrti: N. Kuchenbeckerus, 1661.

MENEZES, Luis de. **Historia de Portugal restaurado**. Lisboa: Officina de Domingos Rodrigues, 1751. v. 1.

ORÍGENES. **Dialogvs Contra Marcionitas, sive De rectâ in Deum fide**: Exhortatio Ad Martyrivm: Responsum Ad Africani Epistolam de historiâ Susannæ. Græcè nunc primùm è MSS. codicibus prodeunt: Versiones partim corriguntur, partim novæ adjiciuntur; Additis Notis, Indicibus, Lectionibus Variantibus Et Coniecturis. Basileæ: Exprimebat Jacobus Bertschius, 1674.

OSÓRIO, Jerónimo. **De rebus Emmanuelis Regis Lusitaniae inuictissimi virtute et auspicio gestis libri duodecim**. Lisboa: Antonium Gondisaluum Typographum, 1571.

PEREYRA, Manuel. **Comedia famosa El diablo de Palermo, y tirano de Tinacria** [Texto impreso] / de don Manuel Pereyra. Valencia: Joseph de Orga, 1761.

PIEDADE, José de Jesus Maria Antonio da. **Espelho de Penitentes e Chronica da Provincia de Santa Maria da Arrabida**, da Regular, e mais estreita observancia da Ordem do Serafico Patriarcha S. Francisco, no Instituto Capucho. Lisboa: Officina de Joseph Antonio da Sylva, 1737. v. 2.

PITA, Sebastião da Rocha. **História da América Portuguesa desde o ano de 1500 do seu descobrimento até o de 1724**. Lisboa Ocidental: Oficina de Joseph Antônio da Silva, 1730.

PLINIO. Epistulae.

QUINTILIANO, Marco Fabio. **M. Fabii Quintiliani Institutionum oratoriarum libri duodecim, summa diligentia ad fidem vetustissimorum codicum recogniti, ac restituti**.

ROSÁRIO, Antônio do. **Feira mística de Lisboa, armada em uma trezena do divino Português, Santo António**. Lisboa: Oficina de João Galrão, 1691.

SANTA MARIA, Agostinho de. **Santuario Mariano, e historia das imagens milagrosas de Nossa Senhora**, e das milagrosamente apparecidas, em graça dos prégadores, & dos devotos da mesma Senhora. Lisboa: Officina Antonio Pedroso Galrão, 1707-1723. v. 1-10.

SCHINDLER, Adrian. **Miraculum Hispanicum, S. Antonius Paduanus**: Miraculum Hispanicum, transplantatum in hortum alterum, floret pulchriùs S. Antonius Canonicus regularis, transplantatus in hortum seraphicum, vitâ floruit & doctrinâ, virtutibus & stupendis miraculis: factus, miraculum sanctitatis: appellatus, miraculum totius mundi : hinc floret Francisci Hortulus in qvo fulget Antonius : qvaliter flos iste seraphicus S. Antonius Paduanus, in omnibus necessitatibus, devotè invocandus, & fructosè colendus, patebit legentibus hoc devotionale, congestum. Schlichttingsheim: Typis Joannis Christophori Wildii, 1693.

SEVERUS, Sulpicius. **Diálogos**.

SIENA, Bernardin de. **Sancti Bernardini Senensis Opera omnia**: synopsibus ornata, postillis illustrata, necnon variis tractatibus praecipue eximiis in Apocalypsim, commentariis locupletata ; opera et labore Johannis de la Haye. Parisiis: Sumptibus Dionysij Moreau, 1635.

SOLEDADE, Fernando; ESPERANÇA, Manoel da. **Historia Serafica cronologica da Ordem de S. Francisco na Provincia de Portugal**. Lisboa: Officina Craesbeeckiana, 1656.

TIRAQUEAU, Andreas. **Commentarii de nobilitate et iure primogeniorum**. Lugduni: Guliel. Rouillium, 1559.

VASCONCELOS, Simão de. **Ch ANAIS da Biblioteca Nacional. Rio de Janeiro: Biblioteca Nacional, 1936. v. ronica da Companhia de Jesu do estado do Brasil e do que obrarão seus filhos n'esta parte do novo mundo** em que se trata da entrada da Companhia de Jesu nas partes do Brasil, dos fundamentos que n'ellas lançaram e continuaram seus religiosos, e algumas noticias antecedentes, curiosas e necessarias das cousas d'aquelle estado. Lisboa: Officina de Henrique Valente de Oliveira, 1663.

BIBLIOGRAFIA UTILIZADA PELOS EDITORES

ALBERTO, Magnachi. **Amerigo Vespucci**. Roma: Treves, 1926.

ALMEIDA, Marcos Antonio de. Franciscanos em época de transição. *In*: FLEXOR, Maria Helena Ochi; FRAGOSO, Hugo, (orgs.). **Igreja e convento de São Francisco da Bahia**. Rio de Janeiro: Versal, 2009.

______. **"L'Orbe Serafico, Novo Brasilico"**: Jaboatão et les franciscains à Pernambouc au XVIIIe siècle. Tese (Doutorado em História Moderna) - École des Hautes Études en Sciences Sociales, Paris, 2012. 2 v.

ALVES, Marieta. **História da Venerável Ordem 3ª da Penitência do Seráfico Pe. São Francisco da Congregação da Bahia**. Salvador: Publicação da Mesa Administrativa, 1948.

AMORIM, Maria Adelina de Figueiredo Batista. **Os Franciscanos no Maranhão e Grão-Pará**: missão e cultura na primeira metade de seiscentos. Lisboa: Universidade Católica Portuguesa, 2005.

______. **A missionação franciscana no Estado do Grão-Pará e Maranhão (1622-1750)**: agentes, estrutura e dinâmica. Tese (Doutorado em História) – Faculdade de Letras, Universidade de Lisboa. Lisboa, 2011. v. 1-2.

ANAIS da Biblioteca Nacional. Rio de Janeiro: Biblioteca Nacional, 1936. v. 49.

ANCHIETA, José de. **Cartas jesuíticas**: cartas, informações, fragmentos históricos e sermões do P. Joseph de Anchieta (1554-1594). Rio de Janeiro: Officina Industrial Graphica, 1931. v. 3.

ATAS CAPITULARES da Província Franciscana de Santo Antônio do Brasil (1649-1893). **Revista do Instituto Histórico Geográfico Brasileiro**, v. 286, p. 92-222, 1970.

BARBOSA, Cônego Florentino. **Monumentos históricos e artísticos da Paraíba**. João Pessoa: Conselho Estadual de Cultura, 1953.

BAZIN, Germain. **L'Architecture Religieuse Baroque au Bresil**. São Paulo/ Paris: Museu de Arte/Plon, 1956. v. 1.

BERREDO, Bernardo Pereira de. **Annaes historicos do estado do Maranhão**, em que se dá noticia do seu descobrimento, e tudo o mais que n'elle tem succedido desde o anno em que foi descoberto até o de 1747. Florencia: Bertino Miranda, 1905.

BRANDÃO, Ambrósio Fernandes. **Diálogo das grandezas de Brasil**. Brasília: Senado Federal, Conselho Editorial, 2010.

CALADO, Manuel. **O Valeroso Lucideno e Triunfo da Liberdade**. Recife: Cooperativa Cultural de PE, 1942. v. 2.

CAMINHA, Pero Vaz de; PRADO, J. F. de Almeida; SILVA, Maria Beatriz Nizza da. **A carta de Pero Vaz de Caminha**. Rio de Janeiro: Agir, 1965.

CARACCI, G. I problemi Vespucciani e i loro recenti studiosi. **Studi Colombiani,** Genova, v. 2, p. 495-552, 1951.

CARDOSO, Jorge. **Agiologio lusitano dos sanctos, e varoens illustres em virtude do Reino de Portugal, e suas conquistas**. Lisboa: Craesbeekiana, 1666. v. 3.

CARNEIRO, Edison. **A cidade do Salvador, 1549**: uma reconstituição histórica. Rio de Janeiro: Organização Simões, 1954.

CIVEZZA, Marcellino da. **Storia universale delle missioni francescane**. Firenze: E. Ariani, 1895. v. 8-11.

CONCEIÇÃO, Apolinário da. **Pequenos na terra, grandes no céu**: memórias históricas dos religiosos da Ordem Seráfica, que do humilde estado de leigos subiram ao mais alto grau de perfeição. Lisboa: Officina da Musica, 1732-1754. v. 1-5.

______. **Primazia seráfica na região da América, novo descobrimento de santos e veneráveis religiosos da Ordem Seráfica**. Lisboa: Oficina de António de Sousa da Silva, 1733.

______. Epítome da província franciscana da Imaculada Conceição do Brasil. **Revista do Instituto Histórico e Geográfico Brasileiro**, Rio de Janeiro, v. 296, p. 68-165, 1972.

CORTESÃO, Jaime. **Cabral e as origens do Brasil**: ensaio de topografia histórica. Rio de Janeiro: Ministério das Relações Exteriores, 1944.

COSTA, Francisco Augusto Pereira da. **Anais pernambucanos: 1591-1634**. Recife: Arquivo Público Estadual, 1952a. v. 2.

______. **Anais pernambucanos: 1591-1634**. Recife: Arquivo Público Estadual, 1952b. v. 3.

COUTO, Domingos Loret. **Desagravos do Brazil e glorias de Pernambuco**. Rio de Janeiro: Bibliotheca Nacional, 1904.

CURIA GENERALIZIA DEI FRATI MINORI. **Annuarium Ordinis Fratrum Minorum**. Roma: Pax et Bonum, 1962.

DAZA, Antonio. **Quarta parte de la Chronica General de Nuestro. Padre San Francisco y su apostolica Orden**. Valladolid: Juan Godines de Millis y Diego Fernandez de Cordoua, 1611.

ESTATUTOS da Província de Santo Antônio do Brasil. Lisboa: Officina de Manoel & Joseph Lopes Ferreyra, 1709.

FARIA, Francisco Leite de. **Os primeiros missionários do Maranhão**: achegas para a história dos capuchinhos franceses que aí estiveram de 1612 a 1615. Lisboa: Centro de Estudos Históricos Ultramarinos, 1961.

FREITAS, Diogo de. **O Convento do Rio de Janciro através da História**. Petrópolis: s.n., 1931a.

______. **Elenco Biográfico**. Petrópolis: Vozes, 1931b.

FREYRE, Gilberto (org.). **Província Franciscana de Santo Antônio do Brasil:** Edição Comemorativa do Tricentenário, 1657-1957. Recife: Provincialado Franciscano, 1958.

______. **A propósito de frades**: sugestões em torno da influência de religiosos de São Francisco e de outras ordens sobre o desenvolvimento de modernas civilizações cristãs, especialmente das hispânicas nos trópicos. Bahia: Universidade da Bahia, 1959.

GARCIA, Rodolfo (org.). Carta de Sua Majestade acerca de Frei Sebastião do Espírito Santo. **Documentos Históricos**, Rio de Janeiro, v. 66, p. 227, 1944.

GONZAGA, Francesco. **De origine seraphicae religionis franciscanae**, eiusque progressibus, de regularis observantiae institutione, forma, administratione ac legibus, admirabilique eius propagatione. Roma: Dominici Basae, 1587.

GUBERNATIS, Dominique de. **Orbis Seraphicus**. De Modernis Missionibus Apostolicis Fratrum Minorum a S. Congregatione de Propaganda fide dependentibus. Roma: Ioannis Komarek Bohemi apud Angelum Custodem, 1682-1689. 5 v.

HIPÓLITO, Hadriano. Frei Vicente do Salvador e a sua Crônica da Custódia do Brasil. *In*: **Província Franciscana de Sto. Antônio do Brasil**. Recife: Provincialado Franciscano, p. 201-244, 1957.

HOLZAPFEL, Heribert. **Handbuch der Geschichte des Franziskanerordens**. Friburgo: Herder, 1909.

ILHA, Manuel da. **Narrativa da custódia de Santo Antônio do Brasil, 1584-1621**. Petrópolis: Editora Vozes, 1975.

JABOATÃO, Antônio de Santa Maria. **Jaboatão mystico em correntes sacras dividido**. Lisboa: Officina de Antonio Vicente da Silva, 1758.

______. **Orbe Serafico Novo Brasilico**, descoberto, estabelecido, e cultivado a influxos da nova luz de Italia, estrella brilhante de Hespanha, Luzido Sol de Padua, Astro Mayor do Ceo de Francisco, o Thaumaturgo Portuguez S.to Antonio, a quem vay consagrado como Theatro glorioso, e Parte Primeira da Chronica dos Frades Menores da mais Estreita, e Regular Observancia da Provincia do Brasil. Lisboa: Officina de Antonio Vicente da Silva, 1761.

______. **Novo Orbe Serafico Brasilico** ou Chronica dos Frades Menores da Provincia do Brasil. Rio de Janeiro: Typ. Brasiliense de Maximiniano Gomes Ribeiro, 1858. v. 1.

______. **Novo Orbe Serafico Brasilico** ou Chronica dos Frades Menores da Provincia do Brasil. Rio de Janeiro: Typ. Brasiliense de Maximiniano Gomes Ribeiro, 1858. v. 2.

______. **Novo Orbe Serafico Brasilico** ou Chronica dos Frades Menores da Provincia do Brasil. Rio de Janeiro: Typ. Brasiliense de Maximiniano Gomes Ribeiro, 1859. v. 3.

______. Sermão da restauração de Pernambuco, do domínio hollandez, pregado por fr. Antônio de Santa Maria Jaboatão em 1731 (Ms. oferecido por S. M. o Imperador). **Revista do Instituto Histórico e Geográfico Brasileiro**, Rio de Janeiro, v. 23, p. 365-386, 1860.

______. **Novo Orbe Serafico Brasilico** ou Chronica dos Frades Menores da Provincia do Brasil. Rio de Janeiro: Typ. Brasiliense de Maximiniano Gomes Ribeiro, 1861. v. 4.

______. **Novo Orbe Serafico Brasilico** ou Chronica dos Frades Menores da Provincia do Brasil. Rio de Janeiro: Typ. Brasiliense de Maximiniano Gomes Ribeiro, 1862. v. 5.

______. **Novo Orbe Seráfico Brasílico**. Reprodução fac-similar da Ed. de 1858. Recife: Assembleia Legislativa do Estado de Pernambuco, 1980.

JARRIC, Pierre Du. **Thesaurus Rerum Indicarum**. Colonia: sumptib[us] Petri Henningij, 1615.

KANTOR, Iris. **Esquecidos e Renascidos**. Historiografia Acadêmica luso-americana (1724-1759). São Paulo: Hucitec, 2004.

KIEMEN, Mathias. **The Indian policy of Portugal in the Amazon region, 1614-1693**. Tese (Doutorado em Filosofia) - Catholic University of America, Washington, 1954.

LEITE, Serafim. **Monumenta Brasiliae (1538-1553)**. Roma: Monumenta historica Societatis Iesu, 1956. v. 1.

______. Nóbrega, doutíssimo. **Brotéria**, Lisboa, v. 72, p. 423-430, 1961.

LIMA, Yedda Dias. **Academia Brasílica dos Acadêmicos Renascidos: fontes e textos**. Tese (Doutorado em História Social) – Faculdade de Filosofia, Letras e Ciências Humanas, Universidade de São Paulo, São Paulo, 1980.

LIPPMANN, Edmund Oscar Von. **História do açucar**: desde a época mais remota até o começo da fabricação do açucar de beterraba. Rio de Janeiro: Instituto do Açúcar e do Álcool, 1941. v. 1.

LISBOA, Cristóvão de. **História dos animais e árvores do Maranhão**. Lisboa: Arquivo Histórico Ultramarino e Centro de Estudos Históricos Ultramarinos, 1967.

MACEDO, Fernando de. **O Brasil religioso**. Bahia: Imprensa Oficial, 1920.

MACHADO, Maximiano Lopes. **Historia da provincia da Parahyba**. Parahyba: Imprensa Official, 1912.

MARIZ, Pedro de. **Diálogos de vária história**. Coimbra: Officina de Antonio de Mariz, 1594.

MELLO, José Antônio Gonsalves de. **Henrique Dias**: governador dos pretos, crioulos e mulatos do Estado do Brasil. Recife: Universidade do Recife, 1954.

MEYER, Frédéric. L'unité de la Stricte-Observance franciscaine. Mythes et réalités (siècles XVI-XIX). *In*: **Écrire son histoire**. Les communautés régulières face à leur passé. Actes du 5e Colloque International du Centre Européen de Recherches sur les Congrégations et Ordres Religieux, Saint-Étienne, 6-8 novembre, 2002. Saint-Étienne: Université Jean Monnet, 2005.

MIRANDA, Maria do Carmo Tavares de. **Os franciscanos e a formação do Brasil**. Recife: Universidade Federal de Pernambuco, 1969.

MORAIS, A. J. de Melo. **Brasil Histórico**. Rio de Janeiro: Tipografia dos Editores, 1866.

MOSTEIRO DE SÃO BENTO (Olinda-PE). **Livro do tombo do mosteiro de São Bento da cidade de Olinda**. Recife: Imprensa Oficial, 1948.

MUELLER, Bonifácio. Acerca da publicação do "Orbe Seráfico" de Frei Jaboatão. **Santo Antônio – Revista da Província Franciscana de Santo Antônio do Brasil**, Recife, ano 14, n. 2, p. 151-157, 1956a.

______. **Convento de Santo Antônio do Recife, 1606-1956**. Recife: Provincialado Franciscano, 1956b.

______. Origem e Desenvolvimento da Província de Santo Antônio 1584-1957. *In*: **Província Franciscana de Santo Antônio do Brasil:** Edição Comemorativa do Tricentenário, 1657-1957. Recife: Provincialado Franciscano, 1957. v. 1.

______. Capítulos da História Franciscana em Pernambuco. **Revista do Instituto Arqueológico, Histórico e Geográfico de Pernambucano**, Recife, v. 46, p. 251-259, 1961.

NIEUHOF, Johannes. **Memorável viagem marítima e terrestre ao Brasil**. São Paulo: Martins, 1942.

NOBILIARQUIA Pernambucana. **Anais da Biblioteca Nacional do Rio de Janeiro**, Rio de Janeiro, v. 48 (1926), 1935.

OBRY, Olga. **Catarina do Brasil**: a índia que descobriu a Europa. Rio de Janeiro: Atlântica, 1945.

PANDZIC, Basílio. **Annales minorum (1671-1680)**. Florencia: Frati Editori di Quaracchi, 1964. v. 32.

PIEDADE, José de Jesus Maria Antonio da. **Espelho de Penitentes e Chronica da Provincia de Santa Maria da Arrabida**, da Regular, e mais estreita observancia da Ordem do Serafico Patriarcha S. Francisco, no Instituto Capucho. Lisboa: Officina de Joseph Antonio da Sylva, 1728. v. 1.

PINHO, Wanderley. Frei Vicente do Salvador. **Revista do Instituto Histórico e Geográfico Brasileiro**, Rio de Janeiro, v. 283, p. 185-190, 1969.

PIO, Fernando. **O Convento de Santo Antônio do Recife e as fundações franciscanas em Pernambuco**. Recife: Diário da Manhã, 1939.

______. **A Ordem Terceira de São Francisco do Recife e suas igrejas**. Recife: Imprensa Universitária, Universidade Federal de Pernambuco, 1967.

______. Santo Antônio na milícia e no folclore. *In*: PERNAMBUCO/ Secretaria Municipal de Educação/Comissão de Moral e Civismo. Ciclo Junino, p. 45-51, 1987.

PORDEUS, Ismael. Antônio Dias Ferreira e a Matriz de Quixeramobim: Subsidios históricos para as festividades do centenário da Paróquia. **Revista do Instituto do Ceará**, Fortaleza, p. 189-214, 1955.

PREFEITURA DE SALVADOR; EDELWEISS, Frederico. **29 de Março, data simbólica da fundação da Cidade do Salvador**. Salvador: Diretoria do Arquivo, divulgação e estatística da Cidade de Salvador, 1952.

REVISTA do Arquivo Municipal de São Paulo, São Paulo, v. 92, 1943.

SANTO ANTÔNIO – Revista da Província Franciscana de Santo Antônio do Brasil. Recife: Provincialado Franciscano, 1964. v. 2.

RODRIGUES, Amélia. **Uma flor do Desterro**: biografia de Madre Vitória da Encarnação. Niterói: Escolas Profissionais Salesianas, 1924.

ROMAG, Dagoberto. **A história dos franciscanos no Brasil**: Desde os principios até à creação da Província de Santo Antônio (1500-1659). Curitiba: Tip. João Haupt & Cia, 1940.

RÖWER, Basílio. **O convento de Sto. Antônio do Rio de Janeiro**: sua história, memórias, tradições. Petrópolis: Vozes, 1937.

______. **A Ordem Franciscana no Brasil. Petrópolis**: Vozes, 1947.

______. **Páginas de história franciscana no Brasil**. Petrópolis: Vozes, 1957.

RÖWER, Basílio; SETARO, Alfredo W. **O Convento de N. S. da Penha do Espírito Santo**. Petrópolis: Vozes, 1965.

RUTTEN, Menandro. **Livro de Óbitos da Província de Sto. Antônio (1584-1957)**. Recife: Provincialado Franciscano do Recife, 1957. [Datilografado]

SALVADOR, Vicente do. **História do Brasil**. Brasília: Senado Federal, Conselho Editorial, 2010.

SANTA MARIA, Agostinho de. Santuário mariano e história das imagens milagrosas de Nossa Senhora. Separata de: **Revista do Instituto Histórico e Geográfico da Bahia**, Salvador, Tomo IX, [1722], 1949.

SEGURA, Turíbio da Vila Nova. **Santuário do Bom Jesus da Lapa**. Salvador: s.n., 1943.

SILVA, Ignacio Accioli de Cerqueira E. **Memorias historicas e politicas da província da Bahia**. Salvador: Impr. Official do Estado, 1843. v. 5.

SILVA, Orozimbo Nonato da. **Impressões do Santuário do Senhor Santo Cristo de Ipojuca**. O Diário, Belo Horizonte, 1939.

SINZIG, Pedro. **Maravilhas da religião e da arte na Igreja e no Convento de S. Francisco da Bahia**. Rio de Janeiro: Imprensa Nacional, 1933.

SOARES, José Carlos de Macedo. **Santo Antônio de Lisboa, Militar no Brasil**. Rio de Janeiro: José Olympio, 1942.

SOLEDADE, Fernando; ESPERANÇA, Manoel da. **Historia Serafica cronologica da Ordem de S. Francisco na Provincia de Portugal**. Lisboa: Officina Craesbeeckiana, 1656.

SOUSA, Gabriel Soares de. **Tratado descriptivo do Brasil em 1587**. São Paulo: Companhya Editora Nacional, 1936.

SOUSA-LEÃO, Joaquim de. **Frans Post**. São Paulo: Civilizacão Brasileira, 1948.

SOUZA, Thomaz Oscar Marcondes de. **Amerigo Vespuci e suas viagens**. São Paulo: Instituto Cultural Italo-Brasileiro, 1949.

STADENS, Hans. **Wahrhaftige Historia**. Marburg: Trautvetter & Fischer, 1964.

VASCONCELOS, Simão de. **Chronica da Companhia de Jesus do Estado do Brasil** e do que obrarão seus filhos nesta parte do novo mundo. Lisboa: Officina de Henrique Valente de Oliveira, 1663.

VAT, Odulfo Van der. São Benedito o Preto e seu culto no Brasil. **REB-Revista Eclesiástica Brasileira**, Petrópolis, v. 1, n. 4, p. 824-831, 1941.

______. **Princípios da Igreja no Brasil**. Petrópolis: Vozes, 1952.

WADDING, Lucas. **Annales Ordinis Minorum**. Lyon: Clavdivs Prvst et I. Rart Devenet, 1625-1654. 8 v.

WILLEKE, Venâncio. As nossas Missões entre os Índios. **Santo Antônio – Revista da Província Franciscana de Santo Antônio do Brasil**, Recife, ano 11, n. 2, p. 108-124, 1953.

______. As nossas Missões entre os Índios. **Santo Antônio – Revista da Província Franciscana de Santo Antônio do Brasil**, Recife, ano 12, n. 1, p. 12-25, 1954a.

______. As nossas Missões entre os Índios. **Santo Antônio – Revista da Província Franciscana de Santo Antônio do Brasil**, Recife, ano 12, n. 2, p. 81-101, 1954b.

______. As nossas Missões entre os Índios. **Santo Antônio – Revista da Província Franciscana de Santo Antônio do Brasil**, Recife, ano 13, n. 1, p. 13-21, 1955.

______. Convento de Santo Antônio de Ipojuca. **Revista do Patrimônio Histórico e Artístico Nacional**, Rio de Janeiro, v. 13, p. 255-358, 1956.

______. A praxe missionária adotada pelos franciscanos no Brasil - 1585-1619. **Revista do Instituto Arqueológico, Histórico e Geográfico Pernambucano**, Recife, v. 46, p. 26-40, 1961a.

______. Escolas Franciscanas do Brasil. **Revista da Escola de Belas Artes de Pernambuco**, Recife, Ano V, n. 1, p. 87, 1961b.

______. Frei Melchior de Santa Catarina Vasconcelos, 1º custódio franciscano do Brasil. **Archivo Ibero-Americano**, Madrid, v. 23, p. 93-108, 1963.

______ (org.). O livro dos guardiães do convento de Santo Antônio de Ipojuca (1603-1892). **Revista de História,** São Paulo, v. 29 n. 59, p. 201-230, 1964.

______. Dois Arquitetos Franciscanos do Brasil Quinhentista. **Revista Campinense de Cultura**, Campinas, v. 8, p. 40-46, 1967a.

______. Frei Vicente do Salvador, OFM – Pai da história do Brasil. **Revista do Instituto Histórico e Geográfico Brasileiro**, Rio de Janeiro, v. 277, p. 99-112, 1967b.

______. Frei Vicente do Salvador, OFM – Pai da história do Brasil. **Revista do Instituto Histórico e Geográfico Brasileiro**, Rio de Janeiro, v. 279, p. 165-176, 1968a.

______ (org.). Livro dos Guardiães do Convento de St.o Antônio da Paraíba. **Revista do Patrimônio Histórico e Artístico Nacional**, Rio de Janeiro, v. 16, p. 253-304, 1968b.

______. Fr. Pedro Palácios, OFM. **Archivum Franciscanum Historicum**, Roma, Ano 62 (fasc. 3-4), 1969.

______. Frei Pedro Palácios e a Penha do Espírito Santo – 1570 a 1970. **Revista do Instituto Histórico e Geográfico Brasileiro**, Rio de Janeiro, v. 266, p. 26-40, 1970a.

______ (org.). Atas capitulares da Província Franciscana de Santo Antônio do Brasil, 1649-1893. **Revista do Instituto Histórico e Geográfico Brasileiro**, Rio de Janeiro, v. 266, p. 92-222, 1970b.

______. Primórdios da fé no Brasil. **Revista do Instituto Histórico e Geográfico Brasileiro**, Rio de Janeiro, v. 287, p. 492-506, 1970c.

______. Frei Cristóvão de Lisboa, 1º Naturalista do Brasil. **Revista do Instituto Histórico e Geográfico Brasileiro,** Rio de Janeiro, v. 289, p. 112-136, 1970d.

______. Frei Antônio de Santa Maria Jaboatão, OFM (1695-1779). **Itinerarium**, Lisboa, v. 18, n. 75, p. 37-50, jan-mar 1972.

______. **Missões Franciscanas no Brasil (1500-1975)**. Petrópolis: Vozes, 1974a.

______. **Antologia do Convento da Penha**. Vitória: Conselho Estadual de Cultura, 1974b.

______. Roteiros missionários de Minas Gerais. **Revista do Instituto Histórico e Geográfico de Minas Gerais**, Belo Horizonte, v. 15, p. 147-170, 1974c.

______. **Franciscanos na História do Brasil**. Petrópolis: Vozes, 1977a.

______. Missões e missionários da Província de Santo Antônio. **Revista de História**, São Paulo, v. 111, p. 85-100, 1977b.

______. A Irmandade de S. Benedito. *In*: **Publicações do Instituto do Patrimônio Histórico e Artístico Nacional**. Rio de Janeiro: Instituto do Patrimônio Histórico e Artístico Nacional, p. 45-47, 1978a.

______ (org.). **Livro dos guardiães do Convento de São Francisco da Bahia (1587-1862)**. Rio de Janeiro: IPHAN, 1978b.

ÍNDICE ONOMÁSTICO E TOPOGRÁFICO

Frades e clarissas estão ordenados por seu nome religioso. Terceiros/as franciscanos e outros personagens civis e eclesiásticos estão ordenados por sobrenome e nome.

O texto de Jaboatão nesta edição conserva as diferentes formas como o autor apresenta os nomes de um mesmo personagem ou lugar. Neste índice, entretanto, foram adotadas algumas padronizações: Manoel→Manuel, Luiz→Luís, Cavalcanti→Cavalcante, Santo-Santa-São-Sto.-Sta.→S., Pedro de Palácios→Pedro Palácios, Antônio de Ínsua→Antônio da Ínsua, por exemplo.

As diferentes grafias utilizadas por Jaboatão são reunidas, neste índice, em uma única entrada. Por exemplo, a entrada de Frei Antônio de Campo-Maior reúne as ocorrências de Antônio de Campo Maior, Antônio de Campomaior, Antônio de Campo-Maior e Antônio do Campo-Maior.

Personagens homônimos aparecem reunidos na mesma entrada, sem diferenciar um de outro.

Frades Menores Franciscanos

Clarissas

Terceiros/as franciscanos

Outros personagens civis e eclesiásticos

Lugares

Povos Indígenas

EDITORA VOZES LTDA.
Rua Frei Luís, 100 – Centro – Cep 25689-900 – Petrópolis, RJ
Tel.: (24) 2233-9000 – E-mail: vendas@vozes.com.br